한국어의 표현 양상

한국어의 표현 양상

조 일 영

역락

머리말

　지난 세월 집필한 논문들이 여기저기 흩어져 있었지만 어쭙잖은 연구들이라고 여기고 잊고 있었다. 그 자리에 그냥 있겠거니 하다가 문득 나중에는 흔적도 없어지겠구나 하는 생각이 들었다. 그래서 내게 남아 있는 것들만 모아서 급히 한 책으로 만들었다.

　돌아보니 주로 의미론 분야에 관심을 가졌던 것 같다. 석사논문 주제는 국어보문소연구로 하였지만 박사논문 주제는 선어말어미의 양태의미기능연구이었다. 그러나 26년간의 대학 강단에서 교육과 행정 일을 병행하느라 한 가지도 집중하지 못했다. 박사논문 제출 후에는 양태의미와 관련된 여러 분야를 다루고자 하는 포부를 가졌으나 마음만 앞서고 실천에 옮기지 못하다가 정년을 맞이하게 되었다.

　그동안 국어의 여러 의미현상들을 쫓기듯이 이것저것 건드려 보았지만 요약해보면 결국 국어로 표현하는 방법들에 대한 관심으로 귀결되지 않는가 한다. 그런 면에서 보면 석사 때의 국어보문소에 대한 관심이 박사 때의 양태소의 의미기능으로 옮아간 것도 그런 흐름에서 나온 듯싶다.

　이 책에서는 1부에서 양태의미기능을 중심으로 하는 양태의미 표현에 대한 연구들을 실었고 2부에서는 지명과 어휘들의 의미 추적을 통해 한국인들의 사물에 대한 인식내용의 표현방식을 고찰하는 연구들을 실었다. 3부에서는 우리나라에서 발행된 교육과정별 국어교과서들을 문체론적 관점에서 정리하여 통계적 방법으로 다룬 일련의 논문들을 실었다. 4부에서는 그 외의 논문들 중에 조사에 대한 연구와 북한의 언어 정책변화를 다룬 논문을 실었다.

이제 교수직을 끝내려는 마당에 마음 한 구석에 남아있는 것은 지도 교수이신 우운(于雲) 박병채 선생님의 기대에 부응하지 못하여 석사논문 작성 때부터 종내는 박사논문 작성 때까지 선생님께 염려를 끼친 일이다. 다행히 于雲 선생님에 이어 小石 성광수 선생님께도 깊은 은혜를 입어 대학에서 정년까지 하게 되었으니 두 분 선생님께 받은 은혜는 그 깊이를 알 수 없다. 한 눈 파는 일이 많아서 아마 기대도 하지 않으셨으리라 짐작하기는 한다. 그러나 한편으로는 모든 연구자가 생각대로 뛰어난 연구 업적을 내놓는 것만은 아닐 것이라는 마음가림의 위안으로 정리라도 하는 것이 도리이겠다 싶어 이 논문집을 엮어낸다.

재직한 학교가 사범계이다 보니 대부분의 연구가 국어교육과 관련지어지지만 그 와중에도 나름대로 내용학의 굴레를 벗어난 것 같지는 않다. 이리저리 방향을 틀어보았지만 결국 대학원에서 공부할 때 은사님들로부터 받은 영향과 당시 열정적으로 공부하는데 매몰되었던 국어학 전공 동료, 선후배들의 영향을 무시할 수 없을 듯하다. 그래서 내 공부의 터와 평생의 생각거리를 마련해 주신 우운 선생님과 약천(若泉) 김민수 선생님, 소석 성광수 선생님 혜당(惠堂) 박영순 선생님 등 은사님들의 은혜와 늘 곁에서 마음이 약해질 때마다 부추겨주었던 한국어학회 선후배 회원들의 우애에 감사하고 있다.

무엇보다 평생 옆에서 무관심을 가장하면서도 긴장의 끈을 놓지 않도록 매의 눈으로 지켜봐 준 서동숙 여사의 은공, 끈질기게 포기하지 않고 기다리며 돌봐주셨던 처가의 장인과 장모님, 내 인생의 기준점이 되셨던 동덕의 춘강 할아버님, 외로운 내 삶의 후견인을 자처해주신 숙부, 숙모님은 쉽지 않았던 내 삶의 여정에서 큰 은인들이었다. 그리고 작고하신 나의 아버님과 어머님은 지금의 나를 위해 모든 것을 희생하신 분들이다. 보석같은 나의 세 딸들 또한 내 삶의 동력의 원천이었다.

돌이켜 보면 대학에서 연구를 하고 학생들을 가르치는 일이란 게으르고 둔한 내게 과분하고 부끄러운 일이었다. 대학부터 대학원까지 은사이셨던 우운 선생님께서 지금의 나를 보셨다면 혀를 차셨을 것이다. 그래도 아직까지 국어학을 버리지 않고 버티고 산 것만도 다행이라고 생각하셨을 듯도 하고 혹은 제자라고 하기에는 너무 미흡해서 치지도외하셨을 지도 모른다.

솔직히 말하면, 과거 젊었을 시절 내가 닮고 싶지 않았던 교수의 모습으로 퇴장하는 것은 아닌가하는 생각에 두렵기도 하다. 그러나 내 나름으로는 내가 지닌 재주와 기회를 최대한 활용하여 한 편씩 쓴 논문들인 것만은 맞다. 초라한 모습이더라도 이제는 어쩔 수 없는 일이다.

끝으로 지난 세월 대학 강단에서 이런저런 일들에 휩쓸리면서 공개적으로 발언한 글들이 또 하나의 나의 모습이라는 생각이 들어 부록에 실었다. 지금 보면 협소하고 유치해 보이긴 하나 그것 또한 나의 지나온 삶의 궤적이라고 생각하니 여기 끝자락에 올려놓는 것도 나쁘지 않을 것 같다는 생각에 용기를 내었지만 계속 뒷덜미를 잡아끄는 것은 어쩔 수가 없다. 너그러이 양해를 바란다.

이제 연구실을 떠나려고 하니 회한만 앞서는 것을 어쩔 수가 없다. 그렇더라도 이제 와서 어쩌겠는가? 내게 주어진 천성과 재주 그리고 여건이 그뿐인 것을!

2018년 12월 14일
필자 조일영

차례

제 3 부 문체적 표현

제 4 부 기타 표현

제1부

양태 표현

제1장

'-았-'의 양태적 의미와 기능에 대하여[*]

1. 서론

무릇 언어에 대한 문법적 설명은 근본적으로 체계화를 지향하고 있다. 그렇기 때문에 체계적으로 설명되지 않는 언어현상에 대해 문법학자들은 끝없이 고민하면서 새로운 설명방식을 찾는다. 그런 일들은 국어학계에서 끊임없이 벌어지고 있어서 언어학 이론의 발전에 따라 새로운 체계에 의한 설명방법이 명멸을 거듭해 왔다. 그런 것들 중의 하나가 국어의 시제 형태소에 대한 설명 방식이다. 지금까지 국어시제 형태소들 중 가장 명확한 의미를 짚어낼 수 있다고 생각한 것이 '-았-'이었다. 그러나 실상은 아직 우리 국어에서 '-았-'에 대하여 모든 것을 설명해 낼 수 있는 체계적 방법이 있어 보이지 않는다. 그 이유는 체계적으로 똑 떨어지지 않는 '-았-'의 용법 때문이라고 할 수 있다. 이 글에서는 그런 용법에 대한 종합적이고도 체계적인 설명방법의 하나로서 의사소통의 관

---

[*] (2003.05) 박희숙 교수 정년기념논문집, 「국어학연구의 점과 선」.

점에서 발화를 바라보는 방법을 제안해 보고자 한다. 즉 인간이 발화를 할 때 거치게 되는 과정을 되짚어서 발화내용에 대한, 즉 사태에 대한 인식과 그 인식내용에 대한 양태적 태도와 이를 청자에게 전달하고자 할 때 드러나는 표현적 태도를 구분하여 보겠다는 것이다. 그리고 시제 형태소에 드러나는 의미와 그 구조 및 기능에 대해 살펴보고자 하는 것이다.

먼저 '-았-'의 양태적 의미와 그 기능에 대하여 살펴보고자 한다.

시간의 개념에 대하여 가장 먼저 관심을 보인 언어학자는 아마 Jespersen일 것이다. 그 후 소쉬르에 와서 시간에 대한 인식이 보이고 있는데 문헌에 의하면 그는 시간을 세 가지로 이해하고 있었다. 1.통시적 시간, 2. 선적 시간, 3. 주변적 시간 등으로 통시적 시간은 언어의 진화와 관련되어 객관적 혹은 외적 시간으로 불리며 불가역적 특성을 지니는 것이며, 선적 시간은 언어의 담화로의 실현과 관련되는 주관적 혹은 담화의 시간으로 질적 특성을 지닌다. 주변적 시간은 소리의 물리적 감촉과 관련되는데 이질적, 이산적 혹은 탈주적 특징을 지닌다.

거시적 차원에서 시간은 변화를 뜻한다. 미시적 차원에서 시간은 소리의 발생, 전달, 청취 등과 관련된다. 이 과정은 선조성과 관련된다. 그런 면에서 복합적인 양상을 보이는 국어의 시제체계에 대한 학자들의 고민도 끝없이 이어져 왔다. 특히 국어의 시제를 표현하고 있다고 생각되는 선어말어미들은 시제, 상, 서법 등의 이름으로 대립적으로 또는 통합적으로 다루어져 왔으면서도 아직 이들 형태소들에 대해 전체적인 조망의 관점은 제공되지 않았다. 그러나 최근에는 언어현상에 대해 좀 더 거시적인 관점을 통해 설명하려는 것이 하나의 추세로 보인다. 이를테면 의사소통의 기능을 강조하고 화용적인 설명을 강화하려는 것 등이 그런 예들에 속한다.

'-았-'은 이제까지의 연구들에서 시제[tense], 상[aspect], 서법의 범주로 다루어져 왔다. 그리고 이러한 양상은 지금까지 계속되어 왔으나 최근 들어 몇몇 논문에서 조금 다른 시도를 하고 있는데 그런 움직임으로 한현종(1990) 등이 고영근(1981), 임홍빈(1981, 1982, 1983, 1984)을 받아 서법의 범주에서 다루었다. 노대규(1976)에서는 시간부사에 의하여 시제가 규정된다고 보고 과거시제와 현재과거시제로 다루고 있으며 여기서 현재과거 시제는 현재완료에 해당한다. 한편 이기용(1980)에서는 '-았/었-'을 모든 동사들의 시제문이 이미 완료된 상황을 말하는 것으로 설명하고 이 상황이 지속되는 과거의 개폐구간이 한 시점에 국한될 때에는 과거형은 이 시점에서 일어난 과거의 사건을 말한다고 하였다. 이기동(1981)에서는 'actual'과 'remote'로 국어시제 형태소를 설명하고 있다.[2] 허웅(1982)에서는 현대국어의 기본 때매김을 '현실법, 회상법, 미정법, 완결법'의 네 가지로 나누고 있는데 이 중 '-았-'은 '이미 끝난 일, 또는 끝난 상태를 유지하고 있는 일을 나타내는 때매김'의 '완결법'을 나타낸다고 설명하고 있다. 박선자(1983)에서는 허웅(1982)과 견해를 같이하고 있다. 김일웅(1983)에서는 '-았-'을 '완료'의 상을 나타낸다고 보고 '았었'의 '었'을 시제로서의 '과거'를 나타낸다고 설명하고 있다. 서정수(1976)에서는 '-았-'의 의미로 17가지를 보이고 있다.[3] 이외에 옥태권(1986)도

---

2) '-았-'에 관한 다음과 같은 설명에 근거하여 '-았-'을 '과거'의 의미로 설명하는 부류에 넣을 수 있다고 하였다 "The remote tense is expressed by ess, and it means that the situation reffered to is not taking placing any more. The situation is seperated from the actual reality, and is not contiguous to the actual tense area."(p.10)
3) 서정수(1976)에서 보인 17가지의 의미는 다음과 같다.
  가) "었"과 현재
    ㄱ) 현재상태 1 현재까지의 상태 2 현재상태의 발생
    ㄴ) 현재사건 1 현재까지의 진행 2 현재까지의 반복 또는 습관 3 현재 완결 4 현재 완결 상태

'-았-'에 대한 시상 즉 명제의 양태적 인식을 다룬 논의라고 하겠다.

한편 최근에는 시제에 대한 인식도 좀 더 유연해져서 시제 자체에 대한 설명도 체계화를 위한 규정에서 벗어나 담화화용적인 측면까지 포괄해서 설명하려는 시도도 점차 보이고 있다. 그런 예들이 졸고(1995)를 비롯해 박재연(1999) 등이다.

이상과 같은 연구 성과를 토대로 이제까지의 체계화를 위한 설명에서 벗어나 언어 그 자체의 본질에 가까이 다가갈 수 있는 방향으로 국어의 과거시제 형태소 '-았/었-'과 '-었었-'을 조명해 보고자 하는 것이 이 연구의 목적이다. 편의상 형태론적 검토를 먼저 하고 의미론적 논의로 진행하고자 한다.

2. '-았-'의 의미에 대한 검토

현대국어의 시제 형태소에 대한 의미 혹은 기능에 대해 논의를 하고자 하면 우선 통시적으로 더듬어 보아야 할 것이다. 왜냐하면 오늘날의 언어현상은 단순히 드러난 현재의 모습으로만 설명하고자 할 때 해결되지 않는 경우를 우리는 많이 보아왔기 때문이다.

고대국어에서 과거의 시제적 표현을 담당한 것은 '-은-'이었다. 주로 향가의 자료에서 그런 예가 많이 보인다.

ㄷ) 현재까지의 지속
나) "었"과 미래
　ㄱ) 미래완결　　　ㄴ) 미래완결상태　　　ㄷ) 미래상태
다) "-었-"과 과거
　ㄱ) 과거상태
　ㄴ) 과거사건 1. 과거진행 2. 과거 반복 또는 습관 3. 과거 완결 4. 과거완결 상태
　ㄷ) 과거지속 ㄹ) 불확정과거

(1) ㄱ. 去隱春皆理米<慕竹旨郎歌>

　　ㄴ. 直等隱心音矣<兜率歌>

　이것은 국어가 형성단계에서 다른 알타이 제어와 같이 체언문이었을
것이라는 추정과 관련하여 설명할 수 있다. 즉 이때는 체언이 원시적이
나마 서술기능을 하였을 것으로 생각되는데 이때 시제 기능을 수행한
것이 체언화형 '-은·-음·-을'로서 과거 현재 미래의 표현에 사용되었
다. 그러나 체언화형의 서술성은 체언문이 서술문으로 발달하면서 서술
성도 약화되어 간다. 그리하여 제한적인 성격의 '과거'와 '미래'의 '-은,
-을'이 관형화로 기능변화를 입어 현재까지 이르게 된 것으로 보인다.[4]
현대국어에서 관형화 '-은'과 '-을'의 시제성이 뚜렷한 것은 그런 연유
라고 하겠다.

　중기국어에서는 서술어의 시제형태가 상과 밀접한 관련을 갖는다. '-더-',
'-거-' 등의 시제 형태소와 함께 과거의 시간적 표현에 완료적 '-거-, -아/
어-' 등이 '-아 잇-'의 형태로 수행된다. 허웅(1987)에 의하면 15세기부
터 'ᄒᆞ야 잇다(ᄒᆞ야 이시-)>ᄒᆞ얫다(ᄒᆞ얘시-)>ᄒᆞ얏다(ᄒᆞ야시-)'의 단계를 거
쳐 현재의 '-았-'이 형성되었다고 보는데 이러한 과정을 보여주는 예들
을 들어보면,

(2) ㄱ. 大愛道ㅣ 드르시고 훈 말도 몯ᄒᆞ야 잇더시니<釋詳六, 7>

　　ㄴ. ᄒᆞ오ᅀᅡ 안자잇더시니<月釋一, 6>

　　ㄷ. 精舍애 안잿더시니<月釋一, 2>

　　ㄹ. 가프리 다 ᄀᆞ자 잇고<朴通上, 27>

　　ㅁ. 몸에 샹쳬 이셧고<無寃三, 8>

---

4) 고대국어의 체언화형의 시제성에 대해서는 박병채(1989 : 93-4)와 홍종선(1986 : 73)
　을 참조.

ㅁ. 사랏거든 이받고<三강孝32>

ㅂ. 된밥도 지엇고 묽은 죽도 뿌엇다.<朴通中, 30>

등이 있다. 그러나 이들의 형태변천의 과정은 명확하게 시기적으로 구분되어 쓰여지는 것이 아니고 15세기에는 세 가지 형이 같이 쓰이다가 점차 '-앗-'형이 우세해지면서 '-아 잇-', '-야 잇-', '-얏-' 등은 퇴조하는 현상을 보여 '현대국어에서는 '-았-'형으로 굳어지게 된다.

ㅅ. 영묘겨오셔 미쳐 슬피지 못ᄒ셧더니<한듕, 五418>

ㅇ. ᄀᄅ치지 아니ᄒ엿ᄉ니<독립신문 4호>

결국 오늘날의 '-았-'은 15세기 말에 나타나기 시작하는 '-아 잇-'의 축약형 '-앗-'과 그 변이형태인 '-얏/엿-' 등을 거쳐 19세기 말에 '-았-'으로 통일되었다는 것을 많은 문헌을 통해 확인할 수 있다.

2.1. 의미론적 고찰

'-았-'에 대한 선행 연구와 직관적인 이해를 통해 일반적인 성격을 정리해 보면 다음과 같다.

1) 용언어간의 존칭의 '-시-'와 피, 사동 형태소 뒤에 위치한다.

2) '-았/었-'은 선어말어미 중 가장 분리적이고 개방적인 형태론적 특성을 가진다.

3) '-았/었-'은 중기국어의 '-아/어 잇-'으로부터 변천되어 온 것이 문헌상 확인된다.

4) 의미론적으로 명제내용에 대한 화자의 시간적 인식을 표현하는 문법형태소이다.

5) 실현된 사건에 대한 화자의 인식내용을 표현하므로 명령, 청유의문에서는 쓰이지 않는다.

6) 현재의 시간 표시 형태소와 결합할 수 없다.

7) 미래표현의 시간부사와 함께 쓰일 수 없다.

1)은 용언부의 활용어미 중 어간 이후 가장 먼저 자리를 차지하는 것은 존칭의 '-시-'를 제외하면 과거시제를 나타내는 '-았-'인데, 이는 국어의 선어말어미 배열순서의 엄격성 때문이다. 대체로 단어 배열에서 무표적인 의미의 단어가 유표적인 의미의 단어보다 앞서는 것이 언어보편적인 현상이다. 국어의 경우도 (3)과 같이 이를 어기면 비문이 된다.

(3) ㄱ. 우리가 일찍 도착했겠습니다.
   ㄴ. *모두들 일찍 도착하겠었습니다.
   ㄷ. 그가 학교를 갔었겠더라.
   ㄹ. ?그가 학교를 가겠었더라.

(9)의 예에서 가장 먼저 나오는 선어말어미 '-았-'은 완료상의 의미를 가지며 또한 부수적으로 시제적 성격을 보이고 있어서 문법적 기능이 가장 뚜렷하다. 즉 인식성이 가장 높다고 할 수 있다. 여기서 인식성은 명제에 대한 화자의 인식활동에 어느 정도 기여하는가의 기준에서 판단할 수가 있다. 명제를 인식할 때 가장 쉽게 인식되는 것은 완결된 사건의 모습이므로 '-았/었-'의 인식성이 높으며 '-겠-'은 상대적으로 가상적 세계를 인식하는 것이므로 불확실한 양태로서 인식성이 낮다고 할 수 있다. 또 '-았었-'의 '-었-'은 화자의 심리적 태도에서 선택되는 과

거사실에 대한 주관적 양태를 표현하므로 인식성이 '-았-'보다는 낮지만 '-겠-'보다는 높다. 일상 대화에서도 과거시제로 표현하는 것이 일반적인 경향이어서 다른 시제적 표현보다는 무표적이다. 왜냐하면 정보전달적 측면에서 보면 현재 진행되고 있는 사건이라 하더라도 완료된 상태로 인식하여 전달하는 것이 좀더 화자에게나 청자에게 수월하기 때문이다.[5]

그런 면에서 본다면 국어의 용언어미에서 가장 주관성이 높은 형태소는 어말어미일 것이다. 어느 형식을 택해서 문을 맺을 것인가는 온전히 화자의 주관에 속하는 일이기 때문이다.[6]

2)는 '-았/었-'에 의해 완결된 사실이나 사건을 바탕으로 다른 양태를 선택하는 것이 가장 쉽기 때문이다. 즉 일단 완료된 사건이나 상황은 청자나 다른 외적 상황에 제약을 받을 필요가 없이 화자의 의식 속에 인식이 되었기 때문에 다른 양태들을 표현하는 형태소를 접속하는데 덜 제한적이어서 비교적 개방적이며 분리적인 성격을 갖는 것으로 보인다. 그러나 과거의 의미를 보유하는 시간관련 선어말어미 중에 '-더'의 경우는 상황에 따라 일인칭 화자에게 쓰이지 않는 경우가 있다. 자신의 경험이나 자신 관련 서술에서 일인칭 주어는 어색하게 들릴 수가 있다. 물론 자신을 대상화 하여 서술하고 있는 경우는 예외이다.

3)의 경우, '-았/었-'이 형태적으로 중기국어의 '-아/어 잇-'이 '-앳/

---

5) 다음과 같은 표현들은 우리가 흔히 쓰는 현재 서술의 표현들이다.
   ㄱ. 영희야, 그가 왔다.
   ㄴ. 이제 우리는 살았다.
   ㄷ. 여기 꽃이 피었다.
   물론 이들 과거형 표현들은 현재 상태를 서술하는 것이지만 일상적으로 언중들에게는 정보 전달에 편한 측면이 있을 것이다..
6) '-시-'는 용언어간의 양태소 중 본체부에 속하는 양태소임은 양태의 분류에서 말한 바 있다.

엣-'>'-았-'의 과정을 거쳐온 것으로 얘기되고 있는데 이는 두 서술어 간의 통합으로서 현대국어에서 '-았/었-'이 완료적 의미를 보유하게 되는 어원적 근거를 제공할 것으로 보인다.

4)에서 명령, 청유는 아직 실현되지 않은 사건이나 사실을 전제로 하기 때문에 가능세계의 영역에 속한다. 그러므로 실재세계에 대한 인식표현인 '-았/었-'과는 같이 쓰일 수 없다. 일어난 사건이나 사실이 구체적으로 화자의 인식영역에서 형상화되기 위해서는 시간적 위치가 주어져야 하는데 사건의 완결된 상적 인상이 문법형식화 되어 과거시제로 나타나기 때문이다.

다음은 5), 6), 7)과 관련된 예이다.

(4) ㄱ. *우리 산에 놀러 갔자.
ㄴ. *너 밥을 먹었어라!

(5) ㄱ. *나는 집에 갔는다.
ㄴ. *그는 집에 없었는다.

(6) ㄱ. *내일 집에 갔다.
ㄴ. *앞으로 그는 열심히 일했다.

(4)의 경우 화자가 명령하거나 청유를 하는 것은 아직 이루어지지 않은 일에 대한 요구이므로 과거의 시제성을 갖는 '-았/었-'은 통합될 수가 없다. (5)의 경우 진행상으로써 '미완료'의 내용적 의미를 내포하는 '-ㄴ/는-'이 완료의 '-았/었-'을 허용할 수 없다. '언제 그 사람을 보았는가?'와 같은 경우 '-는-'이 시제적 기능보다는 서술적 기능을 갖는다. (6)의 경우도 5)항과 같은 이유로 완료의 내용적 의미에 대해서 미래의

시간적 위치를 지정하는 시간부사는 의미적으로 충돌되어 한 문장 내에서의 시간표현으로는 같이 나타날 수가 없다. 이상을 정리하면 1), 2), 3)은 형태론적 사실이고 나머지는 의미론적인 원인에 의한 것임을 알 수 있다.

요컨대 '-았-'의 형태를 가능한 한 분석을 해보면 '-아+ 쓰-'의 구조가 될 것이다. 이러한 형태분석은 중기국어의 '-아 잇'에서 축약되었다는 통시적 사실로부터 얻어지는데 '-아'가 보유하는 완료의 자질에 의해 형상화된 명제내용이 '잇-'의 의미적 잔상과 함께 화자의 단정적 양태를 표현한다는 것을 보여 준다.7) 그리고 이런 완료의 의미자질은 화자의 과거시제적 인상을 표현하는 요소로 작용하며 '-았-'이 선어말어미 배열에서 앞 쪽에 위치하는 것은 형태론적으로 분리적이고 개방적인 형태소이기 때문인데 이런 개방성은 완료성이라는 의미론적인 이유에서 비롯되는 것이다. 단일한 형태소가 여러 범주에서 다루어 질 수 있음은 그만큼 '-았-'의 기능이 다양함을 말해주기도 하지만 동시에 '-았-'의 실체를 온전히 파악하는 것이 어렵다는 것을 보여준다.

2.2 의미구조

언어발달 과정을 고려할 때 인간은 먼저 직관적 인상을 통하여 사태나 상황을 인식하고 이에 대한 화자의 개념화나 형식화를 통해 사고를 전개해 나가는 것이 보통이라고 생각한다. 언어의 소통 현장에서도 인간은 청자의 입장과 화자의 입장에서 의사소통을 하게 되는데 청자의 입장에서는 시제성의 의미를 먼저 인식하고 그 후에 상적인 의미를 주관적으로 느끼게 되고 화자의 입장에서는 상적 의미를 먼저 떠올린 후에

---

7) 이러한 인식은 최근 송창선(2001)에서도 보인다.

시제적 인상을 표현하게 된다. 김흥수(1989)가 "'었'은 배경과 주사건 진전에 잘 쓰이는데 이는 그 완료성이 일련의 사건을 각각 완결된 전체로 인식하여 서사하는데 걸맞기 때문이라 생각된다."라고 한 것은 이러한 추정을 가능케 한다. 이러한 인식은 박재연(2000)에서도 나타난다. 그는 인식양태의 영역으로 정보의 확실성, 정보출처, 정보의 내면화, 청자의 지식에 대한 가정을 들었는데 이러한 진술은 정확하게는 아니지만 크게 보아서 이 글의 가정에 힘을 실어준다고 하겠다.

그러므로 과거시제를 가진 문을 가지고 대화를 할 때 청자의 입장에서는 과거의 사건에 대해 시제적 의미로 먼저 받아들인 후에 이에 대한 주관적 인식으로 '완료'의 의미로 이해한다. 그리고 화자의 입장에서는 반대의 순서로 일어나게 된다. 이러한 점에 비추어 볼 때 과거 시칭의 형태소 '-았-'은 단순한 시제로서의 기능만이 아니라 어떤 사건의 완료된 상황을 형상화하는 기능도 갖는 것이며 이들의 기능은 동일한 형태소가 동시에 둘 이상의 기능을 갖는 것이 아니라 단계적인 인식의 순서에 따라 나타나는 양상적 의미를 나타내는 것이라고 말할 수 있다. 즉 문의 시간적 위치가 어떻게 정해지느냐에 따라서 현재, 과거, 미래의 방향이 자리잡게 되는 것으로 보인다. 다음의 예를 보자.

(7) ㄱ. 어제 그는 집에 있었다.
　　ㄴ. 오늘 그는 집에 있었다.
　　ㄷ. *지금 그는 집에 있었다.

통시적으로 중기국어가 상 중심이었으나 현대국어에 이르는 동안 점차 시제가 발달하여 현재의 모습을 이루게 된 것은 언어발달의 단계적 과정에 의한 것이다. 그리고 주어의 인식상태를 표현하는 '-았-'의 시제

적 의미와 상적 인식의 구체적인 분화는 '-았었-'이 나타나던 때부터인데 그 시기는 근대국어 이후이다.8)

결국 중기국어에서의 상적 표현인 '-아 잇'은 '-았-'으로 축약되는 과정에서 추상화, 개념화, 관념화되어 시제적 기능을 가지게 되었는데 기왕의 완료상적 의미가 현대국어에서 남아 주관적 인식으로서 기능을 한다. 이러한 주관적이며 정의적 요소의 객관화, 추상화, 형식화는 현대국어에서도 여러 단위에서 진행되고 있으리라 생각된다. 그러므로 '-았-'의 의미는 '-아'+'있-'의 형태내적 구조에 의해 '완료'의 양태적 의미를 가지게 된다.

> (8) ㄱ. 그가 죽었다.
> ㄴ. 그가 죽는다.

(8ㄱ, ㄴ)에서는 시간관련 선어말어미 '-았-'과 '-는-'에 의해 현재와 과거의 시간적 차이와 사건의 상적 차이가 드러난다. 전자는 어느 시점에서 '그가 죽다'라는 사실이 발생했는가를 지정하고 있고 후자는 그 사건이 문장의 해당 시점에서 어떤 상태인가를 서술하고 있다. 즉 (8ㄱ)은 과거의 시점에 '그가 죽다'는 사실의 발생을 보이고 (8ㄴ)은 발화하고 있는 현재를 중심으로 '그가 죽다'라는 사건이 발생하고 있음을 서술하고 있는 것이다. 한편 상적 측면에서는 (8ㄱ)은 사건이 완결되었음을 보이고 (13ㄴ)은 사건이 진행되고 있어서 완료되지 않았음을 나타낸다. 그래서 (8ㄱ)에서 '-었-'의 형태소 의미는 이중적인 구조로서 시제와 상이 결합되어 있는 '과거'+'완료'의 구조가 되고 ㄴ에서는 '현재'+'진행'의 구조가 된다. 그런데 이와 같은 시간적 의미와 상적 의미 외에 '-았-'의

---

8) 박병채(1989).

형태소는 화자의 심리적, 정신적 태도를 보인다. 다음 예를 통해 살펴보자.

(9) ㄱ. 그가 사람을 죽였다.
    ㄴ. 그가 사람을 죽인다.
    ㄷ. 나는 그 사람을 알았다.
    ㄹ. 나는 그 사람을 안다.

위의 예에서 (9ㄱ)과 (9ㄷ)은 각각 '그가 사람을 죽이다'와 '나는 그 사람을 알다'는 사실에 대해 단호하게 단정적으로 말하는 태도를 보인다. 그리고 (9ㄴ)과 (9ㄹ)에서는 단순한 사건을 진술하고 있는 태도를 보이고 있다. 이러한 양태적 의미는 이 형태소를 선택한 결과적 산물이기도 하지만 경우에 따라서는 화자의 강한 정신적 태도를 표현한 것일 수도 있다. 전자는 소극적인 의미의 양태의미이고 후자는 적극적인 의미의 양태라고 할 수 있다.

요컨대 '-았-'의 형태소가 쓰인 문장에서 과거의 시제적 의미와 사실의 완료라는 상적 의미가 드러나며 이 둘을 바탕으로 화자의 추정적 태도가 나타난다.

3. 양태적 의미

3.1 단언

앞에서도 언급했듯이 '-았/었-'의 의미는 단순히 과거의 시간만을 지정하는 양태소가 아니다. 다음의 예를 보자

(10) ㄱ. 너는 이제 죽었다.
　　 ㄴ. 우린 이제 살았다.
　　 ㄷ. 일이 모두 끝났다.
　　 ㄹ. 그는 갔다.

　(10ㄱ-ㄹ)은 과거시간의 형태소 '-았/었-'을 보유하고 있어 어떤 사건
이나 행위가 끝나 있는 것을 화자가 인식하고 있음을 보여준다. 그런데
(10ㄱ)은 '너'라는 문의 주체가 죽었다는 사실을 통보하는 것이 아니라
아직 일어나지 않은 사실을 기정사실화 하여 말함으로써 청자에게 상황
의 의미를 강조하려는 뜻으로 해석된다. 그것은 '이제'라는 앞으로의 시
간을 표현하는 부사기 쓰였음에도 용언의 시칭에 완료된 상황을 지시하
는 '-았/었-'이 쓰여졌기 때문이다. 명제내용에서 '이제'의 어휘가 전제
하는 것은 '너'가 지금까지는 살아있는 것으로 전제된 것인데 화자의 발
화에서 완료의미의 상적 형태소를 쓴 것은 통상적인 의미로 해석될 수
가 없고 앞으로 있게 될 상황에 대한 강조나 예측의 의미로 해석된다.
(10ㄴ)에서도 '이제'의 시간부사와 함께 '-았/었-'이 쓰인 것은 '우리가
살다'라는 사실을 평범한 사실의 전달이 아니라 기정사실화하여 상황의
의미를 강조하려는 단정적 표현이다. 결국 위의 (9ㄱ, ㄴ)은 실현되지 않
은 상황을 기정사실화하여 강조하려는 의도를 담고 있으며 화자의 단정
적 태도가 표현된다.
　(10ㄷ, ㄹ)에서도 (10ㄱ, ㄴ)과 같이 역시 두가지 의미가 포착된다. 즉
(10ㄷ)에서 '일이 끝났다'는 사실과 '일이 끝난 상태'에 있다는 사실에
대한 진술이 모두 포착된다. (10ㄹ)에서도 '그는 가다'라는 행위가 과거
에 있었음을 알리는 진술과 '그는 가고 현재 여기에 없는 상태'임을 진
술하는 의미도 포착된다. 사건이나 사실의 완료 상태에 대한 화자의 인

식은 단정적 태도를 취하게 마련이고 청자에게도 단정적으로 들린다. 이러한 완료적인 의미는 '-았/었-'이 중기국어에서 '-아/어 잇-'의 형태에서 왔다는 사실에서 그 근원을 찾을 수 있고 또 현대국어에서 소위 부사형어미 '-아/어'의 의미가 완료적임을 미루어 추정할 수 있다.9) 중기국어에서 흔히 사용되던 부사형 '-아'형의 복합 서술어간 형식에서 완료적인 의미가 나타나고 현대국어로 오면서 형태소의 통합이라는 형태적 변천과 함께 기능적으로 시제화되면서 그 의미적 잔상이 현대국어에까지 미치고 있는 것으로 본다.10)

이렇게 하나의 형태소에서 이중의 의미가 느껴지는 것은 발화자의 입장에서 발화할 때나 청자의 입장에서 청취할 때의 과정에서 취하는 의식의 단계적 작용으로 인한 결과로 보인다. 정상적인 과거시간의 객관적 표현과 함께 상태에 대한 주관적 인식이 한 형태소에 표현된 결과로 생각한다.

이런 방식의 형태소 분석은 서태룡(1988)에서 '-았-'과 '-었-'을 "부동사 어미 '-아'+'있-'으로 재분석하여 부동사어미 '-아'의 '완료'의 의미를 형태소 '-았-'의 의미로 상정한 바 있다. 실제 발화상황에서는 중세국어의 화자가 아닌 현대인이라면 재분석된 의미를 의식하여 '완료'+'존재'의 의미로 말하는 사람은 드물다. 그러나 언어는 언중들의 오랜 습관에 의해 의미가 부여되는 것이 자연스런 현상이므로 어원적 의미가 다소 언중들의 의식 속에 남아 있을 수도 있음을 부인하지는 못한다. 그렇

---

9) 부사형 어미 '-아/어'의 완료적 성격은 趙一英(1985)에서 보문소의 의미자질로 다룬 바 있다. 이외에도 '-아/어'의 완료성의 의미자질을 논한 연구들이 있다. 그러나 현대국어에서 '-아/어-'의 의미가 완료적이라고 해서 중기국어에서도 완료적이었다고 말하기는 매우 조심스럽다.

10) 이에 대해 문헌적 증거나 논리적인 설명이 필요하나 이 글에서는 양태적 의미에 그 초점이 있으므로 추후에 연구과제로 다루어보고자 한다.

지만 구체적으로 '완료'의 의미와 '존재'의 의미가 한 형태소 안에 어떻게 융합되어 어떤 의미로 있는지, 혹은 '존재'의 의미가 과연 실제 발화 상황에서 어떻게 느껴지는지는 의문이다. 또 한 형태소의 의미가 동시에 두 가지 양상을 보인다고는 생각하기 어렵다. 복합적인 의미는 일차적 의미와 부수적 의미로 단계적인 양상을 띠기 마련이므로 기계적인 분석으로는 의미의 표출의 과정을 파악하기 어렵고 단계적인 의미 표현의 양태를 갖는 것으로 보아야 할 것 같다. 즉 화자가 발화할 때나 청자가 청취할 때 '-았/었-'의 형태소는 완료적 의미가 전달되면서 거의 동시에 사건이나 사실의 시간적 위치가 정해지는 문법적 기능이 가동되는 것이라고 설명할 수 있다.

3.2 시간성

한편 '-았-'은 문장 내에서 양태부사나 상태동사의 어휘적인 의미보충을 받을 경우 의미적 초점이 놓이는 곳에 따라 시제적 의미가 강하게 느껴진다.

> (11) ㄱ. 그는 갔는가 안 갔는가?
> ㄴ. 그는 갔다.

> (12) ㄱ. 그는 언제 갔는가?
> ㄴ. 그는 벌써 갔다/ 그는 방금 갔다.
> ㄷ. 그는 9시에 갔다.

(11)은 그가 간 사실내용에 대한 질문이고 (12)는 동작의 완료된 時點

에 대한 질문이다. (11)에서 ㄱ의 물음에 대한 ㄴ의 대답에서 '-았-'은 그가 간 사건의 상태에 대한 진술을 의미하고 있다. 그러나 (12ㄱ)의 물음에 대한 (12ㄴ, ㄷ)의 대답에서는 양태부사 '벌써', '방금'에 의하여 '-았-'의 기능은 시제적이 된다. 즉 문장의 초점이 시간의 양태부사에 놓이게 되면 '-았/었-'의 의미는 시제 쪽으로 기울게 되고 서술어에 초점이 놓이게 되면 상적 의미에 기울게 된다. 또 서술용언이 형용사인 경우 상태성 동사인 형용사의 성격상 어떤 시점에서의 상태를 표현하는 것이 주기능이므로 시제적 의미보다는 상적 의미가 느껴진다.

동작동사의 서술어간은 행위의 변화과정을 수반하기 때문에 그 시점(始點)과 종점(終點)이 있게 된다. 따라서 종결된 과거의 사건은 화자에게 완료적인 모습으로 인식되고, 진행되고 있는 사건은 아직 끝나지 않은 상태이므로 미완적으로 인식된다. 이러한 사건에 대한 인식은 화자의 주관적 인식작용에 의한 것이다. 그러나 상태동사인 형용사는 의미기능상 어떤 사건이나 사태의 정지상에 대한 주관적인 인식의 표현이므로 시점과 종점에 대한 의식이 동사보다는 약하다. 그러므로 과거의 상태에 대한 서술인 상태동사의 경우 '-았/었-'의 의미기능은 상적 기능이 주가 된다. 그러나 어느 한쪽의 의미가 완전히 없어지는 것은 아니다. 상대적으로 중점이 놓이는 것에 따라 주의미와 부의미의 차이가 있는 정도이다.

(13) ㄱ. 저 사람은 늙었다.
　　 ㄴ. 영자는 어머니를 닮았다.
　　 ㄷ. 이 수박이 잘 익었다.

등은 상태동사가 서술어인 문장들로서 '늙다, 익다, 닮다' 등은 상태변화를 내포하고 있다. 여기서는 '-았-'이 상태변화의 완료적 인식을 표현하면서 화자의 단정적 태도를 보이고 있다.

또 다른 예를 들어보자.

> (14) ㄱ. 그녀가 아름답다.
> ㄴ. 그녀가 아름다웠다.

> (15) ㄱ. 내 마음이 아프다.
> ㄴ. 내 마음이 아팠다.

> (16) ㄱ. 팔이 아프다.
> ㄴ. 팔이 아팠다.

(14), (15), (16)의 ㄱ예문들에서는 현재 상태에 대한 주관적인 인식이 형용사인 서술어간에 의해 표현되었다. 각각의 ㄴ에서는 형용사의 서술어간에서 과거 시점에서의 상태를 주관적으로 인식하여 서술하므로 '-았-'에서 상태에 대한 단정적 서술의 의미가 강하게 나타난다.

다른 예를 하나 더 들어보자.

> (17) ㄱ. 이번 여름은 무척 더웠다.
> ㄴ. 이번 여름은 무척 덥 다.
> ㄱ'. 이번 여름은 덥지 않았다.
> ㄴ'. 이번 여름은 덥지 않 다.
> ㄱ". 이번 여름은 더웠니?
> ㄴ". 이번 여름은 덥니?

(17ㄱ)항과 ㄴ항은 과거의 시간형태소 '-았-'의 유무가 다를 뿐이다. 그런데 두 유형의 언술이 표현하는 내용은 시간적 차이 외에도 담고 있

는 화자의 주관적 인식내용에서 차이가 있다. 전항은 화자의 인식내용 속에 이번 여름의 더움에 대한 화자의 경험이나 앎을 포함하고 있는데, (17ㄴ)항은 '이번 여름이 덥다'는 사실을 주로 표현하고 있다. (17ㄱ)항에서 느껴지는 화자의 태도는 단정적이다. 단정의 태도는 화자의 경험이나 앎에 대한 믿음이 없이는 이루어질 수 없는 양태이다. 화자가 그 발언내용이 사실임을 알거나 안다고 믿고 있을 때 단정적으로 발화하는 것이 단정적 태도이다. 이러한 태도의 차이는 부정문에서도 역시 유지되고 있다. (17ㄱ')에서 명제인 '이번 여름의 덥지 않음'은 (17ㄴ')에서도 같은 내용으로 유지되어 있으나 (17ㄱ')에서는 역시 '이번 여름의 덥지 않음'의 경험이나 앎에 대한 화자의 단정적 태도가 보이는 반면 (17ㄴ')에서는 단순히 '이번 여름의 덥지 않'은 사실 자체만 언급한다. 의문의 형식인 (17ㄱ")와 (17ㄴ")에서도 사정은 같다. (17ㄱ")에서 물음의 내용은 단순히 '이번 여름이 덥다'에 대한 물음이 아니라 상대방의 경험에 의한 주관적 답변을 듣고자 한 물음이다. 그러나 (17ㄴ")에서의 질문의 목표는 상대방의 경험내용이 아니라 객관적인 사실에 대한 정보를 듣고자 함인 것이다.

(18) ㄱ. 내일 소풍은 다 갔다.
　　ㄴ. 나는 내일 죽었다.
　　ㄷ. 이 쌍둥이는 꼭 닮았구나.
　　ㄹ. *이 쌍둥이는 꼭 닮구나.
　　ㅁ. 저기 그 사람이 섰다.
　　ㅂ. 지금 버스가 왔다.

(18)에서도 객관적 시간표시와 관계없이 사건에 대한 화자의 인식적인 인상을 표현하고 있는 것이다. 특히 (18ㄹ)은 어휘의 의미특성에 의

해 완료적 표현만 허용된다는 것을 보여주는 예이다. 즉 화자의 인식적 인상은 미래에 있을 사건이나 현재 진행되고 있는 사건들을 과거의 시간형태소에 의지하여 표현하고 있는데 이들 형태소들은 시간표시로서의 기능과 함께 화자의 의식 속에서 일어난 사건에 대한 주관적인 인식내용에 대한 화자의 단정적인 양태를 표현한다.

이상에서 논의해 온 내용을 정리해 보면 현대국어에서 '-았-'의 양태소는 시제적 의미로서는 '과거'의 의미를, 상적 의미로서는 '완료'의 의미를 함께 보유하고 있는 것처럼 보인다. 그러나 '과거'의 시제적 의미와 '완료'의 상적 의미는 동시적인 의미가 아니라 단계적 의미를 갖는다. 즉 명제에 시간 지정의 표현이 있을 때 '완료'의 상적 의미자질은 '과거'의 시간성으로 표현된다. 또 '완료'의 상적 자질은 화자의 태도를 '단정'적으로 표현하게 된다. 결국 '-았-'의 의미자질은 시제적 의미로서는 '과거', 양태적 의미로서는 '단정'으로 표현된다.

3. '-았었-'의 의미구조

양태소의 복합구조체에서 최종적인 의미의 양상은 마지막에 부가된 형태소의 의미영역에서 결정된다. 왜냐하면 인식양태의 의미를 보이는 형태소는 명제 내용에 대한 화자의 태도를 보이므로 양태의 형태소가 중첩이 될 경우 선접명제의 내용을 명제로 인식하기 때문이다. 이와 관련하여 의미의 생성을 설명한 졸고(1995)에서 복합적인 양태관계를 MT+MT의 구조로 추정하고 발화하는 문장에서 의미구조를 기호화 한 바 있다.11)

---

11) 이것은 졸고(1995) 제2장에서 보인 것인데 문을 명제와 양태로 나누어 간략히 보이

여기서 t는 현재, 과거, 미래를 표현하는 시간성의 자질로서 T의 위치에 나타나는 잠재적 자질이다. 앞에서 언급한 바와 같이 양태의 의미특성상 시간성은 전항까지의 양태를 포함하여 명제화하는 기능을 갖는다. 이러한 상황을 공식화한 것이 P1+m1t→P2, P2+m2t→P3이며 전체적인 양상은 PMT의 생성구조로 된다. 이러한 형태규칙은 복합형의 의미해석에 유용하게 활용될 수 있을 듯하다.

국어에서 '-았었-'의 형태를 '-았-'의 복합형태로 보는 성기철(1973)의 견해와 단일형태로 보는 남기심(1972)의 견해가 있다. 전자는 과거시제를 보이는 '-었-1'과 주체 경험을 보이는 '-었2-'가 복합한 것으로 하였고, 후자는 '-았었-', '-었었-'이 단일한 형태로서 '-았았-'이 나타나지 않는 것이 그 근거라고 하였다.

현대국어에서 '-었-'은 과거의 시제를 나타내는 '-았-'의 뒤에 나타나면서 앞의 과거시제에 대한 상적 인식의 양태의미를 보이는 형태소로서[12] 그 기능과 의미는 국어의 문법형태소의 발달과정을 보여주고 있다고 하겠다. 그러한 추정을 가능하게 하는 것은 '-었-'이 언제나 '-았-'의 형태소 뒤에서만 보인다는 것이다. 이는 '-았-'과 '-었-'의 의미적 연관을 고려할 필요성을 제기한다. 다시 말하면 '-았-'과 '-었-'은 의미적으로 포함 관계 또는 의미확장의 과정을 거쳐 형성된 것이 아닌가 하

고자 다시쓰기한 것이다. 자세한 설명은 (1995)의 3.2.2를 참조할 것.

$S \to PMT$.

$M \to cog\ rep$

$T \to (Pt)(Pr)(F)t$

$cogm \to (fact)(possible)$

$repm \to (hon)mood$

12) 염종률(1980: 210)은 '시상, 양태 등은 동일한 사건을 바라보는 인식방법의 相違에 지나지 않는다. 따라서 시간을 나타내는 요소가 겹쳐서 쓰일 경우 그 중 첫째 요소는 시제의 의미를 강하게 지니고 그다음 요소는 상의 의미나 양태의 의미를 강하게 나타낸다'고 하였다.

는 생각을 갖게 한다. 통시적인 면에서 말하면 중기국어에서 현대국어로 변화할 때 '-았-'의 의미는 시제의 기능이 상대적으로 강화되었고 뒤의 '-었-'의 형태소는 상적기능과 의미를 유지하되 앞의 '-았-'과 기능분담을 한 것으로 추정할 수 있다. 물론 이 경우 중기국어 시기의 의미와 같은 의미를 그대로 보유했는지는 알 수 없다.

다음 예문을 보자.

(19) ㄱ. 그날 그는 학교에 있었다.
　　 ㄴ. 그날 그는 학교에 있었었다.
　　 ㄱ'. 그날 그는 학교에 있지 않았다.
　　 ㄴ'. 그날 그는 학교에 있지 않았었다.
　　 ㄱ". 그날 그는 학교에 있었는가?
　　 ㄴ". 그날 그는 학교에 있었었는가?

(20) ㄱ. 나는 슬프다.
　　 ㄴ. 나는 슬펐다.
　　 ㄷ. 나는 슬펐었다.

(19)의 예문은 단순서술문으로서 (19ㄱ)은 그가 그날 학교에 있었다는 '사실'에 중점이 있다. 그러나 (19ㄴ)은 그가 학교에 있었던 그 사실보다는 특정한 그 시점에서 사건의 존재 영역을 제한하고 있다. (19ㄱ)에 비해 (19ㄴ)은 서술의 범위가 제한적이다. 즉 '-었었-'의 경우는 사건이 일어난 어떤 시점에서 화자의 인식의 범위를 정해주는 기능을 하고 '-었-'의 경우는 사실의 존재만을 서술하고 있다. (19ㄱ)에서 '-았-'은 과거의 사실의 존재 시점을 포괄적으로 표현하고 있다면 (19ㄴ)의 '-었-'은 화자가 언급하고자 하는 상황을 과거 어떤 한 시점(時點)으로 지정하여 구체화하여 사실의 존재를 의미한다. 그러므로 '-았-'이 무표적이라면 상

대적으로 '-었-'은 유표적이 된다. 또한 (19ㄴ)은 어떤 다른 사건의 상황이 공존하고 있었음을 전제로 하는 화용적 표현이기도 하다. 즉 그 날 그가 학교에 있었을 때 어떤 다른 사건, 예를 들면, 화재가 났다던가, 누가 무슨 일을 했다던가, 아니면 다른 어떤 상황이 벌어지려고 했다던가 하는 다른 상황을 전제한다. (19ㄱ′, ㄴ′)는 부정문으로서 의미의 차이는 (19ㄱ, ㄴ)과 같으나 (19ㄱ′)는 그가 학교에 있었던 '사실'에 대한 부정이라면 (19ㄴ′)는 상황에 대한 부정이라고 할 수 있다. (19ㄱ″)은 사실에 대한 질문이고 (19ㄴ″)은 상황에 대한 질문이다. 위와 같이 '-었-'이 '-았-'에 비해 작용범위가 한정적인 까닭에 '-었-'으로 서술된 상황은 이후의 상황과는 단절된다. 형용사의 경우에도 동일한 의미가 드러난다.

(20)은 서술어가 상태동사인 경우이다. (20ㄴ)은 '내가 슬펐던 사실' 이후에 대해서 개방적이다. 그리고 '그 후 지금도 그렇다'고 할 수가 있는 것이다. 그러나 (20ㄷ)은 서술의 초점이 슬펐던 상황에 한정되므로 이후의 상황에 대해서는 책임지지 않는다. 남기심(1972)에서도 (19ㄱ)의 경우 '그는 현재 학교에 없다'는 진술을 하고 있다고 설명한다.

그런데 이 상(相)의 위치에 나타난 '-었-'은 앞의 '-았-'의 시제에 대하여 한정하는 성격을 갖는다. 그래서 과거의 사건에 대한 규정의 성격을 갖는다. 즉 '먹었었다'에서 앞의 '-았-'까지의 개념적 형식적 과거사실을 뒤의 '-었-'이 화자의 상적 인식을 통하여 표현하는 역할을 한다. 즉 앞의 '-았-'의 과거시간은 발화시점 이전의 시간을 가리키나 뒤의 '-었-'은 과거의 어느 한 시점에서의 명제 내용의 존재를 인식한다. 이때의 화자의 태도는 역시 믿음을 근거로 한 단정의 태도를 취한다. 그러한 단정의 태도에서 과거의 어떤 시점이 더 명확하게 부각된다.

이와 같은 의미의 양상은 위에서 제시한 명제와 양태의 의미생성 규칙에 적용하면 잘 드러난다. 즉 '-았-'까지의 명제는 시제성과 양태적 의미를 복합적으로 보유하고 있는데 이때 명제 내에 사건의 시간을 확실히 규정하는 어휘가 등장하면 '-았-'의 의미는 시제 쪽으로 강하게 견인된다. '-았-'의 뒤에 형태소 '-었-'이 나타나게 되면 상적 의미는 뒤의 '-었-'에게 넘겨주게 되고 앞의 '-았-'은 과거시점의 인식기능을 갖게 된다. 즉 기능분담이 이루어지게 되는 것이다. 이것은 아직까지도 '-았-'이 순수한 시제로서의 확실한 자리를 차지하지 못하고 있는 과도기적 위치에 있기 때문이 아닌가 한다.

4. 결론

지금까지 '-았/었-'과 '-았었-'의 시제선어말어미를 대상으로 의미구조와 양태적 의미 기능을 살펴보았다. 통시적 관점에서는 현대국어에서 '-았/었'이 시상의 기능에서 시제적 기능으로 점차 넘어가고 있는 것으로 보인다. 한편 '-았-'까지의 선접명제와 이에 대한 양태의 의미는 마지막에 위치한 양태소 '-었-'의 시간성 자질에 의해 제2의 명제로 변하고 마지막에 위치한 양태소 '-었-'의 의미가 최종 양태의미로 표현된다. 이와같은 의미구조의 계층은 '나는 어제 집에 없었었다.'의 경우 그 구조는 [[[나는 어제 집에 없]p1었]p2었다]s와 같이 될 것이다.

그리고 의미적으로 보면 '-았-'으로 표현되는 문의 상태보다는 '-았었-'으로 표현되는 문의 상태가 유표적이다. (20ㄴ)보다는 (20ㄷ)에서의 상황이 구체적이고 특수적이다. 따라서 '-았었-'에 의한 문의 의미는 '-었-'에 의한 문의 의미보다 제한적이고 구체적이고 특수적인 사실을 언급한다. 이때 화자의 태도는 믿음에 근거한 '단정'적 태도를 표현한다.

제 2 장

현대 한국어의 시간인식 양상 연구[*]
- 시간관련 양태부사를 중심으로

1. 서론

우리가 보통 생각하는 시간은 과거로부터 미래로 향하는 일직선상에 놓여있는 시점들의 연속으로 생각하는 것이 일반적이다. 그러나 실제로는 과거사건이거나 현재사건이거나 미래의 사건이거나 간에 모두 화자 곧, 일이나 사물에 대한 시간적 위치를 인식하는 사람이 바라볼 때 펼쳐지는 방향이 다를 뿐이다. 그런 의미에서 현상적으로만 본다면 현재와 과거, 미래는 동시에 공존하는 것인지도 모른다.

그래서 이기용(1998, 23쪽)이 "현재시점은 과거시와 미래시를 양분하는 시간의 기준점이다. 현재는 과거와 미래를 분리하기도 하고 연결하기도 한다. 현재가 있기 때문에 과거가 있고 미래가 있는 것이다. 국어의 '지금'은 이러한 현재시의 반영인 것 같다."고 한 언급은 필자가 앞에서 언

---

* 이 논문은 2013년도 KNUE 학술연구비에 의해 진행되었음.

급한 생각의 소박한 언턱거리가 될 지도 모른다.

한국어에서 시간 관련 표현은 문법적 장치와 어휘적 장치에 의해 표현되었음은 이미 잘 알려졌고 각각의 경우에 많은 연구업적들이 있었다. 그 중에서도 선어말어미를 통한 시제연구와 관형형 어미를 통한 시제연구는 상당한 정도로 연구 성과가 있었다.

국어에서 시제와 상 범주는 동전의 앞뒷면처럼 긴밀한 양상으로 나타난다. 그리고 상 범주에 대한 연구는 서술어를 중심으로 한 동작상에 대한 연구와 사건이 시간 축을 따라 놓여있는 모습에 대한 시간상 즉 시상으로 정리될 수 있었다. 그런데 이런 연구들은 모두 문법적 표현에 집중되어 선어말 어미나 서법 표지 혹은 관형형어미 등에서 나타나는 시간성들에 관련된 것들이었다.

시간어라 함은 대체로 체언이 부사격 조사를 취하거나 부사어 자리에서 발화에서 언급되는 사건이나 사물의 시간적 위치를 표현하는 기능을 가진 어휘들을 말한다. 시간부사들 중에는 주로 시간적 위치를 지정하는 기능이 중심이지만 화자의 사건이나 사물에 대한 주관적 평가나 인식에 대한 태도가 표현되는 경우가 있다. 이들 부사는 시간적 의미와 함께 화자의 인식양태를 표현하는 기능도 담당한다. 그 중에서도 기본적인 어휘 의미는 유사하면서도 약간씩의 양태의미의 차이를 보이고 대비 관계를 유지하고 있는 시간부사가 '이미', '벌써', '아직', '여태' 등이다. 이들 부사는 사건이나 사물의 상적 양상을 표현해서 화자에게 비춰진 인식양상이나 평가적 태도를 담당하기도 한다.

이글에서는 주로 이들 어휘들의 의미차이를 대화에서 실현되는 양태의미를 통해 살펴봄으로써 시간부사들의 의미관계에 대해 살펴보고자 하는 것이 목적이다.

2. 연구사 및 문제제기

몇 가지 문제에도 불구하고 주로 선어말어미를 통해 표현되는 양태표현에 대한 연구는 서법범주와 관련하여 어느 정도 범주의 수립과 문법적 체계화를 목표로 이루어졌고 성과도 있었다. 그런 연구들이 신창순(1972)과 고영근(1986)과 장경희(1995) 등이다.

보통 양태의미에 대하여 논의할 때 양태의 정의는 명제 내용에 대하여 가지는 화자의 정신적 태도를 말한다.[1] 이 연구에서는 양태의미를 확장하여 어떤 사물이나 사태에 대하여 화자가 대할 때 가지는 정신적 태도로서 서법성으로 나타나거나 어휘적 표현으로도 나타나는 정신적 태도로 나타나는 의미들을 가리키는 것으로 이해하고자 한다.

장경희(1986)에서 언급했듯이 양태사건은 '화자의 태도를 가리키는 것이며 양태는 사건에 대한 화자의 정신적 태도'를 나타낸다. 예를 들어 '[지각], [앎], [짐작] 등의 양태의미는 행위적인 태도를 나타내는데 [확실성]과 [불확실성] 등의 의미는 직접적인 행위를 뜻하지는 않지만 화자의 평가적인 태도를 나타내 준다고 할 수 있으므로 이들을 모두 태도라는 말로 포괄할 수 있다.'(장경희 1986, 9에서 참고).

양태의 성격과 관련해서는 장경희(1995: 194-195)의 동작성과 시간성에 관한 고찰과 양태사의 기준을 규정한 최규련(2002.3, 166)을 통하여 일차적인인 개념을 짐작할 수 있다.[2] 장경희(1995: 194-195)에서는 양태의 특

---

1) 이와 관련한 것은 장경희(1986) 고영근(1976)등을 참고한다.
2) 최(2002.3)는 양태사에 대하여
  ㄱ. 대부분 단독 표현들로서 전체 문장과 관련이 있다.
  ㄴ. 홀로 질문의 대상이 될 수 없으며 따라서 홀로 질문에 대한 답변으로도 쓰일 수 없다.
  ㄷ. 삭제해도 문장의 문법성을 깨뜨리지 않는다.
  ㄹ. 부정될 수 없다.

성으로서 동작성과 시간성을 다루었는데 주로 서술어의 어미를 통해 표현되는 화자의 인지적 태도를 말하며 '-겠-', '-구나', '-네' 등 발화 현재의 인지적 태도를 나타내는 것들과 '-더-'를 통한 과거의 인지적 태도 등으로 구분하여 설명하였다. 그는 "양태는 사실 자체를 표현하는 것이 아니라 사태에 대한 화자, 청자의 태도, 즉, 명제에 대한 화자, 청자의 특정한 관점에서의 태도 표현이다"라고 하여 양태의 성격을 규정하였다.

두 연구자의 의견을 종합하여 볼 때 결국 양태표현이란 주관성이 표현된 것이며, 화자의 관점이나 청자의 관점에서의 태도 표현이므로 전체 문장과 관련 있다는 점, 문법성을 침해하지 않는 다는 점 등으로 정리될 수 있다. 이러한 견해는 졸고(1995: 19)에서도 같은 취지로 피력한 바 있다.

한편, 이제까지의 시간 관련 연구는 서법에서 시간 관련 선어말 어미를 중심으로 한 연구와 시간관련 어휘 연구 중심으로 진행되어 왔다. 그 중에서 시간관련 어휘에 대한 연구로서 김선희(1986), 박시현(2003), 민현식(1990), 홍종선(1991)등과 吉本一(1998a, b)과 같이 일본인의 시각으로 일본어와 한국어의 시간표현을 인지언어학적인 관점에서 비교한 연구들도 있었다. 임지룡(1980), 박정운(1998) 등은 시간의 공간 개념을 통한 은유의 양상을 살핀 논의였다, 한편 김진수(1985)에서는 상과 통사제약을 중심으로 이 논문의 연구대상인 '이미', '벌써', '아직' 등에 대하여 논의하였으나 대부분 시제와 상에 중심을 두어서 이들 어휘의 양태의미에 대한 본격적 논의는 없었다. 홍윤기(2003)에서도 주로 부사의 상적인 의미기능에 대하여 다루었다.

시간어를 낱말밭의 관점에서 품사별로 정리한 민현식(1990)의 연구에서는 시제어와 상 관련 시간어의 두 부류로 나누어서 시제어와 시상어

ㅁ. 화자의 태도나 견지를 즉 어감을 관련된 전체 문장에 가미한다.
등으로 규정하고 '이미'의 양태의미를 [확신]으로 추정하였다.

로 구분하였는데, 시간양태 의존명사에 주목하였고 여기서 다루는 양태부사에 대해서는 단순히 상 관련 부사로만 분류했을 뿐이다.[3] 이 중에서 필자는 양태적 의미를 보이는 부사어 '이미', '벌써', '아직', '여태'의 어휘에 주목하여 각각의 어휘들이 드러내는 의미차이와 양태의미 들에 대하여 살펴보고자 한다.

그런데 이들 부사에는 단순히 시상적 의미만 나타나는 것이 아니라 화자의 주관적, 정서적 평가 인식양상을 드러내는 양태표현도 함께 나타난다. 그리고 이들 양태의미는 시상표현과 함께 융합된 의미양상을 보이기도 하는데 이러한 관점은 Günter Radden·Renê Driven에서도 언급이 있었다.[4]

이 글에서 필자는 기존의 논의에서 주로 시상적인 관점으로 설명된 양태부사들에 대해 '이미'와 '벌써'는 과거의 사건이나 사물의 시점에

---

3) 민현식(1990: 325)은 시간어 목록을 중심으로 품사별로 정리하였는데 양태의미에 주목한 것은 의존명사 뿐이었다. 필자가 논의하는 시간관련 양태부사 '이미', '벌써', '여태', 아직' 등은 단순히 시간부사로 처리하였다.
......
시간양태의존명사(시간의 다양한 양상을 가리키는 뜻으로 용언의 양태(서법)개념과 동질적이다.)
시간부사: 시제관련부사(과거 현재 미래관련): 오늘, 아까, 이제, 장차, 곧...
상 관련 부사(완료, 진행, 예정, 순간, 순서, 지속, 반복 등의 상): 이미, 여태, 늘, 자주, 오래,...
......
4) 의미의 융합현상
"이동도식- 이동은 복합적인 사건이다. 이동은 이동하는 실재물, 그 실재물의 이동, 근원, 경로 그리고 목표로 구성된다. 전형적으로 우리는 또한 '양태(manner)'의 양상들을 이동사건과 통합한다. 따라서 (10a)에서 동사 roll은 'move'와 'rolling manner'를 표현한다. 그 문장은 'the bottle moved down the slope, rolling'으로 풀어쓸 수 있을 것이다. 한 어휘 형태 내에서 두 개의 그런 개념들을 개념적으로 통합하는 것은 융합(conflation)으로 알려져 있다. 영어를 포함하는 게르만어는 '이동'과 '양태'를 융합하는 경향이 있는 반면에, 로만스어는 '양태'를 분리하여 표현하는 경향이 있다."
(Günter Radden·Renê Driven(2007 임지룡·윤희수 옮김 2009: p367-368에서 인용)

대한 화자의 [완료]의 인식상과 함께 [확신]의 인식양태를 보이고 '아직'
과 '여태'는 [미완]의 상적 인식과 함께 [당위] 혹은 [당연]의 평가양태를
보이는 것으로 설명하고자 한다.

3. 양태범주와 시간부사들의 양태성

양태범주가 서법범주와 동일한 것인가 하는 문제와 양태범주의 표현
방식이 어디까지인가 하는 문제는 쉽게 판별이 어려운 문제이다. 양태의
의미가 본래 주관적 성격을 바탕으로 하기 때문에 문법적 요소와 의미
간에 경계가 명확하지 않기 때문이다. 특히 한국어에서는 시상과 관련된
연구가 많이 등장한 것도 그런 이유에서라고 말할 수 있다.

Kattein(1979)은 사건과 관련하여 있을 수 있는 정신적 태도는 '인식',
'평가', '의무' 등이 있으며 이것들의 의미가 문법적으로 modal을 지닌
문장에서 공통으로 나타나는 것은 일인칭, 목적문장, 양태사건 즉 화자,
대상사건, 화자의 태도 등이라고 하였다(Kattein(1979: 91-92)). 또 장경희
(1986)는 화자의 태도는 문장의 내용이 대상이 아니라, 문장으로 표현된
실제의 사건에 대한 것으로 양태를 사건에 대한 화자의 정신적 태도를
나타내는 것이라고 정의하였음은 앞에서 언급하였다. 필자 또한 이러한
정의를 수용하여 이 연구에서 다루는 '이미', '벌써', '아직', '여태'의 의
미에 대하여 시간지시의 기능 외에 화자의 사건에 대한 정신적 태도가
표현되는 양태적인 표현이 융합되어 있다고 생각하고 이를 분석하고자
한다.

장경희(1995)에서는 양태의 문법범주를 양태소 중심으로 설정하고 확
대할 경우 양태보조동사와 몇 개의 관용표현까지를 포함하는 것으로 체

계화하였다.5) 양태범주의 하위 구분에서 국어에서 문법 형태소로 표현
되는 양태범주는 인지 양태로 특성화 된다고 하였는데 인지양태에는 인
지방법에 의한 기준으로 '지각 양태'와 '사유 양태'로서 선어말 어미의
형태소 '-더-', '-네' 와 '-겠-'으로 인지 시점에 의한 기준으로 '이미
앎의 양태'('-지'), '처음 앎의 양태'('-구나')로 나누고 관용적 표현까지
확대할 수 있다고 하였다.

장경희(1985)가 분류한 기준에서 인식의 측면만을 원용한다면 시간관
련 부사들은 주로 인식서법성에서 완료와 미완료의 상적 의미를 바탕으
로 인식상의 [확신], 평가상의 [당위] [가능] [의무] 등의 양태와 관련되
어 나타난다.6)

김영희(1980)에서는 서술어가 상동사인 문장의 기저구조에 화자의 명
제에 대한 평가행위를 나타내는 문장을 상위문으로 설정하고 있다(장경희

---

5) 그런데 어휘적 범주의 양태에 대해서 장경희(1985: 10-1)에서는 양태소가 단어가 아
니라 문법적인 형태소라는 형태적인 특징을 지니며 통사적으로는 양태의 의미가 부
정의 범위에 들지 않으며 시제의 관점에서도 어휘적인 양태표현과 구별되며 화용론
적인 특징을 가지고 있다고 하였였다. 그러나 명사의 양태성과 관련하여 高永根
(1986)에서는 현실, 사실, 정확, 확인, 단정 등은 현실성 내지 확실성을, 추측, 짐작,
가정, 생각, 상상 등은 비현실성, 욕구, 소원, 약속, 가능 등은 개연성이나 가능성을
표시하는데 이들은 대부분 인식양태에 속한다고 하고 명령, 제안, 허락, 권유 등은 의
무양태, 기쁨, 슬픔, 놀람, 경악, 유감 등은 정감성의 양태에 관련되는 명사로 정리하
였으나 이는 명사자체의 양태성이라기보다는 어휘가 갖는 의미의 속성인 것으로 보
인다. 그러므로 명사자체의 의미가 양태적의미를 갖는다기보다는 어휘 의미의 특성
에 의한 연상작용의 결과라고 볼 수 있다. 그러나 이 논문에서는 일단 화자의 태도가
드러나는 점을 중시하여 예를 들었는데 좀 더 깊은 논의가 필요할 듯하다.
6) 인식서법성은 크게 '필요성'과 '가능성'의 개념들로 구성되고, 의무서법성은 '의무'와
'허용'의 개념들로 구성된다. 이 의미들은 논쟁의 여지가 없는 아래의 예들에 나타나
있다(Cognitive Grammar, Günter Radden · Renê Driven(2007), 임지룡 · 윤희수 옮
김(2009: p367-368)에서 인용)
a. You must be right.[필요성] 네가 옳음에 틀림없다.
b. You may be right.[가능성] 네가 옳을 지도 모른다.
c. you must go home.[의무] 너는 집에 가야 한다.
d. You may go home. [허용] 너는 집에 가도 좋다.

1985: 9에서 재인용). 그런 측면에서 보면 다음의 예문들에서 보이는 시간 양태부사들은 문장의 명제에 대한 태도를 보이는 것으로 보인다.

(1) ㄱ. 그는 (벌써) 집에 도착했다.
ㄴ. 벌써 그는 집에 도착했을 것이다.
ㄷ. 벌써 그는 집에 온다.
ㄹ. 벌써 그는 집에 오는구나.

'벌써'는 과거의 사실이 이미 완료되어 있음을 표현하는 양태부사이다. 위에서 확인되듯이 시제와 별도로 문장자체의 명제에 대한 화자의 태도를 표현하고 있다. (2)과 (3)에서 '이미, 아직'의 경우도 같은 양상을 보이고 있다.

(2) ㄱ. 이미 전쟁은 시작되었다.
ㄴ. 이미 전쟁은 시작된다.
ㄷ. 이미 전쟁은 시작될 것이다.

(3) ㄱ. 아직은 그렇게까지 심한 정도로 부패되지 않았다.
ㄴ. 그가 아직 오지 않는다.
ㄷ. 그가 아직 오지 않을 것이다.
ㄹ. 아직 그가 오지 않는구나.
ㅁ. *아직 그 사람이 도착했다.

그런데 '아직'은 부정표현인 '-지 않-'과 共起관계에 있다. 왜냐하면 부정표현 '-지 않-'은 '아직'과 동일 문장 내에 속해 있으면서 부정적인 의미의 명제내용을 구성하기 때문이다. 즉 (3)에서 '아직'의 의미는 과거 어느 시점으로부터 발화시 현재까지의 명제 상태에 대한 화자의 부정적 태도를 보이는 어휘이다. 즉 '아직'의 의미 속에 이루어지지 못한 일에 대한 인식이 표현된 것이다. 그러므로 (3ㅁ)과 같이 완료형의 표현에는 '아직'을 쓸 수 없다. 그런데 발화시까지의 상태에 대한 양태표현인 '아직'과 시제적 표현인 선어말어미는 부정의 구문인 한 제약관계에서 비교적 서로 자유롭다.

(4) ㄱ. 아직도 정신을 못차렸다.
ㄴ. 아직도 정신을 못차린다.
ㄷ. 아직 그 사람이 도착하지 않는다.
ㄹ. 아직도 정신을 못차리겠다.
ㅁ. 아직도 정신을 못차릴 것이다.

(1-4)에서 쓰인 '이제, 이미, 아직, 벌써 ...' 등의 어휘는 화자의 발화시 기준으로 상대적인 선후관계에 있는 사건의 상태에 대한 인식양태를 보이고 있다. 그리고 명제내용에 대한 화자의 주관적 믿음의 정도를 분명하게 드러내는 어휘는 (5)의 문장부사들이다.

(5) ㄱ. 확실히(분명히) 그 사람은 문제가 있다.
ㄴ. 틀림없이 이 문제는 해결되었다.
ㄷ. 아마도 그가 여기 오겠다.
ㄹ. 어쩌면 그가 여기 올지 모르겠다.
ㅁ. 분명히 그는 오지 않는다.

(1)-(4)의 '벌써, 이미, 아직, 이제야...' 등의 시간부사와 (5)의 문장부사들은 인식된 명제내용의 진행과정과 명제내용에 대한 화자의 주관적 반응의 양태를 보여준다.

한편 최규련(한글 2002.3; 166)은 양태사의 기능이 상기능과 관련이 있다고 하면서 양태사의 개념을 다음과 같이 규정하였다.

- 대부분 단독 표현들로서 전체 문장과 관련이 있다.
- 홀로 질문의 대상이 될 수 없으며 따라서 홀로 질문에 대한 답변으로도 쓰일 수 없다.
- 삭제해도 문장의 문법성을 깨뜨리지 않는다.
- 부정될 수 없다.
- 화자의 태도나 견지를 즉 어감을 관련된 전체 문장에 가미한다.

그리고 미래 시제와 결합된 완료상 문장들에서 '이미'는 초점사나 상연산자가 아닌 양태사로서의 기능(확신)을 수행한다는 점을 언급하였다. 예를 들어 "할아버지는 이미 그 길을 찾아내셔"의 경우 [확신]의 태도를 보인다고 한 것이다(최규련2002: 167).

이런 점들을 감안할 때 양태부사들은 대체로 해당하는 서법성들과 호응하며 이 글의 고찰 대상인 '이미', '벌써', '아직', '여태' 등은 시간 인식의 양태를 보이므로 시간 축을 중심으로 대립적으로 펼쳐져 있다고 할 수 있다.

그리고 최규련(2002.3)의 양태소의 개념을 적용할 때 '이미', '벌써', '아직', '여태'등은 양태어휘의 범주에 해당하는 것으로 보인다. 다른 부사어에 비해서 이들 부사어는 양태의미가 강하게 나타나기 때문이다. 김선희(1987: 45)에서도 시간어 중 시간과 관련된 상황만을 나타내지 않고 사건을 인지하는 화자의 태도도 나타내는 경우, 예를 들어, '벌써'의 의미에서 화자의 주관적 태도가 보이기 때문에 양태의 부사로 다루었고, '이미'의 경우, 상황변화를 지시하는데 새로운 상황의 변화가 일어날 것을 바라거나 또는 가정하거나 또는 변화가 일어났음을 표현하는 것은 화자의 태도이므로 양태라고 주장하였다. 또 '미리'/'진작'도 '예정된 의도'로 나타난다고 하여 양태의미로 설명하였다. 그러나 홍종선(1991: 234)에서는 '이미'와 '아직'의 어휘적의미로 완료상과 진행상의 의미를 설명하고 있어서 양태의미로 보지는 않았다.

한편 이들 양태부사는 다른 문장성분들에 비해 비교적 위치가 자유롭다. 이는 (5)와 같은 문장부사들이 독립성을 가지는 것과 유사한 현상이다. 이들 양태부사들은 다른 일반적인 성분수식어보다는 문장전체의 내용을 수식하는 것이 자연스럽다는 사실도 양태부사의 독립성을 뒷받침한다.

한편 단어가 품고 있는 의미의 속성을 추출하기 위해서는 흔히 통시적 고찰이 유효하다. 그러나 어원적인 단서를 찾을 수 없는 여건에서 양태부사와 보조사의 결합관계를 검토해 보면 이들 어휘의 성격에 대해 짐작할 수 있는 근거를 미약하게나마 찾을 수 있을 것으로 생각한다. '이미', '벌써', '여태'와 '아직'의 양태부사들은 보조사를 허용하는 양상에서 일정한 차이를 보인다. '이미'와 '아직' '여태'는 모두 '-부터'와의 결합을 허용하지 않는데 이는 보조사 '-부터'의 의미제약 때문에 미완의 상태를 표시하는 '여태'와 '아직'이 결합할 수 없는 것이다. 그런데 [완료]의 의미를 가진 '이미'는 '-부터'의 결합을 허용하지 않는다. 반면 '벌써'의 경우는 결합이 허용된다.

(6) ㄱ. *이미부터 집에 돌아왔다.
    ㄴ. 벌써부터 야단들이다.
    ㄷ. *여태부터 무얼하고 있었는지 모른다.
    ㄹ. *아직부터 소식이 없다.

(6ㄴ)의 '벌써'만 '-부터'가 결합 가능한 것은 '-부터'의 특성에 비롯

된 것으로 선행 체언이 시발점이 되어야 하는 까닭에 '벌써'의 의미적 특수성에 구체적인 시점을 지정하는 요소가 있어서일지 모른다. 즉 '벌써'는 화자의 의식 속에 앞선 시점에 대한 인식이 포함되어 있다고 할 수 있다. 그러나 '이미'는 시점에 대한 인식보다는 상태에 대한 인식이 중심이 되어있어서 '-부터'의 결합이 안 된다. 그리고 '여태'와 '아직'은 [미완료]의 지속상태이므로 시발점을 드러낼 수가 없다.

한편 '까지'와의 결합을 검토해 보면 '아직'과 '여태'는 결합이 되는데 '벌써'와 '이미'는 결합이 안 된다. 또 '도록'의 경우도 '아직'과 '여태'만 결합이 허용된다.

(7) ㄱ. 아직까지
　　ㄴ. 여태까지
　　ㄷ. *벌써까지
　　ㄹ. *이미까지
　　ㅁ. 아직도록
　　ㅂ. 여태도록
　　ㅅ. *벌써도록
　　ㅇ. *이미도록

'아직'과 '여태'는 현재 상태에 대한 언급이므로 도달점의 의미를 표현하는 '까지'와 '도록'은 의미상 허용이 되는데 반해 '벌써'와 '이미'는 지난 사건이나 일에 대한 인식이므로 '-까지'나 '-도록'이 허용될 수가 없다. 즉 '아직'과 '여태'는 현재 상태에 대한 인식이 중심이고 '이미'와 '벌써'는 지난 일에 대한 인식을 중심으로 함을 알 수 있다. '아직'은 발화시점 현재의 상황만을 언급한 것이고 '여태'는 발화시점 현재의 상황에 대한 서술뿐만 아니라 화자의 불만스러움까지 표현하고 있다.

4. 양태성 시간부사

시간과 관련하여 선후관계로 인식하는 의미를 나타내는 부사는 많이 있다. 예를 들면 고유어 계통으로는 '이미, 벌써, 먼저, 아까 등 과거의 완료인식을 보이는 경우'와 '이따가, 나중에, 아직' 등 발화 현재나 이후의 시점을 표현하는 경우'가 있다. 이 중에서 '아까', '이따가', '나중에' 등은 특정 시점을 중심으로 표현하는 경우이다. 또 '前에', '以前에' '旣往/以往에', '事前에'/'後에', '以後에' '事後에' 등은 한자어의 선후를 지시하는 명사'+부사격 조사의 형태로 단일 어휘형태인 '이미, 벌써, 먼저, 아까, 이따가, 나중' 등과는 형태론적으로 차이가 있다. 여기서는 고유어인 '이미', '벌써', '아직', '여태'를 대상으로 완료상과 미완상으로 나누어 구체적인 양태의미 양상을 검토해 본다.

4.1 '이미'와 '벌써'

일반적인 부사어의 의미기능은 단어나 구, 절 등의 형식으로 부사, 동사, 형용사 등의 서술어 성분에 주로 의미적 제한을 통해 용언의 의미를 상세화 하는 기능을 가진다. 그러나 시간관련 부사 '이미', '벌써', '아직', '여태' 등은 어휘의미의 시간지시 기능을 바탕으로 양태의미가 드러나게 된다.

먼저 이들 부사의 어원적인 측면을 살펴보면 다음과 같다.

    (8) ㄱ. 이미: 다 끝나거나 지난 일을 이를 때 쓰는 말 [어원] 미상. 변화
           이믜(두시언해 9:22)>이미
        ㄴ. 벌써: 이미 오래 전에 [어원미상] 변화 불쎠(석보상절 6:35)/불셔

(능엄경언해 1:37)>벌써 <어원사전>

   이들 부사어는 통시적으로 살펴봤을 때 의미나 형태면에서 현대어와 크게 다르지 않다. 따라서 어원을 통한 의미추적보다는 현대어의 발화상황을 중심으로 살펴볼 수밖에 없다.

   부사사전(손남익, 2014)에서는 다음과 같이 해당 부사들의 어휘적 의미에 대해 수록해 놓았다.

> (9) ① '이미'-
> 의미: [+과거], [+일], [완료]
> 제약: 다 끝났거나 지난 일을 이를 때 쓰는 말. '벌써', '앞서'의 뜻을
>   나타낸다.
>
> ② 벌써-
> ㄱ. 의미: [+예상], [+신속]
>   제약: 예상보다 빠르게 어느새
> ㄴ. 의미: [+과거], [+정도]
>   제약: 이미 오래 전에

   이들 부사의 의미는 기본적으로 언급하는 사건 혹은 일에 대한 화자의 시간 인식을 드러내며 화자의 시간 인식에서 완료의 상적 양상을 보인다. 그리고 화자의 정신적 태도에서 약간씩의 차이를 보이는데 '이미'와 '벌써'는 시간선 상에서 화자의 기준점보다 앞선 시간에서 있었던 일이나 사물에 대한 인식을 드러내면서 [완료]의 상적의미와 이를 바탕으로 [확신]의 양태의미를 드러내는 것이다.

   다음의 예문에서 '이미'의 의미는 과거, 완료의 의미 외에 완료의 의미에 상황의미가 덧씌워져 화자의 사건에 대한 정신적, 주관적 태도를

보인다.

    (10) ㄱ. 이 일은 이미 끝난다.
         ㄴ. 이 일은 이미 끝나가고 있다.
         ㄷ. 이 일은 이미 끝나는 중이다.
         ㄹ. 이미 이 일은 끝났습니다.
         ㅁ. (...한다면) 이미 이 일은 끝납니다.
         ㅂ. 이미 이 일은 끝나가고 있다.
         ㅅ. (...한다면) 이미 이 일은 끝나겠다.

위의 예문에서 '이미'는 (10ㅁ, ㅅ)을 제외하고는 과거의 일이나 현재 상황에 대한 서술에서 사건에 대한 인식이 발화시보다 앞서 있었음을 보여주고 있다. (10ㅁ, ㅅ)의 경우는 조건부 상황을 가상하여 '이미'가 사용된다. 그리고 '이미'의 의미에는 비교적 객관적인 인식 태도를 보이는 것이 특징이다. 즉 '이미'에는 심증적 확신의 정도가 단정적이면서 '벌써'보다는 인식의 先時性이 약한 인식의 태도를 보이는 것이다

다음의 예를 비교해 보면 좀더 분명히 확인할 수 있다.

    (11) ㄱ. 이 일은 이미 끝났습니다.
         ㄴ. 이 일은 어제 끝났습니다.
         ㄷ. 이 일은 아까 끝났습니다.
         ㄹ. 이 일은 방금 끝났습니다.

위에서 단순히 언급하는 사건에 대한 시간적 위치를 지적하는 다른 시간 관련 부사들과 달리 (11ㄱ)의 '이미'에서는 화자의 [확신], [단정]하는 주관적 태도가 드러난다.

한편, '벌써'의 의미에는 사전에 등재된 것처럼 언급된 사건이나 사물,

상태 등이 기준시보다 앞서있음을 인식하고 있으며 '이미'에서 인식하는 것보다 주관적인 태도를 보인다. 즉 '이미'가 사건의 先時性을 내포하지만 표현의 태도는 발화시 상태에 대한 인식에 치중되어 있는데 비해 '벌써'는 發話時 상태에 대한 인식과 함께 주관적인 평가의 감정이 포함되어 있다. 예를 들면 다음과 같다.

> (12) ㄱ. 철수가 왔는가?
>   ㄴ. 철수는 벌써 와 있다.
>   ㄷ. 철수가 벌써 왔다.
>   ㄹ. 철수는 벌써 와 있는 중이다.
>   ㅁ. 철수는 벌써 옵니다.
>   ㅂ. 철수는 벌써 올 것이다.

(12ㄱ)은 발화자가 '철수가 온' 사실이 있는가를 묻지만 (12ㄴ-ㅁ)은 발화자가 '철수가 온 사실'에 대해 미리 알고 있음을 표시하며 (12ㅂ)의 경우는 '철수가 오'는 사실에 대하여 심증적인 근거를 가지고 있음을 암시하고 있다. 그런데 '이미'의 경우는 현재와 미래의 경우 (13ㄷ)과 (13ㄹ)처럼 특정한 문맥의 상황을 상정해야 쉽게 이해할 수 있을 것이다.

> (13) ㄱ. 그는 갈 것이다.?
>   ㄴ. 그는 이미 갈 것이다.
>   ㄷ. ?그는 이미 온다.
>   ㄹ. 그는 이미 오는 중이다.

(13)에서 '이미'는 완료된 사건에 대해서만 선택될 수 있다. 다만 (13ㄴ, ㄷ, ㄹ)처럼 발화시에 종료되지 않았지만 시작은 먼저 있었던 일이나 상태에 대해서는 '이미'가 사용될 수 있다. 이 경우 '이미'의 의미 초점

은 언급되는 사건이나 상태의 시작점에 놓여 있다고 할 수 있다. 따라서 [완료]의 상적 의미를 통하여 화자의 [확신]의 양태의미를 드러내는 데 는 아무 지장이 없다고 할 수 있다.[7]

(14) ㄱ. 그는 이미 갈 것이다.
ㄴ. 그는 이미 안 갈 것이다.

(14ㄴ)의 경우는 '이미'가 부정의 제약을 받지 않는다는 양태의미의 속성을 보여주고 있다.

또 위의 예문에서 부사의 위치를 앞으로 보내어도 큰 차이가 없다.

(15) ㄱ. 이미 그는 갈 것이다.
ㄴ. 이미 그는 안 갈 것이다.

지금까지 살펴 본 바에 의하면 '이미'는 기본적으로 완료의 상적인식 을 하고 있고 [완료]의 기본의미를 바탕으로 화자가 [확신]하는 양태의 미를 드러내게 된다..

다음은 '이미'와 같이 완료상을 표현하는 '벌써'에 대해 살펴보도록 한다.

(16) ㄱ. 영희는 소풍간다고 벌써부터 들떠있다.
ㄴ. *영희는 소풍간다고 이미부터 들떠있다.

'벌써'는 '이미'와 같이 완료시점에 대한 인식이 들어있으나 '이미'에 비해서 지시성이 강하다. 즉 위의 예문 (16ㄱ, ㄴ)에서 보듯이 '벌써'만

---

7) 상과 양태의미의 관련에 대해서는 졸고(1995)를 인용.

보조사의 결합을 허용하는 것으로 보아 '이미'보다 체언성이 강하다는 것을 알 수 있다. 즉 어떤 사건의 존재시점을 '이미'보다는 구체적으로 인지하고 있는 상태에서 보조사 '-부터'의 결합을 통해 '예상시점보다 먼저'라는 의미를 드러낸 것으로 보인다.

보통 어떤 일이나 사물에 대해 예상할 수 있는 시간이나 상황을 벗어난 상황을 접하게 되면 자연히 [놀람]의 주관적이고 감정적인 태도를 띠게 된다. 그러나 '이미'의 의미 속에는 언급하고 있는 내용의 사건이나 사물에 대해서 '벌써'가 표현하는 것처럼 발화시보다 앞서지만 출발점에 대한 인식이 '벌써'보다 심정적으로 강하게 인지되는 것 같지는 않다. 그보다는 '이미'는 상황에 대한 서술을 중점으로 하고 '벌써'는 인식시의 선시성을 주로 강조하고 있는 것이다. 그러므로 인식된 시간의 거리가 '이미'보다 '벌써'가 앞선다고 할 수는 없지만 정서적, 주관적 평가 태도의미는 '벌써'가 상대적으로 강하다고 하겠다.

다른 예문을 보자.

(17) ㄱ. 벌써 가을이다.
ㄴ. 이미 가을이다.

위의 예문에서는 동일한 계절의 상태에 대한 서술이지만 (17ㄱ)의 '벌써'는 가을을 인지한 시점이 화자의 예기된 시점보다 앞질렀음을 표현한다. 한편 (17ㄴ)의 '이미'는 화자의 정신세계에서 가을을 예기한 시점에 대한 관심보다는 발화시 현재의 상태에 대한 언급이 초점화 되어있다.

한편 이들 양태부사는 서법의 시제와는 무관해 보인다.

다음 예에서 명사문과 동사문일 경우를 구분하여 각각 검토해 보겠다.

(18) ㄱ. 벌써 가을이었다.

ㄴ. 벌써 가을이다.

ㄷ. 벌써 가을일 것이다.

(19) ㄱ. 이미 가을이었다.

ㄴ. 이미 가을이다.

ㄷ. 이미 가을일 것이다.

동작동사의 경우는

(20) ㄱ. 벌써 그는 집에 갔다.

ㄴ. 벌써 그는 집에 간다.

ㄷ. 벌써 그는 집에 갈 것이다./가겠다.

(21) ㄱ. 이미 그는 집에 갔다.

ㄴ. 이미 그는 집에 간다.

ㄷ. 이미 그는 집에 갈 것이다./가겠다.

위의 예에서도 (19, 21)의 '이미'에 비해서(18, 20)의 '벌써'에는 화자의 주관적 평가가 작용하고 있다. 즉 화자의 예상 혹은 예기에 비해 빠르다는 평가의 태도가 반영되었기 때문이다. 이러한 양태의미는 어휘자체의 의미내용 때문이기도 하지만 화자의 발화내용에서 발생 사건에 대한 시간적 평가가 나타나기 때문이다. 구체적인 상황을 감안하기 위하여 대화 중에 등장하는 시간부사의 양태의미를 살펴보겠다.

(22) A. 지금 들어오니?

B. 네 지금 왔어요.

A. 오늘 늦는다더니 벌써 왔니?

B. 네, 생각보다 일찍 끝났어요. 그래서 일찍 왔어요./?그래서 벌써
   왔어요.(상대방의 기대치보다 앞서는 것을 의미)

위의 대화에서 '벌써'를 통해 A는 자신이 예상했던 시간보다 빨리 온
것에 대해 평가하고 이유를 묻는 것이고, B는 그 이유를 답하는데 '벌
써'를 사용하면 어색하게 된다. 위의 대화맥락 속에서 A가 사용한 '벌
써'는 자신이 예기치 못한 시점이라는 것을 암시하고 있기 때문이다. 그
리고 '이미'가 사용될 경우는 더욱 문제가 된다. '이미'는 시점보다는 상
태에 초점이 있기 때문이다. 그래서 아래 문장을 위의 대화에 적용해 보
면 어색하다.

(23) A: 오늘 늦는다더니 벌써 왔니?
     B′: *네, 생각보다 일찍 끝나서 이미 왔어요.

(23)의 A의 '벌써'에 대하여 B'의 '이미'는 더욱 어색하여 비문처럼
보인다. B'의 답은 일찍 오게 된 이유를 단순 설명해야 하는 맥락이어서
'이미'라는 주관적 상태 중심의 표현이 쓰이는 것이 적합하지 않게 된다.
그러나 제한된 경우에 B'의 '이미' 대신 A의 '벌써'를 그대로 받아서 답
할 경우는 문제가 없게 된다. 그런 경우는 화자의 표현을 일부러 흉내
내는 경우이다.

(24) A: ?숙제는 이미 다 했니?/숙제는 벌써 다 했니?
     B: 네 숙제는 이미 다 했어요.(단순히 숙제의 완료시점이 발화시 현
        재 보다 앞서 있음을 의미)/ 네 숙제는 벌써 다 했어요.(상대의
        기대치보다 앞서는 것을 의미)

(24)의 A의 질문에서 '벌써'보다 '이미'는 어색하다. 숙제를 완료한 시점이 '벌써'에서는 특정되었으나 '이미'는 그렇지 않기 때문이다. 또 다음의 예를 보자.

(25) ㄱ. 숙제를 벌써 다했니? 아까 다 했어요.
    ㄴ. A: 학교 갔다가 벌써 왔니?
       A′:*학교 갔다가 이미 왔니?

(25ㄱ)의 '벌써'를 사용한 물음에 대한 답으로는 '아까'를 사용하여 지난 시점을 지정하는 것이 자연스럽다. 그래서 (25ㄴ)의 대화에서 A와 A′의 질문은 자신의 주관적 평가를 기준으로 질문하는데 A′의 '이미' 사용이 부자연스럽다. 화자 자신의 예상 시점보다 이른 시점이라는 것을 지적하는 것이므로 상태 중심의 '이미'는 질문의 초점에서 벗어나기 때문이다.

4.2 '여태'와 '아직'

여기서는 시간부사 중 '벌써'와 '이미'의 의미와 대비적인 관계를 보이는 '여태'와 '아직'의 양태의미에 대하여 검토해 보고자 한다.
먼저 '여태'와 '아직'의 의미를 통시적으로 살펴보면 다음과 같이 현대어에 비해 크게 다른 점은 보이지 않는다.

(26) 아직: 때가 되지 못하였거나 미처 이르지 못하였음을 나타내는 말.
    [어원미상] 변화 안죽(석보6:11)>안직(번소 8:31)>아직 참고 ①아죽
    [부] (최창렬 1986.7.15.:49)
    여태: 지금껏 쇼칠 아ᄒᆡ 논 여태 아니 니러ᄂᆞ냐<청구영언 50쪽>

'아직', '여태'는 화자가 언급하고자 하는 일이나 사물 혹은 상태가 아직 이루어지지 않은 미완의 상태이거나 진행 중임을 의미한다. 그래서 '이미', '벌써'는 '여태', '아직'보다 확신의 정도에서 강하다. 왜냐하면 아직 완료되지 않은 상태에서는 확신의 태도를 가지기 보다는 미완된 상태에 대한 주관적 평가 서술이 중심이 되기 때문이다.

'아직'과 '여태'는 모두 참조시 현재 일의 미완성을 의미한다. 그러나 '여태'는 화자가 완료 예상시점을 염두에 두고 있는 것이고 '아직'은 예상시점을 정하지 못한 상태이다. 그러므로 '여태'에 비해서 '아직'은 주관적 평가의 태도가 약하다. 즉 단순 서술의 태도로 유보적 입장에 가깝다고 할 수 있다. 기준시 현재의 상태에만 집중하는 의미를 담고 있기 때문에 발화자가 예상한 발화시점에 대한 인식을 드러내지 않는다. 그러므로 판단의 태도에서 확실한 단정적 태도를 보이지 않는다. 그러나 '여태'는 화자가 예상한 시점을 넘어서서 이루어지지 않은 사건에 대한 주관적 평가의 태도가 보인다.

이와 관련하여 부사사전(손남익, 2014)에서 의미속성을 제시한 것을 참고하면 다음과 같다.

> (27) ① 아직
>   [+일]V[+상태], [+경과]V[[+지속]
>   제약: 어떤 일이나 상태 또는 어떻게 되기까지 시간이 더 지나야 함
>   을 나타내거나, 어떤 일이나 상태가 끝나지 아니하고 지속되고
>   있음을 나타내는 말.
>   ② 여태
>   [+행동]V[+일]V[+상태], [-완성], [-만족]
>   제약: { }-{부정}
>   지금까지. 또는 아직까지. 어떤 행동이나 일이 이미 이루어졌어야 함
>   에도 그렇게 되지 않았음을 불만스럽게 여기거나 또는 바람직하지

않은 행동이나 일이 현재까지 계속되어 옴을 나타낼 때 쓰는 말

부사사전에서는 '아직'과 '여태'가 공히 [+상태]의 의미속성을 보유한 것으로 규정했으나 필자는 '아직'이 '여태'에 비해 상태성이 더 높고 '여태'는 '벌써'와 같이 예상 시점이 좀 더 구체적으로 포함되어 표현된다고 본다.

위에 수록된 내용을 참고하여 예문을 통해 살펴보도록 하자.

> (28) ㄱ. ?그는 아직 갈 것이다.
> ㄴ. 그는 아직 간다.
> ㄷ. *그는 아직 갔다.
> ㄹ. 그는 아직 못/안 갔다.

위의 (28ㄷ)의 예문에서 보듯이 '이미', '벌써'와 달리 '아직'은 완료된 일에 대해서는 선택되지 못한다. 왜냐하면 '아직'의 기본의미 속에 [미완]의 상적 의미가 들어있기 때문이다. 그러나 (28ㄹ)과 같은 부정문에서는 그런 제약이 없다. 부정소가 완료된 사건을 부정함으로써 그런 제약이 사라지는 효과가 생기기 때문이다. 그래서 '아직'은 뒤에 부정소를 동반하는 것이 용이하다.

(27) ①의 의미제약에서 보듯이 '아직'은 어떤 일이나 상태가 끝나지 아니하고 지속됨을 나타내므로 뒤에 부정어가 오든 안 오든 [미완]의 일에 대해 언급하고 있는 것이다. 한편 '여태'와 비교해 보면 '아직'은 '여태'에 비해 [-확신]의 양태를 표현한다. 왜냐하면 '아직'은 어떤 일이나 행동이 이루어지지 않고 있음을 의미하는 것은 '여태'와 같지만 마땅히 혹은 당연히 이루어질 것으로 여기는 '기대'의 태도는 보이지 않기 때문이다. 즉 단순히 현재 지속되는 상태에 대해서만 언급하기 때문이다. 따

라서 '여태'와 같이 어떤 일에 대한 [만족]여부에 대해서는 중립적일 수밖에 없다.

(29) ㄱ. 영희는 아침을 아직 먹는다.
ㄴ. 영희는 아침을 아직 안 먹는다.
ㄷ. *영희는 아침을 아직 먹었다.
ㄹ. 영희는 아침을 아직 먹겠다.

(29ㄷ)은 '아직'의 기본의미로서 [미완]의 속성이 있기 때문에 비문이 된 것이다. 인간의 인지 속성상 완료된 상태에 대한 언급이 [확신]이나 [단정]의 양태의미를 가능하게 만드므로 '아직'의 의미와 충돌이 일어나는 것이다(졸고 1995참고). (ㄹ)은 추정의 구문으로 지속의 의미를 허용할 수 있는 경우이므로 문제가 되지 않는다.

한편 '여태'의 경우는 ②의 기본의미에서 결과에 대한 '기대'의 속성이 있으므로 [-만족]의 평가양태의 의미가 드러나게 된다. 또 '아직'에 비해서 언급되는 사건에 대한 인식은 [단정]적이고 [부정]적 태도를 보이게 된다.

(30) ㄱ. 철수는 여태 안 왔다.
ㄴ. 철수는 여태 안 온다.
ㄷ. ?철수는 여태 올 것이다.
ㄹ. 철수는 여태 오는 중이다./오고 있다.

(30ㄷ, ㄹ)은 어떤 행동의 지속이라는 특정한 가정을 통해서만 이해가 될 수 있는 긍정의 문장이다. 부정어가 쓰인 (ㄱ, ㄴ)은 이미 현재의 상태에서 기대치에 미흡한 결과 상황에 대하여 부정적 평가의 양태의미가

나타나게 된 것이다.

(31) ㄱ. 영희는 아침을 여태 먹을 것이다.
　　 ㄴ. 영희는 아침을 여태 먹고 있다.

　(31)은 '여태'의 의미 중에 '지속'의 의미가 적용된 경우로서 지속상태에 대한 서술이며 불만스럽게 생각하는 일이나 바람직하지 않은 상태가 언급되는 시점까지 지속됨을 말하는 것이다.

　지금까지 논의해온 바를 정리하면 '아직'과 '여태'의 의미는 유사하지만 약간의 차이를 보이는데 그것은 어휘의 의미에서 오는 차이이면서도 화자의 정신적 태도에서 보이는 차이라고 할 수 있다. 그것은 '이미'와 '벌써'에서 보이는 의미의 차이에서와 같이 정신적 태도면에서 보이는 양태의미의 차이를 보이는 것이라고 할 수 있다. 즉 '아직'은 언급되는 일이나 사물 혹은 상태가 화자가 언급하는 시점에서 주로 미완의 상태임을 중심으로 표현하지만 '여태'에서는 상태가 미완이거나 지속됨을 표현하는 것은 '아직'과 같지만 흔히 뒤에 부정어를 수반하거나 수반하지 않더라도 기대에 못 미침을 함축하고 있다는 점에서 차이가 있다.

　이상에서 논의한 바를 '이미', '벌써'의 논의와 함께 종합하여 상범주와 양태범주 별로 다음과 같이 분류해 보았다.

[표 1]

범주구분		상범주	
		완료	미완료
인식양태	상태	이미	아직
	평가	벌써	여태

5. 결론

  지금까지 '이미', '벌써', '아직', '여태' 등의 시간 관련 양태부사들의 상적의미와 관련하여 대화 중 표현되는 양태의미들을 살펴보았다. '이미', '벌써', '아직', '여태'의 의미들을 완료상과 비완료상을 바탕으로 비교 검토함으로써 이들 부사들이 표현하는 양태의미들의 표현양상을 거칠게나마 살펴보고자 하였다. 화자가 드러내고자 하는 시간적 위치와 함께 이들 어휘가 화자의 의도에 의해 선택됨으로써 화자의 주관적 정신적 태도를 동시에 보이게 된다. 그런 의도들이 인식적 태도로서 평가적 태도로서 시간 관련 부사들의 이차적 의미로 화자의 태도 속에 융합되어 드러나게 된다. '이미'와 '벌써'는 완료상의 부사로서 '아직'과 '여태'는 미완료상의 부사로서의 속성을 보유하는데 '이미'와 '아직'은 상태 중심의 의미를 보유하고 '여태'와 '벌써'는 예상시점을 인식하여 화자의 감정적 평가의 양태를 표현한다는 것을 알 수 있었다. 발화 상황에 따라 좀 더 정밀하게 검토해 보아야 할 것이나 여기서는 우선 직관적인 태도로 고찰하였다. 좀 더 정밀한 연구는 추후를 기약하도록 한다.

〈한국어문교육30, 한국어문교육연구소(2014.12.31.)〉

제 3 장

한국어 짐작 추측의 인식양태 고찰
-구 구성형식의 표현을 중심으로

1. 들어가며

여기서는 한국어의 양태범주에 속하는 의미 표현 형식에서 정확한 의미를 분간하기 어려운 짐작과 추측의 의미를 나타내는 구 구성을 중심으로 그 의미의 실현과정에 대하여 살펴보고 외국인 학습자가 한국어를 학습할 때 도움이 될 수 있도록 의미차이를 보이고자 한다.

외국어를 학습할 때는 비슷한 표현의 정확한 의미차이를 포착하는 것이 언어학습의 중요한 목표가 된다. 그런 의미에서 이 연구는 추측과 짐작에 해당하는 양태의미를 표현하는 구문 형식의 표현들을 비교하여 주, 객관성의 정도성을 중심으로 의미차이를 보임으로써 한국어 양태표현들을 습득하는데 도움이 되도록 하는데 목적이 있다.

양태의미는 선행 연구들에서 언급했듯이 화자가 명제와 관련하여 세계에 소통하는 양식이라고 할 수 있겠다. 그런데 국어에서는 화자의 명제에 대한 정신적 심리적 태도를 표현하는 의미영역으로서 서법 등과 명확한 경계를 긋기가 어려운 점이 있어서 다른 문법범주에 대한 학문적 접근과 달리 양태의미 범주에 대한 논의는 비교적 늦게 출발이 되어 최근에야 활발하게 전개되었다.1) 그러나 고영근(1986), 장경희(1998: 62) 등에 의해서 서법과 양태범주를 형식과 의미영역으로 구분하는 견해가 늘면서 범주구분에 대한 논의는 정리가 된 듯하다. 그러나 화자의 추측, 짐작의 양태의미는 다양한 방법으로 표현되기 때문에 아직도 논의되어야 할 부분이 많다. 그 중에서 인식양태의미를 표현하는 '-싶다, -보다, -같다' 등의 보조표현들에 대해서는 명료하게 정리된 것이 많지 않다. 따라서 외국인을 위한 한국어교육 측면에서도 어려움이 많다. 이와 같은 점을 고려하여 인식양태 표현 중에서 '-가/-지 싶다, -가 보다, -것같다, 듯 하다' 등의 짐작과 추측의 인식양태를 주객관적 인식태도의 정도성을 중심으로 비교해 보고자 한다.

2. 선행연구 및 연구범위

양태의미는 명제 내용에 대한 화자의 정신적 주관적 태도를 표현하는 방법으로서 문법범주와 어휘범주를 통하여 나타난다고 하는 견해가 대체적인 추세이다. 한국어의 양태범주에 대한 논의는 비교 다른 문법범주

---

1) 인식양태의 의미영역에 대해서는 Palmer(1986: 51)의 "화자가 명제의 진실성에 대하여 가지는 책임의 정도를 가리키는 것"이라든가, 이효상(1991: 62)의 '경험을 자신의 인지체계에 통합시키는 화자의 인식론적 과정', 장경희(1998: 62)의 '명제의 사실성을 화자의 주관적인 인지적 관점에서 표현하는 문법범주', 임홍빈(1998: 339)의 '어떤 명제의 진리성을 문제 삼는 좁은 의미의 논리적인 인식 양상이 아니라 어떤 사실을 어떻게 인식하는가 하는 인식태도를 문제 삼는 개념' 등의 언급이 있었다.

들에 비해 늦었지만 최근 다양한 각도에서 논의가 진행 중이다. 그러나 양태의미가 추상적이고 의미영역이 주된 범위가 되기 때문에 다양한 의견이 표출되어 명료한 구분이 되지 않는다는 것과 특히 SOV 언어인 한국어의 특성상 서술어미의 양태소들에 서법범주와 시제범주가 중첩되어 있어서 양태범주 연구는 외국인들의 한국어 학습에 더욱 어려운 부분이다.

국어 양태의미와 관련하여 쟁점이 된 문제들은 의미와 형식의 대응에 관한 문제와 국어의 양태체계를 어떻게 세울 것인가 하는 문제들이 외국의 견해들에 기대어 다양하게 제시되었다. 양태는 인간이 심리적으로 인식하는 객관적 세계현상을 언어로 반영하는 것으로 화자가 발화하는 주관적 객관적 사실에 대한 정신적 심리적 표현이라는 견해가 일반적이다. 라이온스(Lyons, 1997: 452, 787-849)는 문장에서 명제 이외의 수식성분, 화자의 주관적 태도나 관점이 문법형식으로 표현된 것으로 비사실적인 요소를 말하며 진리양태, 인식양태, 의무양태까지를 포함하는 태도라고 하였다. 이외에 스틸(Steele, 1981)의 가능성, 허가, 개연성, 의무, 필연성, 요구 등과 팔머(Palmer, 1986: 16)의 인식 양태, 의무 양태, 동적양태의 분류 등과 바이비 & 플라이슈만(Bybee & Fleischman, 1995: 2)의 인식양태와 동작주 지향의 양태, 화자 지향적 양태 등이 연구자들에게 많이 참고되는 외국의 연구들이었다.[2] 국내에서도 장경희(1985: 9)와 고영근(1986: 260) 등을 비롯한 국어 양태범주에 대한 고찰과 양태소들에 대한 연구들이

---

2) 양상논리학에서는 양상을 진리양상(alethic modalities), 인식양상(epistemic modalities), 시제양상(temporal modalities), 의무양상(deontic modalities), 기원양상(boulomaic modalities), 평가양상(evaluative modalities), 인과양상(causal modali ties), 가능양상(likelihood modalities) 등으로 범주화시키고 있다.(White (1975: 169))
Jesperson(1924: 313-21)은 양상을 표현하는 통사범주를 법(mood)라 하고 법에서는 희망, 위도, 확실성, 가능성, 필연과 의미 등 화자가 문장내용에 갖는 심적태도라 하였다.
이숭녕(1961: 175)은 중세국어의 양상을 서법에 포괄하여 의지, 가능, 당위, 가상, 강청, 청탁, 懇望, 勸誘, 所願 등으로 나누고 있다.(차현실 1986: 12에서 인용)

있어왔다. 대체적으로 '사건에 대한 화자의 정신적 태도'라거나 '화자의 심리적 태도의 의미영역' 등 '명제에 대한 화자의 심리적 태도'로서 다루었다. 이와 같은 내용은 졸고(1995)에서도 같은 관점을 유지하여 언급한 바 있다. 한편 국어의 양태의미에 대한 연구는 주로 인식양태를 중심으로 이루어졌으나 최근 연구에서는 화자 청자 간의 소통관계를 의식하여 수행의미의 영역까지를 고려하는 연구들이 나타나기도 했다.3)

문장에서 양태의미를 드러내는 수단으로는 어휘중심의 양태부사, 조사, 보조용언 등과 문법형태소로서 선어말어미, 어말어미, 관형형어미 등의 시간적 인식요소들과 비언어적 표현까지 확대한다면 사건 내용에 대한 화자의 감정적 태도를 보이는 어조, 침묵이나 수사적인 문장 구사, 제스처 등까지 광범위하다. 일반적으로 문법적인 측면에서 양태의미를 말할 때는 인식양태와 비인식양태로 구분하는 것이 공통적이며 논의를 전개하는 데에도 도움이 된다.

그 중에서 이 논문에서 다루고자 하는 구 구성 보조용언의 형식을 중심으로 살펴보면 '-가 싶다, -가 보다, -가 하다, -것 같다, -성 싶다' 등과 같은 유형의 표현이 고찰의 주된 대상이 될 것이다.

필요에 따라 양태의미의 차이를 좀 더 명확히 드러내기 위해 양태의미를 드러내는 문장부사 등의 어휘 등과 구 구성의 호응여부도 살펴 검토해 보고자 한다. 인식양태의 의미가 서술어의 문법형태를 통해서 드러날 때 문장전체 내용에 대한 화자의 심리적 정신적 태도가 양태의 문장부사 의미와 연관되는 경우도 있기 때문이다.

---

3) 필자의 논문(1995)에서 전달양태와 비슷한 개념으로 표현양태라는 명칭을 사용한 적이 있다. 전달양태의 명칭은 담화상황에서 보면 정보의 측면에 초점을 둔 용어이고 표현양태는 언어의 사용 측면에서 표현기능에 주목한 용어이다.

3. 인식양태의 유형과 체계

우리가 말을 한다는 것은 기본적으로 남에게 정보를 제공하는 행위가 포함된다. 그러기 위해서는 화자 자신이 우선 그 정보의 소유자가 되어 있어야 할 것이다. 그리고 그 정보의 내용에 대한 화자의 정신적 심리적 태도가 나타날 때 양태의미가 드러나게 된다. 그런데 이 양태의미의 표현은 화자의 언어체계 내에서 일정한 형식으로 이루어지게 된다. 따라서 자신의 내적인식 태도가 특히 문법형태소에 의하여 표현될 때에 양태범주는 성립된다고 할 수 있다.

이 양태의미는 앞의 여러 견해를 참고하였을 때 명제내용에 대한 태도에 따라 인식양태와 표현양태로 구분할 수 있다. 그리고 명제 내용에 대한 인식태도는 주관적 객관적 인식태도에 따라 확신, 짐작, 추측, 당연, 의지의 서법적 의미로 표현될 것이다. 이 연구에서는 화자가 인식한 내용에 대하여 인식양태와 표현양태의 양면성이 있음을 전제하고 논지를 전개하고자 한다.4) 왜냐하면 모든 언어 수단에는 기본적으로 지시의 기능과 표현의 기능이 공존하기 때문이다. 이 논문에서 다루고자 하는 추측・짐작의 양태를 표현하는 문법적 수단들에도 이런 양면성이 있으며 특히 구 구성의 양태표현의 의미차이는 쉽게 이해되지 않는다.

'양태'는 '시제'처럼 그 하위 영역이 어느 정도 분명히 확립된 후 현상의 기술에 도입된 것이 아니라, 어미의 어떠한 의미가 '명제'에 대한 화자의 심리적 태도'를 나타내는 것으로 생각되면 그 어미가 양태범주를 실현하다고 기술되어 왔다. 그리고 서법에서 나타나는 의미는 부정, 긍정 추측, 단정, 감탄, 서술, 의문 등이 있는데 이는 화자의 사태에 대한

---

4) 양태표현의 양면성은 필자(1995)에서 언급한 바 있어 여기서는 생략하겠다.

인식태도와도 연관이 된다. 그런가 하면 화자의 심리적 태도와 관련되는 의미영역은 명제 내용에 영향을 미치지 않고 화자의 주관적인 태도가 표현되는 특성을 가지고 있다.

조일영(1995)에서는 양태는 화자의 사태에 대한 인식적 태도와 평가적 태도를 표현하는 층위가 있고 발화내용과 함께 화자의 표현적 태도를 나타내는 표현적 층위가 있다고 하여 층위의 분리가능성에 대하여 언급한 바 있다. 그런 시각에서는 문장의 문법적 단위로 서법 범주에 해당하는 영역이 표현층위에 해당될 것이다. 그리고 사태에 대해 인식하는 태도와 이를 평가하여 표현하는 태도가 함께 나타날 수 있다고 하여 두 가지 의미기능이 한 어미 형태소에 있는 경우에 대한 설명을 시도하였었다.

한편 인식태도에는 사태내용에 대한 인식태도와 소통상황에 대한 화자의 인식태도가 있다. 이들 태도가 일정한 형태소를 통해 나타나기도 하고 다른 형태소에서 분산되어 나타나기도 한다. 한국어에서는 형태소가 분리되어 있어서 그 의미가 비교적 쉽게 구분되는 편이지만 영어를 비롯한 굴절어에서는 형태소가 융합되어 있어서 명료하게 드러나지 않는 경향이 있다. 가령 영어에서 'You should have to' 같은 경우 화자에 대한 태도가 조동사 구에 의해 드러나지만 그 의미가 다양하다.

한편 박재연(1999)에서는 양태(modality) 대신 '서법(mood)'이라는 용어를 사용하는 것이 옳다고 주장하였는데 이 둘의 관계를 '시간성'과 '시제'가 갖는 관계와 동일한 것으로 파악하여 전자는 의미범주로 후자는 문법범주로 규정하는 일이 많기 때문이라고 하였다. 그래서 양태적 의미는 양태부사, 양태동사와 같은 어휘적 요소에 의해서도 표현되므로, 이것이 특별히 어미와 같은 문법요소에 의해 표현될 때 이를 서법이라는 문법범주로 규정한다는 것이다.5) 한편 이 글에서 고찰하는 추측과 짐작

---

5) 그러나 장경희(1995)는 양태소가 감정의 태도를 나타내 주지 않기 때문에 정신적인

의 의미는 [가능성], [개연성], [확신성] 등을 바탕으로 하는 개념이다, 그리고 서법이 본래 인구어에서 동사 굴절에 의해 표현되는 직설법, 가정법, 명령법 등의 문법 현상에 사용된 용어로서 언뜻 문장 유형과도 관련을 맺고 있는 듯이 보이기 때문에 국어를 다루는 몇몇 학자들은 문장 유형을 서법이라고 부르기도 하는 등 용어의 사용에 있어 혼선을 빚어 왔다고 하며 국어의 양태 관련 현상은 인구어의 서법과 같은 동사 활용의 정연한 패러다임을 갖는 것도 아니고 그 의미의 양상도 훨씬 복잡하기 때문에 이를 과연 서법이라고 부를 수 있는지 주저된다는 견해마저 보였다.

한편 박재연(1999)은 양태의 유형에 대하여는 "주관적 양태와 객관적 양태로 구분하여 각각의 경우에 하위구분하고 있는데 명제내용을 인식하는 인식양태와 명제내용에 대하여 외적인 상황과 관련하여

표현하는 비인식 양태로 구분할 수 있다. 인식양태는 주로 명제 내용에 대한 화자의 인식태도에서 믿음의 정도에 따라 [확실성], [개연성], [가능성]의 범위에서 정해질 것이고 비인식양태에서는 허용과 의무정도가 구분될 것이다."고 하여 주관적 양태와 객관적 양태, 인식양태와 비인식양태로 구분하였다. 이 글에서 고찰하는 '추측'과 '짐작'의 의미는 [가능성], [개연성], [확신성] 등에 기반하는 개념이다.

또 Palmer(1986: 51박재연 1999에서 재인용)6)는 인식양태를 "화자가 명제의 진실성(truth)에 대하여 가지는 책임(commitment)의 정도를 가리키는

태도에 한정하였다.
6) Palmer, F.R(1986: 21-23) "Mood and Modality, Cambridge University Press. (1990)" Modality and the English Modals, 2nd edition Longman.
Bybee; J. & S Fleischman eds. (1995)Modality in Grammar and discourse.
Bybee, J., R. Perkins, W. Pagliuca(1994)″ The Evolution of Grammar: Tense University of Chicago press.;

것"으로 정의하여 화·청자 간에 전달되는 정보의 성격에 대한 화자의 태도로 다루었으며 이효상(1991: 62)은 경험을 자신의 인지체계에 통합시키는 화자의 인식론적 과정"과 관계되는 것이라고 하였다. 또 임홍빈(1982- 1998)은 "어떤 사실을 어떻게 인식하느냐 하는 인식태도"로 정의하였고 장경희(1998: 266)는 "명제의 사실성을 화자의 주관적인 인지적 관점에서 표현하는 문법 범주"라고 하였다.

양태 전반에 대하여 이 글에서는 인식 양태에는 언제나 화자의 정보 인식 작용에 뒤따르는 화·청자 간의 정보전달 작용이 관여하고 있음을 주목하고 이를 부각시켜 '화·청자 간에 전달되는 정보의 성격에 대한 화자의 태도'까지도 인식 양태에 해당하는 것으로 이해하고자 한다. 이 정의는 임홍빈(1982=1998)의 "어떤 사실을 어떻게 인식하느냐 하는 인식 태도"와 상통하는 점이 있다.

화자가 명제에 대하여 갖는 [믿음]의 '확실성'의 정도를 기준으로 살펴보면, 화자가 자신의 정보를 확실한 것으로 말하고 있는가, 불확실한 것으로 말하고 있는가가 [확실성(certainty)], [개연성(probability)], [가능성(possibility)]의 관점에서 기술될 수 있다. 그러나 정보의 성격은 이 밖에도 여러 가지 관점에서 파악될 수 있다. 우선 화자가 정보를 어떠한 경로를 통하여 입수하였는가를 생각해 볼 수 있다. 화자는 문제의 정보를 자신의 오감을 통하여 즉 직접 보거나 들어서 획득한 것일 수도 있고[지각(perception)], 간접적으로 누군가로부터 들어서 알게 된 것일 수도 있다[인용(hearsy)]. 혹은 어떠한 증거를 토대로 자기 자신의 추론을 통하여 얻게 된 정보도 있을 수 있다[추론(inference)]. 또한 정보의 성격은 화자가 획득한 정보를 자기 자신의 지식체계에 얼마나 내면화(assimilation)하였는가에 따라서도 나누어 볼 수 있다.

인식양태의 의미영역은 명제 내용에 대한 주관적 객관적인 근거를 바탕으로 하는 믿음의 정도를 기준으로 구분할 수 있다. 즉 믿음의 정도에 따라 [확실성(certainty)]은 100%에 가까운 실현가능성의 기대치를 의미하고 [개연성(probability)]은 80-90% 정도, [가능성(possibility)]은 40%-20% 정도의 기대치를 보이는 것으로 구분할 수 있다.[7] 이들 기대치에 해당하는 양태부사어로 바꾸어 보면 다음과 같을 것이다.[8]

> (1) [확실성(certainty)]: 확실히, 항상, 언제나, 늘 반드시, 꼭, 틀림없이, 예외없이, 매번 등.
> [개연성(probability)]: 대개는, 대체로, 거의.
> [가능성(possibility)]: 혹은, 아니면, 어쩌면, 드물게.

이들을 대상으로 [믿음]의 의미영역에서 가장 명제에 대한 화자의 [믿음]의 정도가 강한 것부터 배열을 하면 '확실히, 분명히, 틀림없이, 반드시...' 등은 거의 100%에 가까운 가능성으로 [믿음]의 태도를 함의하여 가장 화자의 [믿음]의 강도가 강한 표현이 될 것이고 그 다음이 '항상, 늘, 변함없이, 매번...' 등으로 [믿음]의 정도가 계속 유지됨을 표현하는 어휘가 된다. 그리고 [개연성]의 의미범주에 속하는 '대개는, 대체로, 거의...' 등은 실현기대치에 대한 믿음의 정도가 80-90% 이상이 됨을 의미한다. 실현의 가능성에 대한 믿음의 양태를 표현하는 '혹은'은 상황에 따라 50% 전후의 정도에 해당하는 믿음의 강도를 지니고 있다. 또 '어쩌면, 혹시...' 등은 [믿음]의 정도가 40% 이하의 약한 [가능성]의 양태를

---

7) 실현 가능성의 정도는 필자의 직관에 의존해 구분한 것이다.
8) 인식양태조동사들은 지식정보의 가능성 또는 필연성을 나타내는데 영어의 '...might be'는 50% 미만의 가능성, 'may be'는 50%의 가능성, 'should be'는 80-90%의 가능성, 'must be'는 거의 100%의 가능성을 나타낸다. 한편 의무양태는 행동할 수 있는 자유의 관점에서 가능성과 필연성을 다루는데. 능력, 허가, 의무가 포함된다. 'can'은 능력, 'may'는 허가, 'should'는 약한 의무, 'must go'는 강한 의무로 구분된다.

표현할 때 사용할 수 있다. 이런 양태 의미가 화자의 주, 객관적 태도에 의해 다양한 형식들로 실현되는 것이다.

이런 정신적 작용이 언어형태로 표현될 때 어휘적 표현방법으로 조사, 양태부사, 보조용언의 방법이 있고 문법적 표현방법으로는 선어말어미, 어말어미, 화용적 표현방법으로는 어조, 침묵, 수사적 문장 등과 제스처 등 비언어적 방법이 동원된다.

이들 양태표현 중에 보조용언들은 어휘소들이 시간의 흐름과 언중들의 사용 상황에 따라 문법화 과정을 거치는 중에 나타나는 경우에 해당한다.[9] 이 논문에서는 양태표현의 유형으로 '-겠-, 었-…등'의 어미류와 양태의 의미를 표현하는 조사, 접사, 부사 및 형용사, 동사, 명사+이다 등의 서술어류 문법단위 중에서 이 논문의 목적상 구 구성의 서술형태만을 다루고자 한다. 왜냐하면 짐작과 추측 등의 의미가 명확한 어휘형태로 드러나는 경우는 의미포착이 쉽지만 구 구성의 경우 '-가/나 보다, -가/나/ 지 싶다, -것 같다' 등은 의미 식별이 쉽지 않기 때문이다.

양태표현의 형식을 형태소 기준으로 나누면 다음과 같다.

(2) **제1유형** 선어말어미(양태소): '겠', '리'
제2유형 관형형 어미 +양태 의존명사 +서술 동사 '이다': '-ㄹ 것이다', '-ㄹ 터이다', '(ㄴ/ㄹ)모양이다'
제3유형 의존명사+양태조동사(양태관용표현): '듯하다', '듯 싶다', '성 싶다', '-ㄹ 법하다', '것 같다'
제4유형 의문문어미+양태 조동사(양태술어): '-(나/ㄴ가/ㄹ까/지)싶다', '-(나/ㄴ가/ㄹ까)보다', '-(나/ㄴ가/ㄹ까)한다'
제5유형 명사형 어미+동사: '-(ㄴ지/ㄹ지)모른다'

---

9) 보조표현의 문법화 과정은 일반적으로 다음과 같은 단계를 거치는 것으로 알려져 있다.
사람 > 물체 > 행위 > 공간 > 시간 > 질

이들 구성유형을 문법단위를 기준으로 크게 구분해 보면 'N+이다'형, '-S 보다, -S 싶다' 형, 'N 하다/같다' 형 등으로 분류할 수 있다. 이에 해당하는 인식양태표현 구문은 '-ㄴ/ㄹ 모양/따름/나름/뿐+이다, -만 하다, -것 같다' 등의 형식명사의 관용구성과 '-가/지/나 싶다', '-가/나 보다' 등의 보조용언 구성될 것이다.

4. '짐작, 추측'의 구문유형 비교

짐작이나 추측은 자신의 추론을 통하여 얻게 된 정보이다. 여기서는 추측과 짐작에 한정하여 살펴보고자 한다. 추측이란 화자의 의식 속에서 이성이라는 수단으로 추론하여 판단하는 인식양태의 범주에 속한다. 그 차이를 드러내기는 쉽지 않지만 간략히 말하면 짐작은 어떤 외적 사실을 근거로 화자의 마음속에서 어림잡아 판단하는 것이라고 할 수 있고 추측은 화자의 내면에서 스스로의 생각을 바탕으로 발전시켜 어떤 일에 대해 생각하는 것이라고 할 수 있다.

짐작과 추측의 양태는 인식양태의 믿음의 양상에 따라 표현된다. 믿음의 정도가 강해서 가장 확실할 때는 진술, 단언 등의 양태가 드러나고 믿음의 강도가 80-99%에 해당할 때는 개연성으로 드러나고 믿음에 대한 강도가 절반 이하일 때는 가능성으로 나타나게 됨은 앞에서 말한 바 있다. 어미에서 이러한 양태가 드러날 때, 경우에 따라 확실성과 개연성이 쉽게 구분이 되지 않는다.

이기종(1996.8)은 추측이나 짐작을 설명하기 위하여 양태의미를 주관적 양태의미와 객관적 양태의미로 구분하고 다음과 같이 가설을 세웠다. (4-5쪽)

A. 주관적 양태의미에 관한 의미 가설

(가) 짐작과 추측은 인식 대상, 인식 바탕 영역, 인식 방법에서 어느 정도 구별된다. 그 결과 몇몇 양태 연산자의 의미가 '짐작'이나 '추측'으로 분화될 수 있다.

(나) 짐작과 추측은 '추리'라는 인식행위를 공유하고 있다. 그러나 이 역시 감성적 추론과 이성적 추론으로 구분할 수 있다. 이는 근거 특성, 인식 영역, 근거와 사실의 관계 등으로 양자의 차이를 입증할 것이다.

객관적 양태에서 거론 될 수 있는 문제는 확실성의 문제이다.

추측은 확실한 앎을 추구하려는 적극적 인식태도에서 생성된다. 따라서 비록 불확실한 인식을 바탕에 두고 있지만, 논리적인 판단 과정을 통해 화자 자신은 명제에 대해 확신의 태도를 지닐 수도 있다.

B. 객관적 양태(확실성)에 관한 의미 가설

(가) 짐작·추측 표현 형식의 주관화 정도에 따라 확실성의 강약이 결정된다. 즉 개관적인 근거가 발화 내·외적 현장에 명백히 존재할수록 화자는 명제에 대하여 확실한 인식 태도를 지닐 수 있다.

(나) 확실성은 명제에 대한 화자의 사태에 대한 믿음의 정도와 비례한다. 따라서 동일한 발화 상황에서도 인지자에 따라 확실성 여부가 다르게 표출될뿐더러, 몇몇 표현 형식은 화자의 주관에 따라 확실성이나 단언 효과가 중의적으로 나타나기도 한다.

(다) 확실성에 관한 인식 태도는 언술 태도에 따라 달리 표현할 수 있어 가변적이다.

한편 박영환(1991: 7)에서는 인간이 의사소통의 목적으로 쓰는 언어 표현 방식(통사구조) 속에는 인간의 의미세계가 반영되어 있다고 하였다. 그러므로 언어 연구는 인간의 여러 속성을 고려하여야 한다며 짐작·추측과 관련된 양태 연산자의 의미 기능을 파악하기 위하여 기능론적 연구 방법을 채택하기도 하였다. 여기에서 말하는 기능론이란 문장의 의미,

문장이 생성되는 담화 상에서의 담화·화용론적 요인, 그리고 지각이나 인지 같은 인간적인 요소 등에 의거하여 문장의 형태를 설명하는 포괄적인 접근 방법을 일컫는 것이다. 이처럼 최근 인지 언어학이나 담화텍스트 언어학에서는 인간의 의식구조와 담화구조를 중심으로 언어의 본질적 문제를 접근·이해하고 있기도 하다.

일반적으로 화자가 발화를 할 때 직접적인 지각 경험으로 사태를 알게 되는 것이 짐작의 인식행위이다. 이기종(1996: 15쪽)은 사물이나 사태를 지각하기 위해서는 보고, 듣고 느끼는 감각 작용이 전제된다고 하면서 '느낌'은 짐작에 중요한 기제로 작용하게 된다고 하였다. 왜냐하면 미확인 사태를 파악하기 위해서는 확인 가능한 시각·청각 기제보다는 먼저 느낌으로 어림하는 것이 보편적이기 때문이라는 것이다. 그러나 필자는 '짐작'이 '느낌'에 비해서 더 구체적이며 이성적인 것으로 생각한다. '느낌'은 감각단계에 머무르는 수준이어서 우리의 인지체계 속에 수용되기에는 막연한 상태이기 때문이다. 이에 비해 '짐작'은 보다 체계적이고 이미 이성적 사유의 방향이 정해져서 판단의 상태에 들어있다.

한편 추측은 짐작보다는 외적이고 객관적인 근거에 근거한 이성적 판단의 한 단계이다. '짐작'이 주관적이고 내적 경험의 근거에 의한 판단이라면 추측은 객관적인 판단의 한 방식으로서 사유의 과정이기 때문이다. 이 두 판단의 양식에서 공통적인 것은 [믿음]의 의미영역에 존재한다는 것이다. 짐작·추측 구문을 판단의 하위 과정으로 본다면 사실성을 믿는 단정과 불확실한 사실을 판단하여 믿는 추정의 표현이 존재하게 된다.

그러므로 사실인식에 있어서 사실임을 믿는 단정의 양태표현으로부터 사실의 가능성을 추리하여 믿는 추측과 짐작은 가능성 여부에 대한 믿음의 태도의 차이에 따라 다양한 표현 형식으로 나타난다.

판단과 짐작·추측의 또 다른 관점은 판단의 전제가 되는 근거 특성에 따라 짐작과 추측이 분화될 수 있으리라는 것이다. '짐작'은 느낌·앎과의 관계에 따라 외적 증거가 불충분할 때 주로 내적 경험 근거에 의해 실현된다. 이를 추측과 관련된 개념으로 정의하면 감성적 추론이라고 할 수 있다. 그러나 추측은 외적 증거가 필요한 논리적 판단으로서 인식 주체의 이성에 의존하게 된다(이기종 1996: 15 인용).

짐작과 추측의 의미 내용의 차이는 인식의 양상에 대한 의미분석을 통해 정리할 수 있다. 먼저 [짐작]의 의미는 어떤 일에 대한 판단이 믿음의 양태에서 출발하는 데 그 근거가 화자의 내적 경험을 바탕으로 한다는데 차이가 있다. 다음의 예를 보자.

(3) ㄱ. 서쪽에서 바람이 불면 가을이 온다.
　　ㄴ. 서쪽에서 바람이 부니 가을이 오는 것 같다.
　　ㄷ. 서족에서 바람이 부니 가을이 왔다.

(3ㄱ)은 일반적으로 알고 있는 지식에 의해 서술함으로써 믿음의 정도가 가장 강한 서술이다 그러나 (3ㄴ)은 자신의 인식내용에 대해 확실하지 않으므로 '것'을 통하여 추상화함으로써 이성적 판단에 기대고 보조용언 '같다'를 통하여 [추측]의 양태의미를 표현하였다. 만약 판단내용에 확실성이 있었다면 (3ㄱ, ㄷ)처럼 '온다'의 현재형이나 '왔다'의 과거형 양태소로 단언의 양태를 표현했을 것이다. 그러나 (3ㄴ)은 추상화한 명제내용에 대하여 주관적 단정을 회피하고 있다. 즉 '-것 같다'는 '것'의 추상성이 상태서술의 의미가 강한 보조형용사 '같다'와 결합할 때 주관성을 약화시켜서 객관적인 인식의 추측적 사고로 이끈다. 이 '-것 같다' 구문은 형식상 '듯 하다'의 의미와 유사하게 추측의 양태적 의미를 나타

낸다.

이에 비하여 '-가 보다' 구성은 주관적 성격이 강하여 짐작의 양태의미를 보인다.

> (4) ㄱ. 서쪽에서 바람이 부니 가을이 오는가 보다.
> ㄴ. 서쪽에서 바람이 부니 가을이 오나 보다.
> ㄷ. ?서쪽에서 바람이 불면 가을이 오나 보다.

위의 예문에서는 선행절에 대하여 화자의 '짐작'을 표현하는데 (3ㄴ)의 '것 같다'에 비하여 추상화와 이성적 판단의 과정이 생략된 채로 화자의 주관적인 내적 경험에 의하여 직접 화자의 판단의 태도를 표현하고 있다. 즉 화자 자신의 내적 경험을 근거로 [짐작]의 양태의미를 표현하고 있는 것이다. (4ㄱ)의 '-는가 보다'와 (4ㄴ)의 '-나 보다'는 모두 화자의 내적 경험을 근거로 하는 [짐작]의 양태를 표현하고 있다. 그런데 (4ㄷ)의 경우, 특정한 상황을 가정하지 않으면 쉽사리 이해가 되지 않는다. 선행절에서 '-면'이 후행절의 보조용언 '-나 보다'에 가정의 상황을 설정하면서 내적 경험 인식의 표현인 '-나 보다'와 어울리지 못한 결과로 생각된다.

한편 다음의 '-리라'의 구문은 또 다른 양상을 보인다.

> (5) ㄱ. ?서쪽에서 바람이 부니 가을이 오리라.
> ㄴ. 서쪽에서 바람이 불면 가을이 오리라.
> ㄷ. 네가 오니 나 또한 가리라.

(5ㄷ)의 경우는 1인칭 화자의 주관적 의지의 표현이므로 [추측]과 [짐작]의 의미보다는 화자의 의지를 표현하는 양태의미의 성격이 강하다. 1

인칭 화자일 경우 화자의 강한 주관적 믿음이 반영되는데 (5ㄷ)은 경험적 사실의 조건절이 제시되어 있어 [추측]의 의미로는 읽히지 않는다. 물론 1인칭의 화자라 하더라도 가정의 '-면'이 등장하는 상황이면 예측의 의미로 추측의 의미를 보일 수도 있다. 그러나 현대 한국어의 구어에서 일반적으로 사용하는 표현은 아니다.

다음은 서술어 어미에서 '-겠-'과 관련한 의미 중 [추정]의 의미를 보이는 경우를 검토해 보겠다.

(6) ㄱ. 서쪽에서 바람이 부니 가을이 오겠다.
    ㄴ. ?서쪽에서 바람이 불면 가을이 오겠다.
    ㄷ. ?학교가 끝나면 철수가 오겠다.
    ㄹ. 내일은 날씨가 참 좋겠다.

'-겠-'은 아직 일어나지 않은 일에 대한 언급을 하는 것이 기본 기능이므로 근거가 불확실한 가운데 화자의 내적 사유를 거치거나 일반적 경험에 근거하여 추측을 표현한다.

따라서 전절이 가정절이 아닌 한 후행절의 '-겠-'의 서술에 영향을 미치지는 않는다. (6ㄴ, ㄷ)의 '서쪽에서 바람이 불면', '학교가 끝나면' 뒤의 후행절에서 '-한다/-이다'의 단정서술은 가능하나 '-겠-'의 짐작의 서술구문은 어울리지 못한다. 왜냐하면 [가정]의 의미는 기본적으로 논리적 성격을 띠기 때문에 내적 경험에 의존하는 짐작과는 어울리기 어렵기 때문이다.

다음의 경우는 [짐작]이나 [추측]의 의미가 아니라 전절의 조건에 대하여 화자의 의지표현의 양태의미를 보이는 예들이다.

(7) 철수가 가면 내가 간다/가겠다/갈 것이다.

위의 의지표현은 사실상 '-N이다'나 '-ㄹ가 한다' 등의 단언의 의미와 같은 범주에 속하는 의미이다. 그리고 (6ㄹ)처럼 상태동사와 어울릴 때는 추측의 의미가 강하게 드러난다. 왜냐하면 '-겠-'은 발생하지 않은 상황에 대하여 추정을 하는 것이므로 외적인 근거나 추가적인 설명이 필요하기 때문이다. 그러나 '-면... -가/나 보다/싶다'의 경우는 [짐작]의 의미로 읽힌다.

그런데 다음의 (8)예들에서는 원인의 선행절 뒤에서 객관적인 근거에 의한 [추측]의 양태의미가 나타난다.

(8) ㄱ. 서쪽에서 바람이 부니 가을이 올 것이다.
    ㄴ. 동쪽이 환해지니 해가 뜨겠다.

(9) ㄱ. 해가 뜨면 동쪽이 환해진다.
    ㄴ. 해가 뜨면 동쪽이 환해지겠다.
    ㄷ. 해가 뜨면 동쪽이 환해지리라.

(9ㄱ-ㄷ)의 예문은 '-면... -한다/겠다/리라'의 조건절의 구문에 해당한다. 이 문장들에는 조건 충족될 경우의 상황에 대한 추측의 의미가 서술된다. 이에 비해 다음의 (10)예들은 짐작의 양태의미를 보이는 것이다.

(10) ㄱ. (서쪽에서 바람이 부니) 가을이 오나/는가 보다.
     ㄴ. (서쪽에서 바람이 부니) 가을이 오려나 보다.
     ㄷ. (서쪽에서 바람이 부니) 가을이 오겠다.
     ㄹ. (서쪽에서 바람이 부니) 가을이 오나 싶다.
     ㅁ. (서쪽에서 바람이 부니) 가을이 오지 싶다.
     ㅂ. (서쪽에서 바람이 부니) 가을이 오는 듯 하다/싶다.
     ㅅ. (서쪽에서 바람이 부니) 가을이 오는가 한다.

ㅇ. (서쪽에서 바람이 부니) 가을이 오리라.

위의 예문들은 모두 앞의 절을 근거로 [짐작] [추측]의 양태를 보이는 예이다. 이렇게 앞의 절의 내용이 제시되면 판단의 과정에서 짐작과 추측의 내용이 용이하게 된다. 즉 판단의 근거가 제시되면 인식된 내용에 대한 판단의 양상은 화자의 주관에 따라 다양하게 현실화 될 수 있다. 그런데 현실화되는 과정에서 단정할 만큼 믿음이 확고하지 않아 추리과정을 거쳐야 할 때 내적인 감각경험이 근거가 될 때는 [짐작]의 의미양상을 보이고 자체적인 이성적인 추리의 과정을 거쳐 판단할 때는 [추측]의 의미양상으로 실현된다.

모두가 같은 의미인 것은 아니다. 위의 (10)의 예 중에서 (10ㄱ)과 (10ㄴ)은 선행절이 생략되어도 어색하지 않은 것은 화자의 내면적 인식사실에 대한 언급이기 때문이다. 한편 (10ㄷ, ㄹ, ㅁ, ㅂ, ㅅ, ㅇ)의 예문들에서 선행절을 생략하면 후행절의 내용이 미흡한 느낌이 든다. 이는 (10ㄷ, ㄹ, ㅁ, ㅂ, ㅅ, ㅇ)의 내용이 후행절의 내용의 근거에 뒷받침 하는 효과가 있기 때문이다.

'짐작'은 이기종(1996: 4-5)에서 언급했듯이 불충분한 근거를 토대로 화자의 내적 경험에 대하여 판단하는 인식양태의 표현이다. 즉 앞의 절의 내용이 제시되더라도 이를 적극적으로 받아들여 논리적 판단의 근거로 삼는 '추측'의 태도와 자신의 감각적 경험으로 수용하여 소극적으로 판단하는 '짐작'의 태도가 구분되기 때문이다.

그러나 앞의 절에서 그런 판단의 배경이 주어지지 않을 경우 '짐작'과 '추측'의 의미 차이는 쉽게 판단하기가 어렵다. '짐작'과 '추측'의 차이를 구분하기 위해 직접'짐작'과 '추측'의 어휘를 문장에 사용하여 살펴보자.

(11) ㄱ. 선선한 바람이 불자 그는 가을이 왔음을 짐작한다.

　　ㄴ. ?선선한 바람이 불자 가을이 왔음을 추측한다.

　　ㄷ. ?그의 집에서 큰 소리가 나는 걸 듣고 무슨 일이 벌어졌다고 짐작했다.

　　ㄹ. 그의 집에서 큰 소리가 나는 걸 듣고 무슨 일이 벌어졌다고 추측했다.

　　ㅁ. 그의 떨리는 목소리를 듣는 순간 무슨 일이 났음을 짐작(직감)했다.

　　ㅂ. ?그의 떨리는 목소리를 듣는 순간 무슨 일이 났음을 추측했다.

위의 예문에서 (11ㄱ)이 자연스러움에 비해 (11ㄴ)이 어색함은 명사형 어미 '음'의 의미특성에 의해 '짐작'이 호응됨을 보이고 '추측'은 의미상 호응되지 않는 현상을 보인 것이다. 이미 명사형 어미 '음'은 [旣定], [抽象]의 의미특성이 있으며 '기'는 [未定] [具體]의 의미특성이 있음을 잘 알려진 사실이다. 따라서 '짐작'의 어휘의미는 화자의 내적 경험으로 이미 존재했던 사물이나 사태에 대해 인식함을 수용하며 '추측'의 어휘의미는 현재 존재하지 않는 사물이나 사태에 대해 이성적인 발전에 의해 인식하게 된 것이다. 즉 '짐작'의 서술어는 화자의 청각, 시각 등의 감각이 화자의 판단에 근거로 작용하여 주관적이고 내적인 인식상황을 드러낸다. '추측'의 서술어는 청각 시각적인 감각에는 어울리지 못한다. 그러나 (11ㄷ)의 경우 인용 보문자 '-고'에 의해 추상성을 획득한 전달 내용이 '짐작'의 어휘특성에 걸리게 되는 반면, (11ㄹ)은 '-고'에 의한 추상성이 '추측'의 어휘특성에 수용된 것이다. (10ㅁ, ㅂ)의 예도 같은 경우이다.

다음의 예문을 보자.

(12) ㄱ. 군복을 입은 것으로 보아 그가 군인임을 추측한다.

　　ㄴ. 군복을 입은 것으로 보아 그가 군인임을 짐작한다.

ㄷ. 군복의 생김새로 그 군인의 국적을 추측할 수 있었다.

ㄹ. 군복의 생김새로 그 군인의 국적을 짐작할 수 있었다.

ㅁ. 행색이 남루한 것이 넉넉지 않은 형편임을 짐작케 한다.

ㅂ. 행색이 남루한 것이 넉넉지 않은 형편임을 추측케 한다.

ㅅ. 철수가 일찍 죽은 것은 병 때문이 아닐까하고 추측했다.

ㅇ. ?철수가 일찍 죽은 것은 병 때문이 아닐까라고 짐작했다.

(12ㄱ, ㄷ, ㅁ, ㅅ)은 모두 스스로의 논리적인 발전을 통해서 적극적인 판단행위를 하는 경우이고 (12ㄴ, ㄹ, ㅂ, ㅇ)은 외적인 상황에 대하여 소극적 판단행위를 하는 경우에 해당한다는 것을 알 수 있다.

특히 (12ㅇ)은 적극적인 의문의 사유를 통해 추정을 했음에도 '짐작하다'의 어휘가 서술어에 있음으로 어색한 표현이 되었다.

5. 정도성과 짐작 추측의 인식양태

이외에 좀 더 확실한 비교를 하기 위하여 양태의 문장부사를 통한 검증의 방법이 있다. 화자의 양태를 표현하는 문장부사와 이에 호응하는 서술어의 양태표현들의 호응관계를 살펴보면 부분적으로 일정한 경향을 보이는 것을 확인할 수 있다. (12)의 예문들을 통하여 사태의 발생 가능성에 대한 화자의 믿음의 정도에 따라 서술어의 호응을 살펴보자.

(13) ㄱ. 당연히 그는 안 온다.

ㄴ. 당연히 그는 안 올 것이다.

ㄷ. 당연히 그는 안 오리라.

ㄹ. 당연히 그는 안 오지 싶다.

ㅁ. 당연히 그는 안 오나 보다.

ㅂ. 당연히 그는 안 오겠다.

ㅅ. 당연히 그는 안 올 것이다.

(13)의 예문에서 짐작, 추측의 양태표현의 서술은 문장 부사의 영향을 받지 않는다는 것을 알 수 있다. 그러므로 양태부사의 의미가 명제 안에서만 작용하고 명제에 대한 화자의 정신적 심리적 태도에는 크게 영향을 미치지 않는다고 말할 수 있다. 이와 같은 현상은 기타 '틀림없이, 분명히, 확실히, 아마도, 어쩌면,...' 등의 양태부사에도 적용된다. 그러나 '혹시'의 경우는 다른 양상을 보인다.

(14) ㄱ. *혹시 그는 안 온다.

ㄴ. *혹시 그는 안 올 것이다.

ㄷ. *혹시 그는 안 오겠다.

ㄹ. *혹시 그는 안 올 것 같다.

ㅁ. ?혹시 그는 안 오는가 보다.

ㅂ. 혹시 그는 안 올지 모른다.

ㅅ. 혹시 그는 안 오나 싶다.

ㅇ. 혹시 그는 안 오나 한다.

(14ㄱ-ㄹ)의 '혹시'는 발화시 현재 상황을 바탕으로 발생하거나 발생하지 않을 반대적 상황에 대한 부가적 표현으로서 단순 진술의 'ㄴ다, 것이다, -겠다, 같다' 등과 어울리기에 어렵다. 그러나 (14ㅁ-ㅇ)은 '보다, 싶다, 한다' 등은 진술적 표현이긴 하나 단정적 판단은 유보하는 보조표현이다. 그러므로 화자의 주장이 상대적으로 약하다. (14ㅂ)의 경우는 '모른다'의 어휘의미의 성격이 선행절에 대한 판단에 대해 중립적 태도를 보임으로써 '혹시'의 의미와 호응하고 있다. 그런데 유사한 의미의 '어쩌면'의 경우는 그런 제약이 없다.

(15) ㄱ. 어쩌면 그는 안 온다.

ㄴ. 어쩌면 그는 안 올 것 같다.

ㄷ. 어쩌면 그는 안 오겠다.

ㄹ. 어쩌면 그는 안 올지 모른다.

ㅁ. 어쩌면 그는 안 올 것이다.

ㅂ. 어쩌면 그는 안 오지 싶다.

ㅅ. 어쩌면 그는 오늘 안 올 성 싶다.

ㅇ. 어쩌면 그가 오늘 안 올 듯하다.

ㅈ. ?어쩌면 그는 안 오는가 보다.

'혹시, 어쩌면'은 어떤 현상이 반드시 일어나는가, 그렇지 않은가를 예측할 수 없는 경우에 해당할 때 쓰이는 양태부사이다. 위의 (15)에서 '어쩌면'은 '그가 오는 것'이 예상되는 상황에서 발생할지 모르는 가능성에 대한 언급인데 '혹시' 보다는 상대적으로 가능성에 대한 믿음이 약한 정도를 보인다. 따라서 화자의 주장에 대하여 단정부터 추측까지의 표현에 두루 사용될 수 있다.

(16) ㄱ. 그렇지 않으면 그는 오늘 올 것이다. -부정적 상황에 대한 선택적 단정

ㄴ. 그렇지 않으면 그는 오늘 오리라. -단정의 주관적 의미가 포함된 예측성 발언

ㄷ. ?그렇지 않으면 그는 오늘 오겠다. -선택적 상황에 대하여 주관적 판단

ㄹ. ?그렇지 않으면 그는 오늘 오는 듯하다. -선택적 상황에 대한 추측

ㅁ. 그렇지 않으면 그는 오늘 오지 싶다. -부정적 상황에 대한 추측

ㅂ. 그렇지 않으면 그는 오늘 오는가 보다. -어떤 조건적 상황에 대한 선택적 짐작

(16)는 (15)의 부정적 상황에 대한 서술에 함의된 내용을 풀이한 것이다. (16ㄱ)은 (15)의 부정적 상황에 대한 사실상의 긍정적 단정이다. (16ㄴ)은 (15ㄴ)에 대한 주관적 예측을 표현한 것이다. (16ㄷ)은 (15ㄷ)의 가능성에 대한 [추측]의 서술이다. (16ㄹ, ㅁ)은 (15ㅇ, ㅅ)에 대한 추측이다. (16ㅂ)은 (15ㅈ)의 '그가 오늘 오지 않는 부정적 상황에 대한 [추측]을 함의하고 있다. 즉 '어쩌면 그가 오지 않는가 보다. 그렇지 않으면 오늘 올 것이다.'의 [추측]의 의미를 함의한다고 할 수 있다. 위의 예들을 살펴보면 '혹시'는 [추측]보다는 [단정]적 서술의 성격이 강하고 '어쩌면'은 추측의 성격을 더 잘 수용하는 것으로 보인다.

한편 선택적 판단의 양태부사가 아닌 경우를 보면 '대개, 아마도, 대략' 등의 경우는 [짐작] [추측]의 인식양태 구문에 크게 제약을 받지 않는다. (17)의 경우가 그런 예문들이다.

(17) ㄱ. 아마도/대개/대략 그는 안 온다.
ㄴ. 아마도/대개/대략 그는 안 올 것이다.
ㄷ. 아마도/대개/대략 그는 안 오겠다.
ㄹ. 아마/대개/대략도 그는 안 오리라.
ㅁ. 아마도/대개/대략 그는 안 오는(올/온) 것 같다.
ㅂ. 아마도/대개/대략 그는 안 오는(올/온) 듯 하다.
ㅅ. 아마도/대개/대략 그는 안 오는가(오리라/왔나) 싶다.
ㅇ. 아마도/대개/대략 그는 안 오는가(올가/왔나) 보다.

따라서 '혹시'와 '어쩌면'의 의미영역이 인식태도에서 미세하게 차이를 보이는 것을 역으로 말하면 '는다, -겠다, 것이다, 리라, 것 같다' 등이 '싶다, 보다'에 비해 단정적 성격이 높다고 설명할 수 있다. 그러한 설명은 (13)의 '혹시' 양태부사 구문 예를 통해 알 수가 있다.

(13)의 예문들은 '혹시'에 의해 전절의 내용과 상반되는 상황의 가능성에 대해 언급하고 있는데 이는 자동적으로 현재 상황에 대한 믿음을 함의하고 있기도 한 것이다. 그래서 화자의 주관적 판단의 서술이 중심인 (13ㄱ-ㄹ)의 서술어에 대해 호응이 되지 않는 것이다. 이에 비해 (14)의 '어쩌면'은 '혹시'에 비해 가능성의 확신의 정도가 약해져 있다.

6. 짐작·추측 구문의 정도성

이 연구에서 목표는 짐작 추측 구문의 확실성에 믿음의 정도에 따라 인식양태 구분의 의미차이를 보이고자 하는데 있다. 따라서 여기서는 짐작 추측 구문의 표현형식을 대상으로 주관성의 차이를 구문형식을 통하여 살펴보고자 한다.

앞에서 추측·짐작의 구문 형식을 형태소 중심으로 크게 5가지 유형으로 나눈바 있다. 여기에 다시 제시하면 다음과 같다.

> (2') **제1유형** 선어말어미(양태소): '겠', '리'
> **제2유형** 관형형 어미+양태 의존명사+서술 동사 '이다': '-ㄹ 것이다', '-ㄹ 터이다', '(ㄴ/ㄹ)모양이다'
> **제3유형** 의존명사+양태조동사(양태관용표현): '듯하다', '듯 싶다', '성 싶다', '-ㄹ 법하다', '것 같다'
> **제4유형** 의문문어미+양태 조동사(양태술어): '-(나/ㄴ가/ㄹ까/지) 싶다', '-(나/ ㄴ가/ ㄹ까) 보다', '-(나/ ㄴ가/ ㄹ까)한다'
> **제5유형** 명사형 어미+동사: '-(ㄴ지/ ㄹ지) 모른다', '-기 쉽다'

(2')의 제5유형 '-지 모른다', '-기 쉽다'형은 아직 '모르다', '쉽다' 등

의 문법화가 다른 보조용언보다 덜 진행되어서 어휘적 의미가 강하다 따라서 사실상 인식내용의 발생가능성을 강하게 주장하는 의미가 함의되어 있다. 여기서는 관용적 구문 유형에서 제외한다. 그리고 이 유형을 문법 단위 중심으로 구분해 보면 대략 다음과 같이 재구성 할 수 있다.

(18) ㄱ. 'N+이다' 형
　　 ㄴ. '-서술어미+ 보다' 형
　　 ㄷ. '-서술어미+ 싶다' 형
　　 ㄹ. 'N+ 하다/같다' 형
　　 ㅁ. 'N+ 싶다' 형
　　 ㅂ. 'V-겠-다' 형

(18ㄱ)에 해당하는 구문은 체언에 서술격 '-이다'가 붙은 체언 구문을 말하는데 '-ㄴ 모양이다'와 같은 경우이다. (18ㄴ)은 서술어미 '-가/나'에 서술어미 '보다'가 붙은 경우에 해당되고 (18ㄷ)의 경우는 서술어미 '-가/나/지'에 보조용언 '싶다'가 붙은 경우의 구문형태가 해당된다. (18ㄹ)의 경우는 '만', '듯', '것'의 형식명사에 관용구 형식으로 '하다', '같다'가 붙은 경우이다. (18ㅁ)의 경우는 형식명사 '-성'에 보조용언 '싶다'가 붙은 경우이다. (18ㅂ)의 경우는 서술어미에 '-겠-'이 실현되어 [추측]의 의미를 나타낼 때의 경우이다.

(19) ㄱ. 이제 그가 도착한 모양이다.
　　 ㄴ. 이제 그가 도착하나/하는가 보다.
　　 ㄷ. 이제 그가 도착하나/하는가/하지 싶다.
　　 ㄹ. 이제 그가 도착할 만 하다./이제 그가 도착할 것 같다.
　　 ㅁ. 이제 그가 도착할 듯/성 싶다.
　　 ㅂ. 이제 그가 도착하겠다.

위의 (19ㄱ)의 경우는 '체언+이다'의 구문으로 서술격조사 '이'의 '지정/지시'의 기능에서 판정의 주관적 양태의미가 포착된다. [믿음]의 태도를 바탕으로 화자가 판단하여 서술하는데 아직

'그가 도착한' 사실에 대해 확인하지 못한 상태에서 추정의 근거를 '모양'이라는 명사의 어휘적 특성으로 대신 표현했다. '모양'의 의미는 생김새나 형상이라는 구체적 의미가 추상적 의미로 확장된 형태이다. 만약 화자가 확실히 '그가 도착한' 상황을 확인하였다면 '그가 도착하였다'로 표현하였을 것이다. 그러므로 화자의 판단의 근거는 화자가 감지한 주변 분위기나 정보 등이다. 화자에게 제공되는 정보나 사실을 토대로 객관적 판단을 하되 추상화된 어휘의 의미를 통해 간접적 서술을 하여 [추측]의 양태의미를 표현하고 있다. 그러므로 화자가 자신의 판단을 근거로 하는 정도의 믿음을 가지고 표현한 것이다.

(19ㄴ)의 경우는 문장의 종결어미에 보조용언 '보다'가 결합된 형태이다. '-나/가'는 문장의 의문형 종결어미로 보이는데 종결어미로서의 종결기능과 청자에게 묻는 질문의 기능을 보유한다. 그래서 (19ㄴ)에서 의문형 종결어미의 기능이 화자가 명제내용에 대한 의문의 태도를 취하는 것으로 나타나게 되고 '보다'는 화자의 판단의 행위를 뜻한다. 결국 '의문'+'판단'의 결합이 명제에 대한 화자의 단언적 태도를 유보하게 하고 주관적 판단으로서 [짐작]의 인식양태의미를 표현하게 하는 것이다. 다른 의문형 종결어미 '-나/가'도 같은 방식으로 '보다'와 결합하여 짐작의 의미를 생성해낸다.

(19ㄷ)는 '종결어미'+'싶다'의 결합구조이다. 차현실(1984: 307)은 "'싶다'의 의미는 [희망], '미확인 사실에 대한 [추정], '주관적 사실판단', '완곡한 표현' 등의 의미를 가지고 있다"고 하였다. 이 중에서 [짐작] [추측]의 인식양태의미에 관련되는 것은 [추정]과 [주관적 사실판단]의

의미일 것이다. 이기용(1978: 46)에서는 [추정]의 전제조건으로 사태의 가능성에 대한 화자의 확실한 믿음을 들었다. 의문형 종결어미 '-가/냐/나'는 명제내용에 대한 화자의 믿음이 불확실의 상태에 있음을 표현한다. 그리고 종결어미 '-지'는 객관적 근거가 아닌 화자의 내적 인식양상으로서 표현된 종결어미로 보인다. 차현실(1984: 312)는 "명제 내용이 완형보문으로 포유된 형식에서 양상조동사 '싶다'는 화자의 주관적 판단의 인식 양상을 나타내어 객관적 표현문인 단정문과 대칭문을 이룬다고 하고 내포문의 형식에 따라 화자의 주관이 구체적으로 하위분류되는데 내포문이 의문일 경우에 주관적 회의를, 서술문으로 되어 있을 경우에 주관적 판단을, 감탄문인 경우에도 주관적 판단을 나타낸다."고 하였다. 차(1984)에서 언급했듯이 내포문에서 의문형식일 경우 주관적 회의를 나타내며 '싶다'는 가능성이나 개연성에 대한 화자의 판단이 구체적이거나 확정적이지 않음을 보여준다. 따라서 불확실의 상태에 대한 화자의 추상적인 판단은 사유를 통한 [추측]으로 표명된다. 그러므로 '싶'의 의미는 [짐작]보다는 [추측]에 가깝다.

(19ㄹ)의 형식은 '-ㄹ 만 하다/ㄹ 성 싶다'의 '만, 성'의 의미기능과 '하다, 싶다'의 품사적 성격이 함께 작용한 것으로 보인다. 즉 관형형어미 '-ㄹ'과 '앞말이 나타내는 행동이나 동작이 가능하거나 일정한 정도에 이르는 말 혹은 행동이나 동작이 가치가 있거나 가능함을 나타내는 말'의 의미로서 '만'이 보조 형용사 '하다'와 결합되어 '비교 결과 같은 정도의 가치나 가능성의 의미'를 산출해 내는 것으로 보인다.

이와 같은 해석은 'ㄹ 성 싶다'에도 같이 적용되어 주관적인 [추측] [예상], [예상], [추리]의 뜻을 나타낸다. '싶다'는 일차적으로는 [희망]의 의미이지만 중세국어에서 의문형 어미, 감탄형 어미와 통합되어 희망의 '싶다'의 의미와 결합되어 [추측]의 의미로 나타난다.10) (19ㅁ)의 '-듯싶다'도 비슷한 의미와 구조를 가지고 있다. 이와 관련하여 정혜선(2010: 184)이 의존명사 '듯'에 대하여 중세국어에서 '듯'이 '若', '如', '似'의 언해라고 하고 '듯'과 통합된 보문의 명제내용이 일어날 것 같다는 [개연성]의 의미를 가지기 때문에 '듯 싶다'의 [추측]의 의미는 의존명사 '듯'에서 나온다고 주장하였다. 이와 같은 사실은 '듯 싶다'의 '싶다'를 생략하거나 '하다'로 대체해도 추측의 의미가 유지되는 것에서 알 수 있다고 하였다. 한편 김양진(2006: 140-141)은 중세국어 '식브다'를 추상 어원형 '*식다'에 접사 '-브-'가 결합된 것으로 파악하고 '*식다'는 '행위자가 어떤 행동을 하다'의 의미를 갖는다고 주장하였다. 그리고 형용사 파생과 보조용언화의 문법화 과정을 통해 '*식다'의 의미와 멀어졌다고 하였다. 어쨌든 '싶다'의 의미기능은 화자의 내적 사유를 통해 심리적 태도를 표현하는 것이라는 데는 이견이 없다.

이들 구성에서 '-것 같다', '만 하다' '성 싶다', '듯 싶다' 등의 의미구조도 큰 차이가 없다. 즉 이들 구성에 대하여 '라고 생각하다'의 구성으로 대치해도 크게 의미가 달라지지 않는 것을 보면 더욱 그렇다. 다만 형식명사 '것'이 가장 추상화된 의미를 보이고 객관적인 의미를 드러내며 다른 구성들은 비교적 주관적인 추리 판단의 의미를 보유한다.

    (20) ㄱ. 내가 다 이긴 것 같은데?
        ㄴ. 네가 화 낼 만 하다.
        ㄷ. 내가 호락호락 넘어갈 성 싶으냐?
        ㄹ. 내가 그렇게 할 듯 싶으냐?

---

10) 정혜선(2010: 171-175)은 중세국어에서 '식브다', '시브다', '싣브다' 등이 근대국어를 거쳐 현대국어의 '싶다'의 형태로 변했는데 중세국어에서 '추측', '의심', '희망', '감탄'의 내적 사유를 나타내는 보문과 통합하여 추측의 의미를 나타내게 되었다고 설명하였다.

(20ㄱ, ㄴ)의 '같다'와 '하다'는 비슷하거나 동등한 가치를 형식명사 '것'과 '만'에 기대어서 추측함으로써 객관성을 보이는 태도를 보이는 것이다. 또 (20ㄷ, ㄹ)은 '싶다'의 의미가 '생각하다'의 의미로 대치된다. 따라서 주관적 근거에 의한 인식의 태도를 보이고 있다.

이상에서 살펴본 것을 정리하면 결국 (19ㅁ)의 '-겠-'이 가장 객관적이고 단정적인 태도를 보이고 '가 보다'>'가 싶다'>'-만/듯하다'>'성 싶다'>'것 같다'의 순서로 주관성>객관성의 서열을 보인다. 유형으로 보면 '종결어미+보다>종결어미+싶다>체언명사+하다>형식명사+싶다>하다>같다'의 순서로 객관적인 양태의미를 생각해 볼 수 있다.

단정성-유보성, 주관성-객관성, 확신-회의의 의미구조 양상에 따라 각각의 위치를 (21)과 같이 배열하는 것이 가능하다고 본다.

(21) '-겠다'- '-리라'- '것 같다'- '듯 하다'- '성 싶다'- '-가나/지 싶
다'- '-가/나 보다'
단정---------------------- 유보
객관적------------------- 주관적
확신---------------------- 회의

7. 나가는 말

지금까지 필자는 한국어에서 인식양태의미를 표현하는 양태표현 형식 중 구 구성 형식을 중심으로 [짐작], [추측]의 양태를 표현하는 형식의 의미 차이를 살펴보았다. 이 연구에서 인식양태의 영역은 기본적으로 [믿음]의 태도를 바탕으로 하는 화자의 정신적 심리적 태도를 표현하는 영역이라는 것을 확인하고 [믿음]의 강도가 명제에 대한 주관적 객관적

인식양상에 따라 [확신성] [개연성] [가능성]의 의미를 드러내게 된다는 것을 보이고자 했다.

특히 화자의 [단언]적 서술양태에서 명제에 대한 화자의 [믿음]의 강도에 따라 [추측] [짐작]의 의미까지 다양한 표현을 하게 된다는 점을 구 구성 형식에 따라 원인을 분석하여 설명하고자 하였다. '-ㄴ 모양이다'의 구성은 아직 문법화가 진행 중인 구성으로 '모양'의 어휘의미가 추상화되는 과정에서 [단정]적인 [추정]의 의미가 도출된다고 보았다. '-것 같다'의 구성은 '것'이 보유한 추상성이 '같다'와 결합하여 객관적인 판단의 의미가 도출되어 [추측]의 의미를 끌어낸다. '-모양이다'나 '것 같다'는 외적 객관적 근거로 인한 확실성으로부터 도출되는 [단정적 추정]의 의미를 나타낸다. '가/나/지 싶다'의 구성은 의문형 종결어미의 [의혹]의 의미가 서술대상과 동등한 가치를 추구하는 '싶다'와 결합하여 판단을 유보시켜 [추측]의 의미를 표현한다. '-가/나 보다'의 구성은 의문형 종결어미가 인식주체의 내적 인식 경험의 근거를 마련하는 '보다'와 결합하여 [짐작]의 의미를 드러낸다. 그리고 이들 구 구성의 결합 방식은 '모양'과 같은 구체적인 어휘로부터 나오는 확신성과 '것', '성' 등의 형식명사가 가지는 추상성에 의해 판단의 유보를 보이는 [짐작] [추측]의 양태를 정도성을 가지고 차이를 드러내게 된다.

〈한국어문교육 제32집, 한국어문교육연구소(20)〉

제 4 장

한국어 양태소의 담화인지 기능에 대한 고찰*

'-네', '-군', '-지'를 중심으로-

1. 서론

언어는 인간이 외부세계와 소통하는 도구로서의 기능을 전제로 하는
활동이다. 자연히 인간의 언어에 대한 관심은 언어내적 구조에 대한 탐
구와 함께 인간의 언어 외적 세계를 이해하고 외부세계와의 교섭에 필
요한 기능에 대한 관심으로 진행된다. 그런 측면에서 언어의 제 현상들
을 의사소통의 기능적 관점에서 보고자 하는 연구의 자세가 기능주의적
관점에서 바라보는 언어관이다.

실제 언어상황에서 언어표현이 특정한 기능으로만 작용하는 것이 드
물고 상황에 따라 다른 기능으로 쓰이거나 하나의 표현이 동시에 여러
기능으로 쓰인다고 하는 사실은 많은 연구들에 의해 연구되었고 입증되

---

* 이 논문은 한국교원대학교 2017학년도 연구년 교수 학술지원비 지원을 받아 수행한
  연구의 결과임.

었다. 그 중에서도 의사소통체계에서의 언어의 기능을 중시하 는 기능문
법의 관점은 갈수록 설득력을 얻고 있다. 여기에 언어를 인지과학의 시
각에서 접근하는 인지 언어학이 접목되면서 담화인지라는 분야도 활발
하게 논의되는 상황이다.

그럼에도 불구하고 19세기부터 지속되어 온 구조주의적 관점의 언어
탐구 경향과 이론은 언어내부 자체의 구조와 그 기능에 대하여 집중되
어 왔으나 독일을 중심으로 하는 언어학자들은 언어소통의 관점 에서
언어를 바라보고 그 기능에 대한 설명과 원리들을 밝히려고 노력하였다.
한국어 연구의 분야에서는 그런 노력이 언어내적 연구의 분야에 비해서
그다지 왕성하지 못했다. 그것은 현대 한국어문법 이론 형성 초기에 촘
스키를 비롯한 미국중심의 문법학자들의 설명중심 문법이론을 주축으로
전개되면서 이를 수용하고자 하는 국내학자들의 연구 경향이 집중되었
음에 원인이 있기도 하지만 언어의 근원적 존재 이유에 대한 물음보다
는 형식적 사고와 논리에 매몰되어 온 국내 문법연구 학계의 흐름에도
원인이 있다고 하겠다.

그러나 언어학의 연구대상이 정적인 언어체계에서 동적인 언어활동
중심의 관점을 통하여 통보의 관점으로 이동하면서 실제 언어 상황에
서는 단어나 문장 등의 고립된 성분이 아닌 통보적 기능을 충족시키는
텍스트 단위에서 수행된다는 점에 주목하는 흐름이 생겨나기도 했다. 따
라서 통사적 언어체계와 언어적 현실의 추상화를 대상으로 하는 언어학
의 실태에 통보상황에서 다른 요인들과 함께 나타나는 언어의 실태를
연구하는 화용론적 관점이 나타난 것은 자연스런 일이다. 즉 언어를 통
보단위로 보는 확장된 행위이론의 관점에서도 살펴보게 되었다.

한국어의 양태범주와 관련한 논의는 오랜 역사를 가지고 있다. 양태범
주에 대한 관심은 인간의 언어현상에 대한 연구가 지속되는 과정에서

자연히 도출되는 인간의 인식과정의 한 과정으로 이해된다. 그러나 아직도 해당범주에 대한 논의는 현재 진행형이다. 그만큼 해당 범주의 문제들이 명쾌한 답을 내기가 어려운 것이다.

국어의 양태소들 중에 '-군', '-구나', '-네', '-지'는 국어의 문장종결어미로서 기능하지만 담화 화용론적 관점에서 생각해보면 문장종결의 기능만을 수행하지는 않는다. 즉 미세한 양태적 의미차이를 보이는 동시에 통보적 행위임을 드러내는 의미기능도 포함되어 있다고 하는 것이 이 연구의 주장이다.

인간의 언어를 바라보는 관점에 따라 원초적으로 표현기능이 우선한다는 도구관과 생각과 언어를 동일시하는 일체관, 언어가 사고를 형성한다는 언어형성관 등의 견해도 있지만 언어의 기원은 화자가 청자에게 보내는 정보전달이나 자신의 의사를 표현하는 것에서 시작되었다고 보면 청자를 상대로 언어표현을 한다는 것이 기본이고 그 외의 기능은 확장된 부수적 기능으로 생각된다. 그래서 언어표현은 기본적으로 청자, 즉 담화상의 상대를 의식하지 않을 수 없으며 의사소통이 라는 기능을 전제하는 수밖에 없다.

한편 언어학의 흐름에서 기능주의의 관점은 인간의 언어활동에 대한 새로운 인식으로 근래에 들어 주목을 받은 분야이기도 하다. 왜냐 하면 언어연구의 목표가 언어의 구조나 발생적 차원에서 언어를 탐구하려는 것에서 이제는 인간의 삶에서 언어라는 도구가 어떤 역할을 하느냐에 초점이 맞추어져 있기 때문이다. 그런 면에서 먼저 기능이라 함에 대한 정확한 개념을 짚어보아야 한다.

유럽의 프라그 학파에서는 음소를 기능(function)이라는 관점에서 파악하였는데 이때의 기능이란 변별적 기능, 곧 어떤 단어의 의미차이 를 만들어내는 직능을 말한다. 음소란 바로 그러한 의미변별의 기능을 가지는 최소의 음운적 단위로 규정된다. 이러한 개념을 양태의 개념에 도입하면 화자의 주관적 태도의 차이를 드러내는데 관여하는 요소가 양태소이고 그런 양태소의 기능을 담화인지적 차원에서 살펴보고자 하는 것이 이 연구의 주된 목표가 된다.

2. 양태소의 핵심의미와 확장의미

인간의 의식은 생존활동과 필연적인 관련을 맺는다. 즉 생로병사의 과정 속에서 인간의 사고 작용은 쉼 없이 진행되며 인간을 둘러싼 환경과 여건의 변화는 늘 감정의 변화를 수반하게 되며 인간의 언어표현에는 그런 감정의 변화에 대한 반응을 동반한다. 그리고 인공적인 언어가 아닌 바에야, 그런 감정적, 정신적, 심리적 태도의 반영은 필수적으로 언어의 한 부분을 차지하게 되는데 어휘적 수단이나 문장의 변화나 여러 가지 유형의 문법적 장치들을 동원할 수밖에 없다. 그런 장치들 중의 하나가 양태소란 걸 감안하면 종결어미에서 나타나는 양태의미에서 여러 가지 감정적 표현 등이 나타나는 것은 자연스러운 현상이 된다.

그런 의미에서 양태의미의 본질은 인간이 주변 환경 혹은 인간을 둘러싼 내적, 외적 상황들과의 접점에 생기는 정신적 심리적 반응이라 고 하겠다. 즉 희로애락 등의 기본적 감정 표현으로 놀람, 감탄 등의 반응이 그런 것이다. 한편 그런 감정들이나 정신적, 심리적 태도들은 인간이 외적 현실에 대한 정보나 내적, 외적 세계로부터 오는 정보를 토대로 한 추론이나 추측 등의 사고 작용에 의하여 생성되며 그 중에서 원초적인 의미가 기본의미 혹은 핵심의미가 되어 [믿음], [의문], [추측], [의무], [가능], [허락], [명령] 등의 양태를 보이는데 여기에 화용적인 환경이나 조건이 작용하여 [확인], [강조], [놀람], [감탄] 등의 확장의미로 표현된다.

　그런 면에서 보면 양태의 개념에는 화자의 정신적 주관적 태도와 함께 청자에 대한 태도까지 포함될 수 있다. 이러한 관점은 양태소의 특징을 언급한 장경희(1995, 11-12)에서도 논의된 바 있다.[1] 그의 논의에서 양태소에는 화자의 정신적 태도에 대한 언급이 있음을 의미하는 것인데 좀 더 확대하여 말하면 담화 상대에 대한 인지내용도 포함되어 있다고 말할 수 있다. 즉 담화에서 의사소통의 작용에 양태소가 어떤 작용을 하느냐의 관점에서 바라볼 수가 있는 것이다.

　한편 종결어미의 경우에는 말미어조가 얹히면 화자의 표현의미에 영향을 주어 확장된 양태의미를 표현하게 된다. 이러한 종결어미에 얹혀서 나타나는 말미어조는 특히 발화상황에 영향을 받아 화자의 의도나 태도에 따라 가변적이다.[2] 특히 종결어미 중에서도 담화 상대를 인지하는 경우의 '-지'는 그런 면에서 두드러지며 다른 양태를 표현하는 종결어미의 경우에도 무시할 수 없는 정도의 차이를 보인다.[3]

　이 연구의 목적 달성을 위하여 편의상 먼저 양태소의 기능적 요소가

---

1) 장경희(1995, 11-12)는 국어의 양태소가 단어가 아니라 문법적인 형태소라는 형태적 특징을 지니며 통사적으로 양태소들이 나타내는 양태의 의미가 부정의 범위에 들지 않는다고 하였다. 또 양태소의 의미는 시제의 관여를 받지 않으며 화용론적인 특징도 가진다고 하였다. 즉 양태소가 시제와 분리된 의미를 보유하며 독자적인 화용적 의미를 보유한다는 것으로 양태소의 독자성을 강조한 것이다.

2) 그러므로 문장의미는 명제내용과 명제내용에 대한 화자의 양태의미와 이에 대한 화자의 의도나 담화상대에 대한 태도 및 발화맥락에 따른 양태의미까지 확장되는 것인데 다만 기존의 구조문법적 관점에서는 그 영역을 독립적인 서법이라는 형식적 문법 범주로만 구분할 뿐인 것이다. 이렇게 문의 의미 면에서 확장하여 생각해 보면 문장의 구조를 기본문의 차원에서 발화영역까지 확장하여 설명할 수 있을 것이다.

3) 이와 관련하여 장경희(1995, 13)는 양태소와 종결어미를 하나의 범주로 묶고 이후에 양태소와 종결어미를 하위구분하는 방법과 처음부터 구별하여 독립된 범주로 설정하는 방법이 있는데 자신은 후자를 택한다고 한 바가 있다. 그러나 결국은 양태의 범주에 화자의 태도와 청자에 대한 태도가 함께 고려되어야 함을 말한 것은 필자의 견해와 크게 다르지 않다고 생각한다.

보유하는 특성에 대하여 논하고 국어 양태범주가 담화의 의사소통 과정에서 작용하는 원리를 살펴보겠다. 그리고 양태법주의 요소들이 양태의 미를 드러내는 과정에 대하여 살펴보는 순서로 진행한다.

먼저 간략히 양태범주의 개념과 관련한 이전의 학설과 국어의 양태와 관련한 논란에 대해 살펴보고 이를 기능주의적 관점에서 담화기능과 연결하여 특히 '-네', '-군', '-지'를 대상으로 검토해 본다.

인간은 사고 작용의 결과를 말로써 표현하고 또 그에 따른 태도도 언어표현을 통해 드러내는데 이러한 표현방법이 언어범주로 형상화된 것을 양태(modality)라 한다. 지금까지 양태에 대한 논의는 다양한 측면에서 진행되어 왔고 주로 인간의 인식작용과 관련하여 진행되는 양상을 보였다.

Lyons(1977: 793, 681,823)에서는 "인식양태(epistemic modality)는 지식, 믿음과 관련되고", "사실보다는 의견에 관련"되고, "의무양태(deontic modality)는 도덕적으로 대응 가능한 행위자에 의해 수행되는 행동의 가능성이나 필연과 관련되어 있다"고 구별하였다. Steele etal(1981: 21)에서는 "양태는 가능성(possibility), 또는 허락(permission)과 관련된 개념, 개연성(probability)이나 의무와 관련된 개념, 확실성이나 요구의 관계개념" 중의 하나를 표시한다고 하였다.(김기혁, 1999, 51쪽 재인용) 또 Jespersen(1924: 320-321)에서는 의지(an element of will)를 포함하고 있느냐 없느냐로 양태를 구별하였다. 그리고 Lyons(1977: 452)는 '문장이 나타내는 명제와 명제가 기술하는 상황에 대한 화자의 견해나 태도'라고 정의하였다.

한편 국어의 경우, 고영근(1986: 250)은 "국어에서 전통적 의미의 서법이란 화자의 사태에 대한 마음의 태도, 곧 심리적 태도가 일정한 활용형으로 실현되는 현상을 가리켜 왔으나 생성문법에 의한 문법 기술이 자리잡게 되자 진술, 의문, 명령, 감탄 등의 문장 종결형은 서법의 테두리에 들어오게 되었다."고 하였다. 한편 최근의 박재연(2009: 3쪽)에서는 서법범주를 양태범주로 통합하고4) 인식양태와 행위양태로 구분하였다. 그리고 송재목(2009: 49쪽)에서는 인식양태를 증거범주와 양태범주로 구분하여 '-네'의 표지를 증거성 표지로 보아야 한다고 주장하였다. 그리고 김건희(2016: 9쪽)는 양태의 의미와 형식의 대응양상을 살펴 국어양태의 특수성을 다루었다. 또 목정수(2016: 66-86쪽)에서 종결어미를 다루면서 한국어의 종결어미와 서법체계를 구분하여 양태와 서법의 범주의 범위를 논하였다.

Quirk et al(1985, 219)은 좀 더 세분화하여 양태를 본질적, 내부적인 것(intrinsic)과 비본질적, 외부적(extrinsic) 양태로 구분하기도 하였다. 이 두 가지 유형은 어떤 사건(event)에 대한 내부적 인간조절(intrinsic human control)을 포함하는 허가(permission), 명령(obligation), 의지(volition)와, 사건(event)에 대한 인간의 조절이 으뜸으로 들어있지 않고, 무엇인가 일어날 것 같은 것에 대한 인간의 판단을 전형적으로 포함하는 가능(possibility), 필요(necessity), 예측(prediction)이다.

Quirk(1985, 221)에 제시된 의미관계

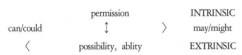

Bybee, Joan & Heischman, Suzanne(1995), 김지은(1998, 12): 양태는 인식양태(epistemic modality)와 의무양태(deontic modality)로 구별하기도 한다. 인식 양태는 명제의 진리치에 대한 가능성이나 필연성과 관련된 것으로 그것에 대한 화자의 지식이나 믿음을 포함하는 것이고, 의무 양태

---

4) 이는 이 연구에서도 같은 취지로 받아들이고 있는 주장이다.

는 도덕적으로 책임 있는 행위자가 수행하는 행동의 필연성이나 가능성과 관련된 것으로 허용이나 의무와 연관되어 있다.

김지은(1998, 12-13)에서 양태는 주어중심 양태와 화자중심 양태로 나뉘기도 한다. 주어 중심 양태는 선행용언이 가리키는 행위의 완성과 관계된 주어의 의도, 바람, 능력, 의무 등의 양태 의미이다. 화자중심 양태는 전통적으로 명제의 가능성, 개연성, 확실성 등에 대한 화자의 심리적인 태도에 한정하는 전통적인 인식 양태보다 확대하여 이들 양태의미 영역뿐 아니라 명제 실현에 대한 화자의 희망, 바람, 유감 등의 심리적 태도까지를 모두 포괄하는 개념이다.

또 김기혁(1999, 51-64)은 양태는 사실 자체를 표현하는 것이 아니라 사태에 대한 화자, 청자의 태도, 즉 명제에 대한 화자, 청자의 특정한 관점에서의 태도 표현이라고 하였다.

장경희(1995: 197)에서는 양태의미가 실현되는 문법단위를 유형별로 나누고 특히 문법적 형태소에 속하는 양태소들을 대상으로 그 특성을 고찰하였다. 그는 국어의 양태를 양태소(문어체: 더, 네, 겠, 지, 구나, 구어체: 리, 니), 양태보조동사(지, 구나, 다, 나, 는가, ㄹ 까)싶다, (나, 는가, (으)ㄹ 까)보다/한다, 양태 관용 표현(는 것이다, 는 바이다, 는 터이다, ㄴ(는, (으)ㄹ) 것 같다, 모양이다, ((으)ㄹ) 법하다, 수 있다, 줄 알다, 터이다, ㄴ(는, (으)ㄹ)척/체하다, 줄로 알다, (으)ㄹ 뻔하다), 양태 부사(정말, 반드시, 확실히, 아마, 부디, 다행히도, 상상컨대, 짐작컨대), 양태 동사나 형용사(추측하다, 생각하다, 믿다, 틀림없다, 확실하다)로 구분하였다.

이상의 양태의 개념과 범주에 관한 논의들 중에서 이 논문에서는 장경희(1995)의 양태범주 중 양태소에 해당하는 어말어미 '-군', '-네', '-지'를 주 대상으로 한다. 이 양태소들은 과거에는 전통적인 서법을 다룬 것들이다. 이들 요소에 대하여 주목하는 이유는 장(1995)에서 언급하였던 양태의미의 확장된 의미를 통하여 담화인지의 기능까지도 언급할 수 있다는 점을 고려한 것이다.

여기서 필자가 기본적으로 의지하는 언어적 사실은 다음 몇 가지이다.

첫째, 기본적으로 인간의 언어에서 각종 문법단위 층위는 담화인지 적 기능이 있다.

둘째, 국어에서 담화인지적 기능이 가장 강한 것은 문장에서 문장 수준의 문법적 단위이다.

셋째, 한국어에서 서술어미는 그 기능이 가장 강하게 드러나는 단위이다.

넷째, 담화인지 요소는 전달내용에 해당하는 명제와 전달내용에 대 한 화자의 청자에 대한 정신적 태도이다.

이 논문에서는 특히 화자의 양태의미를 드러내는 '-네', '-군', '-지'의 핵심의미를 대상으로 하되 담화인지적 성격상 셋 중에서 청자에 대 한 인식의 강도를 비교하여 담화화용적 정도성도 함께 살펴본다.

3. 양태소 '-네', '-군', '-지'의 양태의미와 확장의미

국어의 종결어미 중에서 '-네', '군', '-지'의 양태의미는 [새로암] 혹은 [확인] 등의 의미가 있음이 장경희(1985)을 비롯한 학자들에 의해서 지적되었다. 그런데 인식양태 [믿음]의 범위에는 [앎]이라는 양태의미가 포함된다. '믿음'의 강화된 태도가 '믿음'의 태도가 되기 때문이다. 따라서 장(1985)에서 주장하는 [새로 앎] 등은 인식양태인 [믿음]의 하위범주에 종속된다고 하겠다. 여기서는 기존의 양태의미를 바탕으로 비슷한 의미를 보이는 이들 양태소들이 미세한 의미차이를 가지고 있음을 보임으로써 이들 양태 소들의 좀 더 세밀한 의미양상을 보이고자 하는 것이다.

종결표지 '-네'와 '-군', '-지'는 모두 화자의 인식내용에 대한 주관적 태도를 드러내는 서법체계 속의 종결어미이며 이를 양태소로 다루기도 하였다. 먼저 이들 양태소들의 기본적인 양태의미에 대하여 살펴보고 핵심의미와 그 의미적 성격과 발화상황에서 표현되는 확장의미에 대하여 논의를 한다.

3.1 양태소 '-네'

'-네'의 양태 의미는 다음과 같은 의미들이 인지된다.

3.1.1 핵심의미: [새로 앎]

'-네'는 화자가 새로 안 사실을 인지하였음을 표현할 때 '-네'가 어말 어미에 사용된다.

> (1) 가. 거기 사람이 있었네.
> 　　나. 아차, 내가 깜박했네.
> 　　다. 저기가 우리 숙소네.
> 　　라. 영희가 참 예쁘네.

위의 예문들에서 일반적인 사실에 대한 언급보다 화자의 주관적인 태도가 더 드러난다는 점은 다음의 평서문들과 비교하여 보면 쉽게 알 수 있다.

> (2) 가. 거기 사람이 있었다.

나. 아차! 내가 깜박했다.

　　다. 저기가 우리 숙소이다.

　　라. 영희가 참 예쁘다.

　위의 예문들을 비교해 보면 화자가 새로운 사실을 인지했음을 통보하면서 화자의 주관적인 태도를 보이는 것을 알 수 있다. 이때 화자는 자신이 청자일 경우에도 스스로를 상대로 그런 표현을 할 수 있지만 타인이 청자일 경우에 '인지내용을 몰랐었'음을 표현하면서 자신이 이제 알았음을 통보하는 기능도 포함된다. 물론 주된 기능은 아니지만 부수적 혹은 확장기능으로 작용할 수 있을 것이다. 다음과 같이 '이제 보니'를 추가하면 그 핵심의미가 잘 드러나게 된다.

　　(3) 1-가. (이제 보니) 거기 사람이 있었네.

　　　　1-나. 아차, (이제 보니) 내가 깜박했네.

　　　　1-다. (이제 보니) 저기가 우리 숙소네.

　　　　1-라. (이제 보니) 영희가 참 예쁘네.

　(3)의 1-가, 나, 다, 라의 예문에서 '이제 보니'를 보충하여 보면 '-네'의 양태소에서 '새로 알았음'의 의미내용이 보완되어 의미가 명확하게 드러난다. 즉 전달되는 내용에 대해 새로 알았음을 양태적으로 표현한 것이다.[5]

3.1.2. 확장의미: [확인], [감탄], [놀람]

　한편 '-네'의 문말어조에 따라 [감탄] 혹은 [놀람]의 의미도 표현된

---

5) 양태소의 핵심의미에 대하여는 장경희(1995)를 참고할 것.

다. 위의 예문에서도 감탄의 의미가 표현되는데 사실상 감탄의 표현은 발화내용에서 인지된 [새로 앎]에 대한 강한 정서적 표현이라고 할 수 있어서 [놀람]과 겹치는 내용이라고 할 수도 있다. 발화상황에서 반드시 얹히는 말미어조까지 감안하면 다음과 같은 [감탄]이나 [놀람]의 의미가 표현된다.

> (4) 2-가. (이제 보니) 거기 사람이 있었네.[↗]
> 2-나. 아차, (이제 보니) 내가 깜박했네.[↗]
> 2-다. (이제 보니) 저기가 우리 숙소네.[↗]
> 2-라. (이제 보니) 영희가 참 예쁘네[↗]

만약 말미어조가 평탄[→]이나 하강[↘]이면 [놀람]이나 [감탄]의 의미는 약화된다. 그러나 실제 발화상황에서는 하강의 말미어조가 오히려 [놀람], [감탄]의 강한 정서표현을 할 수도 있다. 이렇게 발화상황에 서 표출되는 의미들을 이 논문에서는 핵심의미를 기본으로 하는 확장 의미로 본다.

한편 양태소 의미의 인지적 성격을 살펴보면 핵심의미에서 파생되는 확장의미의 유형을 알 수 있다.

> (5) A: 철수가 저기 오네.
> B : 가. 그러네.
> 나. 그렇군.
> 다. 그렇지.

(5)의 발화에서 '-네'를 통해 인지될 수 있는 담화상의 모든 경우의 의미를 따져볼 때 우선, A화자의 혼잣말일 경우, 즉 화자 자신이 청자

(B)가 되어 '자신이 몰랐던 정보를 새로 알았음'을 자신에게 일깨우는 기능을 일차적으로 수행한다. 따라서 담화 상에서는 이 문장의 짝이 필요가 없는 경우이다. 이 경우 (5)에서 B의 (가), (나), (다)의 발화는 각각 자신의 인지 내용을 재확인하는 의미로 한정된다. 그런데 (다)의 경우는 (가), (나)의 경우에 비해 약간의 차이를 보인다. A의 발화내용 의 맥락에서 벗어나기 때문에 다른 내용을 위한 도입발언의 기능이 아니면 어색한 응답이 된다. 그러나 그런 경우에 상승조로 끝날 때는 화자의 발화내용에 대해 미리 알고 있었으며 자신의 인지내용을 [확 인]하는 의미로 표현된다. 즉 문말의 고저를 고려할 때 상승조(↗)로 끝날 때만 정상적으로 수용이 되는 것이다. 그리고 이때의 의미는 '확인의문'의 수사적 기능을 표현하게 된다. 만약 B (가)로 호응이 될 때 상승조(↗)로 끝나면 자신이 인지하고 있던 (5)A의 발화내용을 보류 하고 A 화자의 발화 내용에 대해 새삼 다시 알게 되었을 때, [놀람]의 양태적 의미를 보이게 된다. 그러나 혼잣말일 경우, 본인이 (5)A의 사실을 진술하고서 [놀람]의 태도를 보인다는 것은 이상한 일이 되어 일반적인 대화의 흐름이 아닌 특별한 경우가 된다.

한편 A와 B가 동일인이 아닌 경우, 즉 화자와 청자가 각각 존재할 경우의 발화상황을 고려하면 (5가), (5나), (5다)의 경우가 각각 약간씩 의 의미차이가 드러난다.

즉 (5가)의 경우 화자의 발화내용을 청자가 인정하고 동의하는 의미를 드러내고 (5나)의 경우는 역시 (5가)의 경우와 같은 의미이나 화자의 발화내용에 대하여 청자가 인지하였음을 간접적으로 시인하는 태도를 보인다. (5가)는 단순히 (5A)의 발화내용에 대하여 인지하였음을 상대에게 알리기 위함이 중심이나 (5나)는 그런 표현과 함께 자신이 내부적으로 받아들였음을 인정하는 의미가 좀 더 강하다. 그리고 (5 다)는 어색하거나 맥락이 통하지 않는 대화 짝이 되어 정상적인 흐름을 벗어나게 된다.

좀 더 의미를 명확하게 하기 위하여 '밖을 보니'를 삽입하여 보면 다음과 같이 뚜렷한 의미를 느낄 수 있다.

(6) 가. (밖을 보니) 그러네.
　　나. (밖을 보니) 그렇군.
　　다. *(밖을 보니) 그렇지.

즉, (6가), (6나)에서는 '밖을 보니'의 생략된 선행 동작이나 조건을 확인하여 인정하는 경우에 자연스럽지만 (6다)에서는 선행 동작이나 사건이 필요하지 않는 상황에 '-지'가 사용되어 어색하다. 그 이유는 앞의 두 가지 경우는 모두 (5)의 화자가 처음 아는 사실이어서 정보를 재확인하거나 스스로 인정하는 경우이나 (6다)의 경우는 새로 알게 된 정보에 관한 태도가 아니라 자신이 이미 알고 있는 정보에 대한 [재확인]의 의미가 강하다. (6가)의 예에서는 [새로 앎]의 의미와 함께 청자를 의식하여 자신도 인지했음을 알리는 동시에 '동의'의 의미도 나타낸다. 이 또한 [확인]의 의미에 부수적 효과이다.

그러므로 '-네'의 양태의미는 [새로 앎]을 핵심의미로 하며 이는 화자의 내부적 인식과 화자의 외부적 인식의 근거를 함께 표현할 수 있는 중립적 표현이다. 그리고 청자의 존재에 대한 인식도 내적, 외적인식의 중간적 위치를 차지한다.

3.1.3 [대내적] 성격

(7) 가. 이제 보니 그렇다.

나. 이제 보니 그런데?

다. 이제 보니 그렇구먼.

위에서 (7가)의 경우는 문어의 경우가 아닌 일상적인 대화에서는 잘 나타나지 않는다. 이유는 단순 진술의 경우에는 문제가 없지만 실제 대화의 상황에서는 대화 상대에 대하여 자신의 태도를 드러내야하기 때문이다. 혼잣말일 경우를 가정할 수 있으나 그 경우에도 자연스럽지 않다. 그러나 '-네'의 경우는 상대를 의식하는 경우와 혼잣말인 경우도 자연스러워서 그 성격이 내적 혹은 외적일 가능성이 반반이라고 할 수 있으나 사실은 혼잣말이라 하더라도 가상의 상대를 대상으로 하는 말이라고 보면 외적인 성격이 더 강하다고 할 수 있다.

정리하면 위에서 살펴 본 '-네'의 양태의미는 핵심의미인 [새로 앎]을 기본으로 하고 확장의미로 [확인], [놀람], [감탄]의 의미와 함께 상대에 대한 [통보]의 의미도 함께 말할 수 있다. 그리고 그 의미의 성격은 발화 상황에 따라 [대내적]이거나 [대외적]이다.

3.2 양태소 '-군'

앞선 연구들에서 종결어미 '-군'의 핵심의미는 [처음 앎]이 많이 언급되었다. 이 연구에서도 [처음 앎]의 의미가 핵심의미임을 인정하면서 이를 바탕으로 하는 확장된 의미가 실제 언어상황에서 표현되고 있음을 주목하여 '-군'의 양태의미의 성격을 중심으로 살펴보고자 한다. 종래의 국어문법 연구들에서는 '-구나'를 평서법어미에 포함시키기도 하고 감탄의 종결어미로 분류하기도 했다. 이 논문에서는 '-군'을 '-구나', '-구려', '-구만'들과 밀접한 관련을 가지는 것으로 생각하면서 '-군'을 중심으로 양태의미를 검토해 나가고자 한다.

3.2.1 핵심의미: [새로 앎]

먼저 '-군'의 의미를 검토해 본다. '-군'은 기본적으로 화자의 발화내용이 새로 알게 된 것임을 표현한다.

> (8) 가. 철수가 온다.
> 나. 철수가 오는군.
> 다. 철수가 오는구나.
> 라. 철수가 오는구려/구먼.

(8)의 예문에서 (가)의 화자는 '철수가 온다는 사실'을 진술하는데 그치는데 비해 (나), (다), (라)는 화자의 인지 내용에 대한 태도가 좀 더 주관적임을 알 수 있다. 즉 (가)에서는 화자가 상대에게 진술 혹은 통보의 의미를 전하는데 비해, (나), (다), (라)에서는 발화내용에 대해 화자가 '새로 알았음'을 내적으로 인지하였음을 표현한다. 즉 (나)에서 화자의 발화내용에 대한 태도는 [새로 앎]의 인지태도를 보이는 것인 데 (가)와 (나)의 문장에서 의미차이는 '-다'와 '-군'의 사용에 달려있을 뿐이다. 위의 예문에 '알고 보니'라는 상황을 가정하여 생각해 보면 더 뚜렷해진다.

> (8') 가. (알고 보니) 철수가 온다.
> 나. (알고 보니) 철수가 오는군.
> 다. (알고 보니) 철수가 오는구나.
> 라. (알고 보니) 철수가 오는구려/구먼.

(8'가) - (8'라)까지의 예문에서 실제 담화에서 자연스럽게 발생하는 담화형식은 (8'가)보다는 (8'나), (8'다), (8'라)임을 알 수 있다. (8'나, 다, 라)에서는 '알고 보니'와 '철수가 오는' 사실이 동일한 인식내용으로 표현된다. '알고 보니'와 '철수가 온다'의 인지내용이 계기적 양상을 표현하는 것으로 보인다. 그러나 즉 (알고 보니)에 의하여 (8'가)에 서는 새로 안 사실에 대한 화자의 '단순 진술적 태도'가 표현된다면 (8'나), (8'다), (8'라)에서는 '새로 알게 된' 내용에 대한 주관적 인식의 양태를 표현하고 있기 때문에 실제 담화상황에 더 가깝다.

3.2.2 확장의미: [확인], [통보] [강조]

(9) A: 가. 영희가 어제 학교에 왔더라.
　　　나. 날씨가 너무 덥다.
　　B: 가. 그렇다네.
　　　나. 그렇더군.
　　　다. 그렇다지.
　　　라. 그러네.
　　　마. 그렇군.
　　　바. 그렇지.

위의 (9)에서 A(가)의 발화에 대한 호응으로 적합한 것은 (9B라), (9B 마), (9B바)이다. 즉 (A가)의 과거 사실에 대한 전달내용에 대하여 그대로 받아서 답을 했으므로 전달내용은 '-네', '-군', '-지'의 의미에 영향을 주지 않는다. 그리고 (A나)에 대한 응답은 B의 (라), (마), (바)가 가능하다. 발화내용의 시제가 어떻든 화자의 전달내용에 대한 청자의 태도만 표현한 것이다.

위의 대화에서 A의 발화에 대한 B의 답 중에 (가)와 (나)에서 공통적으로 [새로 앎], 혹은 [처음 앎]의 의미가 포착된다. 그런데 이때의 상황에서 화자의 발화에 호응을 할 때, 청자로서의 [처음 앎], [새로 앎]의 의미가 표현됨과 동시에 세밀한 의미로서 화자의 발화에 대한 [확인]의 의미가 들어있다는 것을 느낄 수가 있다. 그러나 이 의미는 핵심의미인 [새로 앎]의 의미를 바탕으로 하는 확장적 성격의 의미이다. 즉 발화상황에서 청자는 화자의 발화에 대한 반응을 보여야 하는 책무가 있는데 만약 아무런 반응이 없으면 화자는 자신의 발화에 대한 '부동의'라는 반응으로 인지하고 아직 청자가 자신이 전달한 발화 내용을 인지하지 못하거나 의심하는 반응으로 해석하여 다시 발화를 반복하거나 청자의 반응에 대한 재해석의 단계에 돌입하게 되는 것이다.

그런데 '-네'의 종결어미로 답하는 경우를 생각해 보면 1차적으로 청자 자신의 [새로 앎]은 대내적인 반응에 해당하고 2차적으로 표현되는 [확인]의 의미는 발화자에 대한 응답으로 대외적인 반응에 해당한 다고 하겠다. 즉 김기혁(1999)에서 양태의 유형을 구분한 설명에서 대 외적인 태도를 표현한 것과 같은 성격이라고 하겠다.

'-군'은 화자가 알게 된 명제내용에 대하여 말미어조를 통하여 이중적인 태도를 표현할 수 있다. 하나는 화자자신의 인식내용에 대한 표현으로 [새로 앎]을 바탕으로 하는 [확인], 다른 하나는 인식된 명제내용을 대화상대에게 진술하는 [통보] 혹은 [강조]의 의미를 표현한다.

(10) 가. 저기 철수가 온다(→) 인지된 내용을 청자에게 [진술] 혹은 [통보]
　　　나. 저기 철수가 온다(↗)? [반문] 혹은 [놀람]
　　　다. 저기 철수가 온다(↘) [확인] 혹은 [강조]
　　　라. 저기 철수가 오는군(→) [진술] 혹은 [통보]
　　　마. 저기 철수가 오는군(↘) [확인] 혹은 [강조]

바. ?저기 철수가 오는군(↗)

위의 예에서 (10라), (10마)와 같이 '-군'에 평탄과 하향의 말미어조는 [확인] 혹은 [통보]의 표현이 가능한 데, (10바)와 같이 상향어조가 없히면 (나)의 '-다'와 다르게 어색하다. 이것은 '-군'이 핵심적으로 대내적인 성격의 [새로 앎]의 의미를 나타내기 때문으로 보인다.

3.2.3 [대내적] 태도

한편 '-군'은 [놀람]이나 [감탄]의 성격과는 어울리지 않는다. 즉 '-군'은 화자가 인지내용에 대하여 스스로에게 [확인]하는 기능을 가지고 간접적으로 청자에게도 [확인] 혹은 [강조]의 의미를 표현하는 것이다. 그래서 '-군'의 경우, 대외적 태도인 [명령]이나 [놀람] 혹은 [감탄] 의 용법을 찾기는 어렵다. 왜냐하면 '-군'의 성격이 다른 양태소에 비해 [대내적]이기 때문이다.

그러므로 '-군'의 양태의미는 [새로 앎]의 의미에 더하여 내적인식의 성격을 보이고 이를 기본으로 [확인], [강조]의 의미까지 확장된다. 이때 그 의미는 말미어조의 상승, 하강, 평탄에 의지하여 유지된다. 그리 고 발화상황에서는 청자에 대한 대외적 인식이 '-네'나 '-지'보다 약하다.

장(1995)은 앞의 책에서 국어의 양태소에 대하여 단어가 아니라 문법적인 형태소라는 형태적 특징, 양태소들의 양태의 의미가 부정의 범위에 들지 않는다는 점, 시제의 관점에서 어휘적인 양태표현과 구별된 다는 점을 언급하였으며 특히 양태소들이 화용론적인 특징을 가진다고 하였는데 이는 위의 예를 뒷받침할 수 있는 견해이다.

(11) 가. *내가 오는군.
　　나. *내가 가는군.
　　다. *내가 슬프구나!
　　라. *내가 아프구나!
　　마. 날이 차구나.
　　바. 달이 밝구나!

　(11)에서 (가), (나), (다), (라)와 같이 1인칭의 주어가 화자일 때 '-군'의 사용이 제약된다. 이는 화자가 자신이 하는 동작이나 자신의 심리 상태를 1인칭 시점에서 서술할 때 '-군'의 사용으로 처음 알게 된 것처럼 서술하거나 감탄하는 것은 어색하기 때문이다. 다만 자신이 등장하는 영상이나 장면 속에서 자신을 객관화하여 지각할 때는 '-군', '-구나'의 사용이 자연스럽다. 이때의 '-군', '-구나'는 화자의 대내적 인식의 양태로서 '새로 알게 됨'의 태도를 보이기 때문이다. (마), (바)에서 보이듯이 화자 자신 이외의 것에 대하여 서술할 때는 문제가 없다.

　(12) 가. 철수가 벌써 와 있군.
　　　나. 절수가 벌써 와 있었구나.

　위의 두 문장을 비교해 보면 (12가)의 '-군'의 의미는 [새로 앎]의 내용과 관련하여 화자의 [대내적]인 인지상태를 표현하는 의미가 보인다면 (나)의 '-구나'는 발화상대에게 자신이 알게 된 내용을 감탄의 양태로 표현하는 것이므로 [대외적]인 성격을 갖고 있어 '-군'과 '-구나'의 차이가 드러난다.

3.3 양태소 '-지'

3.3.1 핵심의미: [이미 앎]

양태소 '-지'의 핵심의미는 일차적으로 화자가 이미 안 사실에 대한 진술의 기능을 가진다.

> (13) 가. 나는 그가 오는 것을 알지.
> 나. 그는 나의 오랜 친구이지.
> 다. 나는 그가 오는 것을 안다.
> 라. 그는 나의 오랜 친구이다.

위의 문장들에서 '-지'는 발화내용이 화자의 입장에서 이미 알고 있는 사실에 대해 진술할 때 자연스럽다. (13가) : (13다), (13나) : (13라) 의 의미차이는 각각의 경우에 새로 알게 된 상황을 적용해 보면 드러난다. 즉 '이제 보니'라는 상황을 설정해서 적용해 보겠다.

> (13') 가. *(이제 보니) 나는 그가 오는 것을 알지.
> 나. *(이제 보니) 그는 나의 오랜 친구이지.
> 다. (이제 보니) 나는 그가 오는 것을 안다.
> 라. (이제 보니) 그는 나의 오랜 친구이다.

(13'가, 나)에서 (이제 보니)의 상황을 가정해 보면 어색하거나 부자연스럽다. 이는 양태소 '-지'의 '이미 알고 있음'의 태도와 '이제 보니'에 의해 새로 알게 된 정보와 충돌이 생겨서 문제가 생긴 것이다. 그러므로 (13'), (가), (나)와 같은 경우 선행 조건적 행동을 두고 말할 때 '-지'가 사용되면 어색하게 되는 것이다. 그러나 (13'), (다), (라)에서는 그런 문

제가 생기지 않는다.

(14) 가. (내가 아는데) 나는 내일 여기 없지.
나. (내가 아는데) 그는 지금 여기 없지.
다. *(이제 보니) 그는 여기 없지. cf.(이제 보니) 그는 여기 없다.
라. *(이제 보니) 그는 내일 여기 없지. cf.(이제 보니) 그는 내일 여기 없다.

시제와는 관련 없는 것이 양태소이다. 기본적으로 종결어미의 양태소는 발화자의 발화당시의 정신적 태도를 드러내는 것이기 때문이다. 위의 (14)예문에서 '-지'는 화자가 발화내용에 대해 (14가, 나)와 같이 이미 알고 있는 정보에 대한 진술에는 문제가 없으나 (14다, 라)와 같이 '새로운 앎'에 대하여는 호응하지 못한다. 그러나 일반적인 진술 '-다'의 종결어미에서는 새로운 앎의 내용이 장애가 되지 않는다. 이는 '-지'가 [이미 앎]의 양태의미를 핵심의미로 한다는 것을 말해준다.

3.3.2 [확장의미]: [확인], [강조]

한편 발화상황에 대한 고려를 하게 되면 '-지'의 양태소가 있을 때는 자신이 알고 있는 사실에 대한 [확인] 혹은 [강조] 등의 의미가 표현된다. 즉 말미어조에 상승, 하강, 평탄 등의 어조가 얹히면서 화자의 의도가 좀 더 명시적으로 드러나게 된다.

(15) 가. 나는 내일 여기 없지(↗)
나. 나는 내일 여기 없지(→)
다. 나는 내일 여기 없지(↘)

(15가)에서는 자신이 아는 사실에 대해 말미어조가 상승조인 물음의 서법이 적용되면 [확인]이 말미어조의 영향으로 물음의 의미를 표현하게 된다. (15나)에서는 단순한 [진술], (15다)에서는 [확인], [강조] 등의 의미를 표현하게 된다. 그리고 이들은 또한 공통적으로 청자의 존재에 대한 화자의 대외적 인식을 드러낸다. 이러한 [확인], [강조]의 의미는 핵심의미 [이미 앎]을 근거로 하여 확장되는 의미이다.

그러므로 '-지'의 양태의미는 [이미 앎]의 기본의미를 중심으로 [확인] [강조]의 의미로 확장되고 발화상황을 고려한다면 '-네', '-군'보다 청자에 대한 의식이 강하다. 만약 청자가 없는 상황을 가상한다면 혼잣말이 되는데 이 경우에도 각각 [확인], [진술], [강조] 등의 의미가 표현된다.

3.3.3 [대외적] 태도

'-지'는 기본적으로 [이미 앎]의 의미를 지니지만 그 성격은 외향적이다. 즉 '-지'는 이미 알고 있는 사실에 대한 태도로서 대화 상대를 의식하여 말할 때 주로 쓰인다.

(16) 가. 철수가 오늘 학교에 안 왔다.
　　나. A: 철수가 오늘 학교에 안 왔지.
　　　　B: 맞아./아니./그런가?/ 그렇군.

(16가)에서는 발화내용의 일반적 진술의 태도를 표현하여 호응 발화가 나타날 것을 별로 기대하지 않는다. 즉 담화구조상 발화의 짝을 기대하지 않아도 된다. 그러나 (16나)에서는 A가 '철수가 학교에 안 왔다'는 사실을 알고 묻거나 확인하는 태도를 취한다. 그러므로 대화 상대방으로

부터의 호응을 기대하는 발화로 인식된다. 물론 혼잣말일 경우는 생각의 과정에서 상대를 상정하여 그대로 자신에게 자문자답할 수도 있으나 일상적이지는 않다. (16나)에서는 '-지'의 양태의미가 대화 상대방을 의식하여 (16나 B)처럼 다양한 반응발화가 오게 되는 것이 일반적이다. 그래서 (16나)와 같이 '-지'는 완전히 종결로 끝나지 않고 청자의 동의나 확인을 요구한다.

실제 언어상황에서 {-지}는 진술과 질문, 확인 및 명령과 제안하는 데에 사용되기도 한다.

> (17) 가. 어제 철수가 집에 왔지.(→)진술/(↗)질문/(↘)동의 혹은 확인
> 나. 이제 그만 가지.(↗)제안/(↘)명령

그런데 청자가 없는 상황을 가정한다면, 어말어미의 양태소들의 경우 자연스러움의 정도차가 보인다.

> (18) 가. 여기 철수가 있군.
> 나. 여기 철수가 있네.
> 다. 여기 철수가 있다.
> 라. ?여기 철수가 있지.

청자가 없는 상황에서 (18가)-(18라)를 발화하면 자연스러움의 정도가 (18가)>(18나)>(18다)>(18라)의 순서로 나타난다. 즉 이들 양태소에서 청자 인식의 정도성이 있음을 보이는 것이며 그 중에서 '-지'가 청자에 대한 화자의 인지도가 가장 높게 요구되는 것임을 보여주는 것이다.

4. 결론

지금까지 담화 인지적 관점에서 종결어미 '-네', '-군', '-지'를 대상으로 핵심의미와 확장의미 및 담화 기능적 성격을 살펴보았다. 이에 따라 기존의 서법범주에서 다루던 종결어미들의 다양한 의미기능들을 양태의 범주 차원에서 통합적으로 검토하였다. 그 결과 종결어미 형태 의 '-네', '-군', '-지'의 양태적 의미를 기본적 핵심의미인 [새로 앎], [이미 앎]을 근거로 [내/외적]인식의 유무에 따라 발화상황을 고려한 확장된 양태의미로 설명하였다. 즉, 정보의 성격이 이미 알고 있는 정 보인가 아닌가에 따라 [+이미 앎/-이미 앎]의 특성과 발화에서 언급되는 정보에 대한 발화자의 태도가 대외적인가 대내적인가에 따라 [+대외적/ -대외적]의 의미특성들이 확인된다. 이런 의미들을 특성화하여 표시하면 다음과 같이 정리할 수 있다.

(19) '-네'의 경우: [+새로 앎, -이미 앎], [-대내적 태도]
    '-군'의 경우: [+새로 앎, -이미 앎], [+대내적 태도]
    '-지'의 경우: [-새로 앎, +이미 앎], [+대외적 태도]

여기서 사용되는 특성들은 모두 발화상황을 고려하고 있다는 점이 중요하다.

〈한국어문교육 제37집 한국어문교육연구소, (2018.08)〉

제 2 부

어휘 표현

제 1 장

육류 명칭고

－소고기와 돼지고기 명칭을 중심으로

1. 들어가는 말

이 글에서 대상으로 하는 육류 어휘들은 우리들의 일상에서 흔히 사용되는 어휘들인데 여기에서는 이들 어휘의 명칭이 어떤 기준으로 붙여졌으며 그 명칭들의 유형은 어떤 것들이 있는가를 의미론적인 입장에서 고찰해 보고자 한다. 대상 어휘 중에서 역사적 어원을 밝히는 작업은 필자의 능력이 못 미치는 부분이 많으므로 추후의 작업으로 미루고 우선 추적 가능한 어휘들을 대상으로 다루고자 한다.

소고기와 돼지고기 등의 육류 명칭을 생산해 내는 사람들은 주로 도축업에 종사하던 사람들이다. 그들에게는 도축되어 해체되어 있는 대상이 새롭게 나타난 작은 세계라고 할 수 있다. 새롭게 펼쳐진 세상을 인지하는 과정에서 그들은 여러 가지 가능한 방법으로 이름을 붙여 나가게 마련이다. 이때 적용되는 기준은 일반적으로 인간이 세상을 인지해

나갈 때의 과정과 크게 다르지 않을 것으로 생각되는데 유사한 모양이나 인접한 것들을 기준으로 명칭을 부여하거나 그들 나름의 필요나 관점에서 이름을 붙여나갔을 것으로 생각한다.

그래서 인체의 기관에 대한 명칭과 육류의 부위별 명칭을 비교해 보면 대동소이하나 내용적으로는 그 의미가 다르다고 할 수 있다. 물론 기본적인 부위의 명칭은 인체의 기관명과 크게 다르지 않다. 그러나 어떤 경우는 육류생산자의 관점에서 붙여지기도 하고 또 다른 경우는 소비자 혹은 가공자의 관점에서 붙여지기도 하는데 그런 경우들은 다른 짐승을 해체했을 때도 같은 사정일 것이다. 그런 점에서 인체의 각 기관에 해당하는 명칭은 고기의 부위별 명칭과 다른 점이 발견된다. 우리 국어에서는 인체의 경우 상당 부분 한자어로 대체된 이유도 있지만 이제는 육류와 그렇지 않은 것을 구분하는 방법이 되기도 할 것이다. 그런 예가 '채끝살', '멍에살', '아롱사태', '양지머리' 등이다. 이것들은 식용 육류에만 적용되는 명칭들이다.

육류 명칭만을 소재로 한 국어학적 분야의 연구 성과는 아직까지 찾지 못했다. 다만 육가공협회나 축산연구소 등에서 기록의 목적으로 조사하여 남긴 해설 자료들과 남영신(1987)의 우리말의 갈래사전에서 모아놓은 어휘목록 속에 먹을거리의 항목에서 가장 많이 보이고 그 외는 흥미 위주의 서술로 어원이나 그 유래를 몇 가지 소개해 놓은 정도이다. 그나마 그 기록에 남아있는 어휘들 중의 상당수가 현재 일반에서 쓰이지 않고 있다.

국어에서 옛날 육류의 명칭들을 창조적으로 생산하고 보급하던 사회 계층은 도축업에 종사하던 사람들인데 지금과는 달리 직업에 대한 사회적 편견으로 인해 후손에는 가업으로 전승하지 않기도 할 뿐더러 이제는 대부분 작고하거나 고령으로 현역에서 은퇴한 상황이다. 따라서 과거의 육류 명칭의 생산자들이 사용하던 고유한 명칭들은 이제 쓰이지 않거나 사어화 과정에 있을 뿐만 아니라 현재의 육가공업에 종사하는 사람들도 그 명칭의 유래나 연유를 알지 못하는 것이 상당수이다. 따라서 오늘날 육가공업에 종사하는 사람들은 상업적인 필요에 의해 어휘를 새롭게 정리하여 표준화한 용어를 사용하고 있다.

1.1. '고기'의 유래와 의미

우리말에서 '고기'라는 말은 식용의 육류로서 뭍짐승과 어류 조류 등에 모두 쓰이는 상위어이다. 사전에 올라있는 '고기'의 풀이는 다음과 같다.

  (1) 고기: ① 식용하는 온갖 동물들의 살. ② 물고기. ③ '살'을 속되게 이르는 말. 「표준어대사전」

고기명칭에 관한 기록은 삼국유사에 '阿耶斯', 阿那斯, '摩耶斯', '摩那斯' 등의 기록과 함께 계림유사에도 등장한다.[1]

  (2) 가. ... 古記云 萬魚寺者 古之慈成山也, 又阿耶斯山 當作 摩耶斯山, 此云 魚也
        ...海東人名此山 爲阿那斯, 當作摩那斯, 此飜爲魚(三國遺事 券3 魚山 佛影
        表音記寫 東國與地勝覽)
     나. 魚曰水脫剔差切 魚肉皆曰姑記 (鷄林類事)

---

1) 고기[魚]의 어원에 대하여는 이숭녕(1935) 참조.

위의 기록 중 (2나)를 감안하면 과거부터 '고기'는 水産, 陸産의 먹을 거리 명칭임을 알 수 있다. 그 중 물고기의 경우 삼국유사에 (2가)에서와 같이 阿耶斯 혹은 摩耶斯 阿那斯 摩那斯 등의 이름이 쓰인 기록이 있다. 이를 두고 이숭녕(1935)은 원래 魚의 우리말을 표음한 것이라고 하며 man/ja(s)로 추정하였다. 그러나 이 어휘가 계림유사에는 등장하지 않으므로 12세기 전에 이미 폐어화한 것으로 생각한다고 하였다. 한편 계림유사에는 (2나)에서 보듯이 물고기와 육(肉)고기를 모두 '姑記'로 음을 표기하였다. (2나)의 기록을 근거로 추정해 본다면 삼국유사에 등장하는 魚의 명칭은 고려이후에 '고기'에 자리를 내주었고 서식환경에 따라 하위분류된 것이 우리가 현재 사용하는 물고기, 뭍고기, 새고기 등의 명칭이 된 것이 아닐까 한다.

중세국어에서도 어휘 '고·기'는 [肉]과 [魚]의 의미에 통용되었다.

　(3) 가. 수울 고기 먹디 마롬과 <釋6>
　　　나. 고기 육(肉)<字會中 21><類合上30>
　　　다. 龍은 고ㄱㅣ 中에 이두호 거시니<月一14>
　　　라. 고기 자볼 사ᄅᆞ미 (漁人)<杜初七 3>
　　　마. 고기 어(魚)<字會下3>

1.2. '살'과 '고기'의 관계

현대어에서 '고기'와 '살'의 의미관계는 사전적으로는 '살'의 속어가 '고기'인 것으로 정의되어 있지만 실제로는 의미범위의 차이가 존재한다. 우선 '고기'는 대부분의 경우 소나 돼지 등 가축들의 부위에 보편적으로 적용되더라도 무리가 없지만 물고기의 경우는 분할된 부위들에는

'고기'라는 명칭을 붙이지 않고 '살'을 사용한다. 또 일상용어에서 '살'의 의미는 언급대상의 [부분]의 의미에 한정되며 '고기'는 살아있지 않은 식용재료의 의미로서만 사용된다. 이는 내장을 지칭할 경우 '살'을 붙이기는 어렵지만 '고기'는 이들 부위까지 통합해서 지칭하는 것이 허용될 수 있다는 사실로도 알 수 있다. 그래서 '살코기'와 '고기살'의 의미가 다르다. 즉 '살코기'는 기름기나 힘줄 뼈 따위를 발라낸 순살로만 된 고기를 말하고 '고기살'은 고기의 살 부분을 한정하여 말하는 것이다. 그렇게 보면 살과 고기의 관계에서 의미상 고기가 살보다 더 큰 범위의 외연을 가진다고 할 수 있다.

다른 예를 보자.

(4) 가. 양지머리 고기살
    나. 양지머리 살코기
    다. 등심살
    라. 허벅살
    마. ?등심고기
    바. *허벅고기

위의 예에서 (4가)의 '고기살'은 '고기'와 '살'의 의미가 중첩되고 있지만 의미의 중심이 '살'에 있다. 그러나 (4나)의 '살코기'는 '살'의 의미보다는 '고기'의 의미가 더 중점적이다. 이는 어순에서 오는 의미현상으로도 생각할 수도 있다. 그러나 (4다, 라)와 (4마, 바)를 비교할 때 (4마, 바)가 상대적으로 더 어색하다. 그 이유는 살과 고기의 의미 범위에 차이가 있음을 보여주는 예라 하겠다. 다음의 예에서도 같은 현상을 볼 수 있다.

(5) 가. 갈비살
　　나. 갈비고기

　(5가)는 갈비에 인접해 있는 고기의 한정적 범위의 의미내용을 갖고 있다. 그러나 (5나)는 의미내용이 갈비의 부속품인 '살'의 의미보다는 '갈비' 전체에 걸친 것으로 느껴진다. 그러므로 '갈비고기'는 '갈비'에 근접해 있는 것이 아니라 갈비와 부속품 즉 살을 포함한 모두를 그 의미의 범주에 넣고 있다고 하겠다.

　한편 현대국어에서 '고기'는 일반적으로 살아있는 동물에게는 사용하지 않는다. 그러나 '살'의 경우는 살아있는 생명체의 부속되어 있는 부위를 한정적으로 지칭할 때에도 사용 가능하다.

(6) 가. 그의 엉덩살은 매우 탄력있다.
　　나. 아기가 엉덩살을 뜨거운 물에 데었다.
　　다. *그는 허벅고기에 연고를 발랐다.
　　라. *아기가 엉덩고기를 뜨거운 물에 데었다.
　　마. 돼지는 허벅지 살/고기(이)가 제일 맛있다.
　　바. 송아지 요리는 엉덩이 살/고기(이)가 부드럽다.

　(6가, 나)와 (6마, 바)에서 '살'이 허용되는 것은 살아있는 생명체 혹은 식재(食材)의 전체에 대한 [부분]을 지정하는 의미로 쓰였음을 보이는 것이고 (6다, 라)의 경우는 그렇지 못함을 보이는 것이다. 그리고 (6마, 바)에서 '살'과 '고기'가 허용되는 것은 식재(食材)로서의 의미이기 때문이다. 이와 같이 '살'과 '고기'의 의미는 비슷하게 보이지만 실제 의미영역은 뚜렷하게 다른 점이 있다.

　요컨대 '고기'의 명칭으로 표시되는 대상은 '먹을거리'의 의미에서 출발하여 '고기'를 둘러싼 환경에 따라 새고기, 물고기, 뭍고기 등으로 나누어진다. 그리고 '고기'의 부위별 명칭은 단순히 대상을 구성하는 [부분]으로서의 의미 외에 [식용]의 의미가 부가된다. 그런 의미의 차이를 보이는 것이 '살'과 '고기'의 차이라고 할 수 있다. 한편 대상에 대한 가공 방식이나 용도에 따라 '날고기', '익힌 고기', '잰고기(절인고기)', '국거리', '꾸미' 등으로 구분되기도 하는데 고기의 고유한 명칭이라고는 할 수 없지만 소비자 혹은 가공자의 관점에서 붙인 이름이므로 육류명칭의 범주에 넣어 함께 고찰한다.

1.3 육류 명칭의 형태와 의미양상

육류명칭들은 형태적인 측면에서 보면 기본적으로 명사가 주축이 되는 요소이고 다른 명사들과 결합하여 확장되는 양상을 보인다. 특성상 앞에 붙는 요소들은 명사들이 주로 나타나지만 간혹 관형적 요소들도 나타난다. 예를 들면 '넓은다대', '곳(은)창', '긴살', '큰/작은꾸리' 등이 그렇다.

한편 고기의 앞에 붙는 명칭들은 고기의 속성이나 형태를 설명하는 요소들로 되어있다. 예를 들면 '양지머리고기'의 경우, 양지머리 부위의 고기를 지칭한다. 따라서 '양지머리살' 뒤에 '고기'가 덧붙을 수 있다. 그런데 비슷한 의미를 나타내는 '살'의 경우 대부분 '고기'보다 앞의 자리에 나타난다. 예를 들면 '등심고기-살'과 같이 '고기' 뒤에 붙을 경우는 일반적인 '고기'의 의미에서 벗어나 특정한 의미로 제한되는데 '살'과 '고기'의 의미범위의 차이 때문임은 앞에서 설명한 바 있다. 이와 같은 경우의 예들을 보이면 다음과 같다.

(7) 가. 양지머리-살-고기

　　나. 갈비-살-고기

　　다. 치마-살-고기

　　라. 등심-살-고기

　　가'. 양지머리-고기-살

　　나'. 갈비-고기-살

　　다'. 치마-고기-살

　　라'. 등심-고기-살

　(7가, 나, 다, 라)의 지시의미가 전체적, 포괄적이라 한다면 (7가', 나', 다', 라')의 지시의미는 부분적, 세한적이라고 할 수 있다. 그래서 수집된 육류 명칭의 어휘를 구성성분의 의미기능으로 나누어 살펴보면 다음과 같은 배열로 나타난다.

　(8) (소나 돼지 등의 동물의 종류)+(형태 또는 속성 수식어)+(부위명칭)+(살)+(고기)

　그리고 육류어휘는 대체로 다음과 같은 형태론적 구성을 보인다.

　(9) 가. N: 양, 갈비, 거란지, 고들개, 곤자소니, 꾸리, 다대, 서대, 양, 업진, 오금, 이자, 홍두깨, 토시, 설도, 꾸리. 뭉치, 조름...

　　나. N+N: 목심, 안심, 등심, 목살, 제비추리, 채끝. 쇠악지. 쥐살, 곱창, 안창, 막창

　　다. A+N: 넓은다대, 대창, 작은꾸리, 큰꾸리, 긴살, 곳살, 오도독뼈...

　　라. N+sufix: 사태, 등심머리, 고들개머리, 광대머리, 깃머리, 장판머리, 양지머리...2)

───────────────

2) 사태는 '살+애'의 구성이고 '-머리'는 명사 '머리'의 의미에서 파생된 것으로 보아 접

마. N+N+sufix: 개썹머리...

바. N+V+sufix: 차돌박이, 별박이, 갈매기, 뼈뜯이, 채받이...

사. N+N+N: 개썹옹두리, 채끝살, 삼겹살, 윗등심살...

2. 어휘구성 고찰

일반적으로 우리가 어떤 전혀 새로운 사물에 대해 인식할 때 어떤 인지과정을 거칠 것인가 하는 점은 육류명칭에서도 적용될 수 있을 것이다. 그와 같은 생각은 분류학[taxonomy]의 경우를 참고하면 몇 가지 기준을 정할 수 있을 것이다.[3]

첫째는 '어떤 종류인가' 하는 것인데 이것은 우리가 사물을 식별할 때 먼저 어떤 기존의 사물과 같은 것인지 혹은 닮았는지를 판단하는 과정을 말한다. 흔히 식물에서도 이런 유사성을 기준으로 이름을 붙이는데 할미꽃이나 나팔꽃 등이 그런 경우이고 동물의 경우 코끼리나 개코원숭이 등과 같은 경우이다.

둘째는 어떤 부분에 속하는가 하는 점이다. 이는 우리가 어떤 사물을 인지할 때 어떤 것에 속하는 것인가를 기준으로 인지하는 경우에 해당한다. 즉 인체의 경우 의미적으로 손은 팔 전체를 전제하고 팔은 몸통을 전제하는 것과 같은 것이다. 따라서 육류명칭을 고찰할 때에도 이런 관점을 적용하면 '목, 다리, 꼬리, 배, 등...'의 명칭은 해당부위의 고유명칭이면서 몸통전체를 전제한 위치의 표시라고 할 수 있다.

지금까지 알려진 바로는 쇠고기의 경우 180가지 부위로 구분한다고

사로 처리하였다. '-머리'형 명칭에 대해서는 뒤에 설명한다.

3) 생물학에서의 과학적 분류와 민간분류의 차이를 Wierzbicka(1996: 338-347)에서 언급하였는데 여기서는 해당책의 60-62에서 언급한 'Part'와 'Kind'에 주목한다.

한다. 그러나 이 글에서는 남영신(1987)의 분류어휘목록에 따른 명칭과 농림부에서 고시한 부위별 명칭을 기준으로 고찰해 보겠다.

대체로 인간이 먹는 부위에 대해서는 세밀한 명칭으로 구분하고 있으나 먹지 않는 부위에 대해서는 크게 구분하지 않는다. 따라서 쇠고기는 통상적으로 먹는 부위가 크게 10개 부위로 나뉘는데 비해 우리민족이 잘 안 먹는 돼지고기는 7부위로 나뉜다. 이 논문에서는 쇠고기를 중심으로 살펴보되 경우에 따라서는 돼지고기도 참고한다. 대체로 쇠고기 명칭이 돼지고기의 부위명칭과 대동소이하나 돼지고기보다는 더 다양하고 명칭부여 형식도 뚜렷하기 때문이다.

쇠고기의 경우 일반적으로 부위별로 크게 나누어 대분할이라 하고 세분하여 소분할 명칭을 둔다. 크게 나눌 때 대체로 머리, 목심, 등심, 안심, 채끝, 갈비, 양지, 우둔, 설도, 사태, 우족으로 나누는데 경우에 따라 조금씩 다를 수 있다. 현재 쇠고기는 농림부고시(2004.11.5)에 의하면 대분할 10개 부위 소분할 29개 부위로 나누어져 있다(한국육가공협회 자료 참고).

대분할 명칭은 부위의 범위를 지정한 것으로 머리, 목심, 등심, 안심, 채끝, 갈비, 양지, 우둔, 설도, 사태이고 여기에 각각 소분할 부위명칭이 지정되어 있다. 자세한 사항은 별표와 같다.

쇠고기		돼지고기	
대분할 부위명	소분할 부위명	대분할 부위명	소분할 부위명
○안심	-안심살	○안심	-안심살
○등심	-윗등심살 -아래등심살 -꽃등심살 -살치살	○등심	-등심살 -알등심살 -등심덧살
		○목심	-목심살
○채끝	-채끝살	○앞다리	-앞다리살 -사태살 -항정살
○목심	-목심살		
○앞다리	-꾸리살		

	-갈비덧살 -부채살 -앞다리살	○ 뒷다리	-볼기살 -설깃살 -도가니살 -보섭살 -사태살
○우둔	-우둔살 -홍두깨살		
○설도	-보섭살 -설깃살 -도가니살	○ 삼겹살	-삼겹살 -갈매기살
○양지	-양지머리 -업진살 -차돌백이 -치마살	○ 갈비	-갈비
○사태	-아롱사태 -뭉치사태 -앞사태 -뒷사태		
○갈비	-갈비 -마구리 -토시살 -안창살 -제비추리		
10개 부위	29개 부위	7개 부위	16개 부위

[별표1] 쇠고기 및 돼지고기의 분할상태별 부위명 〈한국육가공협회에서 제공한 농림부고시〉

그러나 위에서 제시한 부위별 명칭은 최근의 육가공업용으로 정리된 명칭으로서 이 논문에서 목표로 하고 있는 한국인의 육류명칭 부여의 인지적 양상을 살피는 데는 제한적일 수밖에 없다. 따라서 우선적으로 대분할 부위명칭을 기본으로 하되 기존의 사라져 쓰이지 않는 명칭에 대해서도 고찰해 본다.

대상어휘는 정육점과 도축장에서 사용하는 용어들을 중심으로 수집하되 어원 추적 및 형태분석의 방법을 통하여 명칭의 부여 방식과 낱말들의 분포양상을 살펴본다.

가장 많은 숫자를 차지하는 명칭은 '-머리'형, '-살'형, '-심'형의 어휘들이다.

2.1 '-머리'형

인체의 부분을 의미하는 머리는 보통 사전에서 다의어의 형태로 등록되어 있다.

> (10) 머리(명사): ①사람이나 동물의 목위의 부분, ②생각하고 판단하는 능력 ③머리털 ④한자에서 글자의 윗부분에 있는 부수 ⑤단체의 우두머리; 그는 우리 모임의 머리 노릇을 하고 있다. ⑥사물의 앞이나 위를 비유적으로 이르는 말; 장도리 머리 부분 ⑦일의 시작이나 처음을 비유적으로 이르는 말; 머리도 끝도 없이 일이 뒤죽박죽이 되었다. ⑧음표의 희거나 검고 둥근 부분 ⑨어떤 때가 시작될 무렵을 비유적으로 이르는 말; 해질 머리 ⑩ 한쪽 옆이나 가장자리; 한 머리에서는 징을 치고 한 머리에서는 징을 두드려 대고 있었다. ⑪일의 한 차례나 한 판을 비유적으로 이르는 말; 한 머리 태풍이 지나고 햇빛이 비쳤다. 「표준국어대사전」

육류명칭에 자주 등장하는 '-머리'는 다음 (11)같이 정의되고 (12)에 예로 제시된 어휘들의 '-머리'의 의미와는 다르다.

> (11) '-머리'(접사): -(일부 명사 뒤에 붙어) '비하'의 뜻을 더하는 접미사. 「표준국어대사전」
> -사람의 됨됨이나 능력 따위를 가리키는 일부 이름씨 뿌리에 붙어서 낮은 말이 되게 함. 「우리말 큰사전」

> (12) 버르장머리, 인정머리, 소견머리, 싹수머리, 안달머리, 인정머리, 주책

머리 소갈머리, 체신머리, 주변머리,

한편 우리말 어원사전(1997)에는 머리의 어원으로 다음과 같이 소개되어 있다.

(13) 머리: 어원 묻[長, 頭]+이(접사)
　　　　묻이>마리(두해21:42)
　　　　鷄林類事 '頭曰麻帝'

중세에는 '마리'와 '머리'가 동의어로 쓰였으나 현대에는 의미 분화가 되었다는 사실은 이미 잘 알려진 사실이다.

현대국어의 육류명칭에서 어떤 특정부위에 '머리'를 붙인 경우가 많이 발견되는데 이때의 육류명칭에 사용된 '머리'는 (10)에서 규정된 의미에 정확하게 부합되는 의미가 없다. 굳이 말하자면 (10)의 ⑥의 의미에 가깝다고 할 수 있으나 꼭 들어맞는 것 같지는 않다. 이런 어휘들은 육류부위의 명칭에 결합된 형태로 등장하는데 (11)의 의미를 나타내는 (12) 유형의 어휘와 같은 의미도 아니고 대체로 전접명사에 인접한 어떤 부분을 표시하고 있다. 예를 들면 '동심머리, 장판머리', '광대머리', '양지머리' 같은 것들이다. 그 과정은 불분명하지만 여러 육류명칭의 뒤에 붙어서 기존의 명사 '머리'[首]의 의미를 바탕으로 파생되었는데 점차 (11)처럼 접미사화 되는 과정을 밟는 것으로 보인다. 이에 해당하는 명칭들을 살펴보면 다음과 같다.

(14) 가. 광대머리(고들개머리)[4]–처녑의 고들개가 붙은 두툼한 부분. 고

─────────────

4) 소 처녑에 얼러붙은 고기로 자료에 따라 고들개머리라고도 한다. 고들개는 몽골어에서 들어온 듯하다. 고들개는 국립국어연구원의 표준국어대사전에 마소의 가슴걸이에

들개는 생김새가 말의 턱밑을 두르는 가죽 끈에 달린 방울들을
말하는데 고들개머리에는 그런 모양의 돌기가 달려 있다.

나. 개섭머리-양즙에 쓰는 양의 고기, 정확한 연유는 알 수 없으나
형상을 묘사한 듯하다.5)

다. 깃머리-소의 양에 붙은 좁고 두꺼운 고기. 생김새가 좁고 긴 모
양으로 '깃-' 혹은 '긴-'으로 표기된다.

라. 등심머리-방아살 위에 붙은 쇠고기

마. 새머리- 소의 갈비와 물렁뼈 사이에 붙은 고기

바. 쓸개머리- 소의 쓸개에 붙은 고기

사. 양지머리- 소의 가슴에 붙은 뼈와 살

아. 잎사귀머리- 소의 처녑에 붙은 얇고 넓은 고기

자. 쥐머리- 걸랑에 붙은 쇠고기의 한 가지

위의 '-머리'의 어휘들은 모두 어떤 부위에 덧붙거나 얹힌 모양의 고
기들을 지칭하는 것들로 두툼하다는 것과 얹혔다는 것이 특징이다. 그래
서 이들 어휘들의 의미성분 중에는 [두꺼움], [덧붙음]의 의미가 들어있
음을 추정해 볼 수 있다. 그런데 여기서 '-머리'는 (14)에서 표현되는 의
미로 독립적으로 쓰이는 경우가 없다. 접미사 '-머리' 항목에 또 하나의
의미가 추가될 수 있음을 의미하는 사실이다.

다는 방울 또는 말굴레의 턱밑으로 돌아가는 가죽으로 흔히 방울을 단다고 설명되어
있다. 또 채찍의 열 끝에 굵은 매듭이나 추같이 달린 물건을 지칭하기도 한다고 하였
다. 실제 해당 부위의 생김새를 보면 작은 방울들이 돌아가면서 돋아 있는 것을 볼
수 있다. 여러 가지 설명을 종합하여 볼 때 방울같이 생긴 둥그런 물건을 고들개라고
하는데 이는 이기문(1991, 185)에 소개된 마구(馬具)로서 고삐와 연관있는 qudurɣa
'고둘개'의 몽고어 어원에 대한 주장과 관련하여 의미있는 연관성을 생각해 볼 수 있
다. 광대머리와 고들개머리는 동일부위에 대한 다른 이름으로 보인다.

5) 이와 유사한 경우가 '개씨바리'가 있는데 이 경우는 눈병의 이름으로 눈다래끼를 말
하며 역시 형상을 묘사하였다.

2.2 '-살' 혹은 '-심'형

대체로 육류의 범주에는 뼈, 살, 힘줄 등의 부위가 다 포함된다. 보통 육류의 근육부위를 지칭할 때 '-살'과 '-심' 등이 쓰인다. 그런데 '-심'은 힘에서 구개음화 되었지만 육류명에서는 살부위를 지칭할 때 앞의 말에 붙어 근육을 지칭하기도 한다((예)등심 안심 등). 이는 힘줄>심줄>심의 변화과정에서 의미의 변화가 생긴 것으로 보인다.[6] 의미는 '-살'과 비슷하나 근육에 두루 쓰이는 '-살'보다는 좁은 범위에 한정되어 쓰인다. 따라서 (15)와 같이 '-심'은 '-살'보다 앞에 놓인다.

(15) 가. 등심살
     나. *등살심

그런데 '-살'과 '-고기'의 관계와 같이 '-심살'형 명칭의 경우 '심'보다 큰 의미영역을 가진 '살'은 생략될 수 있다. 즉 '-살'을 생략하더라도 어느 부위를 지칭하는지는 그 의미가 혼동되지 않는다.

(16) 가. 등심(살)
     나. 안심(살)

이와 같은 현상은 어떤 특정부위를 지정해 말할 때 그 부위가 속해 있는 전체를 굳이 말하지 않더라도 되는 것과 같다. 이는 역으로, 말하는 이의 심리 속에 전체에 대한 언급이 전제되어 있음을 보여주는 것이다. 이와 같은 현상을 보여주는 명칭들은 다음과 같다.

---

6) 힘줄은 의학적으로는 건(腱)에 해당하며 희고 질긴 살의 줄을 의미한다.

(17) 떡심(살), 방심(살), 목심(살), 안심(살), 작은안심(살), 갈비심(속심/알
등심)(살), 등심(살), 속등심(살), 꽃등심(살), 어깨등심(살), 아랫등심
(살).

'심'에 해당하는 부위 이외의 부속고기들은 구체적인 부위의 명칭 뒤
에 '-살'이 붙는다. 예를 들면 다음과 같은 명칭들이다.

(18) '-살': 갈매기살, 안창살(돼지갈매기살에 해당), 토시살/토시목, 꾸리
살, 곳살/곳은살/배곧은근, 대퇴곧은근, , 꽃살, 닭기살 , 대접살, , 멍
에살/쇠악지 ,떡미체, , 뭉치살, 밑살, 설깃살, 도가니살, 보섭살/대접,
방아살, 뱃살, 비역살, 부챗살, 앞다리살, 사태살, 살치살, 삼겹살, 치
마살, 업진살, 연엽살, 우둔살, 전각살/꾸리살, 제복살, 쥐살, 채끝살,
항정살, 함박살/허벅살, 구녕살

2.3 '-뼈'류

부위별 뼈를 지칭할 때는 일반적으로 '-뼈'를 붙여서 사용하는데 특별
한 용법은 없다. '갈비'나 '갈빗대', '무릎', '도가니'처럼 흔히 '-뼈'를 생
략하기도 한다.

(15) -뼈: 넓적다리뼈, 목정골, 물렁뼈, 관골/반골, 부채뼈, 사골(四骨);앞사
골(상완골, 전완골), 뒷사골(대퇴골, 하퇴골),왕사골, 쪽사골, 새김뼈,
양지머리뼈/양골뼈, 여린뼈, 오도독뼈, 옹두리뼈, 왕사골/상완골, 잡
뼈, 정강이뼈, 종아리뼈/비골, 종지뼈, 주걱뼈, 쪽사골, 채끝뼈, 거란지
뼈(소의 꽁무니뼈),갈비(가리, 가릿대)뼈, 무릎/도가니뼈, 어깨뼈, 다
리뼈…

2.4 기타 내장 및 부속고기류

근육류나 힘줄 외에 내장 혹은 특정한 부위를 지칭할 때는 다양한 명칭이 사용되었다.

(16) 가. 내장: '-창'류(곱창, 안창, 공장, 대창, 새창, 걸장(걸낭)), 곤자소니, 만화, 섯밑(혀밑), 쇠서, 우신, 우심, 벌집, 천엽, 백엽, 벌집, 부아, 선지, 양지, 안심쥐, 양, 외신, 우낭, 이자, 지라, 홍창, 주라통, 밥통
   나. 가공육: 뼈뜯이, 수구레, 꾸미(찌개나 국 따위를 만들 때 넣는 고기붙이(고기꾸미/꾸미고기)), 지육, 정육
   다. 기타: 고리 마구리,7) 거란지,8) 고부

3. 육류명칭의 의미론적 유형

새로운 사물에 대한 명칭 부여는 인간이 세계를 인지하는 태도를 반영하게 된다. 대개 인지 대상물을 분별할 때 기존의 다른 물체와의 유사성을 기준하여 인지하거나 대상물이 속해 있는 전체와의 관계 속에서 상대적 위치를 통하여 인지하기도 한다. 그런 태도가 명명과정에 반영될 때 육류명칭도 같은 양상을 보일 것이다. 특히 육류명칭의 경우는 대상물을 해체한 상태에서 특정 부위에 대한 이름을 부여하므로 전체 속에서의 상대적 위치의 기준도 적용될 것이다.

따라서 유사성에 의한 명명의 경우 형태와 속성의 유사성을 기준으로 하게 되고 위치를 기준으로 할 경우 인접한 물체와의 상대적 위치를 기

---

7) 늑골머리 즉 갈비의 머리 부분을 말한다.
8) 꼬리부분으로 현대국어에서 '꼬랑지'로 익숙한 말이다.

준 하는 것으로 보인다. 그리고 형태를 기준으로 하면 형상, 길이, 넓이, 크기 등이 이름을 붙이는 준거가 될 것이고 속성을 기준으로 하면 재질이 준거가 될 수 있다. 위치를 기준으로 하는 경우 전체와의 관계 속에서 부분 혹은 상대적 위치 또는 외적인 준거를 통한 절대적 위치 등이 명명의 기준이 될 것이다. 그러므로 기본적인 몸통기관의 경우 모든 동물에 공통적으로 적용되는 머리, 다리, 꼬리, 간, 갈비, 지라 등의 기본적인 부위명은 결국 전체 속에서의 위치를 지시하는 기본어휘가 된다.

그 외에 육류명의 1차 생산자가 아닌 가공자나 소비자 등의 2차 명칭 생산자의 입장에서 명칭을 붙일 경우 가공방식이나 용도에 의해 분류되고 명명된다. 그럴 경우 개별 부위에 대한 명칭이 생략될 수 있다. 이것은 가공결과에 주목하기 때문인 것으로 보인다.

3.1 유사성에 의한 명칭

유사성을 기준으로 하는 육류명은 가장 많은 숫자를 차지한다. 그 중에서 형태를 기준할 때 형상, 길이, 넓이, 크기 등으로 구분되고 속성에 의한 기준으로는 재질이 주된 기준이다.

3.1.1 형태의 유사

대상의 형태를 묘사하는 이름으로는 살의 경우 '아롱사태, 제비초리, 치마살, 홍두깨살, 대접살, 토시살, 삼겹살(돼지), 꾸리, 보섭살…' 등이 있고 내장으로는 '곱창, 대창, 막창…' 등이 있다. 또 대상의 놓여있는 양상과 관련하여 '갈매기살' 등이 있다. 각각 고기 모양의 아롱진 형상, 제비의 꼬리 모양의 형상, 치마의 형상, 홍두깨 모양, 대접 모양, 토시 모양,

지방의 겹친 모양, 실꾸리 모양, 농기구 보섭의 모양과의 유사성을 준거로 명명한 경우이다. 이들은 내적기준과 외적 기준을 통하여 명칭이 부여된다. 내적 기준에는 대상자체의 모양을 고려하여 붙인 명칭으로 외형, 놓인 양상, 크기, 길이, 넓이 등이 준거가 되고 외적 기준으로는 대상 밖에서 유사한 사물의 이름을 빌려오는 경우이다. 각각의 기준에 해당하는 명칭들을 분류하여 보이면 다음과 같다.

1) 내적 기준: 외부의 다른 사물의 형상으로부터 유사성을 따온 것이 아닌 대상 자체의 모양을 기준으로 한 명칭이다.

　가. 외형: ·아롱사태: 사태의 종류로서 고기의 결이 아롱지다는 데서 나온 이름.

　　　　　·곳살: 곧은살의 변형으로 배곧은 근과 대퇴곧은근을 말함.

　　　　　·하얀고기: 차돌백이의 다른 이름으로 고기의 외형의 색깔을 따른 이름.

　나. 양상: ·갈매기살: 돼지의 횡경막을 말하며 내장을 받쳐주는 가로막이라고 한다. 가로+막+이+살>가로매기살>갈매기살의 과정을 거친 것으로서 고기의 놓인 양상을 따서 이름붙인 것이다. 소에서는 안창살이라고 한다.

　다. 크기: 대창, 소창, 작은안심, 큰꾸리, 작은꾸리.

　라. 길이와 넓이: ·긴살: 볼기긴살.

　　　　　　　　·넓은대: 쇠고기에서 양지머리 중 배꼽부위의 넓고 두터운 고기.

　　　　　　　　·넓적다리(허벅다리): 다리의 근육 중 넓은 모양을 따서 명명.

2) 외적 기준: 유사성의 기준을 외부로부터 빌려와서 명명하는 경우로서 다음과 같은 명칭들이 있다.

·제비초리: 제비꼬리의 모양을 묘사.

·치마살: 치마의 넓게 퍼진 모양.

- 대접살: 소의 사타구니에 붙은 고기로 대접처럼 생긴 모양(혹은 보섭살이라고도 하는데 이 경우 보섭은 농기구의 모양을 말한다).
- 토시(살):팔에 끼는 토시의 모양을 묘사.
- 쥐라통: 용기의 모양에 비유한 명칭.
- 달기살: 소의 다리 안쪽에 붙은 고기의 하나로 형상의 유사성으로 추정됨.
- 도가니: 무릎관절 부위의 모양을 도가니의 모양에 비유.
- 개섭머리: 양에 붙은 고기의 한가지로서 형상의 유사성 때문에 명명되었다.
- 고들개: 처녑에 붙은 너덜너덜한 돌기.
- 고들개머리: 고들개가 붙은 두터운 부위.
- 깃머리/긴머리: 좁고 두꺼운 기둥모양의 고기.
- 꽃등심: 포함되어 있는 지방질의 모양을 꽃에 비유.
- 꾸리: 소의 앞다리 무릎 위쪽에 붙은 살덩이로 실꾸리 모양을 닮았다고 하여 명명.
- 천엽: 잎사귀 모양이 많이 달린 모양으로 명명.
- 쥐살 : 소의 앞다리에 붙어있는 살로서 쥐 모양의 고기.
- 옹두리뼈: 종강이에 불퉁하게 나온 뼈로 나뭇가지에 맺혀 옹이모양으로 튀어나온 뼈.
- 장판머리: 소의 양에 붙어 있는 넓적한 부위의 고기로 넓은 장판의 모양을 따서 명명함.
- 종지뼈: 작은 접시같이 오목한 뼈로 무릎 한가운데 있는 뼈.
- 홍두깨: 소의 볼기에 붙은 살코기로 홍두깨모양의 고기.
- 벌집: 소의 양에 벌집처럼 생긴 고기.
- 별박이: 살치 끝에 붙은 고기로 형상의 유사성.

3.1.2 속성의 유사

명명대상의 재질이 어떤 특성을 가지고 있을 때는 그 특성을 근거로 명명하게 된다. 재질의 특성 중에는 육류의 특성에 따라 촉감이나 청각적인 특징도 해당된다. 재질의 경우, 내적 속성과 외적인 속성으로 구분된다. 각각의 경우에 해당하는 명칭들을 나열하면 다음과 같다.

1) 내적 속성
- 곱창: 창자의 재질에 연유하여 명명.9)
- 쇠심떠깨: 심줄이 섞인 매우 질긴 쇠고기.
- 물렁뼈: 재질의 부드러움에 대한 명명.
- 떡심: 억세고 질긴 근육으로 목덜미 인대의 목덜미판. 억세고 질긴 재질을 명명.10)
- 오도독뼈: 씹을 때 나는 소리로 인한 명명.
- 젖부들기: 부드러운 촉감에 의한 명명.

2) 외적인 속성
- 차돌백이: 희고 단단한 재질에 대한 명명.

3.2 위치표시에 의한 명칭

도축된 소나 돼지의 해체된 전체를 하나의 연결체로 가정한다면, 기준부위를 중심으로 방향을 표시함으로써 대상의 위치를 표시하는 방향관련 명칭과 몸통 전체와의 관계 속에서 위치를 표시하는 부위명칭, 그리고 외부 특정사물과 빈번한 접촉으로 인해 생기는 인접성에 의한 부위명칭이 있다.

---

9) '곱창'의 '곱'은 어원적으로 '기름'[膏]를 일컫는 말로서 훈몽자회(訓蒙字會)에 '膏 곱 고(중:25)'라 되어있는데 '곱창'이 다른 창자에 비해 지방이 많아 고소한 부위이어서 붙은 명칭임을 짐작할 수 있다. '눈곱'에서 '곱'이 비슷한 의미로 쓰인 국어의 다른 예이다.
10) '떡심'에서 '뚝심있다'는 표현으로 의미전용된 것으로 보인다.

3.2.1 방향관련 명칭

방향은 주로 기준 부위의 앞-뒤, 속-밖, 위-아래 등의 대립관계 속에서 파악된다. 그런 예들이 다음의 명칭들이다.

  1) 속-밖의 관계
    · 속살: 소의 입안에 붙은 고기.
    · 안심: 등심에 비해 안쪽에 위치한다.
    · 안음: 소의 빰살을 싸고 있는 고기.
    · 안찝: 소나 돼지의 내장.
    · 안창살: 돼지의 갈매기살과 같은 부위인데 소에서는 안쪽의 방향을 명명하였다.
    · 내장: 식용을 목적으로 할 때 흉강이나 복강 안에 있는 내장에서 간, 폐, 심장, 위장, 췌장, 비장, 콩팥 및 창자 등을 말함.

  2) 앞-뒤 관계
    · 뒷사태: 사태는 갈라진 부분을 지칭하는데 그 중 뒤쪽 사태를 말한다.
    · 앞사태: 앞쪽 사태

3.2.2 부위 명칭

앞에서도 언급한 바와 같이 해당 부위의 명칭은 기본적으로 대상 전체에서 위치를 지정하는 기준점이 된다. 따라서 각각의 명칭들에는 특정한 위치에 대한 표시가 내포되어 있다고 할 수 있다. 해당부위 명칭을 내적 위치에 의한 인접과 외적 원인에 의한 인접으로 나누어 보면 다음과 같다.

  1) 내적 위치에 의한 명칭

- 등심: 소의 등쪽 부위의 근육.
- 업진: 업진의 경우 몽골어로부터 차용된 것으로 본래는 근육[筋肉]의 의미인데 국어로 편입되어 의미축소 되었다. 지금은 소의 가슴살의 부위로 한정된 의미로 쓰인다.[11)
- 먹미체(먹미레): 소의 턱밑 고기.
- 새머리: 소의 갈비와 물렁뼈 사이에 붙은 고기로서 다른 부위 사이에 위치한 연유로 명명.
- 대접살: 대접에 붙은 쇠고기의 하나.
- 내장: 곱창, 막창, 간, 천녑, 백엽, 우랑, 소혀, 등골,
- 곤자소니: 소의 창자 끝 부분에 직장의 팽대부에 달린 기름기가 많은 부분 등.

그 외에 갈비살, 목살, 갈비등심, 거란지, 우둔, 설도, 볼기살, 꼬리, 무릎뼈, 채끝, 사태 등도 내적 위치를 보이는 예라고 하겠다.

2) 외적 원인에 의한 명칭
- 멍에살/쇠악지: 소의 부위 중 목뒤의 멍에를 지는 부분으로 쇠악지라고도 한다.[12)
- 채받이: 소가 채를 늘 받는 자리의 근육이라는 뜻으로 외부의 원인에 의한 명명의 예이다.
- 채끝: 채받이와 같은 경우의 명칭이다.

---

11) 이기문(1991:175)은 몽어노걸대(7.4-5)의 번역에서 등장하는 '업지운'과 몽고어 qab isu가 대당됨을 주장하면서 몽고문어의 ebčigün과 중세몽고어의 ebče′ün(胸) 이 현대국어의 업진에 해당함을 지적하였다. 또 청어노걸대(7.5)에 등장하는 만주어 ebč iyali(筋肉)가 현대국어의 소 가슴에 붙은 고기를 의미하는 업진이라 하였다.
12) 매우 질기고 억센 부위로 사람의 고집이 세다는 말을 할 때 비유해서 악지가 세다고 하는 것은 의미전용으로 보인다.

3.3 가공방식에 의한 명칭

고기를 식용으로 가공할 때 생기는 이름으로 주로 가공방식에 의해
명명된다. 가공방식에 의한 명칭은 1차 생산자가 아닌 2차 생산자 즉 가
공자에 의해 생긴다. 그러므로 명칭은 가공 후의 결과상태에 대한 명칭
이 된다. 가공방식은 대개 '고기'나 특정부위 이름 앞에 위치한다. 예를
들면 다음과 같은 명칭들이 해당된다.

- 갈은고기: 갈아 놓은 고기.
- 떡갈비: 갈비에서 늑골을 발라내고 살코기만으로 된 갈비를 말함.
- 다신고기: 요리하기 위해 다져놓은 고기.
- 눌른고기: 주로 머리고기 등을 눌러서 기름을 뺀 고기.
- 삶은머리/익은 이: 일반적으로 많이 사용하는 방식으로 물에 삶은
  고기.
- 양념갈비: 양념에 잰 갈비.
- 생갈비: 양념하지 않은 갈비.
- 생고기: 음식점에서는 주로 얼리지 않은 고기를 말하는데 주로 익
  히지 않거나 요리하지 않은 고기를 날고기라고도 한다.
- 뼈뜯이: 뼈에서 뜯어낸 질긴 쇠고기.
- 지육: 머리, 꼬리, 다리 및 내장 등을 제거한 도체(carcass)
- 정육: 지육으로부터 뼈를 분리한 고기.
- 포장육: 상업적인 목적으로 포장하여 놓은 고기.
- 미절: 국거리로 쓰는 쇠고기의 잡살뱅이.
- 잡차레: 삶은 잡살뱅이 쇠고기.

3.4 용도에 의한 명칭

용도에 의한 명칭은 가공 재료 자체에 대한 명칭보다는 재료의 쓰임새에 주목하여 명명한다. 따라서 개별 부위에 대한 명칭이 생략될 수 있다. 대체로 용도에 의해 명명될 경우 용도에 적합한 부위가 정해져 있게 된다. 즉 정육점에서는 구체적인 부위를 지칭하지 않고도 국거리고기는 어느 부위, 장조림고기는 어느 부위하는 식으로 관습적으로 범위가 정해져 있는 것이 보통이다. 그러므로 용도에 의한 명칭도 육류부위의 간접적인 지정이라고 할 수 있다. 용도에 의한 명칭의 예를 들어보면 다음과 같은 것이 될 것이다. 물론 가공자의 자의에 따라 다른 이름이 주어질 수 있지만 통용되는 명칭은 대체로 다음의 몇 가지로 한정된다.

> · 국거리고기: 국에 넣을 고기.
> · 장조림고기: 장조림용 고기.
> · 꾸미: 찌개나 국 따위를 만들 때 넣는 고기붙이.
> · 국거리: 곰국의 재료가 될 소의 내장과 잡살뱅이 고기.

4. 끝맺는 말

이상에서 한국인이 일상적으로 접하는 육류명칭을 명칭의 형태적인 양상과 의미론적인 양상을 구분하여 살펴보았다. 먼저 '고기'의 어원을 문헌을 중심으로 정리하였는데 최소한 통일신라부터 水産이나 陸産을 불구하고 먹을거리의 의미로서 쓰일 경우 동일한 '고기'로 불리었다. 또 현대국어에서 '살'과 '고기'의 의미영역이 완전히는 같지 않으며 이는 육류명칭의 순서에 반영되어 있음을 논의하였다. 형태적으로는 주로 명사의 확장으로 이루어졌으며 앞의 명사가 뒤의 명사에 대한 상세화의 기능을 수행하는 방식으로 이루어졌음을 알 수 있었다.

한편 의미적으로 유사성과 인접성에 의해 고기의 명칭을 부여하였음을 보였으며 가공방식과 용도에 의한 명명방식도 함께 살펴보았는데 사물에 대한 인지과정은 형태의 유사와 속성의 유사를 기준으로 진행되기도 하고 인접한 다른 형태와의 상대적 위치를 기준하여 이루어지기도 한다는 것을 확인하였다.

아울러 세계적으로 한국인처럼 소고기를 세분하여 식용하는 민족이 드물다는 점은 우리말에서 육류명칭의 숫자가 150여 가지 이상이 된다는 점을 통해서도 확인할 수 있었다. 그러나 지금은 상업적인 편의에 의해 표준화되고 정리되어 육류를 대상으로 하나의 어휘장을 형성했던 과거의 많은 육류명칭이 점차 사라지고 있음을 알 수 있었다.

〈청람어문교육 32 2005.12.31.〉

제 2 장

악기 연주동사 의미 연구*

1. 머리말

인간언어의 근본적인 특성 중의 하나인 다의성은 여러 가지 요인에 의해 발생되는데 S. Ullmann은 다섯 가지 요인을 제시한 바 있다. 즉 적용의 전이, 사회환경의 특수화, 비유적 언어, 동음어의 재해석, 외국어의 영향 등이 그것이다.1) 이 중에서 이 글에서는 주로 비유에 의해 발생되는 다의성에 대해 논의하고자 한다. 이들 단어들이 다의성을 가지게 되는 경우, 유연성이 유지되는 상태에서는 문제가 크지 않지만 유연성이 약해질 때는 직관적으로 의미 간의 유사성 또는 관련성을 추적하는데 어려움이 생기게 된다. 그렇게 되는 과정을 추적해 볼 때 동일한 의미범주로 묶여지는 단어들 간에는 공통적인 의미 속성이 의미 분화의 경계점이 될 것이라는 추측을 할 수 있다.

---

* 이 글은 2011학년도 KNUE 학술연구지원금에 의한 연구이며 2012 한국국어교육학회 제1차 국제학술대회에서 발표한 것을 수정, 보완하였음.
1) Ullmann 1962: 159-167.

이 장에서는 한국어의 악기연주동사 간의 관련성을 검토하고 연주동작의 의미를 획득하는 과정에 대해 인지의미론적 고찰을 함으로써 어휘소들의 범주형성 양상에 대하여 살피고자 한다. 이를 위하여 해당 동사들의 기본의미와 확장된 의미의 비교를 통하여 의미의 확장과정을 살피고 확장의미의 의미범주에 해당하는 동사들에 대하여 의미적 관련성을 점검하도록 하겠다.

아울러 국어교육에서 어휘지도에 대한 필요성이 자주 논의되고는 있지만 국어교육과정상에는 그다지 비중 있게 반영되지 않고 있는 상황을 고려한다면 이런 의미분화의 경계에 대한 다양하고 체계적인 인식과 다의어의 확산 등과 같은 언어학적 현상을 통해 전략적으로 학습자의 흥미를 유발할 수 있는 긍정적인 효과를 기대할 수 있으리라고 생각한다.

2. 연주동사의 의미유형과 의미범주

악기 연주동사는 기본적으로 악기를 이용하여 소리를 내는 동작을 표현하는 동사로서 주로 악기의 면이나 선이나 좁은 공간을 진동시키는 동작을 표현한다. 그런데 이들 동사는 단순히 소리를 내는데 그치지 않고 특정행위의 반복이나 지속을 통해 음악적 의미를 획득하면 [演奏]의 의미를 보유하면서 구체적인 동작에 따라 다른 형태로 구분이 된다.

연주행위와 관련된 단어를 살펴보면 의미적으로는 '놀다'와 가장 관련이 깊다. 왜냐하면 '놀다'의 사전적 의미는 자동사로서 [樂]의 의미가 첫 번째로 등장하고 타동사로서의 '놀다'도 '~을 놀다'의 형태로 '즐기다'의 의미가 기본이다. 두 의미 모두 타의성이 배제된 채로 즐거움을 누리는 점에서는 동일하다고 하겠다. 이를테면 국어사전에 제시되는 '놀다1'

의 의미는 영어의 'play'의 의미와 유사하게 [樂]의 의미를 보유한다.[2] (예를 들면, 'someone play the piano'). 다만 국어에서는 "~을 하고 놀다"의 형태로 표현하며 세분된 형태로 ~을 치다/타다/켜다/불다 등으로 나타나는 것이 일반적이다.(예를 들면 '화투를 하고 놀다', '가야금을 타며 놀다', '놀음을 놀다', '탈춤 한판을 신명나게 놀다' 등) 이는 모든 예술적 표현행위는 기본적으로 놀이행위와 관련이 있을 것임을 짐작하게 하며 나아가서 즐거움, 즉 [樂]의 의미요소가 개재되어 있음을 알 수 있게 한다.

이런 연주동사는 그 의미의 출발이 악기를 연주하기 위한 기본 동작들이며 이런 동작을 표현하는 동사가 악기를 대상으로 하는 문장구조에서는 [演奏]의 의미로 투사된다. 물론 이런 연주의 의미는 해당 동작의 결과 발생되는 것임은 직관적으로 알 수 있다. 이런 현상은 '불다', '타다', '켜다', '치다'에 공통적인 현상이다.

따라서 악기 연주동사는 일차적인 동작의미보다는 이차적 의미로서 악기 연주의 상황에서 악기를 대상으로 사용되는 것이 일반적이라고 하겠다. 즉 이들 악기 연주동사는 일반적인 동작동사 '치다', '타다', '켜다', '불다' 등이 동작의 대상이 악기일 때 형성되는 층위의 동사들로서 모두 [奏]의 의미범주로 묶인다. 국어사전들에서는 이러한 의미적 연관이 명확히 제시되어 있지 못하다. 그래서 사전의 표제어에는 항목을 달리하여 동음이의어로 제시되어 있다.

한편, 국어에서 연주행위를 의미하는 동사는 악기 종류에 따라 세밀하게 갈라진다. (1ㄱ)의 예문을 보면 악기에 따라 연주행위를 표현하는 동

---

2) 금성판 국어대사전(1996)에서는 '놀다1' 항목에서 1.(자동사일 경우) ①'직업이나 업무와 관련이 없는, 어떤 일이나 행동을 재미있고 즐겁게 하다', ②'(사람이)공부나 업무 등의 일을 하지 않고 휴식을 가지다' ③(사람이) 공부나 업무 등을 제쳐 놓거나 알차게 하지 않고 게으름을 피우다.... 등의 의미가 11가지로 제시되어 있고 2.(타동사의 경우) '(윷 따위를 던지거나 굴리어) 승부를 겨루다'의 의미가 제시되어 있다.

사로서 각각 다른 단어가 쓰인다. 이에 비해 (1ㄴ, ㄷ)의 영어나 프랑스어에서는 기본적으로 'play'에 해당하는 동사가 쓰인다.

> (1) ㄱ. 영호는 피아노를 치고 철수는 나팔을 불고 민희는 거문고를 탔다.
>   ㄴ. someone play musical instrument. (영어의 예)
>   ㄷ. jouer du violon. (불어의 경우)

위의 (1ㄱ)예문에서 사용된 '치다, 불다, 타다'는 기본적으로 타동사이며 주체의 행동의 영향이 미치는 대상이 각각의 악기들이다. 영어의 경우, 이들 악기들의 연주행위는 모두 'play'로 통용될 수 있다(1ㄴ). 불어의 경우도 (1ㄷ)처럼 보통 'jouer'로 표현된디. 그러나 한국어의 경우는 현악기의 연주는 '타다'나 '켜다'로 표현되고 타악기의 연주는 '치다', 관악기의 연주는 '불다'의 동사가 사용된다. 이들 연주동사의 바탕의미를 보이는 동사 '놀다'는 직접 악기에 적용되지 못한다. 그리고 이들 동사들은 연주악기에 의해 제한을 받아 서로 통용될 수가 없다. 예를 들면 (2)와 같다.

> (2) ㄱ. * 영호는 피아노를 놀고 철수는 나팔을 놀며 민희는 거문고를 놀
>   았다.
>   ㄴ. * 영호는 피아노를 켜고 철수는 나팔을 타고 민희는 거문고를 쳤다.

국어에서 이들 동사는 해당악기를 목적어로 요구하는 타동사이며 그 동작의 영향이 미치는 대상이 악기들이 된다.

이들 동사들이 요구하는 논항구조는 다음과 같다.

> (3) X가 Y를 (Z로) 타다/켜다/치다/불다.
>   X: 유정명사

Y: 무정명사(악기)

Z: 무정명사(도구/수단)

만약 위와 같은 구조에서 벗어난다면 비문이 되며 따라서 아래의 예 (4)는 특별한 상황맥락에서가 아니면 비문이다.

(4) *바위가 가야금을 탄다/켠다/친다/분다.

(4)에서 서술어가 동작동사이므로 무생물이 동작의 주체로서 허용되지 않는 것은 우리의 인지과정에서 허용되지 않기 때문이다. 이와 달리 다음의 경우는 정상적인 의미를 드러낸다.

(5) ㄱ. 영희가 바이올린/해금/첼로를 켠다.
ㄴ. 순희가 거문고/가야금을(를) 탄다.
ㄷ. 철수가 드럼/북/종을 친다.
ㄹ. 상수가 피리/클라리넷/나팔을 분다.

그런데 (5)에 등장하는 연주동사들은 악기의 유형에 따라 선택적으로 제한된다. 특히 (5ㄱ, ㄴ)의 경우는 같은 현악기 종류임에도 연주방식에 따라 선택적이다.

악기연주는 국어에서 이 네 가지 연주동사에 의해 표현된다. 그 외에도 '두드리다, 문지르다, 때리다' 등으로도 표현될 수 있으나 이는 연주방식의 세밀한 표현으로서 앞의 네 동사같이 대표적인 연주동작이라고 볼 수 없다.[3]

---

3) 국악에서는 세밀한 동작에 따라 현악기의 경우 찰현(擦絃-문지르다/비비다),탄현(彈絃(털다>타다))등의 용어를 쓰기도 한다.

기본적으로 이들 연주동사들은 [樂]의 범주에 속하며 확장된 의미로는 [奏]의 의미범주에 속함으로써 '연주동사'군을 형성하게 된다고 하겠다.

3. 연주동사 의미양상

앞에서 언급했듯이 인간언어에 있어서 다의성이라는 것은 인간의 언어생활에서 기억부담을 줄이기 위한 경제성과 인지적 유연성을 위한 수단이다. 그래서 다양한 상황에서 단어의 용법은 확대되기 마련이다. 단일한 형태에 대하여 고정된 의미가 주어진다는 주장에 대해 인지적 관점을 강조하는 학자들은 원형적 의미를 바탕으로 확장된 의미를 갖게 되는 것이 인간의 인지과정 속에서 자연스런 것이라는 점을 강조한다(임지룡, 1997: 216).

대체로 다의어 관계에 있는 단어들은 공통적인 의미를 바탕으로 연관성을 가지게 된다는 것이 고전주의 관점의 의미론자들의 주장이라면 의미연쇄와 의미망 구조에 의해 다의어를 이해하고자 하는 것이 인지주의 관점의 의미론자들이라고 할 수 있다.

의미의 확장양상은 사람에서 무생물로, 공간에서 추상으로, 물리적에서 심리적으로, 일반에서 관용으로, 내용에서 기능으로의 확장성을 보이는데 연주동사에서 주목되는 것은 구체적인 동작에서 추상적인 동작으로 확장된다는 점이다(Langacker 1987: 372-3 참조). 이 장에서는 개별 연주동사의 원형의미와 확장의미의 관계를 중심으로 살펴보고자 한다.

악기의 형태에 따라 현악기와 관련된 연주동사는 '타다, 켜다, 뜯다, 치다', 타악기와 관련된 연주동사는 '치다, 두드리다, 울리다', 관악기와 관련된 연주동사는 '불다' 등이 있다. 이들 동사들은 기본적으로 신체동작을 나타내는 단어들이다. 따라서 이들 단어들의 원형의미는 특정 대상 (악기)에 대하여 가하는 신체적인 움직임을 표현한다고 할 수 있다. 그런데 이들 동사들이 가지는 본래의 기본의미로서는 동일 형태임에도 불구하고 악기 연주행위의 의미를 드러낼 수 없다. 즉 단순히 '(악기를) 치-'는 일차적 행위로서는 '(악기를) 연주하'는 이차적 의미를 끌어낼 수 없다. 그래서 사전에서는 신체동작을 의미하는 '타다'와 연주동작을 의미하는 '타다'는 형태만 같고 의미가 다른 표제어로 취급하고 있다. 이와 같은 경우는 다른 '불다', '타다'의 경우에도 같은 상황이다. 이와 같은 점에 주목하여 악기별로 해당 연주동사의 의미확대 양상을 살펴본다.

그런데 이들 연주동사는 악기의 종류에 따라 동사가 고정되어 있는 것 같지만 실제는 악기에 작용하는 구체적인 동작과 관련되어 있음을 알 수 있다. 예를 들면, 현악기는 한국어에서 '타다'나 '켜다'의 동사가 쓰이는 것이 일반적인데 기타의 경우는 '치다'가 쓰인다. 또 건반악기인 피아노의 경우도 피아노 현을 울려서 소리 내지만 먼저 건반을 두드리는 동작에 초점이 주어져 '치다'가 쓰인다. 한편 바이올린이나 첼로 같이 현과 현을 맞대어 문지르는 현악기에는 동사 '켜다'가 쓰이는데 국악기의 경우도 해금이나 아쟁 같은 경우 '켜다'가 사용된다. 기타의 경우, 가야금이나 거문고처럼 왼손으로 현을 짚고 오른 손으로 현을 퉁기거나 뜯는 동작을 하는데 거문고는 술대를 사용하여 현을 퉁기고 기타와 가야금은 손가락으로 현을 퉁기는 것이 다른 점이다.

이와 같이 같은 동작으로 현을 퉁기거나 뜯는데 각기 다른 동사로 연주동작을 표현하는 것은 어떤 이유가 있을 것으로 생각된다. 이런 현상을 인지적 관점으로 설명한다면 사물과의 관계에서 대상악기와 접촉하는 부위에 대한 활성화 지역의 차이에 따라 세밀하게 구분하는 언어현상이라고 말할 수 있다. 거문고나 가야금을 연주할 때 연주자와 악기 간의 관계서술이 연주동사라고 하면 악기 전체에서 활성화되는 지역은 왼손이 현과 닿는 부분이 된다. 즉 연주동작에서 악기는 지표가 되고 연주자의 몸이 탄도체가 되는데 그 중에서 왼손가락과 현이 활성 지역이 되는 것이다.

그러므로 '거문고를 연주한다'는 것은 탄도체인 연주자의 몸이 지표인 거문고에 전체적으로 접촉되는 것이고 '거문고를 탄다'는 표현은 '타다' 서술어에 잠재되어 있는 연주자의 손가락이 거문고의 선에 닿아 있는 모습이 된다. 그러나 실제 언어표현은 악기 전체의 모습만 드러나고 있다. 말하자면 탄도체와 지표의 활성지역과 모습이 불일치되어 축소지칭의 원리에 의한 환유현상으로 설명할 수 있다. 이는 악기 연주동사 모두에 적용되는 현상이다.

그런데 만약 거문고를 '뜯는다'는 표현을 한다면 손이 닿아 있는 상태에서 '타다'의 세부적인 표현이 된다. 그래서 거문고나 가야금은 '친다'는 표현이 어색하게 되지만 기타의 경우는 같은 동작이지만 오른 손의 동작이 일시적으로 현에 부딪치는 모습이 부각된다. 이를 그림으로 표시하면 다음과 같다.

(6)

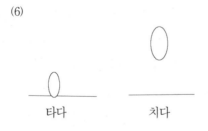

위의 (6)에서 선으로 표시된 악기가 그 위에 있는 연주자의 손과 붙어 있는 것은 '타다'의 모습이고 떨어져 있는 것은 '치다'의 모습이다.

그러므로 거문고와 가야금의 현을 진동시켜 소리가 나는 것이지만 표현상에서는 '거문고를 탄다'거나 '가야금을 탄다'고 하게 되는 것이다. 따라서 '타다'의 의미 중 1차적으로 '어떤 행동주가 어떤 대상에 대하여 위에서 손으로 누르'는 동작을 표현하는 것이다. 그러나 거문고는 술대로 현을 누르거나 퉁겨서 소리를 내지만 '거문고를 친다'거나 '거문고를 뜯는다'는 어색하고 손으로 '가야금을 뜯는다'는 어색하지 않다. 이는 실제 연주동작에서 현에 닿아 소리의 변화를 주도하는 손의 움직임에 초점이 닿아 있기 때문이다.

한편 '치다'의 경우는 행동주가 어떤 도구나 손을 이용하여 면이나 선에 순간적으로 닿았다가 떨어지는 동작을 나타내며, '불다'의 경우는 입을 도구로 사용하여 특정한 공간 안에 바람을 지속적으로 불어넣는 동작을 하게 된다. 그림으로 표시하면 다음과 같다.

(7)

그래서 현악기 중에 '타다'의 의미로 표현되는 연주동작은 탄주(彈奏), '치다'의 의미로 표현되는 연주동작은 타주(打奏), '불다'의 의미로 표현되는 연주동작은 취주(吹奏)를 의미하게 된다. 이들 의미들은 그 소리를 내는 원천이 각각 손[手]과 줄[糸], 입[口]으로서 한자에 부수로 제시되어 있는 것과 같다.

대체로 위에서 살펴 본 바와 같이 악기의 유형에 따라 '타다', '켜다', '치다', '불다' 동사들이 사용되긴 하나, '타다'와 '켜다'는 현악기에만 적용되는 동사이므로 기존의 악기 형태에 따라 구분하면 현악기 연주동사, 타악기 연주동사, 관악기 연주동사로 구분하는 것이 논의 상 편할 것 같다.

3.1 현악기 연주동사

현악기 관련 연주동사는 다음의 예가 해당되는 예문들이다.

(8) ㄱ. 거문고를 타다.

ㄴ. 가야금을 뜯다.

ㄷ. 기타를 치다.

ㄹ. 해금을 켜다.

(8ㄱ)과 (8ㄴ)에서는 '타다'로는 통용될 수 있으나 (8ㄱ)에서 '타다' 대신에 '뜯다'로는 대체될 수 없다. 이와 같은 유형의 악기에서는 '타다'가 대표적이라고 할 수 있다. (8ㄷ)과 (8ㄹ)의 연주동사는 특별한 연주기법일 경우를 제외하고는 (8ㄱ, ㄴ)의 경우에 대체될 수가 없다.

한편 이들 동사의 가장 기본적인 의미는 해당 동사의 가장 단순한 동작을 표현할 때 드러난다. 즉 '타다'의 경우는 대상악기의 줄을 퉁기거나 흔들어서 소리를 내는 동작으로 [彈]이 기본의미이다.[4]

---

4) 국어사전(국립국어연구원 표준국어대사전)에서 동사 '타다'의미는 11개의 표제어로 제시되어 있다. 이중에서 연주동사와 의미적으로 관련 있는 것들만 추리면 다음과 같은 경우가 해당할 것이다.

-타다2: ①탈 것이나 짐승의 등 따위에 몸을 얹다. ② 1) 도로, 줄, 사, 나무, 바위 따위를 밟고 오르거나 그것을 따라 지나가다 2) 어떤 조건이나 시간, 기회 등을 이용하다. 3) 바람이나 물결, 전파 따위에 실려 퍼지다 4) 바닥이나 미끄러운 곳에서 어떤 기구를 이용하여 달리다 5) 그네나 시소 따위의 놀이 기구에 몸을 싣고 앞뒤로, 위아래로 또는 원을 그리며 움직인다. 6) 의거하는 계통, 질서나 선을 밟다.

-타다5: ①박 따위를 톱 같은 기구를 써서 밀었다 당겼다 하여 갈라지게 하다. ②줄이나 골을 내어 두 쪽으로 나누다. ③ 콩, 팥 따위를 맷돌에 갈아서 알알이 쪼개다.

-타다6: 악기의 줄을 퉁기거나 건반을 눌러 소리를 내다.

-타다10: '가르다'의 방언(경북)

이 중에서 연주동사의 경우와 직접 관련이 있는 경우는 '타다6'이지만 이 논문에서는 '타다2'와 '타다5'와의 관련성을 논의한다.

현악기의 몸체 중 연주동사 '타다'에서 부각되는 활성화 지역은 줄[絃]이고 다른 지역은 참조점 혹은 배경으로 등장하게 된다. 실제로 현을 건드리는 것은 술대이지만 우리의 지각작용은 현 또는 손가락에 집중된다. 악기의 나머지 부분은 참조점에 불과하다. 음의 변화를 일으키는 곳이 손이 닿는 곳이 되기 때문이다. 이때 (8ㄴ)의 현을 '뜯다'는 표현은 부분적인 동작을 인지할 때 활성화될 수 있는 부분이다. 왜냐하면 '뜯는다'는 동작은 현에 대고 있던 손가락으로 어떤 대상을 안에서 밖으로 뽑아내거나 잡아 빼내는 동작으로서 손가락 끝에 초점이 집중되기 때문이다.

참고로 어원적인 연원을 참고하기 위해 현대국어 '타다'와 관련 있어 보이는 중세국어 자료를 찾아보면 '·ᄐ·다', '·ᄠ·다' 'ᄻ다' 등이 고어사전에 제시되어 있다.[5]

예를 들면 다음과 같다.

(9) ㄱ. 寶位 <u>ᄐ실</u> 느지르샷다(迺是寶位將登之祥<龍飛御天歌100>

　　ㄴ. 혼 ᄆᆞᆯ <u>ᄐ고</u> ᄀᆞᄉᆞᆯ ᄇᆞᄅᆞᄆᆞᆯ 좃놋다(匹馬逐秋風)<杜初八38>

　　ㄷ. 거믄고 <u>ᄠ고</u> 하ᄂᆞᆯ콰 ᄊᆞᄒᆞᆯ 보더라(彈琴視天壤)<杜初二十四38>

　　ㄹ. 비ᄅᆞᆯ <u>ᄠ고</u> ᄆᆞᄉᆞᆷ믈 ᄲᅡ혀내야<月印釋譜二十三73>

　　ㅁ. 도적이 건져내여 비ᄅᆞᆯ <u>ᄠᆞ니라</u>(賊拯出剖腹)<東國新續三綱行實圖烈四12>

　　ㅂ. 내 모로매 <u>ᄻ노라</u>(自須彈)<杜詩諺解 重刊本十一>

---

5) 이렇게 특정한 단어들이 가지게 되는 의미의 근원을 찾을 때 그 단어들의 발달과정을 추적해서 어휘적 근원과 그것들이 사용된 문맥을 두루 점검해 보는 것은 비록 소득이 적다하더라도 그러한 절차를 거치는 것이 필요하다고 생각된다. 통시적 접근의 시각은 일견 의미의 연관을 찾는데 크게 관련이 없어 보일 수 있지만 이러한 시도는 언어학적인 이론의 설명력을 높이는데 유용하기 때문이다. 이와 같은 견해는 Joan Bybee, Revere Perkins, William Pagliuca의 The Evolution of Grammar(1994)에서 언급된 바 있다(박선자 김문기 역 2010: 27-28참조).

위의 예에서 (9ㄹ) '비를 <u>뜨고</u>'는 '쪼개다'의 의미이고 (9ㄷ) '거믄고 <u>뜨고</u>'와 (9ㅂ) '<u>쏜노라</u>'는 '彈'의 의미이다.6) 이들 동사는 구체적으로는 주5)의 '타다2'의 의미가 원형적인 의미이어서 '신체일부가 대상의 위에서 아래로 접촉'하는 원형의미인데 '짐승을 타다[騎], 자동차, 배등 기계를 타다[乘], 산을 타다[登], 바람 또는 분위기를 타다[載], 줄을 타다[踏]'의 의미로 확장된다.

한편 '치다'는 악기와 떨어진 상태에서 손가락으로 줄에 순간적인 힘을 가했다가 떼는 동작이기 때문에 (8ㄷ)의 기타는 '치다'로 표현한다. 그래서 건반악기인 피아노의 경우에는 '치다' 동사가 사용되는 반면, 같은 건반악기이지만 오르간의 경우 '타다'가 사용된다.

(10) ① 철수가 피아노를 친다.
　　　② 영희가 오르간을 탄다.

앞에서 설명했듯이 피아노는 건반을 순간적으로 힘을 가하는 동작으로 소리를 내는 반면 오르간은 건반을 지속적으로 누르는 동작으로 소리를 내기 때문에 (10)②의 '타다'의 동사가 쓰인다.

한편 (8ㄹ)에 쓰인 '켜다'의 경우 현악기는 동일하나 연주수단이 손이나 술대가 아니라 활을 사용한다는 점에서 차이가 있다. 국악기뿐만 아니라 서양악기에 대해서도 '켜다'를 사용하는데 이는 '타다'의 의미와 관련이 있어 보인다. 즉 활을 사용한다는 점이 다르지만 현을 누르는 동작에서 모두 접촉성 동사라는데 공통점이 있다.7) 왜냐하면 각주5)에 제

---

6) '타다6'은 다음과 같은 표기변화가 있었다. 타다- 동(타) 악기를 튀겨 소리를 내다 [어원 미상. 변화 뜨다(월석 8:40)>쏜다(두해 중 11:8)>투다(박신1:6)>타다]
7) 국어대사전에는 켜다2의 항목에 '①나무를 세로로 톱질하여 쪼개다. ②현악기의 줄을 활로 문질러 소리를 내다.' 등이 해당되는 항목인데 필자는 켜다1 '불을 밝히거나 성냥 따위로 불을 일으키다'도 관련성이 있지 않을까 추정한다.

시한 바와 같이 사전에 제시된 '타다'의 뜻풀이 중 '타다5'의 의미도 대상물체에 접촉하여 힘을 가한다는 점에서는 같은 양상이기 때문이다. '줄을 타다'의 의미와 같은 설명이 가능하다.

사전에 제시된 '켜다'의 뜻풀이 중 '켜다2'의 풀이에서 ②의 '악기의 줄을 대고 문지르는 행동'은 '켜다2'의 풀이 ①의 '나무를 세로로 톱질하여 쪼개다'의 의미에서 비롯된 것으로 해석된다. 톱질하는 행동이 밀고 당기는 동작으로 이루어지기 때문이다. 또 '타다5'의 ①'눌러서 갈라지게 하는 동작'은 '켜다2'의 '당기는'(㉠) 동작과 관련 있고 이는 '썰다'와의 관련성을 생각할 수 있다. 칼로 무나 채소를 자를 때 '썰다'의 동사를 사용하는데 이는 톱으로 밀고 당기는 '목재를 켜는' 동작과 유사하다.[8]

그리고 비약일지도 모르지만, 고어에서 불을 켜는 것을 '혀다'로 표현한 기록이 있는데 구개음화현상으로 설명이 가능할 수도 있을 것으로 보인다.[9] 실제로 경상도 방언에서는 불을 켜는 것을 '쓴다'[點火]고 표현한다. 현대국어에서도 불을 붙이는 일을 '불을 당긴다'고도 표현하는데 '켜다'와 '혀다'와의 연관성을 생각해 볼 수 있으나 단순히 음상의 유사성에 의한 것일 수도 있어서 의미적 관련성은 좀 더 검토해보아야 할 것이다.

어쨌든 어떤 사물을 '위에서 접촉하여 비비거나 문질러 자르는' 동작을 출발점으로 하여 연주행위의 의미로 확장되고 있는 것은 의미연쇄의 확장현상의 결과로 보이며 그런 점에서 각주5)에서 사전의 별개 항목으로 제시되는 '타다2'의 대표적 의미가 원형적 의미라고 하면 '타다6'은

---

8) 바닷물이 들고 나는 것을 밀물과 썰물이라고 하는데 이와의 관련성도 생각할 수 있다.
9) 혀·다: 켜다[點火] 등잔불 혀 오라(點)<朴通事諺解 重中 8>, 燈의 블 혀고<釋譜詳節 九30>
   혀·다 혀다[彈] 奚琴을 혀거를 드로라<樂章歌詞 靑山>

의미연쇄의 결과로 간주된다. 또 각주 6)에서 '켜다2'의 ①과 ②등은 의미 확장에 의한 의미연쇄로 해석이 가능하다. 그리고 '타다'는 손을 도구로 하고 '켜다'는 활을 도구로 함에 있어서 차이가 있지만 현을 눌러 소리를 내며 활성지역이 동일하다는 점에서 유사성이 있다. 결국 [선][진동][접촉]의 의미에 [지속]의 과정을 거쳐 [奏]의 의미범주에 편입이 된다. 그리고 기타의 경우는 [지속]대신에 [순간]이 부각된 것이다.

3.2 타악기류

'치다'의 경우 어떤 대상을 특정 도구나 수단으로 치는 농작에 해당하는 것이 '치다'의 기본의미 [打]이다.10) 통시적으로 중세국어에서 근대국어시기로 넘어오면서 '티다>치다'의 변화를 입게 되는데 다음과 같다.

> (11) ㄱ. 붑 텨 사ᄅ몰 모도오디<釋譜詳節六28>[打擊]
> ㄴ. 衣冠 나죗 붑 티거놀 니러 가놋다(衣冠起暮鍾)<杜초二十三26>
> ㄷ. 채 쳐(鞭)<杜詩諺解重刊十二10>[打]
> ㄹ. ᄀ르 끈허 치다(橫擊)<漢淸文鑑110c>[打]

(11ㄱ, ㄴ)처럼 '치다'는 악기와 공기할 때 [打奏]의 의미로 변하게 되는데 타악기는 합주일 때는 [演奏]의 의미로 쓰이지만 (11ㄷ, ㄹ)같은 '치다'의 의미일 때는 악기가 연주가 아니라 신호의 도구로 사용되기도

---

10) 국어사전에서는 '치다'의 뜻풀이 중에서 '치다2'에 해당하는 '①손이나 손에 든 물건이 세게 닿거나 부딪게 하다'와 ②'손이나 물건 따위를 부딪쳐 소리 나게 하다'의 풀이가 여기서 논의되는 의미에 가장 관련이 깊은 것으로 생각된다. 이외에 '③손이나 손에 든 물건으로 물체를 부딪게 하는 놀이나 운동을 하다.'도 관련이 있으나 2차적인 의미에 해당하는 것으로 보인다.

한다. 현대국어에서 타악기의 경우는 특정한 도구나 손으로 악기의 면이
나 몸체에 순간적인 힘을 가함으로써 소리를 내는 동작을 표현하는 동
사로 '치다'를 사용한다. '치다' 외에 '두드리다'도 같은 연주동사에 넣을
수 있지만 약간의 의미차이가 있다.

(12) ㄱ. 북을 치다.
ㄴ. 대북을 두드리다.

위의 (12ㄱ)에서 동사 '치다' [打]의 의미로서 북과 함께 쓰여 타주[打
奏]의 연주의미로 쓰이는데 (12ㄴ)에서 동사 '두드리다'는 (12ㄱ)보다 작
은 어감과 함께 연속적인 동작을 표현함으로써 반복성의 의미가 있다.
(13)은 악기의 몸통을 치는 경우의 예이다.

(13) ㄱ. 트라이앵글을 치다.
ㄴ. 편경을 울리다.

이들 타악기의 연주행위는 공통적으로 악기의 한 쪽 면이나 몸체를
순간적으로 가격하는 동작인데 현악기의 '켜다'와 달리 지속적인 접촉은
악기연주를 불가능하게 한다. 일정한 패턴을 가지고 반복적으로 소리를
낼 때 악기의 연주의미 [奏]을 보유하게 되는 것은 앞의 경우와 같은 과
정을 거치게 된다. 또 현악기임에도 기타와 피아노는 '치다'의 동사를
선택하게 되는 것은 앞에서 설명한 바와 같다.

어쨌든 '치다'의 의미는 [면] [순간] [타격]의 의미에 동작대상이 악기
가 됨으로써 [반복]의 과정을 거쳐 [奏]의 범주로 편입된다.

3.3 관악기류

'불다'의 경우도 일반적인 자연 현상인 공기의 흐름을 지칭하는 경우는 자동사이므로 여기에 해당하지 않지만 동물이 특정 대상에 대하여 바람을 불어넣는 동작을 의미하는 경우는 타동사로서 '입으로 어떤 물체에 바람을 부는' [吹]의 의미를 포함하고 있다.11) 중세국어에서는 ':불·다'의 형태로

> (14) ㄱ. ᄀᆞᆶ ᄇᆞᄅᆞ미 嫋嫋히 江漢을 <u>부ᄂᆞ니</u>(秋風嫋嫋吹江漢)<杜詩諺解初
>   刊八14> [吹]
>   ㄴ. 簫ᄂᆞᆫ 효ᄀᆞᆫ 대롤 엇기 <u>부는</u> 거시라<釋譜詳節十三> [吹奏]

의 예가 보인다. (14ㄴ)의 '불다'가 연주동사에 해당한다. 관악기에서는 다른 악기와 달리 또 다른 유사한 연주동사가 없다.12)

> (15) ① 피리를 불다
>   ② 클라리넷을 분다.

'불다'의 동사는 악기의 좁은 공간 가장자리에 입을 대고 바람을 불어

---

11) 표준국어 대사전에서 '불다'의 의미규정은 불다1의 '[3](..을) ①입을 오므리고 날숨을 내어 보내어, 입김을 내거나 바람을 일으키다. ②입술을 좁게 오므리고 그 사이로 숨을 내쉬어 소리를 내다. ④관악기를 입에 대고 숨을 내쉬어 소리를 내다.' 등이 관련되는 의미들이다.

12) 불:다의 어원(김민수 편(1997) 「우리말 어원사전」에서 인용)
    "불:다-동(자/타) 바람이 어느 방향으로 움직이다. 입을 오므리고 날숨을 세게 내어 보내다.[어원미상. 참고 ①불[火]+다[어미](한진건 1990.3) ②불[聲, 音]+다[어미](상징사전). 불다의 불은 '불'과 어원이 같다. 동사와 형용사는 명사에서 전성되었다. '거짓부리'의 '부리'는 말의 뜻을 지닌다. 말이나 소리는 모두 소리라 하겠다. 고대인들은 바람을 청각적인 소리로 인식했음을 보여준다."

넣는 동작을 표현하는 동사인데 현악기와 마찬가지로 일정한 형식으로 지속성을 유지할 때 비로소 연주의 의미를 보유하게 된다. 따라서 '불다'의 연주동사는 [吹]의 의미를 바탕으로 하는데 [공간] [진동]의 의미에 [지속]의 과정을 거쳐 악기가 동작의 대상이 될 때 [奏]의 의미범주로 편입된다. 그리고 다른 타악기 연주동사나 현악기 연주동사에 비해 연주동작이 단순하다.

지금까지 악기들을 연주할 때 사용하는 구체적인 동사들을 의미 속성을 중심으로 검토해 보았다. 이들 동사들은 연주행위를 할 때 요구되는 구체적인 신체동작의 의미로부터 의미 확장을 거쳐서 추상적인 '연주하다'의 의미로 확장된다. 즉 [吹], [打], [彈]의 원형의미에서 출발하여 '놀다'[戲]의 바탕의미에서 각각의 악기 연주 형태에 따라 [반복성]과 [지속성]을 얻음으로써 추상적 의미인 [演奏]의 의미로 확장된 상태로 남게 되는 공통된 양상을 보이는 것을 알 수 있다.

한편 이들 동사들이 기본동작의미에서 [戲]의 의미를 획득하여 연주동사로 되는 유사한 양상은 다른 경기(競技)동사에서도 마찬가지이다.

(16) ① 탁구를 하다/친다.
     ② 볼링을 하다/친다.
     ③ 테니스를 하다/친다.
     ④ 딱지를 친다.
     ⑤ 화투를 친다.

이들의 경우에는 모두 '탁구', '볼링', '테니스', '딱지', '화투'의 대상물을 가지고 다른 대상에 부딪게 하는 동작에서 놀이의 의미가 부가되면 [놀다]([戲])의 의미로 변환된다.

그런데 한국어의 연주동사들에 비하여 외국어의 연주동사는 조금 다

른 양상을 보인다. 중국과 일본의 경우 모두 한자어에서 동작의 원천이 제시되고 있다. 일본어에서 현악기의 경우 '彈く(ひく)'가 한국어의 '켜다', '타다', '치다(피아노 포함)'에 해당되고 관악기의 경우는 '吹く(ふく)'가 한국어의 '불다', 타악기의 경우 '叩く(たたく)'가 '치다', '두드리다' 등의 의미에 해당하며 이들 동사를 모두 포함하는 의미의 동사는 역시 '演奏(えんそう)する'로 통합되어 사용된다. 현악기에서 한국어는 연주동작에 따라 동사를 달리하는데 일본어의 경우는 현악기 연주동사가 'ひく'로 통합되어 있는 점이 다르다고 하겠다.

영어를 비롯한 인구어에서도 연주의 의미는 '(someone) play musical instrument'의 형식으로 통합된다. 그러나 영어의 경우, 'play'가 기본적인 연주 동사이지만 한국어처럼 악기나 연주동작에 따라 세분되지는 않는다. 독일어에서는 세부적인 악기형태에 따라 약간씩 다른 동사를 사용하는데, 현악기의 경우 '(mit der Bogenstange) streichen [(활로) 켜다]', '(Harfe)zupfen [(하프)를 뜯다]', 타악기의 경우 '(Trommel) schlagen [(북을) 치다]', 관악기의 경우 '(Floete) blasen[(플루트를)불다]'로 상세화되는 양상을 보이기는 하나 대부분의 연주동사는 'play musical instrument'로 대체 가능하다. 참고로 다음에 보이는 것은 불어에서 연주동사들의 분포양상이다. 대체로 독일어와 비슷한 양상을 보인다.

(17) ① 현악기의 경우
    -the violin: violoner = jouer du violon [바이올린을 켜다]
    -the harp: pincer les cordes d'une harpe = jouer de la harpe[하프를 타다]
    -the vielle: vieller, sonner de la vielle = jouer de la vielle[옛 바이올린을 켜다]
    -the piano: pianoter, taper sur un piano = jouer du piano[피아노를

치다]
-the guitar: guitarer, gratter = <u>jouer</u> de la guitare[기타를 치다]
② 타악기의 경우
-the drum: tambouriner = <u>jouer</u> du tambour, <u>jouer</u> du tambourin[드럼을 치다]
-the gong: frapper un gong = <u>jouer</u> du gong['한국의 징과 유사한 타악기'를 치다]
-the bells: sonner les cloches, carillonner, tinter = <u>jouer</u> des cloches, <u>jouer</u> du carillon [종을 치다]

③ 관악기의 경우
-the small flute: fifrer = <u>jouer</u> du fifre [플루트를 불다]
-the trumpet: trompeter, sonner de la trompette = <u>jouer</u> de la trompette[트럼펫을 불다]
-the military trumpet: claironner, sonner du clairon = <u>jouer</u> du clairon[군대 트럼펫을 불다]
-the clarinet: clarinetter = <u>jouer</u> de la clarinette [클라리넷을 불다]

위 (17)은 불어의 연주동사들의 예를 보인 것이다. ①은 현악기의 연주를 의미하는 동사들인데 바이올린, 하프, 중세시대의 바이올린, 피아노, 기타 등의 연주와 ②의 타악기의 연주, ③관악기의 연주에 밑줄 친 'jouer'가 공통적으로 쓰인다. 의미적으로는 [奏]의 의미로 통할 수 있으나 한국어에서는 각각 '타다', '켜다', '치다', '불다'의 동사로 구분된다는 것이 다른 점이다.

이제까지 검토한 바에 의하면 한국어의 악기연주동사는 기본적인 신체동작을 나타내는 동사의미로부터 추상적인 연주동작을 일컫는 용어로 확장되는데 이와 같은 현상들은 인간의 인지과정을 보여주는 것이 아닌가 한다. 이들의 의미 확대 양상을 정리해 보면 다음과 같다.

(18)

원형의미	획득의미	확장의미	해당동사
			악기종류
[彈]	지속성	[彈奏]	타다, 켜다, 치다
			현악기
[打]	반복성	[打奏]	치다, 두드리다
			타악기
[吹]	지속성	[吹奏]	불다
			관악기

4. 맺음말

지금까지 한국어에서 악기를 연주하는 동작을 표현하는 동사들을 중심으로 의미의 연관성과 인지적 관점을 고려하여 일부 제한적으로 사용되는 동사들에 대하여 살펴보았다.

기본적으로 악기의 특성에 따라 악기의 줄을 누르는 동작, 악기의 줄을 치는 동작, 악기의 줄을 활로 문대는 동작, 악기의 면이나 몸통을 가격하는 동작, 악기의 구멍에 입으로 바람을 부는 동작 등이 해당되는데 동작의 활성지역에 따라 동사가 세부적으로 선택되는 것은 현악기의 경우이고 타악기나 관악기는 세분되지 않았다. 외국어의 경우도 비슷한 양상을 보인다. 결론적으로 구체적인 동작의 의미에서 시작된 연주의미는 [戱]의 의미를 바탕으로 [지속] 또는 [반복]의 과정을 통해 추상적인 [奏]의 의미로 확장되는 과정을 거치는데 확장기제는 환유의 양상을 보인다.

〈국어교육학연구45, 국어교육학회((2012.12)〉

제 3 장

지명 표기 연구에 대한 일고찰

-월탄리 지명과 관련하여

1. 서론

이 연구는 행정구역 지명과 관련하여 지명의 유래에 대한 다양한 근거를 바탕으로 논리적 추론을 해 보고자 하는데 목적이 있다. 아울러 지명에 대한 어원적 연구에서 유사한 형태를 근거로 하는 어원에 대한 추정이 항상 정확하지 않을 수 있다는 생각을 피력해 보고자 한다. 즉 지명에 대한 어원을 추적함에서 꼭 언어학적 근거만이 가장 유효한 것이 아님을 반성해 보고자 하는 것이다. 이 연구에서 관심대상은 충북 청원군 강내면 월탄리 지명의 유래에 집중하지만 논리적 타당성을 위해 타 지역의 유사 명칭도 함께 살펴볼 것이다. 자료는 주로 청원군지와 기타 참고할 수 있는 지명들에 대한 분석과 소개를 중심으로 한다.

지명과 관련된 분야는 일차적으로 지명학이라는 분야에서 다루지만 인문지리나 언어학과 방언학과도 관련되어 다양한 방향에서 접근이 가능하다.[1] 한편 음운의 역사적인 변천을 살피기 위해서는 국어사적인 측면이 매우 중요하므로 고대국어부터 현대국어에 이르기까지 전체적인 언어의 형태, 음운, 어휘 및 의미적인 분야뿐만 아니라 인근 지형과 역사적 사실에 대한 고증까지 백과사전적 지식을 필요로 하는 분야이기도 하다.

2. 지명의 생성과 구조

인간은 원시시대부터 자연 속에서 생존하기 위해 주변의 지형, 지물에 대해 관심을 가지고 살아 왔다. 인지가 발달하면서 자신이 거주하고 있는 장소나 주변의 사물에 대한 기억을 유지하기 위하여 형태적인 특징이나 인간과 관련한 특별한 의미를 부여하여 삶의 터전과 사고의 터전을 형성해 왔다고 할 수 있다. 그런 추정은 인간의 사고과정에 대한 관심에서 출발한 인지과학의 관점에서도 설명이 될 수 있다.그런 점에서 지명 부여 방법은 인간의 사고과정의 한 단면을 보인다고 할 수 있어서 언어학적인 측면에서도 매우 관심을 가지게 되는 분야이다.

1966년 한글학회에서 체계적으로 지명을 채집하여 총람으로 편집한 자료들과 더불어 지명과 관련된 많은 연구들이 있었다. 한글학회(1970)를 위시하여 이돈주(1966, 1971)부터 이용주(1976, 1977)와 김윤학(1980, 1983)과 이영택(1986), 전철웅(1997), 김진식(2008)에 이르기까지의 업적들이 그런 예가 될 것이다. 그 중에는 행정관청에서 관할 행정구역의 지명들에 대하여 정리한 자료가 일차적인 자료가 될 수 있겠다. 그러나 전문적인 검

---

1) 李泳澤(1986)의 연구가 그런 연구 중의 하나로 저자는 지리를 전공하다가 지명에 대한 관심을 가지고 많은 자료를 수집하여 정리하여 책으로 발간하였다.

토보다는 군의 역사나 정치 사회적인 부분에 대해서 집중하다보면 언어학적인 측면에 소홀하여 민간의 설화에 기대어 서술하거나 지형에 대한 고려가 부족하여 견강부회하는 경우도 흔히 있었다. 이러한 점은 지명이 생성되는 과정에서 흔히 일어나는 현상으로 지명 생성의 한 방식이기도 하다.

앞에서 언급했듯이 이 연구는 흔히 지명을 어원적 고찰에 의해 그 유래를 추정하고자 할 때 발생하기 쉬운 오류의 사례를 중심으로 지명의 어원을 통시적 관점에서 지형적 조건과 함께 종합적으로 관찰해야 한다는 입장을 피력하고자 하는 것에 그 목적이 있다. 논의의 체계적인 전개를 위해 먼저 지명 생성의 기본 원리에 대하여 서술하고 이에 따른 지명의 사례를 살펴보고 특히 문제가 되고 있는 특정 지명에 대하여 기존의 주장에 대하여 검토를 하는 순서로 진행한다.

지명의 생성은 일반적으로 유연성, 음운변화, 형태 변화 등의 요인이 있는 것으로 얘기되고 있다. 그 중에서 유연성은 지명이 생성되는 원초적인 요인이 되는데 지리적 조건이나 위치, 동물, 식물 전설 등에 따라 지명이 생성된 연유를 밝히는데 단초를 제공하게 된다.(김윤학, 1996, 9-10쪽에서 참조) 유연성에 따라 생성된 이후에는 음운적인 변화나 형태변화, 대체 등의 변화를 통해 재생성되기도 하는데 김진식(2008: 122)에서는 기본지명과 확장지명으로 나누어서 설명하였다. 여기서는 유연성과 음운, 형태, 대체 등의 요인들을 종합적으로 살펴보겠다.

지명형성의 요인은 해당 지역의 역사적 사실, 자연적 지형, 사회적 사건 등 다양한 요인들을 바탕으로 인간의 주관에 의하여 부여되는 것이라고 본다. 따라서 지명에 대한 추정을 할 때는 우선 역사적 문헌기록과 함께 자연지형 등 기타 사실들을 종합적으로 감안하여야 할 것이다. 이와 같은 견해는 李泳澤(1986, 28쪽)에서 우리나라의 지명은 '생활 주변에서 지역의 땅모양, 위치, 토양, 하천과의 관계, 풍토, 기후, 산물, 교통관계 思考나 정치, 군사 등에서 유래되는 것을 붙인 것'이라고 언급한 바 있다. 李(1966)의 언급은 지명의 유연성에 대해 구체적인 지적을 한 것이며 뒤의 많은 연구들도 주로 유연성에 대한 연구로 이어진다.

그러나 지명 연구에서 연구자들이 혹하기 쉬운 것이 어원의 주관적 판단에서 오는 오류이다. 어원이라는 것이 원래 여러 가지 근거를 들어 그 유래를 밝히고자 하는데 목적이 있지만 연구 과정에서 자신도 모르게 한 가지 가설을 다른 사례에도 기계적으로 적용하여 객관화하려는 태도를 가지기 쉽다. 특히 이론에 주로 의존하는 인문학자들의 분야에서는 그런 경향이 많은 것이 사실이다. 일반적으로 언어 현상에 두루 나타나는 유형을 귀납하여 원리를 세우고 이를 개별사례에 적용하여 들어맞을 때 연구자는 논리적으로 증명되었다고 생각하게 되는 것이다. 이 연구에서 주로 검토하고자 하는 지명인 '달'(月)도 그와 같은 사례에 해당하는 것 중의 하나이다.

지명의 구조는 이미 알려졌듯이 두 구성단위의 결합으로 나타나는데 전반부는 전부요소 후반부는 후부요소로 불린다. 전부요소는 후부요소를 수식하면서 지명의 명명에 대한 유연성을 나타내고 후부요소는 지명의 근간으로서 지명의 지시대상을 나타낸다.[2] 전부요소에는 단일형의 형태와 복합형의 형태로 되는데 복합형의 경우 합성법과 파생법의 구성으로 형성된다.

---

2) 김진식 2008, 120쪽에서 인용.

3. 여울 관련 지명의 유형

여기서는 하천이나 강에 위치한 여울과 관련된 지명에 대하여 살펴볼 것이다. 이미 연구조사가 이루어진 지명을 중심으로 대체적인 유형을 살펴보고자 하는데 주로 이영택(1986), 김윤학(1996)과 김진식(2010)의 업적에 기대어 살펴보고자 한다.

3.1 여울계 명칭

이 연구에서 관심이 있는 지명은 달여울이라는 지명에 대한 것이다. 현재 달여울과 관련있는 지명은 한자표기인 '月灘'으로서 여울과 관련된 여러 곳에서 동일한 이름이 보인다.

여울은 강폭이 협소해져서 물살이 세고 너울이 심하고 강바닥도 험하며 얕은 곳을 칭하며 물소리를 내면서 빨리 흐르는 곳으로서 이영택(1986, 186-191쪽)에서 여울의 유형과 지명을 자세히 소개한 바가 있다.

이와 같은 여울의 지명은 일부 옛날 뱃사공들의 기억 속에 일부 남아 있을 뿐이다. 그 중에서 한강의 여울의 이름이 남아있는 경우의 예를 들면 다음과 같다.

> (1) 며느리여울: 서빙고(반포대교)
> 배여울: 압구정동
> 가래울: 고덕동3)

---

3) 가래울은 물길이 갈라지는 형태로서 '?갈여울> 가려울> 가례울> 가래울'의 변화를 입은 것으로 볼 수 있고 이와 같이 갈래(分岐)의 의미로 짐작되는 것이 '?갖여울> 가져울>가제울> 가재울'의 형태변화로 추정된다. '갈'과 '갖'은 [分岐]의 의미로서 다음의 예들이 해당할 것이다.

평구여울: 덕소 아래

모래여울: 수리 바우 밑

전여울: 청평댐

아울치: 남, 북한강 합수여울

기타: 비귀미여울, 범여울, 새범여울, 안반여울, 황새여울, 개죽이여 울
(위치불명의 여울들)

3.2 '-灘'계 명칭

'-여울'계 명칭은 이영택(1986)에서 '-灘'계 지명표기 에 대하여 상세
하게 소개하고 있는데4) 여울의 이름으로 남아 있거나 행정명칭으로 고
정될 때 '-灘'으로 한자로 대체되어 기록에 남은 경우가 많다. 여울을
한자로 바꾸어 표기한 곳의 예는 다음과 같다. 제시된 여울의 지명 중에
'湍'(단)과 '灘'(탄)의 글자가 붙은 곳의 예로 湍은 陜川郡大幷面의 長湍
里의 예를 보였고 '-灘'지명에 대해서는 다음과 같은 예를 제시하였다.

(2) 평창군미탄면: 寒灘里.

정선읍: 龍灘里.

김포군하성면, 옥천군 동이면, 익산군 춘포면, 평산군 용산면, 재령군
은용면, 송화군 천동면: 石灘里.

옥천군이원면: 池灘里.

예) 갈[分岐]앙이>가랑이>가랭이

갖[分岐]앙이> 가장이>가쟁이

곶[分岐]앙이>고장이>고쟁이

4) 이영택(1986, 189쪽)에서는 여울에 대하여 '수중에 물이 많고 急流를 이루는 곳인데,
곳에 따라서는 여들, 여돌 등으로 부르는 곳도 있다'고 했다. 또 '얕은 여울을 슬(膝)
이라 하는데 膝은 차음자로서 물살을 뜻하며 함경도의 방언에 쓸, 永興, 永興灣沿岸
지역에서는 물살품, 안변, 수안 금천 지방에서는 물쌀, 서흥에서는 물살턱 등으로 전
해진다'고 하였다.

보은군회남면: 書灘里, 福灘里,

제원군한수면: 浦灘里, 公州郡: 灘川面,

진양군정촌면: 虎灘里, 山淸邑: 車灘里,

남원군 대강면, 서흥군호평면: 月灘里,

평산군 남천읍: 葛灘里

(이영택, 1986, 189~191쪽에서 轉載)

위에 제시된 지명은 급류가 흐르는 곳에 위치한 지명이며, 이외에도
緣灘, 猪灘, 新灘, 鹽灘, 上灘, 淸灘, 沙灘, 美灘, 夢灘, 三灘, 燕灘, 廣灘의
여울지명을 보였다.

(2)에 제시된 여울명이나 제시되지 않은 여울명에도 '돌여울[石灘], 창
여울[倉灘]: 봉산군 덕재면, 웃살여울[上矢灘]:황주군 흑교면 흑천리, 개
여울[犬灘]: 문경군 문경천' 등은 訓讀하는 여울명이다. 그 외에도 '箭'계
의 여울 지명, '矢'계의 여울 지명 등도 訓借로서 물살이 빠른 곳을 나타
낸다고 하였다.

4. '달(月)'의 어원과 여울

한편 우리나라 고유지명에는 月이 등장하는 경우가 많다. 月出山, 月岳
山, 月谷, 月岩 등은 앞에서도 얘기 되었듯이 山같이 높은 지형에 흔히
붙여지는 글자로 역시 訓借되어 있는 것이다. 주지하다시피 지명에 자주
나타나는 '달', '돌'은 지역에 따라서 역사적인 흔적을 보이기도 한다. 즉
삼국시대의 지배영역에 따라 어휘의 특징이 지명에 반영되는 것이다. 그
래서 '달:'은 고구려 지명에 많은 반면, '돌:'은 백제 지명에 많다. 통일신
라 이후 이들 지명은 대개 '월(月)' 자로 대역되었다. 백제어의 '돌'은 고

구려어의 '달'에 해당되는데 지명에서 '돌'은 한자로 '突', '珍'으로 표기되다가 '月'로 대체되기도 했다.

(3) 月曰突<鷄林類事>: '달'을 '돌'이라 부른다.

그러면 이 여울을 나타내는 지명에서 '月'혹은 '石, 突, 珍'으로 표기된 전부요소는 무엇을 의미하는지 살펴보겠다. 논의의 순서는 어휘, 음운, 지형의 순서로 서술한다.

4.1 '달'의 어휘론적 검토

김진식(2010:135)에서는 '月'을 '德' 혹은 '達'계 지명으로 고구려의 어휘와 연관하여 설명하고 있다. 즉 신라, 백제 지명에서는 보이지 않는 대표적인 고구려 어휘로 '德=高=達'의 대응관계로 설명하고 있는 것이다. 그 근거로 김 교수는 삼국사기의 기록을 통해 '達, 德'이 '높은 지형'을 의미하거나 '山'의 뜻을 나타낸다고 하면서 '달여울'을 '높직한 곳으로 흐르는 여울'이나 '산을 거쳐 흐르는 여울'로 풀이하였다. 그래서 '浮灘里'는 '데레울'이란 고유 지명을 한자로 바꾼 이름이라고 설명한다. 또 '달여울'을 '浮灘里'로 붙인 것이나 이를 후에 '月灘里'로 개명한 것은 단지 '月'의 訓인 '달'과 음이 같은 까닭에 잘못 적은 것이라고 지적하였다.[5]

---

[5] 충북 청원군 강내면 월탄리의 원래 지명은 청원군지에서 소개한 바에 의하면 '浮灘里'로『輿地圖書』(영조 36년)의 기록이 있고 일제가 행정 구역을 통폐합하기 전에 지명을 채록한『朝鮮地誌資料』(1914)에는 '浮灘里/데례울'의 기록이 보인다. '데례울'은 이 마을에서 구전되어 내려온 지명으로 보인다. 참고로 청원군의 지명지에 의하면 강내면은 본래 청주군 서강내이면(西江內二面) 지역으로 면의 남서부에 위치하고 있

현재까지 문헌상에 나타나는 가장 오래된 근거는『與地圖書』의 '浮灘里'이고 본래의 우리 말 이름은 '데례울'이 가장 근접해 있는 것으로 보이는데, 김 교수가 지적한 바에 의하면 후에 주민들이 '달여울'이라는 명칭을 '달빛이 비치는 여울'이라는 뜻으로 해석하고 있다는 주장이다. 이와 같은 해석은 1987년 '浮灘里'에서 주민들의 요청으로 월탄리(月灘里)로 바꿀 때 적용된 것으로 주민들이 마을의 본래 이름이 '달여울'이었다고 주장을 한 데서 기인한다.6) 그러나 본 연구자는 고구려 지명의 대응관계에 '月灘'의 '月'을 대입한 것은 고구려 어휘의 예를 도식적으로 적용한 것은 아닌가 하는 의문이 든다.

어쨌든 검토해야 할 것은 '달여울'과 '데례울'의 관계와 과연 月灘里의 '月'이 '德', '高', '達'의 계통인지 아니면 다른 어휘에서 온 것인지를 따져보아야 한다는 점이다. 방법적으로 '데례울'을 대상으로 검토하는 방법과 '달여울'의 명칭을 중심으로 검토해 보는 방법이 있다. 먼저 '달여울'을 대상으로 해 볼 때, 전부요소와 후부요소를 쪼개어 살펴볼 수 있는데 그 중에는 전부요소인 '달'과 후부요소인 '여울'로 나누는 방법이 있을 것이다. 전부요소인 '달'의 어원에 관하여는 김진식(2010)에서 주장하는 바와 같이 '달'이 '月'의 의미로 사용되는 예가 15c문헌에 등장하는데 다음과 같다.

으며, 법정 15개리 동 행정31개리 동으로 구성되어 있고 면적은 30.0㎢이다. 위치는 청주시에 위치한 청원군청으로부터 12㎞지점 남서부지역에 위치하고 있고 동은 청주시 석소동과 수의동, 서는 오송읍, 남은 세종시 부강면, 충남연기군 동면 북은 옥산면과 청주시 정봉동에 접하고 있다.

6) 월탄리의 지명과 관련하여 한국지명총람(1970, 522쪽)에서는 부탄리(浮灘里)로 소개하고 다른 이름으로 '다리울, 다려울, 데려울, 드려울, 테를, 월탄' 등을 소개하고 있다.

(4) 가. ·돌 爲月<解例 用字>

　　나. 드론 이녯ㄱ올ㅎㅣ 불갯ㄴ니라[月是故鄕明]<杜詩諺解 初八 36>

　　(4가, 나)의 예는 15c 당시는 '둘'로 표기되었으나 후대에 '달'로 정착
이 되었다는 것을 보여 주는 사례이다. 이 경우는 후대에 주민들이 지명
을 月灘里로 기록했던 이유이기도 하다. 그러나 이것은 『朝鮮地誌資料』
(1914)에 등장하는 월탄리의 옛지명으로 기록되어 있는 '浮灘里/데례울'
과의 연결이 필요하다. 그리고 '달이 비치는 여울'이라는 지명이 낭만적
이기는 하나 너무 인위적이라는 느낌이 든다.

　　한편, '데례울'을 대상으로 분석할 때는 15c 한국어에 나타나는 어휘
로서 음상이 유사한 '뎔(寺)', ':달(荻)'의 어휘와의 연관성을 가정해 볼 수
있다. 즉 전부요소를 '뎔[寺]' 혹은 ':달[荻]'로 보고 후부요소를 '울'로
나눈다고 가정하는 것이다.

　　(5) 가. 뎔 爲佛寺<解例 用字>

　　　　나. 뎌레 드러안ㅅ고<釋譜詳節十一 一>

　　　　다. :달 뎍(荻) 달 겸(蒹<訓蒙字會上 8>

　　　　라. 荻 달<四聲通解 下49>

　　만약 (5가, 나)와 같은 뜻의 '뎔[寺]'로 설명한다면 후부요소 '울'과의
사이에 남게 되는 '·ㅣ'는 처소격 또는 관형격으로 처리할 수 있을 것이
다. 그래서 '뎔·ㅣ울> 뎌르·ㅣ울>뎨르ㅣ울>데례울'의 과정을 생각할 수
있다. 물론 15c의 '뎔[寺]'은 후에 '졀>절'의 과정을 겪어서 현대 국어에
서는 '절'[寺]로 쓰인다. 그러나 후부요소 '울'의 의미와의 결합이 자연스
럽지 않다. '울'은 (6)에서와 같이 15c에 '籬'의 의미로 쓰였기 때문이다.

(6) (가) 울 爲籬<훈민정음 해례 用字>

　　(나) 울히 어리니 門을 어드러 向ᄒ리오<杜詩諺解 初刊 十五17>

즉 '절의 울타리'라는 의미가 되는데 현재의 지명에 적용하기가 어렵다. 다음으로 전부요소를 15세기 후반의 어휘 '·달[荻](물억새)<三綱行實圖 忠30>으로 간주한다면 후부요소 '여울'[灘]과 결합하여 '달여울', 즉 '물 억새여울'의 의미로 읽힐 수 있을 것이다. 그럴 경우 억새가 많은 자연 환경을 따서 명명했다고 말할 수 있다. 이 경우 강가에 물억새가 많았다는 설명이 가능하겠지만, 그렇다면 한자명으로 바뀔 때 '·달여울'은 '浮灘'이 아니라 '荻灘'으로 바뀌어야 했을 것이다. 또 여울의 지형적 특징을 나타내는 요소로 보기에는 물억새가 여울의 형상에 대한 특별한 의미를 부가하는 것 같지 않다.

한편 '달'에 대한 김(2010)의 설명은 고구려 지명의 흔적이라는 전제에서 나온 것인데 개연성은 있지만 무조건 적용하기에는 그 지명의 여건에 비추어 봤을 때 선뜻 납득이 안 가는 부분이 있다. 즉 여울을 수식하는 전부요소가 '높은' 또는 '산'의 의미를 표현한다고 보기에는 여울이 흐르는 미호천의 지형이 평탄하고 넓은 미호평야의 일부분이라는 점에서 어울리지가 않다. 김(2010)에서는 주변의 지명에 '달-'계열의 지명이 있는 것을 두고 '月灘里'의 '月'도 '山'이나 높은 곳을 의미하는 '달'이 아닌가 하는 주장을 하고 있다.[7]

김(2010)에서 언급한 '달여울은 높직한 곳을 흐르는 물이나 산을 거쳐 흐르는 물을 가리킨다.'고 하는 설명에 적합한 지형에 어울리는 '달여울'이라는 지명은 다른 곳에서 보이지 않는다. 같은 계열의 어휘로는 '살여

---

7) 사실 '月灘里'의 인근 부락에는 '月'이 들어가는 지명이 있긴 하다.
　　예를 들면 '月谷里(다름뱅이)', '多樂里' 등이다.

울'과 '개여울'이 있는데 '살여울'은 물살이 세고 빠른 여울을 의미하고 '개여울'은 개울에 물이 얕거나 폭이 좁아서 물살이 빠르게 흐르는 곳을 의미한다. 앞의 (1)과 (2)의 예를 볼 때, 현대 국어에서 사용되는 여울 관련 지명의 전부요소는 여울의 위치나 방향, 크기, 모양, 물살의 흐름의 양상과 특정한 연고를 표현하는 기능으로 쓰이는 것이 대부분이다.

4.2 음운론적 검토

다음으로 추정해 볼 수 있는 것은 한국어에서 모음 'ㆍ'의 음가변동에서 'ㅏ', 'ㅗ', 'ㅓ'로 실현되는 불안정성을 보인다는 것을 감안하면 유사한 음가로 지명에도 남아 있을 가능성을 생각해 볼 수 있다. 예를 들면 여울[灘]과 관련된 지명 중에서 'ㅏ', 'ㅗ'로 표기된 한자음으로 바뀐 곳이 다음의 지명들이다.

  (6) 가. 충주 가금면 月上里,
    나. 옥천 동이면 石灘里
    다. 경기도 김포군 하성면 石灘里
    라. 강원 홍천군 서석면 수하리 진여울
    마. 충남 청양군 장평면 진여울

위의 지명은 큰 강에 하천의 흐름에서 돌아가는 시작점에 위치하는 공통점이 있다. 따라서 추정해 볼 수 있는 것은 동사 '돌다'의 어간이 '月', '石', '珍'으로 표현된 것은 아닌가 하는 점이다. 물론 이렇게 추정하는 것의 위험은 행정 지명이 다른 마을의 지명과 합쳐져서 붙여진 것이 있기 때문이다. 그런 예가 (6나)의 지명인데 1970년 한글학회에서 펴

낸 한국지명총람에 옥천군 동이면 '石灘里'에 대한 설명에서 '본래 옥천군 군동면(郡東面)의 지역인데 1914년 행정 구역 폐합에 따라 稷灘里와 支石里, 紙匠里, 洋以里의 각 일부를 병합하여 지석과 직탄의 이름을 따서 석탄리라 하여 동이면에 편입'되었다고 소개하고 있다.

그 외에 김포의 석탄리의 유래가 비슷한 과정에서 비롯된 것인지는 모르겠지만 요컨대 '月'과 '石'의 訓이 국어음으로서 '돌'과 유사한데서 비롯된 것이 아닌가 하는 생각이다. 혹시 '돌(石)'의 의미가 그대로 특정 여울의 명칭에 사용되어 '돌이 많은 여울'의 의미로 사용된 것은 아닌가 하는 생각도 할 수 있지만 물살이 세기 때문에 여울의 바닥에는 굴러와 깔린 돌이 많기 마련이어서 특별히 여울의 전부요소에 밝힐 필요는 없을 것이므로 특별히 돌이 많은 여울이라는 것을 반복할 필요가 없다.

이와 같은 추정을 가능하게 하는 것은 국어의 음운사에서 모음추이가 일어난 것이 16세기 중기국어에서 'ㆍ'의 음을 가진 음절에 음운변화가 있었기 때문이다. 즉 불안정하던 'ㆍ'음이 소리값의 동요로 인해 1차적으로 16세기 말까지 제2음절 이하에서 'ㆍ>ㅡ'로 진행되었고(ᄀᆞᄅ치다[敎])>ᄀᆞ르치다, ᄆᆞᅀᆞᆯㅎ>ᄆᆞ을[里]) 2차 변화는 18세기에 제1음절에서 'ㆍ>ㅏ' 또는 'ㆍ>ㅓ', 'ㆍ>ㅗ'의 모음으로 바뀐 사실이 있기 때문이다.

   (7) 'ㆍ' > 'ㅏ'
     가. ᄃᆞ래>다ᄅᆞㅣ(洋桃)>,
     나. 둘팡이(蝸牛)>달팡이).

또 'ㆍ'>'ㅓ'로도 변화되기도 했다.

   (8) 'ㆍ'>'ㅓ'
     가. ᄒᆞ믈며>허믈며,

나. 일쿹다>일커로두ㅣ)

(박병채(1996, 151쪽, 231쪽)에서 인용)

(9) 'ㆍ>ㅗ'

　가. 가. 몰> 몰(경상방언 또는 제주방언)

　나. ᄑᆞ리>포리(경상방언 또는 제주방언)

　다. ᄀᆞ올> 고을

　라. 놈> 놈(현대국어)

　둙>독>독(鷄)(현대국어 방언)

　이와 같은 사실을 적용해 보면 '月灘'의 우리말 음은 '돌여울'이었을 가능성이 크다. 이와 같은 추정은 '月灘', '石灘' 등의 지명이 있는 하천의 지형이 앞의 (6가, 나, 다) 지역의 주변 지형같이 하천이나 강물이 굽이져 흐르는 지형에 위치한다는 점을 감안할 때 더욱 가능하다.

　그리고 충북 청원군 강내면의 월탄리의 하류에는 황탄리라는 지명이 있다. 황탄리에 대한 설명에서 김진식(2008, 1131쪽)에서는 '늘여울'의 변화형인 '느르여울'에서 잘못 표기되어 '누리[黃]여울'의 한자표기라고 설명하고 있다. 즉 '늘>느르[延]'의 표기라고 생각하는 것이다.[8] 그러나 필자는 '黃灘'의 경우 '한[大]여울'의 한자식 표기가 아닌가 생각한다. 왜냐하면 우리말에서 '크다'의 의미로 사용된 한자로 '黃'을 사용한 사례가 있기 때문이다. 그런 예가 (10)의 예에서 보인다.

---

8) 김진식(2008, 1131쪽)에서는 황탄리에 대한 설명에서 '元黃灘: 황탄리의 중심이 되는 마을이다. ...황탄(黃灘)은 고유지명 '늘여울'의 변화형 '느르여울'에 대응한다. '늘여울'은 '늘'과 '여울'로 나뉜다. '늘'은 형용사 '늘다[延]'의 어간이다. 따라서 '늘여울'은 '길게 늘어진 형상의 여울'로 풀이된다.....'황탄'은 '늘여울'의 변화형 '느르여울'에서 '느르'를 '누리[黃]'로 잘못 보고 '황탄(黃灘)'으로 옮긴 것이다.'로 소개하였다.

(10) 가. 싸호는 한쇼롤 두소내 자ᄇᆞ시니<龍飛御天歌 87>

　　나. 한쇼롤 내니 몸크고 드리크고<月印千江之曲 162>

　　다. 한 새 관(鸛)<訓蒙字會上15>

　　라. 한 새(老鸛)<譯語類解 下26>

위의 (10가, 나, 다, 라)의 예는 '한(大>)황(黃)'의 표기로 변했음을 보여
주는 자료들이다.

4.3 지형적인 관점에서의 검토

이번에는 미호천의 월탄리와 황탄리의 주변 자연 환경을 통해서 지명
유래의 실마리를 찾아보고자 한다. 앞에서 황탄리의 '黃'은 '한'[大]에서
온 것이라는 점을 밝혔다. 실제로 황탄리의 앞에 흐르는 미호천을 살펴
보면 넓게 펼쳐져서 큰 여울을 이루고 있고 월탄리 근처의 미호천에 쌓
인 제방의 형태가 크게 굽이치고 있다는 것을 알 수 있다. 이를 뒷받침
하는 자료가 한국지명총람(1970)과 청원문화원(1997, 292-293쪽)에 실려있
는 내용으로서

(11) '...황탄리는 본래 청주군 서강내 二上面의 지역으로 마을 옆으로 흐
　　 르는 美湖川에 큰 여울이 져 있음으로 黃灘이라 하였는데....'

의 내용이다. 인근 지명에 '황탄나루'가 있어서 강외면 오송리로 건너가
는 나루터였다는 설명으로 보아 넓고 큰 여울이 있었음을 알 수 있다.
또 기타 지명에 대한 설명에서 (12)과 같은 내용이 있다.

(12) '구강늪: 황탄 서쪽에 있는 늪. 전에 미호천이 활처럼 굽어 흘렀는데, 제방을 곧게 쌓은 뒤에 생겼다....

위와 같은 내용으로 볼 때 미호천의 여울이 굽이져 흘렀었다는 사실도 짐작할 수 있다. 이 지역의 현재 물 흐름의 모습은 수량의 변화에 따라 과거의 하천의 모습과 많이 달라져 있으나 건너편 제방의 모습과 황탄리의 실제 지형을 미루어 짐작해 보면 그런 추정이 근거가 있다는 것을 알 수 있다.

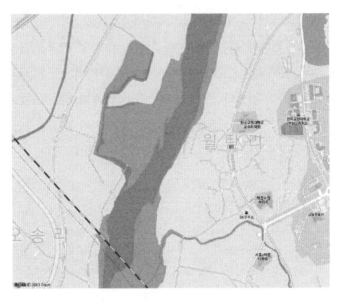

[그림 1] 미호천 황탄리, 월탄리의 현재 모습.
(이 지도는 현재 강내면 월탄리, 황탄리 미호천의 흐름과 제방의 모습이다.)

즉 굽이져 돌아 흐르는 여울이 넓고 큰 여울로 이어지는 지형의 형세로 보아 '月灘'의 지명은 '다락[高]여울'이 아니라 '돌[廻]여울'에서 비롯된 것이 아닌가 의심한다. 자료에 등장하는 월탄의 다른 이름들 중에 '다려울, 다리울, 데려울, 데롤...'등을 감안하면 '돌여울'의 '돌'이 'ㆍ'의 음가가 불안정(ㅏ와 ㅗ, ㅓ음의 근접)하여 '달(月)'로도 표기된 것이며,9) '突', '珍', '石'등의 표기는 'ㅗ'의 음을 반영한 것으로 보인다.

즉 동사 '돌다'의 어근 '돌'에 '여울'이 결합된 것으로 '돌'의 모음이 근대국어 16-7c 모음체계에서 아래아 'ㆍ'음이 'ㅓ, ㅏ, ㅗ'와 가까운 위치인 까닭에 유사한 음가인 '돌'과 '돌'이 혼동 되었을 것으로 보인다. 이와 같은 생각은 이영택(1986, 207쪽)에서도 보인다. 즉 '石, 乭, 突, 周' 등이 지명에 들어간 경우 특히 曲流의 경우는 하천이 '돌아'흐른다는 뜻 으로 쓰였다는 점을 강조하고 있다. 돌이 많은 지역이나 산이 있어서 그 산을 돌아가는 길목 등에도 石隅라는 지명이 있긴 한지만, 하천이 굽이 져 곡류를 이루는 곳에 붙어진 것이 대부분이라는 것이다. '石頭(돌머리), 石川(돌내), 乭, 突, 周' 등이 해당되는데 예를 들면 다음의 경우의 지명이 이에 해당한다고 한다.

(13) 가. 石: 석우(石隅)/리: 벽성군 래성면 화전리, 양주군 광적면, 청원군
　　　　오창면, 부여군 규암면
　　　석두(石頭)리: 임실군 청웅면, 石斗里: 아산군 염치면
　　　石川里: 화성군 우정면, 용인군 외사면
　　나. 乭: 乭水[돌물]: 경성군 주남면 삼포동 돌물마을
　　　乭阿隅[도라머리]: 가평군 상면 설상리 돌아머리
　　다. 突: 突阿里(도라리): 신흥군 동상리

---

9) 이와 관련하여 박경래(1984)에서는 청주 방언권의 하위 방언인 괴산 방언에서 [ɨ]가 70 전후의 세대나 30대 이하에서 공히 [+careful]한 경우나 [+tense]의 음소가 선행 하는 경우가 아니면 원순의 [ɨ]는 듣기 어려운 정도여서 [ɨ]가 대체로 [ə]에 가까운 [ɨ]로 실현되고 있다고 하였다. 에로서 [pᶠɨ](顔), [kʰɨ], [kʰpuda](고프다), [incʰ] 등 을 들고 있다.

突串[돌고지]: 풍산군 천남면 슬리

라. 周: 水周里[물도리]: 중원군 이류면 문주리의 마을 이름 一名, '무
　　돌이' (이영택 1986, 208-209쪽에서 인용)

　그런 추정을 받아들인다면 조선지지(1914)에 보이는 '데례울'은 '돌[廻]
여울[灘]'에서 '도려울>되려울>되례울>데례울'의 변화를 입은 것이 아
닌가 한다. 이 과정에서 'ㅣ'모음의 동화현상은 자연스러운 현상으로서
방언에서 '도련님>되련님>데/대렌님'에서처럼 'ㆍㅣ>ㅚ>ㅐ/ㅔ'의 변화를
대입해 볼 수 있다.

　위와 같은 변화를 추정하는 것은 허웅(1981: 338-40)에서 언급한 바와
같이 말의 뜻은 변하지 않고 말소리만 달라지는 경우 때문에 생기는 현
상이다. 즉 지명은 생성될 때의 유연성을 어떤 형태로든 보존하려는 경
향을 가지고 있기 때문이다.

　다만 『與地圖書』의 기록에도 나오는 '浮灘'의 지명에 대해서는 '浮'의
당시 訓 '뜨다'의 어간 '뜨-'와 여울의 한자명 '灘'의 결합으로 볼 수밖
에 없는데 '뜰여울'의 의미가 정확하지 않지만 한자의 훈을 그대로 적용
한다면 여울의 흐름이 솟구쳐 떠오르는, 또는 소용돌이로 떠도는 형세를
형용해서 따로 붙인 이름이었을 가능성도 있다. 즉 동일한 지점에 대한
다른 이름으로 불렸을 가능성을 배제할 수 없다. 어쨌든 月灘의 '月'에
대하여 '돌'[高, 山, 德]로의 설명은 주변 환경과 관련하여 보면 현재 지
명에 어울리지 않는다는 점과 일반적으로 여울에 붙이는 명칭으로는 적
합지 않다는 점을 알 수 있다.

5. 결론

이상에서 연구자는 물의 흐름과 관련한 여울지명에 등장하는 '달'(月)이 고구려계 어휘인 '달'[岳, 高, 德] 계의 지명으로서 '山, 높은 곳' 등의 지형에만 쓰인 것이 아니고, 특히 여울에 대한 명칭에서는 전부요소가 강이나 하천의 흐르는 모양이나 흐름의 속도, 방향이나 위치, 특정한 연고 등을 반영하여 명명되었다는 점을 고려할 때, 어휘론적인 관점과 음운론적인 관점, 지형적인 관점을 통하여 동사 '돌다'의 어간의 음을 한자 '月'의 당시 음을 차용해 표현한 것일 가능성을 제기하였다. 특히 이 연구에서는 청원군 강내면의 月灘里 지명의 분석을 지명에 관한 역사적 자료와 주변 지형과 방언의 모음 실현 방식, 타 지방의 유사한 지명과의 비교를 통해 증명하고자 하였다.

연구자는 지명에 대한 연구 경험이 없어서 가능한 상상력을 동원하여 궁금하게 생각하는 점을 설명해 보고자 노력하였을 뿐이다. 따라서 어쩌면 근거 없는 억지 주장을 하였는지도 모른다. 다만 이 연구를 통해서 연구자는 지명의 유래를 추적함에 있어서 역사적으로 추출된 언어사실이라 하더라도 음이나 형태가 동일하다고 해서 획일적으로 적용될 경우를 조심해야 한다는 차원에서 모든 가능성을 두고 살펴보았다. 다만, 아직 『與地圖書 上』의 浮灘里의 지명에서 '浮'의 연관성에 대해서는 특정한 사실을 확인하지 못하고 몇 가지 가능성만 추정 하였다. 추후 좀 더 역사적 사실을 확인해 보아야 할 것이다.

〈한국어문교육28, 한국어문교육연구소(2013.12.31.)〉

제 4 장

'–동막' 지명의 형태의미론적 고찰

1. 머리말

지명에 대한 고찰은 민간에서의 전승사실과 언어, 역사, 지리, 민속 등 종합적으로 검토를 해야 할 분야이다. 만약 어느 한 쪽으로 치우친다면 민간어원과 같은 함정에 빠지게 되는데 현재 각 지역의 자치단체에서 발행하는 군지나 면지 등에서 상당수의 마을 이름이나 지명의 유래에 대해 설명이 제시되어 있긴 하나 애향심이나 어려서부터 듣고 자란 민간어원에 바탕한 것이 많다. 우리나라 지명에 대한 소개가 문헌에 많이 등장하는 것을 보면 꾸준한 관심을 받았던 것을 알 수 있으나 언어학적인 관점에서 형태분석이나 어원론적 검토를 통해 학술적으로 연구되어진 것은 그렇게 오래지 않다. 과학적인 분석과 검토가 활발하게 이루어진 것은 멀리는 조선후기의 실학으로부터 시작을 삼을 수 있겠으나 대체로 역사적 관점과 어원적 접근으로 이루어진 연구들이 대부분이며 언어학적 분석을 통하여 살펴본 것은 현대에 들어와서 본격화되었다고 하겠다. 그 중에도 지리적 관점과 언어학적인 분석방법으로 함께 살펴 본 연구가 많지 않으나 이제 간학문적인 관점에서 논의되고 있는 것은 바람직한 방향이라고 하겠다. 특히 이 글의 연구 대상인 '동막' 지명과 관련하여 직접적으로 다룬 연구는 '두모계' 지명에 대한 연구들이며 그 대표적인 연구가 남영우(1996), 나유진(2012) 등이다. 그 외에도 방법론적인 측면에서 이미 선행연구들에서 많은 시도가 있어왔다. 그런데 지명에 대한 어원 추적이나 형태분석에서 어려움을 겪는 것은 명확한 어원의 뿌리를 찾을 문헌적 근거를 찾기 어렵기 때문이다.

그래서 학자들은 여러 가지 방법을 통하여 가설을 입증하게 되는데 그런 연구 중의 하나가 이른바 '두모계 지명'의 가설이다. 대부분의 선행연구에서 '두모'의 의미를 원(圓) 높음[高] 등으로 해석하고 있으며 고대어의 고유명사를 분석한 천소영(1990)도 '두모'의 원형 /təmu/가 원(圓)을 뜻하는 명사라고 주장하였다. 비교언어학적 검토와 지형적 특수성을 토대로 '두모계 지명'의 단어 군들을 설득력 있게 분류한 업적이다.

그런데 해당 연구에서 언급한 지명들 중에 이질적인 지명은 '동막'이라는 지명이다. 즉 다른 '두모'계 지명들은 '둠/듬'의 형태와 관련되리라는 짐작을 쉽게 할 수 있는데 '동막'은 각 음절의 끝이 자음으로 구성되어 있어 다른 '두모'계 지명과는 다른 음 배열로서 음상과 형태론적인 연결이 분명하지 않다. 선행연구들 중에는 '두모'의 지명과 관련하여 같은 계열의 지명으로는 파악하였지만 구체적으로 언어학적인 분석을 시도한 것은 적었다.

따라서 '동막'이 단일어인지 합성어의 구성인지도 분명하지가 않다. 그리고 단어의 구성이나 음운 배열상 다른 지명들과 이질적인 부분이 있다면 같은 계열의 지명이 아닐 수 있다는 의심을 하는 것이 타당하다. 혹은 같은 계열이기는 하나 파생의 과정을 겪어 새로운 의미 요소가 추가되거나 아니면 처음부터 다른 어원에서 출발한 것은 아닌지가 검토되어야 할 것이다.

그런 면에서 '두모'계 지명설을 주장한 연구들이 '동막'의 지명을 포함한 것은 과도한 분석 적용의 결과는 아닌지 검토가 필요하다.[10]

연구자는 '두모'계 지명들 중 '동막'은 음운배열상 이질적인 측면을 가지고 있으므로 형태론적으로도 두 어원이 합성된 구조는 아닌지 검토해 보고자 한다. 즉 음운배열과 단어구성면에서의 여러 가능성을 검토해 보고자 하는 것이다.

2. 지명 연구의 종합적 성격과 분석적 태도

지명은 해당 지역의 지형적 조건이나 경제, 사회, 문화, 역사, 정치 등 갖가지 인간의 삶과 연관성이 있는 요인에 근거하여 작명되는 것이 기본적이다. 그래서 현대의 지명으로 정착되기까지는 상당한 시간이 필요하게 되며 그 과정에서 본래의 지명 형태와 다르게 되기도 한다. 그러므로 그런 다양한 요소들을 감안하여 본래의 의미를 추적하기 위하여 학

---

10) 우리말 어원사전(1997, 276쪽)에서는 "둠-골/두무-골/두무-실 명(지명) 경남 거창군 남상면 둔동리, 충북 제천군 봉양면 두무곡, 강원도 인제군 남면 두무리 등에 있는 지명. 어원 둠/두무[圓]+골[谷]/실[谷]. * 전국에 산재하고 있는 '둠/두무'계열의 지명은 '둠/두무'의 원뜻을 '둥글다[圓]'에서 찾을 수 있겠으나, 일반적인 지역 명칭으로서는 격리된 상태의 집단을 이룬 형태를 의미하는 말로 발전된 것이라 할 수 있다. '둠/두무'의 형태가 독립적으로 쓰인 예는 문헌에서 찾을 수 없으나, '둥글다'가 '둠글다'로부터 조음위치동화에 의해 변화된 형태라 할 수 있어서 그 원의(原義)를 짐작할 수 있고 '두메산골, 두멧사람'의 '둠'은 지역의 명칭에 있어서 격리된 집단이나 지역의 의미로 발전된 것이라 할 수 있으므로 이러한 추정을 하게 된다. '둠/두무'의 형태 외에도 음상을 약간씩 달리하는 형태인 '두미/도마/도무' 등이 접두된 지명도 전국 각지에서 찾을 수 있다."고 소개하였는데 여기서도 '동막'에 대하여는 언급이 없다.

제적 연구도 필요한 것이며 특정 분야의 시각에서 바라보면 드러나지 않던 사실이 다른 분야의 시각을 참고하면 새로운 사실이 발견되기도 한다. 이와 같은 현상은 졸고(2015)의 연구에서도 시도된 적이 있는데 특히 지명 연구에서는 더욱 필요한 자세라고 하겠다.

그런 면에서 지명을 연구하는데 있어서 비교언어학적 검토와 어원론적 측면의 연구의 결과나 방법과 함께 지리학적 연구까지 종합적인 눈으로 바라보는 것은 중요하다. 그 중에도 언어학적으로 정확한 形態分析은 지명연구의 정확성을 높이는 데 주요한 수단이 된다. 李男德(1993)에서도 기초어휘에 대해 형태분석을 통한 정확성의 강조를 하였다.11)

'동막'이라는 지명은 강원도 뿐만 아니라 여러 곳에 분포되어 있다. 주로 경기도와 강원도 충청도 등의 중부 지역에 분포되어 있지만 그 지명의 어원적 의미는 하다. 그리고 대체로 골짜기 안쪽에 위치한 지역에 붙여진 지명이다.

남영우(1996; 123)에서는 지명 '東幕'의 경우 대부분 중부지방에 집중되어 있으며 그 가운데 가장 많이 분포한 지방은 경기도, 강원, 충북, 황해도 등이라고 하였다. 그리고 동막은 이두식 차음체계와 고음독의 영향으로 조선시대까지는 '豆毛, 刀馬, 斗無' 등의 한자의 借音標記가 되었는데 중세 이후에는 이들이 혼용되거나 병용되면서 근래에는 대부분이 '동막'으로 바뀌었다고 하였다.

지명 '동막'은 대부분 산으로 둘러싸인 지형에 붙여진 이름이다. 이와

---

11) 이남덕(1993) "韓日語와 같이 依存形態素(bound morpheme)를 獨立形態素(free morpheme)뒤에 添加시켜 어형 변화를 하는 말들에 있어서는 助辭나, 活用語尾에 대한 處遇문제를 검토해야 하며, 특히 複合語形成에서 接頭辭, 接尾辭와 같은 부분은 오랜 세월 동안에 그 本뜻은 얼른 알아보기 어렵게 되었으나, 그럴수록 比較연구에서는 귀중한 자료가 된다는 점에서 이들을 우선적으로 基礎語彙로 인정해야 한다고 본다" 200쪽 참조.

관련하여 지리학 전공자들은 '두모'계열의 지명으로 유형분류하여 고유지명 '둠/ 두모/ 두무'의 한 이형태로 간주하는 연구도 있었다.[12] 그러나 '둠'의 이형으로 설명하는 것이 수긍은 가나 '동막'은 음의 변화과정에 대한 설명이 충분하지가 않아 쉽게 이해가 되지 않을뿐더러 지명의 유래에 따라서는 사실을 확인할 수 없는 경우도 보인다. 이런 경우 불가피하게 다시 음의 변이과정이나 어원적 유래를 추적하여 확인할 수밖에 없다.

이 연구에서는 충청 및 경기 강원 등 중부 지역의 지명에 등장하는 지명 '동막'에 대한 형태적 분석과 의미적 유추를 통하여 해당 지명이 의미하는 바를 추적해 보고자 한다. 연구의 목적을 위하여 우선 '동막'의 형태론적인 분석을 통해서 가능한 조합을 검토해보고 이를 토대로 '동'과 '막' 혹은 '-악', 단일어로서의 '동막'의 어원과 지명 등을 비교 검토하며 실제 해당 지명의 지형도 참고하는 방법을 취한다. 지명의 올바른 추적을 위해서는 고어사전 및 구글의 지도자료 등도 참고하였다.

고대국어의 고유명사에 대하여 연구한 천소영(1990:639)은 '지명은 2음절로 된 명사가 가장 많으며, 그 2음절형은 수식 대 피수식의 관계로 되어 있다'고 하며 수식 피수식의 관계를 세분해 보면 '基語', '수식어(접두어)+기어', '기어+접미어', '수식어(접두어)+기어+접미어'의 종류로 나눌 수 있다고 하였다.

같은 논문(637쪽)에서는 고대국어에서 음절말 위치에 올 수 있는 자음으로는 유음의 /r(l)/과 비음의 /m/n/ŋ/으로서, 이 중 /ŋ/은 한자 차용표기로는 규칙적으로 드러나지 않는다고 하였다. 또 고대국어가 원초적으로 개음절어였다는 가정을 놓고 보면 원칙적으로 파열음계나 마찰음계의 자음은 음절말 위치에 올 수 없었으며, 이들은 대개 말모음을 보유했던 것으로 믿어진다고 하였는데 이런 견해는 '동막'지명이 과거 '두모'

---

12) 남영우(1996:121, 지리교육논집 36 지리교육학회)에서 참조.

계열의 지명이었을 가정에 대한 정밀한 검토가 필요하다는 생각을 뒷받침하는 것이다.

3. 음운형태론적 분석과 의미 검토

우선 '동막'의 음절을 분석해 보면 분석 단위에 따라 몇 가지의 분석이 가능하다. 즉 어떤 크기의 의미를 상정하느냐에 따라 '동(東)'+'막(幕)', '독(甕)+막(幕)', '동+ㅁ+악', '동막', '독(石)막>동막' 등의 다양한 가능성을 생각할 수 있다. 즉 단일어근, 어근+어근, 어근+접사, 접사+어근 등의 형태로 나누어 생각하는 것이 각각의 경우에 추정 가능한 의미를 검토할 때 편할 것이다.

3.1. '동'/toŋ/의 음운형태론 및 의미론적 검토

먼저 '동+막'으로 분석할 경우, 지명 '동막'이 합성어인지 단일어인지 등도 문제가 되는데 각각의 경우를 모두 검토해 볼 필요가 있다. 우선 '동'은 [東]의 한자음표기 간주할 때는 동쪽 방향을 뜻하고 '막'은 [幕]으로 해석되어 [동쪽의 막]의 의미가 된다. 실제로 일부 '동막' 지명의 경우 특정 지역의 동쪽에 군대 혹은 어떤 일을 하기 위해 쳐놓은 장막을 가리킨다고 하는 지명에 대한 설명이 郡誌나 面誌 등 지역의 지명유래 대해 소개할 때 자주 등장한다. 그러나 대부분 피상적인 설명에 불과하여 구체적인 근거가 제시되는 경우가 많지 않고 더욱이 그런 의미를 모든 '동막'의 지명에 일반적으로 적용할 수 없다는 점이 문제이다. 그리고 '동막'의 한자표기는 대부분 '東幕'이다.

따라서 '동'이 [東]의 의미일 것 같으면 '西幕, 南幕, 北幕' 등의 지명도 존재하는 것이 정상이다. 그러나 이와 같은 방향의 의미가 있는 '서막, 남막, 북막' 등의 지명은 찾지 못했다.

그렇다면 '동'은 한자 '東'의 음차인 것으로 한자음을 차용한 것으로 보는 것이 설득력이 있다. 이와 같은 해석은 '東'의 한국 고대한자음이 /to/이었을 가능성에 힘을 실어줄 수 있다. 실제로 한자어 '東'의 현대 일본식 발음이 /to/임을 보면 '도무'계열의 음이었을 가능성이 보인다.

고지명 '두모'의 경우 『三國史記地理志』의 '陽武'에서 '道武' 혹은 '冬音'과 『世宗實錄地理志』, 또는 『新增東國輿地勝覽』의 濟州牧에 "鎭山漢拏 在州南一曰 頭無岳"의 기록을 들어 '頭無'로 추정한 南豊鉉(1996:118)의 견해도 같은 입장에 해당한다.

다음으로 '독[甕]+막(幕)'일 경우를 살펴보면 몇 몇 지역의 경우, '독'을 [甕]의 훈으로 해석하여 '옹기를 굽는 막'의 의미로 설명하는 경우가 있다. 서울 마포구 용강동의 과거 지명으로 존재했던 '동막'의 경우, '鹽倉'의 지명이 소금 창고가 있었던 곳으로 마포의 용강나루에서 내린 소금을 보관하던 곳이며 이를 담을 수 있는 용기 제작소의 기능을 하는 '독막'[甕幕]이 근처에 있었다는 설명이 그런 경우다. 이와 같은 설명은 근처에 사기막(沙器幕)이 있었다는 설명과 같은 방식으로 강화도 화도면의 지명에 사기리(沙器里)가 있는데 거기에 과거 사기그릇을 굽던 가마가 있었다는 사실을 토대로 부근의 '동막'리의 지명도 옹기를 굽는 막이 있던 곳이라고 설명하는 것과 같은 방식이다.13) 물론 이것은 '독막>동막'

---

13) 김윤학(1996), 『땅이름연구』 서울: 박이정, 203쪽. 사기리 207쪽, 234 동막리 마니산 남동부에 위치하며 긴밭말, 큰말, 분오리가 딸려 있다. 북쪽으로 사기리, 서쪽으로 흥왕리와 경계를 이루고 있다. 동이(질그릇)를 굽던 곳이 있는 마을. 동막고개(208쪽)

의 음운변화의 결과로 설명을 하는 것이다. 그러나 이와 같은 설명은 강화도 화도면 동막리에 옹기를 굽던 가마가 과거에 있었다는 것을 전제해야 하는데 추측만 있고 실제 존재 여부에 대해서는 확인할 수가 없었다. 연구자가 현지 조사했을 때 현지주민의 증언으로 보아도 옹기 가마의 존재여부는 확인할 수가 없었다. 또 그럴 경우, 단어구성의 형식이 '고유어(한자어의 훈)+한자어(한자어의 음)'의 구성으로 되는데 사기막(沙器幕)의 경우는 '한자어+한자어'의 구성으로 형식이 다르다는 것을 알 수 있다. 물론 꼭 같은 구성 형식이어야 할 필요는 없겠지만 거리가 가까운 지명이라면 의미적으로나 조어 형식면에서 대응되는 것이 자연스러울 것이다.

'동'에 대해 두 번째로 상정할 수 있는 것은 일부 '동막' 지명의 유래 설명에서 등장하는 '둑막이'에 근원을 둔 설명이다. 즉 '동막'의 '동'이 한자어 '垌'으로 해석하는 경우에 해당하는데 '논에 물을 대기 위해 둑을 막아 저수하던 동막이가 있던 골짜기, 마을입구나 요지에 동막을 두었던 골짜기' 등으로 설명하는 것이다. 즉저수지의 물을 가두기 위한 용도로 설치된 둑의 명칭을 동막이라고 한다는 것과 그 둑을 관리하려는 목적으로 설치한 초소를 동막이라고 한다는 설명이다. 이의 관용적 표현으로 '동막이하다'의 어구가 있기도 하다. 즉 액막이[防厄]와 같은 구성이라고 할 수 있다. 그러나 '동막'의 지명에 꼭 방죽이나 저수지가 있는 것은 아닌 것으로 보아 일반화하기도 어렵다. 곳에 따라 연관성이 있는 경우도 있기는 한데 강원도 원주시 문막이 그런 유래를 가지고 있는 사례이다.14)

앞에서 살펴본 '동'의 성격에 대해서는 [東]과 [垌], 그리고 독[甕]에 추수되는 비음에 의한 변화음 즉 '독>동'의 결과로 볼 수 있는데 필자는

---

14) 강원도 원주시의 문막이 물막(물>문+막)이란 말에서 왔다는 지명 설명이 있기도 하다.

'동'의 고유의미가 '둥/동'[圓]으로 생각하는 것이 자연스럽다는 견해를 유지한다. 왜냐하면 해당 지역의 지형을 감안하면 대체로 산으로 둘러싸인 지형에 위치하는데다 더 이상 앞으로 나가지 못하는 지형이기 때문이다. 이와 같은 지형을 예로 들어보면,

(1) ・강원 원주시 홍업면 동막골 계곡
　　・충북 제천시 신동 동막골 계곡
　　・안산시 상록구 동막길
　　・충북 충주시 풍동 동막길
　　・충북 충주시 소태면 동막길
　　・강원도 철원군 갈말읍 동막길
　　・강원도 영월군 주천면 신일리 동막길
　　・강원도 영월군 주천면 도천리 동막길
　　・경기도 평택 송탄 동막길
　　・충남 정안면 평정리 상정안 동막길
　　・전남보성군 벌교읍 동막
　　・강원도 명주군 구정면 왕산 동막
　　・충남 목천읍 서흥1리 동막길
　　・경북 상주시 공검면 동막리 속담(동막)
　　・충남 서산시 운산면 원벌리 동거동(동막골)
　　・경북 상주시 풍양면 동막
　　　<이상 인터넷 검색 자료 Daum.com, Naver.com 등의 검색창 활용>

등이 그런 지형에 속하는데 대체로 외부에서 골짜기 안으로 들어서나 사방이 산으로 둘러싸여 외부와 단절된 지형이다.

그 외에 '동막'을 독립된 단일명사로서가 아니라 두 개의 단위로 분절하여 '동'+'막'으로 분석할 경우, '동'의 의미로 [等分한 부분]의 의미로 볼 수도 있다.

(2) -동2 :명사 ① 사물과 사물을 잇는 마디, 또는 사물의 조리(條理).
② 언제서 언제까지의 동안. 예) 그들의 말소리가 잠시 ~
이 떴다./ 부부라기에는 나이의 ~이 뜨나 형제라기에는
사이가 지나쳐 자별스럽고 허랑해서 판단에 애썼을 것이
확실하다.<李孝石 花粉>
③ 저고리 소매에 이어 대는 동강의 조각. 소맷~/끝~.
<금성판 국어대사전>

의 예가 있으며 연관된 구 구성의 표제어로

(3) -동(이) 끊기다: 예) 동안이 끊어지다. 뒤가 계속되지 못하고 끊어지다.
-동이 나다(계속 잇대지 못하고 도중에 떨어지다 예) 물건이 ~/그들
은 인제 말할 재료가 ~이 났는지 잠깐동안 약속들이나 한 듯이 조
용하다.<嚴興燮 인생사막>
-동을 달다: (앞서 한 말에) 말을 덧붙여 하다.
-동이 닿다: ① 차례가 끊기지 않고 이어지다. ② 앞뒤의 조리가 맞다.
예) 자네 말은 동이 닿지 않네.
-동을 대다: ①도중에 떨어지지 않게 계속 잇대다 ② 조리가 맞게 하다.
-동을 자르다: ①관계를 끊다 ②(긴 것을) 토막을 내서 끊다.<금성판
국어대사전>
-동강나다
-동떨어지다.
-도막나다.
-토막내다
-동이 나다.

등이 사전에 등재되어 있다. 이 표현들의 의미는 모두 무언가 '계속 이
어지는 것, 혹은 상황'의 의미와 관련된 표현들이다. 그런 생각과 연관한
다면 '동막'의 의미는 '길이 안쪽으로 들어와서 끊어진 길 또는 동강이

난 길'의 의미를 갖게 된다. 그러나 '동'의 어원적 의미를 더 분명하게 드러내는 것은 다음의 자료들에서 제시된 바 있다.

(4) *둠그 '圓'
　　둥구러ᄒ-(圓大)<한청 6:3>
　　둥구리-(圓) <역보11>
　　둥글-<한청11:59>
　　동고리<동해, 하:15>
　　동고리(->둥구리-)<동해, 상:43>
　　<김영일(2009)『한국어 단어족 사전』박문사 228쪽, 231쪽에서 인용>

이를 두고 김영일(2009)은 위 책에서 설명하기를 "어원핵 '*둠그'에서 어중의 'ㄱ'이 탈락하면 '두므'가 되고 이 '두므'가 한 음절로 줄어지면 '둠'이 되는데 이는 '심그>시므> 심-[植]'에도 나타나는 현상이다."고 설명하고 "'둠'에 다시 접미사 '-이'가 붙으면 '두미'가 되고 또 접미사 '-엉'이 붙으면 '두멍'이 된다. 그리고 '두므'의 원순모음화한 어형이 '두무'인데 이 '두무'의 모음교체형으로 '두모'도 나타날 수 있다"고 하였다. 한편 '둠그'의 어중자음 'ㅁ'이 뒤의 'ㄱ'의 영향을 받아 'ㅇ'으로 바뀌면 '둥그'가 되고 또 이 '둥그'의 'ㄱ'가 '구'로 바뀌면 '둥구'가 생겨난다.

위의 도표에 나타나는 어형들(두므, 둠, 두미, 두멍, 두무, 두모, 둥그, 동그)은 또 한국전래지명에서도 찾을 수 있다(한글학회의 <한국땅이름 큰사전>).

(5) 두므-개(두모개, 두모표)[개] 경남-장승포-두모-두모에 있는 개둠배
　　미-들[들] 충북- 중원-노은-신효- 하신대 앞에 있는 돌.
　　두미-리[마을] 전남-보성-벌교-호동-->두무포
　　두멍-배미[논] 전남-해남-산이-대진- 새우·배·미·아래쪽에 있는
　　논. 둥그렇게 생겼음.

두무-섬[둥그섬][섬] 전남-진안-진도-태천-타리섬 북서쪽에 있는 섬.
둥그렇게 생겼음.

또한 다음의 자료는 '두무(頭無)'가 '圓'을 뜻함을 단적으로 보여준다.

(6) 漢拏山在州南一曰 頭無岳又云圓山<세종실록지리지 151>

위에서 '둥그>둥구'는 '동그>동구'의 이형태까지 생각할 수 있다.
이와 같은 이형태는 동고리(동글납작한 작은 고리), 동구래(깃), 동구래미
(->동그라미) <평북> 동그랑쇠(->굴렁쇠), 동그마니, 동그스름하-, 동글동
글의 어형들에서도 동일한 어형을 유지한다. 이상의 예들은 모두 '동막'
의 '동'이 [圓]의 의미를 가지고 있음을 나타내는 근거들이 된다. 그러나
[圓]의 의미로 끌어들일 때는 기초적인 어근의 형태가 '동그-'으로 나타
나는 문제를 해결해야 한다. 그런데 '동그-'의 'ㄱ'이 '막'의 초성 자음인
비음 /m/앞에서 연구개음 /ŋ/으로 변할 수 있다는 점을 고려하면 '동막'
의 어형이 가능하다. 즉 '독막>동막'의 음운변화와 같이 '동그-+막>
'동막'의 변화를 입은 것으로 추정할 수 있다.
두모계 지명과 관련하여 남영우(1996)는 두모계 지명에서 앞음의 '두,
드, 도'와 뒤의 음 '모, 머, 므, 마, 무' 등이 모두 모음 체계에서 변형된
것들로서 '두만>두마(경기도 파주군), 두미>동막(경기도 남양주군), 두모>마
미(충북 중원군), 두마>두계(충남논산군), 두모>동막(전남 보성군), 석모(石毛)>
두무(경북 칠곡군), 두모>두무(경기도 장단군, 경남 합천군, 강원도 양구군) 등으
로 유음화 및 비슷한 음으로 변하는 변형은 알타이어계에 속하는 한국
어 및 일본어에서 흔히 발생하는 현상이라고 하였다(119쪽).
한편 천소영(1990, 630-644쪽)에서는 두모계 지명의 한자표기에 대하여

접두어 및 독립어로 쓰일 때 'təmu/tümü'로 음독되고, 접미어로 쓰일 경우는 'tam/tüm'으로 차음된다고 하였는 바, 천(1990)에서는 남(1996)과 달리 '두/도>동'으로의 변화에 대하여 언급이 없었다. 이러한 차이는 필자의 생각으로는 남(1996)은 해당 논문에서 언급한 바와 같이 자료 수집 시 지도상에 표기된 명칭의 변화만 감안하였던 결과로 짐작된다. 혹은 천(1990)에서도 '두/도>동' 표기에 대한 고민은 있었으나 연결고리를 찾지 못했던 것은 아닌가 생각한다. 실제로 남(1996)에서도 '두모, 도마, 두미' 등이 조선시대까지 쓰이다가 '동막'으로 바뀌었음을 주장하면서도 두모계열과 상관없이 원래 '동막'으로 불리던 곳이 많다고 하며 정밀한 검토가 필요함을 언급하였다.15)

아무튼 이상의 여러 주장과 실제 자연지형의 조건들을 종합하면 '동막'의 '동-'은 [東], [甕]이 아닌 [圓] 혹은 [部分]의 의미를 가진 것으로 보는 것이 타당하다고 본다.

3.2 '막' 계열 어휘의 의미 검토

이번에는 지명 '동막'에서 제2음절 '막'을 중심으로 생각해 보고자 한다. '막'의 의미를 바탕으로 관련된 어휘목록을 살펴보면 어휘의미의 확장과정을 추적해 볼 수 있지 않을까 해서다. 우리말 단어족에 대한 검토는 그런 측면의 작업이라고 할 것이다. 그런 의미에서 우리 지명에 자주 등장하는 '동막'의 '막'을 의미의 연결고리로 상정하고, 관련될 수 있는 어휘들을 추적해 본다.

---

15) 남(1996:121)에는 '東幕>독막'으로 '독을 만드는 움막'이 변한 것과 '동쪽에 위치한 마을'의 뜻으로 사용된 경우가 있다고 하였다.

'막'은 대략 다음의 몇 가지로 가정해 볼 수 있다.

첫째, 어근 혹은 어근의 일부로서 다음의 의미를 상정할 수 있다. 즉 어두의 위치에서 [함부로] [마구]의 의미, [幕]: [防]의 의미, 합성어근의 구성요소로서 [終]의 의미 등 접두사나 합성어근의 경우, 둘째, 어말의 위치로 접미사 '-막'의 [어떤 위치, 상태에 이름]의 의미, 명사 돌멩이 [石]의 의미로서 충청방언 '돌막'의 제2음절의 경우와 같은 경우, 셋째, 부사어로서 [방금, 곧] [몹시] [맞]의 의미, 넷째, 두모 계열의 어형 중 하나로 주변의 지형이 높직한 언덕으로 둘러싸인 곳.16) 각각의 경우에 해당하는 사용례는 다음과 같은 경우들이다.

   (7) ㄱ. 幕 집밧긔 막믹1야 <小언六19>
      ㄴ. 우리 편 말은 벌써 막이다.(명사)
      ㄷ. 이 드라마는 막장 드라마이다. (접두사)
      ㄹ. 이 아이가 우리 막내다.(cf. 이 아이가 우리 맏이이다).(접두사)
      ㅁ. 사람이 길을 막는다.(동사 어근)

   첫 번째의 어근으로서 명사로 쓰인 경우인 (7ㄱ)의 '막'의 일차적 뜻은 한자어의 훈으로 [가림막]의 의미를 뜻한다. 또한 고유어에서 (7ㄴ)은

---

16) 어원사전의 설명에 따르면, 예) 두메: 명사 도회지에서 멀리 떨어진 깊은 산골 [어원 듬/둠[村, 圓]+ 뫼[山] ※어근 '듬/둠'은 고유 지명에 많이 등장한다. '안뜸, 속뜸, 양지뜸, 음지뜸, 위뜸, 아래뜸' 등과 같은 지명은 전국 각지에 분포하고 있다. '듬'의 의미는 일차적으로 '마을'임에 틀림없으나, 근본적인 의미는 '둥글다'에 두는 견해가 유력하다. 아울러 어근 '듬'에 '뫼'가 접속되는 것이 아니라 접사 '-에'의 접속으로 해석할 여지도 있을 것이다. 참고 ①둠[圓]+뫼[山](梁柱東 1965.3.15.:108).
   ※ '둥글다'란 말을 '둠 ㅎ>둠그>둥그'와 같은 과정을 거쳐서 되었다고 할 때, '둠'의 어근을 추출할 수 있다.
   둠-골/두무-골/두무-실: 명사. 지명. 경남 거창군 남상면 둔동리, 충북제천군 봉양면 두무곡, 강원도 인제군 남면 두무리 등에 있는 지명의 두미/도무/도마 등과 같은 성격이다.

[終]의 의미를 지닌다. 고유어에서 처음을 뜻하는 '맏-'과 끝을 의미하는 '막-'은 의미적으로 대응되는 요소로 쓰이는데 우리 고유의 민속놀이인 윷놀이 판에서 첫 번째 말은 '혼'으로 지칭하지만 '마지막 말'은 '막'이라고 부른다. '막'이 [終]의 의미를 나타낼 때 윷놀이 판에서 단독적으로 마지막 순서를 뜻하는 명사로 쓰이는 경우 외에는 (7ㄷ, ㄹ)처럼 대부분 어두에 위치하여 마지막 순서임을 의미하는 접두사로 '막차', '막잔' '막판'의 [終]의 의미, 혹은 '막힘'[塞]의 의미를 동반하는 '막장'(탄광에서 가장 끝의 막힌 갱도를 뜻함)과 같은 어휘에서 볼 수가 있다. 필자의 생각으로는 (7ㅁ)에서 동사 '막다'[防]는 명사 '막'의 [終]의 의미에서 어휘 확대된 것으로 '신:신다, 품:품다, 자:재다'등과 같은 어간형성 파생의 과정을 거쳐 동사화된 것으로 보인다.

두 번째로 접미사로 쓰인 예는 다음과 같은 경우를 들 수 있다.

(8) ㄱ. ᄆᄌ막(末尾)<漢366a>
　　ㄴ. 오르막
　　ㄷ. 내리막

세 번째로 부사로 쓰인 경우로서 다음의 예는 문헌에 실려 있는 것이다.

(9) ㄱ. 막 시 홀 저긔<痘經50>
　　ㄴ. 찬믈이 이때 막 어려운 적이니<仁宣王后諺簡>
　　ㄷ. 이월의 고지 막 픠여<太平一 21>
　　ㄹ. 우리 므스 거슬 막 밧고져<<朴重上 63>

(10) 기차가 막 떠났다.

첫째의 어근으로 쓰인 경우 중 [防], [塞]의 의미로 지명에서 제방을 쌓는 일을 의미하는 둑막이>동막의 경우와 같이 [防]의 의미, 농막(農幕), 동막(垌幕)의 경우와 같이 명사인 '막[幕]'으로 쓰인 예가 있다. '동막'의 경우 '둑막'처럼 동사의 어근으로서 단어 합성으로 생각되는 경우와 '垌幕'처럼 '둑을 지키는 데 쓰는 가건물'의 뜻으로 생각하는 경우가 있다. 동사 '막다'의 어근으로 생각하는 경우, 유의할 만한 점은 大野 晋이 "日本古典의 基本單語의 變化率을 조사한 것에 의하면 動詞가 名辭보다 殘存率이 높다"고 했듯이 동사의 어원을 가진 요소가 지명에서 중요한 의미요소가 될 수 있다는 점을 지적한 것이라고 생각한다(大野 晋, [日本語의 起源」, 이남덕 1993, 199에서 재인용). 동사 어근이 지명에 반영되었다면 '두루막'(周衣)의 경우처럼 의미 형성에 중요한 요소를 담당하였을 가능성이 높다는 것이다.

(7ㄷ, ㄹ)의 경우는 '막'이 접두사로 기능하는 경우로서 [終]의 의미로 기능하는 경우에 해당하는 것으로 '막장', '막차', '막내', '막판', '막다르다', '막나다' 등의 예를 들을 수가 있다.

또 [몹시], [아무렇게나], [거친]의 의미로 기능하는 경우는 '막깎다', '막담배', '막돌', '막돼먹다', '막일', '막벌이' '막걸리', '막국수', '막사발', '막노동' 등의 예가 있다.

세 번째의 경우는 부사어로 기능하는 예로서 중세국어 자료인 (9)등과 현대국어의 (10)과 같이 '막 떠나다', '막 달리다', '막 먹다'등의 예가 해당된다.

한편 (7ㅁ)에서 [防]의 의미로 사용되는 '막'의 경우는 한자어 '周衣'에 대한 고유 명칭 '두루마기'에서도 나타나는데 '둘러막'는 용도의 옷을 말하는 것이다. 또 비슷한 다른 예를 보이면 '저수지의 물을 막는 일이나 둑을 관리하는 幕을 '둑막>동막/垌막'으로 변화된 것으로 볼 가능성도 있으나 소수의 한정된 예이다. 다음과 같은 예가 해당된다.

(11) ㄱ. 두루막 [周衣]: 둘러막음

　　 ㄴ. 垌 막: 저수지 둑막이

　　 ㄷ. 幕: 가림막

　부사 '막'은 '마구'와 교체될 수 있는데 '막'과 '마구'는 형태적으로 동일한 근원에서 변형된 것으로 보인다. '막>마구', 혹은 '마구>막'의 과정이 가능할 것이다.

　그런데 '시간이 임박했음'의 의미를 띠는 접미사 '-막'은 '마악'과 같은 어근에서 분화되었을 것으로 보이는데 이와 같이 시간상의 위치를 표현하는 명사가 (8)의 '이즈막', '요즈막', '늘그막' 등의 어휘인데 '-막'이 두 번째의 접미사기능을 한다. 또 어떤 사물의 공간적 물리적 상태를 의미할 때에 사용되는 어휘 중에는 '오르막', '내리막', '나지막' 등이 있는데 이 중에서 '나지막-'은 '자그마-', '조그마-', '큼직-'과 같이 '-하다'와 결합하여서 형용사로 사용된다. 이 경우 시간상의 표현에 사용되는 '-막'과 공간적 물리적 상태를 표현하는 '-막'은 시간의 양태부사 '막'과 관련이 있을 것으로도 보인다. 즉 공간>시간으로 인식이 추상화되어 확장되는 의미기능으로 반영되었을 가능성이 있다. 부사>접사로의 문법화 과정도 추정해 볼 수 있다. 그러나 그런 추정은 적당한 증거를 확보하는 데 어려움이 있다. 또 '막:악'의 관계도 검토해 보아야 할 것이다. 즉 '오르+ㅁ+악', '내리+ㅁ+악'으로 분석될 경우에 '-악'의 성격도 검토해 보아야 할 텐데 그럴 경우, '-막'과 '-악'의 선후관계도 문제가 된다.

　동사 어근과 결합하여 특정한 상태의 장소를 표현하는 명사로 파생하게 되는 접미사적 성격의 '-막'의 경우 다음과 같은 예가 있다.

(12) ㄱ. 이제부터는 오르막이다.

　　 ㄴ. 지금부터 내리막이다.

ㄷ. 나는 이미 늘그막에 접어들었다.

'형용사+하다'의 형태로 파생된 경우는 (13)의 현대국어 예문으로 보인다.

(13) ㄱ. 그가 나지막한 목소리로 말했다. cf. 나직하다.
ㄴ. 그는 자그마한 몸집을 가졌다.
ㄷ. 산이 나지막하다. cf 나직하다/ 야트막한 산에 나무가 울창하다.
ㄹ. 그의 얼굴이 큼지막하다. cf. 큼직하다.
ㅁ. ?지붕 위에 기둥이 높지막하게 솟았다. cf. 높직하다.

그러나 (13)의 '형용사+하다'의 형태는 '오르막, 내리막, 늘그막'과는 성격이 다른데 '오르막이다', '내리막이다', '늘그막이다'는 가능하지만 '*오르막하다', '*내리막하다', '*늘그막하다'는 가능하지 않다. 그 이유는 동작성 동사어근 '오르-', '내리-', '늘그-'에 명사화 접미사 '막'이 붙어서 명사화되어 서술격 '이다'가 붙은 것이기 때문이다. '-하다'는 동작성이 있는 일부 한자어 명사나 어근 뒤에 붙어, 그 동작성을 실현하는 동사를 만드는 말 또는 상태성이 있는 일부 명사나 어근 뒤에 붙어 '그러한 상태이다'의 뜻을 더하여 형용사를 만드는 말이다. 형용사 '낮다', '높다', '작다' 등은 형용사인데 어근 '높-', '낮-', '작-'이 '-막하다'와 결합하여 '나지막하다', '높직하다', '자그마하다' 등의 형태가 된다. 그에 비해 '오르막', '내리막', '나지막', '늘그막'은 명사로서 고정된 상태를 지시하는 의미를 드러낸다. 그렇게 본다면 '오르막', '내리막', 늘그막' 등은 다음과 같은 분석의 여지도 생각해 볼 수 있다.

(14) '오르-+ㅁ+악', '내리-+ㅁ+악', '늘그+ㅁ+악' '나즈+ㅁ+악'

이때의 '-악'이 접미사로서 기능하여 동사 '오르다, 내리다'나 형용사 '늙다, 낮다'와 결합하여 명사의 기능을 부여한 것일 수도 있다. 그러나 이런 분석은 '-막/악'의 교체형이거나 '-막>악'으로의 변화를 설명해야 하는 문제가 발생한다.

현재 '-악'의 접미사 형태는 지명에서 잘 보이지 않고 있지만 제주의 지명가운데 성판악(城板岳)의 한자음에서 볼 수 있고 본래 지명은 '성널 오름'이라고 한다. 그리고 15c 중엽에 제주도를 떠나서 남해안 일대에 거주하던 사람들을 '두모악'이라고 하였고 한자로 '豆毛岳, 豆禿也只, 豆 無岳, 頭無惡, 豆毛惡' 등으로 표기되었다는 사실은(남영우 1996; 118에서 인 용 참조) '毛岳, 禿也只, 無岳, 無惡, 毛惡' 등이 현재 지명 '東幕'의 '幕'에 해당하는 지명에 쓰인 음차표기임을 시사하는 것은 아닌가 싶다. 즉 현 재 '幕'의 한자음 /mag/이 과거에는 '毛岳, 禿也只, 無岳, 無惡, 毛惡' 등 으로 음차표기된 것으로 볼 여지가 있다. 만약 그렇다면 앞에서 말한 대 로 '東幕'은 '두무/도모'계열의 지명으로 볼 수 있지만 다른 '두/모'계열 의 지명과 달리 폐음절로 구성된 것은 설명이 필요하다. 다만 일본어에 서 '東'의 일본식 음 'とう'/tou/와 관련시켜 과거 '도마'의 지명에서 변 화한 것으로 설명할 수는 있으나 남은 '幕'의 음가와의 연결이 문제가 된다. '東'과 같이 '幕'의 일본식 음가가 /mo/ 혹은 /ma/일지도 모른다. 그렇다면 '東幕'의 지명은 '두모'계열의 지명임이 확실할 것이다.

그러나 이에는 과거 중국의 한자음이 어느 시대에 한반도와 일본에 전해졌는가를 검토해야 하는데 일반적으로 중국의 한자문화가 중국의 한나라부터 삼국시대 초기 사이에 한반도를 거쳐 일본에까지 전해된 것 을 감안하면 '동막'의 지명에 쓰인 한자음 '東幕'이 일본 한자음에서 /tomo/, /tomu/로 음독되었을 것으로 가정할 수도 있다. 그러나 한반도 에서 다른 '도무/도모'계 지명과 달리 '東幕'만 폐음절의 한자음으로 남아있게 된 것은 여전히 해명이 되지 않는다.

한편 생각을 전환하여 郡誌나 市誌에 실려 있는 '동막' 지명의 유래를 찾아보면 지명의 근원이 확실하게 밝혀있지 않지만 행정구역 명의 변천 역사를 살펴보면 흥미로운 사실이 보인다. 다 그런 건 아니지만 일제침략기인 1914년에 대대적인 행정구역 개편이 있었는데 많은 '東幕'지명에 해당하는 지역에서 변화가 있었다.17) 확신할 수는 없으나 이것은 '東幕'의 한자음을 일본식으로 발음하여 차용한 것이 아닌가하는 의심을 해본다(참고로 '東幕'의 일본식 한자음은 /とぅ/와 /まく/로 읽을 수 있다). 즉 행정구역 개편시 개편 대상에 포함되는 '두모'계의 행정지명을 일제의 총독부에서 일본식 한자음으로 통일해서 표기한 것인데 세월이 흐르면서 그대로 지명으로 굳어진 것일 가능성이 있다. 왜냐하면 음절 구성상 개음절의 '두모'계 지명과 폐음절의 '동막' 지명이 이질적으로 보이고 해당 행정지명에 쓰인 한자가 대부분이 '東幕'으로 모두 같은 글자를 차용하여 표기했기 때문이다. 그리고 일본어에서 '幕'/まく/의 의미는 '감다, 두르다, 말다, 서리다, 돌리다'의 의미를 보유하고 있다. 그 경우, 이 일본어의 단어는 산이 둥글게 감싸고 있는 지형을 형상화한 것으로 생각된다. 어쨌든 '두모' 계열의 지명으로서 [圓]의 의미는 여전히 존재하게 된다.

결국 접두사의 경우와 부사의 경우는 검토하고자 하는 '동막'의 단어 내부에서의 위치상 제외되므로, 검토의 대상으로 삼을 만한 것은 비교적 합리적 근거를 추론할 수 있는 접미사로 쓰일 경우와 명사나 동사어근의 성격으로 결합된 경우가 될 것이다. (11ㄴ)의 경우 합성어의 성격상 '명사+동사어근'의 조합도 가능하므로 '둑막이'의 의미[堉防]로 '동막'을

---

17) 1914년 일제에 의한 행정구역 개편지역 중 '동막' 관련 지역은 충북 청주시 흥덕구 동막리, 강원도 철원군 동막읍 동막리, 충북 제천군 성산면 동막리(1917년 금성면에 편입), 충북 충주시 소태면 동막리, 경북 상주시 공검면 동막리 등이 모두 같은 한자로 '東幕'이 표기되어 있다.

생각할 수는 있으나 앞에서 언급한 대로 해당 지역의 지리 환경이 일반화할 만큼 보편적이지 않으므로 가능성이 낮다고 본다.

한편 이런 형태 분리의 방식으로 해석하는 경우 외에 매우 유력한 주장은 이른 바 '동막'의 지명을 한 단위로 간주하여 '두모/두무'계열의 지명 중 하나로 보고자 하는 고대 한국어 어원이나 지명을 연구하는 국어학이나 지리학의 지명 연구가들에게서 보인다. 대표적인 것이 남영우 (1996, 1997) 이남덕(1993) 등이다. 분석내용을 살펴보면 상당히 폭넓게 실증적인 검토를 거친 것으로 보이며 고대 지명 연구에 큰 기여를 한 것으로 보인다.

이들 연구자들의 생각은 '둠/돔'>'두무/도모/도무' 등으로 변천과정을 통하여 '동막'까지 연결되는 것으로 간주하는 것으로서 비슷한 변천과정을 거친 것으로 보이는 예들이 '줌:주먹', '뜰: 뜨락' 등의 것이다. 대체로 우리말과 동일어근으로 보이는 일부 단어들이 일본어 어휘에서 '섬>시마(日)', '곰>고마(百)/구마(日)'처럼 개음절로 반영되는 것과 연관이 있다고 하겠다.

한편 현대 한국어의 지명과 관련하여 '두모/두무' 계 어휘 중에 '뜸/둠':'움'계열 어휘를 통하여 의미적, 형태적 대립의 관계를 엿볼 수 있다. '부뚜막'의 경우 '불+둠+악(명사형성 접미사)'의 분석이나 '둔-/돋'계로서 '불+두덩(둔+엉)', 혹은 '둔덕/두덕'>'두럭/두렁(둔+엉/억)'의 형태분석과 '움+집', '움+막', '움+파', '움+물>우물', '우묵' 등의 형태를 비교하면 /tut-/ :/um-/의 음운적 대립과 의미적 대립을 포착할 수 있다.

'둔/두-'등은 의미적으로 [+위, +쌓임, -파임]의 의미자질을 보유한 것으로 보이며 관련어로 '돋다', '발돋움', '돋우다'의 어휘를 찾을 수 있고 /um-/계열의 어휘 '움집, 움파, 움막, 우물'로부터는 [-위, -쌓임, +파임]의 의미를 찾을 수 있다. 즉 /tut/계열의 어휘는 솟아올라 있거나 쌓여 있는 지형을 형상화하며 /um/계열은 땅 밑에 있거나 밑으로 파여 있는 지형을 형상화하는 어휘들이다. 이들의 형태소들은 지형을 설명하는 기능을 가지고 있으며 지명의 어원을 고찰하는데 유용한 근거를 보여주는 자료들이다. 또한 '움팟'이나 '움집' '움막' '웅덩이' '우물', '움숙-'(들어가다, 파이다), '우묵하다', '움푹'등의 '움'계 어휘들은 그보다 고형으로 'ㄱ'이 탈락하기 전의 형태인 '골/굴'계 어휘 '고랑', '방고래', '골', '구무/굼ㄱ+엉'>'구멍' '구렁(골/굴+엉/형)' 등과 관련성이 있다. 또한 의태어에서도 같은 유형의 음운대립을 확인할 수 있다.

> (15) ㄱ. 불쑥-움푹
> ㄴ. 불근-울근
> ㄷ. 불긋-울긋

또 다른 하나의 검토대상은 '독막'[甕幕] 혹은 '돌막/동막'[石]의 경우이다. 앞에서 검토한 내용과 반복되지만 '동막'[石]은 '돌멩이'의 충청 방언으로 '독막>동막>돌멩'의 변천을 거친 것으로 보인다. '독막(甕幕)'의 경우 인접한 /m/에 의한 음운변이에 의해 /동막/으로 변한 것이라고 설명할 수 있다. 그런데 '독막'[甕幕]으로 이해할 경우 몇 가지 문제가 있다. 즉 '독'은 한자로 '甕'으로 표기되는데 그럴 경우 '甕幕'으로 표기하는 것이 자연스럽다. 이에 대해서는 앞에서 이미 설명을 하였기 때문에 반복을 피하지만 강화도 동막리의 현지 토박이 노인의 생각으로는 주변 환경이 모두 돌로 둘러싸여서 생긴 이름으로 생각된다고 하였다. 과연 주변 경관을 보면 바다를 면한 가파른 비탈이 마니산 정상까지 바위로 형성된 지형이 계속되어 돌로 둘러싸인 마을이라는 생각을 들게 한다. 즉 '돌막>동막'으로 음이 변한 것이라는 견해이다. 이러한 견해는 국어의 어원을 연구한 학자 중에서도 언급이 되었는데 이남덕(1993: 203)의 견해가 그 중 하나이다.

그런 견해가 그럴싸해 보이는 것은 '돌'[石]의 단어가 경기지역 방언에서는 '돌막[tolmag]', 혹은 '동막[tongmag]'으로 발음하는 경우가 있기 때문이다. 경기방언의 경우 '돌막, ·동맹이'(돌맹이)의 예가 있다. 충남방언에서도 '돌맹이'를 '독막'이라고 부른다. '돌막'은 '돌맹이(돌덩이)보다 작고 자갈보다 큰 돌'의 방언(충남)(국어대사전(금성판))으로 '독멩이'>'돌멩이'의 연결이 추정된다.

그래서 '독도'가 사실은 '돌섬/독섬'>'독도'로 표기되었다는 설명이 가능하다. 서울시 영등포구의 '독산동'의 경우도 실은 '돌산'동의 의미로 이해되는데 독산의 한자 표기는 '禿山'으로 '대머리'산의 훈을 가지고 있다. 그리고 '독>동'의 변화는 음성학적으로 가능한 변화이다. 즉 연구개 폐쇄음이 비음의 앞에서는 비음 'ㅇ'으로 바뀔 수 있기 때문이다. '돌:독'의 대립은 고어의 자료와 지역 방언에서 많이 등장한다. 이와 같은 자료는 동근 파생어의 한 어휘로 이해할 수 있다. 또 연구개음에서 비음으로의 변화는 여러 단어에서 확인된다.

(16) 담벼랑:담벼락, 손바닥:손바당, 굴:구럭:구렁, 두덕:두럭>두렁,
     돌막>돌망

동근 파생어인 '돌맹이'와 '돌망'의 관계를 보면 '돌맹이'는 조그만 돌덩어리인 '돌망'에 명사형성접미사인 '-이'가 붙어서 역행동화의 결과로 나타난 결과이다. 돌막>돌망의 단계에 대하여는 다음과 같은 과정을 거친 것으로 보인다. 어형면에서 /maŋ-i/와 /makwi/는 동일한데 그것은 어근 /maŋ/과 /mak/이 동일한 것으로 어근 말음의 /-ŋ/과 /-k/는 같은

연구개음으로 우리말에서 발바당~에서 보듯이 교체가능한 음이기 때문이다. 그러나 지형을 설명하는 유연성 측면에서 생각해 보면 '동막'이 일부 '동막' 지역에 대한 지질을 설명할 수는 있으나 모든 '동막' 지명에 '돌'[石]의 의미를 적용하기는 무리이다. '동막' 지명의 지질적 여건이 '돌' [石]의 지질일 수도 있지만 다른 지역의 지질은 積土의 지질이 많기 때문이다.

한편 일반적으로 복합어 형성에서 접두사, 접미사와 같은 부분은 오랜 세월 동안에 그 본래의 뜻은 얼른 알아보기 어렵게 되었으나, 그럴수록 比較연구에서는 귀중한 자료가 된다. 일본의 학자 大野 晉이 日本古典의 基本單語의變化率을 조사한 것에 의하면 動詞가 名詞보다 殘存率이 높다 (1971, 이남덕 1993; 200에서 재인용). 해당 연구에서 그는 日本語 'aza あざ 痣'를 우리말의 사마괴의 「사」와 대응시키고 있는데 부서하기를 'makoj maki'는 용언을 명사형으로 만드는 접미사로 'turu-maki'(周衣), 'kal-ka-makoj'(鳥)와 接尾部와 같은 것으로 보았다. 또한 "사마귀의 어원은 '살(肌)에 붙은 圓形의 物體'의 뜻이니, -makwi는 다음에 제시하려는 圓形語根 maŋ~mak의 한 派生形에 불과하다. 또 'turumaki'의 경우는 '두루(周)막이'일 것이니 '막다' 動詞의 名詞形으로 보는 것이 온당할 것이며....(앞의 책 201에서 인용)" 이라고 하여 '막다'의 어근 '막-'에 대하여 언급하였다. 아울러 동근파생어의 비교방법은 '먼저 우리말의 어떤 어근을 선정하여 의미와 음운 양면에 관련성이 있는 유의어군을 찾아내고 그들이 동근파생어들임을 변화의 법칙을 적용하여 확인한 다음, 둘째단계로 비교하려는 언어의 경우도 이와 같은 방식으로 동근파생어군을 색출하여 끝으로 두 언어의 어군들을 비교하는 것'이라고 하였다.18)

---

18) 이남덕(1993), "韓日語比較方法에 있어서의 同根派生語硏究에 대하여," 국어국문학논총 이화여대 국어국문학과 197-220.

한편 '동막'을 막힌 곳으로 해석하는 견해가 있는데 이는 '동막'의 지명을 가진 곳의 지리적 환경이 산으로 둘러싸여 막힌 곳에 위치한다는 데서 출발한다. 비슷한 설명으로 산으로 둘러 막혀[圓]의 의미와 고립된 지형을 의미하는 '막'[塞]의 어근이 합성된 것으로 이해하는 견해이다. 그런 견해는 '두모'계 지명의 근거가 되어 '둠/돔'으로부터 파생되었다고 보는 '두메', 혹은 '둠'의 안쪽에 위치하고 있었다는 해석으로 마을의 큰 산 밑에 자리 잡고 있는 마을이라는 뜻의 '두만', '두모' 등으로 불리었다는 해석으로 연결된다. 대체로 분지 상에 위치한 마을의 지형적 특징을 나타내 준다. 그래서 두모계 지명의 경우 산으로 둘러싸인 마을의 둥근 형상이나 바다를 앞에 두고 산으로 둘러쳐진 오목한 모습을 강조하는 내용으로 해석된다. 이와 같은 지형의 모습을 확인할 수 있는 곳이 다음의 지명에 해당하는 지역들이다.

(17) <동막 지명례>
강원원주시 홍업면 동막골 계곡
충북 제천시 신동 동막골 계곡
<산막지명례>[19]
충북 충주시 노은면 수룡리 산막길
충북 제천시 봉양읍 학산리 산막골
충북 음성군 생극면 신양리 산막골
충북 음성군 금왕읍 호산리 산막골
충북 충주시 수안보면 중산리 산막골
충북 괴산군 사리면 이곡리 산막골

---

19) 비슷한 형태의 지명으로 '삼막'의 경우도 있다. 경기도 부천시 오정구 작동의 골짜기명, 관악산 삼막사 계곡의 지명이나 울릉군 서면 태하리, 충남 아산 송악면 아래 삼막골, 경기도 용인시 기흥구 보정동 삼막골 등의 삼막골은 모두 산막>삼막의 변화를 거친 것으로 보인다. 즉 산이 막은 골짜기를 말한 것으로 [防]이나 [塞]의 의미가 있는 것으로 보인다.

한편 (12-14)의 예에서 보이는 접미사로서의 '-막'의 형태는 다음 (18)과 같이 분석할 가능성도 있다.

(18) 접미사 '-막'의 형태
ㄱ. 요즘+막>요즈막
ㄴ. 늘그음+막>
ㄷ. 오름+악
ㄹ. 내림+악
ㅁ. 돔+악>도막/동막

'동막'지명의 지형 특성상 (18)의 예 중 (18ㅁ)의 형태가 '돔'>'두모' 계 지명의 공통적인 특성에 비추어 본래의 의미일 가능성이 높다. 다만 '도마'계 지명의 형태에서 '동막'으로 변화한 것인지 '東幕'의 과거 한자음이 '도마/도무'인 지에 대해서는 좀 더 검토가 필요하다.

위와 같이 '막'은 어근, 어두, 어말, 어미 등의 위치에서 여러 가지 기능으로 나타날 수 있음을 살펴보았다. 이렇게 '막'이 여러 위치에서 나타날 수 있는 것은 '막'이 기초어휘적 성격이 강함을 드러낸 것으로 보인다. 왜냐하면 기초어휘는 동일언어집단에서 사용되는 어휘 중 비교적 본질적이고 안정적인 요소로 광의의 개념으로 다른 단일어들과 결합할 수 있기 때문이다. 기초어휘의 성격에 대하여 M. Swadesh(1952:455-41)는 "...비록 어휘소가 쉽게 차용되지만 문화적 의미를 지닌 어휘는 차용어들이 원래의 어휘소들을 대신하는 반면에 본질적인 어휘는 변화에 저항한다. 또한 기초어휘는 보편적이고 비문화적인(인체, 부분, 수, 몇몇의 자연물, 간단하고 일반적인 행위 등을 의미하는) 어휘이며, 나아가 동일성을 증명할 수 있는 광의의 개념이 대부분의 언어에서 단일어들과 결합할 수 있어야 한다.”고 하였다. 또 기초어휘의 선정기준으로 기초어휘는 “모든 인류집단 혹은 일정한 시대에 일정한 지역에 사는 여러 집단에 공통의 개념이나 경험과 관계되는 일상적인 표현으로 형태소의 유형이 비교적 안정적인 어휘”라고 한 바 있다(M. Swadesh(1950:157) 이남덕 1993에서 재인용).[20]

그런 맥락에서 기초어휘 ‘막다’는 [防], [障], [塞] 등의 폐쇄개념을 지닌 동사이며 ‘(귀)먹다’[聾]가 ‘막다’의 모음교체형으로 ‘먹먹하다’의 어근 ‘먹-’과 같다는 사실은 劉昌惇(1980:20)에서도 언급하였다. 동근 파생어 ‘메다/메다’의 어근은 ‘먹다’[塞]형에서 파생된 것으로 추정되는데, ‘메다’[塡]의 형성과정을 ‘먹다’계의 재구형 ‘＊머기다’에서 ‘며다, 메다’로의 복모음화가 수행된 것으로 파악한 서재극(1980:74)의 견해는 함께 참고할 만하다.

지금까지 ‘동막’지명에 대하여 형태적 분석과 어원적 추적의 측면에서 몇 가지 가능성을 검토해 보았다. 대체로 ‘동’의 어원적 의미는 [圓]의 성격을 가진 것으로 ‘돔/둠’에서 출발하여 ‘동/둥ㄱ-’으로의 형태변화의 과정을 상정할 수 있었고 ‘막’의 해석에 대한 여러 가지 가능성 중에서 [防], [索]의 어원적 의미가 해당 지역의 지형 특성상 가장 근접한 것으로 인식되며 결국 ‘동막’의 어원적 의미는 ‘둘러막힌 곳’을 나타내는 것으로 판단된다. 즉 외부에서 길이 인입되었으나 산으로 둘러싸여 막힌 지형에 ‘동막’의 지명이 명명되었고 ‘東幕’의 표기는 ‘도마’ 혹은 ‘도무’의 한자음 차용에 의한 것으로 보이며 특히 표기에 차용된 한자가 동일한 것은 1914년 일제 총독부에 의해 행정개편 시 일본식 한자음의 영향

---

20) M. Swadesh는 기초어휘를 선정할 때 의미면의 보편성과 형태면의 안정성을 가장 중요시 하였다. 안정성은 1000년을 기준으로 한 잔존율을 의미하며, 안정성이 높다는 것은 그만큼 기초어휘로서의 가치가 크다 하겠다.

으로 개편 대상의 '도무'계 지명에 일괄적으로 개명된 것이 아닌가 하는 추정을 해 보았다.

4. 맺음말

지명 '동막'에 대한 형태론적 측면과 어원적 측면에서 검토를 통하여 '동막'의 어원적 의미를 고찰하였다.

먼저 '동막'의 지명을 대상으로 해당 지역의 지형적 특성과 '동'과 '막'으로 형태적 분석을 했을 때 '동'에서 [圓]의 어원적 의미를 '막'에서 [防] 혹은 [塞]의 어원적 의미를 찾는 것이 합리적이라는 것을 밝혔다. 또한 '도무'계 지명들과의 연관성을 통하여 한자음 '東'과 '幕'이 과거에 '도마'에 대한 일본식 한자음의 차음표기이었을 가능성에 대하여 검토하였다. 그리고 '돌막>동막'의 가능성을 통해 [石]의 가능성을 검토했으나 '동막'지명의 각각의 경우마다 다른 지질에 대한 설명이 불가능하며 해당 지역의 지형에 대한 설명기능이 뚜렷하지 않아 어원적 의미 범위에서 제외하였다. 결국 '동막'은 '산으로 둘러싸여 막혀 있는 곳'이라는 의미가 가장 유력한 해석이라는 점을 확인하였다.

이상의 검토과정은 지명연구에 있어서 지리학에서 중시하는 해당 지형의 여건과 비교언어학 및 음운론적, 형태론적, 의미론적 관점 등 종합학문적 성격의 작업이 절실하게 필요함을 인정할 수밖에 없다는 것을 보여준다.

〈한국어문교육 제34집 한국어문교육연구소, (2016.12.31.)〉

제 3 부

문체적 표현

제 1 장

한국어 교육에서 텍스트 자료 수준 평가방안에 관한 연구[*]

-양적·질적 이독성 공식 개발을 중심으로

1. 서론

1.1 연구의 목적과 의의

이 연구는 국어교육 특히 외국인을 위한 한국어 교육을 수행할 때 필요한 한국어 교재 제작 및 한국어능력 평가시 필요한 텍스트 자료를 과학적이고 체계적으로 수준 측정할 수 있는 도구를 모색해보고자 하는데 그 목적이 있다.

한국어교육은 한국어를 모국어로 하는 국내인에 대한 국어교육과 한국어를 2차 언어로 습득하고자 하는 외국인과 해외 교포 자녀들을 위한 한국어교육으로 나뉜다. 지금까지 국내인을 대상으로 한 국어교육은 근

* 이 연구는 아산사회복지재단의 연구지원으로 이루어졌음.

대시기 이후 국민교육의 일환으로 꾸준히 체계화되고 다양한 각도에서 새로운 방법론들이 제시되어 왔고 7차 교육과정이 시행되고 있는 현재는 과거와 많이 달라진 국어교육이 진행되고 있음은 주지의 사실이다. 그 결과 이제는 선진 외국의 경우처럼 한국어 구사능력에 대한 객관적 평가도구들도 국가적 차원에서 개발되어 시행되고 있기도 하다. 한편 외국어로서의 한국어교육은 내국인에 대한 한국어교육에 비해 비교적 그 역사가 길지 않다. 물론 교육기관에 따라서 오랜 역사를 지니고 있어 상당한 정도로 객관적이고 체계적인 교육방법을 채택하고 있기도 하지만 아직도 학습자의 한국어 구사 능력을 정확히 측정하고 이를 한국어교육의 기본 자료로 삼아야 학습의 효율성을 높일 수 있다는 점을 감안한다면 부족한 부분이 많다고 할 수 있다. 설사 어느 정도 각 교육기관에서 정한 측정도구에 의한 능력 측정이 이루어졌다 하더라도 측정도구의 신뢰성의 문제와 함께 이에 맞는 교재 구성에서 얼마나 학습자의 수준에 맞는 교재 구성과 선택이 이루어지는지는 확인하기가 어렵다.

일반적으로 교육 이론이나 심리 이론은 교수 학습 과제 및 자료가 학습자의 학습 능력에 알맞은 지에 대해 많은 관심을 기울인다. 학습과제의 난이도는 학습의 양과 질 모두에 영향을 미친다. 학습자의 수준과 학습 과제가 적합하게 일치된다면, 학습은 최적의 상태로 이루어지고 학습자의 성장 발달이 효과적으로 이루어진다. 학습자의 능력에 맞지 않는 과제나 읽기 지문이나 작품이 학습자의 수준에 맞는지를 검증하는 것은 매우 중요한 문제이다. 왜냐하면 글의 난이도와 학습자의 이해도는 반비례한다는 점, 글이 어려우면 글을 읽을 때 음독 오류가 많아지며 읽기 자료가 학습자의 수준에 맞으면 학습자는 글을 읽는 시간의 길이가 길어진다는 점 등을 감안할 때 그렇다.

이러한 사정을 바탕으로 대안으로 제시할 수 있는 것이 이독성(read

ability)이라는 개념이다.[1] 이를 공식화한 것이 이독성 공식인데 글이나 책의 난이도를 객관적으로 판단하는 하나의 방식이다. 즉 읽기 자료의 난이도를 측정하거나 예측하는 일련의 객관화된 방법을 말하는데 대상이 되는 글에서 일부를 발췌한 다음 주로 어휘의 난이도나 문장의 통사적 난이도를 조사하여 이를 토대로 원래 글의 난이도를 점수로 나타내는 공식을 말한다.

이독성을 이루는 자질은 대체로 흥미, 읽기 쉬운 정도(legibility), 독해의 용이성 등이 해당된다. 이외에 어휘의 빈도수가 추가되면서 이를 이용한 난이도 평가가 이루어지게 된다. 어휘 이상의 연구에서는 텍스트의 난이도를 측정하는 데에 문장의 길이, 문장의 복잡성, 전치사구와 절의 사용 등을 이용하게 되었다. 이와 같은 연구는 점차 단어, 문장, 문단, 글 전체 등의 큰 범주로 나뉘게 되었으며, 이들 4요인을 바탕으로 난이도를 타당성 있게 평가할 수 있는 객관적 수치를 산정하려는 노력들이 이루어지게 하였다. 이런 노력들을 바탕으로 이독성 공식이 개발된 것이다. 1960년대 초까지 약 50개, 1970년대 말까지는 대략 100여 개에 이르는 공식이 개발되었다.

그러나 이러한 이독성 공식은 양적 요인에 치우친 면이 있어서 부작용이 없지 않았으며 이에 대한 반성으로 질적인 요인에 대한 관심이 증가하게 되었다. 이를테면 이독성 공식에 맞추느라 강제로 문장을 단문화하여 내용간의 긴밀성이 떨어진다거나 동일 어휘의 지나친 반복으로 조잡한 글이 나오게 되었다든가 하는 문제들에 대한 대책이 요구되는 것이다. 그러한 영향으로 독서능력, 흥미, 독자 배경지식, 학습의 종류, 교

---

1) 이독성(readability)이라는 용어는 가독성, 독이성, 난독성 등으로 다양하게 번역되었는데 의미의 자연스러움을 감안하여 이독성이라는 용어가 적절하다고 판단되어 이후 이독성으로 통일한다.

사 및 동료와의 의미교환 등도 독서 능력이나 지문의 난이도 판단 등이 변인이 된다는 사실을 주목하게 되었다.

그러나 이와 같은 문제에도 불구하고 이독성 공식이 갖는 일차적 자료의 유용성은 무시할 수 없다. 텍스트 자료에 대한 일차적인 평가 근거는 대안으로 제시된 평가자의 경험, 통찰력, 연어 지식 등의 총체적 평가의 질적인 측면과 함께 양적 측면의 평가가 함께 이루어질 때 좀 더 신뢰성과 타당성이 확보될 것이기 때문이다. 실제로 총체적 평가의 방법이나 인간의 인지적 능력에 기대어 보려는 이야기문법이나 문법적 표지나 어휘, 또는 특정의 언어적 자질과 어휘적 표현에 의해 표시되는 텍스트 결속성 등의 개념 도입은 텍스트 자질을 측정하는데 진일보한 방법이긴 하나 아직 손쉽게 활용할 수 있는 방법이 제시되어 있지는 못하다.

결과적으로 양적인 측면에서의 접근이든 질적인 측면에서의 측면이든 텍스트의 수준을 평가하는데 어느 정도 기준을 제시할 수 있다는 데에 이 연구의 의의가 있다고 하겠다. 특히 이 연구결과는 다음과 같은 용도로 활용될 수 있을 것이다.

첫째, 특정 수준을 대상으로 한 추천 도서 목록을 작성하는 데 활용할 수 있다.

둘째, 독자와 텍스트의 수준을 감안하여 수준별 독서 및 학습 지도를 할 수 있다.

셋째, 특정 수준을 대상으로 한 교과서, 학습 자료, 간행물, 문학 작품 등 각종 텍스트를 제작할 때 활용할 수 있다.

넷째, 특정 수준 학생들을 대상으로 한 수업이나 강연 등에서 대상 학생들의 수준에 맞는 수업 및 강연을 할 수 있다.

1.2 연구동향

우리나라에서는 자료의 난이도에 대한 관심이 오래되지는 않았다. 그러나 북미지역에서는 이와 같은 연구가 80여 년의 역사를 가지고 있다. 주로 미국에서 진행된 연구는 교과서의 난이도에 대한 관심에서 출발하여 교과서와 초등학교 고학년 이상의 읽기 자료들을 중심으로 이루어졌다.

1920년대, 미국에서 이독성 공식에 대한 논의가 시작된 이후 이 분야에서는 그야말로 풍성한 실험과 이론들이 나타났다. 이독성 공식과 관련된 다양한 종류의 연구들은 양적 이독성 공식에 대한 연구와 질적 이독성 공식에 대한 연구로 나눌 수 있다.

이 중 양적 이독성 공식과 관련된 연구에서는 공식의 객관적 타당도와 신뢰도 및 일반화를 중시하는 경향이 있다. 그래서 이러한 경향의 연구자들은 텍스트의 전체적인 인상에 의존하기 보다는 글 이해의 난이도에 영향을 미칠 수 있는 다양한 요인들을 범주화·수량화한 뒤 이들 중 가장 중요하다고 판단되는 몇 요인만을 조합하여 공식으로 만든다. 물론, 이 과정에는 수많은 설문 조사와 통계 조사가 뒤따른다. 그런데, 양적 이독성 공식도 다시 두 가지로 분류될 수 있는데, 하나는 전통적 이독성 공식이고 다른 하나는 인지·조직화의 측면에 중점을 둔 공식이다.

전통적 이독성 공식은 대체로 낱말의 길이나 난이도, 접속어, 인칭대명사, 서로 다른 단어, 전치사, 문장 길이, 문장 구조, 인칭 문장 등 문장 단위 내에서 객관적 관찰과 계량화가 쉬운 요인들을 바탕으로 하여 개발된다. 이에 반해, 인지·조직화 측면에 중점을 둔 공식들은 명제들의 긴밀성, 상반되는 주장들의 수, 텍스트의 본질에 이르기 위해 요구되는 추론의 정도, 회상 또는 기억의 난이도, 대상 독자의 주제 및 주제 제시 방법에 대한 흥미 정도, 독자의 배경 지식, 어휘와 개념에 대한 문맥 내에서의 설명 정도, 전체적인 구조, 물리적 특질 등 문장 차원을 넘어 텍스트 차원, 또는 텍스트와 독자의 상호 작용, 독자의 특성 등의 요인들을 바탕으로 하여 개발된다. 특히 인지·조직화면에 중점을 둔 공식들은 특정 요인들을 수량화했다는 점을 제외하면 텍스트의 맥락이나 독자와의 상호 작용 등을 중시했다는 점에서는 질적 이독성 공식과도 상통하는 점이 많다.

질적 이독성 공식과 관련된 연구에서는 텍스트에 수량화나 범주화가 가해지기 이전의 상태, 즉 '있는 그대로'의 상태에 최대한 접근하고자 하는 경향을 보인다. 그래서 양적 이독성 공식과는 달리 글의 이해에 영향을 미치는 요인들을 수량화해서 이독성을 측정하기 보다는 텍스트의 총체적인 인상에 의존하여 이독성을 측정한다.

Chall과 그 동료들은 1996년, 기존에 발표된 공식들이 대체로 양적인 독이성 측정 공식에 속한다고 보고 이와는 달리 질적인 측정 방법을 제안했다.[2] 질적 측정 방법은 텍스트 요인들에 대한 분석보다는 텍스트의 총체적인 인상에 의존하는 방법으로, 수준 측정하고자 하는 글이 제시된 대표 지문과의 비교를 통해 볼 때 어느 정도의 수준을 가지는 지 측정해 내는 방법이다. Chall 등은 글의 종류에 따라 학년에 따른 적정 난이도 수준이 달라진다고 가정하고 이를 크게 문학, 과학, 사회 연구의 세 개 영역으로 나누었다. 그리고 다시 세 개의 영역을 두 가지씩 여섯 종류로 세분화했다. 그런 다음, 글의 종류에 따라 1학년에서 16학년까지 수준에 따른 대표 지문을 위계화 시켜 평가자가 글의 수준이 학년에 따라 어떻게 변해 가는지 쉽게 알 수 있도록 했다.

이러한 양적·질적 공식들은 각각 나름의 장·단점을 가지고 있기에

---

2) Jeanne S. Chall, Glenda L. Bissex, Sue S. Conard, Susan H. Harris -Sha rples(1996), "Qualitative Assessment of Text Difficulty", BROOKLINE BOOKS.

상보적 성격을 가진다고 볼 수 있다. 따라서 가장 이상적인 이독성 공식을 개발하기 위해서는 양적인 공식과 질적인 공식을 모두 개발하여 이들을 상보적으로 이용하는 것이 좋을 것이다. 그러나 이들 중 어느 하나의 공식을 제대로 개발하는 것도 결코 쉬운 일은 아니다. 특히 양적인 공식의 경우 전통적 공식과 인지·조직화의 측면에 중점을 둔 공식들은 그 이론적 배경과 측정 방법 등 성격 면에서 상이한 부분이 많아 이들 모두를 개발하는 것은 상당히 어려운 작업이다.

1.3 연구 방법 및 절차

텍스트 수준 평가는 독서의 상황적 효과와 독자의 개인적 성향 등 주관성이 작용하는 측면이 있기 때문에 객관적 측정이 매우 어렵다. 그러나 순수언어학적인 측면에 초점을 둔다면 어휘, 형태, 통사적인 부분의 통계치를 활용하여 어느 정도 수치화할 수는 있다. 이런 방법은 완전하다고는 볼 수 없지만 문장의 명제분석이나 문장의 형식성 등의 보조적 수단을 보완하면 기본적인 평가는 가능하리라 생각한다. 이때 공식의 상수와 변수 도출, 명제분석을 통한 문장 수준의 등급화 작업이 요구된다.

이 연구의 범위는 그 성격상 범위가 넓을 수밖에 없다. 따라서 우선 연구기간이나 예산 등의 여건상 전체 연구의 기초단계에 머무를 수밖에 없다. 먼저 1단계에서는 제 7차 교육과정에 의한 현행 교과서에서 채택하고 있는 텍스트 수준이 적절하게 배치되어 있는가에 대해 점검하면서 텍스트 수준 평가의 기대요인에 대해 검토한다. 2단계에서는 1단계의 연구결과를 검토하여 한국어의 실정에 맞는 이독성의 형식적 기준과 내용적 기준을 모색하고 한국형 이독성 공식을 수립하여 이의 적용과 타당성을 검증하고자 하였다.

한편 이 책이 연구 대상으로 삼은 분야는 비문학 지문(설명문과 논설문 등)에 국한한다. 문학 지문의 이독성을 측정하는 공식을 개발하는 것은 또 다른 차원의 연구를 필요로 하기 때문이다. 또한 연구의 편의를 위해 초등학교 2학년에서 고등학교 2~3학년까지의 국어 과목 교과서에 실린 138편의 글을 대상으로 하였다.

본래 이 연구는 양적 이독성 공식 중 전통적 이독성 공식을 먼저 개 발하고3) 이를 바탕으로 질적 평가 도구를 개발하여 양적 이독성과 질적 이독성을 함께 감안하는 방식을 택하였다. 그 이유는 낱말의 난이도나 문장 길이, 지시어의 수 등을 탐구하는 작업은 상대적으로 객관적 수량 화가 쉬워 공식 개발이 용이하기 때문이다. 또한 양적 이독성 공식마저 제대로 찾아보기 어려운 우리나라의 상황에서 이러한 공식을 개발하는 것도 어느 정도 의미 있는 작업이라 판단했기 때문이다. 이와 같은 양적 이독성을 측정하는 공식개발 과정에서 자료수집과 이의 통계분석작업을 현직 교사인 전문가집단의 협조에 의존하였다.

그러나 양적 이독성 공식만으로는 텍스트의 난이도를 섬세하게 알아 낼 수 없다는 문제점은 여전히 남는다. 그래서 이 글에서는 이러한 객관 적 공식의 단점을 보완하기 위해 질적 평가를 위한 도구를 개발하고 이 를 양적 이독성 공식과 연계하여 양적·질적 이독성을 측정할 수 있는 공식을 개발하고자 하였다. 세밀하게 고안된 질적 이독성 공식은 그 자 체만으로도 충분히 대상 텍스트의 이독성을 측정해 낼 수 있다. 그러나 이 글에서는 양적 이독성 공식의 단점을 보완하는 데 주안점을 두고 개

---

3) 이 논문에서 전통적 요인을 중심으로 한 양적 이독성 공식은 윤창욱(2006)의 결과를 수용한다. 따라서 이 논문에서는 양적 이독성 공식에 대한 내용은 간략한 소개만 하 고 질적 공식 개발을 중심으로 전개한 후 양적·질적 이독성 공식 개발과정을 보인 다. 양적 이독성 공식 개발에 대하여는 윤(2006)을 참조.

발하였다.

2. 이독성 양적 평가

2.1 전통적인 이독성 공식: 의미 · 통사적인 요인들에 초점을 둠

전통적인 이독성 공식 계발은 1920년대 미국에서 발생한 당시의 두 가지 중요한 사건과 관련지어 시작된다. 첫 번째는 중학교 학생들의 증가와 관련되는데, 당시 교사들은 중학생용 교과서들이 고등학생의 수준에서 쓰여져 학생들의 수준에 비해 지나치게 어렵다는 지적을 하였다. 두 번째는 각종 교육적인 문제 해결을 위한 과학적인 도구의 사용이 증가했다는 것이다. 특히 Thorndike의 Teacher's Wordbook(1921)은 교재의 난이도를 측정하는 데 객관성을 부여해 주었다. Klare의 구분에 따라 전통적인 이독성 공식의 흐름을 살피면 다음과 같다.

(1) 초기의 공식 시대(1921~1934)
이 시기의 공식들은 글의 이독성 결정 요인으로 어휘 요소에 중점을 두고 있고, 어휘 빈도의 기준은 Thorndike 단어표에 의존하고 있으며, 난이도 기준이 대체로 고르지 못하다는 점이 특징이라 할 수 있다.

이 시기에 나타난 최초의 이독성 공식은 Sherman과 Kitson이 개발한 공식이다. 이들 공식에서 Sherman은 문장의 길이를, Kitson은 문장의 길이와 낱말 당 음절의 수를 글의 수준을 판단하는 중요 요인으로 제시하였다. 이후, 문장의 난이도를 기준으로 이독성을 보다 정확하게 측정할 수 있는 방법의 이론적 계기를 마련해 준 이는 Thorndike였는데, 그가 1921년 펴낸 "The Teacher's Word Book"은 1923년에 Lively와 Pressey로 하여금 최초의 이독성 공식을 개발하게 하는데 하나의 자극제가 되었다.4)

이러한 초기 이독성 공식 시대에 나온 공식으로는 Thorndike 공식, Lively와 Pressey의 공식, Dolch의 공식, Lewerenz 공식, Johnson 공식, Patty와 Painter 공식, Vogel과 Washburne 공식 등이 있다.

(2) 상세화된 공식 시대(1934~1938)

이 시기에 발표된 공식들의 특징은, 이독성 요인들을 초기 공식보다 더 많이 내포하여 공식이 상세화되었으며, Thorndike 단어표에 대한 의존도가 낮아졌고, 난이도 기준의 적정성에 대한 관심이 더욱 커졌다는 점이다.

이 시기에 이독성에 영향을 끼칠 수 있는 성분에 대한 광범위한 관찰이 Gray와 Leary에 의해 이루어졌는데, 이들은 이독성에 영향을 줄 수 있는 가능한 모든 요소들을 찾고자 출판업자, 도서 관계자 등을 대상으로 광범위한 조사를 한 결과, 289개의 요인들을 추출해 냈다.

이들 요인을 다시 여러 단계를 거쳐 이독성을 측정할 수 있는 공식에 투입할 수 있도록 추리고 추린 결과, 마지막으로 다섯 가지 성분으로 줄였다. 최종으로 추려진 성분은 100단어의 문장 속에 있는 어려운 단어의 수, 1인칭·2인칭·3인칭 대명사의 수, 평균 문장의 길이, 서로 다른 단어들의 비율, 전치사 구들의 수 등이다.5)

이 외에 이 시기에 나온 공식들에는 Ojemann, Dale과 Tyler, McClusky, Gray와 Leary, Morries와 Halverson의 공식이 있다.

---

4) 김기중(1993), "리더빌리티", 일진사, 29~30쪽.
5) 앞의 책, 31~32쪽.

(3) 효율적인 공식 시대(1938~1953)

이 시기에 발표된 공식들의 특징은 이독성 예측에 있어서 공식의 효율성과 그 사용상의 편리성에 중점을 두고 있다는 것이다.

대표적인 공식으로는 Flesch RE 공식, Farr-Jenkins-Paterson 공식, Gunning FOG 공식, Dale-Chall 공식, Washburne-Morphett 공식, Dolch 공식, Lorge 공식, McElroy 공식, Irving Lorge 공식 등을 꼽을 수 있다. 이 중 단어 목록표를 사용한 Dale-Chall(1948), 문장 길이를 사용한 Dolch(1948), 단어 길이와 문장 길이를 사용한 Flesch(1948)의 공식들이 특히 유명한데 이들은 오늘날에도 널리 사용되고 있는 이독성 측정 도구들이다. 현재 많이 사용되고 있는 공식들의 대부분이 이 시기에 발표되었다.

(가) Flesch RE 공식

Flesch의 공식은 1948년 개정된 공식이 널리 사용되는데, 이는 100 단어로 구성된 표본 속에 포함된 음절의 수와 한 문장 속에 들어 있는 단어들의 평균 개수를 조합하여 글의 수준을 측정한다. 구체적 공식은 다음과 같다.

RES = 206.835 - (0.846×WL)-1.015 SL
RES = 이독성 점수
WL = 100 단어 표본 속에 포함된 음절의 수
SL = 한 문장 속에 들어 있는 단어들의 평균 개수

(나) Dale-Chall 공식

일반적으로 거론되는 Dale-Chall의 공식은 1948년 발표된 공식이다. 이 공식은 지금까지 발표된 공식 중 가장 널리 쓰이는 공식의 하나로, 기존의 여러 공식 중 가장 정확한 예측성을 가졌다고 평가된다.

RGS = 0.1579 × (U/W × 100)+0.0496×SL+3.6365

RGS = 이독성 점수

U = 단어 목록표에 없는 어려운 단어의 수

W = 분석 대상 자료의 단어의 총수

SL = 문장의 평균 길이(단어의 개수로 표시)

U/W×100=분석 대상 자료에서 전체 단어 개수 중 생소한 단어가 차지하는 비율

(다) Lorge 공식

이독성 **점수** = 0.06SL+0.10Pre-Phr+0.10UW

SL = 단어 수로 나타낸 문장 길이

Pre-Phr = 100개 단어로 된 단락 속에 들어 있는 전치사의 수

UW = Dale의 769 어휘표에 나와 있지 않은 100 단어로 된 단락 속에 들어 있는 생소한 단어의 수

(4) 전문화된 공식 시대(1953~1959)

이 시기에 발표된 공식들의 특징은 특정 자료의 분석 경향이 두드러져 공식이 전문화, 세분화되었고, 문장 내용의 추상도 분석에 관심이 크며, 또한 이미 발표한 공식들을 재검토하여 보다 예측성이 높은 공식으로 만들었다는 점이다.

대표적인 공식들으로는 Forbes 공식, Spache 공식, Wheler-Smith 공식, Tribe 공식, Powers-Sumner-Kearl 공식, Gillie 공식, Taylor의 Cloze Procedure 등을 들 수 있다. 그 중 Spache(1953)의 공식과 Taylor의 Cloze Procedure(1953)가 현재 많이 사용되고 있다.

(가) Spache 공식

이독성 **수준** = 0.141SL+0.086UW+0.839

SL = 단어 수로 나타낸 문장 길이

UW = Dale의 769 어휘표에 나와 있지 않은 생소한 단어의 수

(나) Taylor의 Cloze Procedure

Cloze Procedure는 우리에게 "빈칸 메우기"로 잘 알려져 있다. 이 방
법은 측정하고자 하는 글에서 일부 단어들을 삭제한 뒤 학습자로 하
여금 그 빈 칸을 채우게 하여 글의 수준과 동시에 학생의 수준을 평
가하는 방법이다.

(5) 새로운 공식 시대(1960년 이후)

이 시기의 특징은 Cloze 점수를 이용한 측정 방법이 많이 나온 점과
언어학 및 심리 언어학의 관점에서 문장 구문의 통사적 복잡성에 깊은
관심을 두었다는 점을 들 수 있다. 문장 구문의 통사적 복잡성에 관심을
가지고 이를 측정하고자 한 예로는 Yngve(1960)의 문장의 심도 분석 모
형을 들 수 있다.

이 시기에 발표된 공식에는 Carver의 RIDE 척도, Botel의 공식, Dev
ereau 공식, Fry의 이독성 그래프, Mugford의 도표, SMOG 공식, FOR
CAST 공식, Elley 공식, Coleman의 공식, Bormuth 공식, Botel- Gran
owsky의 통사적 복합성 공식, Cook의 문체 복잡성 척도, Sticht 공식,
Park의 문장 이독성 공식 등이 있다.

이상의 내용을 요약하면, 고전적 이독성 공식에서는 단어의 난이도와
문장의 길이를 가장 중요한 수준 검사 요소로 보는데, 대체로 전자는 의
미 요소, 후자는 통사 요소와 연결된다. 단어의 난이도와 관련지어서는
해당 단어의 음절수가 길면 길수록, 그리고 낯선 단어, 어려운 단어, 빈
도가 낮은 단어들이 많을수록 그 텍스트는 읽기 어려운 것이 된다. 그리
고 문장 길이 측면은 대체로 100개의 단어가 들어가는 문단이 몇 개의
문장으로 이루어졌는지로 검사되는데, 문장의 수가 적으면 적을수록(문장

이 길어질수록) 그 텍스트는 읽기 어려운 것이 된다.

그러나 이러한 이독성 공식은 상대적으로 독자의 배경지식이나 흥미, 글 전체의 구성, 내용의 함축성, 추론을 요구하는 정도와 같은 인지·조직화의 측면을 다소 등한시했다는 점에서 비판을 받기도 한다.

2.2 새로운 이독성 공식: 인지·조직화 요소들에 초점을 둠

새로운 이독성(공식)에 대한 제안은 1970년대 중반부터 나타났다. 이 분야에서는 이독성의 인지·조직화 면에 초점을 둔 Walter Kintsch와 그의 동료들, 그리고 조직화에 초점을 둔 Bonnie Meyer의 작업이 가장 탁월하다. 물론, 전통적인 패러다임 속에서 이독성의 이러한 면들을 측정하려고 한 초창기의 시도들도 있었다. Ojemann(1934)과 Morriss와 Holversen(1938)의 공식은 대체로 개념적인 난이도와 관련이 되고, Dolch(1939)의 공식은 개념의 긴밀성과 연관된다. 그러나 이러한 요인들을 본격적으로 다루려는 시도는 주류의 전통적인 이독성 공식에 포함되지 않았다.

2.3 종합적인 이독성 공식

종합적인 이독성 공식은 단어의 난이도와 문장의 길이를 중심으로 한 고전적인 이독성 공식의 장점과 인지·조직화의 측면을 중시한 새로운 이독성 공식의 장점을 종합해서 독서 수준을 측정하는 공식이다. 고전적 공식의 경우 인지·조직화의 측면은 다소 소홀히 한 경향이 있지만 실천적이며 검사가 간편하고 전반적으로 글의 수준을 검사하는데 높은 예측성 및 타당성을 지닌다는 데 장점이 있다.[6] 그리고 새로운 공식은 이론적이며 검사가 지나치게 복잡하고 쉬운 수준의 텍스트에서는 정확한 수준 검사가 이루어지지 않을 수도 있다는 단점을 가지지만, 어려운 텍스트의 수준 검사에서는 고전적인 공식보다 더욱 섬세하며 타당도 높은 검사 결과를 도출해 내며 고전적 공식이 상대적으로 소홀히 한 인지·조직화 측면의 중요성을 부각시킨 장점이 있다.[7] 따라서 종합적 방법은 이 두 종류의 공식이 가진 장점들을 종합해서 이독성을 측정하는 것이다. 하지만 엄밀히 따지면, 종합적 방법은 고전적 방법을 위주로 하되, 새로운 방법이 가진 장점을 어느 정도 받아들임으로써 고전적 방법의 단점을 보충하는 것이라 보는 것이 좋다.

3. 질적 이독성 수준 평가

3.1 이독성 질적 연구와 평가

여기서는 질적 이독성 공식 개발에 앞서 이독성 수준 평가에서 질적 연구의 의의와 특성을 검토하고 질적 이독성 공식의 개념과 개발의 필요성을 간략히 살피고자 한다.

---

6) 인지·구조적인 면을 중요시했던 Kintsch와 Vipond마저도 나중에는 단어의 난이도와 문장 길이가 글의 수준을 측정하는데 가장 강력하며 효과적인 요소라는 것에 동의했으며 따라서 인지·조직화 측면을 강조한 새로운 공식은 고전적인 공식을 결코 대신할 수 없으며 단지 보충할 수 있을 뿐이라고 말했다. Jeanne S. Chall & Edgar Dale(1995). "Readability Revisited", Brookline Books, 110~112쪽.

7) 대체적으로 8학년을 기준으로 그 이하일 경우 고전적인 방법이 그 이상일 경우 새로운 방법이 텍스트의 수준을 더욱 정확하게 구분해 낼 수가 있다고 한다. 앞의 책, 111쪽.

3.1.1 질적 연구의 개념

질적 연구는 사람이나 사태 혹은 사물에 수량화나 범주화가 가해지기 이전의 상태, 즉 '있는 그대로'의 상태에 최대한 접근하고자 하는 연구이다.[8] 또한 질적 연구는 사회과학에서 비교적 최근에 주목받고 있는 연구 방법으로 현장 연구, 자연주의적 연구, 문화기술적 연구, 사례 연구, 참여관찰, 민속방법론 등의 여러 가지 연구 방법들을 포함하는 일반적 용어로 이해되기도 한다. Spradley(1979)는 질적 연구의 목적은 연구 대상자의 삶에 대한 관점, 태도 및 비전을 파악하는 것이라고 하였으며, 질적 연구의 필요성은 인간에 대한 이해와 봉사에 있다고 지적했다.[9]

이러한 질적 연구의 특징으로는 자연주의적 탐구, 귀납적 분석, 직접적 및 개인적 접촉, 총체적 관점, 역동적 접근, 사례의 독특성, 중립적인 연구 자세, 연구자의 공감과 상황에 대한 민감성, 연구 설계의 융통성 등을 들 수 있는데, 이 글에서는 특히 총체적 관점[10]에 초점을 맞추어 질적 이독성 공식을 개발하려 한다.

3.1.2. 질적 이독성 공식의 개념

질적 측정 방법은 텍스트 요인들에 대한 분석보다는 텍스트의 총체적

---

8) 최신일(2001), "질적 연구의 철학적 배경", 대구교육대학교 초등교육연구논총 제17권 2호, 272~294쪽.
9) 김윤옥 외(2001), "교육 연구를 위한 질적 연구 방법과 설계", 문음사, 9~10쪽.
10) 질적 연구자는 특정 상황에 있어서 통일적인 특성, 즉 총체성을 찾으려고 한다. 총체적 관점이란 부분의 합보다 더 큰 복잡한 체제로 전체를 이해하는 것이다. 따라서 이러한 총체적 접근 방법에서는 소수의 선정된 변인들 간의 관계를 측정하고 조작하는 대신에, 연구 상황에 대한 포괄적이고 완전한 모습에 관한 자료를 수집하려고 한다. 이러한 총체적 관점은 독특성, 복잡성 및 상호 관련성에 관심을 기울일 수 있게 한다. 김윤옥 외(2001), "교육 연구를 위한 질적 연구 방법과 설계", 문음사, 14~17쪽.

인 인상에 의존하는 방법이다. 이 방법은 각 요인들의 측정에 의존한 방법보다는 텍스트의 전체적 난이도를 훨씬 민감하게 측정할 수 있다. 단어나 문장 요인 또는 조직화나 인지적 요인들에 초점을 둔 측정 방법들은 어떤 중요한 변인들을 빠뜨릴 소지가 많다. 그러나 질적 측정은 어휘, 통사, 추론 부담, 텍스트 구조와 응집성 등 읽기 난이도를 결정하는 다양한 텍스트 변인들을 보다 섬세하게 측정할 수 있다. 따라서 객관적인 측정이 가진 단점들을 효과적으로 극복할 수 있다.

이러한 텍스트 난이도 측정의 질적인 방법은 다음과 같은 점에서 의미가 있다.

① 제시된 텍스트의 난이도를 판단하는데 있어 매우 간단한 방법이며, 텍스트의 여러 요인들을 세는 측정 방법보다 질적인 방법이다.

② 작가나 교사, 부모 등에게 문학, 사회 연구, 과학 등에 대한 글들이 특정한 수준에 얼마나 적절한가를 판단하는 근거를 제공한다.

③ 어휘나 통사, 개념, 문장 구조와 그 외의 요인들이 2~3학년 수준부터 11~12학년 수준까지 난이도가 어떻게 변해가는 가를 밝혀 준다.

④ 난이도에 대한 전문 교사의 판단이나 학생의 판단보다 못하지 않은, 신뢰할 만한 측정 방법을 제공한다.

⑤ 각 단계들은 교사나 학부모, 기타 관심이 많은 사람에게 독서 발달에 대한 간편한 소개를 제공한다.11)

---

11) Jeanne S. Chall, Glenda L. Bissex, Sue S. Conard, Susan H. Harris-Sharples(1996), "Qualitative Assessment of Text Difficulty", BROOKLINE BOOKS, 1~4쪽 참고.

3.1.3. 질적 이독성 공식 개발의 필요성

잠깐 밝혀 두자면, 이 글의 질적 이독성 공식(개발 과정)은 몇 가지 제한을 가지고 있는데,[12] 여기서는 그러한 제한점들에도 불구하고 질적 이독성 공식을 개발할 수밖에 없었던 이유를 밝히고자 한다. 그 구체적 사항들은 다음과 같다.

첫째, 양적·질적 이독성 공식을 통해 산출된 결과는 상호보완적[13]이

---

12) 구체적 내용은 이 글의 "V-2-가. 연구의 제한점" 부분 참고
13) 일부 연구자들은 질적 연구와 양적 연구의 연계 내지 통합에 부정적인 견해를 제시하고 있다. 조용환(1999)은 인식론적 차이 때문에 한 연구자가 다른 연구의 논리를 공유할 수 없다는 점을 들어 질적 연구와 양적 연구의 통합에 부정적인 시각을 제시하고 있다. Leininger(1994)도 간호학 관련 연구 조사에서 동일한 인구에 양적, 질적인 방법을 통합하는 접근에 대한 반대 의견을 제시하였다. 그녀의 주장에 따르면, 통합을 시도하는 연구자들은 각 연구 패러다임에 기저한 철학과 배경을 충분히 이해하지 못한 것으로 보고, 이는 각 패러다임을 손상시키고 신뢰롭지 못한 연구를 산출하게 된다고 주장했다. Bordan과 Biklen(1992)은 교육 영역에서 질적, 양적 연구의 통합을 시도할 경우, 가끔은 훌륭한 연구가 될 수 있으나 대부분의 경우 바람직하지 못한 것으로 주장했다. 그들은 특히 초보자의 경우 통합 연구를 시도하는 것이 부적합함을 지적하고, 한 연구자가 정교한 양적, 질적 연구를 동시에 수행하고자 시도하는 것은 매우 힘든 경험이 될 것으로 결론내리고 있다.
그러나 Goodwin과 Goodwin(1996)은 질적 연구와 양적 연구 모두가 나름대로 장점을 가지고 있으며 각자 교육에 매우 중요한 지식을 산출할 수 있음을 지적하였다. 나아가 단일 연구에서 질적, 양적 연구를 결합하는 것이 바람직하다고 주장하고 있다. 즉, 두 연구를 나란히 활용할 경우 장점이 서로 보완되어 보다 균형 있고 심도 있는 이해와 성과를 산출할 수 있다는 것이다. 이러한 실용적인 입장을 옹호하는 중요한 이유는 다음과 같다.
첫째, 여러 방법의 결합이 지식을 산출하고 다양한 연구 목적을 성취하는데 최선이라는 점이다.
둘째, 복합적인 방법을 활용할 수 있는 연구자야말로 신뢰롭고 양질의 연구를 수행할 수 있는 준비를 가장 잘 갖춘 연구자라는 이유를 들 수 있다.
셋째, 실용적 입장에 대한 가장 중요한 이유는 교육 연구자들이 오랜 방법론상의 전쟁을 벗어나 연구 그 자체를 수행하는데 에너지를 전환해야 한다는 점이다. 일단의 연구자들이 이같은 실용적 입장을 지지하고 있다(Borg, Gall & Gall, 1993, Creswell, 1994, Glesne & Peshkin, 1992, Miles & Huberman, 1994, Patton, 1990, Shul man, 1988, 1997).
이상의 주장을 통해, 단일 연구 또는 고도로 관련된 일련의 연구에서 질적, 양적 접

기 때문이다. 동일한 텍스트에 대하여 두 공식을 모두 활용하여 텍스트의 수준을 알아낼 경우, 한 가지 공식만을 사용할 때보다 더욱 정확히 텍스트의 수준을 판단할 수 있다. 실제로 양적 이독성 공식의 경우, 그 결과가 전문가 집단의 텍스트에 대한 평가와 비교했을 때 0.804의 높은 상관을 보였다. 하지만, 구체적 텍스트 하나하나에 적용시켰을 때는 여전히 미흡한 점이 많이 발견된다. 이때, 질적 이독성 공식의 도움을 받으면 더욱 섬세한 측정 결과를 얻을 수 있다.

둘째, 각 이독성 공식의 측정 방법은 상호보완적이기 때문이다. 양적 이독성 공식의 경우, 글의 수준을 판단함에 있어 어느 정도 객관적인 근거를 가지고 있다는 점이 장점이다. 그러나 이 공식은 글이 가진 질적 수준에 대한 판단을 하지 못한다는 단점을 가진다. 실제로, 글에 나타난 어휘의 수준이 쉽고, 문장이 간결함에도 불구하고, 글의 내용은 대단히 추상적이고 어려운 경우도 있다. 이럴 경우, 특히 고전적 공식의 경우, 효과적인 글의 수준 판단이 어렵다. 또한 양적 공식은 글의 수준 측정에 있어 단어나 문장 요인 또는 조직화나 인지적 요인들에 초점을 둠으로써 그 외의 다른 중요한 변인들을 빠뜨릴 소지가 많다.

이에 비해, 질적 이독성 공식의 경우, 글의 요인을 측정하기 보다는 검사자의 글에 대한 총체적인 인상에 의거, 글의 전체적인 질적 수준을 판단함으로써 양적 공식이 가진 단점을 효과적으로 극복할 수 있다는 점이 장점이다. 그러나 질적 공식은 글의 수준을 판단함에 있어 객관적 요인보다는 전적으로 검사자의 글에 대한 총체적인 인상에 의거함으로

근을 다양한 방식으로 결합할 수 있음을 알 수 있다. Miles와 Huberman(1994)이 지적한 것처럼 우리는 세상을 이해하는 데 수(number)와 이야기(words) 모두를 필요로 한다. 관심 주제를 탐구함에 있어 어느 한 방법에 전적으로 매달리지 않고 여러 방법 중에서 효과적인 대안을 선정하는 것이 바람직하다. 조영남(2001), "질적 연구와 양적 연구", 대구교육대학교 초등교육연구논총 제17권 2호, 321~326쪽.

써 글의 수준 검사에 있어 검사자의 주관이 지나치게 강하게 작용할 수 있다는 단점을 가진다. 따라서 글의 수준 검사에서 요구되는 일정 수준의 객관성을 확보하기 어려울 수 있다. 그러므로 양적 이독성 공식과 질적 이독성 공식을 병행하여 사용할 경우 일정 수준의 객관성을 확보하면서도 섬세한 텍스트 수준 측정을 할 수 있다.

3.2 질적 이독성 공식 개발

3.2.1 평가 요인과 지문 선정

질적 이독성 공식 개발에서 가장 중요한 것은 각 학년의 수준을 대표할 수 있는 지문을 선정하는 일이다. 이 작업을 하기 위해서는 다음과 같은 절차를 밟아야 했다. 첫째, 지금까지 수집된 138개의 비문학 지문들을 여러 번 읽어야 했다. 둘째, 그 지문들의 수준이 각 학년에 따라서 어떻게 변해 가는지를 파악해야 했는데, 이 작업의 편의를 위해 Chall 등이 개발한 범주[14]를 활용하여 일종의 코딩 작업[15]으로써 척도표를 제

---

14) Chall 등은 1학년부터 16학년까지 각 학년을 대표할 수 있는 지문을 제시하였는데, 이때, 몇 가지 기준을 세워 쉬운 수준의 글이 어려운 수준으로 변해감에 따라 이 기준들도 어떤 변화를 보이는지를 설명하였다. 이때 제시된 기준들은, 과학 지문의 경우 어휘 지식, 문장 구조의 친숙성, 관련 주제와 문화적 지식, 기술적 지식, 개념의 밀도, 추론의 수준 등이다. Jeanne S. Chall, Glenda L. Bissex, Sue S. Conard, Susan H. Harris-Sharples(1996), "Qualitative Assessment of Text Difficulty", BROOKLINE BOOKS.

15) 질적 연구에서 코딩의 의의는 다음과 같다. 첫째, 특정 주제나 범주, 이름으로써 텍스트를 하나의 분석단위로 축약함으로써 자료의 양을 감소시키고 단순화하며, 분석 대상이 되는 자료와 그렇지 않은 자료를 구분시켜 준다. 질적 연구에서 수집한 방대한 자료에 일련의 질서, 체계 그리고 의미를 부여하는 과정이 분석이라고 볼 때, 코딩 작업은 필연적으로 따라야 할 과정이라고 볼 수 있다. 둘째, 코딩을 통해 자료를 정의하고 범주화함으로써 이후에 계속되는 자료 수집의 방향을 제시해 줄 수 있다.

작하였다. 그 구체적 내용은 표 3-4에 제시되어 있다. 이때 사용된 기준은 어휘, 문장, 주제, 소재, 요구되는 배경지식의 특성과 개념의 함축성 등이다. 셋째, 앞에서 언급된 기준에 따라 3학년 수준부터 11학년 수준까지 대상 텍스트들의 질적인 수준이 어떻게 변해 가는지를 조사했다. 그 구체적 내용은 표 3-5에 제시되어 있다. 넷째, 표 3-5의 조사 결과를 바탕으로 표 3-6에서 질적 수준의 각 학년 평균을 산출하였다. 그리고 이에 대한 해석을 바탕으로 하여 텍스트들의 수준에 따른 질적 변화를 도표화하였다. 구체적 내용은 표 3-7에 제시되어 있다. 다섯째, 이상의 내용들을 종합하여 각 수준을 대표하는 지문을 선정하였다. 질적 연구는 대체로 연구 결과의 신뢰도, 타당도 및 일반화 가능성 등에 있어서 여러 가지 비판을 받기도 한다.16) 이러한 비판은 질적 이독성 공식 개발 방법 및 과정에도 그대로 적용될 수 있는 것이다. 그래서 질적 이독성 공식 개발에 있어 일정 수준의 타당성과 신뢰도를 확보17)하기 위하여 대표 지문을 선정함에 있어서는 삼각검증18)의 방법을 활용하였다.

셋째, 자료를 개념화시킴으로써 특정한 텍스트를 탐구의 대상으로 변환시킨다. 이를 통해 다양하고 무질서하며 관련이 없어 보이는 자료들을 상호 관련시켜 주거나 많은 자료들을 의미 있는 방식으로 체계화, 재배열, 재조직시켜 줄 수 있다. 넷째, 연구자의 관심을 분석의 단위와 수준으로 유도함으로써 의미 있는 해석과 연구 결론을 도출할 수 있도록 연구자를 보다 심층적인 탐구의 과정으로 이끌 수 있다. 다섯째, 코딩은 근거이론에서 이론 개발의 시발점이 되게 한다.(김영천, "학교 교육현상 탐구를 위한 질적 연구의 방법과 과정", 이용숙, 김영천 편, 길병휘 외(2001), "교육 연구의 질적 접근", 교육과학사. 191-192에서 재인용)

16) 질적 연구에 대한 비판과 이에 대한 반론은 辛玉順(1988), "敎育研究를 위한 質的 接近 의 意味와 價値", 인천교육대학교 논문집 22권 1호, 315~331쪽에 잘 정리되어 있다.
17) 사례 연구의 타당도와 신뢰도를 높이기 위해 염두에 두어야 할 점은 다음과 같다. 첫째, 연구 상황에서 자료 수집의 과정을 길게 하라. 더 많은 구체적인 정보를 연구 자에게 제공함으로써 결과의 정확성을 확실히 할 수 있다. 둘째, 삼각검증 과정을 적용하라. 단지 한 가지의 관찰에 의존하기보다는 다양한 출처를 사용하라. 셋째, 연구 구성원을 상호 조사하라. 넷째, 참고자료를 수집하라. 다섯째, 동료와 상의하 라. 연구자들은 최종 보고서를 내기 전에 타당도를 확립하기 위해 동료들과 상의해 야 한다. 길병휘 외, "교육연구의 질적 접근, 교육과학사", 2001, 179~181쪽.

(1) 전문가 집단의 질적 평가 요인

질적 평가를 위해 평가 도구를 개발하기 위해서는 질적 평가 요인을 선정해야 하는데 이를 위해서 전문가 집단에게 설문을 통하여 조사하였다. 전문가 집단에게 던진 질문의 구체적 내용은 다음과 같다.

1. 글의 구성 방식 요인과 흥미·관심·태도 요인의 경우 분명 글의 이해에 많은 영향을 미치는 요인임에는 틀림없습니다. 그러나 글의 수준이 달라짐에 따라 규칙적 변화를 보이지 않아 질적 평가 도구 개발 시 체계화에 어려움이 있습니다. 그럼에도 불구하고 이 요인을 이독성 기대 요인으로 선정해야 하겠습니까? 선정해야 한다면 그 이유는 무엇 때문입니까? 선정할 수 없다면 그 이유는 무엇 때문입니까?

2. 문장 특성 요인의 경우, 학생들의 응답 결과 글의 이해에 미치는 영향이 적은 것으로 나타났는데, 이유는 무엇 때문이라고 생각하십니까?

3. 문장 요인의 경우 단순히 설문 조사 결과로만 따지자면 글의 이해에 거의 영향을 미치지 못하는 요인으로 볼 수도 있습니다. 그렇다면 문장 특성 요인은 텍스트의 이독성 기대 요인에서 제외시켜야 하겠습니까? 제외시켜야 한다면 그 이유는 무엇 때문입니까? 제외할 수 없다면 그 이유는 무엇 때문입니까?

4. 여덟 가지 요인 중 텍스트의 이독성 측정 시 꼭 포함시켜야 하는 요인은 무엇입니까? 그리고 그 이유를 말씀해 주십시오.

5. 여덟 가지 요인 중 텍스트의 이독성 측정 시 제외시켜야 하는 요인은 무엇입니까? 그리고 그 이유를 말씀해 주십시오

---

18) 삼각검증이란 동일한 현상을 연구하는데 서로 다른 방법을 활용하는 것이다. 이때, 서로 다른 각각의 결과가 하나로 수렴될 경우 보다 명확하고 믿을 수 있는 정보를 얻을 수 있다.

(2) 조사 분석

질적 이독성 평가 도구 개발에서 가장 중요한 것은 각 학년의 수준을 대표할 수 있는 지문을 선정하는 일이다.[19] 이 작업을 하기 위해서는 대체로 다음과 같은 절차를 밟는다. 첫째, 각 학년을 대표할 수 있는 수준별 비문학 지문들을 다양하게 마련한다. 둘째, 마련된 수준별 지문들이 학년 수준이 달라짐에 따라 어떠한 변화를 보이는지 파악한다. 셋째, 각 학년 수준에 따른 텍스트들의 특성을 파악한 다음 대표지문을 선정한다.

그런데 이러한 작업 중 두 번째, 다시 말해, 수준별 지문들이 학년 수준이 달라짐에 따라 어떤 변화를 보이는지 파악하기 위해서는 일종의 코딩 작업으로서 척도표 제작이 선행되어야 한다. 이때 척도표의 세부 항목들은 설정 이유에 대한 일정 수준의 객관성을 지녀야 한다. 따라서 이 글에서는 척도표 제작 시 각 항목 설정의 객관성 확보를 위하여 마산 시내 인문계 고등학교 3학년 남녀 학생 137명을 대상으로 해서 글(비문학 지문)의 이해에 영향을 미치는 요인이 무엇인지를 묻는 내용의 설문 조사를 실시하였다.

이때 회수된 설문지는 128부였으며 설문은 2개 문항으로 구성되었다. 설문 유형은 자유 응답식으로 학생들의 의견을 자유롭게 서술하도록 하였다. 그리고 학생들의 응답을 처리함에 있어서 적용한 원칙은 다음과 같다.

첫째, 대상 텍스트가 어렵거나 쉬웠던 이유를 여러 가지로 나열한 경우, 각각을 분리하여 항목별로 처리하였다. 따라서 한 학생이 하나의 질문에 대하여 세 가지 항목으로 응답을 한 경우, 각 항목별로 한 명이 응

---

[19] 질적 이독성 평가는 평가하기를 원하는 텍스트의 표본을 대표지문과 비교·대조하여 그 수준을 측정하는 방법이다. 따라서 수준 판단의 근거가 되는 대표지문 선정은 질적 이독성 평가 도구 개발에서 매우 핵심적인 요소라 할 수 있다.

답한 것으로 간주하였다. 이는 결과적으로 한 명의 학생이 3명치의 응답을 한 것으로 볼 수 있다는 것이다.

둘째, 첫 번째의 경우와는 달리 설문에 응답하지 않거나 단순히 "내용이 쉬웠다" 또는 "어려웠다"와 같은 유형으로 대답을 한 경우도 있었다. 설문지에 응답하지 않은 것은 조사 대상에서 제외하였다. 그리고 응답 중 "내용이 쉬웠다" 또는 "어려웠다"와 같은 유형은 특정 비문학 지문이 어려웠던 이유를 밝힌 것이라 보기는 어렵다. 따라서 위와 같은 답변은 응답 유형에 따른 항목을 별도로 설정하지 않았다. 이는 결과적으로 무의미한 응답의 경우도 설문 조사 응답에서 제외했다는 뜻이 된다. 학생들에게 제시한 구체적인 설문 내용을 소개하면 다음과 같다.

① 여러분이 고등학교에서 배웠던 비문학 지문 중 가장 어려웠던 글이 무엇인지 생각해 봅시다. 그 글이 어렵게 느껴졌던 이유는 무엇 때문입니까?
② 여러분이 고등학교에서 배웠던 비문학 지문 중 가장 쉬웠던 글이 무엇인지 생각해 봅시다. 그 글이 쉽게 느껴졌던 이유는 무엇 때문입니까?

학생들이 응답한 설문 조사 결과를 분석해 보면, 글의 이해에 많은 영향을 미치는 요인은 배경 지식(34.25%), 어휘(19.89%), 글의 구성 방식(13.26%), 개념(12.71%), 흥미·관심·태도(12.15%), 일상생활과의 관련성(4.42%), 주제(2.76%), 문장(0.55%) 등의 순으로 나타남을 알 수 있었다. 그런데, 사실 학생들의 응답 결과만을 가지고 이들 요인 모두를 이독성 기대 요인으로 설정하기에는 다소 무리가 따른다. 그 이유는 다음과 같다. 첫째, 위 여덟 가지 요인 모두를 이독성 기대 요인으로 선정할 경우 텍스트의 난이도를 판별할 때 고려할 요인이 많아 다소 번거롭다는 것이다. 둘째, 여덟 가지 요인들이 모두 이독성 기대요인으로 적절한가 한 번 더 생각해 보아야 하기 때문이다. 실제로 글의 구성 방식 요인과 흥미·관심·태도 요인의 경우 분명 이독성에 많은 영향을 미치는 요인임에는 틀림없지만, 텍스트의 수준이 높아짐에 따라 규칙적 변화를 보이는 요인이라 볼 수 있는가?[20] 그리고 문장 요인의 경우는 단순히 설문 조사 결과로만 따지자면 글의 이해에 거의 영향을 미치지 못하는 요인으로 볼 수도 있다.[21] 그렇다고 해서 문장 요인을 텍스트의 이독성 조사에서 제외시켜야만 하는가? 다시 말하자면, 과연 문장 요인이 글의 이해에 미치는 영향이 미미하다고 볼 수 있는가? 요컨대, 위 여덟 가지 요인 중 어떤 요인을 이독성 기대 요인에 포함시키고 어떤 요인을 제외시켜야 할 것인가 하는 문제가 생기는 것이다.

이러한 문제 해결에 객관성을 부여하기 위하여 5명의 전문가 집단에게 인터뷰 형식으로 아래의 몇 가지 질문을 던지고 그들에게 자문을 구하였다. 전문가 집단은 마산 시내 인문계 고등학교에 근무하는 교사들이며 그들의 간단한 인적 사항을 제시하면 다음과 같다.

[표 3-1] 전문가 집단의 인적 특성

특성 \ 전문가	가	나	다	라	마	비고
성별	남	여	남	남	여	남3, 여2명
연령	35	28	33	38	30	
교육경력	8	4	7	4	4	

---

20) 대체로 글의 수준이 달라짐에 따라 가장 규칙적인 변화를 보이는 요인이 가장 강력한 이독성 기대 요인이 된다. 윤창욱(2006), "비문학 지문 이독성 공식 개발에 관한 연구", 한국교원대학교 교육대학원 석사학위 논문, 6쪽.
21) 응답자의 불과 0.55%만이 글의 이해에 영향을 미치는 요인으로 문장 요인을 꼽았다.

이제 전문가 집단과의 인터뷰 결과를 제시하면 다음과 같다.

첫 번째 질문에 대하여, 흥미·관심·태도 요인을 이독성 기대 요인 선정에서 제외하는 것이 바람직하다는 응답은 3명, 포함시키는 것이 바람직하다는 응답은 2명이었다. 그리고 글의 구성 방식 요인에 대해서는, 제외해야 한다는 응답은 1명, 포함시켜야 한다는 응답은 4명이었다. 그리고 세 번째 질문과 관련지어서는 5명의 전문가 모두 문장 요인을 이독성 기대 요인에 포함시키는 것이 바람직하다는 응답을 하였다. 네 번째 질문과 관련지어서는, 모든 요인을 포함시켜야 한다는 응답이 2명, 흥미·관심·태도 요인을 제외한 모든 요인을 포함시켜야 한다는 응답이 1명, 흥미·관심·태도 요인과 글의 구성 방식 요인을 제외한 모든 요인을 포함시켜야 한다는 응답이 1명, 어휘, 배경 지식, 글의 구성 방식 요인을 포함시켜야 한다는 의견이 1명이었다. 마지막으로 다섯 번째 질문과 관련지어서는, 제외시켜야 할 요인이 없다는 응답이 2명, 흥미·관심·태도 요인을 제외해야 한다는 응답이 1명, 글의 구성 방식 요인과 흥미·관심·태도 요인을 제외해야 한다는 응답이 1명, 흥미·관심·태도 요인과 일상생활과의 관련성 요인은 통합하는 것이 바람직하다는 의견이 1명이었다.

이상의 내용을 바탕으로 이 글에서는 배경 지식, 어휘, 개념, 일상생활과의 관련성, 주제, 문장 등 6가지 요인을 이독성 기대 요인으로 선정하였다. 그 구체적 이유를 제시하면 다음과 같다.

(1) 배경 지식 요인: 학생들의 34.25%가 글의 이해에 많은 영향을 미친다는 응답을 한 것으로 보아 다른 요인에 비해 상대적으로 강력한 이독성 기대 요인임을 알 수 있다. 학생들은 대체로 해당 분야에 대한 배경 지식이 부족하거나 평소 접하지 않은 내용을 지문을 대했을 때 읽기

에 어려움을 겪는다고 응답했다. 또한 전문가 집단도 배경 지식을 글의 이해에 많은 영향을 미치는 요인으로 인정하였다. 그리고 독해에 관한 최근 연구 결과 중의 하나는 배경 지식 없이는 어떠한 독해도 있을 수 없다는 것이라고 한다. 배경 지식은 모호한 단어의 해석, 문장 간의 추론, 예측, 정교화를 할 수 있게 해주기 때문이다. 이 외에도 많은 연구들이 독해 문제가 실제적으로 배경 지식의 부족 때문에 생긴다는 것을 밝히고 있다.[22] 이러한 점들을 감안한다면 배경 지식이 이독성 기대 요인으로 선정될 근거는 충분하다고 판단할 수 있다.

(2) 어휘 요인의 경우: 학생들의 19.89%가 글의 이해에 많은 영향을 미친다는 응답을 하였다. 대체로 평소에 접하지 않았거나 잘 모르는 어휘, 어렵거나 전문적인 어휘들이 많이 사용될 경우 학생들은 글의 이해에 많은 어려움을 겪는 것으로 나타났다. 물론, 그 역도 성립한다. 전문가 집단에서도 배경 지식과 더불어 어휘 요인을 가장 중요한 이독성 기대 요인으로 추천하였다. 또한 이 요인은 기존의 많은 이독성 관련 연구에서 매우 중요한 이독성 기대 요인으로 손꼽아 온 요인이기도 하다. 이러한 점들을 감안한다면 어휘 요인 또한 이독성 기대 요인으로 선정될 근거는 충분하다.

(3) 개념 요인의 경우: 학생들의 12.71%가 글의 이해에 많은 영향을 미친다는 응답을 하였다. 대체로 대상 텍스트가 추상적이거나 깊이 있는 이론을 다루고 있는 경우 또는 학생들 스스로 개념 정리나 이해가 되지 않을 경우 글의 이해에 많은 어려움을 겪는 것으로 드러났다. 이 요인 또한 모든 전문가들이 글의 이해에 영향을 미칠 수 있는 요인으로 이독성 기대 요인 속에 포함시켜야 한다는 응답을 하였으므로 이독성 기대

---

22) Irwin · Baker(1997), Promoting Active Reading Comprehension Strategies, 한철우, 천경록 옮김, 『독서 지도 방법』, 교학사, 57쪽.

요인으로 선정한다.

(4) 일상생활과의 관련성 요인의 경우: 학생들의 4.42%가 글의 이해에 많은 영향을 미친다는 응답을 하였다. 대체로 대상 지문이 주변에서 쉽게 볼 수 있는 내용을 다루었거나 자신이 직접 겪고 있는 일을 내용으로 삼은 경우 학생들은 글을 쉽게 이해할 수 있다고 응답하였다. 이 요인은 글의 이해에 영향을 미친다는 학생들의 응답 비율이 상대적으로 높지는 않은 편이다. 그러나 이 요인을 이독성 기대 요인에서 제외해야 한다는 의견을 직접적으로 제시한 전문가는 없다. 다만 일상생활과의 관련성 요인의 경우 흥미·관심·태도 요인과 통합이 바람직하다는 의견을 제시한 전문가는 1명 있었다. 이 글에서는 실제로 흥미·관심·태도 요인을 이독성 기대 요인에서 제외하였기에 일상생활과의 관련성 요인을 이독성 기대 요인 속에 포함시키도록 하였다.

(5) 주제 요인의 경우: 학생들의 2.76%가 글의 이해에 많은 영향을 미친다는 응답을 하였다. 대체로 주제가 난해하거나 찾기가 힘들 경우 학생들은 글의 이해에 어려움을 느꼈다고 응답하였으며 반대로 주체 찾기가 쉽거나 쉬운 주제를 다루었을 경우 글의 이해도 쉬웠다고 응답하였다. 이 요인 또한 글의 이해에 영향을 미친다는 학생들의 응답 비율이 상대적으로 높지는 않은 편이다. 그러나 이 요인 또한 모든 전문가들이 이독성 기대 요인 속에 포함시켜야 한다는 의견을 제시했기에 이독성 기대 요인으로 삼았다.

사실, 학생들을 대상으로 한 설문 조사 결과 가장 의외였던 부분은 문장 요인에 대한 학생들의 응답 결과였다. 많은 이독성 관련 연구들은 어휘 요인과 더불어 문장 요인을 매우 강력한 이독성 기대 요인으로 꼽고 있었지만 실제 학생들의 경우 불과 0.55%만이 글의 이해에 문장 요인이 영향을 미친다고 응답하였기 때문이다. 그래서 이 글에서는 전문가 집단에게 이처럼 문장 요인에 대한 학생들의 응답률이 낮은 이유는 무엇 때문인지, 그리고 이처럼 낮은 응답률에도 불구하고 이독성 기대 요인에 포함시켜야 하는지 조언을 구하였다.

먼저, 낮은 응답률에 대한 전문가 집단의 의견은 다음의 몇 가지로 정리되었다.

첫째, 학생들이 문장 단위로 글의 쉽고 어려운 정도를 판단하지는 않는다. 어휘나 글 전체 수준에서 지문의 난이도를 판단했기에 문장 요인에 대한 언급이 없었을 것이다.

둘째, 기본적으로 학년이 낮을수록 어휘 요인과 문장 요인의 중요성이 부각되다가 학년이 높아질수록 중요성이 떨어지는 경향이 있으므로 이 두 요인은 관련성이 많다. 학생들은 어휘 요인이 글의 이해에 중요하다고 이미 응답했기에 문장 요인은 따로 언급하지 않았을 것이다.

셋째, 영어와는 달리 국어의 문장 구성 방식에는 익숙하기 때문일 것이다.

넷째, 어휘 부분이나 단락의 주제를 찾는 데 치중하기에 개별 문장 단위에는 신경을 쓰지 않았을 가능성이 많다. 이러한 이유들 때문에 전문가 집단은 학생들의 반응과는 별도로 문장 요인도 이독성 기대 요인으로 삼는 것이 바람직하다는 의견을 제시하였다. 이에 근거하여 이 글에서는 문장 요인도 이독성 기대 요인 속에 포함시키도록 한다.

마지막으로, 글의 구성 방식과 흥미·관심·태도 요인은 비록 학생들을 대상으로 한 설문조사 결과 각각 13.26%, 12.15%에 해당하는 응답률을 보였지만(그래서 글의 이해에 매우 중요한 요인으로 인정되지만) 이 글에서의 이독성 기대 요인 속에는 포함시키지 않도록 한다. 그 이유를 밝히면 다음과 같다. 먼저, 흥미·관심·태도 요인의 경우, 전문가 집단과의 인터뷰 결과 이 요인을 이독성 기대 요인 선정에서 제외하는 것이 바람직하다는 응답은 3명, 포함시키는 것이 바람직하다는 응답은 2명이었다. 이 때, 제외하는 것이 바람직하다는 근거는 다음과 같다. 첫째, 흥미·관심·태도 요인은 배경 지식이나 일상생활과의 관련성 요인 등 타 요소와 중복되는 부분이 많기에 통합하거나 제외하는 것이 바람직하다.

둘째, 이 요인은 개인의 주관성 성향이 강한 요인이다.

셋째, 글 자체가 가진 내용이나 난이도와는 큰 상관이 없기 때문에 기대 요인에서 제외하는 것이 타당하다.

넷째, 글의 수준이 달라짐에 따라 규칙적 변화를 보이지 않아 질적 평가 도구 개발 시 체계화에 어려움이 있다. 이러한 면들을 감안하여 이 글에서는 흥미·관심·태도 요인을 이독성 기대 요인에서 제외하도록 한다.

다음으로, 글의 구성 방식 요인은 학생들의 응답률도 높을 뿐 아니라 전문가 집단도 제외해야 한다는 응답은 1명, 포함시켜야 한다는 응답은 4명이었다. 특히 예시가 훌륭하거나 그림 등 보조 자료 제시가 잘 되어 있을 경우 글 이해가 쉽고 이 부분은 객관성을 가지므로 어떠한 방식으로든 이독성 기대 요인에 포함시키는 것이 바람직하다는 전문가의 의견이 많아 이 요인은 이독성 기대 요인으로 설정하는 것이 타당해 보인다. 그러나 흥미·관심·태도 요인과 마찬가지로 글의 구성 방식 요인 또한 글의 수준이 달라짐에 따라 규칙적 변화를 보이지 않아 질적 평가 도구 개발 시 체계화에 어려움이 있어 일단 이 글에서는 이독성 기대 요인에서 제외하기로 한다. 이 부분은 이 글이 가진 한계가 될 것이다. 차후의 연구에서는 글의 구성 방식 요인도 고려한 질적 평가 도구가 개발되어야 할 것이다.

3.2.2 평가 척도표와 요인별 수준 조사

(1) 질적 이독성 평가 척도표
이상의 결과를 바탕으로 비문학 지문의 이독성을 판단하기 위한 척도표를 제시하면 다음과 같다.

1. 요구되는 배경 지식의 특성
가. 대체로 구체적이고 일상적인 것인가, 아니면 추상적이고 전문적인 것인가?

[표 3-2] 질적 이독성 평가 척도표

나. 배경 지식이 요구되는 정도는 어떠한가?

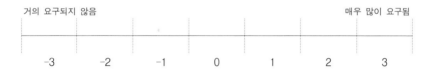

2. 어휘의 특성
-글에 사용된 어휘들이 대체로 쉽고 구체적이며 일상적인가, 아니면 어렵고 추상적이며 전문적인가?

쉽고 구체적, 일상적   어렵고 추상적, 전문적

  ├──────┼──────┼──────┼──────┼──────┼──────┤
  -3   -2   -1   0   1   2   3

3. 개념의 특성

　-텍스트에서 다루고 있는 개념들이 쉽고 구체적이며 일상적인가, 아니면 어렵고 추상적이며 전문적인가?

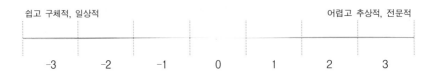

쉽고 구체적, 일상적   어렵고 추상적, 전문적

  ├──────┼──────┼──────┼──────┼──────┼──────┤
  -3   -2   -1   0   1   2   3

4. 일상생활과의 관련성

　-일상생활 속에서 쉽게 관찰하거나 경험할 수 있는 것인가, 아니면 일반적 법칙과 같이 경험과 관찰이 어렵고 이론적인 것인가?

관찰과 경험이 쉬움   관찰과 경험이
                                                          어렵고 이론적임

  ├──────┼──────┼──────┼──────┼──────┼──────┤
  -3   -2   -1   0   1   2   3

5. 주제의 특성

　가. 구체적이며 쉽게 경험할 수 있는 것인가, 아니면 추상적이며 일반적인 법칙이나 이론을 다룬 것인가?

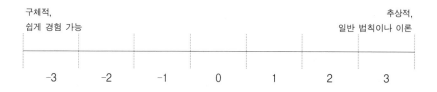

나. 주제 파악을 위한 추론의 요구 정도는 어떠한가?

6. 문장의 특성

-글에 사용된 문장들이 대체로 짧고 단순한가, 아니면 길고 복잡한가?

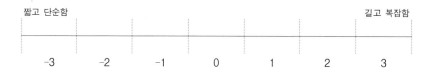

앞서 밝혔듯이, 여기 제시된 척도표는 138개의 지문들이 수준이 달라짐에 따라 어떤 변화를 보이는지를 조금 더 쉽게 파악하도록 하기 위해 제작한 것이다. 어휘, 문장, 주제의 특성 등 모두 여섯 가지 항목이 평가 기준으로 설정되었으며, 각 항목에 대하여 ±3점의 범위 내에서 평가가 이루어지도록 하였다.

(2) 요인별 수준 조사 및 그 결과

다음에 제시되는 도표는 위 척도표에 의거, 교과서에 수록된 138개의 비문학 지문에 대하여 질적 수준을 조사한 것이다. 모두 3명으로 구성된 전문가 집단[23]이 각 지문의 수준을 조사하였는데, 여기 제시한 것은 개별 지문에 대한 전문가 집단 조사 결과의 평균이다.

[표3-3] 요인별 수준 조사 및 그 결과

① 3학년 수준

수준	수록	제목	이독성 요인 조사 결과							
			배경 지식		어휘	개념	일상 생활 관련성	주제		문장
			가	나				가	나	
3	초등 2-1	2-자갈을 모으는 어름치	-2.33	-2.00	-2.33	-2.33	-2.00	-2.33	-2.67	-3.00
		(되돌아보기) 여러 나라의 우표	-3.00	-3.00	-3.00	-3.00	-3.00	-3.00	-3.00	-3.00
		(더 나아가기) 아름다운 황쏘가리	-2.33	-2.33	-2.33	-2.67	-2.00	-2.67	-2.33	-3.00
		2-김치가 좋아요	-3.00	-3.00	-3.00	-3.00	-3.00	-3.00	-3.00	-3.00
		(되돌아보기) 고마운 나무	-3.00	-3.00	-2.67	-2.67	-3.00	-2.67	-2.67	-3.00
	2-2	1-우리나라의 명절	-3.00	-2.67	-3.00	-2.00	-2.67	-2.33	-2.33	-2.33
		(되돌아보기)아이스크림	-2.33	-2.33	-2.67	-2.33	-3.00	-3.00	-2.67	-2.67
		(더 나아가기) 여러 가지 비 이름	-1.33	-1.33	-1.67	-2.00	-2.33	-2.33	-2.33	-2.67
		(더 나아가기) 월드컵 축구 대회	-2.67	-2.00	-2.00	-2.33	-2.67	-2.33	-3.00	-2.67

---

23) 표 3-3. 전문가 집단의 인적 특성에서 소개된 전문가 중 '가, 나, 다' 3명의 전문가로 이루어진 집단이다.

3-1	2-개	-2.67	-2.33	-3.00	-3.00	-3.00	-3.00	-3.00	-2.67
3-2	1-이를 닦읍시다	-3.00	-3.00	-3.00	-3.00	-3.00	-3.00	-3.00	-2.67
	평균	-2.61	-2.45	-2.61	-2.58	-2.70	-2.70	-2.73	-2.79

② 4학년 수준

수준	수록	제목	이독성 요인 조사 결과							
			배경 지식		어휘	개념	일상 생활 관련성	주제		문장
			가	나				가	나	
4	3-1	2-옛날에는 어떤 과자를 먹었을까요	-0.67	0.33	0.33	-0.33	-0.67	-0.67	-0.67	-2.00
		(더 나아가기) 날씨와 생활	-2.00	-1.00	-1.67	-1.67	-2.00	-2.00	-2.00	-2.00
		(되돌아보기) 태권도	-2.67	-2.00	-2.33	-1.67	-2.67	-2.67	-2.00	-2.33
	3-2	(되돌아보기) 토굴 새우젓	-1.67	-0.33	-0.67	-1.33	-2.00	-1.67	-2.00	-3.00
		1-우리 만화가 좋아	-3.00	-2.67	-2.67	-2.67	-2.67	-2.67	-3.00	-2.33
	4-1	1-친절한 사람	-3.00	-3.00	-3.00	-2.67	-3.00	-2.33	-2.33	-2.67
		2-윷놀이	-2.00	-1.33	-2.00	-2.00	-2.33	-1.67	-1.67	-1.67
		2-독서의 필요성	-2.33	-2.33	-2.67	-1.33	-2.67	-1.00	-1.67	-2.00
		(되돌아보기) 교통안전	-3.00	-2.67	-3.00	-3.00	-3.00	-3.00	-3.00	-2.33
		2-우리 학교 도서실	-2.33	-2.00	-1.33	-2.67	-2.33	-2.33	-2.33	-3.00
		(되돌아보기) 씨름	-1.33	-1.33	-1.00	-2.00	-2.33	-2.33	-2.67	-2.33
		(더 나아가기) 성장통	-2.00	-1.67	-2.00	-2.00	-2.67	-2.33	-2.33	-2.00
		1-재미있는 놀이를 찾아서	-2.33	-2.33	-3.00	-2.33	-2.67	-2.67	-2.00	-1.67
	4-2	(더 나아가기) 악어	-3.00	-3.00	-2.33	-2.00	-2.67	-3.00	-3.00	-2.00
		평균	-2.24	-1.81	-1.95	-1.98	-2.41	-2.17	-2.19	-2.24

③ 5학년 수준

수준	수록	제목	배경 지식 가	배경 지식 나	어휘	개념	일상생활 관련성	주제 가	주제 나	문장
5	4-1	2-경칩	-0.33	-0.33	-1.33	-0.33	-0.33	-0.67	-0.33	-1.33
		(더 나아가기) 우리의 질그릇	-1.33	-0.67	-1.33	-2.00	-1.67	-1.67	-2.00	-1.67
		(더 나아가기)전통 문화를 지키자	-0.67	-0.33	-1.00	-0.33	-0.67	-0.67	-1.00	-1.00
		2-소금	0.00	0.33	-0.33	-0.33	-1.00	-0.67	-0.67	-1.33
		(더 나아가기)두루미	-1.33	-1.33	-1.33	-1.67	-1.00	-1.33	-1.33	0.00
	4-2	2-소중한 물	-2.33	-2.33	-3.00	-2.33	-3.00	-2.67	-2.67	-1.67
		(되돌아보기) 참다운 개성을 갖추려면	-2.00	-2.00	-1.67	-1.33	-2.33	-1.33	-1.33	-2.33
		(더 나아가기) 우리말 살리기	-1.67	-1.67	-1.67	-1.33	-1.67	-1.67	-1.33	-1.67
		2-연날리기	-0.67	0.33	-0.67	-1.00	-0.67	-1.33	-1.33	-1.33
		2-낱말의 세계	-1.00	-1.00	-1.67	-0.67	-1.00	0.00	0.00	-1.00
	5-1	(더 나아가기) 다람쥐와 청설모	-1.67	-1.00	-1.67	-1.33	-1.67	-1.67	-1.33	-1.67
	5-2	1-마라톤에 대하여	-1.67	-1.67	0.00	-1.33	-1.67	-1.67	-1.33	-1.00
		1-착한 생각	-2.00	-2.00	-2.33	-1.33	-2.00	-1.33	-1.00	-2.33
		2-어린이 교통사고는 이제 그만	-2.33	-2.33	-1.67	-2.00	-2.33	-2.00	-1.67	-1.33
		평균	**-1.36**	**-1.14**	**-1.41**	**-1.24**	**-1.50**	**-1.33**	**-1.24**	**-1.40**

④ 6학년 수준

수준	수록	제목	이독성 요인 조사 결과							
			배경 지식		어휘	개념	일상생활 관련성	주제		문장
			가	나				가	나	
6	5-1	2-태풍 이름	-1.33	-1.67	-1.33	-1.33	-2.00	-1.00	-1.67	-0.33
		(되돌아보기) 숯	-1.33	-1.33	-1.33	-1.33	-1.67	-1.00	-1.67	-1.33
	5-2	2-소아 비만의 원인과 예방법	-1.00	-1.00	-1.00	-1.00	-2.00	-0.67	-1.67	0.00
		2-보길도	-0.67	0.00	-1.00	-1.00	-0.67	-0.67	-1.00	0.33
		2-청주 고인쇄 박물관	1.00	1.33	1.33	-0.33	0.00	0.00	-0.33	0.33
		(되돌아보기) 뱀장어의 수수께끼	0.67	0.67	-0.33	-1.00	0.00	-0.33	-1.00	-0.33
	6-1	1-어른들의 장삿속에 어린이 마음 멍든다	-2.33	-2.33	-1.67	-0.67	-2.33	-1.00	-1.00	-1.33
		1-왼손잡이를 바르게 이해합시다.	0.33	1.00	0.00	1.00	-0.33	0.33	0.33	0.33
	6-2	1-사물놀이	0.00	0.33	0.33	-1.00	-0.33	-1.33	-1.33	0.33
		1-저마다 다른 동물의 생김새	-1.33	-1.00	-1.67	-1.33	-1.67	-1.33	-0.33	-2.00
		1-우리나라 자연 환경과 나무	0.67	0.67	0.00	-1.00	-0.67	-1.67	-1.67	-0.67
		1-우리나라 곤충의 사계	0.00	0.33	-0.33	-0.67	0.00	0.33	-1.00	-0.33
		2-기와집의 구조	0.67	0.67	0.00	0.00	-0.67	0.33	0.33	-0.67
		(되돌아보기)좋은 쌀, 맛있는 밥	-0.33	0.33	0.00	0.33	-0.67	-0.33	-0.33	-0.67
		1-어린이 독서량이 적다	-1.67	-1.67	-1.67	-0.33	-1.33	-1.67	-1.67	-1.67
		1-용돈 예산을 짜는 방법	-1.33	-1.00	-0.33	-0.33	-1.00	-1.00	-0.67	-0.67
		2-우리 한약재 살려야	-0.33	0.00	-0.33	0.00	-0.33	0.00	0.00	0.00
		2-인터넷은 지금	-1.33	-1.33	-1.33	-1.00	-1.33	-1.33	-1.00	-0.67
		(되돌아보기) 우리 생활의 골칫덩이, 쓰레기	-1.67	-1.33	-1.00	-1.33	-1.67	-1.33	-1.00	0.00
		(더 나아가기) 물 문제를 해결할 수 있는 방법	-1.67	-1.33	-1.67	-1.33	-1.67	-1.67	-1.67	-1.33
		평균	-0.65	-0.43	-0.67	-0.68	-1.02	-0.77	-0.92	-0.53

⑤ 7학년 수준

수준	수록	제목	이독성 요인 조사 결과							
			배경 지식		어휘	개념	일상 생활 관련성	주제		문장
			가	나				가	나	
7	5-2	(더 나아가기) 게놈 지도와 생명 공학	1.67	1.67	1.33	1.33	2.00	1.67	1.00	0.33
	6-1	2-우리 은하, 너의 은하	1.00	1.33	-1.33	0.00	0.00	1.00	0.00	-1.67
		2-사라진 공룡	0.00	0.00	-0.33	-0.33	0.00	-1.00	-1.00	-1.33
		(되돌아보기) 광화문의 해치	0.00	0.33	0.67	0.33	0.00	0.00	0.00	-0.67
		(더 나아가기) 웃음이 필요한 까닭	-0.67	-0.67	0.00	-0.33	-1.00	-1.00	-0.33	-0.67
		2-프로게이머가 되고 싶다고	-0.67	-1.00	-1.33	-1.00	-1.00	-1.00	-1.67	-1.00
		2-인조의 고민	0.33	0.67	1.00	0.67	1.67	0.67	0.33	-0.33
		(더 나아가기) 나폴레옹은 침략자인가 영웅인가	0.33	0.33	-0.33	0.67	1.00	0.33	1.00	-0.67
	6-2	(더 나아가기) 인권과 가치	0.67	0.67	0.33	1.00	0.67	1.33	1.33	-1.00
		(더 나아가기) 우리는 정말로 전쟁을 싫어하나요	-1.33	-1.33	-1.33	-1.33	-1.00	-1.00	-1.00	-2.00
	중 1-1	(3)국물 이야기	-0.67	-0.33	-1.00	-1.33	-1.33	-1.00	-0.33	-0.67
		(1)내나무	-1.00	-1.00	-1.00	-1.00	-0.67	-0.33	-0.33	-1.33
		(2)하회 마을	0.33	0.33	0.33	-0.67	-0.33	-0.67	-0.67	0.00
		(3)가정 교육의 어제와 오늘	-0.67	-0.33	-0.67	0.33	0.00	0.00	0.00	0.00
		(1)음성 언어와 문자 언어	-0.33	-0.33	-0.33	0.67	0.00	-0.33	-0.67	-0.33
		(2)문자의 역사	1.67	1.33	0.67	1.00	1.67	1.33	0.67	0.33
	중 1-2	(2)먹어서 죽는다	0.00	0.00	0.00	1.00	-0.67	0.00	0.00	0.00
		(보충·심화) 비만 치료, 체질따라 다르다	0.67	0.67	1.33	0.67	0.00	0.67	0.00	0.00
		(1)훈민정음 완성되다	1.67	1.33	1.00	0.67	1.00	0.33	0.67	-0.33
		(2)우리 꽃 산책	0.67	1.00	-0.33	-0.33	0.33	-0.33	-1.33	-0.67

제목								
(생각넓히기) 7월의 나리꽃	0.00	0.33	-0.33	-0.33	0.00	-1.33	-1.00	-0.67
(보충·심화) 1.노벨상 이야기	0.33	0.00	0.67	0.00	-1.00	-0.67	-1.33	0.00
(보충·심화) 2.땅 이름	0.33	1.00	1.33	0.33	0.33	0.67	0.67	0.00
(1)설화 속의 호랑이	-1.00	-1.33	-1.00	-1.00	-1.00	-1.33	-1.00	-0.33
(3)통신 언어, 어떻게 쓸 것인가	-0.67	-0.67	-1.00	0.00	-0.67	-0.33	0.00	0.00
(보충·심화) 1.추석의 민속 놀이	-0.33	-0.33	-0.33	-0.33	-0.67	-1.00	-1.00	-1.33
(보충·심화) 4.첨단 과학의 가능성과 한계성	0.33	0.33	0.67	1.00	0.00	0.67	0.67	0.00
평균	**0.10**	**0.15**	**-0.05**	**0.06**	**-0.02**	**-0.10**	**-0.20**	**-0.53**

⑥ 8학년 수준

수준	수록	제목	이독성 요인 조사 결과							
			배경 지식		어휘	개념	일상 생활 관련성	주제		문장
			가	나				가	나	
8	중 2-1	(1)문학 작품의 감상	1.00	0.33	-0.67	1.00	0.67	1.67	1.00	1.00
		(1)읽기란 무엇인가	0.67	0.33	-0.33	0.33	0.67	1.67	1.00	0.33
		(2)개미와 말한다	1.33	1.33	0.67	0.67	0.67	1.00	0.33	-0.67
		(보충·심화) 어떻게 전시장 관람을 할까	0.00	0.00	-0.33	0.00	0.00	0.00	-0.33	-0.67
		(보충·심화) 우리 숲은 한민족의 자존심	0.33	0.00	0.00	1.00	-0.33	1.00	0.33	-0.33
		(1)사전을 찾아 가며 읽는 즐거움	-0.67	-1.00	-0.67	0.00	-1.00	-0.33	0.00	-0.33
		(2)잠은 왜 잘까	1.67	1.33	0.67	1.00	1.33	0.00	0.67	-1.33
		(보충·심화) 사람과 소나무	1.00	1.00	1.00	1.00	0.33	0.67	0.33	0.00
		(보충·심화) 비는 반드시 옵니다	0.33	0.67	0.67	0.67	-0.67	-0.33	0.00	-1.00
		평균	**0.63**	**0.44**	**0.11**	**0.63**	**0.19**	**0.59**	**0.37**	**-0.33**

⑦ 9학년 수준

수준	수록	제목	이독성 요인 조사 결과							
			배경 지식		어휘	개념	일상 생활 관련성	주제		문장
			가	나				가	나	
9	중 3-1	(1)표준어와 방언	1.00	0.67	0.67	1.00	0.00	1.00	0.33	1.00
		(생각넓히기) 사투리	0.00	-0.33	0.33	0.33	0.00	0.00	0.33	-0.33
		(보충·심화) 3. [바람이 불어오는 곳] 중	1.33	0.67	0.67	1.33	0.67	1.33	1.33	-0.67
		(보충·심화) 4. [통일 운동 시대의 역사 인식] 중	1.67	1.00	-0.33	1.33	1.67	2.00	1.33	1.67
		(1) 독서와 사회·문화의 만남	1.00	1.00	0.33	1.00	0.67	1.00	1.00	0.00
		(보충·심화) 1. 김치는 왜 먹어야 하나	0.67	0.67	0.00	1.00	-1.00	-0.33	0.33	0.00
		(보충·심화) 2. 월드컵 축제를 넘어	0.33	-0.33	0.33	1.00	-0.33	0.00	0.67	0.67
		(1) 한국 현대 문학의 흐름	2.67	2.33	2.33	2.67	2.67	2.00	1.33	1.00
	중 3-2	(2)텔레비전의 두 얼굴	1.00	1.00	1.00	1.00	0.67	1.33	0.33	0.67
		(보충·심화) 2. 한국 경제 신문 1999년 12월 22일 기사	0.00	0.00	0.33	1.00	-0.67	0.00	0.00	1.33
		(보충·심화) 3. 공자가 죽어야 나라가 산다	0.33	-0.33	1.00	1.00	-0.33	0.67	1.00	0.00
		(1)한국 문학의 개념과 특질	1.33	1.33	0.67	1.67	1.00	2.00	1.67	1.00
		(1) 대숲의 사계	1.00	1.33	1.33	0.67	0.33	0.67	0.67	0.33
	고 등 (하)	(1)다매체 시대의 언어 활동 ① 신문읽기	2.33	1.67	2.00	1.33	1.33	1.33	0.67	1.00
		(보충)한국 방송 언어론	0.33	0.00	0.33	0.33	-0.33	0.67	0.33	-1.67
		평균	1.00	0.71	0.73	1.11	0.42	0.91	0.75	0.40

⑧ 10학년 수준

수준	수록	제목	배경 지식		어휘	개념	일상 생활 관련성	주제		문장
			가	나				가	나	
10	3-1	(2)현대 사회와 과학	2.67	2.00	1.67	2.33	2.33	2.33	2.00	1.33
	3-2	(1)신문과 진실	1.33	1.33	1.33	2.00	0.67	1.67	1.33	1.00
	고등(상)	(1)황소개구리와 우리말	1.67	1.00	0.67	1.67	0.67	1.67	1.33	0.00
		(2)나의 소원	1.00	0.33	0.67	1.00	1.33	1.00	0.67	0.67
		(심화) 유재론	1.67	2.00	1.33	1.67	2.00	1.67	1.33	1.00
		(보충) '나홀로 집에'와 잊혀진 아이들	1.00	0.33	0.67	1.00	0.33	1.67	1.00	1.33
	고등(하)	(보충)영상 매체 시대의 책	1.33	1.00	2.00	2.00	1.00	2.00	1.67	1.67
		(1)민족 문화의 전통과 계승	2.67	2.67	2.67	2.33	2.33	1.67	1.67	1.33
		(2)간디의 물레	1.67	1.67	1.33	1.67	1.33	1.67	1.33	1.33
		(보충) 우리의 미술	1.67	1.67	1.67	1.67	1.00	1.67	1.00	1.33
	금성	신세대 유행의 속성	1.00	0.33	1.00	1.00	0.33	0.67	0.67	−0.33
		평균	1.61	1.30	1.36	1.67	1.21	1.61	1.27	0.97

⑨ 11학년 수준

수준	수록	제목	배경 지식		어휘	개념	일상 생활 관련성	주제		문장
			가	나				가	나	
11	(하)	(2)건축과 동양정신	2.67	2.33	1.67	2.00	1.67	2.33	2.00	1.67
	금성	금줄과 왼새끼의 비밀	1.00	1.67	1.33	1.33	1.33	1.67	1.00	0.67
		룩소르와 아스완	2.33	2.33	1.67	1.67	1.67	1.33	1.00	1.67
		경예불이	2.33	2.33	1.67	2.33	2.00	1.67	2.00	1.33
		새로운 생명 가치관의 모색	2.67	2.00	1.67	2.00	2.00	2.00	1.67	1.67

		미래를 향해 열린 어린이의 삶	1.67	1.00	1.67	1.67	0.67	1.67	1.33	1.33
		성악가와 대중가요	1.33	1.00	0.67	1.33	0.67	1.33	1.33	-0.33
		동양화 바로 읽기	1.67	2.00	2.00	1.67	1.33	1.33	1.33	1.67
		아야 소피아	2.33	2.00	2.00	1.67	2.00	1.00	0.67	0.67
	민중	교양의 정신	2.33	2.00	2.00	2.33	2.33	2.67	2.00	1.00
		한국 건축의 미의식	2.67	2.33	2.00	2.33	2.33	2.67	2.00	1.33
		구텐베르크와 컴퓨터의 공존	1.67	1.00	1.33	1.33	0.67	1.67	1.33	1.33
		우리 음악의 현대화와 대중화	2.00	1.67	1.67	2.00	1.67	2.00	1.67	0.67
		기술공학 시대의 문화	3.00	2.33	2.67	2.67	2.33	3.00	2.00	1.67
		역사를 어떻게 볼 것인가	2.33	1.33	1.00	2.00	2.00	2.67	1.00	2.33
		사회 복지 정책과 자유	2.33	2.67	2.67	3.00	2.67	2.33	2.67	2.67
		옛 그림의 원근법	2.33	2.33	1.67	1.67	1.67	1.33	1.00	1.67
		평균	2.16	1.90	1.73	1.94	1.71	1.92	1.53	1.35

그리고 다음에 제시된 표는 비문학 지문들에 대한 질적 수준 조사 결과의 각 학년 평균이다. 이 도표를 자세히 살펴보면 배경지식, 어휘, 개념 등 여섯 가지 항목들이 학년 수준이 달라짐에 따라 어떠한 질적 변화를 보이는지 보다 명확하게 파악할 수 있다.

[표3-4] 질적 수준 조사 결과-각 학년 평균

	질적 수준 조사 결과							
	배경 지식		어휘	개념	일상생활 관련성	주제		문장
	가	나				가	나	
3학년	-2.61	-2.45	-2.61	-2.58	-2.70	-2.70	-2.73	-2.79
4학년	-2.24	-1.81	-1.95	-1.98	-2.41	-2.17	-2.19	-2.24

5학년	-1.36	-1.14	-1.41	-1.24	-1.50	-1.33	-1.24	-1.40
6학년	-0.65	-0.43	-0.67	-0.68	-1.02	-0.77	-0.92	-0.53
7학년	0.10	0.15	-0.05	0.06	-0.02	-0.10	-0.20	-0.53
8학년	0.63	0.44	0.11	0.63	0.19	0.59	0.37	-0.33
9학년	1.00	0.71	0.73	1.11	0.42	0.91	0.75	0.40
10학년	1.61	1.30	1.36	1.67	1.21	1.61	1.27	0.97
11학년	2.16	1.90	1.73	1.94	1.71	1.92	1.53	1.35

이상으로 위 표에서 제시된 각 학년 평균을 참고하여 텍스트의 질적 수준 변화를 밝히면 다음과 같다.[24]

배경지식의 경우, 4학년까지는 대체로 구체적이고 일상적인 것이 다루어진다. 따라서 글의 이해를 위해 요구되는 배경지식의 정도는 매우 적다. 그러다가 5~6학년에 이르게 되면 일상적이고 학습적 요소가 강화됨으로써 다소 추상적인 면모를 보인다. 배경지식이 요구되는 정도도 5~6학년에 이르게 되면 소재의 범위가 넓어진 만큼 얼마간 요구된다. 7~9학년에 이르게 되면 글의 내용이 과학, 역사, 언어 등을 다룸으로써 요구되는 배경 지식도 추상적이고 개념적인 면을 보인다. 또한 글의 이해를 위해서는 전 단계보다 다양한 측면의 추상적이고 다소 깊이 있는 배경 지식을 갖추어야 한다. 이후, 10학년 이상에 이르게 되면, 언어, 사상, 문화, 예술, 철학, 과학 등 상당히 추상적이고 전문적인 배경지식이 요구된다.

어휘의 경우, 4학년까지는 주로 익숙한 어휘들이 사용되었다. 그러다

---

24) 이하 제시되는 내용은 연구자의 주관이 다소 개입된 만큼 시각에 따라 얼마든지 다른 해석도 가능하다.

가 5학년에 이르게 되면 학습 대상 어휘가 조금씩 나타나다가 6~8학년 수준에 이르게 되면 어휘의 개념적 수준이 높아지기 시작하며 학습해야 하는 어휘가 다수 나타나기 시작한다. 이후 9학년에 이르게 되면 개념어와 추상어, 전문 용어의 비중이 상당히 많아지게 된다. 그리고 10학년 이상에 이르게 되면 상당 수준의 추상어, 전문어, 이론적 어휘 등이 사용되는 경향을 보인다.

개념의 경우, 4학년까지는 텍스트들이 다루는 개념이 쉽고 구체적이며 일상적이다. 그리고 5~6학년에 이르게 되면 일상적 소재를 바탕으로 약간 추상화된 개념이 나타나기 시작한다. 이후, 7~9학년에 도달하면 일상적 소재를 다룬 글이라 하더라도 그 속에 담긴 원리를 이해해야 한다. 개념이 조금씩 복잡해지기 시작하는 것이다. 특히 과학, 역사, 언어 등의 소재를 다룬 글에서 개념의 난이도가 높아진다. 10학년 이상의 수준에 이르게 되면 이론적이고 전문적인 개념이 나타나며 따라서 이에 대한 깊이 있는 이해가 요구된다.

일상생활과의 관련성의 경우, 4학년까지는 일반적으로 일상적이고 구체적인 내용을 다룬다. 따라서 이때까지는 텍스트의 내용이 일상생활과 관련성이 매우 크다고 할 수 있다. 그러다가 5~6학년에 이르게 되면 텍스트가 일상적이지만 약간 추상화된 내용을 다루기 시작한다. 그러나 여전히 텍스트와 일상생활과의 관련성은 큰 편이라 할 수 있다. 이후, 7~9학년에 이르게 되면 일상적 소재를 바탕으로 하여 다소 학습이 요구되는 내용을 다루기 시작한다. 따라서 텍스트와 일상생활과의 관련성도 조금씩 적어진다. 10학년 이상의 수준에 이르게 되면, 텍스트가 언어, 사상, 문화, 예술, 철학, 과학 등 일상생활에서 접하기 어렵고 추상적인 내용을 다룬다. 그러므로 일상생활과의 연관성은 매우 약해진다고 할 수 있다.

주제의 경우, 4학년까지는 일상적 경험에서 이끌어 낼 수 있는 주제,

주제 파악을 위해 추론이 거의 필요 없는 주제가 나타나는 특성을 보인다. 이후 5~7학년에 이르게 되면 일상적 내용을 바탕으로 한 주제를 다루기는 하지만 학습적 요소가 다소 나타나고 그 범위도 넓어지는 경향을 보인다. 주제 파악을 위한 추론 역시 5~7학년에 이르게 되면 이전 단계보다는 다소 많이 요구된다. 8~9학년에 이르게 되면, 주제의 추상성은 더욱 높아지며 학습해야 하는 요소도 더욱 많아진다. 10학년 이상에 이르게 되면 주제는 일상적인 내용을 넘어 일반적 법칙이나 이론 등을 다루며 상당 수준의 학습 능력을 요구하는 특성을 보이게 된다. 추론의 정도도 8~11학년에 이르게 되면 특정 논리 이해를 위한 추론 능력이 요구되며, 특히 11학년을 넘어설 경우 주제 이해를 위한 고도의 추론 능력을 요구하는 경향을 보인다.

문장의 경우 역시, 4학년까지는 짧고 단순한 문장이 많이 사용된다. 이후 5학년부터 문장의 길이가 길어지기 시작해서 6~8학년에 이르게 되면 문장이 길어지거나, 짧더라도 복잡한 구조를 보이는 문장이 간혹 나타난다. 그리고 9~10학년에 이르게 되면 더욱 길어지고 구조도 복잡한 문장이 나타난다. 그러다가 11학년 수준에 이르게 되면 문장들이 매우 길고 복잡한 형태를 보이게 되며 함축적인 구문들도 많이 사용된다.

지금까지의 내용을 바탕으로 하여 텍스트의 질적 수준 변화 도표를 제시하면 다음과 같다. 제시된 도표는 기본적으로 각 학년의 평균적인 질적 수준 변화에 대한 설명이다. 그러나 이는 뒤에 제시되는 대표 지문의 특성에 대한 설명도 어느 정도 반영한다고 볼 수 있다.

[표 3-5] 텍스트의 질적 수준 변화 도표

		3	4	5	6	7	8	9	10	11
요구되는 배경지식의 특성	가	구체적이고 일상적임		일상적이고, 학습적 요소가 강화됨으로써 다소 추상성을 보임		과학, 역사, 언어 등 추상적이고 개념적인 면이 많아짐			언어, 사상, 문화, 예술, 철학, 과학 등 상당히 추상적이고 전문적임	
	나	거의 요구되지 않음		일상적 소재를 바탕으로 하나 다루는 범위가 넓어짐에 따라 야간 요구됨		다양한 측면의 추상적이고 다소 깊이 있는 배경 지식이 요구됨			깊이와 폭을 갖춘 정확한 배경 지식이 요구됨	
어휘의 특성		주로 익숙한 어휘들이 사용됨		학습 대상 어휘가 조금씩 나타남	어휘의 개념적 측면, 학습해야 하는 어휘가 다수 나타남			개념어와 추상어, 전문 용어의 비중이 높아짐	상당 수준의 추상어, 전문어, 이론적 어휘 등이 사용됨	
개념의 특성		개념이 쉽고 구체적이며 일상적임		일상적 소재를 바탕으로 약간 추상화된 개념이 나타나기 시작		일상적 소재를 다룬 글이라 하더라도 그 속에 담긴 원리를 이해해야 함. 특히 과학, 역사, 언어 등의 소재를 다룬 글에서 개념의 난이도가 높아짐			이론적이고 전문적인 개념이 나타나며 깊이 있는 이해가 요구됨	
일상생활과의 관련성		일상적이고 구체적인 내용을 다룸. 관련성이 매우 큼		일상적이지만 약간 추상화된 내용을 다루기 시작함. 여전히 관련성은 큰 편임		일상적 소재를 바탕으로 하여 다소 학습이 요구되는 내용을 다룸. 일상생활과의 관련성이 조금씩 적어짐			언어, 사상, 문화, 예술, 철학, 과학 등 일상생활에서 접하기 어렵고 추상적인 내용을 다룸	
주제의 특성	가	일상적 경험에서 이끌어낼 수 있는 주제		일상적 주제를 다루지만 학습적 요소가 나타나고 범위가 넓어짐			주제의 추상성, 학습해야 하는 정도가 많아짐		일반적 법칙이나 이론 등을 다루며 상당 수준의 학습 능력을 요함	

	나	추론이 거의 필요 없음	학습적 요소가 강화됨으로써 추론이 다소 요구됨	특정 논리를 이해하기 위한 추론 능력이 요구됨	고도의 추론 능력 필요
문장의 특성		짧고 단순한 문장이 사용됨	문장의 길이가 길어지기 시작	문장이 길어지거나, 짧더라도 복잡한 문장 구조가 간혹 나타남	더욱 길어지고 문장의 구조가 복잡해짐	길고 복잡한 문장, 함축적 구문이 사용됨

다음에 제시한 것은 대표 지문 선정시 활용한 평가 자료이다. 참고로 여기서는 대표 지문으로 선정된 지문에 대한 자료만 제시한다. 가장 기본이 되는 근거는 전문가 집단의 비문학 지문들에 대한 질적 수준 평가 결과, "학년 평균"으로 삼았다. 그리고 각 학년 평균들과 개별 비문학 지문에 대한 전문가 집단의 평가 결과 평균을 비교·대조하여 가장 밀접한 관련이 있는 지문을 대표 지문으로 선정하였다.

아래의 도표에서는 해당 학년과 그에 따른 여섯 가지 이독성 기대 요인들의 학년 평균을 먼저 제시하고, 그 밑에 대표 지문의 제목과 이독성 기대 요인들의 평균을 제시하는 방식을 취하였다.

[표 3-6] 질적 측정 대표 지문 평가 자료

	배경 지식		어휘	개념	일상생활 관련성	주제		문장
	가	나				가	나	
3학년	-2.61	-2.45	-2.61	-2.58	-2.70	-2.70	-2.73	-2.79
고마운 나무	-3.00	-3.00	-2.67	-2.67	-3.00	-2.67	-2.67	-3.00
4학년	-2.24	-1.81	-1.95	-1.98	-2.41	-2.17	-2.19	-2.24
우리 학교 도서실	-2.33	-2.00	-1.33	-2.67	-2.33	-2.33	-2.33	-3.00

5학년	-1.36	-1.14	-1.41	-1.24	-1.50	-1.33	-1.24	-1.40
다람쥐와 청설모	-1.67	-1.00	-1.67	-1.33	-1.67	-1.67	-1.33	-1.67
6학년	-0.65	-0.43	-0.67	-0.68	-1.02	-0.77	-0.92	-0.53
용돈 예산을 짜는 방법	-1.33	-1.00	-0.33	-0.33	-1.00	-1.00	-0.67	-0.67
7학년	0.10	0.15	-0.05	0.06	-0.02	-0.10	-0.20	-0.53
먹어서 죽는다	0.00	0.00	0.00	1.00	-0.67	0.00	0.00	0.00
8학년	0.63	0.44	0.11	0.63	0.19	0.59	0.37	-0.33
우리 숲은 한민족의 자존심	0.33	0.00	0.00	1.00	-0.33	1.00	0.33	-0.33
9학년	1.00	0.71	0.73	1.11	0.42	0.91	0.75	0.40
표준어와 방언	1.00	0.67	0.67	1.00	0.00	1.00	0.33	1.00
10학년	1.61	1.30	1.36	1.67	1.21	1.61	1.27	0.97
신문과 진실	1.33	1.33	1.33	2.00	0.67	1.67	1.33	1.00
11학년	2.16	1.90	1.73	1.94	1.71	1.92	1.53	1.35
새로운 생명 가치관의 모색	2.67	2.00	1.67	2.00	2.00	2.00	1.67	1.67

〈질적 이독성 평가 도구 사용법〉

텍스트의 질적 수준을 측정하기 위해서는 다음의 3단계를 밟아야 한다.

1) 평가를 위한 대상 표본들을 고른다. 텍스트의 난이도를 평가하기 위해 텍스트의 표본들이 사용된다. 글 전체가 매우 짧은 경우에만 전체 글이 대상이 된다. 일반적인 책이나 논문의 경우는, 다음과 같이 거의 100단어 표본을 추출한다.

* 150쪽 이상 분량의 책인 경우, 50쪽마다 표본을 추출한다. 첫 번째 표본은 책의 시작 부분에서 추출하고(첫 쪽은 안 됨),[25] 이후 50쪽마다 체계적으로 추출한다.
* 5쪽 이상 150쪽 미만 분량의 텍스트는 3개 정도의 표본을 추출한다.
* 4쪽 이하의 팸플릿의 경우 2개의 표본을 추출한다. -하나는 시작 부분, 다른 하나는 끝부분에서 고르되, 맨 첫 부분과 끝부분은 선택해서는 안 된다.

2) 표본들의 난이도를 평가한다. 평가하기를 원하는 텍스트의 표본을 대표 지문[26]들과 비교하는데, 아래 제시된 요소들을 특히 집중적으로 비교한다.

* 배경 지식-추상성과 전문성. 글의 이해를 위해 요구되는 배경 지식의 정도.
* 어휘-사용된 어휘의 난이도(추상성과 전문성의 정도).
* 개념-텍스트 내에 있는 개념들의 난이도.
* 일상생활과의 관련성 정도

---

25) 책을 살펴보면 대부분의 경우, 첫 쪽은 전체적인 글의 수준과 문체를 대표하지 못하는 경우가 많다. 전체적으로는 어려운 내용을 담고 있어도 첫 쪽은 쉽게 시작하는 경우가 종종 보인다.
26) 한 수준을 대표할 수 있는 본보기로 제시된 지문.

* 주제-주제의 난이도(추상성, 이론성). 주제를 파악하기 위해 요구되는 추론의 정도.
* 문장 길이와 복잡성의 정도.

3) 전체 텍스트의 난이도를 결정한다. 책이나 논문의 전체적인 난이도 판단을 위해서는 표본들의 독서 수준들에 대한 평균을 구한다.

4. 양적·질적 이독성 평가 공식 도출과 지문별 수준

지금까지 양적 측정 방식에 의한 이독성 평가 공식과 질적 측정 방식에 의한 이독성 평가 도구를 제작해 보았다. 여기서는 이 두 평가 도구를 통하여 도출된 결과를 변인으로 하는 공식을 고안하고 이를 통하여 양적 평가와 질적 평가를 모두 감안한 이독성과 그 평가도구에 따른 지문별 수준을 측정해 보고자 하였다. 이제까지의 이독성 공식 연구들에서는 어느 한쪽의 공식에만 치중하였고 양적 질적 평가를 고려한 공식 수립은 없었다. 여기서는 지금까지 수립해온 양적 측정 공식의 수치와 질적 수준 평가의 수치를 두 변인으로 하여 새로운 이독성 평가 공식을 세워보고자 한다.

4.1 이독성 평가 공식

질적 이독성 평가 도구를 개발한 다음, 양적·질적 평가 도구 고유의 방법론에 의거하여 3학년부터 11학년까지 138개 비문학 지문에 대한 수준 평가를 먼저 실시하여 보았다. 다음으로 양적·질적 평가 결과를 두 가지 독립 변인으로 하는 이독성 공식을 개발하기 위해 138개 비문학 지문에 대하여 중다회귀분석을 실시하였다. 이때 변수를 투입하는 방법으로는 Enter법을 사용하였다. 분석 결과 구체적인 사항을 제시하면 다음과 같다.

아래에 제시되어 있는 표4-1의 "3~11학년까지의 비문학 지문에 대한 모델 요약"을 보면 단계별로 각 모델에 투입된 독립 변수가 어떤 것인지를 알 수 있다. 1번 모델에서, "a 예측값: (상수), 질적 평가 결과, 양적 평가 결과"라고 되어 있는데, 이는 독립 변수로 질적 평가 결과와 양적 평가 결과, 두 요인을 투입하였을 경우의 상관관계와 설명력이 얼마인지를 알려 준다. 이때의 적률 상관관계 R은 0.951이며, 결정계수는 90.4% 이다. 그리고 수정된 R 제곱의 값은 0.902임을 알 수 있다.

여기서 결정계수는 90.4%인데, 이것의 의미는 두 가지 독립 변수(질적 평가 결과, 양적 평가 결과)를 가지고 종속 변수(학년 수준)의 90.4%를 설명할 수 있다는 뜻이다.

[표 4-1] 3~11학년까지의 비문학 지문에 대한 모델 요약

모델	R[27]	R 제곱[28]	수정된 R 제곱[29]	추정값의 표준 오차
1	.951a	.904	.902	0.76362
a 예측값: (상수), 질적 평가 결과, 양적 평가 결과				

그리고 다음의 표 4-2는 3~11학년까지의 비문학 지문에 대한 분산

---

27) 독립 변수, 종속 변수의 두 변수간 적률 상관관계(Pearson r)를 나타낸다.
28) R 제곱, 설명력 또는 결정계수로 독립 변수에 의하여 설명되는 종속 변수의 비율이다. R 제곱이 1에 가까울수록 완벽한 관계에 가까워진다.
29) 수정된 R 제곱의 값으로 자유도를 고려하여 모집단의 결정계수를 추정할 때 사용한다.

분석(F검정)을 실시한 것이다. 여기서 F검정은 모집단의 회귀선의 기울기가 0이라는 가설에 대한 검정이다. 도표에서 F값은 633.688의 수치를 보이고 있는데, 이때의 유의도는 0.000으로 독립 변수의 기울기가 0이라는 가설을 기각해도 오류가 p ⟨0.001이므로 회귀선의 모델이 적합한 것으로 볼 수 있다.

[표 4-2] 3~11학년까지의 비문학 지문에 대한 분산 분석

모델		제곱합	자유도	평균 제곱	F	유의도
1	선형회귀분석	739.019	2	369.510	633.688	.000a
	잔차	78.720	135	.583		
	합계	817.739	137			
a 예측값: (상수), 질적 평가 결과, 양적 평가 결과						
b 종속 변수: 학년 수준						

그런데 문제는 아래에 제시되는 표 3의 "3~11학년까지의 비문학 지문에 대한 계수" 부분에서 드러난다. 아래 도표를 참고할 때, t검증 결과 "질적 평가 결과" 요인의 경우 유의도가 0.001 이하이므로 유의미하다. 그러나 "(상수)"와 "양적 평가 결과" 요인의 경우, 모두 유의도가 0.05보다 크다. 따라서 이들의 경우는 유의미하다고 볼 수 없다.

[표 4-3] 3~11학년까지의 비문학 지문에 대한 계수

모델		비표준화 계수		표준화 계수	t	유의도
		B	표준 오차	베타		
1	(상수)	.254	.243		1.047	.297
	양적 평가 결과	.106	.058	.086	1.845	.067
	질적 평가 결과	.859	.045	.879	18.973	.000
a 종속 변수: 학년 수준						

이러한 점을 감안한다면, 사실상 3학년부터 11학년까지 전체 지문을 대상으로 하여 양적·질적 평가 결과를 두 가지 독립 변인으로 하는 이독성 공식 개발은 어려울 수밖에 없다. 그렇다면, 바로 여기서 몇 가지 의문점이 발생한다. 첫째, 왜 상대적으로 강력한 이독성 기대 요인이라고 판단할 수 있는 양적·질적 평가 결과 두 가지를 독립 변수로 삼는 이독성 공식 개발이 난관에 봉착했을까? 둘째, 특히 상수나 양적 평가 결과에 대한 t검증을 실시했을 때 유의미하지 못한 결과를 산출하게 된 이유는 무엇 때문인가? 셋째, 그리고 모든 학년 수준에 대하여 질적·양적 평가 결과를 이독성 기대 요인으로 삼는 공식 개발은 불가능한가?

　이러한 의문을 해결하기 위하여 3~7, 3~8, 3~9, 3~10, 3~11학년까지, 비문학 지문들을 다섯 묶음으로 나누어 다시 Enter법을 이용하여 중다회귀분석을 실시하였다. 그 결과는 다음 표 4-4와 같다.[30]

[표 4-4] 다섯 부류의 지문 묶음에 대한 중다회귀분석 결과

	R	R제곱	분산 분석		계수			
			F	유의도	베타		t	유의도
3~7학년	.884	.782	148.451	.000	(상수)		3.158	.002
					양적	.193	2.318	.023
					질적	.724	8.688	.000
3~8학년	.898	.806	191.607	.000	(상수)		2.753	.007
					양적	.128	1.785	.078
					질적	.796	11.124	.000
3~9학년	.911	.829	260.033	.000	(상수)		1.805	.075

---

30) 다섯 묶음의 지문들 모두 종속 변인은 "학년 수준"이며, 독립 변인은 개별 지문에 대한 "양적 평가 결과"와 "질적 평가 결과"이다. 논의의 편의를 위하여 개별 묶음에 대한 회귀 분석의 자세한 사항들은 생략하였다. 참고로, 도표의 베타 란에서 "양적"은 "양적 평가 결과"를, 질적은 "질적 평가 결과"를 의미한다.

학년					평가구분	베타	t	유의도
					양적	.111	1.808	.073
					질적	.823	13.412	.000
3~10 학년	.928	.862	368.146	.000	(상수)		1.533	.128
					양적	.093	1.710	.090
					질적	.854	15.634	.000
3~11 학년	.951	.904	633.688	.000	(상수)		1.047	.297
					양적	.086	1.845	.067
					질적	.879	18.973	.000

위 표를 살펴보면, 3~7학년 수준까지의 비문학 지문들을 대상으로 한 이독성 공식 개발은 가능함을 알 수 있다. 결정계수는 78.2%이며 F검정 결과 유의도는 $p < 0.001$로서 회귀선의 모델로 적합하다. 계수 부분 또한 (상수), 양적, 질적 평가 결과 모두 t검정을 해보면 유의도가 $p < 0.05$이므로 유의미한 방정식 산출이 가능함을 알 수 있다.

그러나 3~8, 3~9, 3~10, 3~11학년까지의 지문들을 대상으로 한 이독성 공식 개발은 상대적으로 무의미하다. 그 이유는 다음과 같다. 먼저 표 4의 결정 계수를 살펴보면, 3~8학년 지문들을 대상으로 한 회귀분석의 경우 80.6%, 3~9학년은 82.9%, 3~10학년은 86.2%, 3~11학년은 90.4%로 높게 나오고 F검정의 경우도 모두 유의도가 $p < 0.001$로서 회귀선의 모델이 적합함을 나타낸다. 하지만, 계수 부분에서 3~8학년 지문들을 대상으로 한 회귀분석의 경우에는 양적 평가 결과가, 그리고 3~9, 3~10, 3~11학년 지문들을 대상으로 한 회귀분석의 경우에는 상수와 양적 평가 결과가 t검증 결과 모두 $p > 0.05$로써 유의미한 값을 산출해 내지 못하기 때문이다.

그렇다면, 어떻게 해서 이와 같은 결과가 나오게 되었을까? 표 4의 베타 값을 살펴보면 그 이유를 추측해 볼 수 있다. 3~7학년의 경우 양적 평가 결과의 베타 값은 0.193이다. 이후 3~8학년에서는 0.128, 3~9학년에서는 0.111, 3~10학년에서는 0.093, 3~11학년에서는 0.086으로 학년 수준이 높아질수록 그 값이 작아져 가는 것을 확인할 수 있다. 그러나 이와는 반대로, 질적 평가 결과의 베타 값은 3~7학년의 경우 0.724, 3~8학년에서는 0.796, 3~9학년에서는 0.823, 3~10학년에서는 0.854, 3~11학년에서는 0.879로 점차 커져가는 것을 확인할 수 있다. 이는, 학년수준이 높은 텍스트들일수록 양적 이독성 공식에 의한 측정보다는 질적 평가 도구에 의한 측정이 더 정확한 것임을 보여주는 것이다.[31] 결국 "양적 평가 결과"라는 이독성 기대 요인은 대상 지문들의 수준이 높아질수록 학년 수준을 예측하는 힘이 상대적으로 질적 평가 결과보다 못하다고 볼 수 있는 것이다. 그러하기에 특히 8학년 이상 수준의 지문들에 대해 이독성을 측정할 경우에는 양적 평가 결과 요인을 고려하기보다는 질적 평가 결과만으로 이독성을 측정하는 것이 더 타당한 결과를 얻어낼 수 있을 것이다. 이러한 이유에서, 8학년 이상 수준의 지문들을 포함하여 양적·질적 평가 결과를 이독성 기대 요인으로 삼는 통합적 이독성 공식 개발 작업이 무의미해지는 것으로 판단할 수 있다. 이와 같은 내용은 "양적 평가 결과"와 "질적 평가 결과", "학년 수준"의 상관관계 조사를 통해서도 확인해 볼 수 있다. 다음에 제시된 표 4-5는 양적 평가 결과와 질적 평가 결과, 학년 수준의 상관관계를 3~7학년, 8~11학년으로 나누어 조사한 것이다.

---

31) 베타 값은 표준화된 회귀계수이다. 이를 통해 독립변수 간 영향력을 서로 비교할 수 있다. 도표의 베타 값들을 살펴보면 양적 이독성 공식의 경우 수준 높은 지문들이 많이 포함되면 될 수록 그 값이 자꾸 작아지는 양상을 보인다. 이는 결국 수준 높은 지문들이 많이 포함되면 될 수록 "양적 평가 결과"라는 이독성 기대 요인이 학년 수준에 미치는 영향력이 작아지는 것으로 이해할 수 있다. 질적 평가 결과의 경우는 이와는 대조적인 양상을 보여준다.

[표 4-5] 학년 수준과 양적·질적 평가 결과의 상관관계

3~7학년		질적 평가 결과	학년 수준
	양적 평가 결과	.788**	.763**
	질적 평가 결과		.876**
8~11학년		질적 평가 결과	학년 수준
	양적 평가 결과	.562**	.590**
	질적 평가 결과		.812**

**. 상관 계수는 0.01 수준(양쪽)에서 유의함.

위 도표를 살펴보면, 3~7학년의 경우 양적 평가 결과와 학년 수준 간의 상관은 0.763으로 상대적으로 높게 나온다. 그러나 8~11학년의 경우 0.590으로 그 상관관계가 많이 낮아 졌음을 확인할 수 있다. 이는 질적 평가 결과의 경우 3~7학년에서 0.876, 8~11학년에서는 0.812로 큰 변동이 없는 것과는 대조적이다. 이와 같은 결과는 앞에서 언급되었던 것과 같이 학년 수준이 높아질수록 양적 평가 결과가 학년 수준에 미치는 영향이 질적 평가 결과에 비해 작아진다는 것을 의미한다.

이상의 내용을 종합해보면 다음과 같은 결론을 도출할 수 있다.

1. 양적 이독성 공식에 의한 평가 결과와 질적 평가 도구에 의한 평가 결과를 두 가지 독립 변인으로 하는 이독성 공식은 3학년에서 7학년까지의 수준에 해당하는 지문들을 대상으로 하여 개발하는 것이 바람직하다.

2. 이 경우, 양적 이독성 공식의 장점인 객관성 확보, 질적 평가 도구의 장점인 섬세한 측정 모두가 가능하다는 점에서 긍정적이다.

3. 수준 측정 대상 텍스트들이 8학년을 넘어설 경우, 양적 이독성 공식을 고려한 수준 측정보다는 질적 평가 도구만으로 수준 측정하는 것이 보다 타당한 결과를 도출할 수 있다.

위의 내용을 고려하여 3학년에서 7학년 수준의 지문들을 대상으로 한 이독성 공식을 개발하기 위해 학년 수준을 종속 변인으로, 양적 이독성 공식에 의한 평가 결과와 질적 평가 도구에 의한 평가 결과를 두 가지 독립 변인으로 하여 중다회귀분석을 실시하였는바, 구체적인 내용은 다음과 같다. 이때 사용된 회귀분석 방법은 Stepwise법이다.

아래의 표 4-6을 보면, 단계별로 각 모델에 투입된 독립 변수가 어떤 것인지를 알 수 있다.

[표4-6] 3~7학년까지의 비문학 지문에 대한 모델 요약

모델	R	R 제곱	수정된 R 제곱	추정값의 표준 오차
1	.876a	.767	.765	.68454
2	.884b	.782	.776	.66739
a 예측값: (상수), 질적 평가 결과				
b 예측값: (상수), 질적 평가 결과, 양적 평가 결과				

여기서 특히 주목해서 보아야 할 것은 결정계수인데, 1번 모델의 경우 76.7%, 2번 모델의 경우 78.2%로 나와 있음을 알 수 있다. 이것은 두 가지 변수를 모두 고려한 방정식의 학년 수준에 대한 설명력이 한 가지 변수만을 고려한 방정식보다 더 높다는 것을 의미한다. 다시 말하자면, 적어도 3~7학년까지의 비문학 지문들을 대상으로 하여 이독성 공식을 개발할 때는 질적 평가 결과 한 가지보다는 질적 평가 결과와 더불어 양적 평가 결과까지 고려할 경우 더욱 예측성 높은 이독성 공식을 개발할 수 있다는 뜻이 된다. 그리고 다음 표 4-7은 3~7학년까지의 비문학 지문에 대한 분산 분석 결과이다.

[표 4-7] 3~7학년까지의 비문학 지문에 대한 분산 분석

모델		제곱합	자유도	평균 제곱	F	유의도
1	선형회귀분석	129.848	1	129.848	277.101	.000a
	잔차	39.362	84	.469		
	합계	169.209	85			
2	선형회귀분석	132.241	2	66.120	148.451	.000b
	잔차	36.969	83	.445		
	합계	169.209	85			
a 예측값: (상수), 질적 평가 결과						
b 예측값: (상수), 질적 평가 결과, 양적 평가 결과						
c 종속 변수: 학년 수준						

위의 표 4-7을 참고해 보면, F값이 1번 모델의 경우 277.101, 2번 모델은 148.451의 수치를 보이고 있음을 알 수 있다. 여기서 F검정 결과 위의 두 가지 모델은 모두 유의도가 0.000으로 독립 변수의 기울기가 0이라는 가설을 기각해도 오류가 p ⟨0.001이므로 회귀선의 모델이 적합한 것으로 인정된다. 이제 마지막으로 3~7학년까지의 비문학 지문에 대한 계수를 살펴보면 다음 표 4-8과 같다.

[표 4-8] 3~7학년까지의 비문학 지문에 대한 계수

모델		비표준화 계수		표준화 계수	t	유의도
		B	표준 오차	베타		
1	(상수)	1.095	.271		4.035	.000
	질적 평가 결과	.729	.048	.876	16.646	.000
2	(상수)	.884	.280		3.158	.002
	질적 평가 결과	.654	.075	.724	8.688	.000
	양적 평가 결과	.157	.068	.193	2.318	.023
a 종속 변수: 학년 수준						

1번 모델의 경우, 고려할 변인이 하나에 불과해서 이독성 공식을 도출하기에 적합하지 않다. 2번 모델의 경우, 상수는 0.884인데, t는 3.158, p 《0.01로 유의미하다. 이 모델에서 "질적 평가 결과"가 가지는 기울기는 0.654이며, "양적 평가 결과"가 가지는 기울기는 0.157인데, t검정을 통하여 유의도를 검정하면, 모두 0.05 이하이므로 유의미한 것으로 볼 수 있다. 여기서 질적·양적 평가 결과를 기대요인으로 삼는 이독성 공식을 도출하면 다음과 같다.

$$Y = 0.654x1 + 0.157x2 + 0.884$$

R=0.884   R 제곱=78.2%

Y : 학년 수준
x1 : 질적 평가 결과
x2 : 양적 평가 결과

지금까지의 논의 결과를 바탕으로 비문학 지문의 이독성을 총체적으로 측정할 수 있는 그래프를 구안해 보면 다음 그림 1과 같다. 이 그래프를 이용하면 표본의 이독성 수준을 측정할 때 이독성 기대 요인들을 굳이 공식에 대입하지 않더라도 쉽게 그 수준을 알아낼 수 있는 장점이 있다. 구체적 이용 방법은 다음과 같다.

첫째, 100단어로 이루어진 표본을 추출한 다음, 양적 이독성 평가 결과와 질적 이독성 평가 결과를 산출한다.

둘째, 각각의 좌표에 해당하는 지점을 표시한 뒤, 두 좌표가 그래프 상에서 만나는 지점을 찾아 글의 수준을 파악한다. 이때, 그래프 상의 직선 가까이에 있는 숫자는 각기 글의 수준을 나타낸다.

[그림 4-1] 양적·질적이독성 그래프

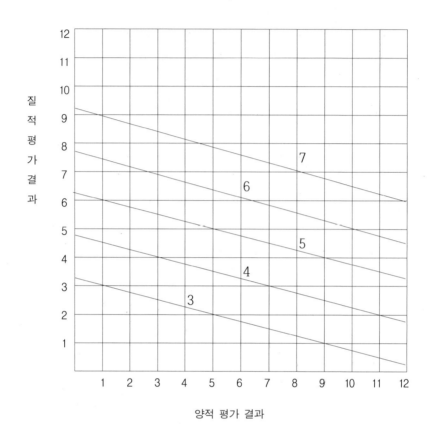

양적 평가 결과

4.2 지문별 수준 측정

　다음은 위에서 개발한 양적 질적 공식을 적용하여 선정된 지문 각각의 수준을 평가하였다. 결과를 검토하여 보면 3-7학년까지는 대체로 예상 수준과 비슷하게 평가되었으나 8학년 이후는 1학년 정도 낮게 평가

되고 있다. 이는 앞에서 언급한 바와 같이 3-7학년까지는 양적·질적 평가 요인이 작용을 많이 하므로 비교적 정확하게 측정되었으나 8학년 이후는 양적 평가 요인보다는 질적 평가 요인이 수준 평정에 유효하다는 것을 보여 주었다.

[표4-9] 비문학 지문 양적·질적 수준 평가 결과

① 3학년 수준

수준	수록	제목	양적 수준 평가	질적 수준 평가
3	초등2-1	2-자갈을 모으는 어름치	4.45	3
		(되돌아보기) 여러 나라의 우표	2.96	2
		(더 나아가기) 아름다운 황쏘가리	2.04	3
		2-김치가 좋아요	1.57	3
		(되돌아보기)고마운 나무	0.55	3
	2-2	1-우리 나라의 명절	3.71	3
		(되돌아보기)아이스크림	3.98	3
		(더 나아가기) 여러 가지 비 이름	5.10	4
		(더 나아가기) 월드컵 축구 대회	3.56	3
	3-1	2-개	4.38	3
	3-2	1-이를 닦읍시다	4.49	3
		평균	**3.34**	**3.00**

② 4학년 수준

수준	수록	제목	양적 수준 평가	질적 수준 평가
4	3-1	2-옛날에는 어떤 과자를 먹었을까요	5.65	5
		(더 나아가기) 날씨와 생활	5.34	4.5
		(되돌아보기) 태권도	4.72	4
	3-2	(되돌아보기) 토굴 새우젓	5.65	4
		1-우리 만화가 좋아	3.89	4
	4-1	1-친절한 사람	4.67	4
		2-윷놀이	6.62	4.5
		2-독서의 필요성	4.67	4
		(되돌아보기) 교통안전	4.91	4
		2-우리 학교 도서실	4.08	4
		(되돌아보기) 씨름	5.98	4.5
		(더 나아가기) 성장통	5.98	4
		1-재미있는 놀이를 찾아서	4.63	4
	4-2	(더 나아가기) 악어	4.72	4.5
		평균	**5.11**	**4.21**

③ 5학년 수준

수준	수록	제목	양적 수준 평가	질적 수준 평가
5	4-1	2-경칩	5.56	5
		(더 나아가기) 우리의 질그릇	6.11	5
		(더 나아가기) 전통 문화를 지키자	5.72	6
		2-소금	6.27	6
		(더 나아가기) 두루미	7.50	5
	4-2	2-소중한 물	5.07	5
		(되돌아보기) 참다운 개성을 갖추려면	5.37	5
		(더 나아가기) 우리말 살리기	5.56	5
		2-연날리기	6.95	6
		2-낱말의 세계	4.03	5.5
	5-1	(더 나아가기) 다람쥐와 청설모	5.36	5
	5-2	1-마라톤에 대하여	6.92	5
		1-착한 생각	4.10	5
		2-어린이 교통사고는 이제 그만	6.00	5
		평균	**5.75**	**5.25**

④ 6학년 수준

수준	수록	제목	양적 수준 평가	질적 수준 평가
6	5-1	2-태풍 이름	7.32	5
		(되돌아보기) 숯	6.27	5
	5-2	2-소아 비만의 원인과 예방법	6.57	5.5
		2-보길도	7.37	5.5
		2-청주 고인쇄 박물관	8.62	8
		(되돌아보기) 뱀장어의 수수께끼	7.25	6
	6-1	1-어른들의 장삿속에 어린이 마음 멍든다	5.18	4.5
		1-왼손잡이를 바르게 이해합시다.	8.15	7
	6-2	1-사물놀이	7.88	6
		1-저마다 다른 동물의 생김새	5.47	5
		1-우리 나라 자연 환경과 나무	8.67	5.5
		1-우리 나라 곤충의 사계	8.34	6
		2-기와집의 구조	7.09	6.5
		(되돌아보기)좋은 쌀, 맛있는 밥	8.44	6
		1-어린이 독서량이 적다	5.14	5
		1-용돈 예산을 짜는 방법	6.55	6
		2-우리 한약재 살려야	8.99	6
		2-인터넷은 지금	6.95	6
		(되돌아보기) 우리 생활의 골칫덩이, 쓰레기	7.24	5.5
		(더 나아가기) 물 문제를 해결할 수 있는 방법	5.74	5.5
		평균	**7.16**	**5.78**

⑤ 7학년 수준

수준	수록	제목	양적 수준 평가	질적 수준 평가
7	5-2	(더 나아가기) 게놈 지도와 생명 공학	9.55	10
	6-1	2-우리 은하, 너의 은하	5.20	7
		2-사라진 공룡	6.52	6.5
		(되돌아보기) 광화문의 해치	8.54	7
		(더 나아가기) 웃음이 필요한 까닭	6.76	6
		2-프로게이머가 되고 싶다고	6.33	7
		2-인조의 고민	7.66	8
		(더 나아가기) 나폴레옹은 침략자인가 영웅인가	6.52	7
	6-2	(더 나아가기) 인권과 가치	6.99	7.5
		(더 나아가기) 우리는 정말로 전쟁을 싫어하나요	5.31	5
	중 1-1	(3)국물 이야기	6.41	6
		(1)내나무	7.46	6
		(2)하회 마을	7.37	7
		(3)가정 교육의 어제와 오늘	6.21	6.5
		(1)음성 언어와 문자 언어	6.73	7
		(2)문자의 역사	6.98	9
	중 1-2	(2)먹어서 죽는다	9.33	7
		(보충·심화)비만 치료, 체질따라 다르다	8.30	7
		(1)훈민정음 완성되다	7.51	8.5
		(2)우리 꽃 산책	7.64	7
		(생각넓히기) 7월의 나리꽃	7.97	7

			양적 수준 평가	질적 수준 평가
		(보충·심화) 1.노벨상 이야기	8.11	7
		(보충·심화)2.땅 이름	7.76	8
		(1)설화 속의 호랑이	7.36	5.5
		(3)통신 언어, 어떻게 쓸 것인가	6.95	7
		(보충·심화) 1.추석의 민속 놀이	8.11	6.5
		(보충·심화) 4.첨단 과학의 가능성과 한계성	7.78	8
		평균	**7.31**	**7.07**

⑥ 8학년 수준

수준	수록	제목	양적 수준 평가	질적 수준 평가
8	중 2-1	(1)문학 작품의 감상	7.52	9
		(1)읽기란 무엇인가	6.37	8
		(2)개미와 말한다	8.13	9
		(보충·심화)어떻게 전시장 관람을 할까	7.40	7.5
		(보충·심화)우리 숲은 한민족의 자존심	8.33	8
		(1)사전을 찾아 가며 읽는 즐거움	7.09	6.5
		(2)잠은 왜 잘까	5.90	8
		(보충·심화)사람과 소나무	7.40	8
		(보충·심화) 비는 반드시 옵니다	6.88	8
		평균	**7.22**	**8.00**

⑦ 9학년 수준

수준	수록	제목	양적 수준 평가	질적 수준 평가
9	중 3-1	(1)표준어와 방언	7.98	9
		(생각넓히기)사투리	7.37	7
		(보충·심화) 3. [바람이 불어오는 곳] 중	6.74	8.5
		(보충·심화) 4. [통일 운동 시대의 역사 인식] 중	8.11	9
		(1) 독서와 사회·문화의 만남	6.89	9
		(보충·심화) 1. 김치는 왜 먹어야 하나	8.39	8.5
		(보충·심화) 2. 월드컵 축제를 넘어	9.36	7.5
	중 3-2	(1) 한국 현대 문학의 흐름	10.37	11
		(2)텔레비전의 두 얼굴	8.00	9
		(보충·심화)2. 한국 경제 신문 1999년 12월 22일 기사	9.82	7
		(보충·심화) 3. 공자가 죽어야 나라가 산다	6.39	8
		(1)한국 문학의 개념과 특질	7.10	10
		(1) 대숲의 사계	7.97	9
	고등 (하)	(1)다매체 시대의 언어 활동 ①신문읽기	10.71	9
		(보충) 한국 방송 언어론	6.24	8.5
		평균	**8.10**	**8.67**

⑧ 10학년 수준

수준	수록	제목	양적 수준 평가	질적 수준 평가
10	3-1	(2)현대 사회와 과학	8.20	11
	3-2	(1)신문과 진실	8.03	10
	고등 (상)	(1)황소개구리와 우리말	7.17	10
		(2)나의 소원	7.75	8
		(심화) 유재론	8.93	10
		(보충)'나홀로 집에'와 잊혀진 아이들	8.73	9
	고등 (하)	(보충)영상 매체 시대의 책	10.74	10
		(1)민족 문화의 전통과 계승	10.06	11.5
		(2)간디의 물레	8.71	10
		(보충) 우리의 미술	10.31	10
	금성	신세대 유행의 속성	7.57	10
		평균	**8.75**	**9.95**

⑨ 11학년 수준

수준	수록	제목	양적 수준 평가	질적 수준 평가
11	(하)	(2)건축과 동양정신	8.65	12
	금성	금줄과 왼새끼의 비밀	9.99	10
		룩소르와 아스완	11.22	11
		경예불이	8.17	11
		새로운 생명 가치관의 모색	8.86	11

		미래를 향해 열린 어린이의 삶	8.97	11
		성악가와 대중 가요	8.78	10
		동양화 바로 읽기	9.89	10.5
		아야 소피아	8.39	10.5
	민중	교양의 정신	9.80	11.5
		한국 건축의 미의식	9.83	11.5
		구텐베르크와 컴퓨터의 공존	10.29	10
		우리 음악의 현대화와 대중화	8.15	11
		기술공학 시대의 문화	10.20	12
		역사를 어떻게 볼 것인가	8.41	11
		사회 복지 정책과 자유	10.51	12
		옛 그림의 원근법	10.31	11
		평균	**9.44**	**11.00**

6. 결론

지금까지 현행 7차 국어교과서를 대상으로 양적 평가 공식과 질적 평가 공식을 개발해 보았다. 먼저 양적 평가 공식을 개발하기 위하여 전통적 요인으로 어휘요인과 문장길이 요인을 변수로 한 평가 공식을 개발하였고 설문조사 형식을 통하여 질적 평가 요인인 배경지식, 어휘 개념,

일상생활 관련성, 주제, 문장 등을 지문 별로 평정하였다. 양적 평가 결과를 보완하기 위하여 질적 평가에 의한 수준 평가 결과를 변인으로 양적·질적 평가 공식을 개발하였는데 결과를 검토한 결과 3-7학년까지는 양적·질적 평가 공식이 유효하였고 8-11학년가지는 질적 평가 공식이 유효함을 확인하였다. 여기서 질적·양적 평가 결과를 기대요인으로 삼는 이독성 공식은 다음과 같이 도출되었다.

$$Y = 0.654x_1 + 0.157x_2 + 0.884$$

$R=0.884$ R 제곱$=78.2\%$

Y : 학년 수준

x_1 : 질적 평가 결과

x_2 : 양적 평가 결과

한편 앞에서 언급된 바와 같이 연구 진행과정에서 3-7학년까지는 양적·질적 평가 공식이 유효하나 8-11학년은 질적 평가 공식이 유효하다는 점은 교육과정이나 교재 제작 과정에서 3-7학년까지는 양적·질적 요인을 함께 배려해야 한다면 8-11학년의 경우는 상대적으로 양적요인보다는 질적인 요인들에 대한 배려를 해야 한다는 점을 시사한다고 할 수 있다.

〈조일영, 윤창욱 공저. 한국어문교육 한국어문교육연구소 (2006.02.25.)〉

제 2 장

교과서의 문체적 양상 변화 고찰[*]
-중학교 1학년 국어교과서의 비문학지문을 중심으로

1. 서론

우리는 보통 표준적인 일처리 방식이나, 표현들을 지적할 때 교과서적이라고 규정하여 말한다. 그 말은 일의 처리방식이 무리가 없다거나 또는 표현이 새로울 것이 없다는 뜻이지만 역설적으로 교과서에 게재된 글들이 어떤 성격을 가지고 있다는 뜻으로도 이해할 수 있다. 그러나 그런 성격이 무엇인지에 대해서는 정확히 말하기가 어렵다. 교과서에는 교육목적상 각종 글의 형식이 모두 등장하기 때문이다.

따라서 교과서 문체라는 것이 따로 존재할 수는 없다. 굳이 말하자면, 그 시대에 통용되는 문체 특성이 종합적으로 드러나 있을 뿐이다. 그리고 대부분의 교과서 제작과정에서 교과서에 실을 제재를 적당하게 가공하는데 이때 편집을 하는 실무자들이 직관적으로 적용하는 기준이 바로

* 이 글은 2007학년도 한국교원대학교 기성회계 학술조성비의 지원을 받아 작성되었음.

그것이 될 것이다. 결국 교과서의 문체는 해당 시기에 유행되는 가장 보편적 문체들을 모아놓은 것이라고 하겠다.

그런 관점에서 특정 시대의 문체를 연구하는데 가장 편리한 것이 교과서 문체에 대한 연구로서 시대적 문체 연구의 성격을 띤다. 근대적 교육이 시작된 개화기의 교과서가 문체 연구의 대상으로 자주 등장하게 된 것도 그런 이유이다. 그런데 개화기로부터 일제강점기를 지나 정식 교과과정을 갖추고 국어교육을 시행한 교수요목기로부터 지금까지 50여 년의 기간에 8차에 걸쳐서 교육과정 개정이 있었다. 그만큼 교육여건의 변화와 함께 국가적으로 정한 국어과목의 교육목표가 변화를 해 온 셈이다.

그렇다면, 교육과정 개편과 함께 교과서에 실린 글들에서 사회 변화에 따른 문체 변화가 반영되지는 않았을까 하는 것이 이 논문의 목적이 되는 셈이다. 교육과정은 국가적, 사회적 필요에 의해 개정하는 것이지만 그 때마다 교과서가 새로 만들어지므로 조금씩이나마 시대나 사회를 반영한 문체상 변화가 있을 것이라는 가정을 할 수 있다. 언어의 변화는 통시적으로 1세기 정도의 세월이 흘러야 비로소 가시화된다고 볼 때 불과 50년의 시간으로 어떤 변화가 있을 것이라고는 장담할 수 없다. 그럼에도 불구하고 현재 학교가 아닌 일상생활에서 통용되는 글에서 보이는 문체는 분명 50여 년 전의 것과는 조금씩이나마 다르다는 느낌을 갖게 된다. 특히 인터넷이 널리 보급된 현대에는 정상적인 문자 외에도 이모티콘이나 문단나누기 변형, 심지어는 글자파괴 등의 현상도 흔하게 본다. 극단적인 흐름을 따라갈 수는 없지만 이미 학생들에게 보편적인 문단나누기나 어휘사용 등의 경우 현용 교과서가 얼마나 이를 수용하고 있는지는 국어 교육적 관점에서 당위성 여부까지는 몰라도 현실을 파악하려는 노력은 있어야 한다고 생각한다.

그런 관점에서 이 연구에서는 이제까지 있었던 교과서들에서 나타나는 문체의 경향을 문체 구성요소 별로 살펴보고자 한다.

이 논문에서 관찰 대상으로 하는 문체구성요소는 어휘의 구성방법, 문장의 길이, 문장의 구조와 문장의 종류 등으로 명시적이고 객관적인 통계수치로 드러낼 수 있는 방법을 사용하고자 한다. 어쨌든 가시적인 수치로 나타내는 것이 통계처리의 함정을 피할 수만 있다면 가장 명확한 양상을 보일 수 있기 때문이다. 이 논문에서 보이는 요소의 항목보다 더 많은 비교 항목이 필요하나 연구자의 여건상 우선 대표적인 항목을 대상으로 하였음을 밝힌다. 앞으로 더 많은 비교 항목을 통해 세밀한 분석 작업이 필요함은 연구자의 과제이다.

문체적 요소들 가운데 교과서에서 변화가 두드러질 것이라고 생각되는 것은 크게 나누어 보면 어휘면, 문장면, 텍스트 등의 차원에 해당될 것이다. 어휘 면에서는 단어의 구성, 길이, 고유어의 비율, 추상명사 등을 대상으로 관찰하였으며 문장에서는 문장의 길이, 문장의 구조, 문의 종류 등이고 텍스트 면에서는 문단의 크기, 문단의 수 등이 해당될 것이다. 이와 같은 구분은 좀 더 세밀한 고찰이 필요할 것이나 여기에서는 차별성이 어떤 형식으로 존재하는지에 대해 한국전쟁 말기에 제작된 교수요목기의 중학교 국어교과서부터 7차 교육과정에 의해 제작된 중학교 교과서를 중심으로 앞에서 언급한 문체의 요소 별로 통계적 방법을 통하여 검토해 보고자 한다.[1]

---

[1] 자료 수집의 어려움으로 해당하는 시기의 모든 교과서를 검토할 수 없어서 군정기부터 7차교육과정기에 제작된 교과서 중 수집가능한 30권의 중학교 국어교과서를 중심으로 검토하였다. 이 논문에서는 1차적으로 중학교 1학년 국어교과서 26편과 군정기 교과서 5편을 대상으로 하였다. 그러나 군정기의 교과서는 다른 교육과정기의 교과서에 비해서 양적으로 적게 수집되었고 개별교과서 체제가 사회적인 환경 탓인지 1,2학년용이 1책으로 되어 있고 표기법에서도 한자병용표기를 하되 해당 단어 위에 별도로 첨기하는 등 비교하기에 어려운 점이 있어서 제외하였다. 앞으로 군정기의 교과

2. 관련 연구 동향

문체에 대한 논의는 몇 가지 관점에 따라 인식을 달리 한다. 수사학이나 웅변술에서 문체를 다루는 경우도 있고 작자의 성격 용모까지 문체와 관련지어 말하는가 하면 문법적 또는 문체적인 선택의 문제로 이해하거나 기준에 대한 일탈로 이해하기도 한다. 그러나 대체로 어떤 입장에서 문체를 바라보느냐에 따라 심리학의 연구대상으로 자료를 수량적으로 처리하는 심리학자들의 경향과 문예비평이나 문학사적 연구의 도구로서 직관적, 인상적으로 파악하려는 문학적 문체론의 경향, 그리고 어느 시대, 어느 언어의 기능, 사용, 성질 면과 관련된 것으로 보고 자료를 학문적 방법에 의해 종합적 혹은 국부적으로 고찰하려는 언어학적 문체론의 경향으로 구분된다.

문학적 문체론은 필자의 개성에 의해 창조되는 문체에 대한 연구라면 언어학적 문체론은 일반적인 의사표현수단으로서의 문체에 대한 연구이다. 즉 문학적 문체론은 개인의 표현적 기능에 관한 언급들이라면 언어학적 문체론은 사회의 표현적 기능에 대한 언급으로 글의 형식적 특징을 연구하는 학문이라고 할 수 있다.2)

서는 자료를 보완하여 별도로 검토하고자 한다.
2) 박영순(1994:4)은 "문체론은 글의 형식적 특징을 연구하는 학문"이라고 정의하였다. 한편 학자들마다 문체론의 하위영역을 다양하게 제시하였는데 K.Vossler(1932) & L.Spitzer(1948)의 관념론적 문체론, 실증론적 문체론을 비롯하여 Martinet(1943)의 음운문체론, 비교문체론, 구조 문체론, 정보이론 문체론 小林英夫(1943)수사학적 문체론, 국어 양식의 문체론, 문학적 문체론, language의 표현문체론 P.Guiraud(1957)의 기술적 문체론 표현 문체론 C. Bally(1956)의 내적문체론, 외적문체론, 표현의 문체론 S. Ulmann(1962)과 박갑수(1977)의 표현문체론, 개인문체론 김흥수(1992)의 어학적 문체론, 문학적 문체론 김상태(1993)의 통계적문체론, 심리학적 문체론, 의미론적 문체론, 기능적 문체론 등이 그것이다. 이들 구분에서 주된 흐름은 문학적 문체론과 언어학적 문체론의 영역 구분이라고 하겠다. 또한 문체를 일종의 레지스터라고 하는 견해도 있다. 사람들이 언어를 사용하는 방법의 차이에 따라 변이성(variation) 및 다

앞에서도 언급했듯이 이 연구에서는 문체를 개인적 혹은 직관적이고 인상적인 관점에서 바라보는 것을 피하고 어느 시대의 언어 기능, 사용, 성질의 면에서 고찰하는 언어학적 입장에서 이해하고 다룬다. 연구의 성격상 문체적 변화의 양상을 살피기 위해서 통계적 방법을 선택한다. 통계적 연구방법은 객관적, 명시적인 수치를 제시할 수 있다는 장점에도 불구하고 질적인 평가의 신뢰성을 다 감당하지는 못한다. 그럼에도 불구하고 그런 통계적 방법이 문체의 윤곽을 포착하는데 제공하는 시사는 여전히 유용하다.

국어의 문체와 관련한 연구는 다른 분야의 연구보다는 부족하지만 꾸준히 연구가 이루어져 왔다. 주로 문학적 문체 연구가 주를 이루었고 언어학적 문체론은 상대적으로 적었다. 그 중에서도 교과서의 문체에 대한 연구는 개화기 교과서를 대상으로 시대문체 연구의 방법으로서 수행한 경우가 많았고 현대국어의 교과서 문체에 대한 연구는 드물었다. 특히 교육과정에 따른 문체변화를 다룬 연구는 찾기 힘들다. 그런 상황은 일제강점기를 거쳐 대한민국의 국호 아래 체계적으로 교육과정을 마련하여 시행된 것이 불과 50여 년밖에 되지 않은 때문이기도 하고 교과서문체를 규정짓기가 매우 곤란한 데 원인이 있다고 생각된다. 그나마 개화기 국어교과서의 문체 연구는 앞에서도 언급한 바와 같이 시대문체의 연구 방법으로 간간이 수행되었다고 하겠다. 그런 연구들이 다음과 같은 것들이다.

김덕조(1996), 「개화기 국어교과서 연구」, 경남대 석사.

김승렬(1979), 「근대전환기의 국어문체」, 『근대 전환기의 언어와 문학』,

양성(variety)이 존재하는데 언어의 사용 상황의 차이에 따른 언어의 다양성을 지칭할 때는 레지스터(register), 언어를 사용하는 집단의 차이에 따른 언어의 다양성은 방언(dialect)이라는 것이다(강범모·김흥규·허명희 1998:6 참조)

서울: 고려대 민족문화 연구소

김억수(1979), 「개화기 국어교과서 고찰」, 『중대어문논집』 14, 서울: 중앙대.

남미영(1994), 「개화기의 교과서」, 『교육개발』 통권 90호, 서울: 한글학회.

박갑수 편(1994), 『국어문체론』, 서울: 대한교과서주식회사.

박인권(1980), 「개화기의 국어교재연구」, 부산대 석사.

심재기(1992), 「개화기 국어교과서 문체에 대하여」, 『국어국문학』 107, 서울: 국어국문학회.

이기동(1994), 「개화기 교과서의 표기와 음운현상」, 『한국학 연구』 6, 서울: 고려대 한국학연구소.

정길남(1990), 「개화기 국어교과서의 어휘와 표기에 대하여」, 『논문집』 23, 서울: 국어연구소.

홍종선(1994), 「개화기 교과서의 문장과 종결어미」, 『한국학연구』 6, 서울: 고려대 한국학연구소.

3. 국어교육과 문체교육

국어교육에서 문체를 얘기하자면, 문체란 과연 무엇이며 그 문체를 어떻게 이해할 것인가 하는 문제와 문체를 어떻게 수립할 것인가 하는 문제가 중요한 부문이라고 할 것이다. 전자의 경우는 문체론에, 후자의 경우는 문체교육론에 직접 관련될 것이다. 전자는 원리적 측면을 언급한 것이라면 후자는 실용적 측면을 언급한 것이다.

국어교육의 목표가 국어사용능력의 신장에 있다고 한다면, 문체교육은 사실상 쓰기교육의 최종적 목표가 되기도 하고 읽기교육의 부차적 목표가 되는가 하면 말하기, 듣기 교육의 효과적인 방법론이 될 수 있다. 쓰기교육의 기본영역은 결국 학습자의 사고내용을 정확히 표현할 수 있는 능력과 그 과정에서 사고능력을 키우는 교육활동이라고 할 수 있다.

따라서 교육내용의 초점은 글의 정확한 구성활동과 효과적 표현방법에 대한 것에 집중되어 있다. 그러나 문체교육의 내용에는 쓰기교육의 기본 영역에 더하여 국어순화, 화용적 지식, 텍스트의 차원 및 사회적 문체 현상들에 대한 언어적 감각 및 활용 능력제고 등이 관련된다.

구체적인 문체교육방법은 다독을 통한 모방으로 개인의 문체형성을 돕는 방법과 다작을 통한 개인문체형성의 방법이 있겠는데 궁극적으로 는 말하기와 듣기까지 연장되어 완성된다고 하겠다. 한편, 문체교육이 학교교육에서 이루어지는 경우와 일반인들이 지속적인 글쓰기를 통해 자연스럽게 문체를 습득하는 경우에는 약간의 차이가 있을 수 있다. 학 교교육에서는 교과서를 중심으로 하는 글쓰기가 중심이 된다면 일반인 들의 경우는 개인적 취향에 따라서 자유롭게 이루어지기 때문이다.

문체론은 지금까지 원리적 측면에서는 그 나름대로 연구가 이어져 왔 었지만 실용적 측면에서는 구체적으로 다룬 것이 별로 없다. 이는 문체 론이 이전까지 주로 문학적 문체론의 입장에서 수사학으로 인식되었던 점도 그런 원인이기도 하다. 그러나 점차 문체론에 대한 연구가 다양하 게 수행되면서 이제는 문체교육의 분야에 대해서도 관심을 가져야 할 때가 되었다고 생각한다. 특히 국어교육 분야에서는 기능적 관점에서 쓰 기교육이 문체교육과 겹치는 점이 있기는 하지만 쓰기교육과 문체교육 이 완전히 일치하지는 않을 것이라는 점에서 좀더 특별한 관점에서 다 루어야 할 필요성이 있다.[3]

올바른 문체교육은 학습자의 인성을 순화시키는 순기능이 있다. 높은 수준에서 화자의 언어의식과 자율성, 창조력을 고양시키는데 관여하기 때문이다. 또 문체의 유형은 반복의 형식으로 사회규범과 접점을 가지며

3) 언어교육과 문체에 대하여 박갑수편 국어문체론(1994)에서 이용주(1994), 박인기 (1994), 송재욱(1994) 등의 논의가 있었다.

특정한 글의 양식을 선택하는 습관을 통해서는 감성과 인성 교육의 여지를 마련해 놓는다.

3.1 교과서와 문체교육

문체의 특성은 선택성과 반복성에 있다. 물론 모든 언어활동은 언어의 선조적 성격 때문에 선택적이라는 점은 불가피한 것이지만 반복적으로 선택된다는 것이 문체형성의 계기가 된다. 또한 문체라는 것은 개인적인 측면도 있지만 사회적 측면도 있다.4) 특히 교과서에 실린 글들은 다수의 필사들이 집필했기 때문에 교육석 필요에 의해 검토과정을 거치게 된다. 우선 교육과정의 교육목표에 부합되어야 하고 교육발달의 단계에 의해서 적절히 배열되며 집필 지침에 의해 필자들의 동의를 얻어 때로는 많은 수정이 가해지기도 한다. 이러한 점들은 교과서에 실리는 글들이 일반적인 제재와 달리 교육적인 성격을 수반하기 때문에 거치는 과정이며 특성이라고 할 수 있다.

그러나 어찌됐든 교과서를 중심으로 하는 문체교육은 교과서에 실린 글들의 문체적 특성에 영향을 받지 않을 수는 없다. 그러므로 교과서 제작을 하는 주체들은 교과서 지문 선정 시, 문체교육에 대한 충분한 고려가 있어야 할 것이다. 현재 제작되고 있는 모든 국어 교과서들이 그러한 점에 대한 뚜렷한 기준이 마련되어 있는지는 알 수 없지만, 대체로 일선 학교 교사들과 관련 교과의 전공자들이 토의와 검토를 통해서 교육목표에 부합되고 교육의 수준에 알맞다고 생각되는 제재를 선정한 후, 적절

---

4) 이용주(1994: 237)는 "한 언어가 가진 초개인적 특성과 그것이 허용하는 범위 내에서 빚어지는 개인적 특성의 결합이다. 이것이 문체의 본질"이라고 정의한 바 있다.

한 가공을 거쳐 교과서에 수록하고 있는 것으로 알고 있다. 앞으로 이와
관련해서는 관련 분야에서 충분한 고려가 있어야 할 것이다.[5]

3.2 교과서문체의 성격

지금까지 교과서의 글은 국어교육에서 교육적 표본으로서의 역할을
수행해 왔다. 그렇다면 과연 교과서적인 글이라 함은 무엇을 말하는가?
교과서문체라고 하는 것이 있는가? 이와 같은 질문은 일반적인 글의 문
체와 교과서의 문체는 무엇이 다른가하는 말이나 다름없다. 사실상 문체
만을 놓고 보면 교과서의 문체라는 말이 생소할 수도 있다. 그러나 보통
교과서 제작할 때 일반 제재를 모두 원문 그대로 싣거나 교육적 고려 없
이 수록하지는 않는다. 제작 회의 또는 집필 회의에서 제작의 방향을 정
하고 세부적인 검토과정까지 거쳐서 완성된다. 거칠게 말하면 이런 일련
의 과정은 일종의 교과서적인 글을 만들어가는 과정이라고 말할 수 있
다. 넓게 본다면 교과서 문체의 생성과정이라고 말할 수도 있을 것이다.
그리고 이런 과정은 제작당시의 시대적, 사회적 상황에 영향 받게 되고
그런 영향은 교과서에 실리는 글들의 사회적 요인으로 작용하게 된다.
즉 제작자와 필진 등, 전문가 그룹의 머릿속에 위치해 있으면서 학년별,
과목별, 수준별 용도에 따라서 선별하거나 가공 첨삭하는 무형의 형식이
해당 교과서의 문체라고 하겠다. 역으로 말하면 교과서의 편집자 등 제

---

5) 소박하게 예를 들면 어느 학년에는 국어의 어휘 중 어느 정도의 빈도를 보이는 어휘
가 어느 정도 비율로 노출되는 것이 좋다든지, 추상어와 구체어의 비율, 고유어와 외
래어의 비율, 긴 문장의 비율, 글 전체의 크기의 정도 등의 교육수준을 고려한 기준
이 필요하다. 이와 관련하여 직접적인 문체연구는 아니지만 조일영·윤창욱(2006.2)
에서 교과서에 수록된 글에 대한 이해의 난이도를 측정하는 가독성 공식을 시도한
바 있다.

작진들에 의해 첨삭, 가공된 부분의 내용들이 교과서 문체의 실제적 내용이 될 것이다.

가장 명확하게는 교과서 집필회의 자료에 들어있는 집필 유의사항과 전체적인 방침을 통해 드러나지만 일반적인 서적에서 보이는 글과 교육을 목적으로 하는 교과서의 글의 차이는 근본적으로 교육적 고려 여부에 달려 있다고 하겠다. 아무리 좋은 내용의 글이라 하더라도 교육적인 관점에서 적절하지 않다면 제재로 수록되기 어렵다. 그런 점에서 교과서에 실리는 글들은 다음과 같은 일반적인 성격을 띠게 된다고 하겠다.

1) 보수성

교육의 성격이 그렇듯이 교과서에 실린 글들은 일반 사회에서 용인되는 범위의 글보다 추수적이고 보수적이라고 할 수 있다. 실제로 교과서에 실린 글들은 당시의 사회에서 가장 보편적으로 용인되어야 하는 글들이다. 앞에서 언급한 바와 같이 교육적인 목적을 띠고 제작되는 교재이므로 기발하고 첨단을 걷는 문체의 글이 수록되는 것은 사실상 어렵다. 따라서 내용은 첨단적이라 하더라도 형식은 어쩔 수 없이 보수적일 수밖에 없다. 그러나 최근에는 빠르게 변하는 사회를 따라 기존의 글보다 세대의 특성을 빨리 반영하고자 비교적 참신한 형식을 반영하는 경우도 있긴 하다. 그러나 기본적으로 실험적인 문체나 형식은 교과서에 실리기가 어렵다. 예를 들면 최신 유행어나 문단 나누기, 말장난을 주로 하는 흥미 위주의 소재 등은 교육성격상 제한적으로 수록된다.

2) 규범성

교과서의 또 다른 특성은 규범성에 있다. 즉 표기법이나 어휘, 문장, 텍스트 단위에서 교과서에 실리는 내용은 제한을 받게 된다. 그런 제한은 학교교육의 공공성의 유지라는 면에서 당연히 가지게 되는 성격이다. 예를 들면 어휘 선택의 경우 필요한 경우 이외에는 표준어 중심의 글이 실리게 되고 특히 맞춤법 규정은 말할 것도 없이 반드시 지켜져야 할 사항이며 공식적인 문어체의 문장이 주가 된다. 표기방법에서도 한글 중심 표기를 원칙으로 하고 한글전용정책에 따라 한자어 부기를 하거나 국한혼용의 형식을 채택한다. 국한혼용이나 한자부기를 하더라도 국가적으로 정한 학교 급에 기준한 한자의 범위를 넘지 않도록 하여 표기방법의 제한을 하는 것은 교과서의 규범성을 보여주는 것이라고 할 수 있다. 이에 비해 일반적인 글들은 비교적 규범에서 여유가 있다. 어떤 경우에는 개성을 드러내기 위해 방언이나 특별한 표기, 신어 등이 등장하기도 한다.

3) 통제성

교과서에 수록된 글은 독자들의 인지발달 단계에 따라 수록되는 글의 수준을 조절하지 않을 수가 없다. 자연히 일정한 등급의 수록 제재에는 난이도에 따른 학습어휘와 문장구성이 전략적으로 선택 배열될 수밖에 없다. 이러한 배려는 교과서가 가지는 교육적 성격 때문이다. 따라서 어휘적인 차원에서 제시되는 어휘들의 수준은 학년별로 일정한 범위로 한정될 수밖에 없다. 표현 면에서도 보편적인 국가관에 벗어나지 않는 사회적으로 중립적인 어휘사용이 권장되고 가능한 극단적인 어휘사용은 가공과정에서 순화되게 마련이다. 이에 비해 일반 사회의 글들은 예상독자들에 맞추거나 작성 목적에 따라 어휘의 선정, 선정된 어휘의 제시방법, 문장 구성 방법 등 다양한 양상을 보여서 교과서 수록 글들에 비해 비교적 자유롭다고 할 수 있다. 하지만 교과서 수록 글들도 느리게나마 사회 변화의 요인에 영향을 받지 않을 수 없다. 그런 점과 관련하여 제재 구성 면에서 이해도를 높이기 위한 수단으로 실생활의 예화 및 예문

제시 등이 늘고 이에 따라 점차 구체적인 구어체 문장 사용과 신세대의
어휘라든가, 문장 구성 등에서 변화를 보이기도 한다.

3.3 교육과정에 나타난 문체교육[6]

문체교육의 문제는 쓰기 지도와 직접적으로 관련이 있다. 결과적으로
만 보면 쓰기교육의 최종목표는 좋은 문체 형성에 있다고 할 수 있다.
쓰기교육은 올바른 글을 짓는 능력을 배양하기 위한 것이며 올바른 글
이란 필자의 생각을 바르게 표현하도록 하는 것이다. 즉 정확한 표현이
면서 곧 자신의 개성을 잘 나타내는 글이 될 것이다. 이러한 관점에서
국어교육과정에서 문체교육과 직접적인 관련을 보이는 것은 쓰기교육과
짓기교육 항목들이다.

논의의 전개상 다음에서 국어과의 시기별 교육과정에서 제시하고 있
는 문체교육 관련 항목을 중심으로 문체교육의 변화내용을 간략히 살펴
본다.

1) 군정기(1945-1946)

이 시기는 8 · 15 해방 후, 교육에 대한 긴급조치로서 미군정청의 일반
명령 제6호에 의해 공포되어 시행된 내용으로 조선국호를 사용하고 교
수용어를 국어로 사용할 것, 한국의 이익에 반하는 교과의 교수와 실습
금지를 내용으로 하고 가르칠 교과를 정하는 등 임시 조치의 성격으로
내용도 많지 않았다. 미 군정청 하의 국어교육은 사실상 교수요목기에
해당한다. 교수요목에서 (三)교수사항 중-3 짓기에서 '현대어를 위주하

---

6) 교육과정별 교육내용의 특징은 교육부(2000)의 내용을 정리 발췌하였다.

여 감정 의사를 익달하게 들어내어 여러 가지 글을 짓게 하고, 사상 체험의 정확 자유한 표현을 하도록 지도하고, 첨삭 비평의 능력을 기르도록 한다'라는 내용은 간단하게나마 문체교육의 지침을 밝힌 것이라고 할 수 있다. 다만 이 시기의 교과서는 교과서 편제상 중등국어(상) 1·2학년용, 중등국어(중) 3·4학년용, 중등국어(하) 5·6학년용이 각각 1책으로 되어 있고 표기법상 된소리 표기의 ㅅ, 띄어쓰기에서 의존명사의 붙여쓰기 등의 용법과 한자표기 방법(한자병기를 하되 해당 단어의 위에 첨기) 등에서 이후의 교과서와 다른 점이 있다.

2) 교수요목기(1946-1954)

1945년에 시행된 교육에 관한 긴급조치 이후 1946년 9월에 공포 시행된 '중학교 교수요목'에 의한 것으로 비로소 국가체제를 갖춘 국민교육의 출발시기에 교수내용 주제 또는 제목을 제시한 시기이다. 군정기 이후에 정상적인 교육활동이 이루어진 시기로서 1946년 9월 20일에 초급 중학교 교육 과정이 발표되어 사실상 국가교육이 제자리를 잡기 시작하였다. 그러나 해방 후의 불안한 정국과 6·25전쟁의 와중에서 인쇄할 종이의 부족과 시시각각 변하는 전방 지역에 대한 교과서 보급이 어려워 사정이 허락하는 대로 교과서를 출판하였다. 어떤 경우에는 같은 해에 발행된 같은 학년 같은 학기의 두 책의 교과서가 목차가 다르게 편집된 경우도 있었다. 내용도 전반적으로 국가에 대한 충성과 안보를 강조하는 글들이 많이 실려 있다. 이 시기에 문체교육이라고 할 만한 내용은 쓰기 교육에서 '정확, 민속하고 깨끗하고 아름다운 글자쓰기'와 짓기에서 '현대어 위주', '감정의사 익달하게 드러내기', '정확자유한 표현과 비평'의 능력부여 등이다. 한자표기에서 교육용 한자 1000자를 괄호 사용하여 병용한다.

3) 제1차 교육과정기(1954-1963)

이 시기는 문교부령에 의한 교과중심 교육과정기로서 교수요목기의 지침을 계승하되 개성적인 글쓰기를 추가하여 지도내용으로 '정확한 표현법', '개성적인 글', '문의 형식' 등 실용적인 면의 문체지도가 제시되었다. 이 시기는 전쟁 후 국토 전반에 걸쳐 파괴된 시설과 극심한 물자 부족으로 어려움을 겪은 시기로 물자절약과 반공의식 고양, 애국심 고취, 도의교육, 실업교육 등의 내용이 강조된 시기이다.

4)제2차 교육과정기(1963-1973)

이 시기는 제3공화국의 기간으로 국가 재건과 검소한 생활, 국민 저축 등의 내용이 많이 등장하여 자주성, 생산성, 유용성, 합리성, 지역성이 강조된 시기이다. 생활(경험) 중심의 교육과정으로 1차 교육과정기와 대동소이 하나 개성적 글쓰기, 구체적인 실용문 형식에 대한 지도가 강조되었다. 교과서의 표기가 한글전용으로 개편되던 시기이기도 하다.

5) 제3차 교육과정기(1973-1981)

학문중심의 교육과정으로 국민 교육 헌장의 이념 구현이 강조되었다. 중학교 1학년에서 다양한 형식의 글쓰기와 2학년의 논리적 글쓰기 중심, 3학년에서 창조적 글쓰기, 개성적 글쓰기, 필체교육 등이 제시되었다. 이 시기에는 교과서에서 한자 병용을 하되 중학교용 한자 900자, 고등학교용 한자 1800자가 제시되었다.

6) 제4차 교육과정기(1981-1987)

이 시기는 민주화 과정의 시기라고 할 수 있는데 단일 교육사조와 이론의 지배를 탈피해서 교과, 경험, 학문 중심 교육사조의 균형과 조화를 추구하던 시기이다. 문체교육의 측면에서는 제재 종류와 특징, 자유로운 표현법의 효과를 강조하였다. 이 시기의 두드러진 특징은 텍스트 차원에서 논리성과 통일성을 부각시켰으며 지도내용에 이 시대의 정치적인 상황이 반영되어 국민정신 교육 관련 요소를 선택할 것을 요구하였다는 점이다. 이에 따라 가치관과 신념 형성의 의도적 교육이 강조되었다. 따라서 정직, 책임, 근면, 진취, 협동 및 질서, 규칙, 법, 관습 등과 민족적 자부심, 바람직한 국가관, 세계관 등이 강조되었다.

7) 제5차 교육과정기(1987-1992)

이 시기는 홍익인간의 이념 구현이 특징적인데 글쓰기 지도내용으로 분명하고 정확한 글쓰기, 글의 유형과 관련한 독서방법 지도 등이 제시되고 글의 내용적 측면으로 통일성, 응집성, 연결성에 대한 지도가 언급되었다. 또한 제시된 지도방법의 특징으로는 구성방식에 대한 인식과 동일주제에 대한 다양한 문체의 글쓰기 지도 방법이 제시되었다.

한편 띄어쓰기 규정과 맞춤법 규정이 수정보완된 시기이기도 하다. 이 시기부터 독서, 작문 등이 독립적인 영역으로 분리되어 문체교육이 본격적으로 실시되었다고 하겠다.

8) 제6차 교육과정기(1992-1997)

정치적 사회적 분위기에 영향을 받아 창의성, 민주시민, 다양성 등이 강조되던 시기였다. 이 시기의 특징으로는 국어교육내용이 언어사용기능, 언어, 문학으로 구분되어 본질, 원리, 실제의 내용체계로 제시되었다는 점이다. 문체적 지도 내용으로 언급된 것은 간결한 문장 지도와 글쓰기 평가방법으로 내용선정, 조직, 표현, 전달에 중점을 두라는 것이었다. 읽기와 쓰기 지도를 통하여 정보전달, 설득, 친교, 정서표현의 글의 문체

를 인식하게 하였으며 지시, 호응관계 지도를 통하여 글 전체의 흐름과
구성의 차이에 따른 효과적 표현에 대한 지도가 강조되었다.

9) 제7차 교육과정기(1997-)

이 시기는 학생 중심, 자율성, 창의성 등이 강조되는 시기로서 내용체
계는 기본과정과 심화과정을 구분한 수준별 학습체계를 내세웠다. 특히
이 시기는 사회문화적 상황에 따라 인터넷, 컴퓨터 통신 등의 매체 이용
이 급격히 늘어남에 따라 이들 매체를 이용한 쓰기 교육이 제시되기도
하였다.

4. 문체 구성요인 항목

주지하다시피 고려해야 할 문체의 구성요소는 검토 기준에 따라 무한
히 나열될 수 있다. 그러나 여기서는 교과서의 문체를 다루기 위한 것이
므로 교육적 측면과 관련하여 가장 두드러진 몇 가지 항목에 대하여만
언급하고자 한다.7)

1) 문장 길이의 요인

문장의 길이는 기본적으로 문장의 내용과 관련된다. 그러나 최근의 일

---

7) 문체론적인 관점에서는 글의 표기 수단과 관련한 특징이 중요한 문체적 요인이 된다.
특히 국어교과서에서는 한글전용과 관련하여 아직도 많은 논란이 있지만 점차 한자
사용은 제한적으로 사용되거나 한글전용의 방향으로 나아가고 있다. 한글전용 여부
의 문제는 교과서 제작진의 표기방침에 좌우된다. 특히 국정교과서의 경우에는 국가
적인 문자표기정책에 의해 한글전용, 한글한자혼용, 한글한자병기 등이 결정되는데
각 교육과정시기에 한자교육정책에 따라 결정되었기 때문에 여기서는 검토를 생략하
였다.

반적 글쓰기의 경향은 단문 쪽으로 가고 있다. 과거에는 필자의 성향에 따라 문장의 길이가 길기도 하고 짧기도 한 경우가 있었으나 최근에는 일반적으로 짧은 글이 대세를 이루고 있으며 이러한 경향은 학교교육 현장에서도 그대로 반영되고 있다고 하겠다. 따라서 교과서에서도 호흡이 긴 글은 기피하는 경향이 있다. 문장의 길이를 결정하는 하위 항목은 1문단 당 문장수, 1문 당 어절수, 1단어 당 음절 수, 제재 전체에서 차지하는 겹문장의 비율 등과 관련이 있다. 이와 관련해서는 뒤에 분석결과를 통해 설명하기로 한다.

2) 단어의 요인

단어와 관련해서는 세부적인 구분이 필요하나 국어교육 측면에서는 교과서의 글에 쓰인 단어의 성격과 관련이 있다. 특히 교과서에 쓰인 단어는 학습어휘가 중심이 되는데 여기서는 문장에 쓰인 명사를 주로 검토하였다. 단어의 내용 적인 측면에서 추상명사, 고유어를 검토하였고 단어의 구성에서 단일어와 복합어, 서술어의 보조용언 사용 등과 관련해서 살펴보았다. 단어의 길이와 관련하여 1음절, 2음절, 3음절, 4음절, 5음절 이상으로 구분하여 살펴보았다. 이들 항목들은 글 전체의 난이도와 밀접한 관련이 있기 때문에 교과서 편찬자들이 고려해야 할 항목들이다. 이외에 여기서는 생략했지만 검토대상으로 삼아야 할 요인들로는 글에 쓰인 어휘들의 사용빈도를 등급별로 세분하여 조사하는 문제가 있다. 이는 교과서의 교육적인 특성을 감안했을 때 사용어휘들을 대상으로 한국어에서 어느 정도의 사용빈도를 보이는 어휘가 채택되고 있는지를 관찰할 수 있기 때문이다. 아울러 인칭, 호칭의 사용 양상도 살펴볼 필요가 있다.

3) 의미 호응의 요인

텍스트 차원에서는 접속부사와 지시어의 빈도를 살펴보았는데 이는 전체 글 흐름에서 지시어와 접속부사의 사용이 의미적 긴밀도와 관련하여 영향을 미치기 때문이다. 이외에 어휘의 반복사용, 어휘의 연어 관계에 대한 검토도 요구되나 여기서는 생략하였다.

4) 문종에 따른 요인

국어의 모든 문장은 명사문, 동사문, 형용사문 중의 하나이다.8) 이들 문의 종류는 글의 성격을 결정짓는 요인 중의 하나이다. 예를 들면 명사문이 상대적으로 많이 등장할 경우, 사실에 대한 규정이나 주장 등의 성격이 두드러져 정적이고 관념적인 글이 될 가능성이 크다. 또 동사문이 상대적으로 많이 등장할 경우, 움직임이나 변화에 대한 서술이 두드러져 사건 중심적인 동적이고 서사적인 글이 될 가능성이 크다. 한편, 형용사문은 정서적 표현이나 묘사문에 많이 이용될 것이다. 이외에 서술어 형태에 따라 구어체 문어체로 구분하여 고찰할 수도 있으나 여기서는 서술어 종류로만 나누어 살핀다.9)

5) 문 구성의 복잡성 요인

문체의 특징을 이루는 요인들 중 문장의 구성방법에서 가장 큰 요인은 홑문장과 겹문장의 비율이다. 왜냐하면 홑문장은 사고의 서술이 겹문장보다는 단순하기 때문이다. 따라서 홑문장을 선호하는 필자와 겹문장

---

8) 명사문의 명칭은 체언문을 사용하기도 하나 이 글에서는 편의상 명사문으로 지칭한다. 왜냐하면 다른 문종의 서술어 명칭과 품사상 균형이 맞지 않기 때문이다. 이 글에서 주로 고찰한 대상도 명사 중심이다.

9) 국어과 교과서의 문종별 분석은 송재욱(1994:262-270)에서 부분적으로 시도한 바 있지만 이 글에서 다루고자 하는 문체변화에 대한 관심은 아니었다.

을 선호하는 필자는 개인문체 측면에서 뚜렷하게 구분된다. 특히 개인의 성향이 두드러지게 나타나는 예술문의 경우 홑문장 중심의 글과 겹문장 중심의 글은 뚜렷한 대비를 보이는 것이 일반적이다. 시간적으로 과거의 문헌일수록 겹문장의 구성이 많이 등장하고 현대로 내려올수록 홑문장의 사용이 일반화되는 경향을 볼 수 있는데 교과서의 경우도 예외는 아니다. 여기서는 제재 당 홑문장, 겹문장 수의 변화와 문단 당 평균 홑문장, 겹문장 수의 변화의 추이를 살펴본다.

5. 교과서 문체 요인별 변화 양상

시 소설 수필 등 개인문체적 성향의 글은 객관적 관찰을 위해 피하고 비문학 지문으로서 설명문이나 논설문 등 비교적 논리적, 객관적인 글을 중심으로 1책 당 2편 정도의 글을 추출하여 총 31편을 대상으로 분석하였다. 그리고 학교 급별로는 중학교 1학년 국어 교과서를 중심으로 하였다. 이는 초등학교의 경우, 고학년에서는 그렇지 않으나 저학년의 경우 비교적 지문의 길이가 짧아서 통계를 통한 비교 분석이 용이하지 않은 경우가 있기 때문이다. 그러나 초등학교에서 문체교육의 필요성과 중요성은 더 말할 나위가 없다. 저학년의 경우에 인지발달 단계상 기초적이고 표준적인 지문을 중심으로 문체교육이 이루어질 수밖에 없지만 고학년에서는 실질적인 문체교육이 필요하다. 고등학교 교과서의 경우에는 이미 교과서로서의 문체적 특징보다는 일반 필자들의 개인 문체적 성격이 그대로 드러나기 때문에 이 연구에서는 다루지 않았지만 앞으로 분석 항목을 세분하여 고등학교 교과서의 문체도 살펴 볼 필요가 있다. 자료수집의 어려움으로 인해 시기별로 교과서에 수록된 모든 지문을 다루지 못하고 일부분에 한정한 것은 이 연구의 한계이기도 하다. 이는 교과서 문체교육 연구의 광대함에 비추어 연구자의 능력과 여건이 미치지 못하기 때문이다. 시기적으로는 교수요목기(1946-1954)부터 제7차 교육과정(1997-)까지를 대상으로 하였다. 앞에서 언급하였듯이 교수요목기에 해당하는 군정기(1945-1946)의 교과서는 자료수집의 어려움과 함께 교과서 편제가 1, 2학년용이 1책으로 구성되어 있는가 하면 한자노출 및 띄어쓰기 등 이 글에서 비교처리하기가 쉽지 않아서 검토대상에서 제외하였다. 한편 3차 교육과정 시기의 교과서와 5차 교육과정 시기의 1학년 2학기 교과서를 아직 확보하지 못한 탓에 이번 검토에서는 다루지 못했다. 아쉽지만 변화의 흐름을 살피는 데는 지장이 없으리란 위안을 하고 군정기의 교과서와 함께 앞으로 보충해야 할 숙제로 미루었다.

[표 1] 문체요인별 빈도수 통계

		텍스트 구성			문장 종류		명사 음절수				
		문단수	문장수	어절수	홀문장	겹문장	1음절	2음절	3음절	4음절	5음절
교수요목기	합계	20	53	758	8	45	50	202	24	8	0
	평균	5	13.25	189.5	2	11.25	12.5	50.5	6	2	0
1차	합계	14	44	817	5	39	76	175	19	2	0
	평균	3.5	11	204.25	1.25	9.75	19	43.75	4.75	0.5	0
2차	합계	18	57	822	9	48	57	199	30	11	1
	평균	4.5	14.25	205.5	2.25	12	14.25	49.75	7.5	2.75	0.25
4차	합계	21	56	756	12	44	31	217	44	3	1
	평균	5.25	14	189	3	11	7.75	54.25	11	0.75	0.25

5차	합계	10	34	389	4	30	11	96	11	2	0
	평균	5	17	194.5	2	15	5.5	48	5.5	1	0
6차	합계	20	69	744	14	55	49	211	70	10	0
	평균	5	17.25	186	3.5	13.75	12.25	52.75	17.5	2.5	0
7차	합계	19	65	785	14	51	55	190	54	12	0
	평균	4.75	16.25	196.25	3.5	12.75	13.75	47.5	13.5	3	0

		종결형태			명사 종류		단어 구성10)			의미 연결	
		N+이다	형용사	동사	고유어명사	추상명사	복합동사	복합명사	단일명사	접속부사	지시어
교수요목기	합계	19	9	25	98	177	4	61	223	5	19
	평균	4.75	2.25	6.25	24.5	44.25	1	15.25	55.75	1.25	4.75
1차	합계	14	19	11	114	231	6	11	261	19	24
	평균	3.5	4.75	2.75	28.5	57.75	1.5	2.75	65.25	4.75	6
2차	합계	12	18	27	98	201	22	51	247	14	15
	평균	3	4.5	6.75	24.5	50.25	5.5	12.75	61.75	3.5	3.75
4차	합계	16	17	23	87	183	23	94	202	19	24
	평균	4.0	4.25	5.75	21.75	45.75	5.75	23.5	50.5	4.75	6
5차	합계	12	13	5.75	49	99	12	10	110	7	7
	평균	6	6.5	4.5	24.5	49.5	6	5	55	3.5	3.5
6차	합계	14	12	43	157	142	17	126	214	8	17
	평균	3.5	3.0	10.75	39.25	35.5	4.25	31.5	53.5	2	4.25

7차	합계	21	21	23	137	150	23	92	219	7	15
	평균	5.25	5.25	5.75	34.25	37.5	5.75	23	54.75	1.75	3.75

위의 표는 제재에 나타나는 문체요인별 빈도수를 교육과정별로 합하여 평균한 것이다. 이 결과를 각 시기마다 변화양상을 관찰하기 위해 문단수 혹은 문장의 수 그리고 어절의 수로 나누어 요인별 평균을 산출한 결과를 표 2로 보이고 시각적으로 확인하기 위해 그래프로 나타낸 것이 그림1-그림16에 해당한다.

[표 2] 전체 문단 혹은 문장에 대한 문체요인의 비율

	문장수/문단수	어절수/문단수	어절수/문장수	홑문장/문장수	겹문장/문장수	N+이다/문장수	형용사/문장수	동사/문장수	추상명사/문장수	고유명사/문장수	복합동사/문장수	고유어명사/어절수	추상명사/어절수	접속부사/문장수	지시어/문장수
요목기	2.65	37.90	14.30	0.15	0.85	0.36	0.17	0.47	3.34	1.85	0.08	0.13	0.23	0.09	0.36
1차	3.14	58.36	18.57	0.11	0.89	0.32	0.43	0.25	5.25	2.59	0.14	0.14	0.28	0.43	0.55
2차	3.17	45.67	14.42	0.16	0.84	0.21	0.32	0.47	3.53	1.72	0.39	0.12	0.24	0.25	0.26
4차	2.67	36.00	13.50	0.21	0.79	0.29	0.30	0.41	3.27	1.55	0.41	0.12	0.24	0.34	0.43
5차	3.40	38.90	11.44	0.12	0.88	0.35	0.38	0.27	2.91	1.44	0.35	0.13	0.25	0.21	0.21
6차	3.45	37.20	10.78	0.20	0.80	0.20	0.18	0.62	2.05	2.28	0.25	0.21	0.19	0.12	0.25
7차	3.42	41.32	12.08	0.22	0.78	0.32	0.32	0.36	2.31	2.11	0.35	0.17	0.19	0.11	0.23

---

10) 여기서 단어 구성은 복합명사와 단일명사, 복합동사에 한하여 측정하였다. 명사의 복합구성과 단일구성은 동사의 복합구성과 함께 문장의 의미구성에서 복잡성과 표현성에 영향을 미치므로 필자들의 선호도와 관련 있다.

5.1 길이

길이요인으로 살필 대상은 문자에 쓰인 단어의 음절 수, 1문단 당 문장수, 1문단 당 어절수, 1문장 당 어절수와 관련된다. 길이요인에서 전체 문장수 대비 홑문장과 겹문장 수의 변화 등도 관련이 있으나 여기서는 문 구성 요인에서 다룬다. 앞의 통계표를 이용하여 그래프로 보이면 그림과 같이 나타낼 수가 있다.

먼저 문장에 사용된 단어들의 길이를 음절 수 별로 측정한 결과 시기별로 그림1과 같은 양상을 보인다. 여기서 1음절 단어와 5음절 이상의 단어는 의미 있는 변화를 보이지 않아 보이지 않았다. 그림1에서 보듯이 가장 많은 빈도를 보이는 2음절어는 큰 변화를 보이지 않으나 3음절어와 4음절어의 경우는 증가하는 추세에 있다.

[그림 1] 평균 음절크기의 변화양상

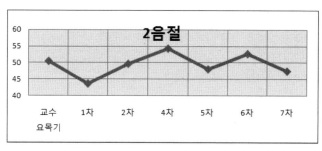

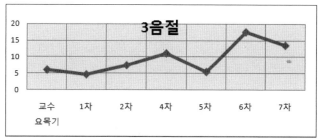

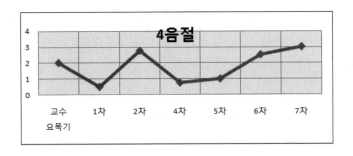

위와 같은 단어 당 음절수의 증가는 뒤의 복합어의 증가 추세와 관련 있다. 즉 단일어의 수는 줄고 복합어의 수는 늘어나는 경향이 보이는데 어느 정도 음절수의 증가에 관련된다고 보이는데 좀 더 많은 생각을 압축해서 한 단어로 표현하려는 경향으로 해석된다. 우리 사회의 복잡도와 변화속도의 증가로 인한 자연스러운 현상이 아닌가 한다. 이런 양상은 문단의 문장수의 증가와 문단의 어절수 감소와 관련해서 이해 가능하다.

[그림 2] 문단 당 문장수 비율의 변화

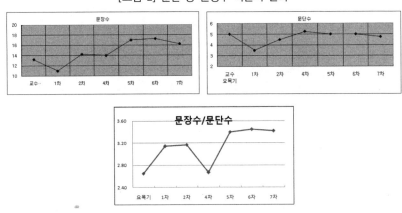

통계 수치상으로 보면 각 시기에 걸쳐 문단의 수는 큰 변화가 없다. 그런데 위의 그림 2에서 볼 수 있듯이 문단 안의 문장의 수는 조금씩 늘

어난 경향을 보인다. 큰 변화는 아니지만 이 표만을 볼 때 문단의 크기가 늘어났다는 것으로 해석할 수도 있고 문장의 길이가 짧아졌다고 볼 수도 있다. 그러나 이와 같은 현상은 다음 그림 3의 문단 당 어절수의 변화와 비교하여 보면 문장 길이가 짧아졌다는 것을 알 수 있다. 마찬가지로 그림 4의 문장 당 어절수도 그런 사실을 뒷받침하고 있어 문장의 단문화의 경향을 보이고 있음을 알 수 있다. 이런 현상은 5.1 문 구성의 양상에서 나타나는 홑문장과 겹문장의 그림 5와 그림 6에서도 같이 나타난다. 그러한 사실은 최근에 짧은 문장 위주의 글들이 선호된다는 점을 통해 짐작할 수 있다. 특히 컴퓨터를 사용하는 세대일수록 그런 경향이 강하다.

[그림 3] 1문단 당 어절수의 변화

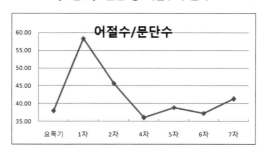

[그림 4] 1문장 당 어절수의 변화

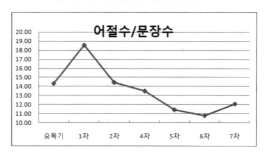

이상의 길이 요인의 변화를 살펴보면 현재에 가까워질수록 문장의 길이가 짧아지면서 어절의 개수는 줄고 있다는 점을 알 수 있다. 이는 시간이 흐를수록 사고 전개가 빨라지는 경향을 보이는 것으로 우리 사회의 빠르고 복잡한 변화양상을 반영하는 것으로 생각된다.

5.2 문 구성

한편 그림 5에서는 전체문장에서 홑문장의 비중이 점차 커지고 있음을 알 수 있다. 문장의 구성이 복잡한 구조에서 단순한 구조로 변하고 있음을 짐작케 한다. 앞의 어절이나 문장 혹은 문단수의 대비에서 보았듯이 그림 4의 홑문장에서의 증가현상은 그림 6의 겹문장의 감소현상과 맞물린다.

[그림 5] 전체문장 대비 홑문장 비율의 변화

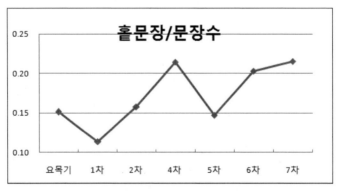

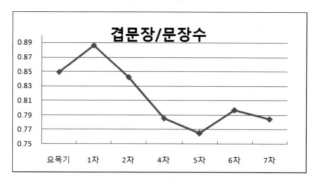

[그림 6] 전체문장 대비 겹문장 수의 변화

이상 그림 1~6의 그래프에서 보듯이 문장의 길이는 점점 짧아지고 문 구성의 방식은 단순해지는 경향을 보임을 알 수 있다.

5.3 문종 유형

문장의 서술어가 '명사+이다'의 형식인가, 동사인가, 형용사인가에 따라 국어의 문종이 명사문, 동사문, 형용사문으로 구분될 수 있다. 이러한 문종의 구분은 비슷한 설명문이나 논설문의 형식의 글을 대상으로 한 분석에서는 의미있는 변화를 찾을 수가 없다. 다만 명사문이 6차에서 줄어들었다가 7차에서 다시 늘어난 것은 2차부터 4차까지의 증가 추세가 이어진 것이 아닌가 한다. 그런데 다른 문종들에서도 마찬가지지만 중간선 0.28이상인 시기가 시기별로 변화를 보인 것은 특별히 어떤 경향이 있어서가 아니라 개별 제재의 특성이 다양하다는 점을 보이고 있는 것으로 해석할 수도 있기는 하다. 다만 4차 교육과정기 이후 5차 교육과정기에서 명사문과 형용사문이 증가한 대신 동사문은 감소한 것은 원인을 짐작하기 어려우나 제재 선정상의 문제인지 당시 사회적 분위기에서 비롯된 것인지 판단하기 어렵다. 좀 더 많은 제재를 통하여 검토해야 할 것으로 생각한다.

[그림 7] 전체문장 대비 명사문 수의 변화

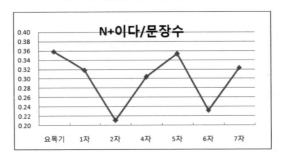

[그림 8] 전체문장 대비 형용사문 수의 변화

[그림 9] 전체문장 수 대비 동사문의 수의 변화

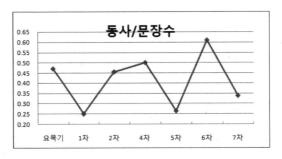

5.4 어휘

여건 상 전체 단어 수에 대비한 통계를 보이지 못했으나 교육과정별 단어의 음절수의 변화와 명사형성법에 따른 변화를 살펴보면 다음과 같다.

음절수에 따른 어휘적 요인의 변화는 두드러지게 나타나지는 않으나 표1의 통계를 보면 주로 2음절을 중심으로 어휘구성이 되어 있음을 알 수 있다. 그리고 1음절어, 3음절어의 순으로 주류를 이루고 있음을 알 수 있다. 한편 단어 구성 방법에 따른 종류에서는 단일어가 많이 사용되고 있으며 교육과정시기에 따라서는 특징적인 변화를 보이지 않는다. 다만 4차 교육과정기에 다른 시기에 비해 높은 수치가 보이는 것은 3차 교육과정이 학문중심 교육과정의 특색을 보였고 4차 교육과정에서도 문체 면에서 논리성과 통일성을 강조한 시기였다는 점과 관련이 있을 가능성은 있다.

1) 고유어 명사의 경우

고유어의 사용은 글의 분위기와 난이도에 영향을 미친다. 고유어는 이해하기 쉽고 평이하므로 저학년일수록 추상적인 어휘보다는 사용빈도가 높다. 또한 신체 부위 명칭이나 화자 또는 청자를 지칭할 때, 감정적인 표현을 할 때에 많이 사용된다. 이와 대비되는 것이 추상적인 어휘들이다. 대개 추상적인 개념을 나타내는 어휘들은 한자어로 표현된다. 이와 같은 현상은 교과서의 글에서도 같은 양상을 보인다. 그런데 전반적으로 고유어의 비율이 최근에 이를수록 높아지고 있음은 무의식적으로나 혹은 의식적으로 비교적 친근하고 이해하기 쉬운 표현을 선호한다는 것으로 해석될 수 있다. 또 최근 서적들이 한글전용을 위주로 간행되는 것도 그런 양상의 이유로 추정된다. 한편 고유어와 대립되는 한자어가 아닌 외래어의 사용은 인명 등 불가피한 경우 외에는 많이 노출되지 않았다. 교과서 편집을 할 때 제작자들이 고려해서 바꾸거나 삭제했을 것으로 보이고 이것 또한 교과서적 문체의 한 양상이라고 하겠다.

[그림 10] 고유어 명사 사용 양상

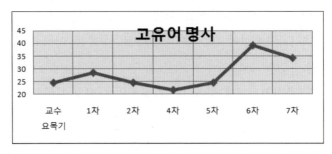

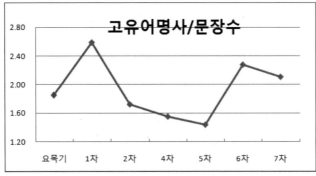

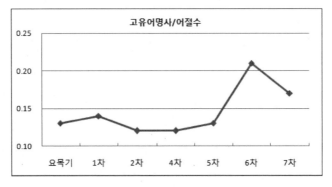

2) 추상명사의 경우

국어의 추상명사는 한자어의 비율이 높다. 한자어의 특성상 구체적인 사물의 명칭을 가리키는 경우를 제외하고는 대부분이 추상명사의 범주에 든다. 고유어의 경우에도 추상적인 의미를 보유하는 경우가 있으나 그 수는 많지 않다(예: 꿈, 그림, 나라, 사랑, 하느님... 등). 추상명사의 경우 7차 교육과정에 이르는 동안 점차 줄어드는 현상을 보이는데 이는 고유어의 경우와 대조적인 양상을 보이고 있어(그림 10과 그림 12 참조) 앞에서 언급한 국어에서의 고유어와 추상명사의 상관성을 뒷받침한다. 일반적으로 추상명사가 많이 쓰인 글은 정확성과 논리성이 두드러지며 내용에 대한 이해가 어렵다. 과거의 글들이 추상적이고 논리적인 경향을 보이는 것과 달리 최근의 글들은, 특히 학교교육에 필요한 글들의 경우 쉽게 이해하고 친근한 글들을 선호하는 경향에 따른 것과 함께 국어 순화 의식의 반영, 한자에 대한 지식이 부족한 새로운 세대의 한자어 기피 현상도 작용했으리라 생각된다.11)

[그림 11] 추상명사 사용양상

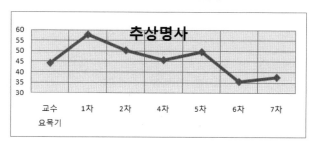

---

11) 이와 관련하여 조기원(1982:47)은 황순원의 문장과 김동리의 문장을 비교하여 전자는 감상적, 후자는 이론적 문장으로 언급한 바 있는데이와 달리 문학작품 등에서는 한자어를 비롯한 추상명사가 함축적 효과를 보일 수도 있다고 하였다.

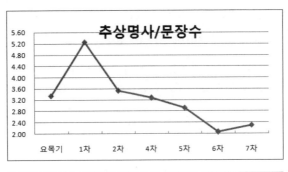

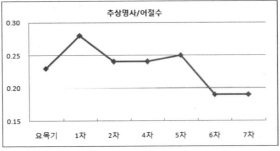

3) 단일어와 복합어

단일어와 복합어의 사용양상은 서로 상보적 관계에 있다. 여기서는 명사의 경우를 검토하였으며 서술어 의미의 복잡성에 주목하여 글의 이해에 영향을 미칠 수 있는 보조용언을 비롯한 복합동사까지 대상으로 하였다.

[그림 12] 복합어 사용양상

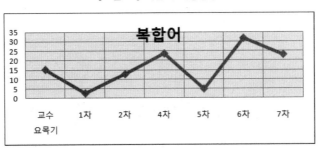

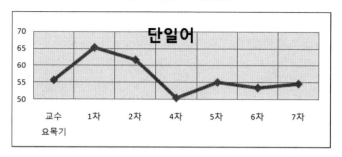

[그림 13] 단일어 사용양상

위의 그림을 보면 단일어의 사용은 4차 이후 줄어든 경향을 유지하고 있으며 복합어는 늘어난 추세를 유지하고 있음을 알 수 있다. 이는 사회의 복잡한 변화와 관련하여 압축된 표현의 필요 때문에 생겨난 현상이라고 해석된다. 한편, 띄어쓰기의 변화와 관련 있는 것으로도 해석할 수 있으나, 이 글에서는 800자 정도의 글로 양을 한정했기 때문에 최근의 단문화 추세로 보아 필자들이 압축적이고 효과적인 표현을 선호하고 있다고 보는 것이 좋을 것 같다.

이와 같은 현상은 그림 14의 복합동사의 경우에도 해당된다.

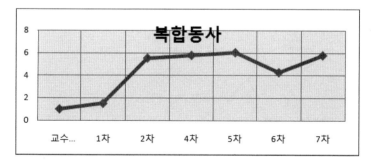

[그림 14] 복합동사 양상

5.5 의미호응

의미의 상호호응에서는 접속부사와 지시어가 검토대상이었다. 역시 전체 단어와의 대비 양상은 보이지 못했다. 그림15와 그림16을 통해서 사용빈도의 변화만 보인다. 글의 전체를 통해 의미 응집도를 보여주는 접속부사와 지시어는 교수요목기를 제외한 1차, 2차, 4차에 비해 5차, 6차, 7차 교육과정에서 점차 사용빈도가 줄었다. 그것이 뚜렷한 특징을 보인다고 할 수는 없지만, 접속부사나 지시어 같은 구체적인 결속장치보다는 문장 간의 의미 맥락에 따라서 의미 결속을 추구하는 경향을 보이는 것으로 해석할 수 있겠다. 텍스트 차원에서는 응집성(cohesion)에 의존하던 문체경향이 일관성(coherence)으로 옮아갔다고 해석할 수 있다. 이런 현상은 결국 간결한 인상을 주는 문체가 대중적이 되어간다는 것을 시사한다.

[그림 15] 접속부사 사용양상

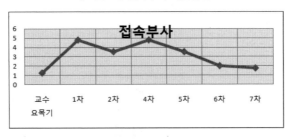

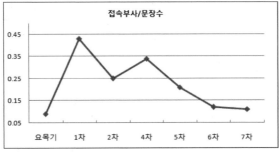

[그림 16] 지시어 사용양상

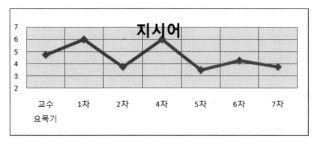

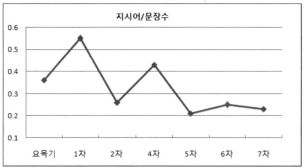

　　이상에서 문체요인별로 전체적인 변화 양상을 대략적으로 살펴보았다. 위의 통계수치상에서는 음절수에 따른 단어유형요인과 고유어의 빈도수 요인, 단어구성에서 복합어 단일어 요인을 포함했었지만 전체 단어의 숫자를 확정하는 어려움 때문에 전체 대비 분석을 미처 하지 못했다. 형태소 분석기를 활용하는 방법도 있겠지만 현재의 연구 단계에서는 많은 어려움이 있어 다음 기회로 미루고자 한다.

6. 결론

　　이상에서 극히 형식적인 몇 가지 요소에 치중하여 국어 교과서에 나타나는 문체적 변화의 일부 요소들을 검토해 보았다. 위의 단순한 계량적 검토를 통해 중학교 1학년의 경우 국어 교과서에 실린 글들이 점차 단문화와 압축되고 효과적인 표현의 어휘, 작은 크기의 문단, 문법적 장치의 의미연결보다는 맥락 의존적 의미연결을 선호하는 경향이 그 흐름이라는 것을 알 수 있었다.

그러나 이 연구의 목적은 서론에서 언급한 바와 같이 교과서의 문체적 성격에 대해 검토하고 교과서 문체의 존재를 확인해 보고자 시도하는데 있었다. 그리고 실증적인 검증방법으로 사용 양상의 시대적 변화에 초점을 두어 계량화를 시도하였다. 이러한 방법이 연구자의 능력 부족으로 충분히 검토되어 개발된 것이 아니긴 하지만 치밀하고 세련된 수단이 동원된다면 어느 정도 가시적인 결과를 얻을 수 있으리라는 시사를 얻는데 만족하고자 한다.

아울러 연구자가 지금까지의 연구과정을 통해서 느낀 점은 다음과 같다.

우선, 교과서 제작의 실무진들이 제재를 선택할 때 교육과정의 단계에 맞추어서 선정을 하기는 하나 상당 부분 개인적 인상이나 직관에 의존할 수밖에 없다는 점이다. 물론 현장 교사를 비롯한 국어교육 전문가들이 제작진에 참여하여 제재에 대한 다양한 분석과 총체적 평가를 하므로 신뢰할 수 있기는 하나 객관적인 기준에 의한 평가는 사실상 어렵다. 최소한 교육발달 정도에 따른 어휘 출현 빈도수의 고려, 통사적 구성에 대한 고려, 학습어와 습득어의 적절한 배려 등에 대한 고민이 있어야 정교한 교과서 제작이 이루어질 것으로 생각한다.

두 번째로 생각할 것은 초기 교육과정시기에는 각 교과과정 시기에 제작된 교과서에서 수록 제재의 필자들이 중복되어서 다양한 문체를 선보이지 못했다는 점이다. 교수요목기부터 6차 교과과정까지의 국어교과서 필진을 보면 초기 교과서의 필진이 그대로 다음 시기의 교과서 필진으로 등장하고 지문까지 그대로 옮겨 실은 경우가 많다. 이는 피상적인 생각이긴 하지만 특정 필자의 글이 특히 표준적이라기보다는 익숙한 지문이거나 저명한 필자의 권위에 의한 경우도 간혹 있지 않았을까 하는 생각이 든다. 교과서 제재 선정 시, 편집진들이 흔히 자신이 읽었던 글들을 중심으로 수록 여부를 논의하기 때문이다. 물론 그 시대 많은 사람들이 선호하는 내용이나 형식이어서 학생들에게 모방하도록 한다는 의도도 인정할 수 있으나 그럴 경우, 과연 얼마나 타당성과 객관성이 확보될지는 미지수다. 1차-7차까지 간행된 중학교 국어교과서 중 연구자가 확인한 바에 의하면 수집된 책들에 수록된 650편의 글 중 수록 횟수가 높은 순서로 볼 때 고전소설에서 발췌한 '공양미 삼백석'이 가장 선호도가 높았고(교수요목기-1차교육과정을 제외한 6차교육과정까지), 그 뒤로 이희승의 '청춘수제'(1차-4차), 이숭녕의 '국어생활의 향상을 위하여'(1차-4차), 안창호의 '한국학생의 정신'(교수요목기-6차), 황순원의 '소나기'(2, 3차 6, 7차), 나다니엘 호오손의 '큰바위 얼굴'(1차-6차)의 글들이 비슷한 정도로 선호되는 경향을 보였다. 그 외에도 대체로 최소한 3번 이상의 교육과정시기에 중복 채택된 경우가 많았다. 그러나 초기 교육과정 시기에 있었던 그런 현상은 최근에 들어서면서 점차 줄고 필자와 글들의 유형이 매우 다양해지고 있는 추세임을 알 수 있었다.

세 번째로는 문체교육 실제의 세밀함이 요구된다는 점이다. 문체교육의 요소는 포괄적으로 교수요목 속에 들어있고 구체적인 문체지도는 교육현장에 맡겨진다. 학년에 따라 다르긴 하지만 교수지침 상 문체교육은 글의 용도에 따른 형식 익히기에 집중되어 있는 것처럼 보인다. 연구자의 소박한 생각으로는 읽기와 듣기 등 다른 영역의 국어교육과 통합 연계되면 좋을 듯하다. 또한 이제는 추상적인 지침이 아니라 대략적이나마 어떤 객관적 근거와 통계를 통해서 체계적인 문체교육의 지침이 교사용

지침서 등을 통해 제시되어야 할 것으로 생각한다. 물론 글쓰기 지도 방법론을 교사들에게 전수함으로써 그런 소기의 목적이 달성될 수 있기는 하나 글쓰기 전문가가 아닌 일반 교사들의 경우 실제 교육현장에서 경험적 주관에만 의지하여 지도하는 데는 한계가 있을 것이다.

〈청람어문교육36 청람어문교육학회 (2007.12.31.)〉

제 3 장

교육과정에 따른 교과서의 문체 변화 양상*
―초등학교 국어교과서를 중심으로

1. 서론

이 장에서는 초등학교 국어교과서를 대상으로 교수요목기부터 제7차 교육과정기까지의 문체적 특징을 계량적인 방법을 통해 변화양상을 살펴보고자 하는데 목적이 있다.

초등학교 국어교과서는 대한민국 국민들에게 공식적 교육기관이 제공하는 최초의 글쓰기 교육 텍스트라고 할 수 있다. 그래서 국어교과서는 교육적인 고려 속에서 많은 단계적인 수정과 가필의 조정과정을 거처 독자들에게 제공된다. 자연히 이들 교과서에 실린 제재는 일반적인 글보다 규범적이고 교육적인 성격을 띠게 될 수밖에 없다.1)

* 이 연구는 KNUE 학술연구비 지원에 의해 수행되었음. 이 논문에서 적용한 형태소 분석과 통계처리는 고려대학교 민족문화원의 김일환 연구원의 도움을 받아 고려대학교 민족문화원 전산실의 형태소 분석프로그램에 의존하였음을 밝히며 성가시고 시간이 많이 걸리는 작업임에도 흔쾌히 도와준 김일환 연구원에게 감사를 드린다.

그런 면에서 한국의 정규 교육과정 출발기부터 제7차 교육과정기까지 정부기관의 주도 아래 공식적으로 발간된 교과서에 실린 글들의 형식적 변화를 검토해 보는 것은 국어교과서 제작 지침 혹은 교육정책의 변화와 사회변화의 요인들을 함께 고려해 볼 때 의미 있는 작업이 될 것이다. 실제로 교육과정별로 제작된 국어교과서의 제재들을 검토해 보면 검토항목에 따라서는 미세하거나 뚜렷한 변화를 실감할 수 있다. 음절길이나 문단의 크기의 변화 등이 대표적인 예이다.

한편, 해방 후 최초의 국정 교과서 제작 보급 후 시간적 간격이 60년에 불과하여 과연 언어생활의 변화가 교과서에 반영될 것인가 하는 의문이 들 수 있다. 그러나 개화기의 신문체가 그 이전의 문체와 차이를 보인 것도 반드시 긴 시간이 필요했던 것은 아니었다. 비록 수십 년의 짧은 기간이라 하더라도 사회 환경의 변화 즉 새로운 문물이나 제도 등이 변화되면 그 시대를 살고 있는 사람들의 삶을 반영하는 말과 글에서 변화가 오는 것은 자연스러운 일이기 때문이다. 더구나 우리의 지난 50년은 민족 역사상 유례없이 격변을 치른 기간이었기 때문에 더욱 그렇다. 그래서 교육과정기마다 교육당국에서 마련한 교육과정 지침에는 이런 시대적 변화에 부응하려는 노력이 반영되어 있다.

2. 관련연구 검토

기존의 문체론적 접근은 문학비평적인 성격의 연구가 주축이긴 하지만 언어학적인 접근을 시도한 연구도 국어학자들에 의해 심심치 않게

---

1) 여기서 규범적이고 교육적이라 함은 일반 사회의 글들에 비해 덜 실험적이고 비교육적인 표현과 내용은 걸러지고 독자의 독서수준을 고려하게 된다는 의미이다.

시도되었다. 그러나 그 가운데 교과서 문체에 대한 관심은 별로 없었던 것이 사실이다. 그나마 가장 먼저 교과서 문체에 관심을 보인 것은 김억수(1979), 심재기(1992)로서 교과서를 통하여 개화기의 일반적인 문체를 고찰하였다. 이외에도 정길남(1990), 이기동(1994), 이귀숙(1998) 등이 개화기 교과서를 대상으로 언어학적 문체 분석을 시도하였다. 그러나 이들 연구는 특정 시대의 문체에 대한 연구의 일환으로 이루어 진 것으로 표기법이나 문장구성의 변화 등에 집중한 것이다.

한편, 박갑수 편저(1994)는 국어문체에 대한 종합적인 연구서로서 다룰 수 있는 문체론의 세부 분야를 모두 다루었는데 그 중 송재욱의 "문체교육을 위한 국어과 교과서 분석"은 국어교과서의 수록 글을 대상으로 문장의 서술어에 중점을 두고 논설문, 소설, 수필의 장르별 서술어 분포를 통계 분석하였다. 김미향(2004)도 문체론의 이론을 국어교육에 수용하고자 한 연구였다. 이와 같이 교과서에 대한 언어학적 문체 분석이 드물게나마 시도되었지만 교육과정에 따른 문체의 변화를 고찰하고자 한 연구는 아직 없었다. 졸고(2007)에서 중학교 1학년 국어교과서에 대한 통계적 분석을 통하여 교육과정에 따른 변화를 확인하고자 한 바 있으나 의욕에 비추어 미흡하게 생각된다.

3. 자료의 범위와 분석방법

어느 한 시기에 있어서 특정한 텍스트를 대상으로 특정한 작가의 문장에 쓰인 단어 수의 평균치를 밝혀내는 일은 문체연구에서 통계방법이 공헌할 중요한 부분이다. 통계적 연구는 특정 시대의 긴 문장, 중간 문장, 짧은 문장의 평균 단어도 확인해 낼 수 있다. 혹자는 이런 통계치를 중심으로 하는 문체변화의 연구에 대해 회의적인 시각을 보이기도 하나 아무래도 우리의 직관이나 논리를 뒷받침하는 근거는 구체적인 수치에 의존하는 것이 가장 객관적일 것이다.[2] 앞으로 좀 더 발전된 통계 방법을 활용한다면 우리가 살고 있는 시대와 과거 우리 조상들의 시대에서 생산된 글들의 문체적 차이와 특징을 비교하여 구체적인 수치로 제시할 수도 있을 것이다.

이 연구에서는 초등학교 4학년 1학기부터 6학년 2학기까지의 교과서를 대상으로 교수 요목기부터 7차 교육과정기까지의 문체적인 변화양상을 살펴보았다.[3] 관찰 대상의 글 종류는 필자의 개인적 특성이 두드러지는 문학적인 성격의 글을 피하고 가급적 비문학적인 글을 선택하였다. 글의 분석 방법으로는 양적 측정을 위주로 하는 계량적 방법과 이에 대한 간략한 분석을 통하여 문체적 의미를 고찰하였는데 교육과정 시기별

---

2) 이와 관련하여 김광해(1994, 59쪽)에서도 어떤 텍스트에 대한 계량은 문학작품의 이론적 연구나 문체 연구에 필요하다고 하였고 Enkvist(1973, 127쪽)에서도 특정인의 문체는 구성소 X의 사용빈도에 의해서 특징 지워진다고 하였다. 또 B.조빈스키(1999 이덕호 역)는 문장구조의 모든 변이체들은 그 전체성에서나 대비적 개별현상들에서 문체 관여적일 수 있으며, 한 작가의, 한 시대의, 한 기능문체의 혹은 한 기능적으로 구성된 부분 텍스트의 특별한 문체 특성과 일치할 수 있다고 하였다. 각 작가는 전달하고자 하는 정보들의 분포를 위하여 아주 다양한 선택 가능성들을 가지고 있으며 그는 많은 것을 한 문장에 집합하여 표현 할 수도 있고 혹은 이것을 여러 문장에 분산시켜 표현할 수도 있다고 하였다. 이에 따라 긴 문장의 텍스트들과 짧은 문장의 텍스트들이 대비된다.

3) 이와 관련하여 국어과 교육과정의 시기로 구분하면 교육부(2000)을 기준으로 다음과 같이 나눈다.
한글 보급 및 교수요목기(1945.8.15.-1955.8.1)
제1차 교육과정기(1955.8.1.-1963.2.15)
제2차 교육과정기(1963.2.15.-1973.2.14)
제3차 교육과정기(1973.2.14.-1981.12.31)
제4차 교육과정기(1981.12.31.-1987.6.30)
제5차 교육과정기(1987.6.30.-1992.9.30)
제6차 교육과정기(1992.9.30.-1997.12.30.)
제7차 교육과정기(1997.12.30-현재)

로 1학기당 2편씩 4편의 글을 4학년부터 6학년까지 12편씩 선택하여 총 96편의 글을 비교하였다. 통계의 정확성을 위하여 분석대상의 글들은 한 편당 대략 800자 내외로 한정하였다.

검토항목은 N.Leech & H.Short(1981)의 언어적 문체 범주의 점검표를 참고하여 연구자가 임의로 선정하였다. 이상적으로는 될수록 많은 자료를 대상으로 많은 문체론적 항목을 검토하는 것이 좋겠으나 모든 문체 표지 항목을 검토할 수도 없고 또 그렇게 해야만 문체적 변화에 대한 확인이 되는 것도 아니다.4) 따라서 본 연구에서는 교육과정 시기에 따라 문장의 길이 요인으로서 1문 당 어절수와 1단어 당 음절수, 1제재 당 문단수 등의 길이 요인과 접속부사, 대명사, 의존명사, 보조용언 등의 어휘 요인, 문 구조 유형상 홑문, 겹문 등의 통사적 요인과 명사문, 동사문, 형용사문 등의 서술어의 종류에 따른 문장의 유형으로 구분하여 검토하였다. 이외에 표기방법상 국어교과서에서 한글전용과 관련하여 한자 사용은 제한적이다가 점차 한글전용의 방향으로 나아가고 있다. 한자표기 여부는 필자의 개인적인 성향이라기보다는 국가의 문자표기 정책이므로 교과서 제작진에서 한글한자혼용, 한글한자병기, 한글전용 등으로 조정하게 된다. 특히 초등학교 국어교과서에서는 한자 사용이 중학교 교과서보다 제한적인데 교수요목기와 1차 교육과정기를 제외하고는 한자표기가 보이지 않아서 여기서는 구체적인 통계수치를 보이지 않는다.

4. 요인별 변화양상

여기서는 문체적 변화를 구체적으로 느낄 수 있는 요인들로서 길이,

---

4) L.Leech(1981:pp.187-207) 등도 '주의해야 할 문체특징'으로 범주를 설정하였다.

어휘, 문의 통사적 구조, 서술어에 따른 문의 종류를 중심으로 살펴보겠다.5)

4.1 길이요인

일반적으로 비문학적인 글에서 정보 전달이나 선전 등의 목적을 띠는 글은 단문이 많으나 정서적인 문장이나 사고의 흐름을 따라가는 글들은 긴 문장이 많은 경향이 있다. 그래서 해당 시대의 문체적 특징을 드러내고자 할 때 긴 문장, 중간 문장, 짧은 문장의 평균 단어 수를 추출해 내는 일이 중요하게 생각된다.

사설, 보도문에서 많이 보이는 단문 중심의 문체는 힘이 있고 동적이며 속도감을 주어 현장감과 긴박감을 형성한다. 또 긴 문장의 문체는 부드럽고 정서적인 서술을 할 때 유리하다. 또 학술적인 논문이나 논설문에서는 긴 문장이 정밀하고 설득력 있는 효과를 준다.

B. 조빈스키(1999, 136-137쪽)에서는 신문 텍스트와 사실적 텍스트들에서의 독일어 문장의 평균치를 15-20단어라고 제시하면서 이 수치는 중간 문장 길이이며 짧은 문장들은 이 수치보다 낮고, 긴 문장들은 이보다 높다고 하였다. 또 독일어의 경우 일반적으로 짧은 문장들은 3-5개의 문장 성분, 즉 문법적으로 필수적인 문장 성분과 정보 상 가장 중요한 문장성분들(시간 부사와 장소 부사)을 가지고 있으며 이것은 일상 생활어의 대부분의 문장들에 해당되고 또한 아이들과 비교적 나이가 많은 사람들의 언어에 해당된다고 하였다.

---

5) 이 논문에서 선정한 문체요인들은 기존의 문체연구에서 일반적으로 선정되었던 요인들 중의 일부로서 여기서는 교과서 제재 분석이 용이한 요인들에 한하여 다루었다. 객관적인 기준제시를 위한 예문 제시는 지면관계상 생략하였음을 밝혀둔다.

독일의 경우와 달리 국어문장에서 긴 문장과 짧은 문장을 구별할 수 있는 기준이 구체적으로 제시된 바가 없어서 대체로 직관적인 판단에 의지하여 긴 문장 혹은 짧은 문장이라고 부른다. 앞으로 국어문장에 대하여도 보편적으로 인정할 수 있는 장문, 단문의 구체적인 기준치를 제시하는 일이 필요할 것으로 생각한다.[6]

여기서는 제한된 분량의 제재에 들어있는 문장에 쓰인 명사 단어의 음절수와 문장의 개수, 단락의 수 등의 교육과정별 변화를 알아보겠다.

4.1.1 명사단어의 음절수 변화

문장에 쓰인 단어들의 음절수가 문장의 길이와는 큰 관련이 없을 수 있다. 그러나 문장에 사용된 단어의 음절수의 변화는 학습발달 단계나 이해 난이도에 따른 시대적인 변화의 흐름을 보여주는 지표로서 흥미 있는 시사가 될 것이다.

교수요목기의 교과서는 다른 시기의 교과서와 다른 띄어쓰기를 하여 음절수를 비교할 때 항상 주의를 요한다. 우리나라에서 띄어쓰기는 개화기 선교사들의 회화 학습서들에서 나타나다가 독립신문 창간호에서 본격적으로 나타나기 시작한다(최용기(2003: 163쪽 참조)).[7]

---

6) 독일에서의 연구는 먼저 일반적인 문장들의 기본 수치를 평균화한 수치가 제공되어 긴 문장인지 짧은 문장인지의 여부가 판정 가능하다. 그러나 국어문장에서는 아직 그런 작업이 이루어진 것 같지 않다. 그리고 이 연구에서는 시기별 변화의 추이만 살펴보는 것이므로 큰 문제는 없다. 다만 앞으로 학계에서 한국어 표준 문장의 평균수치의 측정이 필요하다는 것을 언급할 수 있을 뿐이다.

7) 한편 김민수(1973)에서는 띄어쓰기의 방법을 4 가지로 분류해 놓았는데 다음과 같다.
(가) 분석식 띄어쓰기
말을 쪼갤 수 있는 데까지 잘게 띄어쓰는 방식으로 국민학교 초급에서 초기에 분석된 언어형태를 알리기 위해서 사용된 예인데, 1964년도 이전 1학년 1학기와 1971년 이전 1학년 1, 2학기 국민학교 「국어」교과서에 사용되었다고 한다. 따라서 이 방식에서는 조사를 띄어 쓰게 된다.

정부 주도의 '한글 띄어쓰기'규정은 1946년 통일안을 바탕으로 하였는데 1949년 한글띄어쓰기에서는 의존명사인 '번, 체, 듯, 만, 법, 양...'을 접미사로 보아 띄어 쓸 수 있도록 허용하여 지금과 같고 보조용언은 띄어쓰기만 허용하였다.

교수요목기에서 제2차교육과정기까지 눈여겨 볼 것은 띄어쓰기규정과 철자법에 관련된 것이다. 왜냐하면 현행 교육과정기의 어문규정이 이 시기의 규정에서 바뀐 부분이 있기 때문이다.

이 중에서 음절 길이와 관련된 항목은 형식명사와 보조용언의 띄어쓰기이다. 이 외에도 산 이름 강 이름과 인명 등의 고유명사에 대한 처리 방안에서 차이가 보인다.8) 1946년 통일안을 바탕으로 정부 주도의 띄어쓰기가 교과서 편수 지침용으로 제정된 것이 1949년 10월 21일의 편수 시보(1950.2)에 실린 것이다. 이는 1988년의 '한글 맞춤법'까지 이어졌는데 의존 명사의 띄어쓰기 처리는 1946년의 통일안을 따라 붙여 쓰도록 하나 접미사로 보아 띄어 쓸 수 있도록 허용하고 보조용언에 대해서는 띄어쓰기만 허용한다. 보조용언의 경우, 현행에서는 붙여 씀을 허용함으로써 이 시기는 제재 당 단어 수나 어절수가 현행 교과서보다는 많으나 5차 교육과정 이후는 조금씩 줄어드는 양상을 보인다.9)

(나) 어형식 띄어쓰기
「개정한 한글 맞춤법 통일안」(1946)의 규정에 따라서 띄어 쓰는 방식으로 현행 규정의 바탕이 되는 방식이다.
(다) 구문식 띄어쓰기 방식
문장 구성을 살펴서 자립할 수 없는 모든 의존어들을 붙이어 쓰는 방식으로 1933년의 「한글 맞춤법 통일안」의 규정에 따른 것이다.
(라) 구절식 띄어쓰기
대부분을 붙여 쓰고 떨어질 만한 구절에서 띄어 쓰는 방식이다.
8) 광복 후 일부 수정한 것으로 1988년 한글 맞춤법이 나올 때까지 맞춤법의 근간이 된 것으로 고유명사의 띄어쓰기, 의존명사와 보조용언의 띄어쓰기, 1음절어가 이어질 때 띄어쓰기를 붙일 수 있도록 한 것 등이다(최용기, 2003, 165면 참조).
9) 띄어쓰기 규정은 1933년 한글맞춤법통일안에서 의존명사와 보조 용언류의 붙여 쓰기

일반적으로 단어의 길이는 음절수의 길이에 비례하기 마련이다. 다음의 표는 표집된 4학년 제재에 사용된 명사단어의 음절별 통계이다.

[표 1] 4학년 교과서의 명사단어 음절수 통계표

4학년	1음절	2음절	3음절	4음절	5음절 이상
교-4-1-8외	29	48	9	3	1
교-4-1-9제	37	51	6	1	0
교-4-2-2우0	10	39	13	0	0
교-4-2-10세	14	39	12	0	0
1-4-1-10조	36	53	8	5	0
1-4-1-13목	24	47	7	0	0
1-4-2-13세	11	44	9	1	0
1-4-2-17사	11	51	13	4	1
2-4-1-1표	12	30	31	5	0
2-4-1-11까	17	33	13	8	0
2-4-2-5에	21	17	10	0	0
2-4-2-15표	12	28	35	2	0
3-4-1-(2) 식	19	37	19	0	0
3-4-1-9(1)금	16	56	11	2	0
3-4-2-6(1)속	49	27	14	0	2
3-4-2-9(1)다	19	35	24	2	1
4-4-1-2(2)다리 I	23	49	10	0	0

가 규정된 후 별다른 변동이 없다가 1946년 수정안에서 고유명사의 띄어쓰기, 의존명사와 보조용언의 띄어쓰기로 변경되었다. 그러므로 1945-1955년의 교수요목기에서는 고유명사 및 의존명사, 보조용언의 띄어쓰기기 교과서에 그대로 반영되었다. 1948년 수정안에서는 국한문체의 규정을 순 한글체로 바꾸고 1956년 수정안에서는 순 우리말 용어를 규정하였다. 그 후 1980년 한글학회의 전면개정안에서 반복부사 파생어류에 대하여 붙여 쓸 수 있게 하였다.

4-4-1-6(2)좋	15	43	3	2	0
4-4-2-3(1)가	11	57	20	2	0
4-4-2-5(1)	13	49	11	2	0
5-4-1-9그	6	66	19	5	0
5-4-1-15육	12	44	4	0	0
5-4-2-6서	11	72	20	4	1
5-4-2-7우	27	46	24	10	0
6-4-1-15민	4	62	21	4	0
6-4-1-11주	4	58	7	0	0
6-4-2-2말	5	37	26	0	0
6-4-2-5알	9	66	11	9	1
7-4-1-셋2아	4	62	21	4	0
7-4-1-첫2뜻	4	58	7	0	0
7-4-2-셋1하	5	37	26	0	0
7-4-2-첫2함	9	66	11	9	1
교수요목기 평균	22.5	44.25	10	1	0.25
1차 평균	20.5	48.75	9.25	2.5	0.25
2차 평균	15.5	27	22.25	3.75	0
3차 평균	25.75	38.75	17	1	0.75
4차 평균	15.5	49.5	11	1.5	0
5차 평균	14	57	16.75	4.75	0.25
6차 평균	5.5	55.75	16.25	3.25	0.25
7차 평균	5.5	55.75	16.25	3.25	0.25

위의 표에서 드러난 4학년 교과서의 음절 수 평균의 변화양상과, 지면

관계상 여기서는 표로 보이지 못하지만 5, 6학년 교과서의 음절수 평균의 변화양상을 음절별로 그림으로 비교해 보이면 다음과 같다.10)

[그림 35] 1음절 명사수의 변화

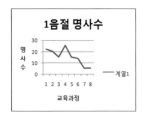
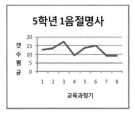
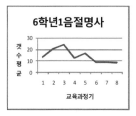

[그림 36] 2음절 명사수의 변화

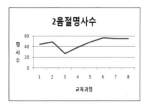
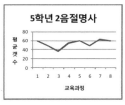
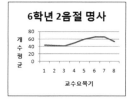

[그림 45] 3음절 명사수의 변화

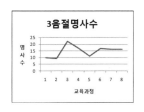
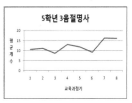
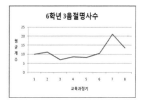

---

10) 단, 이 논문에서 제시되는 모든 그림들에서 상단에 제시된 항목 명은 4학년 교과서를 기본으로 하였으므로 4학년의 경우는 따로 학년표시를 하지 않았으나 5, 6학년 교과서의 항목은 학년표시를 하였다. 또한 그림에서 수평축의 교육과정의 숫자는 교수요목기를 포함한 숫자이므로 개별 교육과정기의 숫자와 차이가 있다. 즉 1, 2, 3,..의 숫자는 실제로 교수요목기, 1차 교육과정기, 2차 육과정기...를 표시한다. 그리고 세로축은 조사된 항목의 평균개수를 나타낸다.

[그림 38] 4음절 명사수의 변화

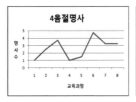
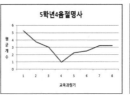
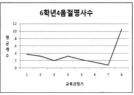

[그림 39] 5음절 이상의 명사수

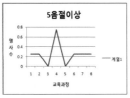
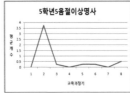
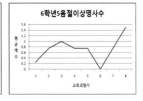

　　교수요목기의 교과서에서는 인명, 산 이름, 강 이름 등의 고유명사를 띄어쓰기 하였으므로 1음절 명사가 많게 되고 후에 이들 고유명사들이 붙여 쓰게 됨으로써 전반적으로 줄어들게 된 것으로 보인다. 예를 들면 '제주 도' '금강 산' '온정 리' 등이다. 한편 보조용언의 경우 교수요목기에는 띄어 쓰게 되어 있었으나 후에 점차 붙여 쓰기를 허용하여 어절의 수가 줄게 된다.

　　위의 표를 살펴보면 1음절 명사는 점차 줄어들고 있으며 2음절 명사가 평균 27-67개의 범위에서 가장 많이 사용되어 초등학교 국어 교과서 어휘의 중심축을 이루고 있음을 알 수 있다. 그러나 4음절, 5음절 명사의 수는 통틀어서 평균 5개 이내로 드물게 사용되었음을 알 수 있다. 위의 통계를 참고로 해서 평균 사용빈도에 따라 음절수별 명사 단어의 순서를 정해보면 2음절>3음절>1음절>4음절>5음절 이상의 순서임을 알 수 있다.

4.1.2. 단어, 문장, 문단수 변화

졸고(2007, 429쪽)에서 살폈듯이 중학교 교과서에서 문단의 수는 변화가 없는 데 비해 문장의 수는 늘었다. 즉 문단이 커지는 대신 문장의 수는 늘어나 문단의 대형화현상을 보이는 것으로 나타났다. 이와 같은 현상은 초등학교에서도 나타난다. 다음의 표와 그림에서 그런 양상을 볼 수 있다.

[표 2] 교육과정별 낱말, 문장, 문단 평균개수

구분	낱말	문장	문단
교수요목기평균	200.25	13	8
1차평균	195.75	12.75	6.5
2차평균	190.5	17.75	17.25
3차평균	200.5	20	12
4차평균	206.5	20	6.25
5차평균	194.5	17.25	6.25
6차평균	200.75	18.5	4.75
7차평균	205	17	6.75

통계표를 보면 낱말의 수는 190-206, 문장의 수는 17-20, 문단의 수는 4.75-17.25까지의 범위에 있다. 문장의 수는 점차 늘어나고 있는 추세를 보이는 반면 문단의 수는 5차, 6차, 7차 교육과정에서 줄어들고 있다. 문단의 수가 줄어든다는 것은 문단의 크기가 커진다는 의미이다. 따라서 초등학교에서 2차, 3차 교육과정기를 제외하면 5내지 7문단 이내에서 점차 줄어들고 있는 양상을 보이는 반면 개별 문단의 크기는 커지고 있다고 할 수 있다.

[그림 6] 4학년 교과서의 낱말, 문장, 문단수의 변화 양상

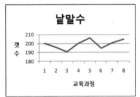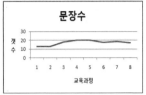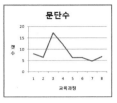

[그림 7] 5학년 교과서의 낱말, 문장, 문단수의 변화 양상

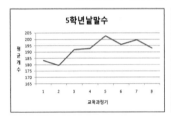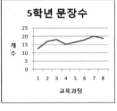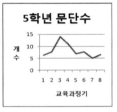

[그림 8] 6학년 교과서의 낱말, 문장, 문단수의 변화 양상

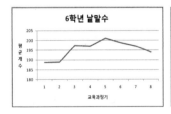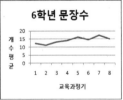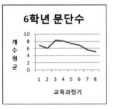

이와 같은 크기의 변화양상은 최근의 일반적인 글쓰기의 소문단화 양
상과는 다른 모습을 보이는데 이는 교과서의 교육적 성격 때문일 수도
있고 인터넷이 보편화되면서 인터넷독자의 독해부담을 덜어주려는 시각
적 배려에 원인이 있을 것으로 판단된다.

4.2 문 구성

여기서는 문 구성의 변화 양상을 살펴보겠다. 문 구성은 주술 구조를 기준으로 홑문과 겹문으로 나누게 된다. 홑문구조의 문과 겹문구조의 문을 단순 비교한다면 경우에 따라 다르긴 하겠지만 아무래도 단순한 구성의 홑문에 비해서 복합구조의 겹문이 길 수밖에 없다. 겹문 구성은 연결어미로 이어진 연결구성과 내포문을 갖는 내포구성이 있게 된다. 본 연구에서 내포구성의 지표는 '-ㄴ', '-ㄹ', '-은', '-는', '-을' 등의 관형형 전성어미와 '-음', '-기'의 명사형 전성어미로 보고 연결구성의 지표는 '-고', '-니', '-면', '-아서' 등의 연결어미들로 한다. 연결구성의 경우 대등연결과 종속연결이 나누어지나 여기서는 대등연결의 경우만 한정하여 검토한다. 한 문장 안에서 내포구성과 연결구성이 혼합되어 있는 경우도 있으나 전체적인 변화양상을 살펴보는 데에는 큰 문제가 없다.

한 문장에 담긴 정보는 문장에 쓰인 어휘정보와 함께 문장구성 양식에 따라 다양하게 분산 수용되어진다. 즉 한 문장이 홑문으로 구성될 수도 있지만 상위의 주문과 여러 개의 하위 성분문들로 구성되었을 때 정보는 하위의 성분문에 분산되어 수용된다. 필자가 문장 속에서 정보의 논리적 인과나 시간적 선후 등의 관계 등을 이런 하위 성분문들을 통하여 제시하고자 할 때 어떤 형식을 선택하는가 하는 문제는 문체론적인 결정이다. 국어에서는 연결어미나 품사 전성어미 등의 기능범주들이 그런 기능의 징표가 된다(이와 관련하여 B. 조빈스키 140쪽을 참조). 여기서는 초등학교 국어교과서에 나타나는 문 구성 형식의 변화를 검토하여 문 정보 분산의 변화를 살펴보고자 한다.

4.2.1 홑문

초등학교 국어교과서에서는 홑문의 평균 개수가 2-6의 범위에서 점차 줄어들고 있으며 이런 현상은 4학년부터 6학년까지 유사하게 나타난다 (아래에 도표로 보인다). 이런 현상의 원인은 홑문의 문장 형식이 필자의 표현 욕구를 다 담아낼 수 없기 때문으로 생각되는 한편 중학교의 경우는 이와 반대의 경향을 보이는 것은 또 흥미 있는 현상인데, 중학교에서 문단수가 늘어나고 문단의 크기가 줄어드는 현상을 고려하면 오히려 당연한 현상이라고 하겠다. 이와 같은 현상은 겹문의 경우 안은문장의 평균 개수가 고학년일수록 후기로 갈수록 많아지는 경향을 보이는 것과 비교가 되는데 문의 정보분산 방식과 관련되는 것으로 이해된다.

[그림 9] 홑문 평균개수 변화

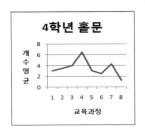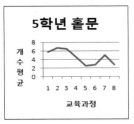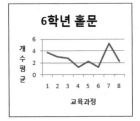

4.2.2 겹문

겹문의 경우 이어진 문장, 안은문장, 혼합문으로 구분하나 여기서는 이어진 문장과 안은문장만 다루고 전체문장 중에서 홑문이 아닌 문장의 평균개수의 변화를 그림으로 보였다. 각각의 경우에 변화양상을 알 수 있도록 4학년, 5학년, 6학년의 경우를 비교하였다.

(1) 이어진 문장

이어진 문장의 구성은 대등구성의 경우를 중심으로 살펴본다. 이어진 문장의 지표는 연결어미의 형태가 중심이나 꼭 연결어미의 개수가 이어진 문장의 개수와 일치하지는 않는다. 한 문장 안에는 여러 개의 연결어미 형태소가 나타날 수가 있기 때문이다. 4-6학년 교과서에서 연결어미 형태소가 평균 30-40개의 범위에서 비슷한 수치를 보이는 것을 보면 그런 추정이 가능하다. 아래의 그림은 먼저 연결어미 평균 개수의 변화추이를 보인 것이다.

[그림 10] 연결어미의 평균개수 변화

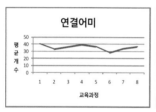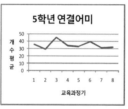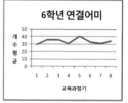

그러나 구성형태를 중심으로 살펴보았을 때, 대등한 구성을 보이는 이어진 문장은 4학년의 경우, 제재 당 평균 6개에서 2개 이하로 점차 낮아지는 추세를 보이고 있으며 5학년, 6학년의 경우도 유사한 경향을 보이고 있다.

[그림 11] 이어진 문장 평균 개수 변화

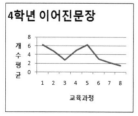

이와 같은 경향은 다음에 살펴볼 안긴문장 구성의 경우와 비교해 보면 대조적이어서 흥미롭다.

(2) 안은문장 구성

안은문장 구성의 경우 하위문장이 상위문의 성분으로 내포되는 형식으로 구성되며 이어진 문장보다 문장의 의미구성 과정에서 인지면에서 복잡도가 높다고 볼 수 있다. 국어에서 안은문장을 구성하는 방법은 명사절, 관형사절, 부사절, 서술절, 인용절 등을 성분절의 성격으로 상위문이 안는 방식이다. 여기서는 안긴문장의 특징을 가장 잘 보여주는 명사절 구성을 대상으로 관형형 전성어미와 명사형 전성어미의 형태소를 살펴보았다. 부사절과 서술절의 경우 이어진 문장으로서의 논란과 겹문장 여부의 논란이 있으므로 여기서 논의는 피하고자 한다.[11] 한편 인용문의 경우 문체의 특성상 직접 인용과 간접인용의 경우로 나뉘는데 인용격 조사가 그 지표로서 현대국어에서는 대체로 '-고', '-라고', '-고 하'의 구성으로 나타나며 인용격 조사가 나타나지 않는 경우는 대화체의 문장에서 자주 보인다. 이 연구의 조사과정에서는 간접 인용지표와 직접 인용지표를 통합하여 계량하였으나 출현빈도가 크게 낮았으며 혹 있어도 일정한 양상을 지속적으로 의미 있게 보이지 못하여 이 연구에서는 인용문의 경우를 제외하였다.

관형형이나 명사형 전성어미의 경우 문장의 내포관계로서보다는 의미의 추상화의 양상을 보여주는 것으로 해석될 수 있다. 그러나 '-음', '-기'의 명사형 전성어미의 경우, 평균 1-6개의 범위에서 4차 교육과정까지 높아지다가 5차 교육과정기에서 급격히 낮아졌고 6-7차 교육과정에서는

---

11) 이와 관련한 논란은 이관규(2002:233-234)와 다른 여러 문법서에 이미 상세히 언급되어 있으므로 자세한 내용은 생략한다.

약간 회복하는 추세이다. 이와 같은 현상의 원인은 명확히 알 수 없으나 만약 사회적 변인을 고려한다면 4차 교육과정기의 사회적, 정치적인 분위기의 영향으로 관념적 어투가 많이 사용되지 않았나 하는 추정은 할 수 있지만 뚜렷한 근거는 들 수 없다. 참고로 4차 교육과정기의 기준은 1981.12월에 제시되었는데 제재 선정 기준을 살펴보면 국민정신교육과 관련하여 정직, 규칙, 법, 관습 등의 가치관 혹은 신념을 중시하는 요소들과 민족적 자부심, 바람직한 국가관, 세계관 등의 요소가 강조되고 있음을 알 수 있다.

[그림 12] 명사형전성어미 평균개수 변화

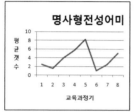  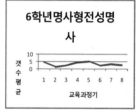

4학년과 5학년, 6학년 모두 관형형 전성어미의 사용은 평균 개수 20-30 사이의 비슷한 양상을 보이지만, 명사형 전성어미 사용빈도는 4학년에서는 4차 교육과정에서의 8개의 최대평균개수, 5, 6학년의 경우는 5개의 평균 개수 이하에 머물러 있다. 이것은 명사형 전성어미 사용보다는 관형형 구성이 선호되는 것으로 생각되는데 관형형 구성이 언급 내용에 대한 상세 설명에 유리하기 때문으로 생각된다.

한편 관형형 전성어미의 사용이 4학년에서는 평균 개수 20-30의 범위에서 점차 높아지는 경향을 보이는데 5학년에서는 약간 줄어드는 현상이 보인다. 6학년의 경우는 6차 교육과정을 제외하면 다른 학년보다 상대적으로 높은 평균 개수를 유지하고 있다.

[그림 13] 관형형 전성어미 평균개수 변화

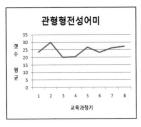 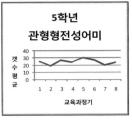 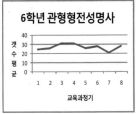

이상에서 살펴본 전성어미 형태표지의 평균 개수와는 달리 그림9.에서와 같이 홑문장의 평균 개수는 4학년의 경우 1-6개의 범위에서 교육과정 후기로 갈수록 점차 낮아지고 있다. 이와 같은 경향은 5학년과 6학년의 경우에서도 같은 추세를 보인다. 다만 6차교육과정기에 공히 일시적인 증가가 보이나 7차교육과정기에 다시 감소현상을 보인다. 이와 같은 현상은 역으로 겹문장의 증가추세를 보여주는 것이다. 이는 결국 문장구성의 복잡화의 현상을 보이는 것이며 6차교육과정기의 일시적인 현상은 그 원인에 대해 다시 검토해야 할 것이다.

4.3. 어휘요인의 변화

텍스트의 내용은 일관성과 연결성의 기능을 통해 독자에게 전달된다. 일반적으로 일관성은 독자로 하여금 필자가 의도한 텍스트의 의미의 흐름을 알 수 있게 해주는 텍스트 내적, 외적 특성이며 텍스트의 구조, 목적, 어조, 내용 등에 대한 독자의 인식에 의해 달성된다. 한편 연결성은 언어표현의 장치들을 통한 일관성 달성의 수단을 말하는데 문법적, 어휘적, 접속관계에 의한 장치 등이 있다. 여기서는 대명사, 접속부사, 의존명사, 고유명사, 보조용언을 중심으로 한 어휘요인의 변화양상을 통해 살펴보겠다.

4.3.1 대명사

대명사는 상황지시에 얽히는 특성이 있다. 화자를 기점으로 하여 화자 자신이나 그 주변의 것을 가리키는 말을 지시소, 화시소 또는 상황소라고 하는데 대명사는 그런 성질을 주로 보유한다는 점에서 특징적이다. 대명사는 대체로 대체될 수 있는 명사를 전제로 하여 파악되고, 그 특징도 명사와의 비교에서 파악되는 것이 일반적이다. 그러므로 대명사는 그것이 어떤 명사를 가리키고 있는가가 관심사가 된다.

변화 양상을 살펴보면 교수요목기에서 5차 교육과정기까지는 비슷한 양상을 보이다가 5-7차 교육과정까지의 시기에는 4, 6학년에서 대명사의 사용이 감소한다. 특기할 것은 전체 교육과정에서 4학년, 5학년 제재보다 6학년 제재에서 대명사 사용이 높은 빈도를 보인다는 점이다. 즉 4, 5학년 교과서에서 4-9개 범위의 평균 개수가 나타나지만 6학년 교과서에서는 5-12개 범위의 평균 개수가 6차 교육과정기까지 보인다. 그런데 7차 교육 과정기에서 2개까지로 떨어지는 것은 제재선택과정에서 대명사에 의한 연결성이 줄어든 것으로 해석된다.

대명사는 기본적으로 앞에서 제시된 선행어에 대한 호응으로서 텍스트 내의 연결성을 보여주는 기능적인 성격을 띠기 때문에 독자들이 텍스트의 의미적 일관성을 따라 문맥을 찾아가는 경향이 높아지면서 5학년을 제외하면 4, 6학년에서는 점차 줄어드는 경향으로 나타난 것이라고 할 수 있으나 좀 더 세밀한 분석이 필요하다.

[그림 14] 대명사 평균개수 변화

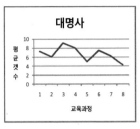 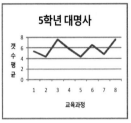 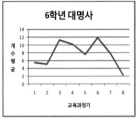

4.3.2 접속부사

제재를 하나의 담화로 볼 때 명제는 담화의 기본요소가 되고 담화의 관계는 명제들 사이의 접착제 역할을 하는 것이 되며 이런 의미관계들의 지표는 대체로 접속부사로 나타난다.

즉 첨가관계를 나타내는 '그리고, 또는, 게다가', 인과관계를 나타내는 '따라서, 왜냐하면, 그래서, 그러므로, 때문에', 의미 전환을 나타내는 '그러나, 그렇더라도' 등이 해당된다. 이와 같은 접속부사의 사용양상의 변화는 필자들의 텍스트성에 대한 민감도의 변화를 반영한다고 할 수 있다. 접속부사의 출현빈도는 4학년의 경우 1-4개의 범위에 나타나고 있으며 5, 6학년도 비슷한 상황이나 평균적으로 2-3개의 사용이 대부분이다. 저학년에 비해 6학년에서 평균적으로 빈도가 높게 나오는데 이는 고학년 제재에서 맥락의 전환이나 부연 설명에서 적극적인 글이 채택되기 때문인 것으로 해석된다. 즉 인과관계나 보충, 강조 등의 의미관계는 문장 내에서 연결어미 사용에 의해서도 수행될 수 있으나 접속부사를 사용할 경우 연결성에 있어서 적극적인 표현이 되기 때문이다. 그러나 대명사의 경우처럼 전반적으로 감소추세인 것은 동일하다.

접속부사의 사용양상을 5, 6학년과 4학년의 경우를 비교하여 보면 다음과 같은 그림으로 표시된다.

[그림 15] 접속부사 평균개수 변화

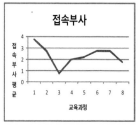
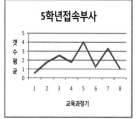
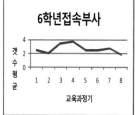

4.3.3 의존명사

의존명사는 일반적으로 서술어와 결합할 때 화자의 판단 혹은 평가를 드러내기 때문에(남기심, 고영근, 1985, 72쪽) 의존명사에 의한 서술은 필자의 주장을 강조하게 된다. 예를 들면 '-적', '-것', '-수', '-바', '-데', '-리' 뒤에 '있다', '없다', '-이다', '아니다', '안다', '모른다', '같다' 등의 화자가 존재 대상에 대한 상태판정, 긍·부정, 대상에 대한 인지여부, 대상의 존재 여부 등에 대한 화자의 주장이 담기게 된다.

초등학교 국어 교과서에서 의존명사는 대체로 15-6개 이하의 사용 양상을 보이는데 4차, 5차, 6차 교육과정에서는 4, 5학년이 비슷한 숫자를 보이는데 비해 6학년이 약간 적은 숫자를 보이지만 7차 교육과정에서는 4학년, 6학년에서 조금 더 많이 쓰였다. 대체로 저학년 교과서에서 증가하는 경향이 보이고 5학년, 6학년에서 감소하는 추세이다. 집필자의 원본 글을 제작진에서 선택하거나, 먼저 제재를 선택한 후 가필이나 수정의 과정에서 제작진의 의도에 따라 선택되는 경우가 있기도 할 것이지만, 저학년의 경우, 필자의 주장이나 감정이 강하게 제시되는 글이 많이 채택되는 반면, 고학년이 되면서 점차 객관적인 서술이 제재로 많이 채택되는 것으로 해석된다.

[그림 16] 의존명사 평균개수 변화

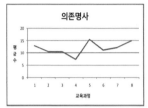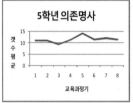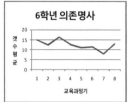

4.3.4 고유명사

고유명사는 화자가 특정한 상황에서 어떤 대상을 지시하기 위하여 사용하는 직접적인 지시표현의 한 방법이다. 구체적인 대상을 지정한다는 점에서 지시성이 다른 명사보다 강하다. 인명, 지명, 도로명 등의 고유명사는 다른 명사들에 비해 지시대상에 대해서 직접 서술하므로 전체 글 속에서 연결성의 기능은 떨어진다. 또 고유명사는 동일한 글 안에서 반복 사용되는 경우가 다른 명사들에 비해 적고 다시 언급해야 할 경우 인칭 대명사에 의해 대치된다. 노련한 필자가 의도적으로 사용할 때나 저학년 대상의 직접지시 표현이 많은 제재일수록 사용빈도가 높게 된다.

교수요목기와 1차 교육과정기 5, 6학년 모두 고유명사 사용이 다른 교육과정기에 비해 많은 편이고 그 중에서는 4, 5학년이 6학년에 비해 많다. 즉, 교육과정 초기일수록 그리고 저학년일수록 고유명사의 사용이 많고 고학년일수록 그리고 교육과정 후기일수록 고유명사 사용이 줄어든다는 것을 알 수 있다.

전체적으로는 초기 교육과정에서 4차 교육과정까지는 감소의 양상을

보이다가 5차에서 7차 교육과정에서는 약간 증가세를 보이나 평균개수
는 4-6개로 비슷하다. 전체적으로는 중반의 교육과정기에서 후반으로
갈수록 고유명사의 적극적 활용이 줄어드는 양상이다.

[그림 17] 고유명사 평균개수 변화

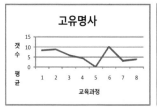 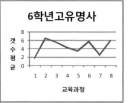 

4.3.5 보조용언

보조용언은 보통 서술어의 보조수단으로 본동사만으로 표현할 수 없
는 화자의 심리적 태도나 서술양상을 드러낸다. 대체로 보조용언의 사용
은 단언적 서술이 아닌 유보적 평가의 심리적 태도를 보이는 문법요소
이다. 따라서 보통 서술어에 비해 심리적 표현에 유리하다. 4학년에서는
평균 4개-11개 이하, 5학년에서는 7-11개, 6학년에서는 6-13개의 범위
에 분포되는데 학년이 높을수록 평균 개수가 늘고 있다. 대체로 보조용
언에 의한 서술어가 점차 빈도가 높아지는 양상은 복잡한 사회변화의
추세에 따른 세밀한 표현욕구의 증가를 보여주는 현상으로 보인다. 또는
단순 서술보다 유보적 판단의 경향이 나타나는 것으로 해석될 수 있다.
이는 뒤에서 보일 명사문의 감소 추세와 관련지어 생각하면 개연성이
있다고 하겠다. 다만, 1988년의 맞춤법 개정안에서 보조용언의 붙여 쓰
기를 허용함에 따라 보조용언의 개수가 줄어들 가능성이 있으나 여기서
이용한 형태소 분석 프로그램에서는 보조용언을 따로 처리하여 문제가

없으며 전체적인 흐름을 살펴보는 데 지장이 없다고 본다.

[그림 18] 보조용언의 평균개수변화

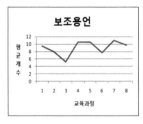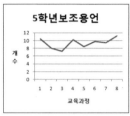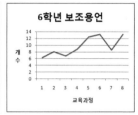

5. 문의 종류

국어 문장을 서술어의 품사에 따라 나누면 명사문, 동사문, 형용사문
으로 나눌 수 있다. 명사문이라 함은 보통 'N이다'류의 지정사로 끝나는
문장을 말한다. 지정사문은 '-이 아니다'형으로 끝나는 부정지정사문과
'-이다' 형의 긍정 지정사문으로 나눌 수 있지만 여기서는 두 형을 합하
여 명사문으로 통칭한다. 지정사 앞에 오는 성분은 대명사와 수사도 있
을 수 있으나 여기서는 편의상 명사문으로 합하여 다루고자 한다.

일반적으로 동작의 변화를 나타내는 서술어는 동적이고, 상태나 형상
을 묘사하는 서술어는 정적이며, 대상의 존재나 성격을 규정하는 서술어
는 개념적이거나 선언적인 의미를 전달한다.12) 이에 따라 명사문을 많이

---

12) 이와 관련하여 B. 조빈스키는 "일부 신간 실용 문체론들에서는 동사 문체로 하는
서술이 생동적으로 작용한다고 하여 '동사적 문체'가 '명칭사적 문체'보다 높게 평
가되고 있는 것은 잘 알려져 있는 사실이다. 동사적 문체는 될수록 많은 동적인 동
사들을 투입하고 동사적 명사와 명사화된 품사들은 피하는 경향으로 평가할 수 있
고, 반면 명칭사적 문체에서는 그 반대되는 경향이 우세하다."고 하였다(B.조빈스키
1999, p.177 참조).

사용하면 개념적이거나 선언적 혹은 주장이 강한 느낌을 준다. 그래서 문의 종류 중 동사문, 형용사문이 명사문보다 자기주장이 적다. 그러나 동사 서술어를 사용하는 문장은 속도감이나 상황의 변화를 나타내므로 활동적인 느낌을 나타내는 데 적합한 문장인데 비해 형용사 서술어를 사용한 문장은 정적인 느낌의 문장이 된다. 그러나 어떤 종류의 서술어 문장이 사용될 것인지는 필자의 선호와 문장의 내용에 따라 결정된다. 교과서에 사용된 문장에서도 시대적 혹은 사회적 변화에 따라 일정한 경향이 보일 수 있다. 그런 점에서 명사문, 동사문, 형용사문의 통계 측정은 문체의 면에서 중요한 지표가 된다.

명사문과 동사문, 형용사문의 검토 범위는 절 단위의 서술어까지를 포함하였다. 전체적인 서술 형태의 경향을 살펴보는 데는 절 단위를 중심으로 하는 것이 종결표지를 갖춘 문 단위를 대상으로 하는 것보다 유리할 것이기 때문이다.

[그림 19] 명사문 평균 개수

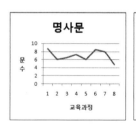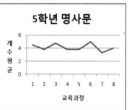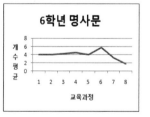

위의 그림에서 보듯이 명사문의 경우는 4학년의 경우 조금 높게 나타나고 5, 6학년은 상대적으로 낮게 나타난다. 그러나 대체로 교육과정의 후기로 갈수록 사용이 줄어가는 양상은 비슷하다. 이는 개념을 설명하거나 규정 혹은 선언, 주장하는 글이 준다는 것으로 해석할 수가 있다. 이런 추정은 다음의 형용사문이나 동사문과 비교해 보면 어느 정도 설득력이 있어 보인다.

[그림 20] 형용사문의 평균 개수

 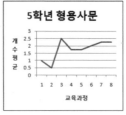 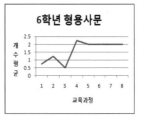

위의 그림에서 형용사문은 5, 6학년에서 교육과정 초기에서 저조하다가 교육과정 후기로 갈수록 4학년의 수준과 같아지는 추세를 보인다. 한편 동사문에서는 명사문이나 형용사문보다는 많은 수치를 보여주면서 교육과정 후기로 갈수록 늘어나는 경향을 보이고 있다. 교과서에 수록된 글들이 초기의 관념적인 경향에서 후기로 갈수록 상태묘사의 경향이 약간 늘면서 대체적으로는 동적인 경향으로 바뀌고 있다는 것을 알 수 있다.

[그림 21] 동사문의 평균개수

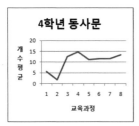 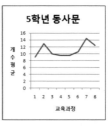 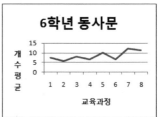

6. 결론

지금까지 1945년 해방 후 국내에서 발간된 초등학교 국정교과서의 비문학지문을 대상으로 문체적 특징이 되는 문법요소들을 중심으로 변화양상을 살펴보았다. 비록 전반적인 문체범주에 해당되는 요소들을 검토하진 못했지만 전체적인 흐름을 살펴볼 수 있는 단서는 제시되었다고 본다.

길이의 문체 요인을 검토해 보면 교수요목기부터 7차 교육과정까지의 초등 국어교과서에서 명사 단어의 음절수는 2음절 명사와 3음절 명사가 중심이 되고 있으며 명사 단어의 빈도수별 순서는 2음절>3음절>1음절>4음절>5음절 이상의 순서임을 알 수 있었다. 또 문단의 낱말 수와 문장의 수는 점차 늘어나는 반면, 문단의 수는 줄어 문단의 대형화가 진행되고 있음을 보이는데 이는 최근의 인터넷 글쓰기의 문단 소형화와는 다른 양상을 보여서 흥미롭다. 인터넷 글쓰기가 최근에 급격히 늘어나고 있지만 아직 교과서에는 그 영향이 미치지 못하고 있다고 볼 수 있다.

문장 구성 면에서는 홑문의 수는 줄어들고 겹문이 늘어나고 있는 추세를 보이고 있다. 비문학 지문을 대상으로 했기 때문에 홑문이 적게 나타난 것으로 해석할 수 있으나 전체적인 변화양상은 감소추세이다. 겹문의 경우 안은 구성의 문장이 상승세인 것은 전체적으로 복합적인 정보전달의 추세를 보이는 것으로 생각된다.

어휘요인 면에서는 텍스트의 일관성과 연결성의 측면에서 대명사, 접속부사, 의존명사, 고유명사, 보조용언의 변화양상을 살펴보았다. 텍스트 내부의 연결성을 보이는 대명사의 경우 고학년에서 사용빈도가 높다가 교육과정 후기에는 감소되었다. 일관성에 대한 필자의 인식을 보여주는 접속부사의 경우, 고학년에서 좀 높게 나오나 전반적으로 감소의 경향을 보인다. 한편 필자가 주관적 판단을 표현할 때 흔히 사용되는 의존명사의 경우, 저학년에서는 증가세, 고학년에서는 감소세의 양상을 보이고, 직접적인 지시성을 보이는 고유명사는 공통적으로 감소세를 보이는 것은 점차 직접적인 서술보다는 간접적인 서술과 강한 주장보다는 설득적 글이 많이 채택되고 있다고 할 수 있다. 이와 같은 경향은 문의 종류에서 명사문이 감소하고 동사문이 증가하고 있다는 점과 보조용언이 증가하고 있다는 점에 의해 뒷받침된다.

〈청람어문교육40, 청람어문교육학회(2009.12.31.)〉

제 4 장

교육과정에 따른 초·중학교 급간 문체 변화 양상 고찰

-국어교과서를 중심으로

1. 서론

이 장은 교수요목기부터 제7차 교육과정기까지 대한민국의 교육당국에서 제작한 국어교과서 중 초등학교 6학년과 중학교 1학년의 교과서를 대상으로 문체의 변화 양상을 주로 계량적인 방법으로 검토하고 그 의미를 분석해 보고자 하는데 목적이 있다.

중학교 1학년과 초등학교 4, 5, 6 학년 국어교과서의 문체변화 양상에 대해서는 졸고(2007, 2009)에서 살펴본 바 있다. 이 연구는 초등학교 국어교과서와 중학교 국어교과서 제작진들의 급간 차이에 대한 인식여부를 검토하기 위한 선행 연구의 성격으로 수행된다.

이 연구는 초등학교 6학년에 대한 국어교육과 중학교 1학년에 대한 국어교육이 1년 차이에 불과하지만 실제로 그 학교 급이 달라진 데 대한 인식정도의 차이가 동일 학교 급의 학년 차이에 비해 클 것이라는 가정을 바탕으로 한다. 그러므로 초등학교 학년 간 혹은 중학교 학년 간 차이에 대한 검토도 필요하지만 후속 연구로 미루고 우선 급간 차이가 가장 직접적으로 비교될 수 있는 초6학년 교과서와 중1학년 교과서의 문체적 특징에 대하여 기본적인 몇 가지 항목을 중심으로 비교, 검토해 본다.

이와 같은 연구결과는 앞으로 초등학교와 중학교의 통합교육 실시에 대한 사전 점검의 의미를 가질 뿐만 아니라 국어 교육에서 읽기와 쓰기의 효율적인 교육방향을 제시할 수 있다는 데에 효용성이 크다. 이 논문에서는 이미 발표된 초등학교 교과서의 문체분석(졸고, 2009)과 중학교 교과서의 문체분석(졸고, 2007)의 자료를 그대로 활용하고 필요한 통계는 편의상 그래프로 제시한다. 문체분석의 대상지표는 텍스트의 길이에 영향을 미치는 단어의 음절수, 문장수, 어절수, 문단수에 대한 통계분석과 서술어에 따른 문의 종류, 문 구성의 유형에 대한 통계분석 및 텍스트 의미 구성에 영향을 미치는 문법적 장치들 중 일부에 대한 통계분석을 중심으로 한다.1)

2. 교육과정의 변화와 관련연구 검토

우리나라에서 근대적인 교육과정은 개화기 직후 일제강점기부터 있었지만 국어를 제대로 인식하고 자주적이고 실질적인 국어교육을 목표로

---

1) 이 연구는 KNUE 학술연구비의 지원을 받았고 대한교과서 주식회사 교과서박물관의 소장 자료와 고려대학교 민족문화원이 개발한 형태소분석과 통계처리 프로그램의 도움을 받아 수행되었음을 밝힌다.

한 공식적인 것은 해방 후 미군정 치하에서 시행된 교수요목부터 비롯되었다고 할 수 있다. 물론 1949년의 '북조선학교교육림시조치요강'을 위시하여 그 후의 1951년, 1953년, 1954년, 1957년의 개정과 1960년대의 김일성교시를 중심으로 한 교육과정, 1970년대의 문화어를 중심한 교육과정, 1980년 이후의 교육과정 등 북한에서의 교육과정 변화도 검토해야 할 과제이나 다른 기회로 미룬다.

대상 자료 분석에 앞서서 각 시기별 교육과정에서 제시하고 있는 문체교육 관련 항목을 중심으로 문체교육의 변화내용을 간략히 살펴본다.[2]

1) 군정기(1945-1946)

이 시기는 8 · 15 해방 후, 교육에 대한 긴급조치로서 미군정청의 일반 명령 제6호에 의해 공포되어 시행된 내용으로 조선국호를 사용하고 교수용어를 국어로 사용할 것, 한국의 이익에 반하는 교과의 교수와 실습 금지를 내용으로 하고 가르칠 교과를 정하는 등 임시 조치의 성격으로 내용도 많지 않았다. 미 군정청 하의 국어교육은 사실상 교수요목기에 해당한다. 교수요목에서 (三)교수사항 중-3 짓기에서 '현대어를 위주하여 감정 의사를 익달하게 들어내어 여러 가지 글을 짓게 하고, 사상 체험의 정확 자유한 표현을 하도록 지도하고, 첨삭 비평의 능력을 기르도록 한다'라는 내용은 간단하게나마 문체교육의 지침을 밝힌 것이라고 할 수 있다. 다만 이 시기의 교과서는 교과서 편제상 중등국어(상) 1 · 2학년용, 중등국어(중) 3 · 4학년용, 중등국어(하) 5 · 6학년용이 각각 1책으

---

2) 여기서 제시한 교육과정기에 대한 설명내용은 졸고(2007:418-422)에서 가져왔다. 그리고 이 연구에서는 자료수집의 한계로 군정기를 편의상 교수요목기에 편입하여 다루었다. 그러므로 앞으로의 논의에서는 교수요목기 속에 포함하여 호칭한다.

로 되어 있고 표기법상 된소리 표기의 ㅅ, 띄어쓰기에서 의존명사의 붙여쓰기 등의 용법과 한자표기 방법(한자병기를 하되 해당 단어의 위에 첨기) 등에서 이후의 교과서와 다른 점이 있다.

2) 교수요목기(1946-1954)

1945년에 시행된 교육에 관한 긴급조치 이후 1946년 9월에 공포 시행된 '중학교 교수요목'에 의한 것으로 비로소 국가체제를 갖춘 국민교육의 출발시기에 교수내용 주제 또는 제목을 제시한 시기이다. 군정기 이후에 정상적인 교육활동이 이루어진 시기로서 1946년 9월 20일에 초급 중학교 교육 과정이 발표되어 사실상 국가교육이 제자리를 잡기 시작하였다. 그러나 해방 후의 불안한 정국과 6·25전쟁의 와중에서 인쇄할 종이의 부족과 시시각각 변하는 전방 지역에 대한 교과서 보급이 어려워 사정이 허락하는 대로 교과서를 출판하였다. 어떤 경우에는 같은 해에 발행된 같은 학년 같은 학기의 두 책의 교과서가 목차가 다르게 편집된 경우도 있었다. 내용도 전반적으로 국가에 대한 충성과 안보를 강조하는 글들이 많이 실려 있다. 이 시기에 문체교육이라고 할 만한 내용은 쓰기 교육에서 '정확, 민속하고 깨끗하고 아름다운 글자쓰기'와 짓기에서 '현대어 위주', '감정의사 익달하게 드러내기', '정확자유한 표현과 비평'의 능력부여 등이다. 한자표기에서 교육용 한자 1000자를 괄호 사용하여 병용한다.

3) 제1차 교육과정기(1954-1963)

이 시기는 문교부령에 의한 교과중심 교육과정기로서 교수요목기의 지침을 계승하되 개성적인 글쓰기를 추가하여 지도내용으로 '정확한 표현법', '개성적인 글', '문의 형식' 등 실용적인 면의 문체지도가 제시되었다. 이 시기는 전쟁 후 국토 전반에 걸쳐 파괴된 시설과 극심한 물자 부족으로 어려움을 겪은 시기로 물자절약과 반공의식 고양, 애국심 고취, 도의교육, 실업교육 등의 내용이 강조된 시기이다.

4) 제2차 교육과정기(1963-1973)

이 시기는 제3공화국의 기간으로 국가 재건과 검소한 생활, 국민 저축 등의 내용이 많이 등장하여 자주성, 생산성, 유용성, 합리성, 지역성이 강조된 시기이다. 생활(경험) 중심의 교육과정으로 1차 교육과정기와 대동소이 하나 개성적 글쓰기, 구체적인 실용문 형식에 대한 지도가 강조되었다. 교과서의 표기가 한글전용으로 개편되던 시기이기도 하다.

5) 제3차 교육과정기(1973-1981)

학문중심의 교육과정으로 국민 교육 헌장의 이념 구현이 강조되었다. 중학교 1학년에서 다양한 형식의 글쓰기와 2학년의 논리적 글쓰기 중심, 3학년에서 창조적 글쓰기, 개성적 글쓰기, 필체교육 등이 제시되었다. 이 시기에는 교과서에서 한자 병용을 하되 중학교용 한자 900자, 고등학교용 한자 1800자가 제시되었다.

6) 제4차 교육과정기(1981-1987)

이 시기는 민주화 과정의 시기라고 할 수 있는데 단일 교육사조와 이론의 지배를 탈피해서 교과, 경험, 학문 중심 교육사조의 균형과 조화를 추구하던 시기이다. 문체교육의 측면에서는 제재 종류와 특징, 자유로운 표현법의 효과를 강조하였다. 이 시기의 두드러진 특징은 텍스트 차원에서 논리성과 통일성을 부각시켰으며 지도내용에 이 시대의 정치적인 상황이 반영되어 국민정신 교육 관련 요소를 선택할 것을 요구하였다는 점 등이다. 이에 따라 가치관과 신념 형성의 의도적 교육이 강조되었다. 따라서 정직, 책임, 근면, 진취, 협동 및 질서, 규칙, 법, 관습 등과 민족적 자부심, 바람직한 국가관, 세계관 등이 강조되었다.

7) 제5차 교육과정기(1987-1992)

이 시기는 홍익인간의 이념 구현이 특징적인데 글쓰기 지도내용으로 분명하고 정확한 글쓰기, 글의 유형과 관련한 독서방법 지도 등이 제시되고 글의 내용적 측면으로 통일성, 응집성, 연결성에 대한 지도가 언급되었다. 또한 제시된 지도방법의 특징으로는 구성방식에 대한 인식과 동일주제에 대한 다양한 문체의 글쓰기 지도 방법이 제시되었다.

한편 띄어쓰기 규정과 맞춤법 규정이 수정보완 된 시기이기도 하다. 이 시기부터 독서, 작문 등이 독립적인 영역으로 분리되어 문체교육이 본격적으로 실시되었다고 하겠다.

8) 제6차 교육과정기(1992-1997)

정치적 사회적 분위기에 영향을 받아 창의성, 민주시민, 다양성 등이 강조되던 시기였다. 이 시기의 특징으로는 국어교육내용이 언어사용기능, 언어, 문학으로 구분되어 본질, 원리, 실제의 내용체계로 제시되었다는 점이다. 문체적 지도 내용으로 언급된 것은 간결한 문장 지도와 글쓰기 평가방법으로 내용선정, 조직, 표현, 전달에 중점을 두라는 것이었다. 읽기와 쓰기 지도를 통하여 정보전달, 설득, 친교, 정서표현의 글의 문체를 인식하게 하였으며 지시, 호응관계 지도를 통하여 글 전체의 흐름과 구성의 차이에 따른 효과적 표현에 대한 지도가 강조되었다.

9) 제7차 교육과정기(1997-)

이 시기는 학생 중심, 자율성, 창의성 등이 강조되는 시기로서 내용체계는 기본과정과 심화과정을 구분한 수준별 학습체계를 내세웠다. 특히 이 시기는 사회문화적 상황에 따라 인터넷, 컴퓨터 통신 등의 매체 이용이 급격히 늘어남에 따라 이들 매체를 이용한 쓰기 교육이 제시되기도 하였다.

국어의 문체연구는 문학적 문체론의 관점에서 주로 진행되었고 언어학적 문체연구도 꾸준히 이루어져왔다. 다만 교과서의 문체를 다룬 연구는 별로 없었다. 교과서 문체연구에 대한 언급은 필자의 연구(2007, 2009)에서 소개하였기 때문에 생략하고 몇 가지만 그대로 소개하면 다음과 같다.

가장 먼저 교과서 문체에 관심을 보인 것은 김억수(1979), 심재기(1992)로서 교과서를 통하여 개화기의 일반적인 문체를 고찰하였다. 이외에도 정길남(1990), 이기동(1994), 이귀숙(1998) 등이 개화기 교과서를 대상으로 언어학적 문체 분석을 시도하였다. 그러나 이들 연구는 특정 시대의 문체에 대한 연구의 일환으로 이루어 진 것으로 표기법이나 문장구성의 변화 등에 집중한 것이다.

한편, 박갑수 편저(1994)는 국어문체에 대한 종합적인 연구서로서 다룰 수 있는 문체론의 세부 분야를 모두 다루었는데 그 중 송재욱의 "문체교육을 위한 국어과 교과서 분석"은 국어교과서의 수록 글을 대상으로 문장의 서술어에 중점을 두고 논설문, 소설, 수필의 장르별 서술어 분포를 통계 분석하였다. 김미향(2004)도 문체론의 이론을 국어교육에 수용하고자 한 연구였다. 이와 같이 교과서에 대한 언어학적 문체 분석이 드물게나마 시도되었지만 교육과정에 따른 문체의 변화를 고찰하고자 한 연구는 아직 없었다. 졸고(2007, 2009)에서 중학교 1학년 국어교과서와 초등학교 4, 5, 6학년 국어교과서에 대한 통계적 분석을 통하여 교육과정에 따른 변화를 확인하고자 한 바 있으나 의욕에 비추어 미흡하게 생각된다. 특히 이 글에서 다루고자 하는 초, 중학교간 교과서 제재를 대상으로 교육과정에 따른 문체론적 변화를 비교, 분석한 경우는 필자의 노력이 부족하여 찾지 못했다.

3. 초등학교와 중학교 교과서 문체변화 비교

문체 변화의 비교를 하기 위해서는 수많은 항목이 검토대상이나 편의상 주요 항목 중 몇 가지만을 검토한다. 그 중에서도 텍스트 의미해석에서 중요한 길이 관련 요소들과 문체의 전체적인 인상에 영향을 주는 개별문장의 구성 유형, 텍스트의 의미전개에서 중요한 기능을 발휘하는 어휘 요소 등을 대상으로 한다. 검토항목은 N. Leech & H. Short(1981)의 언어적 문체 범주의 점검표를 기반으로 연구자가 확보한 자료에서 검토할 수 있는 항목을 임의로 선정하고 교육과정별로 초등학교 6학년 국어교과서 4편씩 32편과 중학교 국어교과서 26편을 대상으로 적용, 분석 하였다. 중학교 교과서 중 3차 교육과정의 교과서와 5차 교육과정의 2편이 빠져 있으나 전체적인 흐름을 살펴보는 데는 지장이 없을 것이다. 제재의 유형은 초등하고 6학년 국어교과서 1, 2학기와 중학교 1학년 국어교과서 1, 2학기에 실린 글 중 비문학제재를 주 대상으로 하였다. 시와 소설 등 문학적인 글에서는 필자 개인의 문체적 특징이 드러나기 쉽기 때문이다.

다음의 표1은 졸고(2007)에서 중학교 1학년 국어 교과서의 제재에 나타나는 문체요인별 빈도수를 교육과정별로 합하여 평균한 것이다. 이 결과를 각 시기마다 변화양상을 관찰하기 위해 문단수 혹은 문장의 수 그리고 어절의 수로 나누어 요인별 평균을 산출한 결과가 표2이다. 이 글에서는 먼저 중학교 교과서 통계자료를 중심으로 하되 졸고(2009)의 연구와 대응 비교가 가능한 항목에 한정하여 비교, 분석한다. 비교의 편의상 시각적인 그래프로 제시한 것이 그림1-그림16에 해당한다. 제시된 자료들은 제재당 800음절 내외의 범위에서 추출되어 통계 처리된 수치이다.

[표 1] 중학교 교과서 문체요인별 빈도수 통계

		텍스트 구성			문장 종류		명사 음절수				
		문단수	문장수	어절수	홑문장	겹문장	1음절	2음절	3음절	4음절	5음절
교수요목기	합계	20	53	758	8	45	50	202	24	8	0
	평균	5	13.25	189.5	2	11.25	12.5	50.5	6	2	0
1차	합계	14	44	817	5	39	76	175	19	2	0
	평균	3.5	11	204.25	1.25	9.75	19	43.75	4.75	0.5	0
2차	합계	18	57	822	9	48	57	199	30	11	1
	평균	4.5	14.25	205.5	2.25	12	14.25	49.75	7.5	2.75	0.25
4차	합계	21	56	756	12	44	31	217	44	3	1
	평균	5.25	14	189	3	11	7.75	54.25	11	0.75	0.25
5차	합계	10	34	389	4	30	11	96	11	2	0
	평균	5	17	194.5	2	15	5.5	48	5.5	1	0
6차	합계	20	69	744	14	55	49	211	70	10	0
	평균	5	17.25	186	3.5	13.75	12.25	52.75	17.5	2.5	0
7차	합계	19	65	785	14	51	55	190	54	12	0
	평균	4.75	16.25	196.25	3.5	12.75	13.75	47.5	13.5	3	0
		종결형태			명사 종류		단어 구성			의미 연결	

		N+이다	형용사	동사	고유어 명사	추상 명사	복합 동사	복합 명사	단일 명사	접속 부사	지시 어
교수 요목 기	합계	19	9	25	98	177	4	61	223	5	19
	평균	4.75	2.25	6.25	24.5	44.25	1	15.25	55.75	1.25	4.75
1차	합계	14	19	11	114	231	6	11	261	19	24
	평균	3.5	4.75	2.75	28.5	57.75	1.5	2.75	65.25	4.75	6
2차	합계	12	18	27	98	201	22	51	247	14	15
	평균	3	4.5	6.75	24.5	50.25	5.5	12.75	61.75	3.5	3.75
4차	합계	16	17	23	87	183	23	94	202	19	24
	평균	4.0	4.25	5.75	21.75	45.75	5.75	23.5	50.5	4.75	6
5차	합계	12	13	5.75	49	99	12	10	110	7	7
	평균	6	6.5	4.5	24.5	49.5	6	5	55	3.5	3.5
6차	합계	14	12	43	157	142	17	126	214	8	17
	평균	3.5	3.0	10.75	39.25	35.5	4.25	31.5	53.5	2	4.25
7차	합계	21	21	23	137	150	23	92	219	7	15
	평균	5.25	5.25	5.75	34.25	37.5	5.75	23	54.75	1.75	3.75

[표 2] 전체 문단 혹은 문장에 대한 문체요인의 비율

	문장수/ 문단수	어절수/ 문단수	어절수/ 문장수	홑문장/ 문장수	겹문장/ 문장수	N+이다/ 문장수	형용사/ 문장수	동사/ 문장수	접속 부사/ 문장수	지시어/ 문장수
요목기	2.65	37.90	14.30	0.15	0.85	0.36	0.17	0.47	0.09	0.36
1차	3.14	58.36	18.57	0.11	0.89	0.32	0.43	0.25	0.43	0.55
2차	3.17	45.67	14.42	0.16	0.84	0.21	0.32	0.47	0.25	0.26
4차	2.67	36.00	13.50	0.21	0.79	0.29	0.30	0.41	0.34	0.43
5차	3.40	38.90	11.44	0.12	0.88	0.35	0.38	0.27	0.21	0.21
6차	3.45	37.20	10.78	0.20	0.80	0.20	0.18	0.62	0.12	0.25
7차	3.42	41.32	12.08	0.22	0.78	0.32	0.32	0.36	0.11	0.23

3.1 길이의 변화

문체적 특성을 언급할 때 일반적으로 만연체라든가 혹은 간결체라고 하는 직관적 규정으로 표현한다. 그러나 어느 정도의 길이가 만연체나 간결체에 해당하는지 혹은 어떤 느낌의 문장이 그런 것들에 해당하는 지에 대한 설명은 없다. 그러나 우리가 문체적 인상을 말할 때 가장 먼저 언급하는 것은 길이에 대한 직관적 인상을 토대로 하는 것이다. 한편, 비문학적인 글에서 정보 전달이나 선전 등의 목적을 지닌 글은 단문이 많으나 정서적인 문장이나 사고의 흐름을 따라가는 글들은 긴 문장이 많은 경향이 있다. 그래서 해당 시대의 문체적 특징을 드러내고자 할 때 긴 문장, 중간 문장, 짧은 문장의 평균 단어 수를 추출해 내는 일이 중요 하게 생각된다.

B. 조빈스키(1999, 136-137쪽)는 신문 텍스트와 사실적 텍스트들에서의 독일어 문장의 평균치를 15-20단어라고 제시하면서 이 수치는 중간 문장 길이이며 짧은 문장들은 이 수치보다 낮고, 긴 문장들은 이보다 높다고 하였다. 또 독일어의 경우 일반적으로 짧은 문장들은 3-5개의 문장 성분, 즉 문법적으로 필수적인 문장 성분과 정보 상 가장 중요한 문장성 분들(시간 부사와 장소 부사)을 가지고 있으며 이것은 일상 생활어의 대부 분의 문장들에 해당되고 또한 아이들과 비교적 나이가 많은 사람들의 언어에 해당된다고 하였다.

국어문장에 대하여도 독일의 경우처럼 보편적으로 인정할 수 있는 장 문, 단문의 구체적인 기준치를 제시할 수 있다면 한국어의 문체적인 정 체성을 세우는데 조금이나마 도움이 될 것이다.3)

---

3) 독일에서의 연구는 먼저 일반적인 문장들의 기본 수치를 평균화한 수치가 제공되어 긴 문장인지 짧은 문장인지의 여부가 판정 가능하다. 그러나 국어문장에서는 아직

제한된 분량의 제재에 들어있는 문장에 쓰인 명사 단어의 음절수와 문장의 개수, 단락의 수 등의 교육과정별 변화를 알아보겠다. 중학교 교과서의 그림에서는 가로축의 교육과정기를 '교수요목기, 1차, 2차,..7차' 등으로 표시하였고 초등학교 교과서의 그림에서는 순서대로 '1, 2, 3,...8'로 표시하였다.

(1) 음절길이[4]

2음절 명사의 경우, 중학교교과서에서는 평균 43-55개의 범위에서 안정적인 변화를 보이고 초등학교에서는 40-62정도의 범위에서 약간씩 상향되는 경향을 보인다.

[그림1] 2음절 명사수의 변화

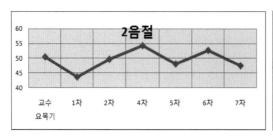 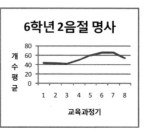

그런 작업이 이루어진 것 같지 않다. 그리고 이 연구에서는 시기별 변화의 추이만 살펴보는 것이므로 큰 문제는 없다. 다만 앞으로 학계에서 한국어 표준 문장의 평균수치의 측정이 필요하다는 것을 언급할 수 있을 뿐이다.

4) 표 1에서 보인 중학교 1학년 교과서의 교육과정에 따른 음절길이의 변화 중 1음절 명사단어는 5-20개 범위에서 변화를 보이는데 5차 교육과정까지는 줄다가 6차, 7차에서 늘었다. 이에 비해 초등학교 6학년 교과서에서는 10-25개의 범위에서 변화를 보이고 있는데 전체적으로 줄고 있는 경향이 뚜렷하며 5차-7차에서는 10개 이하의 수준에 머물고 있다. 여기서는 지면상 우리 국어 어휘의 중심을 이루는 2, 3, 4음절의 변화 양상만을 그림으로 제시한다.

3음절의 경우, 중학교에서는 5-17의 범위에서 상승경향을 보이는데 초등학교에서는 7-21개 정도의 범위에서 상승하는 경향이 보이고 7차 교육과정의 경우 공히 하강하는 경향을 보인다.

[그림 2] 3음절 명사수의 변화

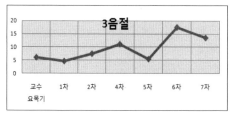
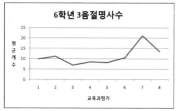

4음절의 경우, 중학교에서 0.5-3개의 범위에서 상승의 경향을 보이는데 초등학교에서는 1-11개의 범위에서 6차까지 하강하다가 7차에서 급상승하는 변화를 보인다.

[그림 3] 4음절 명사수의 변화

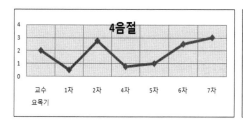
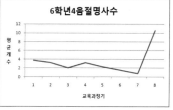

5음절 이상의 경우, 중학교에서는 2차와 6차에서만 평균 0.25개가 보이고 다른 시기에는 보이지 않을 정도로 쓰임이 없으나 초등학교에서는 1.5개 이하의 작은 범위에서나마 줄곧 쓰임이 보인다. 그러나 중학교에서는 별로 쓰이지 않지만 초등학교에서는 꾸준히 등장했다는 점이 특기할 만하다.

(2) 문단, 문장, 단어 수 변화

문단의 개수는 중학교에서 평균 3.5-5.25의 범위에서 5개의 수준으로 유지되는데 비해 초등학교에서는 5-8.25의 범위에서 점차 줄고 있는 경향을 보인다.

[그림 4] 중학교 문단과 문장수의 변화

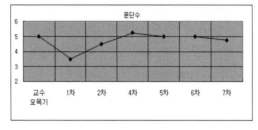

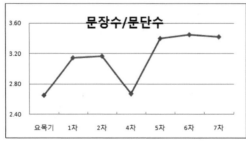

중학교의 문단에 비해 초등학교의 문단 개수가 많다가 같아진다는 점이 눈에 띈다. 자료 중에서 문단 당 문장수의 변화를 보이면 다음과 같다.

[그림 5] 초등학교 문단과 문장수의 변화

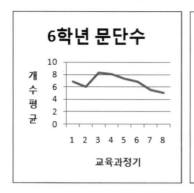

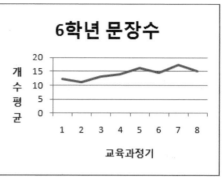

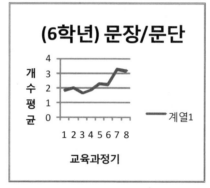

　　문장수의 경우는 중학교에서는 11-17개의 범위에서 점차 상승의 경향
을 보이고 초등학교에서도 11-17개의 범위에서 상승하는 경향을 보인다.
이는 초등과 중등의 교과서에서 문장의 개수가 비슷한 경향을 보인다는
점에서 특기할 만하다.

　　그러나 어절수의 변화는 중학교에서 185-228의 범위에서 하강의 경향
을 보이고 초등학교에서는 낱말이 189-201개의 범위에서 상승했다가 5
차-7차교육과정기에 하강하는 경향을 보인다. 초, 중등에서 195개 안팎
의 비슷한 수준을 유지하나 대체로 초등학교 교과서에서 약간 많은 개

수가 사용되었다고 할 수 있다. 초등학교 자료에서 어절단위가 아니라 단어의 수준에서 제시되었는데 전체적인 흐름을 비교하는 데는 큰 지장이 없을 것으로 생각한다. 다음 그림에서 중학교와 초등학교의 어절수의 변화와 문단 당 어절수의 변화를 보인다.

[그림 6] 어절수 변화

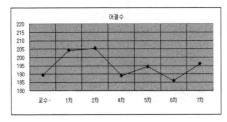
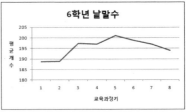

[그림 7] 문단 당 어절수의 변화

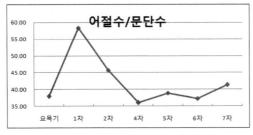
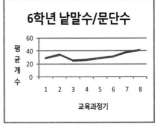

이상에서 살펴본 바에 의하면 결국 약간의 차이는 있으나 전반적으로 초, 중등학교 교과서에서 가장 기본적인 음절길이인 2, 3음절 단어의 사용은 비슷한 양상으로 늘어나고 있으며 4음절 단어의 증가세도 공통적이라는 점을 지적할 수 있다. 그리고 중학교와 초등학교 제재에서 사용된 단어의 길이는 비슷해지고 있다.

한편 어절 또는 단어의 변화와 같은 양상으로 문단수의 경우에도 중학교 교과서보다 6학년 교과서에서 많았으나 7차 교육과정에서는 모두 비슷한 개수를 보임으로써 차이가 줄어들었다고 할 수 있다. 또 문장의 개수도 초기에는 중학교 교과서에서 많았으나 점차 비슷한 개수의 문장이 사용되는 양상을 보였다. 결과적으로 문체의 길이요인에 관한 한, 초등과 중등간의 차이가 줄어 급간 구분의 의미가 약해졌다고 하겠다.

3.2 문종의 변화

제재에 쓰인 문장의 종류는 문장의 구성 방식과 문장에 쓰인 서술어 종류에 따라 구별된다. 문장의 구성 방식상 홑문과 겹문의 변화 양상의 학교 급간 차이를 살펴보고 문장에 사용된 서술어의 문법적 성격에 따라 '체언+이다'의 명사문, 동사문, 형용사문 종류의 수치 변화양상의 학교급간 차이를 살펴보겠다.

3.2.1 문 구성 유형의 변화

한 문장에 담긴 정보는 문장에 쓰인 어휘정보와 함께 문장구성 양식에 따라 다양하게 분산 수용되어진다. 즉 한 문장이 홑문으로 구성될 수도 있지만 상위의 주문과 여러 개의 하위 성분문들로 구성되었을 때 정보는 하위의 성분문에 분산되어 수용된다. 필자가 문장 속에서 정보의 논리적 인과나 시간적 선후 등의 관계 등을 이런 하위 성분문들을 통하여 제시하고자 할 때 어떤 형식을 선택하는가 하는 문제는 문체론적인 결정이다. 국어에서는 연결어미나 품사 전성어미 등의 기능범주들이 그런 기능의 징표가 된다(이와 관련하여 B. 조빈스키(1999) 140쪽을 참조). 여기서는 중학교와 초등학교 국어교과서에 나타나는 문 구성 형식의 변화를 주로 검토하고자 한다.

　문 구성은 주술 구조를 기준으로 홑문과 겹문으로 나누게 된다. 홑문 구조의 문과 겹문 구조의 문을 단순 비교한다면 경우에 따라 다르긴 하겠지만 아무래도 단순한 구성의 홑문에 비해서 복합구조의 겹문이 길 수밖에 없다. 겹문 구성은 연결어미로 이어진 연결 구성과 내포문을 갖는 내포 구성이 있게 된다. 내포구성의 경우, 지표가 '-ㄴ', '-ㄹ', '-은', '-는', '-을' 등의 관형형 전성어미와 '-음', '-기'의 명사형 전성어미가 있으며 연결구성의 지표는 '-고', '-나', '-면', '-아/어서' 등의 연결어미들이 있다. 연결구성의 경우 대등연결과 종속연결이 나누어진다.

　한 문장 안에서 내포구성과 연결구성이 혼합되어 있는 경우도 있으나 결국 겹문의 큰 범위에 속하는 것으로 보아 여기서는 홑문의 평균개수만을 대상으로 살펴보고자 한다. 왜냐하면 단순구성의 단문의 변화양상은 자동적으로 겹문 구성의 변화를 표시하는 것이기 때문에 전체적인 변화양상을 살펴보는 데에는 큰 문제가 없을 것이기 때문이다.

　다음의 그림은 중학교 교과서의 홑문과 겹문의 평균개수의 변화를 제시한 것이다.

[그림 8] 중학교 교과서 전체 문수에 대한 홑문과 겹문의 비율

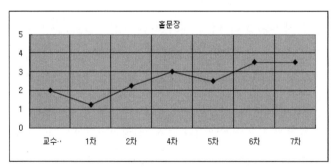

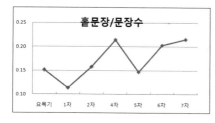 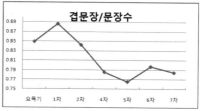

위의 중학교 교과서 그림에서는 전체문장에서 홑문의 비중이 점차 커
지고 있음을 알 수 있다. 즉 문장의 구성이 복잡한 구조에서 단순한 구
조로 변하고 있음을 짐작케 한다.

[그림 9] 중1과 6학년 교과서의 홑문장 평균의 변화

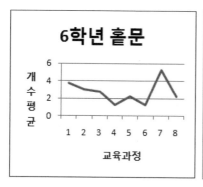 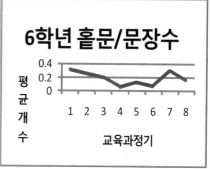

한편 초등학교 국어교과서에서는 그림 9과 같이 2-5의 범위에서 5차
교육과정까지는 줄다가 후기 교육과정에서 늘어나는 양상을 보이는데
초등학교 저학년에서는 다르게 나타난다(졸고, 2009; 139-143 참조). 이런 현
상은 중학교에서 문단수가 늘어나고 문단의 크기가 줄어드는 현상을 고
려하면 자연스러운 것 같다.

3.2.2 서술어

국어 문장을 서술어의 품사에 따라 나누면 명사문, 동사문, 형용사문으로 나눌 수 있다. 명사문이라 함은 보통 'N+이다'류의 지정사로 끝나는 문장을 말한다. 지정사문은 '-이 아니다'형으로 끝나는 부정지정사문과 '-이다' 형의 긍정 지정사문으로 나눌 수 있지만 여기서는 두 형을 합하여 명사문으로 통칭한다. 지정사 앞에 오는 성분은 대명사와 수사도 있을 수 있으나 여기서는 편의상 명사문으로 합하여 다루고자 한다.

일반적으로 동작의 변화를 나타내는 서술어는 동적이고, 상태나 형상을 묘사하는 서술어는 정적이며, 대상의 존재나 성격을 규정하는 서술어는 개념적이거나 선언적인 의미를 전달한다.5) 이에 따라 명사문을 많이 사용하면 개념적이거나 선언적 혹은 주장이 강한 느낌을 준다. 그래서 문의 종류 중 동사문, 형용사문이 명사문보다 자기주장이 적다. 그러나 동사 서술어를 사용하는 문장은 속도감이나 상황의 변화를 나타내므로 활동적인 느낌을 나타내는 데 적합한 문장인데 비해 형용사 서술어를 사용한 문장은 정적인 느낌의 문장이 된다. 그러나 어떤 종류의 서술어 문장이 사용될 것인지는 필자의 선호와 문장의 내용에 따라 결정된다. 교과서에 사용된 문장에서도 시대적 혹은 사회적 변화에 따라 일정한 경향이 보일 수 있다. 그런 점에서 명사문, 동사문, 형용사문의 통계 측정은 문체의 면에서 중요한 지표가 된다.6)

---

5) 이와 관련하여 B. 조빈스키는 "일부 신간 실용 문체론들에서는 동사 문체로 하는 서술이 생동적으로 작용한다고 하여 '동사적 문체'가 '명칭사적 문체'보다 높게 평가되고 있는 것은 잘 알려져 있는 사실이다. 동사적 문체는 될수록 많은 동적인 동사들을 투입하고 동사적 명사와 명사화된 품사들은 피하는 경향으로 평가할 수 있고, 반면 명칭사적 문체에서는 그 반대되는 경향이 우세하다."고 하였다(B.조빈스키1999, 177쪽 참조).

6) 명사문, 동사문, 형용사문의 특성에 대하여는 졸고(2009; 148-149)에서 轉載.

(1)명사문

중학교 교과서의 명사문은 3-8개의 범위 안에서 약간의 기복이 있긴 하나 대체로 상승하는 추세이다. 전체문장에 대비한 명사문의 비율도 비슷한 양상을 보인다.

[그림 10] 중학교 명사문 수의 변화

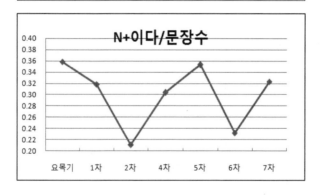

한편, 초등학교 교과서에서는 명사문의 개수는 4-6개의 범위에서 유지되다가 6차, 7차에서 줄어드는 추세를 보여 교육과정 후기에 중학교 교과서보다 적은 수의 명사문이 사용된다. 즉 초등학교 교과서의 문장은 비교적 개념적인 글이 중학교 교과서보다는 적게 쓰임을 알 수 있다.

[그림 11] 초등학교 교과서의 명사문 개수 변화

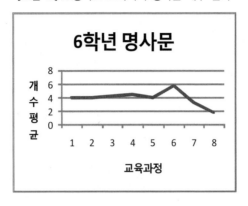

대체로 교육과정의 후기로 갈수록 줄어가는 양상은 비슷하다. 이는 개념을 설명하거나 규정 혹은 선언, 주장하는 글이 준다는 것으로 해석할 수가 있다. 이런 추정은 다음의 형용사문이나 동사문과 비교해 보면 어느 정도 설득력이 있어 보인다.

(2) 형용사문 수의 변화

중학교 교과서에서 형용사문의 경우, 명사문의 경우와 같이 기복을 반복하며 상승의 양상을 보인다. 전체문장 수에 대한 비율도 비슷한 양상이다.

[그림 12] 중학교 형용사문 수의 변화

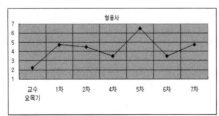 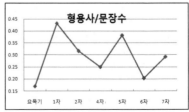

그런데 초등학교 교과서에서는 3차 교육과정부터 2개의 수준에서 고정되다시피 하지만 중학교 교과서에 비해 개수가 현저히 적다. 이것은 초등학교 교과서에서 평가적 혹은 서정적이고 묘사적인 문장이 적게 사용된다는 것을 의미한다고 본다. 다음에 초등학교 교과서의 경우를 그림으로 보인다.

[그림 13] 6학년 형용사문개수의 변화

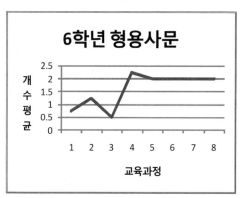

(3) 동사문 수의 변화

동사문의 경우 명사문이나, 형용사문의 경우와 다른 양상을 보인다. 즉 중학교 교과서의 경우는 명사문이나 형용사문과 유사한 양상이지만 초등학교 교과서에서는 완만하지만 지속적인 상승의 양상을 보인다. 사용개수도 중학교의 경우보다 많은 개수를 유지하고 있다. 그러나 중학교 교과서와 초등학교 교과서 모두에서 상승세인 것은 동일한데 이것은 점차 동적인 문장이 초, 중등 교과서에서 늘고 있다는 것을 의미한다.

[그림 14] 동사문 수의 변화

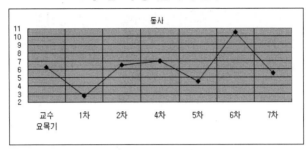

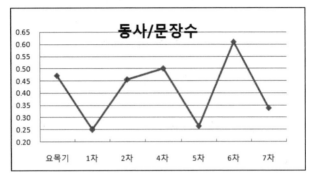

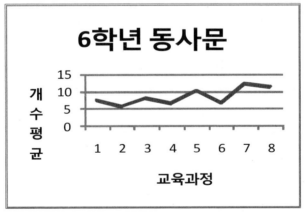

지금까지 살펴 본 바에 의하면 제재 구성에서 홑문장의 비중이 초등 학교와 중학교에서 후기교육과정에서 모두 늘어나는 양상을 보인다는

것을 알 수 있고 초등학교보다 중학교 교과서에서 홑문장이 더 많이 등장 했다는 점이 발견된다. 또 서술어에 의한 문종의 변화양상은 명사문의 경우, 중학교 교과서에서는 교육과정 후기로 갈수록 점차 상승하는 추세이지만 초등학교 교과서에서는 4차 교육과정까지는 일정한 수준을 유지하다가 5차에서 7차까지 하강의 양상을 보였다. 형용사문의 경우, 초등학교 교과서보다 중학교 교과서에서 많다는 것이 뚜렷하다. 다만 초등학교 교과서의 경우에 4차 교육과정부터 평균 개수의 변동이 보이지 않는다. 동사문의 경우는 중학교와 초등학교 교과서에서 모두 공통적으로 비슷한 기복을 보이면서 점증하는 양상을 보인다.

이와 같은 결과를 볼 때 점차 홑문장에 의한 서술이 늘고 문단수는 줄거나 정체되어서 복잡한 생각을 많은 단순한 구조의 문장으로 분산해서 표현하고자 하는 경향이 늘고 있다고 생각된다. 또한 명사문이 중학교 교과서에서는 후기에 갈수록 늘고 초등학교 교과서에서는 후기에 줄어드는 것은 교육적 배려가 작용하는 것이 아닌가 생각한다. 즉 초등학교에서는 개념적인 글이 적게 사용될 뿐 아니라 후기에는 줄어들고 동사문이나 형용사문이 증가하는 것은 동적이고 묘사적, 서정적인 글들이 증가되도록 제작진의 의도가 작용하는 것으로 추정된다.

3.3 어휘

어휘면에서는 텍스트 의미 구성에 중요한 접속부사와 지시어를 검토 대상으로 하였다. 그러나 전체 단어와의 대비 양상은 보이지 못했다. 그림15를 통해서 사용빈도의 변화만 보인다. 글의 전체를 통해 의미 응집도를 보여주는 접속부사와 지시어는 교수요목기를 제외한 1차, 2차, 4차에 비해 5차, 6차, 7차 교육과정에서 점차 사용빈도가 줄었다. 그것이 뚜렷한 특징을 보인다고 할 수는 없지만, 접속부사나 지시어 같은 구체적인 결속장치보다는 문장 간의 의미 맥락에 따라서 의미 결속을 추구하는 경향을 보이는 것으로 해석할 수 있겠다. 텍스트 차원에서는 응집성(cohesion)에 의존하던 문체경향이 일관성(coherence)으로 옮아갔다고 해석할 수 있다. 이런 현상은 결국 간결한 인상을 주는 문체가 대중적이 되어간다는 것을 시사한다.

3.3.1 접속부사

국어의 접속부사는 영어의 접속사 기능과 유사하나 문법적 성격에서 차이를 보인다는 것은 일반적으로 알려진 사실이다. 그러나 텍스트 의미 구성에서 접속부사는 매우 직접적인 기능을 한다. 즉 담화 텍스트 상에서 명제들 사이의 의미관계의 접착제 역할을 하는 구체적 지표들이 접속부사이며 국어에서는 첨가관계를 나타내는 '그리고, 또는, 게다가', 인과관계를 나타내는 '따라서, 왜냐하면, 그래서, 그러므로, 때문에', 의미전환을 나타내는 '그러나, 그렇더라도' 등이 해당된다.

이와 같은 접속부사의 사용양상의 변화를 통해 교과서 제재 필자들의 텍스트성에 대한 인식, 정확히 말하면 교과서 제작진들의 텍스트성에 대한 인식의 변화를 측정할 수 있다. 중학교 교과서에서 접속부사의 출현 빈도는 평균 1-5개의 범위에서 초기 교육과정에서 일시적으로 높았다가 후기 교육과정으로 갈수록 감소추세를 보이지만 평균 3-4개의 빈도가 주축이다. 그러나 초등학교 교과서에서는 평균적으로 2-3개의 사용이 대부분이다. 그리고 초등학교에서는 저학년보다 6학년에서 빈도가 높게 나오는 편인데, 이것은 고학년 제재에서 맥락의 전환이나 부연 설명에서 명료하고 직접적인 글이 선호되기 때문인 것으로 해석된다. 즉 인과관계나 보충, 강조 등의 의미관계는 문장 내에서 연결어미 사용에 의해서도 수행될 수 있으나 접속부사를 사용할 경우, 연결성에 있어서 직접적이고 적극적인 표현이 되기 때문이다. 이와 같은 추세는 초등학교에서 중학교의 급간 차이를 보여주며 중학교에서 좀 더 텍스트성이 드러나는 제재가 선택된다는 사실을 보여준다.

[그림 15] 접속부사 사용양상

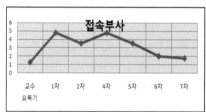
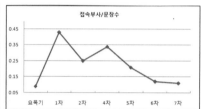

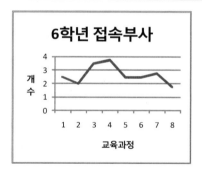

3.3.2 지시어

지시어는 화자와 청자를 포함하는 상황적 직시 기능을 주로 한다. 의미론적으로 엄밀히 말하면 가장 지시성이 강한 어휘는 고유명사일 것이다. 그러나 지시어는 화자가 청자에게 지시대상을 상황 또는 장면과 관련하여 지적하는 보편적 기능어이다.

대명사는 상황지시에 얽히는 특성이 있다. 화자를 기점으로 하여 화자 자신이나 그 주변의 것을 가리키는 말을 지시소, 화시소 또는 상황소라고 하는데 대명사는 그런 성질을 주로 보유한다는 점에서 특징적이다. 대명사는 대체로 대체될 수 있는 명사를 전제로 하여 파악되고, 그 특징도 명사와의 비교에서 파악되는 것이 일반적이다. 그러므로 대명사는 그것이 어떤 명사를 가리키고 있는가가 관심사가 된다. 중학교 교과서에서는 지시어를 대상으로 검토하였지만 대명사도 지시기능을 가진다는 의미에서 초등학교의 교과서에서는 대명사를 검토하였다. 물론 같은 어휘 항목을 비교해야 하지만 제재의 의미 구성면에서 특히 지시성을 공통적으로 보유한다는 측면에서 같이 살펴보아도 무리가 없을 것으로 생각하였다.

변화 양상을 살펴보면, 중학교 교과서에서 지시어의 평균개수는 3-6개의 범위에서 점차 하강 추세를 보이고 있다. 후기 교육과정으로 갈수록 제재 글들에서 점차 상황중심적 서술이 줄어드는 것으로 추정할 수 있다.

대명사는 기본적으로 앞에서 제시된 선행어에 대한 호응으로서 텍스트 내의 연결성을 보여주는 기능적인 성격을 띠기 때문에 독자들이 텍스트의 의미적 일관성을 따라 문맥을 찾아가는 지표가 된다. 초등학교 6학년 교과서에서 대명사의 빈도가 교수요목기에서 5차 교육과정기까지는 비슷한 양상을 보이다가 5-7차 교육과정까지의 시기에는 감소한다. 특기할 것은 초등학교 교육과정에서 대명사 사용이 증가하다가 6차, 7차 교육과정기에 현저하게 감소되는데 이는 중학교 1학년 교과서에서 지시어의 감소현상과 비슷한데 서로 관련이 있을 것으로 보인다.

[그림 16] 지시어 사용양상

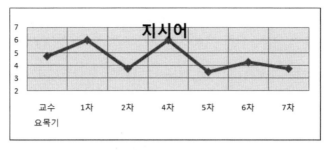

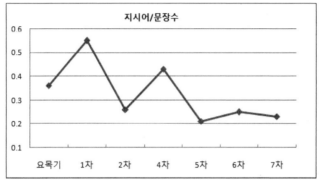

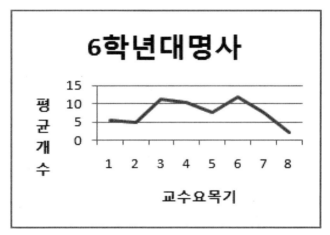

요약하자면 의미구성에서 의미 응집성을 보여주는 어휘 중 접속부사,

지시성을 가진 지시어 대명사 등이 5차, 6차, 7차 교육과정에서 점차 사용빈도가 줄었다. 이런 현상은 접속부사나 지시어 같은 구체적인 결속장치보다는 문장 간의 의미 맥락에 따라서 의미 결속을 추구하는 경향을 보이는 것으로 해석할 수 있겠다. 텍스트 차원에서는 응집성(cohesion)에 의존하던 문체경향이 일관성(coherence)으로 옮아갔다고 해석할 수 있다. 이런 현상은 결국 간결한 인상을 주는 문체가 대중적이 되어간다는 것을 시사한다. 구체적인 연결기능소들에 의한 의미구성 대신에 의미적인 일관성(coherence)에 의한 추상적 의미구성이 증가한 것으로 생각한다. 중학교와 초등학교 교과서 간에 응집성 면에서 급간 차이가 초기 교육과정에서 있었으나 후기 교육과정에서는 미미하거나 차이가 없는 것으로 판단된다.

4. 결론

이제까지 초기 교육과정부터 7차 교육과정기까지 제작 발행된 초등학교 6학년 국어교과서와 중학교 1학년 국어 교과서를 대상으로 초등학교와 중학교의 교과서 제재간의 문체적 차이를 제재를 구성하는 단위들의 길이 변화 양상, 문의 구성 유형과 서술어 유형을 통해서 문종의 변화 양상, 접속부사와 지시어 등을 통해서 의미구성 방식의 변화 추이를 검토해 보았다.

초등학교 6학년 국어교과서와 중학교 1학년 국어교과서의 문체적 차이가 초기 교육과정기에서는 미미하게나마 존재했었으나 후기 교육과정기로 갈수록 점차 좁혀지는 추세라는 것을 알 수 있었다. 한편 지표상으로 검토해 볼 때, 단어의 길이는 초등학교와 중학교 교과서에서 2음절과

3음절 중심으로 단어 사용의 경향이 집중되고 있었으며 문장의 수는 늘고 문단의 수는 줄어서 문단의 크기가 커지는 경향을 보였다. 이것은 요즘의 인터넷 공간의 글쓰기에서 보이는 문단 크기의 축소화와 문단수의 증가 경향과는 다른 양상이다. 문 구성 면에서는 단순구조의 문장이 늘고 서술방식에서는 동적이고 묘사적, 서정적인 문장이 공통적으로 느는 반면 개념적인 글이 초등학교 교과서에서 후기에 늘고 있다. 한편 의미 구성에서는 응집성보다는 추상적 의미 일관성에 의존하고 있는 경향이 보인다.

지금까지 엉성하게나마 초등학교 6학년 교과서와 중학교 1학년 교과서를 대상으로 문체적 차이에 대해 살펴보았으나 자료수집의 한계와 통계처리의 미숙, 문체적 요인 항목의 선별에 따르는 문제가 많았다. 앞으로 시간을 두고 계속해서 연구자가 보완해야 할 문제이다.

〈인문논총10, 교원대인문과학연구소(2010.02.28.)〉

제 5 장

초기 교육과정기 국어 교과서 문체 분석*

−중학교 국어교과서를 중심으로

1. 머리말

이 연구는 우리나라 초기 교육과정기의 교과서에 실린 제재를 대상으로 문체적인 분석을 시도하는데 목적이 있다. 일제로부터 해방 후 우리 손으로 만들어진 교과서는 미 군정기에 발간된 교과서부터 최근에는 7차 교육과정 및 개정 교육과정에 이르기까지 70년 가까이 외형과 내용에서 많은 변화를 보인다. 최근에는 많은 변화요인 때문에 교과서 편찬 과정과 편집, 제작 등에서 교과서 제작진들이 애를 먹기도 한다.

더구나 지금은 모든 국어교과서가 검정으로 바뀌어서 교재로 채택되기 위해 치열한 경쟁을 거침으로써 더욱 다양한 모습을 보이기도 한다. 자연히 최근의 교과서들은 교육과정 초기의 교과서와 비교하면 외형상으로나 내용상으로 많은 차이를 보일 수밖에 없다. 이런 현상은 바꾸어

* 이 연구는 2010년도 KNUE 기성회계 학술연구비의 지원을 받았음.

말하면, 최근 들어 교육환경의 변화가 이전보다 심해졌다는 것을 의미하고 거기에 맞추어 교육과정의 변화와 교과서 제작의 변화가 요구됨에 따른 결과로 해석할 수 있다.

교과서에 수록된 제재는 집필 당시 어느 정도 사회적 영향이 있을 수밖에 없다. 물론 시간이 많이 흐른 뒤에 교과서에 실리는 경우도 있지만 그렇더라도 제작진에 의해 제재로 선택된다는 것은 어느 정도 제작 당시의 편찬 의도에 부합된다는 뜻이기 때문에 영향을 받았다고 할 수 있을 것이다.

한편, 그동안 우리의 교과서에 대한 연구는 교과서에 수록된 제재에 대해서는 개화기 교과서에 집중된 관심에 비해 크게 주목 받지 못했다.[1] 이와 같은 점은 이미 졸고(2007, 2009)에서도 밝힌 바 있다.

2. 초기 교육과정과 문체교육 내용

교육과정은 교육부 장관이 법규에 의하여 문서로 결정하고 이를 공포하는데 초·중등학교의 교육목적과 교육목표를 달성하기 위한 국가 수준의 교육과정 기준으로서 국가적인 교육의 설계도라 할 수 있다. 그런데 학교교육의 주변 여건이 시대에 따라 변화함에 따라 국어교육과정도 군정청 시기를 거쳐 7차와 최근의 개정 교육 과정까지 바뀌어 왔다. 군정청 시기의 교육과정은 1946년 9월에 발표된 국민학교 교수요목과 1947년 9월의 중학교 교수요목이 아직 체계적인 진술이 되지 않은 상태로 1954년의 「교육과정 시간 배당 기준령」과 1955년의 「교과과정」이 공포될 때까지 유효하여 교과서가 이에 따라 편찬되었다. 따라서 이 시기

---

1) 이에 관한 연구는 강윤호(1968, 1971) 등이 문체 연구의 일환으로 수행되었다.

는 사실상 모두 교수요목기에 해당하는 시기라고 할 수 있다.

이 연구에서는 우리나라 초기 중학교 국어교과서의 출발점인 교수요목기를 대상으로 7차 교육과정기의 국어교과서와 비교하여 검토한다.[2] 교수요목기는 일제강점기로부터 벗어난 초기 미 군정청의 관할 아래 국어교육이 시작된 시기여서 국어규범을 놓고 보면 사이시옷 표기법이나 한자병기 또는 어휘 띄어쓰기 등 여러 가지 규범이 약간씩 변화를 보이고 있으나, 1948년에 국한문체 규정이 한글체로 바뀌게 된 후 1955년의 1차 교육과정기를 거쳐 1980년의 맞춤법 등 국어표기 규범의 6차수정안까지 한글맞춤법 통일안의 큰 골격은 그대로 유지되어 왔다. 그런 사정이 초기 교육과정의 국어 교과서 제작에도 반영되어 현재의 국어교과서와 비교해 보면 조금씩이나마 다른 문체적 특징을 보인다.

먼저 교육과정의 공포시기에 따라 초기 교육과정의 내용과 문체 관련

---

2) 이 연구에서 교육과정기 구분은 교육부(2000). 「초·중·고등학교 국어과·한문과 교육과정 기준」에 의한다. 이 자료에 의하면 초등학교 교수요목(1946.9.1)과 중학교 교수요목(1947.9.1)이 미군정청 편수국에 의해 공포되었다. 국어과 교수요목은 학년 구분 없이 포괄적으로 진술되었는데 초등학교 교수사항은 읽기, 말하기, 듣기, 짓기, 쓰기의 5개 영역으로 중학교 교수 사항은 읽기, 말하기, 짓기, 쓰기, 문법, 국문학사 등의 6개 영역으로 구분되었다. 초등학교 국어과 교과서는 초등국어 1-6까지 발행하고 중등학교 국어고 교과서는 중등국어 상, 중, 하가 사용되다가 1951년에 학제개편으로 중학교와 고등학교 분리될 때까지 같이 사용되었다(최용기 2003.1 133쪽 참조).
교육부(2000)을 기준하여 국어과 교육과정의 시기를 구분하여 보이면 다음과 같이 나눈다.
한글 보급 및 교수요목기(1945.8.15.-1955.8.1)
제1차 교육과정기(1955.8.1.-1963.2.15)
제2차 교육과정기(1963.2.15.-1973.2.14)
제3차 교육과정기(1973.2.14.-1981.12.31)
제4차 교육과정기(1981.12.31.-1987.6.30)
제5차 교육과정기(1987.6.30.-1992.9.30)
제6차 교육과정기(1992.9.30.-1997.12.30)
제7차 교육과정기(1997.12.30.-)
제7차 교육과정 이후 2009년부터 개정작업이 진행되었으나 그 시기와 명칭이 명확하지 않아 여기서는 다루지 않는다.

사항을 간략하게 소개하면 다음과 같다. 여기서는 초기교육과정의 범위를 교수요목기와 교수요목기의 지침을 그대로 유지한 1차 교육과정의 기간으로 다룬다(졸고 2007.12. 417-419쪽 참조).

1) 교수요목기(1945-1954)

이 시기는 8·15 해방 후, 교육에 대한 긴급조치로서 미 군정청의 일반명령 제6호에 의해 공포되어 시행된 내용으로 조선국호를 사용하고 교수 용어를 국어로 사용할 것, 한국의 이익에 반하는 교과의 교수와 실습 금지를 내용으로 하고 가르칠 교과를 정하는 등 임시 조치의 성격으로 내용도 많지 않았다. 교수요목에서 (三)교수사항 중-3 짓기에서 '현대어를 위주하여 감정 의사를 익달하게 들어내어 여러 가지 글을 짓게 하고, 사상 체험의 정확 자유한 표현을 하도록 지도하고, 첨삭 비평의 능력을 기르도록 한다'라는 내용은 간단하게나마 문체교육의 지침을 밝힌 것이라고 할 수 있다. 다만 이 시기의 중학교 교과서는 교과서 편제상 중등국어(상) 1·2학년용, 중등국어(중) 3·4학년용, 중등국어(하) 5·6학년용이 각각 1책으로 되어 있고 표기법상 된소리 표기의 ㅅ, 띄어쓰기에서 의존명사의 붙여쓰기 등의 용법과 한자표기 방법(한자병기를 하되 해당 단어의 위에 첨기) 등에서 이후의 교과서와 다른 점이 있다.

군정청에 의해 1945년에 시행된 교육에 관한 긴급조치 이후, 1946년 9월 20일에 초급 중학교 교육 과정이 발표되어 사실상 국가교육이 제자리를 잡기 시작하였다. 그러나 해방 후의 불안한 정국과 정부수립 후 6·25전쟁의 와중에서 인쇄할 종이의 부족과 시시각각 변하는 전방 지역에 대한 교과서 보급이 어려워 사정이 허락하는 대로 교과서를 출판하였다. 어떤 경우에는 같은 해에 발행된 같은 학년 같은 학기의 두 책의 교과서가 목차가 다르게 편집된 경우도 있었다. 내용도 전반적으로 국가에 대한 충성과 안보를 강조하는 글들이 많이 실려 있다. 이 시기에 문체교육이라고 할 만한 내용은 쓰기교육에서 '정확, 민속하고 깨끗하고 아름다운 글자쓰기'와 짓기에서 '현대어 위주', '감정의사 익달하게 드러내기', '정확자유한 표현과 비평'의 능력부여 등이다. 한자표기에서 교육용 한자 1000자를 괄호 사용하여 병용한다.

2) 제1차 교육과정기(1954-1963)

이 시기는 문교부령에 의한 교과중심 교육과정기로서 교수요목기의 지침을 계승하되 개성적인 글쓰기를 추가하여 지도내용으로 '정확한 표현법', '개성적인 글', '문의 형식' 등 실용적인 면의 문체지도가 제시되었다. 이 시기는 전쟁 후 국토 전반에 걸쳐 파괴된 시설과 극심한 물자 부족으로 어려움을 겪은 시기로 물자절약과 반공의식 고양, 애국심 고취, 도의교육, 실업교육 등의 내용이 강조된 시기이다

3. 초기 교육과정기 교과서 검토

이 연구에서 문체분석 방법은 통계적 방법에 의지하면서 통계수치를 통해 보여지는 당시 교과서 문체의 특징을 살펴보는 방법을 취한다. Enkvist(1973:127)가 문체연구에서 어휘를 대상으로 한 통계적 처리의 중요성에 대하여 다음과 같이 기술하였다. "아무개의 스타일은 구성소 x의 사용빈도에 의해서 특징 지워진다." 어떤 자질 x가 어떤 사람의 문체에서 빈도가 높게 나타난다면 그 사람의 문체적 특징일 가능성이 높아질 것이고 이는 다른 사람들에 비해 더 많이 사용된다는 것이다. 이러한 점에 비추어 볼 때 문체의 기술에서 유의미한 방법이 통계적 기술일 것이

다. 반면에 통계적 방법이 가지는 위험성은 여러 가지가 있다. 수치를 통한 문체의 세밀한 분석은 한계가 있는데 맥락적인 요소에 대하여는 영향력이 적다. 그리고 다양한 요소에 대하여 피상적인 접근이 될 가능성이 있다. 또 결과가 노력에 비해 유의미하지 않을 수가 있다. 그럼에도 불구하고 통계적 방법의 객관성과 명료성은 문체 분석에 도움을 줄 것이라는 것은 분명하다.

이 연구에서 살펴볼 문체요인은 표기 방법에서 한자어와 띄어쓰기, 문장의 길이, 단어의 길이, 글의 크기, 문의 복잡성, 문의 종류, 문의 연결, 추상명사, 고유명사 사용빈도 등이다.3)

3.1 한자표기

역사적으로 우리의 문자생활에 한자표기가 큰 영향을 미쳤음은 주지의 사실이다. 고종 31년(1894)에 공포된 칙령 제1호 공문식 14조에서 "法律勅令 總以國文爲本 漢文附譯즘 或에混用國漢文"이라고 하여 국문을 한글로 하고 한문으로 보조할 것을 공식화 하였는데, 국문을 한글로 할 것을 공식적으로 선언한 것이다. 그러나 국한혼용을 할 것을 규정하여서 그 이후의 문자생활이 국한혼용으로 진행되었다. 요즘에는 글을 쓸 때 직접 한자표기를 하는 일이 드물어졌지만 교수요목기만 해도 한자 표기가 보편적이었다.

어휘사용에서 고유어와 한자어의 사용여부는 글의 분위기, 난이도 등

---

3) N.Leech & Michael H.Short,(1981, pp.75-80(김상태, 1994, 170쪽에서 재인용))에 의하면 언어적 문체분석의 범주를 4범주로 나누었다. 어휘, 문법, 비유, 문맥과 통일성으로 나누었는데 여기서는 그런 범주에 해당하는 것 중 일부를 선정해서 분석의 기준으로 삼았다.

에 영향을 미친다. 고유어는 감각적이고 생동적이며 평이한 생활감정을 드러내는데 유리해서 구체적이고 정감적인 대상을 주제로 한 글에서 많이 쓰인다. 반면에, 한자어는 추상적인 개념을 나타내는데 유리해서 논설이나 이론적인 글에 유리하다. 이 연구에서는 비문학지문을 대상으로 했기 때문에 한자어가 많을 것임은 예상되지만 한자어를 한글로 표기하는 경우와 한자를 부수적으로 표기하는 경우에 문체적 인상은 다르게 나타난다. 한편, 교과서의 제재에 한자병기 여부는 정치적 사회적 분위기에 좌우된다. 그런 면에서 군정시기에 발간된 교과서는 이전의 문자생활이 한문위주였기 때문에 이후의 어느 때보다 한자어 표기가 보편적이었다. 그런 분위기에서 미군정 시기 제작된 중등국어교본 상 1·2학년 소용 I 에서는 아래에 보인 바와 같이 한글 본문의 단어위에 첨자로 한자를 병기하였다.

(1) 지식이 열리지 못한 동안은 사람은 도저히 자연을 정복(征服)하지 못한다. 태고ㅅ적 사람은 한서(寒暑) 풍우(風雨)에 시달리고, 독사(毒蛇) 맹수(猛獸)에게 위협(威脅)을 받고, 그 밖에 산에, 내에 나무에, 풀에, 늘 활동의 방해를 받고 있었던 것이다. 그러니, 인지(人智)가 진보된 결과, 사람이 도리어 자연을 정복하고 또 사역(使役)하여, 천지간(天地間)의 온갖것을 거의 다 사람의 이용에 바치려 하게 되었다. 필경은 자연물의 이용이 개화(開化) 문명(文明)의 근본이 되었다. (군정시기 중등 국어교본 상1·2학년 소용 I 九. 자연물의 이용, 25-27쪽)

그러나 같은 시기의 교과서라 하더라도 모두 같은 것은 아니다. 군정시기 중등국어교본 3학년 교과서에서는 이러한 한자병기표기가 안 보인다. 예를 들면, 최현배선생의 글에서는 의도적으로 한자표기를 배제하였다. 필자의 소신과 제재의 성격에 따라 다른 양상으로 나타나는 것이다.

(2) 우리 겨레의 새로운 문화의 향상과 장구한 생존 발전을 위하여, 우리는 한자 안쓰기와 한글만 쓰기를 제창하는 동시에, 한글의 가로씨기를 주장한다.
무릇 글이란 것은 손으로 씨거나, 활자로 박아 놓은 뒤에, 그것을 보며, 배우며, 읽는 것인즉 씨기와 박기에 편하고 보기와 배우기와 읽기에 쉽고 이로운 글이 가장 좋은 글이 될 것이다. 그러면, 어떤 글씨가 그와 같이 쉽고 편리할까? 종래와 같은 세로글씨가 그러한가? 그렇잖으면, 가로글씨가 그러할가?(군정기 중등국어교본 3학년 3. 한글의 가로씨기, 최현배, 7-8쪽)

이러한 상황은 1차 교육과정기까지 계속되었는데 군정시기 이후에는 초등학교 교과서에서도 한글표기 옆에 괄호 속 한자를 병기하였다. 이런 표기방법은 광복 후의 미 군정청에서 '조선교육심의회'의 명의로 한자사용을 폐지하고 초중등학교의 교과서를 전부 한글로 하되 필요에 따라 한자를 괄호 안에 넣게 한다고 하는 한글전용에 대한 공식결의와 대한민국 정부 수립 후 시행된 1948년 10월 한글전용법에 의해 한글전용과 한자괄호표기의 형식이 준용된 데 따른 것이다. 이러한 것들은 개화기 교과서가 한자어 중심어휘에서 고유어 중심어휘로 옮겨가는 경향을 보인 것처럼 표기도 한글표기 중심으로 옮아가는 양상을 보이는 예라고 하겠다. 한자병용은 그 후 1958년의 '한글전용적극 추진'의 대통령 담화가 있기까지 한자 폐지 반대론자들에 의해 계속되었다.[4] 그 후 2차 교

---

4) 1958년 1월 이승만 대통령의 담화문과 한글전용 적극 촉진의 내용(최용기, 2003, 남북한 국어 정책 변천사 연구, 107쪽에서 인용).
중국어 한문을 폐지하고 라틴 알파벳을 쓰기로 하였으니, 우리도 어려운 한자를 쓰지말고 한글만을 씀으로써 문명발전과 복지증진에 힘쓰기를 바란다(담화문 일부)
<한글 전용 실천 요강> ㄱ.공문서는 반드시 한글로 쓴다. 그러나 한글만으로써 알아보기 어려운 말에는 괄호를 치고 한자를 써넣는다. ㄴ. 각 기관에서 발행하는 간행물은 반드시 한글로 한다.......(이하 생략).

육과정을 거쳐 3차 교육과정기에서는 정부의 한글전용 정책여하에 따라 한자병기 여부가 결정되었다. 이 시기의 교과서는 제재에 따라서 한자병기가 되는 경우도 있고 그렇지 않은 경우도 있고 해서 통계분석을 일률적으로 하기가 어려워 이 연구에서는 이 정도로 당시 한자표기의 전반적인 상황만 언급하고 통계분석은 피한다.

3.2 길이

제재에서 길이의 문체적 특성을 살피고자 할 때 검토대상이 될 수 있는 것 중에 대표적인 것은 문단의 크기와 문장의 길이, 어절의 개수, 음절의 개수 등이다.

문단의 크기는 문단나누기를 기준으로 살피게 된다. 우리는 역사적으로 한문문장의 형식을 흉내 내어 세로쓰기 중심의 글을 써 왔다. 개화기는 주로 세로쓰기 중심이었는데 이는 당시의 신문이나 잡지 등의 일상생활의 글들이 모두 그런 경향이었던 것을 보면 알 수 있다. 그러나 해방 후 교과서에서는 가로쓰기 형식이 중심이 되어서 현재의 교과서는 모두 가로쓰기로 통일이 되었다. 세로쓰기보다는 가로쓰기에서 가독성이 높아지기 때문이다.

제한된 크기의 글에서 문단의 숫자가 적으면 자연히 문단의 크기는 클 수밖에 없는데 [표 1]에서 군정기나 교수요목기에서 교과서의 문단수를 최근의 7차 교육과정 교과서의 문단수와 비교해보면 미세하게나마 변화가 보인다. 즉 7차 교육과정기에 비해 교수요목기의 문단수는 약간 많이 나타나고 문장수는 적게 나타난다. 어절수에 있어서도 교수요목기의 교과서에서 적게 나타난다. 이는 7차 교육과정기에 비해 교수요목기의 교과서에서 문단의 크기가 약간 작다는 것을 보여주면서 짧은 문장을 선호한다는 해석을 가능하게 한다. 그러나 1차 교육과정기의 경우, 대조적으로 문단수와 문장수는 줄고 어절수는 늘어나는데 이는 문단의 크기가 커지고 한 문장의 길이가 길어졌다는 것을 의미한다.

[표 1]

		길이 요인		
		문단수	문장수	어절수
교수요목기	합계	20	53	758
	평균	**5**	**13.25**	**189.5**
1차	합계	14	44	817
	평균	**3.5**	**11**	**204.25**
7차	합계	19	65	785
	평균	**4.75**	**16.25**	**196.25**

여기서 비교 분석의 재료로 사용한 제재의 종류는 설명문과 논설문으로 한정했는데 같은 종류의 글에서 차이를 보이는 것은 당시의 글쓰기의 일면을 보인다고 할 수 있다. 초기의 교육과정기에서는 의식적인 문단나누기의 틀이 아직 크게 작용을 하지 않았던 것이 아닐까 생각한다. 다음의 [표 2]는 문단수에 대한 문장수, 문단수에 대한 어절수, 문장수에 대한 어절수를 비교하여 보인 것인데 유사한 양상을 보인다.

[표 2]

구분	문장수/문단수	어절수/문단수	어절수/문장수
요목기	2.65	37.90	14.30
1차	3.14	58.36	18.57
7차	3.42	41.32	12.08

3.2.1 단어의 크기

음절수에 의해 명사 단어들을 분류해 볼 때, 2-3음절어가 주축을 이루는 것은 우리 국어의 특성이라고 할 수 있다. 그런데 [표 3]을 보면 1음절어, 2음절어가 교수요목기부터 7차 교육과정기까지 공히 국어 어휘의 중심을 차지하지만 7차 교육과정기에서 3음절어와 4음절어가 점차 증가되는 현상이 보인다. 아마도 그런 1음절어와 2음절어의 증감은 1946년에 수정된 고유명사와 의존명사의 띄어쓰기 규정에 의한 영향이 아닌가 한다.

[표 3]

명사 음절수		1음절	2음절	3음절	4음절	5음절
교수요목기	합계	50	202	24	8	0
	평균	12.5	50.5	6	2	0
1차	합계	76	175	19	2	0
	평균	19	43.75	4.75	0.5	0
7차	합계	55	190	54	12	0
	평균	13.75	47.5	13.5	3	0

3.2.2 띄어쓰기

가로쓰기가 '국문연구의정안'(1907-1909)에서 정해졌지만 띄어쓰기는 한글맞춤법통일안(1933)에서 공식화되었다. 띄어쓰기가 독립신문의 창간호에서 본격적으로 선을 보인 후, 한글맞춤법통일안이 출현할 때까지 일정한 규정이 없이 독해의 편의에 의해 실행되었는데 한글맞춤법통일안에서는 총론 삼(三),제7장의 61-65항까지가 띄어쓰기 규정으로 의존명사와 보조용언의 붙여쓰기가 규정되었다. 그리고 1946년 통일안의 수정에서 고유명사의 띄어쓰기, 의존명사와 보조용언의 띄어쓰기 등이 언급되었다. 이후, 1988년까지는 띄어쓰기조항이 크게 바뀌지 않았다. 따라서 교수요목기의 교과서에서는 통일안의 띄어쓰기가 적용되어 7차 교육과정 교과서와 다른 양상을 보인다. 일부 예를 들면 (3)에서 보이는 바와 같이 고유명사는 띄어 쓰고 의존명사와 보조용언은 붙여 쓴다.

(3) 한 사람의 일은 그 살아 있을 동안에 <u>하는것이니</u> <u>견주어보면</u> 얼마만한 길을 하루 다하기까지 가는 셈이외다. 그러므로 사람이 만일 저의 <u>하는바</u> 일에 온몸, 온마음, 온힘을 오로지 써 그 일 됨을 기약하지 아니하고, 이것 저것 여러 가지 일에 힘을 나누다가는 열이면 열이 다 <u>갈데는</u> 아직도 먼데 <u>해는다</u> 지는 슬픔을 맛보리다.(**군정기** 중등국어교본 상 1·2학년 소용 I, 十五. 힘을 오로지 함 / 논설 / 39쪽-)

<u>금강 산</u>은 <u>내 금강</u>, <u>외 금강</u>, <u>해 금강</u>, 셋으로 나누어 져 있는데, 그 중(中)에도 유명(有名)한 것은 <u>외 금강</u>의 <u>만물 초</u>와 <u>구룡 연</u>이다.(교수요목기 초등학교 4학년1학기 국어교과서-8. 외금강, 59쪽)

위의 예에서 밑줄 친 부분(밑줄은 필자)이 지금의 규정과 다른 부분이다. 또 동형반복 부사의 띄어쓰기도 지금과 다른 부분이다.

한편 사이시옷의 사용도 지금의 사이시옷규정과 차이가 보인다. 예를 들면 앞에 보인 예문 (1)에서 밑줄 친 '태고ㅅ적 사람은'과 '젊었을 때에 열 해ㅅ동안 오로지 글ㅅ공부하기 위하여,' 같이 복합적 구성의 경우, 사이시옷이 두 단어의 사이에 등장하는데 지금의 규정에서는 앞 단어에 받쳐 적는 것과 차이를 보인다. 한편 의존명사의 경우 '일함은 길 가는 것 같사외다.'에서 보이는 것같이 앞말에 붙여 쓰는 예가 보인다.[5]

5) 띄어쓰기 방법에 대하여 몇 가지 유형구분이 있는데 김민수(1973:210)이 그런 예이

3.2.3 문 구성 유형

문장구성에서는 홑문장과 겹문장의 요인을 살펴보았다. 단순문이 많이 쓰인 글은 간결하고 명료하며 빠른 호흡의 속도감이 느껴질 만큼 글의 인상에 영향을 미치고 겹문 중심의 구성은 개별문장의 길이가 길어지며 홑문장과 달리 리듬이 느리고 느린 속도감을 주게 된다. 따라서 사건의 서술에는 홑문 중심의 글이 효과적이고 필자의 내적 사고 전개를 드러낼 때는 겹문이 유리하다. 긴 문장의 경우에는 학술논문이나 논설문에서 사상을 조리 있고 정밀하게 서술하며 강한 설득력을 갖는다.

[표 4]

		문장 종류	
		홑문장	겹문장
교수요목기	합계	8	45
	평균	**2**	**11.25**
1차	합계	5	39
	평균	**1.25**	**9.75**
7차	합계	14	51
	평균	**3.5**	**12.75**

구분	홑문장/문장수	겹문장/문장수
요목기	0.15	0.85
1차	0.11	0.89
7차	0.22	0.78

다. 조사, 어미, 접미사까지 최대한 띄어쓰는 방식과 어절 단위로 띄어쓰는 방식, 의존명사와 선행어 및 보조용언과 본용언을 붙여쓰는 방식, 북한의 수식어와 피수식어를 붙여쓰는 방식, 절 단위로 띄어쓰는 방식 등이 있는데 현행 방식은 의존명사는 띄어쓰고 본용언과 보조용언은 띄어 쓰되 붙여씀도 허용한다.

위의 [표 4]의 통계를 보면 교수요목기와 1차 교육과정기에는 7차 교육과정기에 비해 전체문장 수에서 홑문장이 차지하는 비율이 겹문장이 차지하는 비율보다 작게 나타난다. 이러한 통계는 초기 교육과정기에 복잡한 구조의 문형을 선호했다는 점을 보여준다. 그러나 후기에 갈수록 점차 홑문장이 차지하는 비율이 커지고 겹문장이 차지하는 비율이 줄어드는 경향을 보인다. 이런 결과는 문단의 숫자가 줄고 문장과 어절의 숫자가 늘어나는 것과 상관성이 있다. 각 교육과정 시기에 보이는 전체 문장수에 대한 홑문장의 비율의 변화에서 그런 양상을 볼 수 있다.

3.3 문 서술어 종류에 따른 문종

서술어의 품사 종류에 따른 문체적 효과는 이미 많이 언급되었다. 서술형식이 'N+이다' 형태의 체언문과 서술어가 형용사인 문, 서술어가 동사인 동사문으로 구분되는 문의 종류는 글의 성격을 결정짓는 요인 중의 하나이다. 예를 들면 명사문이 상대적으로 많이 등장할 경우, 사실에 대한 규정이나 주장 등의 성격이 두드러져 정적이고 관념적인 글이 될 가능성이 크다. 또 동사문이 상대적으로 많이 등장할 경우, 움직임이나 변화에 대한 서술이 두드러져 사건 중심적인 동적이고 서사적인 글이 된다. 한편, 형용사문은 정서적 표현이나 묘사문에 많이 이용된다. 이와 같이 서술어 종류에 따른 문체적 특성은 졸고(2007, 2009)에서 언급하였으므로 생략하고 초기교육과정의 국어교과서의 제재에 나타난 양상을 중심으로 살펴본다.

[표 5]

		종결형태		
		N+이다	형용사	동사
교수요목기	합계	19	9	25
	평균	**4.75**	**2.25**	**6.25**
1차	합계	14	19	11
	평균	**3.5**	**4.75**	**2.75**
7차	합계	21	21	23
	평균	**5.25**	**5.25**	**5.75**

위의 통계를 살펴보면 가장 많은 비율로 사용된 문종은 동사문이다. 교수요목기에서는 동사문>체언문>형용사문의 순으로 사용 예가 등장한다. 그런데 1차 교육과정기의 경우 형용사문>체언문> 동사문의 순이고 7차 교육과정기의 교과서에서는 동사문>형용사문/체언문의 순으로 나타난다.

이와 같은 현상을 전체문장수에 차지하는 비율을 놓고 살펴보면 다음과 같이 동일한 결과를 보인다.

[표 6]

구분	N+이다/문장수	형용사/문장수	동사/문장수
요목기	0.36	0.17	0.47
1차	0.32	0.43	0.25
7차	0.32	0.32	0.36

[표 6]에서 보이는 현상은 체언문의 비중은 미세하나마 줄고 형용사문

은 늘어나는 추세다. 한편 동사문의 비중은 줄었다. 이와 같은 현상을 군이 해석하자면 개념이나 주장의 성격이 강한 글이 줄고 묘사와 설명을 통한 감정에 호소하는 글이 느는 추세라고 볼 수 있으나 좀 더 많은 자료를 검토해 보아야 할 것이다.

3.4. 어휘

3.4.1. 고유어와 추상명사

한자어가 많은 비중을 차지하는 우리말에서 고유어가 많이 쓰인 글은 정감적이고 섬세한 정서표현에 유리하다. 한편, 한자어는 한자의 특성상 개념적이고 추상적인 어휘가 대부분이어서 학술적이거나 논리적인 논설문과 설명문에 유리하다. 아래의 (4)의 예문은 앞에서 언급했듯이 한자어가 많이 등장하는 지문이다.

(4) 무릇 천지간의 만물은 쓰는 방법만 적당하면 사람의 이익이 되지 않는것이 거의 없다. 목면(木棉)과 양모(羊毛)를 짜서 의복을 만들어 입으면 한서를 막고, 오곡(五穀), 조수(鳥獸), 어개(魚介)를 조리(調理)하여 식물을 만들어 먹으면 신체를 살찌게 한다. 소나무, 이깔나무등은 가옥 건축에 이용되는것이다. 동물, 식물, 광물의 이용으로부터 풍력(風力), 수력(水力), 증기(蒸氣), 전기의 이용에 이르기까지 인간 사회에 유익한 온갖 발명은 하나도 자연물의 이용에 근본되지 아니한것이 없다. 그리하여 이러한 이용 법은 다 기백년(幾百年), 기천년(幾千年)의 경험의 결과로 차차 알게 된것이다.

인류가 차차 생활 정도를 높여 드디어 만물의 영장(靈長)이라고 자임(自任)하게 된것은 오로지 자연물 이용의 결과다. 만일 인지(人智)가 더욱 나아가 이용의 길도 또한 더욱 열리게 되면 천지간의 온갖것이 하나도 사람에게 비익을 끼치지 아니하는것이 없이 될지도 모른다. 신지식을 얻으려는 욕구에는 한도가 없다. 스스로 만족히 여기는 자만심[自慢心]만 일어나지 아니하면 인지는 더욱더욱 발달할것이요, 따라서 자연물 이용의 연구도 또한 더욱더욱 진보될것이다. (군정기 중등국어교본 상 1·2학년 소용 I 九. 자연물의 이용 / 논설 / 25-27쪽)

초기 교육과정기의 교과서에서 고유어 명사는 교수요목기<1차 교육과정기<7차 교육과정기의 순으로 늘어나고 있다. 추상명사는 1차 교육과정기에 늘어났다가 7차 교육과정기에 많이 줄어들고 있는데, 이는 초기 교과서의 집필진들이 7차 교육과정기의 필진보다 한자생활에 익숙해 있었던 탓으로 보인다. 한편 추상명사도 1차 교육과정기에 늘었다가 7차 교육과정기에는 감소하는 경향을 보인다. 추상명사의 경우, 문장표현이 최근에 올수록 좀더 구체적이고 명료한 표현을 하기 위해 고유어를 많이 쓰고 구체명사 등을 사용하는 예가 늘기 때문으로 추정된다.

[표 7]

		명사 종류	
		고유어명사	추상명사
교수요목기	합계	98	177
	평균	24.5	44.25
1차	합계	114	231
	평균	28.5	57.75
7차	합계	137	150
	평균	34.25	37.5

분석하는 제재의 종류를 같은 논설문이나 설명문으로 한정했는데도

이와 같은 현상을 보이고 있는 것은 그런 추정을 할 수 있게 한다. 아래의 [표 8]은 전체 문장 중에 추상명사와 고유어명사가 쓰인 비율을 보인 것이다.

[표 8]

구분	추상명사/문장수	고유어명사/문장수
요목기	3.34	1.85
1차	5.25	2.59
7차	2.31	2.11

3.4.2 단어의 구성

인간의 언어 발달 과정을 추정해 보면 명사에서 동사로 또 형용사의 순으로 발달하는 것이 인지적인 관점에서 타당해 보인다. 그런 점은 문법발달의 역사에서도 보이는데 그런 점은 희랍의 철학자들이 문법 단위를 규정할 때 사물의 개념을 나타내는 명사로부터 접속사, 동사의 순서로 인식해 나갔다는 사실로부터 유추해 보면 수긍이 간다. 인지론적인 관점에서 생각해 보면 단순한 것으로부터 복잡한 것으로 확장해 나가는 것이 자연스러운 현상이다. 그런 점에서 단일명사와 복합명사, 복합동사의 출현빈도를 통해 문체적 특성을 검토해 보는 것은 의미가 있다.

초기 교육과정기는 물론 7차 교육과정기에서도 단일명사가 압도적으로 많고 복합명사>복합동사의 순으로 빈도수가 나타난다. 이는 명사보다는 동사가, 단일 명사보다는 복합동사가, 복합명사보다는 복합동사가 사고의 복잡도가 높아지고, 사고의 복잡도가 높아짐에 따라 글쓰기에서 선택정도가 다르게 되는데 따른 현상이라고 생각된다. 그렇지만 전체적으로 보아서 교수요목기보다 뒤로 갈수록 단일명사는 줄고 복합동사와 복합명사 등 복합구조의 어휘 사용은 늘어나는 양상을 보이는데 이는 표현의 구체화, 세밀화의 욕구의 반영으로 보인다.

[표 9]

| | | 단어 구성[6] | | |
		복합동사	복합명사	단일명사
교수요목기	합계	4	61	223
	평균	1	15.25	55.75
1차	합계	6	11	261
	평균	1.5	2.75	65.25
7차	합계	23	92	219
	평균	5.75	23	54.75

3.5 의미연결

제재에서 접속부사와 지시어의 요소는 앞, 뒤 문장의 연결을 긴밀하게 해주는 연결장치이면서 텍스트의 의미 전개와 맥락 호응을 도와주는 텍스트 차원의 결속구조 장치들이다. 이런 장치가 적절히 사용될 때 독자들은 제재의 의미전개에 대하여 쉽게 인지하게 되며 이런 장치들의 도움으로 글 전체의 의미적 구조를 잘 이해하게 된다. 그런 기능들이 접속부사, 지시어, 대명사, 시제의 통일성, 호칭, 대용어 등에 의해 수행된다.

---

6) 여기서 단어 구성은 복합명사와 단일명사, 복합동사에 한하여 측정하였다. 명사의 복합구성과 단일구성은 동사의 복합구성과 함께 문장의 의미구성에서 복잡성과 표현성에 영향을 미치므로 필자들의 선호도와 관련 있다.

지시어 중에는 고유명사(이름, 성 등), 친족 명사, 대명사 등이 있다. 고유명사의 특성은 지시 대상과의 동일성, 친숙성 등에 영향을 주고 친족어나 인칭대명사에 의한 지칭성은 대상에 대한 화자의 태도나 시점, 심리적 거리 등을 조절하는데 사용된다. 특히 인칭대명사는 담화 속에 언급된 인물과 공지시되거나 호응관계를 이루어 독자에게 강한 인상을 주게 된다. 이외에도 일반적으로 대명사는 이미 앞에 언급된 대상을 반복하지 않음으로써 간결성과 변화를 주기도 하고 독자로 하여금 의미의 결속성을 추적하게 만드는 효과가 있다.

그러나 이런 장치들이 적절히 구사되지 않으면 의미의 연결에 장애를 가져오게 된다. 장치들의 너무 잦은 사용은 오히려 글의 전개에 지장을 주게 되며 장치를 지나치게 적게 사용함은 내용의 파악에 지장을 주게 된다. 그래서 능숙한 필자는 제재 내용에 따라 적절히 조절을 하는데 미숙한 필자일수록 과도한 접속부사나 지시어를 남발하여 흐름을 방해하는 결과를 가져오게 되는 것이다. 그래서 아동들은 전후문장을 연결하기 위해 성인들보다 연결장치인 접속부사나 지시어를 더 많이 사용하기도 한다. 이는 문맥 속에 연결을 암시하는 장치들이 부족함을 느끼는 데서 오는 것으로 필자의 표현 충족감의 결여의 표현이라고 하겠다. 그런 현상들 중에는 불필요한 어휘의 남발, 호응관계의 부적합에 의해 간결하지 못한 문장이 생산되게 된다.

[표 11]을 참고해 볼 때, 교수요목기의 교과서에는 접속부사나 지시어가 7차 교육과정기에 비해 약간 많이 나타나지만 1차 교육과정기보다는 적게 사용되었다. 최근에 접속부사나 지시어의 사용빈도가 줄어든 것은 결속장치에 의존하기보다는 맥락의 흐름에 의하여 의미구성을 하는 경향이 늘어나는 것으로 해석할 수 있으나 큰 차이로 보이지는 않는다.

[표 11]

		의미 연결	
		접속부사	지시어
교수요목기	합계	5	19
	평균	1.25	4.75
1차	합계	19	24
	평균	4.75	6
7차	합계	7	15
	평균	1.75	3.75

구분	접속부사/문장수	지시어/문장수
요목기	0.09	0.36
1차	0.43	0.55
7차	0.11	0.23

위의 표에서 전체 문장수에 대해 교수요목기는 지시어가 접속부사보다 많은 비중을 차지하고 있으나 1차 교육과정기에는 접속부사와 지시어가 근접해 지고 있다. 이와 같은 추세는 7차 교육과정기에서도 비슷한 양상을 보인다. 이는 지시어 사용이 줄고 접속부사 사용이 늘은 것으로 해석되지만 전체적으로 접속부사와 지시어의 사용은 줄고 있다. 즉 이런 장치들의 사용이 감소하고 있다는 것을 말하며 맥락을 통한 의미 구성의 경향을 보인다고 하겠지만 역시 사례를 더 많이 검토해야 할 것이다.

이상에서 초기 교육과정기의 국어교과서의 제재를 대상으로 문체적 요소들 중의 일부 요소를 선별하여 통계적인 수치로 살펴보았다. 참고로 이 연구에서 활용된 각 교육과정별 선별 제재의 문체요소별 통계치를 표로 보이면 다음과 같다.

[표 12]

		텍스트 구성			문장 종류		명사 음절수				
		문단수	문장수	어절수	홑문장	겹문장	1음절	2음절	3음절	4음절	5음절
교수요목기	합계	20	53	758	8	45	50	202	24	8	0
	평균	5	13.25	189.5	2	11.25	12.5	50.5	6	2	0
1차	합계	14	44	817	5	39	76	175	19	2	0
	평균	3.5	11	204.25	1.25	9.75	19	43.75	4.75	0.5	0
2차	합계	18	57	822	9	48	57	199	30	11	1
	평균	4.5	14.25	205.5	2.25	12	14.25	49.75	7.5	2.75	0.25
4차	합계	21	56	756	12	44	31	217	44	3	1
	평균	5.25	14	189	3	11	7.75	54.25	11	0.75	0.25
5차	합계	10	34	389	4	30	11	96	11	2	0
	평균	5	17	194.5	2	15	5.5	48	5.5	1	0
6차	합계	20	69	744	14	55	49	211	70	10	0
	평균	5	17.25	186	3.5	13.75	12.25	52.75	17.5	2.5	0
7차	합계	19	65	785	14	51	55	190	54	12	0
	평균	4.75	16.25	196.25	3.5	12.75	13.75	47.5	13.5	3	0

		종결형태			명사 종류		단어 구성7)			의미 연결	
		N+이다	형용사	동사	고유어명사	추상명사	복합동사	복합명사	단일명사	접속부사	지시어
교수요목기	합계	19	9	25	98	177	4	61	223	5	19
	평균	4.75	2.25	6.25	24.5	44.25	1	15.25	55.75	1.25	4.75
1차	합계	14	19	11	114	231	6	11	261	19	24
	평균	3.5	4.75	2.75	28.5	57.75	1.5	2.75	65.25	4.75	6
2차	합계	12	18	27	98	201	22	51	247	14	15
	평균	3	4.5	6.75	24.5	50.25	5.5	12.75	61.75	3.5	3.75
4차	합계	16	17	23	87	183	23	94	202	19	24
	평균	4.0	4.25	5.75	21.75	45.75	5.75	23.5	50.5	4.75	6
5차	합계	12	13	5.75	49	99	12	10	110	7	7
	평균	6	6.5	4.5	24.5	49.5	6	5	55	3.5	3.5
6차	합계	14	12	43	157	142	17	126	214	8	17
	평균	3.5	3.0	10.75	39.25	35.5	4.25	31.5	53.5	2	4.25
7차	합계	21	21	23	137	150	23	92	219	7	15
	평균	5.25	5.25	5.75	34.25	37.5	5.75	23	54.75	1.75	3.75

---

7) 여기서 단어 구성은 복합명사와 단일명사, 복합동사에 한하여 측정하였다. 명사의 복

텍스트 분석 항목은 기존의 연구에서 수행되었던 자료를 중심으로 하여 군정기 교과서와 교수요목기, 1차교육과정기의 순으로 7차교육과정과 비교하여 다루었다.

다음은 각각의 문체요인이 다른 요인들에 대하여 제재 속에서 차지하는 비율을 표로 구성한 것이다.

[표 13]

구분	문장/죽단수	어절수/죽단수	어절수/문장수	홑문장/문장수	겹문장/문장수	N+이다/문장수	형용사/문장수	동사/문장수	추상명사/문장수	고유어명사/문장수	복합사/문장수	고유어명사/문장수	추상명사/어절수	접속사/문장수	지시어/문장수
요목기	2.65	37.90	14.30	0.15	0.85	0.36	0.17	0.47	3.34	1.85	0.08	0.13	0.23	0.09	0.36
1차	3.14	58.36	18.57	0.11	0.89	0.32	0.43	0.25	5.25	2.59	0.14	0.14	0.28	0.43	0.55
7차	3.42	41.32	12.08	0.22	0.78	0.32	0.32	0.36	2.31	2.11	0.35	0.17	0.19	0.11	0.23

4. 결론

지금까지 초기교육과정기에 발간된 국어교과서에 대하여 중학교 교과서 중심으로 문체적 양상을 살펴보았다.

교육과정기 초기에는 국어정책이 아직 우리 정부에 의해 수행되지 않고 우선 한글 보급 운동이 전국적으로 진행되는 한편, 미 군정청 학무국이 임시로 1946년 11월 '교수요목제정위원회'를 통하여 제정된 교수요목이 1954년 「교육과정 시간배당 기준령」과 1955년의 「교과과정」이 공포

합구성과 단일구성은 동사의 복합구성과 함께 문장의 의미구성에서 복잡성과 표현성에 영향을 미치므로 필자들의 선도와 관련 있다.

될 때까지 적용되어 교과서가 편찬되었다. 따라서 교육과정의 구성이념, 방향과 교과별 진술체계가 정비되지 않은 채 편찬됨에 따라 초기교육과 정기, 특히 교수요목기 교과서는 이후에 편찬된 교과서에 비해 정리되지 않은 점들이 발견된다.

교과서의 문체상 개인적인 특이성이 드러나지는 않지만 그 시대의 언어 규범을 충실히 반영하게 되므로 문자표기, 띄어쓰기 등이 두드러지게 현재와 다른 양상을 보이고 있고, 전체적인 글의 구성 면에서 큰 변화는 보이지 않으나 당시의 일반적인 글쓰기의 경향이 부분적으로 드러난다.

우선 글의 표기방법에서 현재 교과서는 표기방법에서 한글전용을 기본으로 하고 있으나 초기 교과서에서는 한글전용론자의 글과 한자혼용론자의 글이 함께 교과서에 수록되었다. 이것은 국어표기방식에서 한글전용론과 한자혼용의 입장에 따라 통일이 되지 않았던 것이다. 이로 인해 당시의 교과서는 한자병기를 하되 한글표기의 위에 첨자로 한자를 표기하는 방법에 의한 교과서가 있었고 한글 표기의 뒤에 괄호를 하고 한자병기를 하는 교과서가 있었다. 편찬시기에 따라 교과서별로 차이가 난다. 1차 교육과정 이후에 편찬된 교과서는 후자의 방법이 중심이 되어 편찬되었다.

교과서의 문체요인 중에서 글의 크기를 결정짓는 요소로서 문단의 크기와 문장의 길이, 단어의 크기 등을 중심으로 살펴보았을 때 교수요목기는 7차 교육과정기에 비해 문단의 크기가 약간 작게 나타나며 짧은 문장이 많이 나타난다. 1차 교육과정기는 문단수와 문장수는 줄고 어절수는 늘어난다. 이는 1차 교육과정기에 문단의 크기가 커지고 문장의 길이는 길어졌다는 것을 의미한다. 단어의 크기 면에서 국어의 명사 크기의 주축은 2-3음절이다. 이와 같은 상황은 교수요목기에도 동일하나 교수요목기와 7차 교육과정기에 비해 1차 교육과정기의 교과서에는 2음절,

3음절의 명사가 줄고 1음절의 명사가 늘어난다. 이는 1933년의 한글맞춤법통일안의 띄어쓰기 규정 중 고유명사와 의존명사 보조용언을 1946년의 수정안에서 띄어 쓰도록 한 데서 변화의 원인이 있는 것으로 보인다.

문 구성 요인 중에서 교수요목기와 1차 교육과정기에는 홑문장이 현재에 비해 적게 사용된다. 후기에 갈수록 홑문장이 많아지고 겹문장이 적어지는 경향이 보인다. 서술어 종류상 교수요목기에는 동사문>체언문>형용사문의 순으로 나타나고 1차 교육과정기에는 형용사문> 체언문> 동사문의 순으로, 7차교육과정에서는 동사문>형용사문>체언문의 순으로 나타난다. 이는 초기에 비해 7차 교육과정기에 동작 서술과 묘사 중심의 문장이 선호되는 경향을 보이는 결과라고 하겠다.

고유명사와 추상명사의 경우, 후기로 갈수록 고유명사는 늘고 추상명사는 늘었다가 다시 감소하는 현상을 보이는데 점차 구체적이고 명료한 표현을 위해 나타나는 현상으로 보인다. 단어의 구성상 단일한 구성에서 점차 복잡한 구성이 증가하는 것은 표현의 구체화, 세밀화의 추세를 반영하는 것으로 보인다.

의미연결의 경우, 교수요목기에 비해 1차 교육과정기에 접속부사, 지시어가 늘어나지만 7차 교육과정기에는 전체적으로 전체 문장에 비해 비중이 크게 줄어든다. 시간적 선후, 원인, 결과의 의미를 명시하는 접속부사나 지시와 호응관계의 지시어 사용이 점차로 맥락 중심의 의미전개 방식으로 바뀌고 있기 때문으로 보인다.

전체적으로 현재의 교과서와 초기의 교육과정에서 편찬된 교과서를 비교해 볼 때 한자병기, 띄어쓰기 등이 가장 두드러진 차이를 보인다고 하겠다.

〈한국어문교육24, 한국어문교육연구소 (2011.12)〉

제 6 장

외국인이 이해하기 어려운 한국어 시간표현 선어말어미 고찰*

-중국인 학습자들을 중심으로-

1. 서론

어느 언어나 마찬가지지만 학습자가 모어가 아닌 다른 언어를 처음으로 접하고 배우고자 할 때 어려움을 겪는 것은 언어체계의 차이 때문이다. 따라서 배우고자 하는 언어의 체계에 대한 지식을 먼저 습득하면 무작정 배우는 것보다 수월하리라는 것은 쉽게 생각할 수 있다. 대부분의 어휘나 음운 및 문법적 내용에 대한 습득은 모어를 참조하여 습득 목표어와의 대응관계나 혹은 대조 활동을 통해 이루어진다. 그렇더라도 모어와 목표어와의 인식세계가 다를 경우는 극복하기가 매우 어렵게 된다. 학습대상 언어의 체계를 이해하는 것은 자신의 언어체계로부터 오는 간

* 이 연구는 2012년 KNUE학술조성비의 지원을 받았으며 2013년 중국 절강수인대학에서 열린 국제학술세미나에 발표한 내용을 수정, 보완한 것임.

섭현상 때문에 이론적으로는 이해할 수 있으나 실제로 그 언어를 구사하는 데는 많은 어려움이 따른다.

그런 예들 중의 하나가 한국어의 시간인식 표현방식이다. 특히 한국어는 첨가어로서 모어가 고립어 언어체계인 중국인 학습자들은 학습초기에 기본적으로 적응하기가 어렵다. 그 중에서도 시간인식체계가 상 의미의 어휘형태로 표현되는 중국어에 비해 한국어는 좀 더 시제체계적이나 역시 완전하지 않은 상태이다. 그래서 한국으로 유학 온 중국인 유학생들에게서 흔히 나타나는 오류 현상 중에 시제 선어말 어미의 오류가 많이 나타나며 실제로 한국어의 시제표현에 대해 그 개념이나 사용법을 정확하게 이해하지 못하는 경우가 많다. 물론 한국어 학습자의 개인적 능력의 차이가 있긴 하나 다른 어휘 능력이나 문법적 구성 능력에 비해 떨어지는 것이 일반적이다.

이와 같은 점을 고려하여 이 논문에서는 한국어의 시간표현에 대하여 전반적인 특성을 살펴보고 선어말어미로 표현되는 한국인의 시간인식양상을 중국인 화자가 한국어를 습득할 때 문제가 되는 경우를 중심으로 학습에 도움이 될 수 있는 방법을 모색해 보고자 한다.

2. 한국어의 시간표현

여기서는 한국어의 시간표현에 대한 여러 가지 관점들에 대해서 기존의 학설들을 중심으로 살펴보고 이에 해당하는 중국어의 시간표현 방식과 비교하여 살펴보고자 한다. 편의상 시간인식의 삼원적 체계에 따라 과거시간표현, 현재시간표현, 미래시간표현의 순서로 살펴보겠다.

보편적으로 인간의 시간인식은 자연시간의 흐름에 따른 과거, 현재,

미래의 삼분법적 구분에 의해 설명하는 것이 일반적이나 개별 언어에 따라서는 과거 대 비과거의 이분법적 시간인식으로 표현되는 경우도 있다. 그 중에서 한국어의 시간인식은 학교문법에서 삼분법적 구분으로 설명하는데 이는 교육적인 관점에서 채택된 것이다. 아직까지는 삼분법 체계로 설명하고자 하는 학자들의 견해와 과거, 비과거의 이분법적 체계로 설명하려는 견해, 시상으로만 설명하려는 무시제의 견해가 공존한다.

학교문법에서 삼분법으로 구분하는 것은 교육 방법상 설명이나 학습자의 이해에 적합하다는 이점 때문이기도 하고 자연시간의 흐름에 따라 화자의 발화시를 중심으로 과거, 현재, 미래로 관념적으로 구분하여 생각하는 것이 이해하기에는 편하기 때문이다. 그러나 실제로는 한국어의 시제표현을 담당하는 선어말 어미의 형태소는 시제적인 기능과 함께 상적 의미와 양태적 의미를 함께 보유하기 때문에 일괄적으로 설명하기가 곤란하다. 그와 같은 문제들이 문법체계로 일관성 있게 설명하기에 어려운 이유가 된다.[1]

한편 중국어에서 시간표현은 상의 개념에서 표현된다고 하는 것이 일반적인 견해이다. 물론 중국어를 연구하는 학자들 중에는 과거, 현재, 미래의 3분 체계로 설명하려는 경우도 있으나 대부분의 시간표현형식이 시간부사어의 형태로 나타나기 때문에 어휘의미적 차원에서 설명하려는 경우로 생각된다. 물론 일부 시간을 표시하는 '了', '過'과 같은 조사나 조동사의 형식이 있기도 하지만 문법론적인 설명보다는 의미론적인 설명에 가깝다(허성도 2007, 485쪽 참조).[2]

---

[1] 예를 들면 현재시제의 형태소 '-느-'가 형용사에서 사용되지 못하는 것은 필수성의 결여의 문제를 야기시킨다. 그 때문에 '-느-'의 의미에 '과정성'의 요소를 인정해야 한다고 하는 설명도 있다.

[2] 이와 같은 견해는 허성도, 2007, 「현대 중국어 어법의 이해」, 485쪽에서도 설명되어 있지만 중국어의 시간표현체계는 외국인 교육을 위한 문법체계와 내국인을 위한 문

2.1. 과거시간인식표현

한국어에서 과거를 나타내는 시간표현 중에 문법표지는 선어말어미 '-었-'이 대표적이고 이외에 '-었었-', '-더-' 등이 있다. 어휘적인 시간 표현의 수단이 있기는 하지만 이는 대체로 부사어의 자리에서 서술어의 시간적 위치를 강조하거나 보완하는 수식의 기능을 수행하기 때문에 선 어말어미를 중심으로 서술하는 이 연구에서 논외로 한다. 관형사형 어미 를 취할 때 시간적 의미를 드러내는 표지로서 '-(으)ㄴ', '-던' 등이 있 는데 중국어에서 '的'의 형태소에 해당한다.

한국어의 과거인식 표현에 해당하는 중국어의 시간인식 문법표지로서 조사인 '了', '過', '着' 등이 있는데 '着'의 경우는 지속상의 의미를 표현 하기 때문에 과거의 시제적 의미보다는 상적 의미가 더 적합하다고 하 겠다.

2.1.1 '-었-'의 시간표현의미

학자들에 따라서는 한국어의 과거: 비과거의 이원적 체계를 인정하기 도 하고 인식론적 입장에서 삼원적 시제체계를 주장하기도 한다. 외국인 들이 한국어를 배울 때 생기는 어려움은 한국어의 시제형태소들의 의미 가 시제기능 외에 양태적 의미를 반영한다는 데에 있다. 이를테면 과거 시제의 문법적 형태를 가졌으나 현재시제의 의미를 나타낼 수 있는 경 우 등이 그렇다. 다음의 예를 보자

법체계로 2원화 되어있다는 설명과도 관련이 있을 것이다. 여기서는 한국어를 학습 하고자 하는 중국인을 대상으로 하기 때문에 내국인을 위한 문법체계를 중심으로 설 명한다.

(1) 가. 그놈참잘생겼다.

　　가'. *그놈참잘생긴다.

　　나. 먹을 것이 떨어졌는데 야단났다.

　　나'. *먹을 것이 떨어졌는데 야단난다.

　　다. *너 이렇게 하다간 야단났다.

　　다'. 너 이렇게 하다간 야단난다.

　(1)의 예들에서 (1가, 나)는 '-았-'의 과거시제가 있음에도 의미는 주어의 현재 모습에 대해 언급하고 있다. 정작 현재 시제 형태소인 '-ㄴ-'이 나타나면 (1가', 나')와 같이 비문이 되고 만다. 한편 (1다')의 경우는 현재의 시제 형태소를 사용했음에도 불구하고 의미는 미래의 의미를 표현한다. 따라서 (1다)처럼 과거시제 '-았-'이 쓰이면 비문이 된다.

　(2) 가. 왜 이렇게 늙었어?(상태)

　　가'. 형제가 쌍둥이같이 닮았다.(상태)

　　나. 감이 잘 익었다.(상태)

　(3) 가. 오늘 예쁜 옷을 입었네.(상태)

　　나. 오랜 만이네, 어떻게 지내? 나 결혼했어.(상태)

　위의 (2)와 (3)의 예들은 과거시제의 문법적 형태가 쓰였으나 현재의 상태를 표현하고 있으며 대부분이 현재시점에서의 완료나 상태를 표시하고 있다. (2)에서 '늙다', '익다', '닮다' 등의 동사들은 어떤 상황이나 상태가 과거로부터 비롯되었지만 그것들의 시작이 분명하지 않다는 공통점이 있고 (3)의 경우는 동작이 시작된 시점이 분명히 있다는 점이 차이이다.(이익섭·채완 1999: 276쪽 참조) 이들의 경우에 해당하는 의미는 중국어에서 '了'의 지속상의 의미에 해당될 것이다.

그리고 과거시제의 문법형태를 가졌으나 미래시제의 의미를 나타내는 경우가 있다. 다음(4)의 예에서 볼 수 있다.

(4) 가. 너는 내일 죽었다.
　　나. 너는 집에는 다 갔다.

(4)의 예들은 아직 닥치지 않은 일들에 대해 과거시제 '-았-'의 선어말어미를 사용함으로써 미래의 시점에 언급한 내용이 완료된 상태로 있을 것임을 확언하는 화자의 태도를 보인다. 따라서 완료의 의미에서 나타날 수 있는 양태의미는 [단언]의 의미가 가능해진다.

한편 과거시제 '-었-'이 겹쳐서 나타나는 '-었었-'의 경우, 단순히 과거시제의 중복으로 대과거의 시제적 의미를 표현한다고 말하기도 하나 '-었-'과 그 의미를 비교해 살펴보면 과거의 사건에 대해 언급하는 점은 같으나 구체적인 내용에서는 다르다는 것을 알 수 있다. 즉 '-었었-'은 단순한 대과거의 의미가 아니라 그 진술사건에 대해 화자가 현재의 상황과 분리하여 인식하고 있다는 점을 느낄 수 있다. 이런 의미를 단절상의 의미로 보기도 한다.

(5) 가. 영희가 어제 집에 왔다.
　　나. 영희가 어제 집에 왔었다.

(5)의 가, 나를 비교해 보면 (5가)는 과거의 특정 시점에서 영희가 집에 와 있는 상태가 시작되었다는 진술을 하고 있으나 (5나)는 과거의 특정 시점에서 영희가 지금 집에 있는 상태가 지속되고 있는지에 대해서는 언급하지 않으려는 태도를 드러낸다. 즉 (5나)는 사건이 일어난 상황에 대해 진술하는 (5가)에 비해 '영희가 어제 집에 왔다'는 사실의 유무

에 대해서만 언급하거나 현재는 집에 없다는 진술을 암시하는 태도를 보이고 있다. 이러한 복합적 의미를 보이는 것은 '-았-'이 가지고 있는 시제성과 양태성 기능에 의한 것으로 보인다. 즉 과거의 시제적 기능과 사실 확인의 단언적 진술의 기능을 함께 가지고 있기 때문이라고 할 수 있다.

그래서 '-았-'이 중첩되었을 때에 앞의 '-았-'은 시제적 기능에 고정되고 뒤의 '-었-'은 단언의 양태적 기능을 보이는 것이다.[3] 한편 통시적으로 살펴볼 때 '-었-'은 '-아/어 잇-'의 상적 표현의 문법화로 설명하기도 한다. 이는 '-았-'의 의미가 단순히 시제 의미로만 기능하지 않을 수 있다는 것을 알게 해 주는 것이다. 그런 관점에서 '-았었-'을 '-았1-'과 '았2-'의 결합형태로 보고 기능의 재배치로 설명하는 것이 유리할 수 있다.

어쨌든 '-았-'의 시제적 기능과 양태적 기능을 함께 고려해야 문장에서 쓰인 의미를 제대로 이해할 수 있을 것이다.

2.1.2 '-더'

'-더-'의 선어말 어미가 사용될 때 언급된 명제내용이 화자의 발화시에서 과거의 시간축에 위치한다고 생각하는 것은[4] 일반적으로 '-더-'가

---

3) 이와 같은 설명은 조일영(1995)에 시간 관련 선어말 어미의 양태기능을 설명하면서 분석한 바 있다.

4) '-더-'의 의미에 관련한 연구는 초기 문법단계로부터 최근까지 시제의 관점에서건 서법적 관점에서건 '과거'의 의미를 중심의미로 하면서 부차적인 의미에 검토가 이어져 왔다고 할 수 있다. 의미문제를 다룬 연구들을 중심의미 별로 살펴보면 회상을 주된 의미로 생각하는 논의로는 최현배(1937)의 '도로생각때매김'이 가장 앞선다. 이 연구는 이전의 과거시제 일변도의 연구에서 조금 벗겨나 회상시제의 이원시제체계를 설정한 점으로 새로운 시도를 하였다는 점이 특기할 일이다. 이후 Ramstedt(1939)와 河野六郎(1952)을 비롯하여 高永根(1965)는 서법으로 규정하였는데 高永根(1965, 1974, 1981)은 화자가 말하고 있는 그때보다 앞선 시점에서 경험한 주체의 동작 및 성질, 상태 등을 회상하여 상대방에게 단순히 설명하거나, 화자가 경험내용을 상대방

'회상'의 의미기능을 가지기 때문이라고 생각하기 때문이다. 그런데 다음의 예를 보면 꼭 그렇지만은 않다.

    (6) 가. 어제 철수가 집에 가더라.
        나. 철수는 어제/내일 집에 가더라.
        다. 개네들은 며칠 있다가 출발하더라.

위의 예들 중에서 (6가)의 표현은 일반적으로 청자가 회상의 의미로 받아들이는 데 문제가 없다. 그러나 (6나, 다)의 경우는 '회상'의 의미보다는 '전달' 혹은 '보고'의 의미로 느껴진다. 그러나 그렇더라도, 전달 혹은 보고 내용의 인식시점은 미래, 현재가 아닌 과거인 것은 변함이 없다. 전달 혹은 보고의 내용은 발화시보다 앞서 있어야 가능하기 때문이다. 즉 '-더-'에서 불러일으키는 의미내용은 자신의 기억 속에 존재했던 사실이므로 화자의 인식 상황에 대한 [보고] [전달]이 청자에 대해 가능하게 된다는 것이다. 따라서 기본적인 시제는 과거에 바탕을 두고 [회상] 혹은 [전달/보고]의 의미는 화자의 태도에 따라 청자 중심적이든 화자 중심적이든 인식했던 내용에 대한 양태적 표현으로 나타나는 것으로 판단된다. '-더-'의 이런 의미현상들에 대해 외국인 화자들은 이해하는데 어려움을 겪게 마련이며 특히 중국인 화자들은 과거의 의미로만 인식하여 사용하기를 꺼리거나 사용상 오류를 범하기도 한다.5)

    으로 하여금 회상시킴으로써 주체의 성질, 상태 등을 단순히 물을 때에 쓰이는 것이 '-더-'의 용법이라고 하여 회상법으로 규정지었다.(조일영 1995: 112에서 재인용)
5) 한국어에서는 형용사 서술어에 '-더-'의 사용이 가능한데 중국어의 경우 그런 용법이 없기 때문에 더욱 어려움을 겪기도 한다. 중국어의 경험태는 형용사와 결합이 불가능하다. 이외에 '-더-'의 인칭제약현상은 화자의 인식이 가능한지 여부에 따라 나타나는 현상이므로 내적 인식이 가능한 1인칭 화자의 경우와 외적 인식인 3인칭의 경우 나타나는 현상인데 이 논문에서 중심 논의는 아니므로 생략한다.

한편 '-더-'의 의미에 대해서는 통시적 관점에서 살펴볼 때 현대 한국어에서 그 의미의 연관성을 추정할 수도 있다. 중기국어에서는 과거 경험한 사실이나 미래의 추측을 나타낼 때 '-다/라-'형은 문의 주체가 1인칭일 때 쓰고 2, 3인칭일 때는 '-더/러-'를 사용했으며 근대국어에서는 '-더-'로 통일되어 현대국어로 내려오고 있다.6)

이때의 '-더-'는 현대국어와 같이 과거에 일어난 일을 회상하며 들려주는 기능을 갖는다. 당시 '-거/어'가 화자가 주관적으로 판단한 사실이 발화시까지 지속되는 경우에 사용된다면 '-더-'는 화자가 경험한 사실이 발화시에는 단절될 경우에 사용된다는 견해도 있다.7)8) 즉 '-더-'에서 불러일으키는 의미내용은 자신의 기억 속에 존재했던 사실이므로 화자의 인식상황에 대하여 청자를 향한 [보고], [전달]이 가능하다. 그러므로 현대 한국어에서 '-더-'의 의미에서 [보고], [전달]의 의미가 나타나는 것은 이와 같이 근대국어까지 유지되던 [회상]의 의미가 남아 있는 것으로 보이며 이는 과거 경험한 사실의 단절에서 가능하다는 해석을 할 수 있다. 즉 '-았-'의 경우와 같이 시제적으로는 [과거]의 의미가 바탕이나 양태적 의미로서 [회상]의 의미가 청자에 대하여는 [보고], [전달]의 형태로 나타나는 것으로 생각된다.

---

6) 중기국어에서 과거의 선어말어미 '-더-'는 계사 '-이-'와 미래의 '-리-'뒤에서는 '-러-'로 교체되고, 선어말어미 '-오/우-'와 결합하면 '-다-'로 교체된다.

7) 이광호·안병희 1990: 229.

8) '드/다/드/더'의 형태소들 중에서 가장 일반적인 형은 '-드-'로 보인다. 이는 '-더-'의 표기에 사용된 차자들이 '즁,多,等'등으로 나타나는데 당시의 표기자들이 차자의 선택시 음운론적 환경을 고려한 결과일 가능성을 생각해 볼 필요가 있다고 본다. 이러한 가능성은 이들 차자들의 앞 글자를 함께 살펴볼 때 대략 모음조화의 규칙에 충실할 것으로 보인다. 그렇다면 이들 형태소들 중 그 출현 빈도가 가장 높은 차자들이 '-드-'의 음을 실현하는 것으로 보아 기본형태가 '-드-'일 것이라고 생각된다. 그러나 이러한 가정은 음운론적인 검토가 필요하다. 한편 근대국어에서는 '-드/드-'형도 보인다. 「번역박통사」의 '-더-'가 「박통사언해」에서 '-드/드-'로 나타나는 예를 보인다.(조일영, 1995: 116참조)

2.2 현재시간인식표현

현대 한국어의 현재시간인식은 과거 시간 표현의 '-았-'만큼 시제적 의미가 뚜렷이 드러나지 않는다. 앞에서도 언급했듯이 삼분법에 의한 시제냐 이분법에 의한 시제냐에 따라 '-는/ㄴ-'을 현재시제로 넣기도 하고 미완료의 상적 의미로 규정하기도 한다. 그만큼 시제적 의미로서는 아직 명확하게 자리를 잡지 못했다고 볼 수 있다. 한국어에서 경우에 따라 현재 시제 형태소가 나타나지 않으면서 현재시를 나타낼 수도 있다. 다른 언어에서도 현재 시제가 특별한 형태 없이 표현되는 수가 있는데 이는 현재상황을 서술하는 것이 기본적 표현이기 때문에 무표적 표현이 사용된 것이며 다른 시간에 대한 표현은 유표적 표현이 필요하기 때문에 시제형태소가 뚜렷해진 것으로 생각할 수 있다. 일반적으로 현재시는 일상생활에서 겪는 반복적 사실, 불변의 진리 등도 범위에 포함한다.

2.2.1 '-는/ㄴ-'

'-는/ㄴ-'에 대해 논란이 되는 것은 앞에서 언급한 것처럼 어떤 문법적 형태가 기능을 드러낼 때는 언제나 그 자리에서 그 기능을 할 때 나타나야 하는데 어떤 경우에는 나타나지 않아 일관성이 없는 경우가 있기 때문이다. 한국어에서 이분법으로 시제를 구분하는 경우 '-는/ㄴ-'은 미완의 상 표시로 처리해서 '-겠-'과 함께 묶는다. 그러나 삼분법으로 보고자 할 때는 현재시제의 선어말어미는 '-는/ㄴ-' 혹은 영형태를 대상으로 한다.

한국어에서 형용사, 명사가 서술어로 사용되는 경우, 현재의 의미로 '-는/ㄴ-'이 올 수 없다. 이런 점이 과거시제 선어말어미 '-았-'에 비해 시제성이 약하다는 이유가 되기도 하고 '-는/ㄴ-'이 나타내는 의미가 시간에 대한 지시성이 약해서 미래의 사실에 대해 진술할 때도 사용되는 점을 들어 '-겠-'과 함께 시제선어말어미로 인정하지 않으려고 하기도 한다.

(7) 가. 철수가 천천히 모자를 쓴다.
　　나. 영희는 환한 색깔의 옷을 입는다.

(7가)의 경우 철수의 동작을 '쓴다'가 서술하는데 시간적 위치에 대하여 현재진행의 진행상의 의미로 나타난다. 그런데 (7나)의 경우는 현재의 시간을 지시하는 것이 아니라 반복적인 습관에 대한 서술을 하고 있다. 외국인들의 경우, 이러한 현재시간의 표현에 대한 이해와 사용에 어려움을 겪게 된다. 기본적으로 현재시제는 동사의 명령형과 청유형과 형용사 서술어에서 기본이 되고 있어서 그런 경우는 '-는/ㄴ-'이 나타나면 (8다, 라)에서 보듯이 비문이 된다. (8마)는 '-는-'의 과정성을 원인으로 보기도 한다.

(8) 가. 빨리 와라.
　　나. 같이 가자.
　　다. *우리 함께 구경가ㄴ자.
　　라. *학교로 바로 가ㄴ라.
　　마. *단풍이 참 곱는다.

현대 한국어의 '-는/ㄴ-'은 통시적으로 중기국어 '-ᄂ-(>-는-)'의 현재모습이다. 그 기능은 별로 바뀌지 않았지만 현재는 '-는/ㄴ-'의 형태만 쓰이고 있다. 그러나 현재 동작의 과정을 표현하는 경우 '-ㄴ-'이 현재시제 기능과 함께 동작의 진행을 표현하기도 한다.

그런데 형용사에 과거시제가 쓰인 경우는 있으나 현재시제의 문법형태는 쓰이지 않는다. 기본적으로 형용사는 상태를 표시하기 때문에 어떤 사건이 현재 진행되고 있음을 나타내는 '-는-'이 사용될 수는 없다.

(9) 가. 저기 철수가 온다.
　　나. 나는 그 사람을 안다.
　　다. 날이 밝는다.
　　라. 나이를 먹어 늙는다.
　　마. 왜 이렇게 늙었어?

그러나 (9나-마)의 경우는 과정성이 포함되어 있는 형용사이어서 비문으로 인식되지 않는다. 이와 같이 '-는-'에는 상태의 [지속] 혹은 [과정]을 보여주는 [진술]의 의미가 들어있다고 할 수 있다. 그러나 (10가)와 같이 형용사에는 과거시제 형태소가 사용될 수가 있으며 (10나)는 상태형용사로 '-는-'이 쓰이지 않는 예이다. (11다)의 '죽다'의 동사는 과정성을 가진 동사이며 '내일'의 시점에 위치한 가정의 상황에서 진행되는 것으로 문장에서의 표현의미는 미래에 대한 '예고' 또는 '통고'의 [진술]의 의미를 갖는다. 이는 기본적으로 사실인식의 태도에 근거한다.

(10) 가. 그날 달이 참 밝았다.
　　 나. 오늘 달이 참 밝다.(*밝는다)
　　 다. 너는 내일 죽는다.

(10다)의 '죽다'의 동사는 과정성을 가진 동사이므로 가상의 사건에 대한 [진술]의 양태 의미로 허용된다.

2.2.2 '-∅-'

한국어의 동사에는 기본적으로 시간표현 선어말어미가 실제 언어생활에서 나타나지 않으면 정상이 아니다. 그러나 형용사는 현재형 선어말어미가 사용되지 않는다. 이는 형용사가 기본적으로 특정한 시점의 지속상태를 표현하는 표지이므로 과정성의 표지인 '-는/ㄴ-'이 사용되지 못한다. 동사가 기본형의 형태로 사용되는 수가 있는데 이는 기사제목이나 글의 표제로 문장이 사용될 때 쓰이는 시제중립적인 경우로서 예외적이다. 2.4에서 다시 언급한다.

2.3 미래시간인식표현

한국어에서 미래시제를 표현하는 형태소는 '-겠-'이 대표적인데 '-겠-'이 미래시간을 직접적으로 표현한다고 보기에는 무리가 있다. 이미 많은 학자들이 언급했지만 '-았-'과 같이 문법화가 진행되어 대부분의 경우에 두루 쓰이는 필수성이 확보된 것이 아니기 때문이다. 그래서 한국어의 시간관련 선어말어미 중에서 상대적으로 시제의 기능이 약한 것이 '-겠-'일 것이다. 그만큼 문법성보다는 양태성 즉 주관적 판단이 많이 작용하는 문법형태소이기 때문이다.

2.3.1 '-겠-', '-을 것'

중기국어에서 '-리-'가 맡았던 미래시제의 의미기능을 근대국어에서 '-겠-'이 맡게 되는데 '-게 잇-'의 축약형으로서 필자는 부사형어미 '-게'에 변화가능의 기제가 있어서 미래 추정의 의미기능이 있는 것으로 생각한다.9) 대체로 현대 한국어에서 시간을 나타내는 미래시제표현은 '-겠-'에 해당한다. 그리고 한국어에서는 미래를 표시하는 어휘가 들어있지 않아도 선어말어미에서 미래시의 일을 표현하는 일이 가능하다.

(11) 가. 신랑이 입장하겠습니다.
　　　나. 이제 집에 들어가겠다.

이런 경우 중국어에서는 평서문 안에서 시간사를 통하여 나타내는 방법과 변화태에 미래를 나타내는 조동사 '要'를 사용하고 문장의 끝에 '了'를 첨가하여 미래에 변화가 발생할 것임을 드러내는 '要-了'의 임박태로 표현한다.

(12) 가. 快要下雪了.(눈이 올 것이다.)
　　　나. 選手馬上入場.(선수가 입장할 것이다.)

(12)의 임박태는 한국어의 경우 '-ㄹ 것'으로 표현되는데 대체로 중국어의 '將', '要', '會' 등에 해당된다.

그리고 한국어에서는 과거의 일에도 '-겠-'이 사용되는 경우도 있다.

(13) 가. 어제는 무척 힘드셨겠어요.
　　　나. 따님이 무척 예쁘셨겠어요.

(13)의 경우는 추정의 의미가 나타나는데 중국어에서는 시간표현과 관계없이 추정, 가능, 의지 능력, 예정 등의 의미가 별도의 시간부사로서

---

9) '-겠-'의 형태분석을 통한 변화가능성에 대해서는 조일영(1995)에서 다룬 바 있다. 필자는 '-거(완료상)+ㅣ+잇-'으로 분석하여 설명하였다.

어휘수단을 통하여 나타난다.

또 한국어에서는 현재의 경우에 '-겠-'이 사용되기도 한다.

> (14) 가. 이 정도면 되겠니?(가능)
>   나. 정말 모르겠어요.(능력)
>   다. 그 정도면 이해하겠어요(능력).
>   라. 나는 내일 학교에 가겠다.(의지)

(14)의 경우는 중국어에서 '要', '會' 등의 조동사가 사용되어 한국어의 '-겠-'이 나타내는 '가능, 능력, 의지' 등의 의미를 드러낸다. 이외에도 '-겠-'은 여러 가지 예에서 과거, 현재 등의 서술에 쓰인다. 한편, 위의 예 중 (14가, 나)의 경우는 미래시제의 의미보다는 짐작, 추측 등의 의미가 드러난다. 이런 예들 때문에 '-겠-'을 한국어의 미래시제로 보기가 어렵다는 주장의 근거가 되기도 한다.

선어말어미가 아닌 형식명사 구성의 '-을 것'과의 차이는 '-겠-'이 화자 자신의 행동이나 상태를 판단의 근거로 삼는다면 '-을 것'은 타인이나 자신 이외의 것을 근거로 하여 판단할 때 사용된다. 이 연구에서는 선어말어미를 중심으로 논의하므로 관형구성인 '-을 것'에 대해서는 다루지 않는다.

중국어의 추측을 나타내는 '要'는 문말에 과거시제 '了'가 자연스럽게 결합될 수 있으나 '會'는 단순한 추측의 의미를 나타낼 때에는 과거시제인 '了'가 붙을 수 없다. 단 어떤 조건에 대한 예상된 결론을 추측할 때에는 자연스럽게 과거시제인 '了'가 올 수 있다.

> (15)[10] 가. 足球隊將要對陣荷蘭隊了(축구팀이 네델란드 팀과 대진할 것이

---

10) 이영(2011, 74쪽에서 인용)

다.: 추측)

나. 太陽快要下山了(해가 곧 질 것이다.)

다. *明天會下雨了(내일 비가 올 것이다)

라. 餓了就會回來了(배고프면 들어올 것이다.)

마. 受傷當然會疼了(다쳤으니 물론 아플 거야)

한국어의 '-겠-'이 1인칭 주어에 대한 서술어에 사용되면 화자의 [의지]를 드러낸다는

것은 잘 알려진 사실이다. 이런 [의지]의 표현의미는 중국어에서는 '應該' 등의 어휘에 의해 표현되는 것이 다른 점이다.

2.3.2 리

'-리-'는 '-리라', '-리다', '-리니', '-리오' 등과 같이 서술이나 감탄 혹은 연결어미와 결합되어 나타난다. 그 의미는 '-겠-'과 비슷하게 추정, 단정, 의지 등의 양태적 의미를 나타내나 분포에 있어서 한정적인 종결어미나 연결어미에 결합한다는 점이 특징이다. 인식대상이 현실이 아니라는 점에서 '-겠-'과 공통점이 있다. 그러나 시제적인 측면에서는 시간 지시성이 '-겠-'보다 약하다고 하겠다. '-리-'를 분리하여 선어말어미로 분석하기보다는 종결어미결합체로 다루는 것이 일반적이므로 여기서는 상세한 논의는 생략한다.

2.4 절대시제문

한국어의 시제 표현에는 특정한 시제 형태소 없이 사용되는 표현이

있는데 이런 형태를 절대문이라고도 한다. 이런 문의 경우는 다른 언어에도 흔히 있는 형태로서 특정한 상황에 대하여 특정한 대화 상대를 상정하지 않고 진술하는 경우로서 일상적인 대화에서는 사용되지 않고 신문 기사문 제목이나 광고문 등의 특수효과를 노리는 글에 쓰인다. 따라서 과거, 현재, 미래의 특정 시점에 구애받지 않고 사용될 수 있다. 다음의 경우가 그런 예들이다.

(16) 가. 백 일 만에 서울에 도착하다.
　　　나. 철수가 친구와 함께 이 식당에 오다.
　　　다. 내일 대통령 선거가 시행되다.
　　　라. 이승엽이 100호 홈런을 날리다.

3. 중국인 화자의 시간인식

중국어에서 시간의식을 나타내는 것은 시간명사나 시간부사에 의한 것인데 이런 경우 태를 드러냄으로써 그 역할을 수행하게 된다. 한국어와 비슷하나 부분적으로 다른 점이 있어서 한국어를 학습하는 중국인에게 혼란을 주기 쉽다. 그 중에서도 과거시제의 경우 '-았-'과 '-았었-'의 양태적 의미의 차이나 '-더-'의 회상의미에 대하여 이해하기가 어렵다.

또 기본적으로 선어말어미로 시간표현을 하는 한국어와 달리 중국어는 고립어로서 시간사나 '동사+了'의 완료태와 '동사+過'의 경험태, 문장끝에 '了'를 붙여서 변화태로 과거시간표현을 하고 있다. 그리고 한국어에서는 형용사에 과거시제 선어말어미가 쓰이는 데 비해 과거의미의 형용사를 표현할 수 없다. 그러므로 중국인 학습자들이 형용사에 과거의 선어말어미가 사용되는 경우를 명확하게 이해하도록 해야 하는데 그 의미의 차이에 대하여 알게 할 수 있는 방법으로 선어말어미들의 개별적 의미자질에 대한 설명이 유효할 수 있다.

3.1 과거인식표현

한국어의 '-았-'은 기본적으로 중국어의 '了'에 해당하고 상과 시제의 관점에서 논란이 있는 점도 비슷하다. 중국어의 '了' 시제조사로서 동사, 형용사, 또는 명사 뒤에 쓰여 동작이나 변화의 시점이 과거임을 표시한다. '-았었-'은 중국어의 '過'에 해당한다고 볼 수 있는데 '過'는 '동작의 완결' 혹은 '과거 이미 그러한 사실이 있었음'을 주장한다.(呂淑湘 2002: 246-247쪽에서 인용) 사실 한국어의 '-았-'과 같이 중국어의 '了'도 과거뿐만 아니라 현재나 미래를 표현하는 경우에도 쓰이는 경우가 있다.

> (17) 가. 영수는 아침에 빵을 먹었다.
> 榮洙早上吃了面包
> 나. 그녀는 지금 살이 쪘다.
> 她現在又胖了
> 다. 다음 달에 나는 결혼을 했을 것이다.
> 明月我已經結婚了

그리고 중국어에서는 '感到', '認爲' '決定' 등 실현의 뜻을 나타내지 못하는 동사들은 '了'와 함께 쓰이지 못하나 한국어의 '-았-'은 쓰일 수 있다. 그러므로 중국의 한국어 학습자들이 한국어의 '-았-'과 '-았었-'의 차이를 구분하기 어려울 땐, 중국어의 '了'에 해당하면 '-았-'으로 '過'에 해당하면 '-았었-'으로 이해하면 될 것이다.

3.2 현재인식표현

중국어에서 한국어의 현재시제를 나타내는 방법은 시간명사 '現在, 常年, 這時, 每天, 最近, 年年, 眼前, 現代, 此刻,' 등이나 시간부사 '從來, 至今, 老(늘), 向來(줄곧)' 등의 시간사를 통하여 나타내고 진행태나 지속태를 통하여 시간적 양상을 나타낸다. 그런데 한국어에서 다음과 같은 경우, (19가, 나)의 두 예문의 차이는 크게 느껴지지 않는다.

> (18) 가. 그는 아침을 먹고 있는 중이다.
> 　　　 他在朝飯
> 　　나. 그는 아침을 먹고 있다.
> 　　　 他在吃朝飯
> 　　다. 그녀는 노래를 한다.
> 　　　 她唱歌
> 　　라. 사람들이 차를 기다린다.
> 　　　 人們在等出汽車

그리고 (18다, 라)는 한국어의 경우 '-는/ㄴ-'이 사용되었는데 중국어에서는 이에 해당하는 형태소가 없다. 이럴 경우 중국의 시제체계상 영형태로 보기도 한다.

3.3 미래인식표현

중국어에서 미래시제에 해당하는 표현은 시간명사 '明天', '明年', '以後' 등과 '卽將', '將要', '馬上', '從此' 등의 시간부사, '將', '要', '會'의 조동사에 의해 실현된다. 조동사들은 동사의 앞에서 양태를 표현하는 기능과 시제기능을 한다.

> (19) 가. 그는 올 것이다.
>> 他會來的
>> 나. 나는 오후에 집에 가겠다.
>> 下午我將回家
>> 다. 나는 내년에 졸업하겠다.
>> 我明年要畢業

(19가, 나)의 경우 미래에 대한 추정의 양태를 나타내고 (20다)는 1인칭에 쓰여서 '要'가 의지를 나타내며 미래의 경우, '要'의 뒤에 '了'가 함께 쓰일 경우 임박태로서 어떤 동작이나 상황이 곧 발생하려는 상황을 표현하게 된다.

4. 시간인식차를 위한 의미분석

기본적으로 어떤 언어의 형태소가 어휘적 의미를 가지고 있으면서 오랜 시간 반복해서 사용되면 점차 어휘적 의미보다는 문법적 기능으로 바뀌어 간다. 이런 현상을 어휘의 문법화로 설명할 수 있는데 이런 현상이 한국어의 선어말어미에 흔적이 남게 된 것으로 본다.

한편 이런 형태소들은 어휘적 의미에서 문법적 기능으로 전환하게 되더라도 본래의 어휘적 의미의 일부를 승계하여 그런 것이 '-었-'의 완료상이나 단언과 같은 인식양태의 표현으로 나타난다. 그런 측면에서 중국어에서도 '了', '着', '過' 등의 형태소도 그런 과정에서 변화한 것이며 앞으로도 점점 기능화 할 것으로 생각한다.

한편 명제에 대한 화자의 주관적 인식이 표현되는 인식양태에서는 크게 화자 중심의 인식양태와 청자 중심의 인식양태로 구분할 수 있다. 그런 관점에서 양태범주를 체계화한 것이 조일영(1995)이다. 여기서는 그 체계를 부분적으로 수정해서 적용하여 선어말어미의 양태적 의미를 분석하고 선어말어미의 기본적인 의미자질을 바탕으로 하는 양태의미를 보이고자 한다.

　　(20) 한국어 시간관련 선어말어미의 양태의미 체계

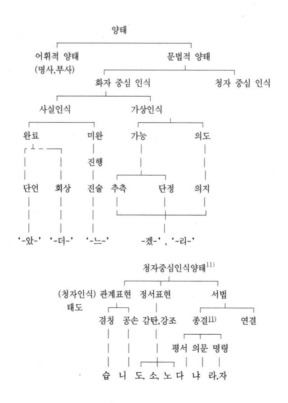

---

11) 청자중심인식양태는 시간관련 선어말어미를 다루는 이 논문의 범위를 벗어나므로 여기서는 논의하지 않는다.

시상이 '사리(事理) 또는 명제의 선후관계에 대한 내적 시간의 인식'으로서 그 양상이 통시적이며 수직적이라면 겸칭이나 존칭, 서법은 화자의 외적 현실에 대한 인식으로서 사회적 관계의 인식과 청자에 대한 정감적 표현으로 공시적이며 물리적인 공간이 아닌 심리적인 대인관계에 의한 수평적인 양상이 표현된다. 따라서 사리(事理)와 현실에 대한 양태관계는 수직적인 시간 인식상과 수평적인 관계 인식상으로 볼 수 있는데 화용적인 면에서는 화자의 명제내용에 대한 인식의 양태와 이를 청자에 전달하는 태도를 나타내는 청자중심적 양태로 나눌 수 있다. 이러한 양태들은 우리의 심리상태에 대한 표현이며 이것이 구문상에 형태로 나타나서 문에 대한 서술성의 지표로 된다. 곧 사리(事理)인 서술내용에 대하여 서술지표는 양태소가 된다. 이 지표는 형태범주를 이루고 있으며 서법, 겸칭, 시칭, 존칭, 서상, 법성 등의 양태소로 이루어진다.[12]

이들 선어말어미들의 배열은 우리들이 명제내용을 인식하고 그 명제에 대한 정신적 심리적 태도를 현실의 청자에게 표출해 내는 과정에 대해 의미있는 암시를 한다. 즉 화자가 마음속의 명제를 표출해 낼 때 표출의 순서상 먼저 명제를 추상적, 관념적, 내적으로 인식한 후 현실적, 구체적, 외적 표현을 통해서 청자에게 전달하게 되는 것이다. 따라서 선어말어미의 배열에서 앞 쪽에 있는 시제 등 시간 관련의 선어말어미는 명제에 대한 내적 인식과 함께 객관화, 추상화, 내면화 등의 과정을 거쳐서 인식 또는 표현되고, 배열에서 뒤쪽에 있는 겸칭, 강조, 서법 등의

---

12) 여기서는 양태와 서법이 학자들에 따라 그 지칭의 범위가 다르기 때문에 용어상 혼동이 될 염려가 있으므로 '명제내용에 대한 화자의 심리적 태도를 양태'로 하고 그 하위범주에서 서법을 설정하여 양태와 서법을 구분한다. 즉 서법이란 '종결어미의 형태로 나타나는 종결양식으로서 종래의 법(mood)의 의미를 나타내는 문법범주'로 간주하고 이 논문에서 다루겠다.(mood와 서법의 관계에 대하여는 Bybee(1985)를 참조.) 그러므로 국어의 용언부에 나타나는 서법은 국어의 양태의미를 표현하는 한 하위의 의미가 굴절적으로 표현된 것으로 본다.

선어말어미들은 명제내용의 외적 전달 대상에 대한 인식과 함께 주관화, 구체화, 외면화의 의미적 기능을 갖고 명제내용을 현실에 연결시키게 된다(조일영 1995, 1996의 내용을 정리하였음).

따라서 위의 그림에서 하위분류한 절점을 기준으로 성분표시 해본다면 시제선어말어미의 의미자질을 다음과 같이 정리할 수 있을 것이다.

먼저 '-았-'의 경우는 완료성이 과거시제의 의미를 가지게 된 이유로 생각되는데 화자 중심의 사실인식을 하게 되며 [단언]의 양태적 의미를 나타낸다.13) '-느-'의 경우는 현재 진행되고 있는 일에 대한 미완적인 인식으로 진행상의 의미를 나타내고 [서술]의 양태를 나타낸다. '-더-'의 경우는 과거에 경험했던 일에 대한 사실인식을 완료의 상으로서 [회상] 또는 [보고/전달]의 양태를 나타낸다. 그리고 '겠'은 가상현실에 대한 인식으로 미완의상과 [추정]의 양태의미를 나타내게 되며 각각의 의미성분을 모아서 비교한다면 다음 (21)과 같이 표시할 수 있을 것이다.

(21) '-았-': [문법적] [화자중심적] [사실인식] [완료] [단언]
  '-느-': [문법적] [화자중심적] [사실인식] [미완] [진행] [서술]
  '-더-': [문법적] [화자중심적] [사실인식] [완료] [회상] [보고]
  '-겠-', '-리-': [문법적] [화자중심적] [가상인식] [미완] [추정]

이와 같이 한국어의 시간관련 선어말 어미의 의미성분을 표시하면 외국인 특히 중국인들에게는 한국어를 학습할 때 시제표현의 차이를 쉽게 느낄 수 있지 않을까 한다.

---

13) 단언은 '사실에 대한 믿음을 가지고 주저하지 않고 딱 잘라 말하는 태도'를 의미하고 단정은 '사실에 대하여 판단이나 결정을 내리는 의미를 갖는다. 한편 추정은 어떤 대상을 가상하고 미루어 짐작하는 태도를 말한다.

5. 결론

이 연구에서는 한국어를 학습하려는 외국인 중에서 중국인 학습자를 대상으로 하여 학습자들이 가장 어렵게 생각하는 시간관련 선어말어미의 의미를 한국어와 중국어의 양태표현 방식의 차이를 통하여 설명하고자 하였다.

언어의 기능을 의사소통의 도구라고 가정한다면 문장의 구조를 명제와 양태로 구분하는 방식이 첨가어인 한국어의 선어말어미의 기능을 설명할 때 유리한 점이 있다. 중국어는 양태표현이 주로 명사나 부사어로 표현되는데 시간과 관련된 상적 인식 양태는 시간명사나 시간부사어와 몇몇 문법화과정에 있는 조사를 통하여 반영된다.

한국어에서 시간관련 선어말어미는 시제의 기능과 상 및 양태의미의 표현기능이 복합적으로 나타나는데 선어말어미에는 화자의 명제에 대한 인식태도를 보이는 화자중심 인식양태와 청자에 대한 인식태도를 보이는 청자중심 인식양태로 구분될 수 있다. 그 중에서 시간관련 선어말어미는 주로 화자의 명제에 대한 인식태도를 나타내며 그러한 태도가 시제표현의 기능과 상 및 양태표현의 기제가 된다. 연구자는 청자중심의 인식양태표현을 대상으로 의미성분을 분석하여 중국어 화자가 복합적인 의미양상을 보이는 한국어 선어말어미의 습득과 사용에 도움이 되고자 하였다.

〈인문논총13, 인문과학연구소 (2013.12.31.)〉

제 7 장

중국 조선족 중·고등학생들의 조선어 작문에
나타난 중국어 침투 양상 및 원인분석
-중국 길림성과 흑룡강성을 중심으로

1. 머리말

중국은 56개 민족에 130여 개의 언어를 가진 다민족, 다문화 나라이지
만 한족이 91.46%라는 큰 비중을 차지하고 있기 때문에 한어(漢語), 즉
중국어가 공용어로 쓰인다. 따라서 중국의 조선족들이 살고 있는 지역도
자연스럽게 이중언어 지역으로 변하였다. 중국의 민족 교육체계를 보면
소수민족들은 자신들의 민족어를 배우는 동시에 전국 공용어인 중국어
를 배워야 하며 가능한 한 외국어도 배워야 한다. 따라서 이중언어 교육
을 받고 있는 조선족들이 구사하는 조선어에는 중국어의 영향이 미칠
수밖에 없으며 그런 현상은 이미 조선족 중·고등학교 학생들에서도 나
타나고 있다. 예를 들어 "야, 지금 땐스 보자(애, 지금 텔레비전 보자!)", "우
리 땐티 타자!(우리 엘리베이터 타자!)" 등등이다. 이뿐만 아니라 중국 조선

족들이 조선어와 중국어의 의미를 혼용하여 쓰는 경우도 많이 있다. 예를 들어, 한국어1) '전화를 걸다/하다'를 중국어로 '打電話'라고 하며 중국어 '打'는 '치다/때리다'의 의미도 있기 때문에 중국어 '打'를 '치다/때리다'의 의미로 '전화를 치다'라고 하는 사람들이 많이 있다. 서로 다른 두 언어가 장기간 서로 접촉하게 되면 필연적으로 언어 간의 간섭현상이 나타나게 된다. 두 언어 간의 간섭은 모방이나 차용의 방식으로 나타나는데 시간이 흐름에 따라 대상언어내부에 점차 고정화되면 한 언어가 다른 언어에 침투되었다고 말할 수 있다. 이런 침투현상은 어휘, 의미뿐만 아니라 심지어 문법 표현과 문장 구조, 언어의 이데올로기까지 침투하게 된다. 이 연구는 이런 현상에 대하여 주목하면서 앞으로 이런 현상이 점점 심화되면 장차는 중국의 조선어에는 남북한의 한국어와 질적인 차이를 보이는 언어요소가 늘어나게 될 것으로 예상되어 우선 이런 현상의 실태를 살펴보고자 하는 것이다. 특히 조선족이 밀집해 있는 집거지역의 학생보다는 분산되어 거주하고 있는 산거지역의 학생들에게서 더 많이 나타나는 침투 현상에 대한 정밀한 분석과 검토는 중국어가 조선어에 침투하는 과정을 살펴볼 수 있는 기초적인 자료가 될 것으로 생각한다.

그동안 중국어의 영향으로 인한 조선어의 이질화에 대한 연구는 조선어 어휘에 대한 연구가 대부분인데 그 중에서 강보유(1990), 김기종(1990), 강희숙(2003)에서는 중국 조선어가 중국어의 영향을 받아 의미변화를 가지게 되는 조건과 방법을 제시하였고 김덕모(1990), 최윤갑(1991)은 중국 조선어가 중국어의 어휘를 차용하는 방식에 대한 논의를 하였다. 김병운(2000)은 해방 후 중국 조선어가 중국어의 어휘를 대량으로 수용하여 어휘 변화를 이루었다는 것이라 지적하고 그 중 우리말 사전에 대응어와

---

1) 이 연구에서는 한국의 언어를 '한국어'로, 중국 조선족의 언어를 '조선어'로 한다.

동의어가 있는 것과 대응어가 없는 것으로 분류하였다.[2] 어휘뿐만 아니라 음운, 음절 구성, 단어조성법, 문장 구성 등에 이르기까지 중국 조선어에 미친 중국어의 영향을 밝힌 논문은 김동소 외(1994), 최란화(2010) 등이 있다.

총체적으로 보면 중국어의 영향으로 인한 조선어 이질화에 대한 연구는 집거지역(集居地域)[3]-연변지역을 대상으로 한 연구가 보편적이고 집거지역 외의 산거지역(散居地域)을 대상으로 한 연구는 아주 드물다.

이 연구는 중국 조선족 집거지역과 산거지역의 조선족 중·고등학교 학생들의 조선어 작문을 자료로 삼아 중국어 침투 현상에 대한 실증적 논의를 하고자 한다. 중·고등학교 학생들의 작문은 교육과정에 있는 학생들이 쓴 글이므로 그 작문을 분석하는 것은 일정한 지역의 조선어의 사용실태를 살펴보는 데 유용한 방법이기 때문이다. 특히 중국의 조선족들은 과거와 달리 일정한 지역에서 교육받고 나서 계속 동일 지역에 머물면서 생활하지 않고 경제적 이유로 중국과 동아시아 전역에 걸쳐서 생활하는 일이 많다. 자연히 학교교육 후에 지역에 남아서 민족적인 공동체로서 생활하는 경우가 줄어들게 되었다. 그러므로 성인들을 대상으로 언어 사용 실태를 살피기보다는 학교교육의 과정에 있는 학생들을 대상으로 살펴보는 것이 용이하고 유용한 결과를 도출할 수 있을 것이다.

이 연구에서는 2016년 3월부터 5월까지 중국 연변 조선족 집거지역에 있는 조선족 중학교 3학년과 고등학교 3학년 학생들의 조선어 작문 110편과 연변 외의 길림성, 흑룡강성의 조선족 산거지역 조선족학교 중학교

---

2) 이 중 대응어가 없는 경우는 조선어를 사용하는 조선족의 언중에 녹아들어 남북한언어와 다른 어휘들로 정착하게 되었거나 될 것으로 예상된다.

3) 집거지역(集居地域): 중국에서 같은 종류의 사람들이 모여서 사는 지역에 대한 호칭. 산거지역(散居地域): 중국에서 같은 종류의 사람들이 여기저기 흩어져 사는 지역에 대한 호칭.

3학년과 고등학교 3학년 학생들의 240편, 총350편의 조선어 작문에 나타나는 중국어 침투 양상을 분석해 보았다.

분석대상은 중국어의 영향으로 인한 오류에 한정하여 언중들이 오류로 의식하지 않고 사용하는 경우이다. 그리고 이 오류들을 음운론적 측면, 형태론적 측면, 통사론적 측면 그리고 의미론적 측면에 따라 나누어 유형 별로 검토하였다.4)

2. 중국 조선족 학생 작문에 나타난 중국어 침투 양상 및 원인

이 연구에서 검토된 대상 작품의 기본 정보는 다음과 같다.

[표 1] 집거, 산거지역 중·고등학생 작문 분석 기본 정보

	집단	작문 편수	문장 개수	단어 개수	편당 문장 개수	편당 단어 개수
집거지역	중3	33	836	7523	약 25	약 230
	고3	77	3036	18959	약 26	약 246
산거지역	중3	63	1443	14400	약 23	약 229
	고3	177	4569	40284	약 26	약 228
누계		350	9884	81166		
평균					약 25	약 234

---

4) 중국 조선어와 한국어의 맞춤법의 원칙이 많이 다르기 때문에 중국 조선어 문장은 중국 조선어의 어문 규범에 따라 제시할 것이다.
본문에서는 독자의 이해를 돕기 위하여 편의상 다음의 예와 같이 부호를 사용하였다.
☞: 학생들이 쓴 글
→: 수정 후의 글
*: 비문
밑줄( ): 침투 현상

필자가 수집한 학생들의 작문은 모두 조선어문 모의시험 때, 학생들이 쓴 작문이다. 시험에 쓴 작문은 제한 시간이 있기 때문에 학생들의 실제 언어 실력을 반영할 수 있다. 수집한 자료는 모두 선생님이 평가한 작문이고 그 중 중3 학생 48점 이상(만점 60점),5) 고3 학생 45점 이상(만점 60점)6)인 학생들의 작문을 가지고 분석을 하였다. 중3, 고3의 학생들이 조

---

5) [표 2] 중국 조선족 중학교 졸업반 조선어문 작문 등급채점표준(표에서 표기법은 조선어문 규범에 따라 옮겨 적었음)

1등급(57~60점) 기준점수 58점	내용이 충실하고 주제가 선명하며 언어구사가 아주 잘된 것. (감정이 진지하거나 착상이 새롭거나 언어구사가 뛰어난 것. 이 세가지중에서 한 가지라도 특출하면 1등급에 넣는다.)
2등급(54~56점) 기준점수 55점	내용이 충실하고 주제가 명확하며 언어구사가 비교적 좋은 것.
3등급(48~53점) 기준점수 50점	내용이 비교적 충실하고 주제가 명확하나 언어구사가 보통인 것.
4등급(40~47점) 기준점수 45점	내용이 비교적 충실하고 주제가 비교적 명확하나 앞뒤가 잘 맞물리지 않으며 일부 언어흠집이 있는 것.
5등급(39점 이하) 기준점수 35점	내용이 충실하지 못하고 주제가 명확하지 못하며 언어흠집이 많고 논리적병구가 많은 것.

6) [표 3] 중국 조선족 고등학교 졸업반 조선어문 작문 등급채점표준(표에서 표기법은 조선어문 규범에 따라 옮겨 적었음)

1등급(57~60점) 기준점수 58점	내용을 잘 포착했고 주제가 선명하며 언어구사가 아주 좋은 것. (감정이 진지하거나 착상이 새롭거나 언어구사가 뛰어난 것 등 세가지중에 한 가지라도 특출하면 1류작문에 넣는다.)
2등급(51~56점) 기준점수 53점	내용을 잘 포착했고 주제가 명확하며 언어구사가 비교적 좋은 것.
3등급(45~50점) 기준점수 47점	내용을 제대로 포착했고 주제가 명확하나 언어구사가 보통인 것.
4등급(38~44점) 기준점수41점	내용을 기본상 포착했고 주제가 비교적 명확하나 앞뒤가 잘 맞물리지 않으며 일부 언어흠집이 있는 것.
5등급(37점이하) 기준점수 30점	내용을 제대로 포착하지 못했고 주제가 명확하지 못하며 언어가 순통하지 못하고 논리적병구가 많은 것.

선어문 모의시험 때 쓴 작문이기 때문에 사회 전반적인 영역을 다 포함되어 있지 않아서 학생들이 사용하는 언어가 제한되어 있다. 그리고 수집한 작문 수가 각 집단마다 차이가 있어서 중국어 침투현상의 양적인 분석은 집단 내부에서만 진행할 수밖에 없는 한계가 있다. 그러나 [표 1]에서 볼 수 있듯이 수집한 학생작문의 한 편당 문장수가 거의 비슷하고 한 편당 단어 수가 집거지역 고3의 단어 양이 약간 많은 외에 기타 세 집단은 편당 단어의 양이 비슷하다.

[표 4] 한 편의 작문에 나타나는 중국어 침투 현상 수

	집거		산거		누계
	중3	고3	중3	고3	
작문 편수	33	77	63	177	350
중국어 침투 현상 수	9	47	68	270	394
침투 현상 수/편	0.27	0.61	1.08	1.53	1.13

총체적으로 볼 때 중국 조선족 학생들의 작문에 나타나는 중국어 침투현상은 한 편당 약 1~2개 정도로 나타난다. 집거지역의 중3 학생의 작문은 3편 당 1개 정도의 중국어 침투현상이 보이고 고3 학생의 작문은 2편 당 1개의 중국어 침투현상을 보인다. 반면에, 산거지역의 중3 학생의 작문에 나타난 중국어 침투현상은 편당 약 1개 정도이고 고3 학생은 편당 약 1~2개 정도의 비율이 보인다.

이러한 통계를 바탕으로 중국 조선족 중·고등학생의 작문에 나타난 중국어 침투 현상을 음운론적 측면, 형태론적 측면, 통사론적 측면과 의미론적 측면으로 분류하여 분석하였다.

[표 5] 각 집단 중국어 침투 현상 비율

	집거지역		산거지역	
	중3	고3	중3	고3
음운론적 측면	6(66.7%)	39(83.0%)	38(55.9%)	146(54.1%)
형태론적 측면	0(0.0%)	4(8.5%)	11(16.2%)	29(10.7%)
통사론적 측면	2(22.2%)	4(8.5%)	11(16.2%)	68(25.2%)
의미론적 측면	1(11.1%)	0(0.0%)	8(11.8%)	27(10.0%)
누계	9(100%)	47(100%)	68(100%)	270(100%)

[표 5]는 각 집단의 중국어 침투 유형별 비율이다. 이 네 집단에서는 공통적으로 음운론적인 면에서의 중국어 침투현상이 제일 많이 나타나고 의미론적인 면에서의 침투현상이 상대적으로 적은 편이다. 집거지역의 학생들의 작문에서는 음운론적인 면에서의 중국어 침투현상이 기타 세 가지 측면보다 훨씬 높은 비율을 차지하고 있는데 중3보다 고3이 더 그러하다. 산거지역의 학생들은 음운론적인 면에서의 중국어 침투 현상이 절반 이상의 비율을 차지하고 있지만 형태론적인 면, 통사론적인 면, 의미론적인 면에서는 집거지역보다 높은 비율을 차지하고 있다. 이는 산거지역의 언어 환경에서 집거지역보다 중국어를 더 많이 접촉하고 있기 때문에 여러 가지 유형의 중국어 침투 현상이 보이게 되는 것이다.

다음은 표에 보인 각각의 문법적 측면에 따라 중국어 침투 현상을 살펴보겠다.

2.1 음운론적 측면

중국에 살고 있는 조선족들이 중국어를 차용하여 쓰는 현상은 문어(文語)와 구어(口語)에 모두 나타나고 있지만 문어보다 구어에서 차용이 더 많다. 이는 문어에서 차용의 대부분은 음역(조선어 한자음으로 발음)하는 방식으로 들어오지만 구어에서도 절반 이상의 어휘들이 모두 음차(중국어 발음 그대로 쓰임)하는 형식으로 쓰이기 때문이다.

조선족들은 한족과 직접적인 구어접촉으로부터 배운 중국어 어휘들을 조선어음에 그대로 옮겨와 사용하거나, 조선어로 직접 표현할 수 없는 어휘를 음차하여 말하고 있다(최윤갑, 1991: 15 참조). 이와 달리 문어에서는 음역이 중요한 자리를 차지한다. 이는 지난날 대부분의 중국어 어휘가 음역하는 식으로 우리 말 속에 많이 들어왔으므로 조선어 한자음에 의한 음역은 조선족들에게 익숙하기 때문이다. 그러므로 이런 음역한 한자 어휘들은 조선족들이 쉽게 이해할 수 있으며 실생활 속에 많이 적용하게 되었다.

[표 6] 음운론적 현상 비율

	집 거		산 거	
	중3	고3	중3	고3
작문 편수	33	77	63	177
음운론적 현상	6	39	38	146
중국어 발음을 음차한 것			2(5.3%)	7(4.8%)
조선어 한자음으로 음역한 것	6(100%)	39(100%)	36(94.7%)	139(95.2%)

[표 6]에서 볼 수 있듯이 음운론적인 면에서의 중국어 침투 현상은 집거지역 110편의 작문에 중국어 발음을 음차하는 현상이 하나도 없었고 조선어 한자음으로 음역하는 현상이 음운론적인 면에서만 나타났다. 산거지역 240편 작문에 중국어 발음을 음차한 현상은 물론이고 조선어 한자음을 음역한 현상도 보인다. 게다가 아주 큰 비례를 차지하고 있다. 집거지역이든 산거지역이든 음역 현상은 비율이 높다. 집거지역의 학생 작문에 중국어 발음을 음차한 현상이 나타나지 않은 것은 연변 지역의

조선어문 선생님이 조선어 작문 쓰기를 가르칠 때 작문에 구어에서 많이 쓰던 중국어식 단어(예를 들면 '냉장고'를 '삥샹(冰箱)'으로, '한 턱 내다'를 '칭커(請客)'로 쓴다.)를 쓰면 안 된다고 교육하는 것과 관련이 있다고 본다.

다음은 '중국어 발음을 음차한 것'과 '조선어 한자음으로 음역한 것'의 중국어 침투 양상을 살펴보겠다.

2.1.1 중국어 발음을 음차한 것

최윤갑(1991: 14)에서 중국 조선어에 들어온 중국어 차용어가 두 가지 방식으로 차용되고 있다고 하였다. 하나는 중국 조선어의 한자음에 의하여 음역하는 방식이고, 다른 하나는 현대 중국어음에 의하여 음역하는 방식이라고 하였다. 이 연구에서는 중국 조선족 학교의 중·고등학생의 작문을 분석하였으므로 구어에서 많이 쓰는 중국어 발음을 그대로 쓰는 단어들이 많이 보이지 않았다. 집거지역의 학생들의 작문에는 이런 현상이 나타나지 않았고 산거지역의 학생들의 작문에 [표 7]과 같이 4개 어휘가 나타났다.

[표 7] 중국어 발음을 음차한 단어

어휘	문장	중국어	의미
난류	내 마음속에 한갈래 난류가 나를 따뜻해 주셨습니다.	暖流	난류, 훈훈한 느낌, 따뜻함
초로하다	...나 때문에 초로하신 아빠한테 꾸지람한다니...	操勞	열심히 돌보다, 노고하다, 애써 일하다, 수고하다, (일을) 열심히 처리하다
대위	...'왕'의 대위를 받을수 있기 때문이다.	待遇	(급료·보수·권리·지위 등의) 대우. 대접
퇴변	...역경을 이겨내서 아름다운 퇴변을 완성해야 합니다.	蛻變	(사람·사물 등이 나쁜 방향으로) 탈변하다. 탈바꿈하다. 변질하다.

[표 7]의 '난류', '초로하다', '대위', '퇴변'과 같은 단어는 중국어 발음 그대로 음차하는 것이다. 이는 학생들이 그에 해당하는 현상이나 사물의 조선어 단어를 정확히 모르기 때문에 중국어 단어를 차용하여 쓰는 것으로 볼 수 있다. 첫 번째 중국어 단어 '暖流(nuǎnliú)'의 발음이 '난류[nwanrju]'와 비슷해서 '난류'를 '난류'로 쓴 것이다. 이와 비슷한 추리로 두 번째 중국어 단어 '操勞(cāoláo)'의 발음이 '초로[tɕʰoro]'와 비슷해서 '초로'로 쓰인 것이고 세 번째 중국어 단어 '待遇(dàiyù)'는 '대위[dɛwi]'의 발음과 비슷해서 '대위'로 쓰인 것이다. 네 번째 중국어 단어 '蛻變(tuìbiàn)'의 '蛻(tuì)'는 '퇴[tʰø]'와 비슷하고 '變(biàn)'은 한자어 '變(변)'으로 쓰인 것이다.

2.1.2 조선어 한자음으로 음역한 것

여기서는 중국어의 단어를 중국 조선어의 한자음에 의하여 음역하는 것을 살펴보겠다. 학생 작문에 나타난 [표 8]과 같은 한자음에 의하여 음역하는 단어들은 『조선말사전』에 없는 단어들이지만 중국 조선족들이 문어나 구어에서 많이 쓰고 있다.

[표 8] 조선어 한자음으로 음역한 단어

어휘	중국어	의미
반급(班級)	班級	반, 학급
시광(時光)	時光	시간
경색(競賽)	競賽	경기, 경쟁
통고(痛苦)	痛苦	고통
탐념(貪念)	貪念	욕심, 탐욕
급진실(急診室)	急診室	응급실
필업(畢業)	畢業	졸업
흡독(吸毒)	吸毒	마약을 복용하다

| 양육지은(養育之恩) | 養育之恩 | 길러준 은혜 |
| 위렬상품(僞劣商品) | 僞劣商品 | 위조 상품, 위조 저질품 |

위와 같은 용례들은 모두 중국어 단어를 조선어 한자음으로 그대로 번역한 것이다. 그 중 '반급, 경색, 필업'과 같은 단어는 오래 전부터 중국어의 영향을 받아왔고 집거지역이든 산거지역이든 평소에 많이 쓰고 있는 단어들이다. 그 외의 단어들은 산거지역 학생들의 작문에 나타난 것들이다. 여기서 특별히 설명해야 할 어휘는 '경색', '필업', '양육지은' 이다.

정경언(1986: 54)은 '경색'은 기존어휘 '경쟁' 대신에 비규범적 단어로 쓰이고 있다고 하였다. 필자는 '競爭'과 '競賽'은 모두 동사 '경쟁하다'라는 의미를 갖고 있지만 '競賽'은 중국어에서 '시합, 경기'라는 명사의 의미도 갖고 있기 때문에 '××시합/경기'를 의미할 때 '××경색'이라는 단어를 쓰게 되는 것이라고 생각한다.

『조선말사전』에서의 '필업(畢業)'의 의미는 "하던 학업이나 사업을 끝마치는 것"이고 '졸업(卒業)'의 의미는 "학생이 학교의 규정에 따라 과정 안의 과목을 다 원만히 마치고 그 학교의 학생생활을 끝내고 나오는 것"이다. 학생들이 쓴 작문을 보면 "학교를 필업하다"라는 문장이 많이 있다. 하지만 "학교를 졸업하다"라는 문장은 매우 드물다. 그리고 평상시에 조선족들끼리 대화를 할 때도 '필업'이라는 말을 많이 쓰고 '졸업'이라는 말은 거의 쓰지 않는데 중국어 어휘 '畢業(畢業)'에서 영향을 받은 것으로 보인다.

'양육지은(養育之恩)'의 중국어 '養育之恩'은 '길러준 은혜'의 의미로서 "나를 길러주신 부모님의 은혜를 잊지 않겠다."와 같은 문장에 많이 쓰이지만 학생들이 중국어 '養育之恩'을 한 단어로 보아서 문장에서 그대로 '양육지은'이라고 쓴 것이라고 본다.

2.2 형태론적 측면

낱말의 변화에는 어휘적인 의미 변화도 있지만 품사가 달라지는 변화
도 생길 수 있다. 이런 변화가 생기게 되면 문장 구조가 바뀌는 결과를
초래하게 된다. 이 논문이 분석한 집거지역과 산거지역의 조선족 학생들
의 작문에 나타난 형태론적인 면에서의 중국어 침투 현상은 다음과 같
은 비례를 차지하고 있다.

[표 9] 형태론적 현상 비율

	집 거		산 거	
	중3	고3	중3	고3
작문 편수	33	77	63	177
형태론적 현상	0	4	11	29
단어의 합성		3(75.0%)	7(63.6%)	22(75.9%)
소속품사가 변화된 것		1(25.0%)	4(36.4%)	7(24.1%)

형태론적인 중국어 침투 현상은 집거지역 중3 학생의 작문에 나타나
지 않았다. 집거 지역 고3, 산거 지역 중3과 고3의 학생들은 상대적으로
'단어의 구성' 현상에 중국어식 단어를 더 많이 쓰는 것으로 볼 수 있다.
그리고 집거지역이든 산거지역이든 학년이 올라갈수록 '단어의 합성'에
서 중국어식 단어를 쓰는 현상이 더 심각해 보인다.

다음은 중국 조선족 학생들의 작문에 나타난 중국어식 단어의 합성
그리고 소속품사가 변화된 중국어 침투 현상을 살펴보겠다.

2.2.1 단어의 합성

학생들이 쓴 작문을 보면 중국어 한자음으로 음역한 어휘와 중국 조선어 접미사 '-하다'가 결합된 어휘를 많이 사용하고 있다. 그리고 조선어의 기존 어휘를 기초로 하여 중국어의 단어 구조를 본떠서 만든 새로운 어휘들도 많이 나타났다. 이들은 모두 음역과 의역의 결합 형식인데 사실상 중국어 의미와 중국 조선어 의미가 합쳐진 합성어로 볼 수 있다.

[표 10] 중국어 의미로 인한 조선어 합성어

어휘	결합 방식	중국어	의미
선대하다 (善待-)	善待+하다	善待	잘 대접하다. 우대하다.[7]
차하다 (差-)	差+하다	差	표준에 못 미치다. 좋지 않다.
간어머니 (干媽)	干+어머니	干妈	의모(義母) 양어머니(養-)
밥점 (밥店)	밥+店	飯店	식당
자랑감	자랑+感	自豪感	자부심
담배머리	담배+머리	烟頭	담배꽁초
반공실 (辦公室)	반(음차)+公室	辦公室	판공실, 사무실
반주임 (班主任)	반(음차/음독)+主任	班主任	담임 선생님

이상의 용례에서 볼 수 있듯이 이러한 어휘들은 사전에서 찾아볼 수 없는데다가 비규범적인 어휘이지만 중국에서 거주하고 있는 조선족들이 아주 자연스럽게 사용하고 있다.

---

7) 현대 한국인들은 잘 사용하지 않으나 표준국어대사전에는 표제어로 등록되어 있다.

2.2.2 소속품사가 변화된 것

중국 조선어 단어 속에 없는 품사성이 중국어의 동형 단어 속에 있는
품사성의 영향으로 품사의 변화를 이루었다.

(1) 명사→동사
① 영향(影響)
☞ 그 행동자체 다른 사람을 <u>영향하다</u>.
[영향(명사)→*영향하다(동사)]
→ 그 행동자체 다른 사람에게 영향을 주다.
② 벌금(罰金)
☞ 쓰레기를 마구 던지면 <u>벌금해야</u> 된다.
[벌금(명사)→*벌금하다(동사)]
→ 쓰레기를 마구 버리면 벌금을 내야 된다.

(1)의 '*영향하다'는 중국어의 '影響'에서 생겨난 활용이다. 중국어 '影
響'은 명사로서의 쓰임도 있고 동사로서의 쓰임(의미는 '영향을 주다/끼치다')
도 있으나 조선어의 '영향'은 동사로 쓰이지 않는다. '*영향하다'는 중국
어의 동사성에서 전이된 것으로 볼 수 있다. '*벌금하다' 역시 중국어의
동사성에서 전이된 것으로 볼 수 있다.

(2) 명사→부사
① 전문(專門)
☞ 저희는 <u>전문</u> 3학년학생들을 위해 복무하는 업체입니다.
[전문(명사)→오로지(부사)]
→ 저희는 오로지 3학년학생들을 위해 일하는 업체입니다.
② 구경(究竟)
☞ 아, <u>구경</u> 무엇 때문에 그를 미소 짓게 하는 것일까?

[구경(명사)→도대체(부사)]

→ 아, 도대체 무엇 때문에 그를 미소 짓게 하는 것일까?

(2)의 '전문'은 중국어의 '專門'에서 생겨난 활용이다. 중국어 '專門'은 명사, 형용사로서의 쓰임8)도 있고 부사로서의 쓰임(의미는 '오로지')도 있으나 조선어에서 '전문'은 부사로 쓰이지 않는다. '오로지'란 의미로 활용한 것은 중국어 '專門'의 부사성이 전이된 결과이다. '구경'도 같은 원인으로 전이된 결과로 볼 수 있다.

2.3 통사론적 측면

맹주억(1990: 26)에 의하면 번역은 의미전달을 위한 사용의 단위(주로 문장 이상의 단위)가 다른 언어로 전환되어야 할 것이지 사용을 위한 준비단계에 있는 단위(형태소 및 단어)를 옮기는 것이 아니다. 다른 언어의 어순에 따라 형태소나 단어를 옮기어 배열하였다고 해서 완전히 번역이 되었다고 볼 수 없다. 일반적으로 시간에 쫓기는 등의 사유로 부주의한 경우, 언어의 부분적 형식을 전환시켜 배열하는 경향이 있다. 부분적 형식의 전환은 정확하다 하여도 전체 문장에서 이들 성분들이 조화를 이루지 못하고 때에 따라 문형(문장 구조)상 자기 언어 본연의 모습에 없던 모습을 드러내게 된다.

중국 조선족 중·고등학생들이 쓴 작문에서 다음과 같이 4가지 통사론적인 현상이 보인다.

---

8) '전문(專門)'의 중국어 의미: ① 독립적으로 자체의 체계를 이루다. ② 어느 한 갈래의 지식. ③ 오직 단 하나의 일만 종사한다 또는 하나의 학문을 연구한다. ④ 특기.

[표 11] 통사론적 현상 비율

		집 거		산 거	
		중3	고3	중3	고3
작문 편수		33	77	63	177
통사론적 현상		2	4	11	68
중국어 어순으로 된 것	관형사+의존명사+명사	1(50%)			1(1.5%)
	수사+의존명사+명사				2(2.9%)
관형적인 구성이 중국어식으로 된 것	'-한'			5(45.5%)	14(20.6%)
	'-히'			2(18.1%)	7(10.4%)
	접미사 '-적'의 첨가 현상				2(2.9%)
	접미사 '-적'의 생략 현상				2(2.9%)
중국어식 구 구성	중국어식 문형				3(4.4%)
	중국어식 연어 표현		4(100.0%)		26(38.2%)
중국어 명언, 관용어를 그대로 번역한 것		1(50.0%)		4(36.4%)	11(16.2%)

[표 11]에서 볼 수 있듯이 각 집단의 작문에 나타난 통사론적인 중국어 침투 현상은 서로 다른 양상을 보이고 있다. 집거 지역 중3은 '중국어 어순으로 된 것'과 '중국어 명언, 관용어 그대로 번역한 것'에만 중국어 침투 현상이 보이고 고3은 '중국어식 연어 표현'에만 중국어 침투 현상이 보인다. 산거 지역 중3은 '관형적인 구성이 중국어식으로 된 것'과 '중국어 명언, 관용어 그대로 번역한 것'에만 중국어 침투 현상이 보인다. 산거 지역 고3은 '중국어 어순으로 된 것', '관형적인 구성이 중국어식으로 된 것', '중국어식 구 구성'과 '중국어 명언, 관용어 그대로 번역한 것'에 모두 중국어 침투 현상이 보이고 그 중 '관형적인 구성이 중국어식으로 된 것'과 '중국어식 구 구성'이 아주 높은 비율을 차지하고 있다.

대체로 중국 조선족에게 있어서 통사적인 중국어 침투는 의사소통에 별 지장이 없지만 일반적인 쓰임이 아닌 것으로 본다.

2.3.1 중국어 어순으로 된 것

김선희(1998: 30)에서는 어순의 측면에서 우리말(조선어, 한국어)과 다른 양상은 주로 ① 수사(수량사)+명사 ② 부정문 등에서 나타나는데 이는 중국어식 어순을 그대로 따른 것으로 보인다고 하였다. 본 연구의 분석 자료 중에서는 '관형사/수사+의존명사+명사'와 같은 현상도 나타났다. 단어 연쇄인 구의 구성에서 단위명사 앞에 끼어드는 것은 통사론의 문제라고 본다.

> (1) 관형사+의존명사+명사
> ☞ 시간은 <u>매개인</u>에 다 존재되고 <u>매개인</u>에게는 모두 24시간이 있고...
> [每个人→매 사람마다, 사람마다]
> (2) 수사+의존명사+명사
> ☞ 물을 쓰지 않을 때 수도꼭지를 닫으면 그 절약한 물은 <u>몇 개 사람</u>들이 마실 수 있겠습니까?
> [几个人→몇 사람]

중국어에서 양사(量詞) '个(개)'는 셀 수 있는 모든 명사의 단위로 쓰일 수 있다. 그래서 중국어의 영향을 받아 '每个人'을 '매개인'으로, '几个人'을 '몇 개 사람'으로 되어 버리는 것이다. 하지만 조선어에서는 사람을 세는 단위는 '명'이지 '개'가 아니다. 따라서 이와 같은 것은 중국어의 영향을 받은 현상으로 볼 수 있다.

2.3.2 관형적인 구성이 중국어식으로 된 것

관형적 구성도 역시 통사론적인 범주에서 일어나는 표현의 변화라고
하겠다.

> (1) '-한'
> ☞ 상과한 시간 [上課的時間→ 수업 시간]
> ☞ 무형한 재물 [无形的財物→무형의 재물, 보이지 않는 재물]

조선어 '행복한 생활'을 중국어로 번역하면 '幸福的生活', '상쾌한 아
침'은 중국어로 '淸爽的早晨'이다. 이와 같은 '행복하다(幸福)', '상쾌하다
(淸爽)' 등의 형용사가 명사 '생활', '아침'과 결합할 때 '행복한(幸福的)',
'상쾌한(淸爽的)'으로 번역된다. 하지만 학생들의 작문에서 나타난 '상과
한 시간'의 '상과하다'와 '무형한 재물'의 '무형하다'는 형용사가 아닐
뿐만 아니라 '상과하다', '무형하다'라는 단어조차 없다. '상과(수업)'와
'무형'은 모두 명사이고 이는 중국어 '上課的時間'와 '无形的財物'에서의
형용사와 명사를 연결해주는 조사 '的'의 영향을 받기 때문에 '상과한',
'무형한'의 식으로 변한 것으로 볼 수 있다. 하지만 조사 '的'는 형용사
와 명사만 연결시킬 수 있을 뿐만 아니라 명사와 명사의 연결도 가능하
다. 이는 중국어의 영향을 받은 것으로 볼 수 있다.

> (2) '-히'
> ☞ 무사히 헌신하다 [无私地奉獻→사심 없이 공헌하다]
> ☞ 부단히 노력하다 [不斷地努力→끊임없이 노력하다]

이는 위의 '-한'을 오용한 것과 비슷하다. 접사 '-히'는 부사를 만드는
접미사이어서 동사를 수식하는 작용을 한다. 예를 들어 '편안히 책을 읽

다'는 중국어로 번역하면 '安靜地看書'이다. 여기서 '-히'는 중국어 조사 '地'로 번역한 것이다. 따라서 학생들은 중국어에서 '형용사+동사' 구성에서 형용사 뒤에 '地'가 사용되는 것을 적용하여 대응되는 조선어 접미사 '-히'를 사용하는 것이다. 따라서 '无私地奉獻'을 '무사히 헌신하다'로 번역했고 '不斷地努力'을 '부단히 노력하다'로 번역한 문장이 나오는 것이다.

(3) 접미사 '-적'의 첨가 현상

☞ 의사의 직책은 <u>전심전의적</u>으로 인민을 봉사하고 병마와 투쟁하는 것이다.

[全心全意地 → 전심전력(全心全力)]

☞ (어떤 연예인)은 <u>천생적인</u> 조건과 유리한 지위......

[天生的條件 → 타고난 조건]

접미사 '-적'의 참가 현상을 보면 중국어 '全心全意地'와 '天生的條件'에 조사 '地'와 '的'가 사용된 것을 본떠서 접미사 '-적'을 첨가한 것으로 보인다. 이는 '기술적(技術的)', '문화적(文化的)'과 같은 어휘에서 유추한 온 것으로 볼 수 있다. 여기서 '全心全意地'의 '地'이 '-적'으로 번역된 것은 중국어에서 조사 '地, 的, 得'의 발음이 모두 'de'이기 때문에 중국어의 '地'와 '的'을 헷갈려서 나온 결과라고 생각한다.

(4) 접미사 '-적'의 생략 현상

☞ 리상성적 [理想成績 → 이상적인 성적]

☞ 인격매력 [人格魅力 → 인격적인 매력]

☞ 격동의 눈물 [激動的眼泪 → 격동적인 눈물]

접미사 '-적'의 생략 현상도 중국어의 영향을 받은 것이다. 이것은 중국어 문장에서 '的'이 있으면 접미사 '-적'을 쓰고 '的'이 없으면 접미사

'-적'을 생략 혹은 연결어미 '-의'로 쓰이게 되는 현상이다.

이상과 같이 '-한', '-히', '-적'은 중국어의 조사 '的' 또는 '地'의 용법에서 온 것으로 보인다. 중국어의 영향 때문에 중국 조선족 학생들에게는 이 접미사 '-적'을 어떤 때는 쓰고 어떤 때는 쓰지 않는 것이 혼란스럽다. 이런 문제점에 대해서 조선어문 교사들은 학생들에게 강조하여 가르쳐야 하며 이러한 문장의 연습문제도 많이 풀게 해야 한다.

2.3.3 중국어식 구 구성

중국어식 문형과 연어 표현의 침투 현상은 통사론적인 측면으로 보는 것보다 문체론적인 표현의 침투 현상으로 볼 수 있으나 이 연구에서는 구 구성의 문제로 보아 통사론적 측면에서 살펴보았다.

(1) 중국어식 문형
① 근본...아니다/지 않다 (根本沒.../根本不...)
☞ 작은 감기라 <u>근본</u> 중시하<u>지도</u> 않았고 약도 먹지 않았다.
因爲是小感冒, 根本沒重視, 也沒吃藥。
→감기가 약간 들었을 뿐이어서 신경 쓰지도 않았고 약도 먹지 않았다.
☞ 게임하거나 드라마 보거나 <u>근본</u> 책을 읽는 시간이 <u>없습니다</u>.
打游戱或者看電視, 根本沒有讀書的時間。
→게임도 하고 드라마도 보느라 책을 읽는 시간이 전혀 없습니다.
② '...지 않다'의 표현을 많이 사용
☞ 우리 학생들을 놓고 말하면 행복하<u>지 않는</u> 인소는 적<u>지 않다</u>.
對于我們學生來說, 不幸福的因素不少。
☞ 아빠 엄마가 매일 이런 집에서 먹고 살며 공작하는데 내가 학교에서 공부도 잘 하<u>지 않고</u>...
爸媽每天在這樣的家里生活,工作,我却在學校學習也不好...

①과 ②의 표현 방식은 모두 중국어의 영향으로 생겨난 것이다. ①의 표현은 '아예…지 않다/ 전혀…(부정문)'의 중국어 문형 '根本沒…/根本 不…'에서 온 것이다. ②의 표현은 '不…(…지 않다)'와 같은 중국어의 간섭으로 능력부정의 표현 '잘 못하고'의 표현대신에 사용한 것이다.

(2) 중국어식 연어 표현

[표 12] 중국어식 연어 표현

어구	중국어	의미
감정을 표달하다	表達感情	감정을 표현하다
견결히 반대하다	堅決反對	단호하게 반대하다
활력으로 충만되다	充滿活力	활기에 차다
천생적인 조건	天生的條件	타고난 조건
인생 도리	人生道理	인생의 철리
가치를 체현하다	体現价值	가치를 구현하다
자신을 전승하다	戰胜自己	자신을 이기다
특장을 발휘하다	發揮特長	장점을 살리다
전화를 치다	打電話	전화를 걸다
쓰레기를 던지다	扔垃圾	쓰레기를 버리다

이러한 격식의 문장들은 중국 조선족들이 중국어의 의미에만 맞추어 쓰려는 데에서 많이 나타나는 현상이다. 이런 표현들은 주로 중국어를 번역하는 과정에서 중국어식 표현을 그대로 옮겨오면서 쓰고 있고 문어 뿐만 아니라 구어에도 많이 쓰고 있다. 특히 '자신을 전승하다(자신을 이기다)', '전화를 치다(전화를 걸다)', '쓰레기를 던지다(쓰레기를 버리다)' 등과 같은 문장은 조선족들의 의식 속에서 이미 굳어져 버렸다.

최희수(1990)에서는 이러한 문장 구조는 중국어를 배우는 데에 있어서 큰 도움이 되므로 중국 연변지역의 조선족학교에서는 중국어를 가르칠 때 이런 예들을 많이 들어 학생들로 하여금 짧은 글을 짓는 형식으로 중국어식 언어 표현을 쉽게 배우도록 하고 있다고 하였다.[9] 하지만 필자의 생각은 집거지역에 살고 있는 조선족들이 중국어를 배울 때 조선어의 영향을 많이 받고 있음에도 불구하고 이런 식으로 중국어를 가르치면 중국어든 조선어문이든 모두 제대로 배울 수 없다고 본다. 어느 언어를 배우든 그 언어의 사유방식으로 가르쳐야 하고 그 언어의 어휘와 문법에 맞게 가르쳐야 학생들도 철저히 습득할 수 있다. 따라서 교사가 언어를 가르칠 때 이와 같은 점을 반드시 주의해야 한다.

2.3.4 중국어 명언, 관용어를 그대로 번역한 것

아래와 같은 명언, 관용어는 학생들이 이런 문장에 대한 지식이 미숙해서 중국어 문장을 직역하는 현상을 보이는 것으로 추측할 수 있다.

⑴ 一寸光陰一寸金, 寸金難買寸光陰
    ☞ 일촌광음은 일촌금이다. 그렇지만 촌금은 촌광음을 살 수 없다.
    → 시간은 금이다, 시간은 황금보다 더 귀중하다/ 시간은 금이다, 시간이 무엇보다도 중요하다.

⑵ 溫故而知新
    ☞ 복습을 통하여 새로운 것을 알 수 있다.
    → 옛 것을 배우고 익혀 새로운 것을 알다.

⑶ 百善孝爲先
    ☞ a. 백종의 선에서 효도가 제일 중요하다.
       b. 백선에서 효가 먼저이다.
       c. 백 가지 선행 중 효가 제일 앞선에 두어야 한다.

---

9) 최란화(2010: 47)에서 재인용.

→ 모든 선행 가운데 효도가 가장 으뜸/ 백가지 선 중에서 효를 최우
선으로 한다.

(4) 梅花香自苦寒來
☞ 매화꽃이 향기로와지려면 고한(苦寒)에서 벗어내야 합니다.
→ 매화의 고운 향기는 고통과 추위를 겪은 데서 오는 것이다.

(5) 自己動手, 丰衣足食
☞ 자기절로 일을 해서 옷도 있고 음식도 있습니다.
→ 자신이 스스로 하면 먹고 입을 것이 풍족할 것이다.

이런 명언과 숙어는 모두 중국어에서 온 것이다. 조선어에서도 많은
속담과 관용표현이 있지만 학생들이 중국어의 영향을 많이 받아 중국의
관용표현을 많이 듣고 쓰기 때문에 이미 입에 익은 말이고 조선어의 속
담이나 관용표현에 대해 많이 생소하기 때문에 이런 중국어식 문장이
나올 수밖에 없었다. 예컨대 '梅花香自苦寒來'라는 말이 우리말 속담 '고
생 끝에 락(낙)이 온다.'라는 말로 바꾸어 쓸 수 있다.

2.4 의미론적 측면

중국어는 고립어이기 때문에 조선어는 주로 어휘 의미면에서 영향을
많이 받았다. 중국어와 같은 한자어이지만 의미가 다른 것, 같은 한자어
이지만 중국어 단어의 의미가 조선어 단어에 침투된 것 그리고 고유어
를 중국어의 의미로 번역하고 그 한자의 다른 의미로 사용한 것 등의 면
에서 중국어의 침투 현상이 보인다. 다음은 각 집단의 중국어 침투 현상
의 비율표이다.

[표 13] 의미론적 현상 비율

	집 거		산 거	
	중3	고3	중3	고3
작문 편수	33	77	63	177
의미론적 현상	1	0	8	27
같은 한자, 다른 의미				10(37.0%)
같은 한자, 중국어의 의미가 더 많음				5(18.5%)
고유어를 중국어로 번역하고 다른 의미로 쓰임	1(100.0%)		8(100.0%)	12(44.5%)

[표 13]에서 알 수 있듯이 산거 지역의 조선족 학생들의 의미론적인 중국어 침투 현상이 집거 지역의 조선족 학생들보다 더 많이 나타난다. 집거 지역의 중3 학생의 작문과 산거지역 중3 학생의 작문에는 '고유어를 중국어로 번역하고 다른 의미로 쓰임'의 현상만 보이고 집거 지역 고3 학생의 작문에는 의미론적인 중국어 침투 현상이 보이지 않았다. 이와 달리 산거 지역의 고3 학생의 작문에는 세 가지 의미론적인 현상이 모두 나타난다.

다음은 이 세 가지 의미론적 침투 현상에 대해서 살펴보겠다.

2.4.1 같은 한자, 다른 의미

(1) 기사(記事)
☞ 내가 기사할때부터 많은 일이 발생하였습니다. [기사(記事)→일을 기억하다]
(2) 공작(工作)
☞ 그가(청소 아줌마) 매일 열심히 청소하는 모습을 보고 나는 무슨 공작이나 다 존중을 받아야 한다고 생각한다. [공작→일자리]
☞ 아빠 엄마가 매일 이런 집에서 먹고 살며 공작하는데 내가 학교에

서 공부도 잘 하지 않고.. [공작하다→일하다]

　단어 '기사(記事)'는 조선어에서 명사로 쓰이고 그 의미는 "[명사] ①
신문, 잡지, 방송, 통신 등에 실린 주로 보도의 내용을 담은 글. ② 사실
을 적은 것 또는 적은 사실."10) 두 개가 있다. 중국어 '記事'의 의미는
"[명사] [동사] ① 사실을 적은 것 또는 적은 사실. ② 역사 과정을 기술
하다."11)이다. '기사(記事)'의 조선어에서는 명사로만 쓰이지만 중국어에
서 명사로도 쓰이고 동사로도 쓰인다. 학생이 쓴 글을 보면 '기사(記事)'
의 의미가 중국어의 의미와 혼동되어 동사로 쓰이어 "겪은 사실이거나
배운 것을 잊지 않고 의식 속에 보존하거나 도로 생각해낼 수 있다."는
뜻으로 오용하게 되었다.

　『조선말사전』에 '공작(工作)'은 명사이고 의미는 4가지가 있다.

　　① 기계나 공구를 가지고 물건을 만드는 것. ② (교육) 일정한 재료를 가
　지고 간단한 물건을 만드는 기능을 익히며 간단한 도구와 기구를 다루는 방
　법 같은 것을 배워주는 교과목의 하나. ③ 일정한 임무를 맡고 그 집행을 위
　하여 활동하는 것 또는 그 일. ④ <어떻게 수단을 써서 마련해 내는 것 또는
　마련하는 것>을 달리 이르는 말.

　중국어 '工作'은 명사로도 쓰이고 동사로도 쓰인다.

　　① 체력, 정신노동을 종사함, 기계, 도구가 사람의 조중을 받아 생산 작용
　을 발휘한 것을 의미. ② 직업. ③ 업무, 임무.

---

10) 『조선말사전』 참고. 이하 조선어 의미는 모두 『조선말사전』을 참고.
11) 온라인 한어자전(漢語字典): http://xh.5156edu.com/html5/260577.html
　　이하 중국어 의미는 모두 '온라인 한어자전' 참고.

(1)의 첫 번째 문장에서의 '공작'은 "일자리, 직업"의 의미로 쓰이는 것이고 두 번째 문장에서의 '공작하다'는 동사로 쓰여 "일하는 행동이나 행위."의 의미로 쓰이는 것이다.

2.4.2 같은 한자이나 중국어의 의미가 더 많은 경우

(1) 소질(素質)
　　☞ 요즘 사람이 참 <u>소질</u>이 없는 것 같다. [소질→교양]
(2) 동사(同事)
　　☞ <u>동사</u>의 말에 의해 그는 아버지와 함께 살고 어머니는 오래전에 세상을 떠났습니다. [동사→동료]

'소질(素質)'의 조선어 의미와 중국어 의미를 비교해보면 중국어의 의미 중에 "문화적으로나 품성 면에서 가지고 있는 소양."이라는 의미가 하나 더 있다는 점이 다르다. 중국어 '素質'이 이런 의미로 많이 쓰이고 있기 때문에 중국에 살고 있는 조선족에게 어휘 의미상의 영향을 끼칠 수밖에 없게 되었다.

조선어 '동사(同事)'와 중국어 '同事'는 모두 명사로 쓰이지만(중국어에서 동사로도 쓰임) 중국어에서의 의미가 더 다양하다. '동사(同事)'의 『조선말사전』에서의 의미는 "두 사람 이상이 함께 장사거래를 하는 것."뿐인데 '同事'의 중국어 의미는 다음과 같다.

　　① 하는 일이 같다. ② 같이 일하다, 같은 업무를 담당하다. ③ 같이 일하는 사람, 같은 직장에서 일하는 사람. ④ 같은 사물.

'同事'라는 단어가 중국어에서 "같은 직장에서 일하는 사람"이라는 의미로 많이 사용하고 있기 때문에 조선어에 영향을 끼치게 되었다.

2.4.3 고유어를 중국어로 번역하고 다른 의미로 쓰임

- 던지다
  - ☞ 종이장도 마음대로 <u>던지지</u> 말고 쓰레기통에다 던지고 [던지다→버리다]
  - ☞ 그림은 그냥 <u>던져버리고</u> 말았다. [던져버리다→내버려 두다, 두다]

단어 '던지다'는 『조선말사전』에서 8개 의미[12]가 있는데 그 중에 "(손에 든 물건을 다른 곳에 떨어지게) 뿌리다."라는 의미가 중국어 '扔'으로 번역된다. 중국어 '扔'의 의미는 "① 던지다. ② (내)버리다, 포기하다." 이다. 그래서 '쓰레기를 버리다'를 중국어로 번역하면 '扔垃圾'가 된다. 따라서, '돌을 던지다', '쓰레기를 버리다'라고 할 때는 동사가 모두 '扔' 으로 번역되는 것이다. 중국어와 조선어를 같이 사용하고 있는 이중언어 화자들은 조선어 어휘에 중국어의 의미를 나름대로 첨가하여 '쓰레기를 던지다'와 같은 말을 아주 자연스럽게 사용하고 있다.

이상과 같이 중국어의 의미 침투로 인해 중국 조선어의 의미가 변화된 어휘들은 대부분은 한자어이고 고유어도 중국어 어휘의 영향을 받아 의미가 변화된 것이 있다. 이와 같은 어휘들은 중국에서 살고 있는 조선족들이 많이 사용하고 있음에도 불구하고 전혀 틀린 말이라고 느끼지

---

12) 『조선말사전』: 던지다 [동] (타) ❶ (손에 든 물건을 다른 곳에 떨어지게) 뿌리다. ❷ (그 무엇을) 높은 곳에서 바닥에 떨어지게 하다. ❸ 도중에서 그만두다. D (하던 문 필활동을) 걷어치우다. D (조약이나 약속 같은 것을)지키지 않고 내버린다. ❹ (어떤 목적을 위하여 목숨이나 재물 같은 것을) 아낌없이 내어놓거나 바치다. ❺ (어떤 대상을 향하여) 일정한 표정, 말 또는 행동을 나타내다. ❻ (빛을) 비치다. |고요한 밤에 보름달만이 빛을 던지고 있었다. D (어떤 물체가 자기의 그림자를) 나타내다. ❼ (어떤 화제나 소문이나 또는 파문 같은 것을) 일으키다. ❽ (그 무엇으로) 낯을 꾀다.

않고 자연스럽게 구사되고 있다. 앞으로 이런 현상이 점점 확대되면 북한의 문화어나 남한의 한국어 어휘의 의미와 점점 멀어지게 되고 규범화하기에 어려움을 겪게 될 것으로 보인다.

상술한 바와 같이 우리 민족어의 단어와 문장 구조의 파괴, 다른 언어 문형에 대한 직접적인 모방은 조선어의 표현 수법에 맞지 않는 형식들이다. 물론 한 민족의 문화를 수용함에 있어서 어느 정도 모방을 할 수도 있지만 그것은 아주 작은 부분이다. 만약에 한도를 넘으면 어휘, 문장 구조, 관형적인 구성이 중국어식 그대로 되어 버릴 수도 있다. 그 필연적인 결과는 문자만 한글로 표기되었을 뿐 그 내용과 형식은 모두 중국어식으로 되어 버릴 것이다. 즉, 극단적으로 말한다면 어순과 조사를 제외하면 중국어식 문장이 되고 말 것이다.

3. 중국어 침투의 언어환경적 요인

앞에서 중국 조선족학교의 중·고등학생의 작문에 나타난 중국어침투 현상을 분석하였다. 이런 현상은 다음과 같이 3가지 원인에 의한 것으로 보인다.

3.1 사회 환경과 밀접한 관련이 있다.

중국 소수민족 자치지역에는 도로 표지판이나 가게 간판 등 모든 사회 공공시설에 쓰인 언어는 민족어와 중국어로 되어 있다. 연변지역 및 조선족 집거지역도 마찬가지이다. 그리고 상점에 가서 물건을 살 때나 공공기관에 가서 일을 볼 때, 조선어로 의사소통이 가능하기 때문에 산거지역보다 조선어 사용 환경이 더 많이 있다. 따라서 조선족 산거지역보다 집거지역에 있는 조선족 중·고등학생의 조선어 구사능력이 더 높다. 다시 말하면 이런 원인 때문에 2장의 분석 결과에서 나타난 것처럼 집거지역에 있는 중·고등학생이 조선어 사용할 때의 중국어 침투 현상이 산거지역보다 그렇게 심하지 않다. 집거지역에 살고 있는 조선족들은 우리 민족어 환경에 있기 때문에 어려서부터 우리 민족 언어를 잘 배울수 있다. 하지만 산거지역에 살고 있는 조선족들의 언어환경은 주로중국어에 노출되어 있어서 조선어 교육을 가정과 학교에서만 할 수밖에 없다. 언어 교육은 학교 교육뿐만 아니라 가정환경과 사회환경이 모두 언어 능력을 양성하는 중요한 요인이다.

김순희(2016)는 조선족 중학생의 일상생활에서의 이중언어 사용 상황을 조사하였는데 지역에 따라 언어 사용순위가 서로 달리 나타난다고 하였다. 길림성 학생들의 1순위 사용 언어는 조선어(80.99%)로, 흑룡강성 학생들의 조선어 사용에 비해 현저히 높았고 흑룡강성의 1순위 사용 언어는 중국어(73%)로 산거지역 학생들의 사용 언어가 중국어가 가장 많았다고 하였다.

하지만 김순희(2016)에서 조사한 길림성에 있는 중학교는 연변 집거지역 연길시에 있는 3개 학교뿐이다. 만약에 연변 집거지역 외의 길림성에 있는 다른 산거지역의 조선족 중학교를 조사하였다면 또 다른 결과가 나올 수 있다. 김순희(2016)에서 조사한 흑룡강성과 요녕성에 있는 조선족 학생들의 1순위 사용 언어는 언어환경이 유사한 길림성 연변지역외의 산거지역에 있는 조선족 학생들의 1순위 사용 언어와 대동소이할 것이다.

중국에서의 조선어는 중국의 정치, 경제, 문화의 형성과 발전에 따라 변화, 발전하고 있다. 그 중에 중국어의 라디오 방송, TV, 뉴스, 잡지,

서적 등 문화 산물이 조선족들에게 있어서 아주 큰 영향을 미치고 있다. 이와 같은 여러 가지 사회 환경적인 원인으로 인해 현 시기에 있어서 사회발전의 속도가 빨라지면서 중국어가 조선어에 더 많이 침투되고 있는 상황이다.

3.2 조선족 이중언어 사용자의 심리적 발로 역시 중국어가 침투되는 원인의 하나이다.

2010년 「제6차 중국인구센서스 - 조선족인구통계분석」에 따르면 중국 조선족은 중국 총인구의 0.14%에 해당되는데(肖人夫, 2013: 13), 이는 10년 전보다 10만 명이 줄어들은 숫자에 해당된다. 그리고 조선족의 분포지역도 순수 조선족들만 살고 있는 지역이 많지 않다. 조선족 자치 지역의 경우도 소수의 농촌만 빼고는 거의 다 조선족과 한족 그리고 아주 낮은 비율을 차지하는 다른 소수민족들로 혼성되어 있다. 이처럼 중국 조선족의 인구 비례와 사회적인 지위가 한족에 비해서 많이 낮기에 심리적인 위축감이 생기게 된다.

언어 사용에 있어서 조선족들끼리는 조선어를 많이 쓰지만 한족 또는 다른 소수민족과 의사소통 할 때는 중국어를 사용한다. 이는 정치, 경제, 문화 등에서 한족에 의지하지 않으면 안 될 뿐만 아니라 중국어가 공용어로 되고 있는 중국에서 민족어 사용범위가 중국어보다 좁은 것이 현실이기 때문이다. 이것은 중심어와 주변어의 차이로 인한 심리적인 위축감이라고 본다.

조선어가 중국어에 급격히 동화되어가는 언어현상은 조선족 학교에 다니는 한족학생에 의한 영향도 무시할 수 없다. 특히 높은 학년의 남학생들은 또래 집단의 자유대화에서 중국어를 구사하는 것이 유행처럼 되어, 중국어로 대화를 하지 않으면 촌스러운 것으로 느낀다고 대답하였다(김순희, 2014: 387 참조). 이는 2장에서 분석한 내용과 같이 집거지역이든 산거지역이든 학년이 높을수록 중국어 침투 현상이 더 심하게 나타나는 것의 원인 중의 하나라고 할 수 있다. 이 역시 이중언어 사용자의 조선어 사용에서의 심리상의 위축감으로 볼 수 있다.

중국 조선족들이 중국의 한족들과의 의사소통 가운데서 심리적 거리를 줄이기 위하여 중국어의 뜻을 직접 옮겨 쓰기도 한다. 흔히 조선어와 중국어에서의 의미 구조상의 차이를 무시하고 무의식중에 중국어 단어 의미를 그대로 받아쓰는 경향이 나타난다. 이와 같은 상황은 강보유(1990 : 341)에서도 언급된 바 있다.

3.3 조선족학교가 이중언어로 교육할 때 어느 유형으로 수업을 하는가와 연관된다.

중국 교육 기관의 관용 용법에 따라 중국 북부 지역의 이중언어 교수 유형은 일반적으로 아래와 같이 세 가지로 나눈다.(周慶生, 2014: 124)

① 중국어 과목을 제외한 모든 과목을 민족 언어로 수업 하는 경우.
② 민족어 과목을 제외한 모든 과목을 중국어로 수업하는 경우.
③ 특정한 부분 과목을 중국어와 민족어로 각각 수업하는 경우.

조한(朝漢) 이중언어 교수 모델은 주로 동북삼성에 분포되어 있다. 이 세 가지 교수 유형은 병존하고 있다. '① 유형'은 '조선어위주형(朝鮮語爲 主型)'이라고 부르고 주로 조선족 집거지역에서 많이 사용하고 있다. '②

유형'은 '중국어위주형(漢語爲主型)'이라고 하고 조선족 산거지역에서 많이 사용하고 있다. '③ 유형'은 '이중언어형(雙語爲主型)'이라고 하고 이 역시 조선족 산거지역에 많이 사용하고 있는 교수 모델이다(周慶生, 2014: 125에서 참조).

현재 교육체제상에서 볼 때 조선족학교의 교육체제는 한족(漢族)학교와 같아 초등학교 6년, 중·고등학교 각각 3년이다. 다른 점은 조선족학교는 자신의 민족 언어와 공용어인 중국어를 동시에 배우고 있다는 점이다. 일례로 중국 길림성 통화시교육연수원 민족교육부가 2016년에 통화 지역의 초·중·고등학교 이중언어 교육 현황에 대한 조사에 따르면 초등학교에서는 조선어문, 수학, 음악, 미술 등과 같은 과목의 경우 대체로 민족어로 수업한다. 조선어문만 민족어로 수업하고 그 외의 과목은 중국어로 또는 조선어와 중국어를 섞어서 같이 수업하는 학교는 많지 않다. 중·고등학교는 '③ 유형'으로부터 '② 유형'으로 수업하는 학교가 점점 많아지고 있지만 개별 과목을 제외하고 대부분 과목은 아직도 중국어와 조선어를 섞어서 수업하는 학교가 많이 있다.

중국 조선족 집거지역 외에 산거지역의 이중언어 교수 유형은 원래 '조선어위주형'에서 '이중언어형'으로 변했고 지금 점점 '중국어위주형'으로 넘어오고 있는 추세이다. 이런 추세에 따라 산거지역의 중국어 능력이 점차 높아지는 반면에 조선어 능력이 갈수록 떨어질 수밖에 없다. 그리고 중국어를 많이 사용하다 보니, 조선어를 사용할 때 중국어 침투 현상이 심해져 조선어의 구사능력이 낮아지기 마련이다.

연변 집거지역은 산거지역에 비하여 조선족이 상대적으로 많이 모여 있어서 민족어신문, 방송, 잡지, 과외도서, 인터넷 등을 통해 중국어보다 조선어(한국어)를 더 많이 접촉하고 있다. 반면에 산거지역은 생활환경과 교육 환경에 있어서 조선어보다 중국어를 더 많이 사용하는 상황이므로 조선어의 사용 수준이 그다지 높지 않다. 하지만 조선족학교가 민족학교라고 해서 집거지역의 조선족 학교처럼 조선어만 중시하고 중국어를 경시할 수도 없고 중국어가 중국의 공용어라 해서 중국어만 중시하고 민족어 조선어를 경시할 수도 없다. 따라서 민족학교에서 학생들에게 민족어와 중국어를 모두 능숙하게 사용할 수 있도록 하는 교육 방안을 연구하는 것이 아주 긴요하다고 생각한다.

4. 맺음말

이 연구는 우선 중국 조선족들의 이중언어 사용 현황과 교육 현황을 살펴보고 중국 조선족 중·고등학생들의 작문에 나타난 중국어 침투 양상을 살펴보았고 그 원인을 밝히었다.

중국 조선어의 중국어 침투 현상은 일상생활의 대화, 신문, 잡지, TV, 방송 등 여러 가지 면에서 찾아볼 수 있지만 이 연구는 이중언어 교육을 받고 있는 중·고등학생이 쓴 작문을 가지고 분석을 하였다. 학생은 어른에 비하여 어휘량이 부족할 뿐만 아니라 한 낱말의 의미범주에 있어서도 어른보다 불충분한 자질을 갖추고 있다는 한계를 지니고 있다.

중국의 조선족들은 중국이라는 사회에서 불가피하게 중국어의 영향을 받고 있으므로 그 언어가 이질화 된 것은 자연스러운 현상이라고 볼 수 있다. 하지만 언어마다 자신의 규범이 있기 때문에 의사소통상의 문제점에 대비하여 규범에 어긋나는 오류 현상을 막아야 한다. 그러므로 이와 같은 오류 현상들이 어떻게 발생하는가를 분석, 연구하여 앞으로 더 좋은 민족 언어의 모습을 유지, 발전시키기 위하여 노력을 해야 할 것이다.

〈문영희, 조일영 공저, 국어교육학연구52.2 국어교육학회(2017.06)〉

제 8 장

중국 2016년 개정 「조선말 띄여쓰기」의 변화 내용과 남북한 현행 띄어쓰기 규정 비교[*]

1. 머리말

맞춤법 규정 중에서 띄어쓰기는 글의 정확한 이해와 정확한 표현을 위해 일차적으로 관심을 가져야 하는 부분이다. 띄어쓰기를 통해 의미를 계층적으로 탐색하고 붙여쓰기를 통해 지시적 의미의 파악을 쉽게 할 수 있기 때문이다.

이 연구는 새로 개정된 중국 『조선말규범집』(2016) '4칙' 중의 「조선말 띄여쓰기」 규정의 개정 내용에 대해 살펴보고 이를 현행 남북한의 띄어쓰기 규정과 비교하는 데 목적이 있다.[1]

---

[*] 본 연구는 2017년 민족어문학회 정기학술대회(2017.9.22.~23)에서 발표한 「중국 2016년 개정 <조선말 띄여쓰기> 규정과 남북한 띄어쓰기 현행 규정과의 비교」를 수정·보완한 것이다.

[1] 이 글에 인용된 중국, 북한, 남한의 어문 규범집 또는 문법서의 내용은 각 나라의 어문 규범대로 표기한다.

남북한 분단 이전에는 세 나라가 모두 같은 『한글 마춤법 통일안』 (1933)에 근거해 한글 표기를 하였지만 광복 이후에는 남한, 북한과 중국 조선족이 각각 다른 사회 체제 속에서 사용하는 어문 규범 또한 달라지게 되었다. 중국의 조선족은 독자적인 어문 규범을 가지고 있었지만, 북한과 중국의 우호 관계 속에서 조선어 표준어를 비롯한 언어 규범을 북한의 것에 기초하였다. 그러나 남한과 중국이 수교한 후에는 남한의 어문 규범에 기초한 학습자들이 급격히 늘어남에 따라 재중 조선족은 언어 사용상의 혼란을 겪고 있다. 남한과의 교류가 점점 활발해져 한글 표기에서 남한의 어문 규범의 영향을 많이 받게 되었는데 특히 띄어쓰기에서 중국 조선족들이 겪는 혼란이 커졌다.

현재 중국 조선족의 언어 실제와 기존 조선어 규범과의 괴리가 점점 커지고 있는 상황에서 2016년에 한반도 언어규범과의 공통요소를 늘리는 새로운 『조선말규범집』이 나오게 되었다. 새로 출판된 규범집은 "과학성, 연속성, 점진성, 대중성을 골고루 돌보는 원칙"[2]에 따라 '4칙'을

---

2) 중국의 언어 규범의 제정 원칙은 대체로 과학성원칙, 정책성원칙, 타당성원칙, 그리고 경제성원칙이다.
첫째, 과학성원칙: 언어 규범의 제정과 실시는 언어의 발전 규칙과 언어생활의 특징 등, 이와 상관되는 특징과 일치해야 한다. 그리고 인민대중의 수요에 충족시켜야 한다. 즉, 언어가 완벽한 의사소통 기능을 갖도록 해야 하고 언어생활이 건강하게 발전할 수 있도록 올바르게 이끌어 가야 한다. ① 언어 규범의 제정은 일정한 유연성을 반영해야 한다. ② 언어 규범의 제정과 실시는 사회적, 정치적, 경제적 및 문화적 측면과의 관련성을 고려해야 할 뿐만 아니라 언어의 외부 및 내부의 체계성 및 일관성을 고려해야 한다.
둘째, 정책성원칙: 중국의 언어 규범은 나라의 언어 정책의 규정을 구현해야 하고 취지를 반영해야 한다. 또한 정책이 의존하는 대중적인 요소들에 대해 충분히 고려해야 한다. 국민의 희망을 존중하고 인민 대중의 요구를 충족시키는 동시에 대중을 동원하고 조직하며 의존하여 언어 규범을 집행하도록 해야 한다.
셋째, 타당성원칙: 중국의 언어 규범의 제정과 실시는 역사적 유산을 고려해야 하고 사회적인 관례를 존중해야 하며 일정한 포용력이 있어야 한다. 또한, 목표와 요구 사항은 현실에서 출발해야 하며 채택된 절차와 방법은 적절하고 타당해야 한다.
넷째, 경제성원칙: 언어 규범의 제정은 될수록 과학적이고 합리적이어야 하고, 간결

망라한 부분적 내용들을 수정, 보완하였다.(중국『조선말규범집』, 2016: 2 참조) 2007년의『조선말규범집』에 비해 2016년의 규범집은 '띄여쓰기', '문장부호법'의 내용이 크게 개정되었고 '표준발음법'과 '맞춤법'에서도 문항 설명의 변화가 있다. 본 연구에서는 개정된 규정 중에서 「조선말 띄여쓰기」의 개정 내용에 한정하여 살펴볼 것이고 나머지 부분에 대한 검토는 다음으로 미룬다.

지금까지 남한에서 남북한 띄어쓰기 규범을 비교한 연구는 많이 있었으나 중국 조선어의 띄어쓰기 규범에 대한 연구는 소외된 편이다. 이는 앞으로 통일한국어 규범을 정비해 나가는데 중요한 참고가 될 중국 조선어 규범 자료의 중요성에 대한 인식부족을 보여주는 것이라고 생각한다.

최근에 남북한과 중국 조선어의 띄어쓰기 규범과의 차이를 연구한 논문은 김향란(2007), 백옥란(2010), 문은희(2013) 등이 있다. 김향란(2007)과 문은희(2013)에서는 중국 조선족과 남한에서의 한글 띄어쓰기 차이점을 비교하였으나, 이 두 연구는 모두 차이점만 소개하고 원인은 밝히지 않았다. 백옥란(2010)에서는 남북한과 중국 조선족의 한글 띄어쓰기 규범을 비교했는데, 이 역시 세 나라 규범의 차이점만 설명하였다.

이에 이 글은 새로 개정된 중국 「조선말 띄여쓰기」 규정의 개정 내용을 기존 규정과 대비하여 어떤 변화가 일어났는지를 살펴보고 아울러 개정하게 된 동기를 고찰해 본다. 또한 남북한의 띄어쓰기 규정과도 비교해보고 차이가 생긴 원인을 밝히고자 한다.

이 연구를 통하여 중국과 남한에서 한국어 교사가 고급 한국어를 가르칠 때 학습자가 중국 조선어 한글 띄어쓰기 규정과 남북한의 한글 띄어쓰기 규정의 차이를 확실히 알게 하여 한국어의 어문규범에 대한 폭

하고 쉽게 실시할 수 있어야 하며, 공부하기 쉽고 사용하기 쉬워야 한다. 즉, 사회적 효용성과 경제적 효율성이 있어야 한다.-金永壽(2012: 1-3) 참조.

넓은 이해를 돕고 장차 통일한국어문규범이 완성되었을 때에도 대비할 수 있기를 기대한다.

2. 중국 조선족과 남북한의 띄어쓰기 규정의 변천 과정

남북한과 중국 조선족은 남북한 분단 이전에는 기본적으로 1933년 조선어학회에서 제정한 『한글 마춤법 통일안』을 사용하였다. 이 통일안은 그 후 1937년 3월 1차 개정, 1940년 6월 2차 개정, 1946년 3차 개정의 과정을 거쳤으며, 분단 이후 현재까지 개정돼 남북한과 중국 조선어 규범의 근간을 이루고 있다. 이 장에서는 중국 조선족의 한글 띄어쓰기 규정의 변천 과정과 남북한의 한글 띄어쓰기 변천과정을 살펴보겠다.

2.1 중국 조선족의 한글 띄어쓰기 규정 변천

앞에서 언급했듯이 1945년 광복 전까지 중국 조선족은 남북한과 같이 통일안을 사용해 왔다. 그러나 1963년에 중국의 주은래 총리의 "중국 조선어는 반드시 평양 표준을 전형적인 표준으로 삼아야 한다."는 지시3)

---

3) 주은래 총리는 1963년 6월 28일 길림성을 시찰하는 기간과 그 후 조선민주주의인민공화국 과학원대표단을 접견하여 중조관계를 언급할 때 중국에서 써야 할 조선어표준어문제를 다음과 같이 제기하였다. "조선글에 평양, 서울, 연변 세 가지 표준이 있다. 반드시 평양표준을 전형적인 표준으로 삼아야 한다. 왜냐하면 우리의 조선동지들과 조선인민들이 모두 이해하기 때문이다. 반드시 이 표준대로 말을 하고 글을 써야 한다."
주은래 총리의 지시정신을 연변에서는 몇 달 후에야 구두 전달을 받았다. 1964년 1월 5일 연변자치주민족어문역사연구위원회 부주임 리희일(연변대학 당위서기)은 연변인민교육출판사에서 조선어사용단위책임자들을 모여 놓고 조선어문사업방침에 관한 중공주위서기 주덕해의 구두지시를 전달하였다. 그 주요내용은 다음과 같다.

에 따라 북한의 어문 규정을 준용하게 되었다.

중국 조선족은 해방 후 『한글맞춤법통일안』(1946)의 「띄어쓰기」 규정과 북한의 『조선어철자법』(1954) 중의 「띄여쓰기」 규정, 그리고 북한의 『조선말규범집』(1966)에 준하다가 1977년에 북한의 『조선말규범집』과 일치시키는 방향에서 자체로 「조선말띄여쓰기」를 제정하였고 1995년과 2004년에 「조선말띄여쓰기」를 일부 개정하였다. 2004년 8월에 열린 중국조선어사정위원회 제17차 실무회의에서 개정한 「조선말띄여쓰기」 규정과 2007년 9월에 중국조선어사정위원회에서 편찬한 「조선말띄여쓰기」에 기초하여 『「조선말띄여쓰기」 해설』이 출판되었다. 조선말 띄어쓰기의 작성과 수정보충 작업은 변화하는 언어현실을 반영하여 사람들의 독서능률을 높이는 방향으로 진행되었다(김해영, 2011: 119 참조).

그 과정을 조망해 보면 중국 조선족은 북한을 따르던 경향에서 벗어나 점차 독자적인 발전을 모색하여 중국 조선족의 실정에 맞는 중국 '조선말 규범'을 제정하는 흐름을 보인다. 1977년 이전에는 북한의 언어 규범을 전적으로 따랐다면, 1977년부터 1985년까지는 기본적으로 북한의 언어규범을 따르면서 자체의 규범을 모색함으로써 중국 조선어의 독자적인 특징에 중심을 두기 시작하였다. 띄어쓰기 규정도 역시 1996년까지 1977년에 제정된 「조선말띄여쓰기」 규정을 계속 써왔고 변화가 거의 없었는데, 2007년에는 "국제적 교류에 유리하게 해야 한다."는 규범화 작업의 기본 틀을 제시하면서 띄어쓰기 규정도 다소 변화를 가져왔다. 1996년에 비하여 2007년 「조선말띄여쓰기」 규정은 총칙을 간략화 하였

"길림성에서 중앙에 올린 보고를 중앙에서 비준하였다. 중앙의 기본정신은 한 쪽으로 기울어지는 것이다. 이 지시에 근거하여 95%를 조선과 통일할 수 있다", "주총리 판공실 주임은 민족 언어는 첫째, 한어화를 하지 말아야 하고 둘째, 서양화를 하지 말아야 하며 자체의 민족형식이 있어야 한다", "중앙에서는 한 쪽으로 기울어지는 것을 견결히 관철하여야 한다고 지시하였다".(북경대학 조선문화연구소, 1995: 281 참조)

고 회의명칭에 관한 띄어쓰기 조문을 수정하였으며 명사와 용언에 관한 띄어쓰기 조문을 3개 추가하였다. 그러나 이 규정 역시 북한의 '띄여쓰기' 규정과 거의 비슷한 것으로 보인다. 하지만 중국 조선족들은 이미 한류의 영향을 받아 무의식적으로 남한의 띄어쓰기 규정과 중국 조선어의 띄어쓰기 규정을 혼동하여 사용하고 있는 현실이다.

김해구·전해연(2016: 6-7)은 2007년까지의 규범집에 존재하는 문제점에 대해 논의를 하였다. 1996년의 『조선말규범집(수정본)』과 2007년의 『조선말규범집』은 10년이란 간격이 있음에도 불구하고 띄어쓰기 규정을 보면 별 차이가 없었는데, 이는 지나치게 규범의 온당성만 고집하면서 규범의 점진성(漸進性)을 다소 무시한 실례가 되었다고 하고 중국에서 조선어 규범을 제정할 때 취지는 민족성, 대중성, 과학성을 충분히 살리는 데 두고 있으나 2007년까지의 규범 내용들을 보면 민족성, 대중성은 어느 정도 보장되었지만 과학성에는 여러 문제점들이 있다고 지적하였다. 즉, 띄어쓰기에 관해서 조선어의 구조적 특징으로 보아 적당한 수정이 있어야 하지만 관습의 영향과 경제성 등으로 인하여 과학성이 충분히 보장되지 못하는 상태가 계속 유지되고 있다고 한 것이다. 이런 문제점들을 고려하여 2016년에 새로운 규범집이 출판되었다.

2007년의 『조선말규범집』에 비해 2016년의 규범집은 큰 변화가 있었다. 특히 '띄여쓰기', '문장부호법'의 내용이 많이 개정되었고 '표준발음법'과 '맞춤법'에서도 문항 설명에서 변화가 있었다. 이 글은 이번 개정에서 변화가 제일 큰 띄어쓰기 규정만을 살펴볼 것이다.

2.2. 남북한의 한글 띄어쓰기 규정 변천

분단 이후 남한은 『한글 맞춤법 통일안』의 제3차 개정 후 몇 차례의 개정과 해방 후 정부 최초의 띄어쓰기 규정인 '한글띄어쓰기'(1949)를 거쳐 현행 맞춤법 규정인 '한글맞춤법'(1988)에 이르렀다. 남한의 띄어쓰기 규정은 1949년부터 현재까지 대체로 띄어쓰기 중심에서 붙여쓰기 허용의 방향으로 진행된 것으로 보인다.[4]

북한에서도 해방 후에 1946년 개정된 통일안이 쓰였으나 곧 북한 단독의 맞춤법을 수립해 어문 규범도 남북 분단기로 접어들었다(민현식, 2002: 14). 북한의 띄어쓰기 규범의 개정은 지금까지 6차례가 있었다.[5] 1954년 9월에『조선어철자법』(총론과 8개장 56항으로 구성)을 제정 공포했는데 띄어쓰기는 제7장에서 다루었다. '좋아하다, 추워지다'처럼 어미 '-아/어/여'가 선행하는 의존용언은 붙여 쓰고 기타 어미가 선행하면 의존용언을 띄게 한다거나 '하다, 되다, 시키다, 지다'가 붙은 것의 붙여쓰기를 명시한 것 정도가 주목될 뿐, 전체적으로는 띄어쓰기 경향이 있는 1946년 통일안과 큰 차이가 없었다. 1966년 7월에 공포한『조선말규범집』에서는 '맞춤법', '띄여쓰기', '문장부호법', '표준발음법'의 4부 체제로 띄어쓰기 규정을 맞춤법 규정에서 분리하였고 '띄여쓰기' 규정만 총칙과 6개 장, 23개 항으로서 붙여 쓰기를 지향하였다. 1987년 5월에는『조선말

---

4) 민현식(2002: 13)에서 다음과 같이 띄어쓰기 규범 변천을 시기적으로 구분하였다.
　① 통일안 규범기: 1933년 통일안~1946년 통일안 시기
　　(ㄱ) 33년, 40년 통일안: 붙여쓰기 지향.
　　(ㄴ) 46년 통일안, 80년 한글학회 단독안: 띄어쓰기 지향.
　② 정부안 규범기: 대체로 띄어쓰기 지향
　　(ㄱ) 정부안 제1기(1949~1964): '한글띄어쓰기'(1949 제정) 시행기: ~대체로 띄어쓰기를 지향하되 고유명사, 전문용어는 붙여쓰기를 지향.
　　(ㄴ) 정부안 제2기(1964~1988): '교정편람'(1964), '한글전용편람'(1969) 시행기:~철저한 띄어쓰기를 지향.
　　(ㄷ) 정부안 제3기(1988~현재): '한글맞춤법'(1988) 시행기: ~대체로 띄어쓰기를 지향하되 수 표기, 고유명사, 전문용어, 일부 의존용언 표기에 붙여쓰기 허용
5) 북한의 띄어쓰기 변천사와 개관은 민현식(2002)과 조일영(2006), 최호철(2012) 참조하였음.

규범집』을 새로 제정하고 1988년 2월에 발표하였다. 이 규범집의 변화는 1966년 규범의 5, 6장이 통합되었고 용어 및 문구를 고쳤으며 '붙임'을 늘려 세칙이 늘어난 것인데 전체적으로 1966년 규범의 지나친 붙여쓰기를 완화해 띄어쓰기를 부분적으로 허용한 것이 특징이다. 2000년 2월에는 『조선말규범집』의 '띄여쓰기' 규정을 부분 개정하였는데 형식적인 면에서 전체 22개 항목이 9개 조항으로 줄어들었고 내용적인 면에서 보조용언을 띄어 쓰도록 규정하였다. 2003년에 개정한 『조선말규범집』의 '띄여쓰기' 규정에서는 2000년 '띄여쓰기' 규정의 제1항과 제2항을 합쳐 1항으로 하고, 제3항과 제8항은 2항으로 합치고, 제5항과 제6항은 3항으로 합쳐 전체 6항으로 조정하였다. 현행 규범인 2010년에 개정된 『조선말규범집』의 '띄여쓰기' 규정은 2003년의 '띄어쓰기' 규정에 수사에 관한 띄어쓰기 제4항에 '붙임'을 추가했을 뿐이었다.

3. 새로 개정된 중국 「조선말 띄여쓰기」의 변화 내용과 남북한 띄어쓰기 규정 비교

이 장에서는 중국 2016년 『조선말규범집』(이하 『중2016』)의 띄어쓰기 규정의 개정된 부분에 대해 2007년의 『조선말규범집』(이하 『중2007』)의 띄어쓰기 규정과 비교하면서 살펴볼 것이다. 크게 구성 형식상의 변화와 내용상의 변화로 나누어 볼 것인데, 구성 형식상의 변화에서는 「조선말 띄여쓰기」 규정의 구조상의 변화를 살펴볼 것이고 내용상의 변화에서는 새로 추가된 부분, 수정된 부분 그리고 삭제된 부분을 살펴 볼 것이다. '추가된 부분'과 '수정된 부분'은 『중2016』을 기준으로 살펴볼 것이고 '삭제된 부분'은 『중2007』을 기준으로 살펴볼 것이다. 그리고 중국 조선어 띄어쓰기 규정의 개정된 내용을 남북한 현행 띄어쓰기 규정과 비교하면서 설명할 것이다.

3.1. 구성 형식상의 변화

구성 형식상의 변화에서는 「조선말 띄여쓰기」 규정의 총칙의 변화와 그 규정의 차례의 변화를 살펴본다.

3.1.1. 총칙의 구성

『중2016』의 「조선말 띄여쓰기」 규정의 총칙은 원래의 한 문장에서 두 문장으로 나뉘었다.

[표 1] 중국·북한·남한 띄어쓰기 총칙

중국	2007	조선말은 단어를 단위로 하여 띄여쓰는것을 원칙으로 하되 일부 경우에는 리해하기 쉽게 붙여쓸수 있다.
	2016	첫째, 조선말은 단어를 단위로 하여 띄여쓰는 것을 원칙으로 한다. 둘째, 한국과 조선이 이미 합의를 본 것은 그대로 쓴다.
북한		단어를 단위로 띄여쓰는것을 원칙으로 하되 글을 읽고 리해하기 쉽게 일부 경우에는 붙여쓴다.
남한		제2항 문장의 각 단어는 띄어 씀을 원칙으로 한다.

『중2016』에서 띄어쓰기 규정의 총칙이 두 개 문장으로 나뉘게 된 것은 내용상 두 부분으로 나뉘었기 때문인데 "둘째, 한국과 조선이 이미 합의를 본 것은 그대로 쓴다."[6]는 내용이 새로 추가하였다. 『중2007』의 「조선말 띄여쓰기」 총칙과 남북한의 현행 띄어쓰기 총칙은 모두 한 문

장으로 되어 있다. 이는 중국의 새로 개정된 띄어쓰기 규정과 남북한 현행 띄어쓰기 규정의 총칙의 구조상의 차이라고 볼 수 있다.

3.1.2. 조항의 구성

『중2016』의 「조선말 띄여쓰기」규정은 구성 형식상에서는 큰 변화가 없었지만 총칙을 제외하고 원래 3장으로 되어 있었던 '차례'에 문장부호의 띄어쓰기 등과 관련한 내용인 '제4장 기타 띄어쓰기' 부분을 추가하였다. 즉, 원래 3장 19항으로 구성된 것이 4장 34항으로 개정되었다.

[표2] 중국·북한·남한 띄어쓰기 규정 구조

중국	2007	총칙 제1장 명사, 수사, 대명사와 관련한 띄여쓰기 (제1항~제10항) 제2장 동사, 형용사와 관련한 띄여쓰기 (제11항~제14항) 제3장 관형사, 부사, 감동사와 관련한 띄여쓰기 (제15항~제19항)
	2016	총칙 제1장 명사, 수사, 대명사와 관련한 띄여쓰기 (제1항~제24항) 제2장 동사, 형용사와 관련한 띄여쓰기 (제25항~제29항) 제3장 관형사, 부사, 감탄사와 관련한 띄여쓰기 (제30항~제32항) 제4장 기타 띄여쓰기 (제33항, 제34항)
북한		총칙 제1항. 토뒤의 단어나 품사가 서로 다른 단어는 띄여쓴다. 제2항. 하나의 대상이나 행동, 상태를 나타내는 말마디들은 토가 끼이였거나 품사가 달라도 붙여쓴다. 제3항. 고유한 대상의 이름은 붙여쓰되 마디를 이루면서 잇달리는것은 매 마디마디 띄여쓴다. 제4항. 수사는 백, 천, 만, 억, 조단위로 띄여쓰며 수사뒤에 오는 단위

---

6) '띄어쓰기 합의안'은 남북학자들이 『겨레말큰사전』을 위해 합의한 부분인데 아직 남북이 집행하지 않고 있고 중국 조선족 학자들이 먼저 규범으로 정한 것이다. '띄어쓰기 합의안' 내용은 『중2016』의 '부록4'를 참고.

	명사와 일부 단어는 붙여쓴다. 제5항. 불완전명사(단위명사 포함)는 앞단어에 붙여쓰되 그뒤에 오는 단어는 띄여쓰는것을 원칙으로 한다. 제6항. 단어들사이의 맞물림관계를 고려하여 뜻을 리해하기 쉽게 띄여쓰기를 할수 있다.
남한	제5장 제1절 조사 (제41항) 제2절 의존명사, 단위를 나타내는 명사 및 열거하는 말 등(제42항~제46항) 제3절 보조 용언 (제47항) 제4절 고유 명사 및 전문 용어 (제48항~제50항)

구조상에서 볼 때, 중국 조선어와 남북한의 띄어쓰기 규정은 큰 차이가 있다. 중국은 4대 규범을 '4칙'으로 칭하고 '띄여쓰기' 규정은 '맞춤법', '표준발음법', '문장부호법'과 동일한 위상을 차지한다. 북한의 띄어쓰기 규정도 맞춤법과 동등한 입장에서 독립되어 있다. 그러나 남한의 '띄어쓰기' 규정은 『한글 마춤법 통일안』(1933)의 구성과 같아, '맞춤법' 규정의 하위 항목에 자리 잡고 있다.7) 이는 중국과 북한의 언어 규범에서 띄어쓰기에 대한 중요성 인식이 반영된 결과라고 생각된다. 그리고 북한의 '띄여쓰기' 규정은 '총칙'과 6개 항으로 되어 있고 남한의 '띄어쓰기' 규정은 4개 절, 10개 항으로 되어 있다. 북한의 경우 토(2개 항), 명사(1개 항), 단위명사를 포함한 불완전명사(1개 항), 수사(1개 항)와 단어 사이(1개 항)의 띄어쓰기에 관한 조항들이 있고 남한은 조사(1개 항), 의존명사, 단위를 나타내는 명사 및 열거하는 말 등(5개 항), 보조 용언(1개 항), 고유 명사 및 전문 용어(3개 항)의 띄어쓰기에 관한 조항들이 있다. 이에 비해 『중2016』은 형식에 따라 분류된 품사, 즉 명사, 대명사, 수사, 동사,

---

7) 『한글 마춤법 통일안』(1933)에서 '띄어쓰기' 규정은 제7장이었고, 『한글 맞춤법』 (1988)에서 '띄어쓰기' 규정은 제5장이다.

형용사, 관형사, 부사, 감탄사 등 8품사8)의 띄어쓰기에 관한 조항뿐만 아니라 문장의 첫머리와 단락의 띄어쓰기, 그리고 문장부호의 띄어쓰기까지 모두 포함되어 있다. 남한은 조사에 관한 띄어쓰기 조항(제41항)이 있지만, 북한과 중국에서는 토가 품사에 포함되어 있지 않아서 조사에 관한 띄어쓰기 조항이 따로 없고 개별 조문 안에 설명되어 있다.

띄어쓰기 규정의 구성 형식상에서의 차이는 큰 문제로 보이지 않는다. 이것은 각 나라 나름대로의 띄어쓰기 규정의 분류로 볼 수 있다.

3.2. 내용상의 변화

『중2016』의 제일 큰 변화는 띄어쓰기 규정의 내용상에서의 개정이라

---

8) 조선어품사는 일반적으로 의미, 기능, 형식에 따라 대개 6품사(명사, 동사, 관형사, 부사, 감탄사, 조사)나 9품사(명사, 대명사, 수사, 동사, 형용사, 관형사, 부사, 감탄사, 조사) 혹은 8품사(명사, 대명사, 수사, 동사, 형용사, 관형사, 부사, 감탄사)로 나뉘는데, 이들의 차이는 대명사, 수사를 명사에 소속시키느냐, 분리, 구분하느냐에 따라, 또는 형용사를 동사에 묶어 소속시키느냐, 분리시키느냐와 조사를 품사로 보느냐에 따라 생긴것이다.
리숭녕의 《고등조선어문법》(1956년)에서는 조선어품사를 8품사로 설정했는데 이는 서구문법의 전통적인 체계와 류사하다.─김철준·김광수(2011: 22) 참조.

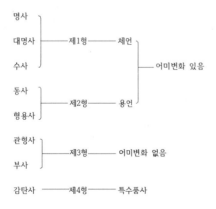

고 할 수 있다. 이는『중2007』에 비해 총칙의 내용을 수정하였을 뿐만 아니라 새로운 조문이 9개 추가되었고 내용이 추가된 조항은 4개, 내용이 수정된 조문은 10개가 있으며 2007년「조선말띄여쓰기」규정의 16군데의 내용을 삭제해 버렸다.9) 그리고 앞에서 언급한 것과 같이 원래 3장 18항의 세칙이 4장 34항으로 늘어났다. 조문이 거의 2배로 늘어나게 된 것은 새로 추가된 9개 조문 외에『중2007』중 제2항의 '띄여쓰는 경우 1)~10)'의 각 내용을 독립적인 조문으로 만들었기 때문이다.『중2016』의「조선말 띄여쓰기」규정 제7항부터 제16항까지의 내용이 그것이다. 다음은 '총칙'의 구체적인 개정 내용을 살펴본다.

『중2016』「조선말 띄여쓰기」규정의 총칙을 보면, 앞부분에서 원칙적인 내용이 바뀌지 않았지만 뒷부분 내용은 바뀌었다.([표 1] 참고)『중2016』과『중2007』의 총칙의 앞부분 내용, 즉 단어를 단위로 하여 띄어 쓰는 것을 원칙으로 하는 부분은 같다. 하지만『중2007』에는 "일부 경우에는 리해하기 쉽게 붙여쓸수 있다."라는 원칙이 있지만『중2016』에 이런 내용이 없다. 즉, '허용'의 가능성을 배제하고 일관성을 추구하게 된 것이다. 그리고『중2016』에서는 "한국과 조선이 이미 합의를 본 것은 그대로 쓴다."라는 내용을 추가하였다. 여기서 중국 조선어 규범이 한반도의 규범과의 공통부분을 늘어났다는 것을 알 수 있다.

현재 남북한과 중국 등 3국에서 각자가 제정한 띄어쓰기 규정을 보면 단어를 단위로 하여 띄어 쓴다는 공통점([표 1] 참고)이 있지만 세부 조항에서 다른 점도 있다. 예를 들면 불완전명사(남: 의존명사)의 띄어쓰기, 보조 용언의 띄어쓰기와 같은 것이다.(예를 들어, 불완전명사(의존명사)의 띄어쓰

---

9) 여기서 제시한 추가된 조문, 수정된 조문, 삭제된 조문의 개수는 규정이 변화되지 않았지만 조문 내용을 수정·보충한 부분을 포함한 전체 변화된 개수이다. 이 글은 2016년 띄어쓰기 규정에 2007년의 규정과 비교할 때 새로 추가된 규정과 완전히 바뀐 규정만을 살피고 조문 변화가 있지만 규정이 바뀌지 않는 조항은 제외한다.

기 차이: 중국-할 수 있다 / 북한-할수 있다 / 남한-할 수 있다, 보조 용언의 띄어쓰기
차이: 중국-보고 싶다 / 북한-보고싶다 / 남한-보고 싶다.) 그러나 총칙이 비슷한
이상 완전한 통일의 가능성이 없는 것은 아니다.

3.2.1. 조문 내용이 새로 추가된 것

『중2016』에서 새로 추가된 것은 명사, 수사, 기타 띄어쓰기와 관련한
내용이다.

3.2.1.1. 명사에 관련한 띄어쓰기

명사에 관련한 띄어쓰기에서 제2항과 제3항, 제4항, 제5항, 제6항, 제
18항, 제19항은 새로 추가된 조문으로서 다음과 같다.

> ① 인명, 호칭어, 관직명에 관한 띄어쓰기 조문을 추가하였다. (제2, 3, 4항)
> ② 지명의 단위를 나타내는 단어, 고유한 대상의 이름에 관한 띄어쓰기
> 조문을 추가하였다. (제5, 6항)
> ③ 명사 결합체에서 붙여 쓰면 다른 뜻이 생길 경우와 명사끼리 토 없이
> 결합되어 하나의 대상, 현상, 상태를 나타내는 경우에 관한 띄어쓰기 조문을
> 추가하였다. (제18, 19항)

[표 3]에서 인명에 관한 띄어쓰기 『중2016』의 제2항은 『중2007』의 제
2항의 '붙여쓰는 경우2)'의 용례만 있었던 것에 구체적인 조문을 추가하
여 명문화한 것이고 규정의 내용에는 변화가 없다. 『중2016』의 호칭어,
관직명에 관한 제3항과 제4항의 용례는 『중2007』의 「조선말띄여쓰기」
세칙 중 제2항의 '붙여쓰는 경우'의 네 번째 용례를 쪼개고 조문을 새로
만들어 붙인 것이다. 호칭어는 원래 원칙 그대로 붙여 쓰지만 관직명은

원래의 붙여 쓰는 원칙에서 떼어 쓰는 원칙으로 개정되었다. [표 4]에서의 『중2016』의 제6항은 『중2007』의 제2항의 '붙여쓰는 경우'의 두 번째 용례에 조문 설명을 추가한 것이다. [표 5]에서의 제5항, 제18항과 제19항은 『중2007』에 없었던 내용이다.

[표 3]의 『중2016』의 제2, 3, 4항은 북한의 제3항, 남한의 제48항과 비슷하다.

[표 3] 중국·북한·남한 인명, 호칭어, 관직명에 관한 띄어쓰기

중국	2007	제2항 명사들이 토없이 직접 어울리는 경우에는 의미상으로나 발음상으로 하나의 덩이를 이루는것을 단위로 하여 띄여쓴다. (수사가 섞이여도 단일한 사물의 명칭으로 되는 것은 여기에 준한다.) 붙여쓰는 경우 　2) 김철호, 박철, 독고길룡 　4) 장○○동지, 지○○동무, 김○○주임, 권○○국장, 박○○선생, 전○○아주머니
	2016	제2항 인명에서 이름과 호는 성에 붙여쓴다. 　례: 김철수, 서화담 제3항 호칭어는 붙여쓴다. 　례: 리영철씨, 최국권아나운서, 장○○동무 제4항 관직명은 띄여쓴다. 　례: 김○○ 주임, 권○○ 국장 [붙임] 그러나 성씨 바로 뒤에 올 때에는 붙여쓴다. 　례: 김주임, 리처장, 장과장
북한		제3항. 고유한 대상의 이름은 붙여쓰되 마디를 이루면서 잇달리는것은 매 마디마다 띄여쓴다. 　례: 리철호실장선생, 김영남군당책임비서, 리남순과학지도국장, 교수 ○○○선생, 박사 ○○○선생
남한		제48항 성과 이름, 성과 호 등은 붙여 쓰고, 이에 덧붙는 호칭어, 관직명 등은 띄어 쓴다. 　예: 김양수, 서화담, 채영신 씨, 최치원 선생, 총무공 이순신 장군 다만, 성과 이름, 성과 호를 분명히 구분할 필요가 있을 경우에는 띄어 쓸 수 있다. 　예: 남궁억/남궁 억, 독고준/독고 준, 황보지봉(皇甫芝峰)/황보 지봉

북한의 띄어쓰기 규정에서는 인명과 호, 호칭어, 관직명에 관한 세칙이 없지만 그 용례를 보면 이에 관한 내용이 있다. 그 용례에서는 이름과 호, 호칭어, 관직명은 모두 붙여 쓰고 있다. 이는 『중2016』의 제4항 "관직명은 띄어쓴다."의 규정과 다르다. 남한의 제48항에서는 "성과 이름, 성과 호 등은 붙여 쓰고, 이에 덧붙는 호칭어, 관직명 등은 띄어 쓴다."고 하였다. 이는 『중2016』의 제3항 "호칭어는 붙여쓴다."의 규정과 다르고 제4항의 "[붙임] 그러나 성씨 바로 뒤에 올 때에는 붙여쓴다."의 규정과도 다르다. 여기서 알 수 있다시피 『중2016』은 원래 북한처럼 이름과 호, 호칭어, 관직명은 무조건 붙여 써야 한다는 규정에서 남한의 규정과 동일하게 "관직명은 띄어 쓴다."라는 규정으로 바뀌었다. 북한에서 이름, 호칭어, 관직명을 붙여서 쓰는 것은 그것을 하나의 단어로 묶어서 보기 때문이다. 남한에서는 성명에 있어서, 성과 이름은 별개 단어의 성격을 지니고 있다. 하지만 한자 문화권에 속하는 나라들에서는 성명을 붙여 쓰는 것이 통례이고, 한국에서도 붙여 쓰는 것이 관용 형식이라 성과 이름은 붙여 쓰기로 한 것이고, 호(號), 자(字) 등도 마찬가지로 성에 붙여 쓴다. 다만, 예컨대 '남궁수, 황보영' 같은 성명의 경우, '남/궁수, 황/보영'인지 '남궁/수, 황보/영'인지 혼동될 염려가 있는 것이므로, 성과 이름을 분명하게 밝힐 필요가 있을 때에는 띄어 쓸 수 있도록 한 것이다. 한편, 성명 또는 성이나 이름 뒤에 붙는 호칭어나 관직명(官職名) 등은 고유 명사와 별개의 단위이므로 띄어 쓴다. 호나 자 등이 성명 앞에 놓이는 경우도 띄어 쓴다.(국립국어원 누리집(www.korean.go.kr)에 제시된 『한글 맞춤법』 제48항의 '해설'을 참조.) 중국에서는 인명 뒤에 붙는 관직명만을 앞의 이름과 별개의 단위로 보고, 인명과 붙을 때 이의 독립성을 인정하는 것이기 때문에 앞의 인명과 띄어 쓰는 것으로 개정한 것이라 하겠다.

[표 4]의 『중2016』의 제6항은 『중2007』의 제2항의 '붙여쓰는 경우'의

두 번째 용례에 조문만 추가한 것뿐이고 규정은 변하지 않았다. 이 조항은 북한의 제3항과 남한의 제49항의 내용과 비슷하다. 다만, 남한은 '허용'이 있으나 중국과 북한은 '허용'이 없이 일관되게 붙여 써야 한다고 규정하였다.

[표 4] 중국·북한·남한 고유명사에 관한 띄어쓰기

중국	2007	제2항 명사들이 토없이 직접 어울리는 경우에는 의미상으로나 발음상으로 하나의 덩이를 이루는것을 단위로 하여 띄여쓴다. (수사가 섞이여도 단일한 사물의 명칭으로 되는 것은 여기에 준한다.) 붙여쓰는 경우 2) 중국공산당, 중화인민공화국, 연변조선족자치주인민정부, 할빈시조선족제2중학교
	2016	제6항 고유한 대상의 이름은 붙여쓴다. 례: 중화인민공화국, 중국공산당, 연변조선족자치주인민정부, 연길시제3중학교
북한		제3항. 고유한 대상의 이름은 붙여쓰되 마디를 이루면서 잇달리는것은 매 마디마디 띄여쓴다. 례: 조선로동당, 조선민주주의인민공화국, 리계순사리원제1사범대학
남한		제49항 성명 이외의 고유 명사는 단어별로 띄어 씀을 원칙으로 하되, 단위별로 띄어 쓸 수 있다.(ㄱ을 원칙으로 하고, ㄴ을 허용함.) 예: ㄱ. 대한 중학교 ㄴ. 대한중학교 ㄱ. 한국 대학교 사범 대학 ㄴ. 한국대학교 사범대학

[표 5]에서 『중2016』의 제5항과 제19항은 『중2007』에 없었던 내용뿐만 아니라 남북한의 띄어쓰기 규정에도 없는 내용이다. 제18항은 『중2007』에 없었던 내용이고 남한의 띄어쓰기 규정에도 없지만 북한의 띄어쓰기 제6항의 '2)'와 비슷하다. 남한에서는 이와 관련된 규정이 없으나 평소에 명사 결합체에서 붙여 쓰면 다른 뜻이 생길 때 의미 단위별로 뜻이 통하게 띄어 쓰고 있다. 이는 사용상에서 세 나라가 같다.

[표 5] 중국·북한 명사 합성어에 관한 띄어쓰기

중국	제5항 지명의 단위를 나타내는 단어는 앞말에 붙여쓴다. 　례: 연길시, 공원가 제18항 명사 결합체에서 붙여쓰면 다른 뜻이 생길 경우 의미단위별로 뜻이 통하게 띄여쓴다. 　례: 중세 언어연구(중세에 진행된 언어연구) 중세언어 연구(중세의 언어 연구) 제19항 명사끼리 토 없이 결합되여 하나의 대상, 현상, 상태를 나타내는 경우 붙여쓴다. 　례: 가야금병창, 소학교원
북한	제6항. 단어들사이의 맞물림관계를 고려하여 뜻을 리해하기 쉽게 띄어쓰기를 할 수 있다. 　2) 붙여쓰면 두가지 뜻으로 리해될수 있는것은 뜻이 통하게 띄여쓴다. 　례: 김인옥어머니(어머니자신)　　김인옥 어머니(김인옥의 어머니)

[표 6]에서의 한자어 불완전명사의 띄어쓰기에 관한 『중2016』의 제21항은 원래 『중2007』의 제4항의 부분 내용을 보완시켜 한자어 불완전명사는 "앞의 단어와 붙여 쓰지만 뒤의 단어와 띄어 써야 한다."는 의미를 덧붙였다. 하지만 이 항은 한자어 불완전명사는 '앞의 단어와 붙여 쓰는 것'에 관한 용례만 있고 '뒤의 단어와 띄어 쓰는 것'에 관한 용례가 없다.

[표 6] 중국·북한·남한 한자어 의존명사(불완전명사)에 관한 띄어쓰기

중국	2007	제4항 다음과 같은 한자어도 <u>앞의 단어에 붙여쓴다.</u>(밑줄은 필자, 이하 동일함) 　례: 상-사상상, 정치상…, 중-회의중, 학습중… 　* "등, 대, 겸"은 띄여쓴다. 　례: 극, 음악, 무용 등 각종 예술형식 　　복무원 겸 선전원. ("ㄹ겸-볼겸, 할겸…"은 붙여쓴다.) 　　2중 대 3중 축구시합. ("2대1"은 붙여쓴다.)
	2016	제21항 한자어불완전명사는 <u>앞의 단어에 붙여쓰고 뒤의 단어와는 띄여쓴다.</u>

	례: 사상상, 식물성, 중국식, 회의중 [붙임] 그러나 '등', '대', '겸'만은 앞의 단어와도 띄어쓴다. 　례: 교원, 학생, 직원 등 　　3반 대 5반 　　원장 겸 서기
북한	제5항. 불완전명사(단위명사 포함)는 앞단어에 붙여쓰되 그뒤에 오는 단어는 띄여쓰는것을 원칙으로 한다. 　례: 아는것이 힘이다, 힘든줄 모르고 일한다, 커서 인민군대가 될터이다 　※ ≪등, 대, 겸≫은 다음과 같이 띄여쓴다. 　례: 알곡 대 알곡, 부총리 겸 재정상 　　사과, 배, 복숭아 등(등등)
남한	제42항 의존 명사는 띄어 쓴다. 　예: 아는 것이 힘이다, 나도 할 수 있다, 네가 뜻한 바를 알겠다

　이와 대응된 북한의 규정은 제5항이다. 그런데 북한은 '불완전명사(단위명사 포함)'만 밝히어서 한자어 불완전명사와 고유어 불완전명사를 모두 포함하는 것인지에 대한 언급이 없다. 용례를 보면 전부 고유어 불완전명사와 단위 명사의 예들이다. 남한의 규정 제42항의 용례도 비슷하지만 북한과 같이 모두 고유어 의존명사(북: 불완전명사)의 예들이다. 그러나 남한 규정의 해설에는 한자어 의존명사(불완전명사)의 용례가 있다.10) 그리고 북한은 불완전명사와 단위 명사가 앞의 단어와 붙여 써야 한다고 규정하고 남한은 의존명사(불완전명사)와 단위 명사가 앞, 뒤의 단어와 띄어 쓴다고 하였다.11) 그리고 '-사, -성, -식, -중'과 같은 형태소는 중국과

---

10) 국립국어원 누리집(www.korean.go.kr)에 제시된 『한글 맞춤법』 제42항의 '해설 (7)'에 따르면, '차(次)'가 '연수차(研修次) 도미(渡美)한다.'처럼 명사 뒤에 붙어서 '~하려고'란 뜻을 나타내는 경우는 접미사로 다루어 붙여 쓰지만, '고향에 갔던 차에 선을 보았다'와 같이, 용언의 관형사형 뒤에서 '어떤 기회에 겸해서'란 뜻을 나타내는 경우는 의존 명사이므로 띄어 쓴다.
11) 다만, 순서를 나타내는 경우나 숫자와 어울리어 쓰이는 경우에는 붙여 쓸 수 있다. (남한 제42항 참조.)

북한에서는 불완전명사로 보고 있으나 남한에서는 '-상, -성, -식' 등을 접사로 규정하여 이들이 앞의 말에 일정한 의미만 부가할 뿐 명사적 성질이 없다고 한다. 그리고 남한에서는 '회의 중'의 '중'을 명사로 보고 있기에 중국, 북한과 달리 이를 앞 단어와 띄어 쓴다.

3.2.1.2. 수사에 관련한 띄어쓰기

[표 7]에서 수사에 관련한 띄어쓰기의 『중2016』의 제23항은 아라비아 숫자로 적을 경우에 쉼표 찍는 규칙을 추가하였다. 이는 아라비아숫자의 띄어쓰기에 관한 내용이 더 구체적이게 되었다고 할 수 있다.

[표 7] 중국·북한·남한 수사에 관한 띄어쓰기

중국	2007	제7항 수사는 아라비아수자로 적는것을 원칙으로 하되 조선문자로 단위를 달아줄 경우거나 순 조선문자로 적을 경우에는 "만, 억, 조" 등의 단위에서 띄여쓴다. 례: 9억 8,765만 4,321 　　구억 팔천칠백륙십오만 사천삼백스물하나
	2016	제23항 수사는 아라비아수자로 적는 것을 원칙으로 하되 <u>정수인 경우 왼쪽으로 가면서 세개 단위씩 쉼표를 찍어주고 소수인 경우 오른쪽으로 가면서 다 붙여쓴다.</u> 조선문자로 단위를 달아줄 경우거나 순 조선문자로 적을 경우에는 '만, 억, 조' 등의 단위에서 띄여쓴다. 례: 987,654,321 　　0.00232178 　　9억 8,765만 4,321 　　구억 팔천칠백륙십오만 사천삼백이십일
북한		제4항. 수사는 백, 천, 만, 억, 조단위로 띄여쓰며 수사뒤에 오는 단위명사와 일부 단어는 붙여쓴다. 례: 3조 2억 8천만 [붙임] 수량수사는 옹근수인 경우 왼쪽으로 가면서, 소수인 경우 오른쪽으로 가면서 세단위씩 띄여쓴다. 례: 1 000 000 000(10억) 　　0.002 321 67

남한	제44항 수를 적을 적에는 '만(萬)' 단위로 띄어 쓴다. 예: 십이억 삼천사백오십육만 칠천팔백구십팔 12억 3456만 7898

이에 관한 중국과 남한(제44항)의 규정은 같지만 북한(제4항)은 정수인 경우 아라비아숫자에 세 개 단위씩 쉼표를 찍지 않는다고 규정하고 있다. 예를 들어, 10억이 '1 000 000 000'으로 쓰인다.

3.2.1.3. 기타 띄어쓰기

[표 8]에서의 『중2016』에 새로 추가된 제4장은 '기타 띄어쓰기'에 관한 내용인데 이것은 글자와 숫자 외의 기타 띄어쓰기 내용들이다. 주로 글 쓸 때의 들여쓰기와 문장부호의 띄어쓰기에 대하여 규정한 것이다.

[표 8] 중국 조선어의 들여쓰기와 문장부호에 관한 띄어쓰기

중국	2016	제33항 문장의 첫머리와 단락을 바꿀 때 두칸을 띄어쓴다.
		<table><tr><td></td><td></td><td>동</td><td>산</td><td>에</td><td></td><td>해</td><td>가</td><td></td><td>솟</td><td>는</td><td>다</td><td>.</td></tr></table>
		<table><tr><td></td><td></td><td>동</td><td>산</td><td>에</td><td></td><td>해</td><td>가</td><td></td><td>솟</td><td>는</td><td>다</td><td>.</td></tr><tr><td></td><td></td><td>새</td><td>들</td><td>의</td><td></td><td>지</td><td>저</td><td>귐</td><td>소</td><td>리</td><td></td><td>정</td><td>답</td><td>게</td></tr><tr><td>들</td><td>려</td><td>온</td><td>다</td><td>.</td></tr></table>
		제34항 문장부호 띄어쓰기 1) 마침표는 달과 날의 수자를 합쳐서 이룬 명사를 적을 때를 제외하고 그 뒤를 띄여쓴다. 2) 쉼표, 물음표, 느낌표의 뒤는 띄여쓴다. 3) 가운데점은 제목에서 렬거를 나타낼 때 그 앞뒤를 띄여쓴다. 4) 두점은 내포되는 종류를 들 때거나 소표제 뒤에 간단한 설명을 붙일 때에 그 뒤를띄여쓴다.

제33항은 문장의 첫머리와 단락을 바꿀 때 두 칸을 들여 써야 한다는

조문이다. 남한에서는 문장의 첫머리와 단락을 바꿀 때 한 칸을 들여 쓴다. 예전의 중국『조선말규범집』에서는 이 내용을 규정하지 않았지만 문장의 첫머리와 단락을 바꿀 때 두 칸을 들여 씀을 관행으로 삼아왔다. 새 규범집에서는 이를 명문화하였다. 즉, 문장의 첫머리와 단락을 바꿀 때 두 칸을 띄어 써야 한다는 것이다. 북한은 이에 관한 규정이 없지만 문법서의 격식을 보면 중국의 것과 같다.

제34항은 문장부호(마침표, 쉼표, 물음표, 느낌표, 가운뎃점, 두점 등)에 관한 띄어쓰기이다. 예전의 규정에서는 문장부호의 띄어쓰기에 대해 규정하지 않았다. 그러나 시대의 발전과 더불어 언어도 변화하게 되고 언어전산화의 발전과 더불어 조선말의 맞춤법, 띄어쓰기 등에 대한 과학성 요구가 더욱 높아지고 있는 시점에서 일부 문장부호(예를 들면 마침표, 쉼표, 물음표, 느낌표, 가운뎃점, 두점(쌍점))의 띄어쓰기에 대하여 규정을 하였다. 남한에서는 '띄어쓰기' 규정에 문장부호에 관한 띄어쓰기 규정이 없고 '한글 맞춤법'의 '부록'에 문장부호에 관한 띄어쓰기 규정이 있다.12) 북한의 띄어쓰기 규정에는 이에 관한 규정이 없다.

3.2.2. 조문 내용이 수정된 것

수정된 내용은 주로 명사, 대명사, 동사, 형용사의 띄어쓰기에 관련된 것이다.

---

12) 국립국어원 누리집(www.korean.go.kr)에 제시된『한글 맞춤법』의 '부록', 즉 문장부호에 관한 규정에 '해설'의 맨 끝에 문장부호의 띄어쓰기에 관한 규정이 있다. 예를 들면, "마침표의 띄어쓰기: 마침표는 앞말에 붙여 쓴다.", "줄표의 띄어쓰기: 줄표는 앞뒤를 띄어 쓰는 것이 원칙이다. 그런데 이렇게 쓰게 되면 공백이 너무 넓어 보여서 문서 편집이나 디자인 등에 어려움이 있을 수 있다는 점을 고려하여 앞뒤를 붙여 쓰는 것을 허용하였다." 등이다.

3.2.2.1. 명사에 관련한 띄어쓰기

명사에 관련한 띄어쓰기의 내용 중 수정된 조문은 제17항, 제20항이다. [표 9]에서 『중2016』의 제17항은 『중2007』의 제3항과 같은 내용이다. 하지만 『중2007』의 제3항 조문은 "학술용어는 원칙적으로 붙여쓴다."이고 『중2016』의 제17항 조문은 "전문용어는 붙여쓴다."이다. 여기서 알 수 있는바와 같이 『중2016』의 변화는 '학술용어'를 '전문용어'로 개정하고 '원칙적으로'라는 말을 없애버렸다는 것이다. '붙임'에 예외 사항을 추가한 것은 '남북한 합의안'의 내용을 그대로 쓴 것이다.

[표 9] 중국·북한·남한 전문 용어에 관한 띄어쓰기

중국	2007	제3항 <u>학술용어</u>는 <u>원칙적으로</u> 붙여쓴다. 　례: 염알칼리성토양, 고속도전자계산기, 거센소리
	2016	제17항 <u>전문용어</u>는 붙여쓴다. 　례: 염알칼리성토양, 고속도전자계산기, 거센소리 [붙임] 너무 길어 읽고 리해하기 힘들 때에는 뜻 단위로 띄여쓴다. 　례: 중증 급성 호흡기 증후군
북한		제6항. 단어들사이의 맞물림관계를 고려하여 뜻을 리해하기 쉽게 띄여쓰기를 할수 있다. 3) 토없이 결합된 단어가 너무 길어 읽고 리해하기 힘들 때에는 뜻 단위로 띄여쓸수 있다. 　례: 3대혁명붉은기쟁취운동 궐기모임 참가자들, 중증 급성 호흡기증후군
남한		제50항 전문 용어는 단어별로 띄어 씀을 원칙으로 하되, 붙여 쓸 수 있다.(ㄱ을 원칙으로 하고, ㄴ을 허용함.) 　예: ㄱ. 만성 골수성 백혈병　　　　ㄴ. 만성골수성백혈병 　　　ㄱ. 중거리 탄도 유도탄　　　　ㄴ. 중거리탄도유도탄

우선, '학술용어'가 '전문용어'로 바뀌는 것은 이 두 단어의 사전적 의미가 다르기 때문이다. 중국『조선말사전』(1995)에 수록된 '학술용어(學術用語)'라는 단어의 의미는 "과학, 기술, 문학, 예술 등 분야에서 주로 쓰이면서 과학적 개념을 나타내는 어휘.=학술어."(『조선말사전』(3), 1995: 322)이고 '전문용어(專門用語)'의 의미는 "특수한 개념을 담거나 특정한 대상을 이름지어 일정한 전문분야에서 통용되는 단어나 단어결합.=전문어.↔일반용어."(『조선말사전』(2), 1995: 1031)이다. 그리고 이 조문의 용례를 보면 이런 단어들은 모두 전문 분야의 용어들이다. 필자는 전문용어의 의미 영역이 학술용어보다 포괄적이므로 '학술용어'가 '전문용어'로 바뀐 것이 합리적이라고 본다.

북한에서는 전문 용어의 띄어쓰기에 관한 조항이 따로 없지만 '제6항 3)'의 용례에서 전문 용어의 용례가 나와 있다. 남한에서는 국립국어원 누리집(www.korean.go.kr)에 제시된 한글맞춤법 제50항 규정이 전문 용어에 관한 띄어쓰기 규정이다. 그 해설을 보면 전문 용어는 합성어의 성격으로 되어 있어서 붙여 쓸 만한 것이지만, 그 의미 파악이 쉽도록 하기 위하여 띄어 쓰는 것을 원칙으로 하고, 편의상 붙여 쓸 수 있도록 한다고 하였다. 전문 용어의 띄어쓰기 규정에서 보면, 남한은 띄어쓰기를 지향하고, 중국과 북한은 붙여쓰기를 지향하는 것을 알 수 있다.

[표 10]의 불완전명사(의존 명사)의 띄어쓰기에 관한 조문은『중2007』에서 하나의 조문(제4항)으로 설명을 하였지만『중2016』에서는 고유어 불완전명사의 띄어쓰기(제20항)와 한자어 불완전명사의 띄어쓰기(제21항)로 나누어 각각 설명을 하였다. 2016년 제21항은 앞 절에 이미 설명을 하였기에 여기서는 조문의 내용이 수정된 제20항에 대하여 설명하겠다.

[표 10] 중국·북한·남한 고유어 불완전명사(의존명사)에 관한 띄어쓰기

중국	2007	제4항 불완전명사는 앞의 단어에 붙여쓴다. 례: 것-아는것이 힘이다. 나위-더 말할나위가 없다. 따위-사과배따위 의 과실.
	2016	제20항 고유어불완전명사는 앞의 단어와 띄여쓴다. 례: 아는 것이 힘이다.　더 말할 나위가 없다.　사과배 따위의 과실.
북한		제5항. 불완전명사(단위명사 포함)는 앞단어에 붙여쓰되 그뒤에 오는 단 어는 띄여쓰는것을 원칙으로 한다. 례: 아는것이 힘이다.　힘든줄 모르고 일한다.　커서 인민군대가 될터 이다.
남한		제42항 의존 명사는 띄어 쓴다. 예: 아는 것이 힘이다.　나도 할 수 있다.　먹을 만큼 먹어라.

『중2007』불완전명사의 띄어쓰기에 관한 제4항은 고유어 불완전명사든 한자어 불완전명사든 '등, 대, 겸'을 제외한 모든 불완전명사는 앞의 단어에 붙여 써야 한다고 규정하였다. 그런데 『중2016』에서 불완전명사의 띄어쓰기에 대한 규정을 두 개 항목으로 나뉘게 된 것은 한자어 불완전명사는 이전의 규정대로 앞의 단어와 붙여 쓰는 것이고 고유어 불완전명사는 이전의 규정과 달리 앞의 단어와 띄어 써야 한다고 개정을 하였기 때문이라고 하겠다.

남한의 국립국어원 누리집(www.korean.go.kr)에 제시된 한글맞춤법 제42항 규정의 해설을 보면 "의존 명사는 의미적 독립성은 없으나 다른 단어 뒤에 의존하여 명사적 기능을 담당하므로, 하나의 단어로 다루어진다. 독립성이 없기 때문에, 앞 단어에 붙여 쓰느냐 띄어 쓰느냐 하는 문제가 논의의 대상이 되었지만, 문장의 각 단어는 띄어 쓴다는 원칙에 따라 띄어 쓰는 것이다."라고 하였다. 그러나 중국 조선어 문법서에 불완전명사에 대한 설명은 "불완전명사는 문장구조속에서 언제나 다른 단어

에 의존하여서만 쓰일수 있을뿐만아니라 거의 절대대부분이 명사로서의 기타 품사적특성도 완전히 갖추지 못했다."(김철준·김광수, 2011: 29, 원문 맞춤법대로 옮김: 이하 같음)라고 규정한 바 있다. 즉, 불완전명사는 명사이지만 명사로서의 일부 특성만 가지고 있다는 것이다.『중2007』에서도 "제4항 불완전명사는 앞의 단어에 붙여쓴다."고 규정하였었다. 이 규정은 북한의 띄어쓰기 규정 제5항과 비슷하다. 그러나『중2016』에서는 불완전명사의 띄어쓰기를 한자어 불완전명사의 띄어쓰기와 고유어 불완전명사의 띄어쓰기로 따로 나누어 고유어 불완전명사만 앞의 단어와 띄어 쓰게 하였다. 이는 중국에서는 고유어 불완전명사가 명사적 기능이 갖추어져 있다는 것을 승인하고 한자어 불완전명사는 여전히 명사로서의 일반 특성이 부족하기 때문에 앞의 단어와 붙여 쓰는 것이라고 생각된다.

3.2.2.2. 대명사에 관련한 띄어쓰기

대명사에 관련한 띄어쓰기 세칙 중 조문 내용이 수정된 것은『중2016』의 제24항이다. [표 11]에서 알 수 있듯이 이에 대응되는『중2007』의 조문은 제9항이다.

[표 11] 중국·북한·남한 대명사에 관한 띄어쓰기

| 중국 | 2007 | 제9항 대명사는 아래 단어와 <u>원칙적으로</u> 띄여쓴다.
례: 우리 나라, 내 나라, 이 책, 그 사람, 누구 모자, 여기 있다
그러나 명사 또는 부사와 어울려 하나의 단어로 굳어진것은 붙여쓴다.
례: 제노릇, 제몸, 내남, 제아무리… |
| | 2016 | 제24항 대명사는 아래 단어와 띄여쓴다.
례: 우리 나라, 내 나라, 이 책, 그 사람, 누구 모자, 여기 있다
[붙임] 다만 '이것', '그것', '저것'만은 붙여쓴다. |

북한	제6항. 단어들사이의 맞물림관계를 고려하여 뜻을 리해하기 쉽게 띄여쓰기를 할수 있다. 1) 앞단어와 맞물리지 않는 단어는 띄여쓴다. 　례: 이 나라 주재 우리 나라 대 사관 　　　고유한 우리 말 어근으로 새말을 만든다.
남한	제46항 단음절로 된 단어가 연이어 나타날 적에는 붙여 쓸 수 있다. 　예: 좀더 큰것, 이말 저말, 한잎 두잎

　이 조항은 『중2007』에서는 '원칙적으로 띄여쓴다'라는 말이 있지만 『중2016』에서는 '원칙적으로'라는 말을 삭제하여 예외 없음을 명시하였다. 또한 『중2007』의 '그러나' 부분을 없애버리고 『중2016』에 '붙임' 부분으로 바뀌었다. 남한과 북한의 띄어쓰기 규정에서는 대명사의 띄어쓰기에 관련한 세칙이 없지만 남한은 '제46항'에서 북한은 '제6항의 1)'에서 이에 대해 총괄적인 설명이 있다. 남한에서는 '우리나라'가 고유명사 '대한민국'의 의미로 쓰일 때만 붙여 쓰고, '우리'를 대명사로 볼 때는 띄어쓴다. 북한과 중국 조선어에서는 '우리'를 대명사로 보고, '나라'를 명사로 보아 띄어 쓴다. 하지만 남한처럼 고유명사 '대한민국'을 의미할 때 '우리나라'를 붙여 쓰는 용법이 없다. '내 나라, 이 책, 그 사람' 중의 '내, 이, 그'는 조사가 안 붙을 때 남한에서는 뒤의 명사를 수식해 주는 기능을 하는 지시관형사로 보지만 중국과 북한에서는 이를 지시관형사로 보지 않고 지시대명사로 본다.13) 그리고 남한에서는 '이것, 그것, 저것'을 지시대명사로 분류하여 붙여 쓰고 있지만 중국 조선어에서는 '이, 그, 저'와 '여기, 거기, 저기'만을 지시대명사라고 하고, '이것, 그것, 저것'을 지시대명사로 보지 않는다. 중국에서 아직 새로 개정된 규범집의 해설이 나오지 않았지만 기존의 문법서에서는 '이것, 그것, 저것'은 지시대명사 '이, 그, 저'와 불완전명사 '것'이 결합하여 하나의 단어처럼 쓰이

---

13) 지시관형사는 조선어문법에서 지시대명사로 봄. (김철준·김광수, 2011: 80 참조)

는 것이라고 하였다.14)

3.2.2.3. 동사, 형용사와 관련한 띄어쓰기

동사, 형용사와 관련한 띄어쓰기 세칙 중 내용이 수정된 조문은『중 2016』의 제25항, 제26항, 제27항이다.

우선, [표 12]에서『중2016』의 제25항의 내용과 대응되는『중2007』의 조문은 제11항이다.

[표 12] 중국·북한·남한 용언에 관한 띄어쓰기

중국	2007	제11항 <u>자립적인</u> 동사나 형용사는 앞뒤의 단어와 띄어쓰는것을 <u>원칙</u> <u>으로</u> 한다. 례: 배우며 일한다.　겸손하여 일하다.　읽고 쓰기가 좋다.
	2016	제25항 동사나 형용사는 앞뒤의 단어와 띄여쓴다. 례: 배우며 일한다.　겸손하고 근신하다.　지원하여 일하다.
북한		제6항. 단어들사이의 맞물림관계를 고려하여 뜻을 리해하기 쉽게 띄 여쓰기를 할수 있다. 　1) 앞단어와 맞물리지 않는 단어는 띄여쓴다. 　례: 이 나라 주제 우리 나라 대사관 　　고유한 우리 말 어근으로 새말을 만든다.

---

14) 지시대명사 "이, 그, 저"는 불완전명사 "것, 분" 등과 결합하여 하나의 단어처럼 쓰
　이는 일이 많다.
　예: 가. <u>이것</u>도 모르나?
　　　나. 너 <u>그것</u> 마저 가져오라.
　　　다. <u>저것</u>은 나의 노트이다.
　　　라. <u>이분</u>을 호텔까지 모셔다드려라.
　　　마. 오늘은 <u>그분</u>도 오실건데요.
　　　바. <u>저분</u>이 바로 내가 늘 말하던분이시다. -김철준·김광수(2011: 43) 참조.

위에서 볼 수 있듯이『중2007』에서 동사와 형용사가 앞뒤의 단어15)와 띄어 쓸 수 있는 범위는 '자립적인 동사나 형용사'이다.『중2016』에서는 '자립적'이라는 말을 없애버려서 동사와 형용사에 대한 제한이 없게 되었다. 따라서『중2016』의 제25항은 모든 동사나 형용사가 앞뒤의 단어와 띄어 써야 한다고 규정하는 것이라 하겠다.

북한의 띄어쓰기 규정에는 용언과 관련한 규정이 없지만 띄어쓰기 제6항에서 포괄적으로 "단어들사이의 맞물림관계를 고려하여 쉽게 띄여쓰기를 할수 있다."라는 조문이 있을 뿐이다. 이는 모든 품사를 다 포함해서 한 규정이라 하겠다. 남한의 띄어쓰기 규정에서는 보조 용언에 관한 띄어쓰기 규정만 있다. 이를 다음 내용에서 언급하겠다. 남한과 북한은 『중2016』의 제25항처럼 이렇게 상세한 규정이 없지만 세 나라의 띄어쓰기의 원칙은 모두 "문장의 각 단어는 띄어 씀을 원칙으로 한다."이기 때문에 이에 관한 띄어쓰기 규정은 세 나라가 동일하다고 볼 수 있다.

[표 13]에서의『중2016』의「조선말 띄여쓰기」제26항과 [표 14]의 제27항은『중2007』의「조선말띄여쓰기」제2장 제12항의 부분 내용을 개정한 것이다.

[표 13] 중국·북한·남한 보조 용언에 관한 띄어쓰기

중국	2007	제12항 2) "–고, –ㄴ가(–는가), –다가, –ㄴ상, –고야…"형의 동사뒤에 보조적으로 쓰인 동사 "있다, 보다, 나다, 버리다, 싶다, 말다" 등이 오는 경우에는 붙여쓴다. 례: 발전하고있다, 읽고있다, 보고싶다, 읽는가싶다 * "–아야, –어야, –여야, –게, –도록, –지, –군"형뒤에 오는 보조적동사는 띄여쓴다.

---

15) 중국 조선어 문법은 토(조사 및 어미)를 품사로 보지 않고 있기 때문에 '단어' 범위에 속하지 않아서 '앞뒤의 단어와 띄여쓴다'라고 할 때 토와 같이 붙어 있는 용언을 뜻하는 것이다.

		례: 돌아야 한다, 읽어야 한다, 하여야 한다, 하게 하다
	2016	제26항 보조용언은 앞의 단어와 띄여쓴다. 례: 견지하고야 말다. 발전하고 있다. 보고 싶다. [붙임] 그러나 토 '-아, 어, 여' 바로 다음에 오는 보조용언은 앞말에 붙여쓴다. 례: 남아있다, 밝아오다, 넘어서다, 깊어지다, 붙여쓰다, 띄여쓰다
북한		제2항. 하나의 대상이나 행동, 상태를 나타내는 말마디들은 토가 끼이였거나 품사가 달라도 붙여쓴다. 2) 토를 가지고 이루어져 하나의 대상, 행동, 상태를 나타내는 경우 예: 놀고먹다, 가고말다, 먹고싶다, 짜고들다, 가르쳐주다, 돌아보다, 들었다놓다
남한		제47항 보조 용언은 띄어 씀을 원칙으로 하되, 경우에 따라 붙여 씀도 허용한다.(ㄱ을 원칙으로 하고, ㄴ을 허용함.) 예: ㄱ. 불이 꺼져 간다. ㄴ. 불이 꺼져간다. ㄱ. 내 힘으로 막아 낸다. ㄴ. 내 힘으로 막아낸다. 다만, 앞말에 조사가 붙거나 앞말이 합성 용언인 경우, 그리고 중간에 조사가 들어갈 적에는 그 뒤에 오는 보조 용언은 띄어 쓴다. 예: 책을 읽어도 보고… 그가 올 듯도 하다. 잘난 체를 한다.

『중2016』의 제26항은 '남북한 합의안'에 따라 그대로 쓴 것이다. 이와 관련된 규정은 북한은 제2항, 남한은 제47항이다. 보조 용언의 띄어쓰기와 관련된 『중2007』과 그 이전의 규정은 북한의 것을 따라서 보조 용언을 '보조적으로 쓰인 동사, 형용사' 또는 '보조적동사, 보조적형용사'라고 하여 보조적으로만 쓰이므로 단어로 인정되지 않았다. 그래서 이런 보조적으로 쓰인 용언은 언제나 앞의 단어와 붙여 써야 된다고 규정한 것이다. 그러나 『중2016』에 보조 용언에 관한 띄어쓰기 제26항은 '남북한 합의안'에 따라 보조 용언은 앞의 단어와 띄어 써야 된다고 규정하게되었다. 이는 중국에서는 보조용언을 단어로 인정하고 띄어 쓰는 것이라고 하겠다.

제26항 '붙임'에서 "그러나 토 '-아, 어, 여' 바로 다음에 오는 보조용

언은 앞말에 붙여쓴다"라고 규정하였다. 이는 북한의 규범을 따르는 것이라고 할 수 있다. 북한의 『「조선말규범집」해설』(1971)에서 "'-아, 어, 여'형으로 어울린 동사, 형용사"의 띄어쓰기 규정에 대한 해설이 상세하게 나와 있다. '-아, 어, 여'형으로 어울려서 '하나의 동작, 상태'를 나타내는 것들은 하나의 단어라고 볼 수 있기 때문에 마땅히 한 덩어리로 붙여서 써야 한다고 하였다.(『「조선말규범집」해설』, 1971: 154) 남한의 국립국어원 누리집(www.korean.go.kr)에 제시된 『한글 맞춤법』 제47항의 '해설'에 따르면, 『한글 맞춤법』의 제15항 '붙임1'에서 다루어진 '늘어나다, 돌아가다, 접어들다'처럼, '-아, 어' 뒤에 다른 단어가 붙어서 된 단어의 예가 꽤 많다. 즉, '-아, 어, 여'가 붙은 보조 용언 중 앞 단어와 붙어 한 단어로 굳어져서 합성어로 보기도 한다는 것이다. 이런 면에서 남한, 북한, 중국은 비슷하다. 예를 들어, 세 나라가 '넘어서다, 깊어지다, 돌아보다'와 같은 단어들을 한 덩어리로 굳어진 합성어로 보고 붙여서 쓰고 있다. 그러나 예컨대 '넘어지다, 늘어나다'에서의 '나다'와 '고난을 겪어 났다.'에서의 '나다'는 차이가 있는 것이지만, 얼른 생각하기로는 양자의 구별이 쉽게 이해되지 않는다. '-아/-어' 뒤에 딴 단어가 연결되는 형식에 있어서, 어떤 경우에는 하나의 단어로 다루어 붙여 쓰고, 어떤 경우에는 두 단어로 다루어 띄어 써야 하는지, 명확하게 분별하지 못하는 곤혹을 겪기가 쉽다. 그리하여 남한에서는 '-아, 어' 뒤에 붙는 보조 용언을 붙여 쓰자는 의견이 많았으나, 각 단어는 띄어 쓴다는, 일관성 있는 표기 체계를 유지하려는 뜻에서, 띄어 쓰는 것을 원칙으로 하되, 붙여 쓰는 것도 허용한 것이다.

[표 14]에서 『중2016』의 제27항은 『중2007』의 제12항 '3)'의 내용을 개정한 것이다.

[표 14] 중국·북한·남한 용언+불완전명사(의존명사)에 관한 띄어쓰기

중국	2007	제12항 3) "듯, 만, 번, 법, 사, 척, 체…"가 붙은 동사나 형용사가 "하다"와 어울리는 경우에는 붙여쓴다. 례: 옳은듯하다, 쓸만하다, 만날번하다, 이길법하다
	2016	제27항 동사나 형용사의 규정형 뒤에 오는 '듯, 만, 번, 법, 사, 척, 체…' 등과 같은 불완전명사는 앞 단어와는 띄여쓰고 '하다'와는 붙여쓴다. 례: 옳은 듯하다, 쓸 만하다, 만날 번하다, 이길 법하다
북한		제2항. 하나의 대상이나 행동, 상태를 나타내는 말마디들은 토가 끼이였거나 품사가 달라도 붙여쓴다. 2) 토를 가지고 이루어져 하나의 대상, 행동, 상태를 나타내는 경우 례: 여러말할것없이 , 의심할바없는
남한		제42항 의존 명사는 띄어 쓴다. 예: 네가 뜻한 바를 알겠다. ㄴ가 떠난 시가 오래나.

『중2016』 제27항의 조문을 보면 "동사나 형용사의 규정형16) 뒤에 오는 불완전명사는 앞 단어와는 띄여쓰고 '하다'와는 붙여쓴다."고 하였다. 『중2007』의 규정은 북한의 규정과 같았었지만, 『중2016』의 규정은 남한과 일치하게 되었다. 이는 앞의 고유어 불완전명사의 띄어쓰기처럼 명사적 기능이 갖추어져 있다는 것을 승인하고 한 단어로 보았기 때문에 띄어 쓰게 되는 것이라고 하겠다. 여기서 말하는 불완전명사는 '동사나 형용사의 규정형 뒤에 오는 불완전명사'인데 상황성불완전명사(부사성 의존명사) '대로'를 놓고 볼 때 앞 단어와 띄어 써야 될지, 붙여 써야 될지에 대한 설명이 없다. 남한에서는 조사 '대로'와 의존명사 '대로'가 있지만 『중2016』 규범집에 나타나는 '대로'의 사용을 보면 '규정형+대로'나 '체언+대로'일 때 모두 앞 단어와 띄어 쓰고 있다.17) 이것은 중국에서는

---

16) 규정형: '관형사형'의 북한어. (출처: 국립국어원『표준국어대사전』)
17) 예: ① '곤난'만은 발음이 굳어진 대로 [골란]으로 발음한다. (밑줄은 필자가 추가한 것임) (『조선말규범집』(2016: 15))

'대로'를 불완전명사로 보고 조사로 보지 않고 있다는 것을 알 수 있다. 『현대조선말사전』(1988)을 보면 북한에서도 '대로'를 불완전명사로만 정의하고 있다. 이는 남한과 중국, 북한간의 단어의 품사 분류에 대한 차이에 의한 것이라고 볼 수 있다.

3.2.3. 조문 내용이 삭제된 것

앞에서 살핀 것처럼 조문 정리과정에서 내용상 중복되었거나 규정의 필요성이 없어진 것들이 전체적으로 삭제되었다.

3.2.3.1. 명사, 수사, 대명사와 관련한 띄어쓰기

명사, 수사, 대명사와 관련한 띄어쓰기 세칙 중 삭제된 부분은 『중2007』의 제1항 '*' 부분, 제2항 '붙여쓰는 경우' 중의 '1)'과 '3)', 제5항, 제6항 '1)', 제8항의 '수사가 완전명사와 어울리는 경우', 제9항 '그러나' 부분 등이다.

우선, 제1항 '*' 부분의 내용이 삭제된 것을 보겠다.

『중2007』
　　제1항 명사에 토가 붙는 경우에는 뒤의 단어와 띄여쓴다.
　　　례: 정원의 화초는 사람에 의해 자라고 학문은 자기의 노력에 의해
　　　　　닦아진다.
　　＊ 하나로 굳어진 단어는 토가 끼여도 붙여쓴다.
　　　례: 곰의열, 귀에고리[18]…

---

　② 그러나 국제조직기구의 명칭으로서 원음 대로 써온 것은 그대로 쓴다. (『조선말규범집』(2016: 86))
18) 곰의열: '웅담'의 북한어.

제3부 문체적 표현　**503**

『중2016』

제1항 명사에 토가 붙은 경우에는 뒤의 단어와 띄여쓴다.

례: 봄이 오니 산과 들에 꽃이 핀다.

『중2007』의 제1항 '*' 부분의 내용이 삭제된 것은 이미 한 단어로 굳어져 사용하고 있으므로 띄어쓰기 규정에 필요 없어진 경우로 보이기 때문이라 하겠다. 북한에서는『중2007』에 삭제된 부분과 같은 내용이 없지만 "토를 가지고 이루어져 하나의 대상, 행동, 상태를 나타내는 경우 붙여쓴다."(제2항 '2)' 참조)라는 조문이 있다. 남한에서는 이와 관련된 규정이 없지만 문장 의미에 따라 띄어 쓰거나 붙여 쓴다. 예를 들면, 아버지의 남동생을 가리킬 때 '작은아버지'로, 몸집이 작은 아버지를 '작은 아버지'로 쓴다. 사용상에서 볼 때 세 나라가 똑같이 사용하고 있다.

나머지 삭제된 조문은 이와 비슷해 새 규정과 충돌이 되었거나 또는 불필요한 내용이기 때문이다.

3.2.3.2. 동사, 형용사와 관련한 띄어쓰기

동사, 형용사와 관련한 띄어쓰기 세칙 중 삭제된 부분은『중2007』의 제11항 '그러나' 부분, 제12항 '4), 5)' 부분이다.

『중2007』의 제11항은 동사나 형용사는 앞뒤의 단어와 띄어 쓴다는 규칙에 관한 내용이다. 제11항 '그러나' 부분의 내용은 "그러나 하나로 굳어진 단어는 붙여쓴다."이다.『중2016』에서 이 내용을 뺀 것은 동사나 형용사의 앞뒤의 단어와 연결할 때 그 구절이 이미 굳어버리든 아니든 모두 띄어 써야 한다는 뜻일 수도 있다.

귀에고리: '귀고리'의 북한어. (출처: 국립국어원『표준국어대사전』)

『중2007』의 제12항은 동사나 형용사가 다른 동사나 형용사와 어울릴 때의 경우이다. 제12항 '4)'의 조문은 "뜻이 같거나 비슷하거나 맞서는 동사, 형용사가 겹쳐쓰이여 굳어진것은 붙여쓴다."이고 제12항 '5)'의 조문은 "동사나 형용사끼리 어울려서 하나로 녹아붙은것은 붙여쓴다."이다. 이 두 조문은 제11항 '그러나' 부분의 조문과 비슷해 모두 동사와 형용사의 연결에 관한 내용들이다. 제12항의 '4), 5)'가 삭제된 원인은 제11항의 '그러나' 부분이 삭제된 원인과 같다고 본다. 이는 역시『중2016』에서『중2007』의 제11항의 조문을 "동사나 형용사는 앞뒤 단어와 띄여쓴다."로 개정하였기 때문에 더 이상 존재할 의미가 없어 삭제된 조문들이다.

3.2.3.3. 관형사, 부사, 감탄사와 관련한 띄어쓰기

관형사, 부사, 감탄사와 관련한 띄어쓰기 세칙 중 삭제된 부분은『중2007』의 제15항 첫 조문, 제16항, 제17항 '그러나' 부분, 제19항이다.

관형사의 띄어 쓰는 경우 제15항, 부사의 띄어 쓰는 경우 제16항, 제17항의 '그러나' 부분이『중2016』에 실리지 않은 이유는『중2016』에 밝히는 관형사와 부사의 붙여 쓰는 경우 제30, 31, 32항 외의 경우는 모두 띄어 쓰게 되기 때문이다.

『중2016』의「조선말 띄여쓰기」제3장의 제목은 '관형사, 부사, 감탄사와 관련한 띄어쓰기'이다. 하지만, 제30항은 관형사에 관련한 띄어쓰기 내용이고 제31항과 제32항은 부사에 관련한 띄어쓰기 내용이다. 제목에는 '감탄사와 관련한 띄어쓰기'도 있는데 실제 조문을 보면 감탄사에 관련한 띄어쓰기 내용이 없다.『중2007』의 제3장의 제목은 '관형사, 부사, 감동사와 관련한 띄어쓰기'이다.『중2016』에서 '감동사'를 '감탄사'[19]로

---

19) 1985년「조선말띄여쓰기」규정에서는 '감탄사'라고 하였다가 1996년「조선말띄여쓰

바꾼 것을 보면 『중2007』의 제19항 감동사(감탄사)에 관한 내용이 빠졌을 가능성이 높다. 만약에 감탄사에 관한 띄어쓰기를 규범집에 실을 필요가 없다고 해서 그 내용을 없애는 거라면 제3장의 제목에서 감탄사를 빼야 할 것이다. 『중2016』에서 제3장의 제목에 '감탄사'를 삭제하지 않는 이유가 있다면 그것이 바로 앞에 말한 것처럼 띄어쓰기 규정에 조선어 품사(체언과 용언, 관형사, 부사, 감탄사)에 관한 내용이 다 포함되어야 한다고 생각했기 때문일 것이다. 하지만 이 규범집에 감탄사에 관한 띄어쓰기 조문이 없으면 굳이 제목에 '감탄사'를 넣을 필요가 없다고 본다.

4. 맺음말

본 글은 2016년에 새로 개정된 중국 「조선말 띄여쓰기」 규정과 그 전의 2007년 「조선말띄여쓰기」 규정과 비교하면서 구성 형식상의 변화와 내용상의 변화로 나누어 살펴보고 이를 남북한 현행 규정과 비교해 보았다.

중국의 2016년 「조선말 띄여쓰기」의 구성 형식상의 변화는 총칙과 조항의 변화이다. 내용상의 변화는 불완전명사의 띄어쓰기, 수사의 띄어쓰기, 대명사의 띄어쓰기, 동사와 형용사의 띄어쓰기, 보조 용언의 띄어쓰기 등의 변화이다. 내용상에서의 변화를 볼 때, 남북한과 비교해 보면 중국의 띄어쓰기 규정의 새로 개정된 부분 중 고유어 불완전명사와 관직명, 수사, 보조 용언 등의 띄어쓰기 규정 내용이 남한의 규정과 비슷하거나 같다. 중국 2016년 「조선말 띄여쓰기」 규정은 실질적인 변화가

기」 규정에서 '감동사'로 바뀌었다. 2007년 「조선말띄여쓰기」 규정에서도 '감동사'라고 씌었다가 2016년 「조선말 띄여쓰기」 규정에서는 다시 '감탄사'로 바뀌었다.

일어나 있는 언어의 실제를 따르면서 과학성을 보장하기 위해 개정하였다고 할 수 있지만 아직 미비한 점이 많이 있다고 본다.

이 연구는 중국 조선족들이 사용하고 있는 어문 규범을 남북한 어문 규범과 비교하면서 중국인 한국어 고급 학습자들에게 한국어와 중국 조선어의 규범상의 차이를 보이고자 하였다. 그리고 통일시대의 한국어 어문규범에 대비하여 남북한이 『겨레말큰사전』의 편찬을 계속하고 있지만 중국 조선족 학자들은 띄어쓰기 규정을 남북 합의한 범위(남북 『겨레말큰사전』에서 반영된 범위) 내에서 시범적으로 사용하고 있다. 이를 통해 한국어 어문규범의 앞으로의 진행 방향을 가늠해 볼 수도 있는데 중국 조선 어문 규범상의 변화는 통일한국어문규범 완성의 한 과정으로 볼 수 있기 때문이다.

이 글에서는 중국 2016년 개정 『조선말규범집』의 「조선말 띄여쓰기」 규정 중 변화된 부분의 내용만을 남북한 규정과 비교하였다. 새로운 규범집의 '문장부호법'과 '표준발음법', '맞춤법'에서도 변화가 많이 있다. 이러한 변화는 장차 통일한국어문규범 완성의 한 과정이라고 생각되며 이를 거쳐 완성된 통일한국어문규범으로 나아갈 수 있을 것이다. 이에 대한 연구는 다음의 과제로 남긴다. 그리고 한국어교육 측면에서 제각기 다른 한국어 규범을 좀 더 쉽고 정확하게 이해할 수 있는 교육방법을 모색하는 것을 앞으로의 연구 과제로 하겠다.

〈문영희, 조일영 공저, 어문논집81, 민족어문학회(2017.12)〉

제 4 부

기타 표현

제1장

'NP로'의 의미역

1. 서론

국어의 조사는 선행 성분과 후접하여 다양한 문법적 기능과 의미를 표시한다. 국어에는 특별히 기능범주라고 할 만한 것이 두드러지지 않기 때문에 국어의 조사는 어미와 더불어 그 쓰임이 다양할 수밖에 없다. 지금까지의 조사에 대한 연구는 그 쓰임을 크게 기능과 의미로 대별하여 고찰되어 왔다. 기능과 관련하여서는 주로 주격과 대격 같은 구조격에 대한 논의가 활발하였으며 의미에 대해서는 주로 선행 성분과 조사의 결합이 지니는 의미적 역할에 대한 논의가 주류를 이루었다.

이 연구는 조사 'NP로'의 의미와 관련된 것이다. 조사 'NP로'는 선행 성분과 결합하여 다양한 의미적 양상을 표시한다. 이때 이 의미적 양상을 포착하기 위한 지금까지의 시도는 크게 두 흐름으로 전개되었다. 첫째는 'NP로'의 기저의미를 가정하고, 이 기저의미에서 다른 다양한 표면적 양상이 유도하려는 입장이고, 두 번째는 단지 'NP로'의 다양한 표면 의미 양상을 기술하는 데 초점을 두는 것이다. 그런데, 'NP로'의 의미역을 기술할 때 그 의미역이 동사에 의해 부여되는 것인지 아니면 'NP로'에 선행하는 명사에 의한 것인지를 구별해서 논의하여야 한다. 실제로 많은 연구들에서 이 둘이 동일한 것으로, 혹은 혼동된 채 기술됨으로써 표면에서 관찰되는 'NP로'의 의미역을 더욱 복잡하게 만들어 놓았기 때문이다.

우리는 동사에 의한 의미역과 명사에 의한 의미역을 구별하여 논의함으로써 그동안 다소 산만하게 논의된 'NP로'의 의미역의 기술적 문제점을 해소하도록 할 것이다. 이러한 논의는 실제 개별 동사와 조사간의 다양한 용법을 세밀하게 따져봄으로써 결과적으로는 동사 중심의 문법 기술이나 혹은 기계번역 등의 응용 분야에도 기여할 수 있을 것이다.

2. 조사 'NP로'의 기저의미: 〈변화〉

조사 'NP로'의 기저 의미는 변화이다. 'NP이 (NP를) NP로 VP'의 문장 구문에서 'NP로'는 문장에서 언급하고자 하는 사건(X→Y)의 변화양상을 서술하고 있으므로 기본적으로 [+변화]의 자질을 갖게 된다. 임홍빈(1974)의 '선택'의 의미는 문장에서 실현되는 모든 명사구가 가질 수 있는 양태적 의미이므로 '로'만의 특성이라고 할 수 없다.

(1) ㄱ. 철수는 학교에 갔다.
ㄴ. 철수는 학교로 갔다.
ㄷ. 철수는 갔다.

(1)에서 일어난 공통적인 사건은 '철수가 가다'라는 사건이다. 그런데 (1ㄱ)과 (1ㄴ)에서는 도착점이 학교이거나 방향이 학교이다. 두 문장이 모두 철수의 위치 이동을 보이고 있다. 그런데 '학교에'와 '학교로'는 모두 지향점으로 해석될 수 있으나 의미에서 약간의 차이가 있음을 직관적으로 알 수 있다. 즉, (1ㄱ)은 단지 '학교'가 '착점'인 사실을 진술하는 데 비해, (1ㄴ)은 가는 방향이 '학교'이며 종착지일 수도 있고 아닐 수도 있다. 다만 분명한 것은 철수가 어떤 지점에서 학교라는 지점으로 위치 변화가 일어났다는 점이다. 즉 X→Y의 변화가 일어난 것을 의미한다. 만약 변화가 없는 내용을 서술한다면 다음과 같은 경우일 것이다.

(2) ㄱ. 이것은 나무이다.
　　ㄴ. 철수가 아프다.
　　ㄷ. 물이 얼음으로 변했다.
　　ㄹ. 그 여자를 며느리로 생각한다.

즉 (2ㄱ, ㄴ)의 내용은 상태나 사실에 대한 단순한 서술에 불과하므로 변화가 있을 수 없다. 그러나 동사 앞에서 '로'명사구가 나타나는 문장에서는 무언가의 변화가 나타난다.

(2ㄷ)에서의 '얼음으로'나 (2ㄷ)의 '며느리로'는 동사에서 드러내는 변화의 양상을 보이고 있다. '물→얼음'의 양상이나 '그 여자→며느리'의 변화양상이 드러나고 있는 것이다. 다른 '로'명사구의 경우에도 이와 같은 현상이 동일하게 보이는 것을 볼 때, '로'의 의미역은 <변화>의 의미가 기본적임을 알 수 있다.

3. 동사에 의한 의미역

이 연구에서는 동사에 의한 의미역과 명사에 의해 결정되는 의미역을 구분하여 논의한다. 동사에 의한 의미역은 명사에 의한 것보다는 추상적이다. 즉, 동사에 의해 추상적인 의미역이 할당되고 실제 구체적인 의미역은 명사에 의해 결정된다는 것이다. 이 글의 이러한 입장은 개별 문장들의 관찰을 일반화한 귀납적인 것이며, 단순한 직관에 의한 하향식 구분은 아니다.

먼저 다음의 예문을 동사와 'NP로'를 중심으로 살펴보자.

(3) 영희가 칼로 두부를 베었다.
아군은 기습 공격으로 적의 방어선을 무너뜨렸다.
지호는 대나무로 발을 엮었다.

(4) 할아버지는 양옥을 한옥으로 고치셨다.
우리는 사과를 둘로 갈라 먹었다.
두 팀은 승부 차기를 하기로 결정했다.

(5) 철수는 산길로 학교에 간다.
이 강물은 서쪽으로 흐른다.
회사는 미국으로 철수를 유학을 보냈다.

(6) 그는 과로로 쓰러졌다.
이 통계 자료를 기본으로 해서 보고서를 작성하자.

(3-7)에서 나타나는 'NP로'의 의미역의 차이는 동사에 의한 것이다. (3)에서는 <방법>, (4)에서는 <결과>, (5)에서는 <처소>, (6)에서는

<원인>의 의미역이 동사에 의해 할당되고 있다. 그리고 각 개별 문장은 'NP로'의 선행 명사와 관련해서 최종적인 의미역이 결정된다. 그런데 우리는 다음과 같은 예문에서 'NP로'의 의미역이 동사에 의해 결정되는 것인지 명사에 의한 것인지를 구분해서 논의해야 한다.

(7) ㄱ. 우리는 김 선생의 딸을 며느리로 삼을 것이다.
    ㄴ. 우리는 그를 스승으로 모셨다.

(7ㄱ)과 (7ㄴ)은 각각 [자격]과 [지위]의 의미역을 가지는 데, 이러한 의미역은 동사에 의해 결정되는 것이 아니라, 'NP로'의 선행 명사에 의해 결정되는 것이다. 즉, (7)의 예문들은 동사에 의해서는 동일한 추상적 의미역을 할당받지만 선행 명사에 의해 다른 구체적인 의미역으로 실현된다는 것이다. 이는 서론에서 말한 바와 같이, 동사에 의한 의미역과 명사에 의한 의미역을 구별하려는 시도에서 비롯된 것이다.

이러한 점을 고려하면서 동사에 의한 의미역을 도표화하면 다음과 같다.

(8)

4. 명사에 의한 의미역

4.1 [도구/수단/재료]

동사에 의해 <방법>의 의미역이 할당된 후 'NP로'는 선행 명사에 의해 [도구/수단/재료]의 의미역이 결정된다. 종종 우리는 [도구/수단/재료]의 구별에 혼동을 일으키기 쉬운데 이는 동사에 의한 의미역인 <방법>이 이 세 하위 범주에 공통되기 때문이다.

먼저 다음 예문을 살펴보자.

> (9) ㄱ. 주모는 체로 술을 거른다.
> ㄴ. 철수는 굴착기로 집을 무너뜨렸다.
> ㄷ. 석수가 정으로 돌을 쪼고 있다.
> ㄹ. 철수는 총으로 적을 쏘았다.

(9)의 예문은 모두 'NP로'가 [도구]의 의미역을 할당받고 있다. [도구]라는 것은 '어떤 행위를 위해 직접 소용되는 장치'를 말하는 것으로 다음의 [수단]과는 구별되는 것이다. 즉, 어떤 대상이 [도구]인가를 결정하기 위해서는 '직접성'과 '장치'라는 기준을 고려해야 한다.

> (10) ㄱ. 우리 이웃은 과일 장사로 돈을 많이 벌었다.
> ㄴ. 아군의 기습 공격으로 적군을 무너뜨렸다.
> ㄷ. 빌 게이츠는 윈도 95로 세계 컴퓨터 시장에 일대 변혁을 가져왔다.
> ㄹ. 너는 그곳에서 지하철로 갈아타야 한다.

(10)에서 '과일 장사로, 공격으로, 윈도 95로, 지하철로'는 위에서 말한 [도구]의 기준에 맞지 않는다. 즉, 이들은 어떤 구체적인 '장치'와는 다

소 거리가 있는 것이다. 이러한 예들은 모두 [수단]의 의미역을 할당받는다고 할 수 있다.

[도구]와 [수단] 이외에 우리는 <방법>의 하위 의미역으로 [재료]의 의미역을 상정해 볼 수 있다.

(11) ㄱ. 철수가 비닐로 하우스를 덮다.
ㄴ. 철수는 돌김으로 밥을 싸서 맛있게 먹는다.
ㄷ. 철수는 마개로 구멍을 틀어막았다.
ㄹ. 지호는 대나무로 발을 엮었다.
ㅁ. 오래 전부터 사람들은 인삼을 약으로 썼다.
ㅂ. 아이들은 색종이로 학을 접고 있다.
ㅅ. 우리는 오징어로 안주를 해서 한 잔 했다.

(11)에서 'NP로'는 모두 후행 명사구의 '재료'로 해석된다. 따라서 이들은 동사와의 관련이라기보다는 명사끼리의 관계가 의미역 결정에 더 중심적이다.

(12) ㄱ. 굴의 입구가 나뭇가지로 덮이다.
ㄴ. 이 차는 기름이 아니라 전기로 간다.
ㄷ. 여름에 해수욕장은 사람들로 인산인해를 이룬다.
ㄹ. 방안이 담배 연기로 자욱하다.

(12)에서도 (11)과 같은 [재료]를 의미역으로 할당받지만 자동사 구성이라는 점에서 (11)과는 다르다. 자동사구성에서는 후행 명사구가 없기 때문에 명사끼리의 관계로 의미역을 결정할 수 없다. 따라서 (12)의 의미역은 (11)의 [재료]보다는 보다 추상적인 성격을 가지게 된다.

4.2 [변성/분할/선정]

동사에 의해 <결과>라는 의미역이 배당된 의미역은 'NP로'의 선행 명사에 의해 [변성/분할/선정]으로 결정된다. [변성]에는 '상태 변화'라는 기준이 적용된다. 즉, 변화되기 이전과 변화된 이후에 어떤 상태 변화가 개재하면 [변성]으로, 그렇지 않고 단순한 변화는 [분할]로 의미역이 결정된다.

(13) ㄱ. 이번 시험에서 불어를 한국어로 옮기는 문제가 제일 어려웠다.
ㄴ. 할아버지는 양옥을 한옥으로 고치셨다.
ㄷ. 그 왕은 하루아침에 성군에서 폭군으로 변했다.
ㄹ. 부자의 손이 닿으면 무엇이든지 황금으로 변했다.

(14) ㄱ. 학급을 남녀로 구분하여 편성할 예정이다.
ㄴ. 시는 행정 구역을 넷으로 나누었다.
ㄷ. 우리는 사과를 둘로 갈라 먹었다.

즉, 위의 기준에 의해 (13)은 [변성]의 의미역이, (14)는 [분할]의 의미역이 결정된다. 그 두 의미역 외에 변화를 수반하지 않는 [선정]의 의미역이 <결과>에 포함된다.

(15) ㄱ. 우리는 회의를 다음 주로 연기했다.
ㄴ. 두 팀은 승부차기를 하기로 결정했다.
ㄷ. 지호는 동생의 갑작스런 입원으로 미국으로의 출발을 24일로 연기했다.

4.3 [경로/방향/지향점]

 <처소>의 의미역은 'NP로'의 선행 명사에 의해 [경로/방향/지향점]으로 결정된다. 즉, 이들도 동사에 의한 의미역은 모두 동일하고 오직 'NP로'의 선행 명사에 의해서만 최종적인 의미역이 변별된다.

    (16) ㄱ. 불빛이 문틈으로 샌다.

        ㄴ. 기영이는 영주를 만나러 회의장에서 뒷문으로 빠져서 택시를 탔다.

        ㄷ. 철수는 산길로 학교에 간다.

 (16)에서 '문틈, 뒷문, 산길'은 모두 동사의 [지향점]으로 해석될 수 없는 명사이다. 이들은 어떤 경유지를 뜻하는 것이기 때문이다. 따라서 (16)의 의미역은 [경로]로 결정된다.

 [방향]과 [지향점]은 종종 혼동을 일으키지만, 명사가 최종적인 의미역을 결정하는 우리의 체계에서는 문제될 것이 없다. 해당 명사의 속성이 방향성을 가지느냐 그렇지 않느냐의 여부로 [방향]과 [지향점]이 명백히 구별되기 때문이다.

    (17) ㄱ. 잠수부가 물위로 솟아올랐다.

        ㄴ. 경제 부처의 경제 정책이 안정 위주로 흘러서는 안 된다.

        ㄷ. 이 강물은 서쪽으로 흐른다.

        ㄹ. 민주화의 주역들은 모두 정부의 탄압을 받고 지하로 숨었다.

        ㅁ. 불량 청소년들을 좋은 방향으로 이끌어가기는 쉽지 않다.

 따라서 (17)은 모두 'NP로'의 선행 명사에 의해 [방향]의 의미역이 결정된다.

[지향점]은 다소 복잡한 양상을 보인다. 즉, [지향점]은 지향하는 바가 구체적이냐 추상적이냐로 하위분류될 수 있다.

먼저 구체적인 [지향점]을 표시하는 명사의 경우는 다음과 같다.

(18) ㄱ. 회사는 미국으로 철수를 유학을 보냈다.
　　 ㄴ. 광고를 본 사람들이 구경을 하러 광장으로 구름같이 모여들었다.
　　 ㄷ. 혜주는 아버님을 마중하러 역으로 나갔다.
　　 ㄹ. 영희는 서울로 시집을 갔다.
　　 ㅁ. 그녀는 공원으로 산책을 나왔다.
　　 ㅂ. 아버지께서는 돈을 벌러 직장으로 일을 나가셨다.
　　 ㅅ. 이 노인을 빨리 병원으로 모셔라.
　　 ㅇ. 연기가 온 방으로 번졌다.

추상적인 [지향점]을 표시하는 명사의 경우에는 다양한 양상이 나타난다. 이는 우리가 지향하고자 하는 바가 반드시 장소에만 국한되는 것은 아니기 때문에 나타나는 현상으로 보인다.

다음의 예는 우리가 지향하고자 하는 바가 [신분]일 경우이다. 이는 철저히 'NP로'의 선행 명사의 특성이다.

(19) ㄱ. 경찰은 영희를 범인으로 몰아세웠다.
　　 ㄴ. 우리는 그를 안내자로 생각했다.
　　 ㄷ. 영친왕은 일본에 볼모로 잡혀 있었다.

'NP로'의 선행 명사가 대상의 [지위]와 관련될 경우가 있다. [지위]에는 일종의 가치 평가가 내재하기 마련이다.

(20) ㄱ. 우리는 그를 스승으로 모셨다.

ㄴ. 한국 자동차는 남미에서 싸고 좋은 차로 통한다.

ㄷ. 한때는 학생들에게 광주 민주화 운동을 광주 사태로 가르쳤던 적
이 있다.

ㄹ. 그들은 아직도 유교 윤리를 금과옥조로 여긴다.

다음의 예에서는 일정한 요건을 요구하는 [자격]의 의미역을 'NP로'
의 선행 명사가 결정해 준다.

(21) ㄱ. 우리는 김 선생의 딸을 며느리로 삼을 것이다.

ㄴ. 우리 어릴 적에 꽁치는 생선으로 치지도 않았었다.

ㄷ. 아이들은 철수를 반장으로 선택했다.

ㄹ. 약국집 처녀는 슈퍼마켓집 큰아들을 신랑으로 맞았다.

ㅁ. 김사장은 내 차를 담보로 잡고 돈을 빌려 주었다.

[신분], [지위], [자격] 이외에 단순히 'NP로'의 선행 명사가 단순히 어
떤 대상의 [속성] 의미역을 할당하는 경우가 있다.

(22) ㄱ. 지호는 영수를 바보로 안다.

ㄴ. 기영이는 처음부터 철수를 바보로 보았다.

ㄷ. 그 사람은 내게 아직 30세 전으로 보였다.

ㄹ. 찬우는 영희를 숙희로 혼동했다.

ㅁ. 장관은 현 상황을 심각한 위기로 판단하고 병력을 출동시켰다.

우리는 [신분], [지위], [자격], [속성]을 추상적인 [지향점]에 속하는
것으로 설명하였다. 그런데 이때 문제가 될 수 있는 것은 그렇다면 [신
분], [지위], [자격], [속성]의 의미역이 [지향점]의 상위 범주인 <처소>
의 의미역을 동사에 의해 받는 것인가 하는 점이다. 이에 대해 필자는

[신분], [지위], [자격], [속성]도 동사에 의해 추상적인 <처소>의 의미역을 할당받는다고 생각한다. 단지 [신분], [지위], [자격], [속성]이 <처소>와 종적으로 소원한 관계에 있기 때문에 그 의미가 직접 인지될 수 없을 따름이다. [신분], [지위], [자격], [속성]이 [지향점]에 속할 수 있고, [지향점]이 <처소>에 속하는 것이라면 우리의 주장은 문제될 것이 없다.

4.4 [이유/근거]

<원인>의 의미역은 'NP로'의 선행 명사에 의해 [이유/근거]로 결정된다. [이유]는 어떤 상태의 <원인>이 되는 것이고, [근거]는 어떤 행위의 <원인>이라는 점에서 구별된다.

(23) ㄱ. 총성 한 발로 정적이 깨졌다.
　　 ㄴ. 그는 과로로 쓰러졌다.
　　 ㄷ. 전봇대가 태풍으로 바닥에 쓰러졌다.
　　 ㄹ. 산사태로 산이 무너져 내렸다.

(24) ㄱ. 80점을 기준으로 당락을 결정했다.
　　 ㄴ. 그의 거동으로 미루어 볼 때 그는 바보임에 틀림없다.
　　 ㄷ. 이 통계 자료를 기본으로 해서 보고서를 작성하자.

5. 결론

지금까지 논의된 'NP로'의 의미역을 계층적으로 도식화하면 다음과 같다.

(25) 조사 'NP로'의 의미역 계층

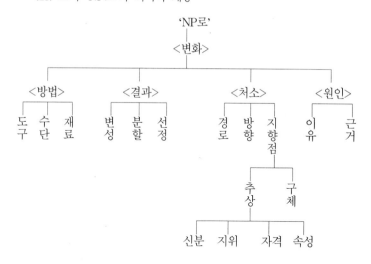

(26) '로'를 통해 실현되는 변화역의 의미자질에 의한 분류

M(X=Y) -변화
M(X→Y) +변화 -속성, +형태 구체적 수단[+직접] -피위성 [도구]
: -로 자르다

                                    +피위성 [재료]
: -로 만들다

                    추상적 수단[-직접] -상태 [기준]
: -로 보다, -로 판단하다

                                    +상태 [이유/원인]
:-로 -를 입다.

              +속성, -형태   +위치   +공간 -착점   -통과점
[방향] : -로 가다

                                          +통과점
[경로] : -로 가다

                              +착점   -통과점

[도달점]: -로 가다

                              -공간   +가치

[자격/신분]: -로 삼다/모시다

                                   -가치

[시간]: -로 연기하다

                         -위치   +상태

[변성]: -로 되다

구분의 기준자질
[+/-속성, +/-형태]
[+/-구체성(+/-직접성)]
[+/-피위성]에 의한 구분
[+/-상태성]에 의한 구분
[+/-위치]에 의한 구분
[+/-공간[+/-착점], [+/-통과점]에 의한 구분
[+/-가치]에 의한 구분

[도구역]: [+변화, -속성, +형태, +구체성, -피위]
[재료역]: [+변화, -속성, +형태, +구체성, +피위]

[기준역]: [+변화, -속성, +형태, -구체성, -상태]
[이유/원인역]: [+변화, -속성, +형태, -구체성, +상태]
[방향역]: [+변화, +속성, -형태, +위치, +공간, -착점, -통과점]
[경로역]: [+변화, +속성, -형태, +위치, +공간, -착점, +통과점]
[도달점]: [+변화, +속성, -형태, +위치, +공간, +착점, -통과점]
[자격/신분]: [+변화, +속성, -형태, +위치, -공간, +가치]
[시간]: [+변화, +속성, -형태,+위치, -공간, -가치]
[변성]: [+변화, +속성, -형태, -위치, +상태]

6. 남은 문제

'-로'와 관련하여 더 논의가 필요한 것은 대략 아래의 3가지로 정리할 수 있다. 즉 의미역의 계층구조를 어떻게 설정할 것인가, 의미 중복의 문제, 동사의 의미역을 어떻게 나눌 것인가 하는 문제 등인데 여기서는 각각의 문제점을 예시 위주로 제시하는 데 그치고 앞으로의 연구과제로 남겨두고자 한다.

6.1 의미역 계층 구조

동사에 의한 의미역은 일차로 A(T(M(goal/direc/loc/result/cause/.....)V))의 계층을 갖는다.[20] 즉 동사가 행위자역과 대상역 그리고 V의 양상의 역과 결합되어 문자의 의미를 결정지어 가게 된다. 그런데 이들 의미역은 서로 묶여질 수가 있다. 즉 결과(변성, 분할, 선정), 방법(도구/수단/재료) 처소(경로, (방향, 지향점)), 기준(이유, 원인, 자격) 등이 그 예이다.

6.2 의미 중복 문제

원인과 방법의 의미 중복으로 생기는 문제로서 '홍수로 말미암아(인하여) 인명피해가 많았다.'와 같은 경우는 '-로'의 원인의 의미가 약하므로 보충한 것으로 보인다.

---

20) 여기서 A는 행위자역, T는 대상역 M은 local, method, material, cause,....등으로 사건의 변화 양상을 보충하는 역들이다.

ㄱ. 홍수로 인명피해가 많았다. (수단/원인)

ㄴ. 재빠른 대처로 피해가 적었다. (수단)

그런 반면 '*에 말미암아', '*에 인하여'의 경우는 '*홍수에 말미암아(인하여)'의 경우처럼 '-에'의 원인적 의미가 강하므로 중복표현이 되어 문제가 된다. 그 결과 '에'는 원인적, '로'는 수단적 의미로 기운다. 그러므로 '로'의 원인적 의미는 부차적 의미 혹은 전용적 의미로 보인다. 그 외에 의미가 중복되는 경우의 예들을 비교하여 보이면 다음과 같다.

-자격과 방법

ㄱ. 그녀가 며느리로 적합하다. (기준(자격), 수단)

ㄴ. 그녀는 며느리로서 적합하다. (기준(자격))

ㄷ. 이 생선을 횟감(재료)으로 쓰겠다. (자격, 도구)

ㄹ. 그를 회장(자격)으로 뽑다. (자격)

ㅁ. 그를 회장(직위)에 임명했다. (처소)

-자격과 도구

ㄱ. 나는 어쩔 수 없다.

ㄴ. 나로는 어쩔 수 없다. (도구)

ㄷ. 나로서는 어쩔 수 없다. (처소(위치(기준(자격))), 도구)

　　cf.여기서는 멀다(원천)/여기에서는(원천(착점(처소)))

-결과와 도구가 방법으로 중복된다.

ㄱ. 그는 사과를 둘로 나누었다.(결과 방법): 방법(수단(사과→둘(결과)))

　　로 나누다 : *그는 사과로 둘로 나누었다. 사과→둘

ㄴ. 그는 사과를 칼을 가지고 둘로 나누었다.(결과) : 방법(수단(사과→둘(결과)))나누다.

ㄷ. 그는 사과를 칼로 둘로 나누었다.(결과) : 방법(도구(사과→둘(결과)))나누다.

ㄹ. 그는 밀가루를 (가지고) 빵으로 만들었다.(결과) : 방법(수단(재료; 밀가루)→빵(결과))만들다

ㅁ. 그는 밀가루를 빵을 만들었다. 밀가루→빵 : 방법(수단(재료; 밀가루)→빵(결과))만들다

ㅂ. 밀가루로 빵을 만들었다.(재료) 밀가루→빵 : 방법(수단(재료: 밀가루)→빵(결과))만들다

ㅅ. 금이 달러로 변했다.(자동사) (결과(변성)) : '금→달러'

ㅇ. 금으로 달러를 바꾸었다(타동사) (방법(도구)) : '금→달러'

ㅈ. 금을 달러로 바꾸었다(타동사) (방법(도구) 결과) : '금→달러'

6.3 동사의 의미역을 어떻게 나눌 것인가

다음과 같은 경우들을 보면 '-로'에 의해 의미역이 주어지는 것 같아 보이기도 하다.

-동사를 교체할 경우 동사에 의한 의미역 부여

ㄱ. 사과를 (둘로) 나누다.

ㄴ. *사과를 (둘로) 먹다.

ㄷ. *사과를 (둘로) 바꾸다.

-명사를 교체해 볼 때 명사에 의한 의미 부여인지의 문제(도구-결과)

ㄱ. 사과를 셋으로 나누다.

ㄴ. 사과를 손으로 나누다.

ㄷ. 사과를 막대기로 나누다.

ㄹ. *사과를 막대기로 먹다/잡다/두다/놓다/...

-도구-목표의 의미역 부여문제

ㄱ. 그가 빠른 속도로 온다. (도구 방법)

ㄴ. 그가 이리로 온다. (목표)

ㄷ. 그는 회장으로 적당하다. (자격)

-도구재료 방법, 처소, 원인의 의미역 등은 동사에 의해 결정되는가의 문제.

ㄱ. 여기에 온다.: 목표점

ㄴ. 여기로 온다.: 방향

ㄷ. 자전거로 간다.: 수단, 목표

ㄹ. 자전거에 간다.: 목표

ㅁ. 집에 자전거로 간다.: 수단

ㅂ. 학교를 간다.: 목표

ㅅ. 학교에 간다.: 목표

ㅇ. 학교로 간다.: 방향

ㅈ. *나무를 간다.

ㅊ. ?나무에 간다.

ㅋ. 나무로 간다.

〈조일영(한국교원대) 김일환(고려대) 청람어문21 1999.03〉

제 2 장
북한의 언어정책 변화 고찰

1. 서론

　북한에서 언어정책의 철학적 기조는 1940년대 마르의 언어이론에서 1950년대 스탈린의 언어이론, 1960년대 주체사상의 언어이론으로 교체되어 오는 과정에서 언어정책의 기조는 실제로 크게 변하지는 않았다. 그 동안 북한의 언어정책의 성격 규정에 대해서는 몇 가지 견해들이 있어왔다. 고영근(1989)은 소련의 마르-스탈린의 언어이론을 북에 실천하는 과정으로 일괸되었다고 보는 견해에 해당하고, 이상혁(1991)은 주체사상에 의한 사람 중심의 언어 이론을 그들의 역사성과 체제에 맞게 실현시키려는 과정이라고 하는 입장에 해당된다. 또 국립국어연구원(1992)에서는 한편으로는 김일성의 절대적인 체제를 옹호하면서도 한편으로는 민족어의 발전을 꾀하는 이중구조로 이해하고 있다. 이와 같은 견해들의 바탕에는 그만큼 북한사회가 정치적으로나 문화적으로 표면적으로는 큰 변화를 겪지 않았다는 인식이 깔려 있다. 시기적으로 김정일 체제가 들어서기 전이거나 들어선 지 얼마 안 되는 시기에 나온 고찰이므로 당연하게 생각되는 측면도 있다. 그러나 김일성 사망 후 한반도를 둘러싼 여러 가지 복잡한 상황은 북한의 언어정책에 어느 정도 영향을 미치지 않았을까하는 생각이 들게 한다. 여기에는 북한의 경제상황과 외교정책 등으로 미루어 무언가 내부에 변화가 있지 않을까 하는 짐작과 그러한 변화가 혹시 언어정책에도 영향을 미치지 않았을까 하는 생각이 작용한 결과이다. 이 논문은 그런 점에서 북한의 언어정책 변화에 대한 일종의 점검이라는 의의를 지니게 된다.

이 논문에서는 북한의 언어정책을 김일성 시대와 김정일 시대로 크게 구분하여 구체적으로 언어정책에 과연 어떤 변화가 있었는지 김일성 교시와 김정일 담화내용을 중심으로 점검해 보고자 한다.

1.1 북한의 언어관

언어의 본질을 어떻게 설명할 것인가에 대한 관점이 언어관(言語觀)이다. 언어관은 언어 연구의 개척뿐만 아니라, 언어 문제의 해결이나 언어 교육의 경영에도 근본적 관점을 이룬다는 점에서 매우 중요하다.

언어관은 언어가 사회적 교섭을 위한 사고의 도구라는 관점으로, 언어의 전달 매체적 특성을 중요시한 언어도구관(言語道具觀), 사고와 언어가 일원적이어서, 언어가 의미를 낳는 동시에, 언어가 사고를 형성한다는 언어사상일체관(言語思想─體觀), 사고가 언어에서 생겨난 것이어서 언어는 의지나 감정도 지배한다는 언어사상형성관(言語思想形成觀) 등이 대표적이다.

하치근(1993)은 '언어가 가지는 기능을 크게 두 가지로 나누어 본다면, 첫째, 언어를 의사소통의 수단으로 보는 것과, 둘째, 언어를 목적 대상의 관점에서 보는 것인데, 북한에서는 사회주의 언어이론인 도구관에 바탕을 둔 주체적 언어사상을 강조하고 있다'고 지적하였다.

주체적 언어사상이란 민족어의 주체성을 올바로 세우자는 것이다. 즉 언어에서의 자주성과 창조성을 실현함으로써 민족어 안의 사대주의적 요소를 배격하고 언어의 자주성과 인민대중의 창조적 지혜를 발휘하여 민족어를 혁명 발전의 필수적인 수단이 되도록 하자는 것이 그 내용이다. 이러한 언어관은 결국 사회주의 언어이론에 주체사상을 입힌 언어도구관인 셈이다.

사회주의 언어관은 유물론적 언어관으로서 언어를 인간 교제의 수단이라고 했는데 북한에서는 언어가 혁명과 건설의 힘 있는 무기가 되기 위하여 부르조아적이고 복고주의적인 풍조를 배격해야 한다는 전통적 사회주의 언어관이면서도 김일성 특유의 주체적 언어이론을 접목시켜 언어에 사상성을 부여하고 있다. 이와 같은 주체언어이론은 사실상 언어도 미술과 마찬가지로 상부구조적인 사회적 가치가 존재하고 유물사관적인 공산주의 사상이 있다고 생각하는 마르 언어이론에 회귀하는 것과 같은 양상을 보이는 셈이다. 즉 언어가 사상과 감정을 주고받는 단순한 도구나 수단이 아니라 그 속에 메타적인 기능, 초자연적 힘이 있다는 언어형성관에 귀착되는 것이다. 이러한 형성관은 언어 속에 들어있는 정신현상을 인정하여 언어를 사고와 행동의 방법을 가르치는 살아있는 민족정신으로 바라보게 된다. 이와 같은 관점은 다음의 김일성 교시에서 드러나 있다.

우리는 자기의 말과 글을 발전시키는 데서 세계 인민들의 언어발전의 공통적인 방향을 고려하여야 한다. 물론 언어 발전은 세계 공통적인 방향에 접근시킨다고하여 너무 빨리 우리 민족의 민족적 특성을 버려서도 안된다(문

화어 학습 2호, 1968.1-7)

마르의 언어이론은 1950년 '언어에는 이데올로기가 없다'고 비판한 스탈린에 의해 비마르크스적이라는 이유로 빛을 잃게 되었다.[1] 그러나 1966년 김일성교시에서는 이를 주체사상과 연결하여 민족정신을 강조하는 주체적 언어이론의 바탕으로 삼았다. 이와 같은 사정은 김정일의 제1차 담화(1961.5.25)에서 제시된 '주체의 언어리론'을 살펴보면 알 수 있다. 그 내용을 정리해보면 다음과 같다.[2]

첫째, 언어는 민족을 특징짓는 공통성의 하나이다.

둘째, 언어는 민족의 단일성을 나타내는 힘있는 징표로 된다.

셋째, 언어는 경제를 발전시키는 데 이바지하는 힘있는 무기인 것으로 하여 사람들을 더욱 힘있는 존재로 키우는 수단으로 된다.

넷째, 언어는 인민대중을 문화의 참된 주인으로 키워 나가기 위한 힘있는 무기로 된다.

다섯째, 언어는 인민 대중으로 하여금 과학기술을 마음껏 소유케 함으로써 그들이 자주적이며 창조적인 활동을 보장하는 수단으로 된다.

이와 같은 견해는 최정후(1990)에서도 확인된다.

'언어는 사유의 수단이며, 따라서 사유활동은 언어를 기초로 하여 진행된다. 언어 없이는 사상을 형성하고 보존할 수 없을 뿐만 아니라 다른 사상을 받아들일 수도 그것을 자기 사상으로 만들 수도 없다. 또한 사람들의 사유의 과정은 언어에 의하여 진행되는 것만큼 사람들이 무엇을 생각하고 구상할

---

1) 마르는 소련 그루지아출신의 언어학자로 언어의 상부구조적 성질을 확인하고 언어사를 물질문명사와 관련지었다.
2) 남북한 언어비교-분단시대 민족어 통일을 위하여, 전수태 최호철, 1989, 녹진.

때에도 언어에 의하여 진행된다.

언어가 사유의 수단인 것만큼 사상을 습득하여 그 사상을 받아들이고 그
것을 자기 사상으로 공고화하고 신념화하는 것도 언어를 통하여 진행된다.

그러므로 언어는 인민대중이 위대한 주체사상을 학습하고 그것을 자기의
사상으로 만들고 그것을 신조화, 신념화하게 하는 힘있는 무기가 된다.3)

위에서 언급하고 있는 것처럼, 북한에서는 언어를 사회주의 사상을 실
천하는 수단으로서, 민중 혁명(사상혁명, 기술혁명, 문화혁명)과 민족 자주성
실현을 위한 도구로 인식하고 있다. 이러한 언어관은 60년대 70년대 주
체사상과 결합4)하여 북한 특유의 주체적 언어 이론의 토대를 형성하게
된다.

1.2 주체사상과 언어정책

주체사상5)은 북한의 제반 정책에서 핵심을 이루고 있는 중요한 사상

---

3) 친애하는 지도자 김정일 동지의 언어연구, 최정후, 사회과학출판사(평양), 1990.
4) 주체적 언어리론 연구(최정후, 박재수, 1999)에서는 ML주의 언어이론가들은 언어를
   창조하고 발전시키는 주체로서의 사람의 지위와 역할을 과학적으로 설명하지 못하였
   고, 사람의 자주적 요구와 창조적 능력의 관계에서 언어의 본질과 기능을 해명하지
   못하였다고 비판하고, 주체적 언어 이론은 이러한 문제를 독창적으로 해결하였다고
   밝히고 있다.
5) 주체사상이란이란, 북한에서 1960년대-70년대에 확립된 김일성(1912-1994)의 통치이
   념으로서 사람이 모든 것의 주인이며, 모든 것을 결정한다는 철학적 원리에 기초하여
   중요한 문제는 사상에서 주체, 정치에서 자주, 경제에서 자립, 국방에서 주위의 원칙
   을 관철하는 것을 말한다. 또한 주체 사상을 1930년대 항일 빨치산의 무장 투쟁과 연
   계시킴으로서 이른바 혁명 전통으로서의 민족적 자주 독립의 성격이 있음을 부각하
   고 있다.
   김일성의 주체사상은 소련의 ML주의(Marx-Lenin) 혁명사상에 1930년대 항일무장
   투쟁에서 창조했다는 주체형의 혁명이론을 접목시킨 것으로 보이나, 주체형을 인민
   대중의 자주성, 민족의 자결주의로 부각시켜서 ML주의는 그 저변의 토대로 흡수된
   느낌이다(『김정일시대의 북한언어』, 김민수, 1997).

이다. 오늘날 주체사상은 철학 및 북한 체제의 통치 이념의 수준을 넘어 전 인민대중의 일상적 삶의 실천 원리이자 행위 규범의 척도로 받아들여질 만큼 중요한 사상이다. 주체사상은 기본적으로 마르크스-레닌주의를 기반으로 세워진 것으로 보인다. 그렇지만 북한의 통치 집단이나 철학자들은 마르크스주의 철학과의 단절을 강조하면서 '주체 철학은 마르크스주의 철학과는 근본적으로 다른 독창적 혁명철학'이라고 강하게 주장하고 있다.6) 이는 다른 공산권 국가와는 구별되는 독창적 사상을 토대로, 마르크스를 넘어선 민족적 우월성과 독창적 통치 이념을 공고히 하고자 하는 북한 지도층의 의식의 반영이라고 볼 수 있다. 대부분의 문화적, 사회적 요소들이 정치이념과 서로 뗄 수 없는 관계에 있는 북한의 특성상, 이러한 주체사상은 북한 정치의 기본 원리 및 민중들의 삶의 원리로 자리 잡았으며, 따라서 주체사상은 지도층의 정치적 장악력을 공고히 하는 동시에, 언어, 예술, 문학, 철학 등을 망라하는 북한 문화의 전체를 아우르는 중심사상으로 발전해왔다. 그런 흐름을 명료하게 보여주는 자료들이 다음과 같은 김일성과 김정일의 언급들이다.

> '주체사상이란 한마디로 말하여 혁명과 건설의 주인은 인민 대중이며 혁명과 건설을 추동하는 힘도 인민 대중에 있다는 사실입니다. 다시 말하면 자기 운명의 주인은 자기자신이며 자기운명을 개척하는 힘도 자기자신에게 있다는 사상입니다. (김일성, 우리당의 주체사상과 공화국정부의 대회정책의 몇 가지 문제에 대하여, 1쪽)

> 주체사상은 사람이 세계에서 주인의 지위를 차지하고 세계를 개조하는데서 결정적 역할을 한다는 것을 과학적으로 해명한데 기초하여 력사의 주인인 인민대중이 자기운명을 자체의 힘으로 개척해나가는 길을 밝혀주는 혁명

---

6) 『우리시대의 북한 철학』, 선우현, 2000, 책세상.

사상입니다.(김정일, 꾸비신문 <그란마> 사장이 제기한 질문에 대한 답변, 1989,10)

이러한 주체사상을 언어 이론에 반영한 것을, 주체적 언어사상이라고 한다. 즉, 주체적 언어사상이란 언어에 있어서의 자주적이고, 창조적인 입장을 부각시키자는 것으로, 이것은 민족어 안에 들어와 있는 사대주의 적 요소를 철저히 배격하여, 언어의 자주성을 살리면서, 나아가 인민 대중의 창조적 지혜를 발휘하여 민족어를 혁명 발전의 새로운 요구에 적합하게 발전시켜 나가자는, 한마디로 민족어의 주체성을 올바로 세우자는 사상이다.7) 이는 김일성이 항일 독립 투쟁 시기의 민족어의 수호와 발전을 위하여 창시하였다고 한다. 이러한 주체사상을 기반으로 한 북한의 언어정책의 기본적인 방향은 다음의 언급에 잘 나타나 있다.

'당의 언어 정책에는 민족어의 발전과 언어생활에서 주체를 세울데 대한 문제, 민족문제, 과학기술의 발전문제, 언어발전의 국제공통적인 방향과의 관계문제 등을 고려하여 언어문제를 해결하는 원칙, 민족어발전의 방향과 방도, 전망적인 과업과 당면한 과업, 언어발전을 위한 구체적인 방법문제에 이르기까지 언어문제와 관련한 모든 내용들이 포괄적으로, 전면적으로 가장 정확하게 반영되여있다. 따라서 당의 언어정책은 언어문제해결을 위한 확고부동한 강령적 지침이며 민족어발전의 앞길을 열어주는 유일한 라침판이다. 우리당의 언어 정책이 가장 정확한 것은 그것이 위대한 수령 김일성 동지께서 창시하시고 위대한 령도자 김정일동지께서 발전풍부화시켜 나가시는 주체적 언어 사상의 빛나는 구현이기때문이다.'8)

한편 '주체적 언어이론'에 나오는 내용을 구체적으로 살펴보면 다음과

---

7) 통일대비 남북한어의 이해, 김응모, 최호철, 1999.
8) 문화어학습 1, 1995.1.

같이 정리할 수 있다(김민수 편1997; 52-53 참조).

첫째, 언어는 민족을 특징짓는 공통성의 하나로서 민족의 형성과 그의 자주적인 발전에서 중요한 수단이 된다. 또한 언어는 나라의 과학 기술 발전의 힘 있는 무기로 되며 민족 문화의 중요한 형식이 된다. 따라서 자주적인 사상의식과 창조적 능력을 높여 혁명과 건설을 성과적으로 수행하도록 해야 한다. 또한 언어는 문화의 민족적 형식을 특징짓는 중요한 표지가 되므로, 문화의 민족적 특징을 보존하고 그것을 시대의 요구와 인민의 지향에 맞게 발전시켜 나간다는 데서 매우 중요한 역할을 한다고 할 수 있다.

둘째, 언어는 민족문제와 연관된 정치적 문제이다. 따라서 민족의 동질성, 단일성이 언어적 공통성과 같은 민족 공통의 표식을 고수하고 공고히 하여 발전시켜야만 실현될 수 있다. 민족어 발전에서 기본으로 삼아야 할 언어는 평양어이다.

셋째, 민족어 건설에서 가장 중요한 문제의 하나는 어학혁명을 힘 있게 벌려 우리 말속에 침투해있는 외래적인 요소들을 정리하고 언어의 민족적 특성을 살려 민족어를 주체성 있게 발전시키는 일이다.

넷째, 주체의 언어이론은 언어가 경제와, 문화, 과학과 기술의 발전에서 사회주의 건설의 모든 분야에서 힘있는 무기로 된다는 것을 역사상 처음으로 밝힘으로서 언어를 사람의 본질적 속성인 자주성, 창조성, 의식성 그리고 그것의 발현과 결부시켰으며, 따라서 사람을 중심에 놓고 언어를 고찰하려는 새로운 주체적 관점을 확립하였다.

그러면 민족어의 주체성을 똑바로 세우기 위한 방침은 무엇인가? 이에 대해 북한은 다음과 같이 말하고 있다.[9]

첫째, 민족어를 주체성있게 발전시키기 위해서는 외래적 요소를 체계

---

9) 북한의 어학혁명, 22-23쪽.

적으로 정리하고 민족 고유의 말을 살려 언어의 민족적 특성을 최대한
으로 발양시켜야 한다.

둘째, 민족어를 주체성있게 발전시키기 위해서는 민족어 가운데 담겨
있는 낡은 사상, 문화, 도덕, 풍습 등을 직접, 간접으로 반영하고 있는 말
과 표현들, 또한 제국주의의 문화적 침투로 인한 부르조아적 사상, 문화
등을 반영한 말을 철저하게 배격해야 한다.

셋째, 언어는 인민대중에 의하여 창조되었으므로, 민족어 발전에 노동
계급의 광범위한 참여가 있어야 한다.

넷째, 민족어를 주체성있게 발전시키기 위해서는 근로자들 속에서 어
문학지식을 높이고 인민들의 언어생활에서 결정적인 개성을 가져오는
것이 중요한 문제로 교육에 있어서 국어 학습을 강화하여야 한다.

다섯째, 인민들의 언어생활을 새로운 생활양식에 맞게 그리고 혁명발
전의 요구에 맞게 사회주의적 언어생활 기풍을 세우도록 해야 한다는
것이다.

위와 같은 주체적 이론의 토대 위에서 북한의 각종 언어정책이 수립
되고 실천되어 온 것이다.

2. 김일성 시대 언어 정책

2.1 언어 정책에 대한 김일성 교시

언어 정책에 대한 김일성의 1차 교시는 1964년 1월 3일, 언어학자들
과의 모임에서 <조선어를 발전시키기 위한 몇 가지 문제>라는 제목으
로 발표되었고, 제2차 교시는 1966년 5월 14일 <조선어의 민족적 특성

을 옳게 살려 나갈데 대하여>라는 제목으로 발표되었다. 이에는 문자 개혁 문제, 한자어 및 외래서 문제, 단어 형태 표시 문제, 어휘 정리 문제, 언어생활 문제, 언어 교육 문제 등 언어 정책 전반에 대한 김일성의 기본 방침이 담겨 있다. 특히 1964년의 교시는 언어도구관, 언어의 비계급성, 국제어 합류설[10] 등의 스탈린의 언어 이론과 정확하게 합치됨을 보인다. 아래에 제시되고 자료들은 가능한 한 띄어쓰기나 맞춤법에서 북한의 규범대로 옮긴 것이다.

'오늘도 우리의 말과 글은 우리 나라의 경제와 문화, 과학과 기술의 발전에서, 사회주의 건설의 모든 분야에 힘있는 무기로 되고 있습니다. 만일 우리에게 좋은 말과 글이 없었고 그것을 통해 이루어지고 이어받아온 오랜 역사와 문화의 전통이 없었더라면 오늘 우리의 글이 전체 인민에게 널리 보급되지 못하고, 따라서 근로자들의 사상의식과 기술문화수준을 빨리 높이지 못하였다라면 우리는 사회주의건설에서 천리마를 탄 기세로 빨리 나가지 못할것입니다.'[11]
'다음으로 사상적으로 동원하고 사회적 운동을 벌려 모든 사람들이 우리

---

10) 이. 쓰탈린, <맑스주의와 언어학의 제 문제> 쁘라우다, 1950, 스탈린선집3(1965, 평양; 조선노동당출판사> 김민수 1997; 36-37에서 스탈린은 언어의 상부구조적 성질을 확인하고 언어사를 물질문명사와 관련이어서 설명한 기존의 마르언어학이 맑스주의에 비추어서 큰 잘못이라고 지적하면서 다음과 같은 언어관을 제시하였다.
1> 언어는 사람들이 교제하고 사상을 교환하며 상호간의 이해를 달성하는 수단이며 도구이다. 이러한 의미에서 언어는 교제의 도구인 동시에 투쟁과 사회 발전의 도구이다.
2> 언어는 계급성이 없으며, 전인민적인 것이다. 언어를 상부구조로 보고 계급성을 인정하는 마르언어학은 비맑스주의적인 것이다. 언어가 존재하며 또 그것이 창조된 것은 인간 교제의 도구로서 사회 전체에 복무하기 위하여, 즉 사회성원들의 계급적 지위와는 관계없이 그들에게 평등하게 복무하는, 사회성원들에 공통적이며 사회에 유일한 것으로 되기 위해서이다.
3> 사회주의 승리 이루에 공산주의가 되는 날, 수백개의 민족어들로부터 분리해 나온 가장 풍부하고 유일한 지대어가 하나의 공통적인 국제어로 합류한다.
11) 『문화어학습』, 1968. 2호: 1-7.(『북한의 언어정책』, 국립국어연구원, 1992에서 재인용)

말을 올바르게 쓰는 기풍을 세워야 하겠습니다. 힘든 한자어를 쓰지 말고 군중이 알수 있는 쉬운 우리 말을 써야 한다는 것을 당적으로 널리 선전해야 하겠습니다. 힘든 한자어를 쓰지 말고 군중이 알 수 있는 쉬운 우리 말을 써야 한다는 것을 당적으로 널리 선전해야 하겠습니다. ---중략--- 원래 맑스-레닌 주의에 정통한 사람들은 어려운 말을 쓰지 않고도 모든 리론을 알기 쉽게 잘 해설합니다. 그런데 리론을 깊이 알지 못하는 사람일수록 책에서 문구를 따기 좋아하며 힘든 말을 늘어놓아 남이 알아들을수 없게 하는 것입니다.'(문화어학습, 1968. 2호:1-7)

　'우리는 공산주의들입니다. 우리는 자기의 말과 글을 발전시킨데서 세계인민들의 언어발전의 공통적인 방향을 고려하여야 합니다. 물론 언어발전을 세계공통적인 방향에 접근시킨다고 하여 너무 빨리 우리 민족적인 특성을 버려도 안 됩니다. 온 세계가 다 공산주의로 되려면 아마 상당한 시간이 걸릴것입니다. 그러므로 일정한 시기까지는 민족적인 것을 살려야 합니다. (문화어학습, 1968. 2호:1-7)

　물론 김일성 시대의 언어 정책의 문제는 주체사상으로 출발하고 있으며 주체사상에 충실하게 복무하고 있다. 혁명과 건설의 무기인 언어와 언어생활 문제를 풀어나가는데 있어서 주인다운 태도, 자주적 입장과 창조적 입장을 견지하는 것은 사람들의 사회적 실천에서 자주성과 창조성을 높이는 데서 중요한 의의를 가지며 민족어건설에서 사람들의 자주성과 창조성을 높이는 것은 언어와 언어생활에서 주체를 세우는 기본열쇠로 된다고 설명하고 있다.12)

　다음에 김일성시대의 언어정책이 구체적으로 어떻게 진행되었는지 각 분야별로 살펴보겠다.

---

12) 주체사상에 기초한 언어리론, 사회과학출판사, 1975.

2.1.1 국어순화—말다듬기[13]

1964년 교시에서 제기한 한자어와 외래어 문제를 1966년 교시에서 더욱 강화하고 있는데 이는 주체사상이 1966년 교시에서 등장한 것과 관련이 있다.

① 새로 나오는 말들은 우리말 어근에 따라 만드는 것을 원칙으로 하여야 합니다. 단어체계를 고유어와 한자어의 두 체계로하여 복잡하게 만들 필요가 없습니다. 단어는 우리 고유어에 근거하여 하나의 체계로 만들어야 합니다. 다음으로 외래어도 정리해야 하겠습니다. 우리는 될 수 있는 대로 외래어를 쓰지 말고 자기 나라말을 쓰도록 하여야 합니다. (김일성 1964. 1.3.교시 이하 김일성, 1.3교시로 동일)

② 우리는 한자말과 외래어를 고유한 우리말로 고치고 우리말을 체계적으로 발전시켜 나가야 하겠습니다. 우리는 이미 있는 고유어를 찾아쓸뿐만 아니라 고유어로 새말을 만들어 쓰기도 하여야 합니다. 우리는 일본식 한자말을 대담하게 고쳐야 합니다.(김일성, 1966. 5.14교시 이하 김일성 5.14교시로 통일)

2.1.2 표준어-문화어

문화어의 개념은 1966년 교시에 등장한다. 이는 해방 직후 혁명투사들과 애국적 인텔리들이 수령과 당 중앙을 찾아 모여든 혁명의 수도이며 요람지인 평양을 중심으로 하고 평양말을 기준으로 하는 원칙에서 문화어 규범을 세우도록 한 것이다. 교시의 내용은 다음과 같다.

① 우리말을 발전시키기 위해서는 터를 잘 닦아야 합니다. 혁명의 수도이

---

13) 김응모·최호철, 앞의 책 30-35쪽에서 정리한 것을 따름.

며 요람지인 평양을 중심지로하고, 평양말을 기준으로하여 언어의 민족적 특성을 보존하고 발전시켜 나가도록 하여야 하겠습니다. 그런데 표준어라고 하면 서울말을 표준으로하는 것으로 그릇되게 리해할 수 있으므로 그대로 쓸 필요가 없습니다.(김일성, 5.14교시)

② 언어는 민족의 중요한 징표의 하나인데, 남조선에서 쓰고 있는 말이 이렇게 서양화, 일본화, 한자화하다보니 우리말 같지 않으며 우리말의 민족적 특성이 점차 없어져가고 있습니다. 이것은 참으로 위험한 일입니다. 이것을 그대로 두다가는 우리 민족어가 없어질 위험도 있습니다.(김일성, 5.14교시)

③ 북한어 표준어집으로 1968.<현대조선말사전> 제1판(약 5만), 1973. 5. <조선문화어사전>(약 8만)

김일성 5.14교시에서 제시한 문화어 선언은 ③에서 보듯이 현대 조선말 사전과 조선문화어사전으로 실천되었다.

2.1.3 외래어—외국말

1차 교시에서 외래어 정리에 대하여 언급하고 있다. 특히 일본말 등을 가능한 한 우리말을 쓰도록 하고 외래어 표기는 외국어의 발음을 따를 것을 언급하였다. 이와 같은 지침은 역시 2차 교시에 더욱 강조되었다.

① 외래어도 정리해야 하겠습니다. 우리는 될 수 있는 대로 외래어를 쓰지말고 자기 나라말을 쓰도록 하여야 합니다. 물론 외래어를 다 없앨수는 없습니다 외래어를 어느 정도 쓰는 것은 피할 수 없으며 얼마간은 받아들여야 합니다. (김일성, 1.3.교시)

② 다른 나라 고유명사는 일본말이나 중국말로 발음할 것이 아니라 그 나라 발음을 그대로 따르는 것이 좋습니다. 나라이름은 그 나라말로 써야 합니다.(김일성, 1.3교시)

③ 새로들어오는 외래어들은 우리말로 제때에 고치도록 하여야 합니다. 세계적으로 공통적인 용어라면 몰라도 그렇지 않은 것은 우리말로 쓰는 것이 좋습니다. 세계적으로 공통적인 것을 내놓고는 우리말로 써야 합니다. (김일성, 5.14교시)

④ 1969, <외국말적기법>공포 외래어를 귀화어로 축소, 외국말을 외래서에서 구분하여 확대. 고유명사의 원음표기. 1982. <외국말 적기법> 수정 증보 외래어에 관한 문제 역시 교시의 내용이 1969년의 <외국말 적기법>과 1982년의 <외국말적기법>으로 실천되었다.

2.1.4 맞춤법-규범집[14]

1차교시에서는 단어형태를 어떻게 표시할 것이냐에 대한 것을 띄어쓰기의 측면에서 언급하고 있다. 2차 교시에서도 우리글을 보기 쉽게 띄어쓰기를 잘 규정하는 것이 중요하다고 말하고 있다. 또 자모의 수를 지금까지의 40자모로 하는 것이 좋겠다는 언급도 있었다. 이를 근거로 1966년의 「조선말 규범집」이 확정된다.

맞춤법과 관련된 교시내용을 살펴보면 다음과 같다.

① 우리 글자는 네모난 글자이기 때문에 좀 불편합니다. 주로 음을 표준으로 삼았으므로 발음하기는 좋지만 단어형태로 된 것은 아닙니다. 그렇기 때문에 글이 보기가 좀 어렵고 쓸때에 조금만 획을 달리 써도 안되게 되어 있습니다.(김일성, 5.14교시)

② 우리 나라 글에서는 글자들을 죽 늘어놓는 것 같아서 한문이나 구라파

---

14) 남한의 '한글 맞춤법'과 북한의 맞춤법은 개념이 같지 않다. 북한의 '맞춤법'은 단어나 어절의 표기방법만을 다룬 데 비해 '한글 맞춤법'은 한글 표기법 또는 정서법을 다룬 규정이기 때문이다. 그러므로 '한글 맞춤법'은 범위가 더 넓다.

나라들의 글보다 얼핏 보아서는 눈에 잘 들어오지 않습니다. 원래 서양 글처럼 가로 풀어써야 단어 형태가 고정될 것입니다. 단어 형태가 고정되어 있지 않기 때문에 철자법도 어렵습니다. (김일성, 1.3교시)

③ 넓적글자를 가지고라고 띄어쓰기와 점치기 같은 것으로 조절하면 이 문제도 어느 정도 풀릴 수 있을 것 같습니다. (김일성, 1.3교시)

④ 원래 넓적 글자는 가로보는 것보다 내리보는 것이 더 편리하게 된것이지만 잘만 연구하면 가로 읽는데 큰 지장이 없게 할수 있습니다. (김일성, 5.14교시)

⑤ 지금처럼 너무 많이 띄어쓰면 읽기 힘듭니다. 띄어쓰기가 잘 되어있지 않으면 글을 제대로 읽지 못합니다. 우리는 앞으로 띄어쓰기를 잘 고쳐 사람들의 독서력을 올릴 수 있도록 하여야 합니다. 내가 전에도 몇 번 이야기하였지만 띄어쓰기에서는 글자들을 좀 붙이는 방향으로 나가야 합니다. (김일성, 5.14교시)

⑥ 띄어쓰기는 새로 정하려는 규정이 지금 쓰는 것보다는 좀 나은 것 같습니다. 물론 새 규정에도 일부 결함들이 있을 수 있습니다. 우리 학자들이 만든 <조선말규범집>초안은 그대로 내보내는 것이 좋을 것 같습니다.

⑦ 자모의 수를 24자로 하자는 의견과 40자로 하자는 의견이 있는데 글자를 개혁하기 전까지는 지금처럼 40자로 쓰는 것이 좋겠습니다. (김일성, 5.14교시)

⑧ 1966. 6. 국어사정위원회 <조선말규범집> 공포

2.1.5 문자개혁, 한자문제, 국어사전

김일성은 문자개혁과 한글 풀어쓰기를 제안한 김두봉 일파에 대해 언어와 민족문제, 언어와 관련된 과학, 문화의 발전관계, 문자발전의 국제적인 관계 등의 이유를 들어 반대하였다.15) 김일성 1.3교시에서도 이에 대한 언급과 함께 구체적인 지침을 제시하였는데 그 내용을 국어사전, 한자문제와 함께 소개하면 다음과 같다.

① 지난날 언어학 문제, 특히 문자개혁 문제에 대하여 여러번 논쟁이 있었습니다. 어떤 사람들은 문자개혁을 곧 하자고 하였으나 우리는 그것을 결정적으로 반대하였습니다. 우리는 문자개혁을 반대하는 것이 아닙니다. 문자개혁을 하더라도 남북이 통일된 다음에 하여야 합니다.(김일성, 1.3교시)

② 남북이 통일되지 못하였는데 글자를 개혁하면 같은 민족끼리 편지를 하여도 알 수 없게 되고 결국 우리 민족이 갈라지고 말것입니다. 지금부터 글자개혁안을 준비하여 잘되면 고친 글자들을 학교에서 조금씩 가르치게 하는것도 좋습니다. 이렇게 준비하였다가 조국이 통일되면 지금의 네모글자를 없애고 인차 고친 새 글자를 쓸수 있도록 하여야 합니다(김일성, 1.3교시).

③ 한자문제는 반드시 통일문제와 관련시켜 생각하여야 합니다. 지금 남조선 사람들이 우리 글자와 함께 한자를 계속 쓰고 있는 이상 우리가 한자를 완전히 버릴수 없습니다. 만일 우리가 지금 한자를 완전히 버리게되면 우리는 남조선에서 나오는 신문도잡지도 읽을 수 없게될 것입니다(김일성, 1.3교시).

④ 우리는 한자말을 될수록 쓰지 않도록 하면서도 학생들에게 필요한 한

---

15) 1958년 3월 김두봉 일파는 문자개혁을 고집하다가 연안파 사건으로 숙청당했다. 김두봉은 주시경 선생의 문하생으로 중국에서 독립운동을 하다가 1945년 입북, 북한의 정치와 언어학에서 주도적 역할을 수행하였었다.

자를 대주고 그것을 쓰는 법도 가르쳐야 합니다. 남조선출판물과 지난날의 문헌들에 한자가 적지 않게 있는 만큼 사람들이 그것을 읽을수 있게하려면 한자를 어느 정도 가르쳐주어야 합니다. 한자를 가르쳐준다고하여 어떤 형식으로든지 교과서에 한자를 넣어서는 안됩니다. (김일성, 5.14교시)

⑤ 계속 써야할 한자어가 얼마나 되고 버릴것이 얼마나 되는가를 조사하여 버려야 할 것은 대담하게 사전에서도 빼버리는 것이 좋습니다. 그러므로 우리가 쓰지 않을 한자어는 <한자사전>에만 올리고 <조선말사전>에서는 아예 빼버려야 하겠습니다. 과학원에서 만들어낸 <조선말사전>에는 한자어가 너무 많아서 마치 중국의 옥편 같습니다. (김일성, 1.3교시)

⑥ 고유어와 한자말이 뜻이 꼭같을 때에는 고유어를 쓰고 비교적 많이 쓰이고 있는 한자말이라고 해도 그에 맞는 고유어가 있으면 사전에서 빼버리고 고유어를 쓰도록 하여야 합니다. 만일 앞으로 사전에서 빼버린 말들 가운데서 인민들이 계속 쓰는 것이 있으면 그것은 그때에가서 다시 사전에 넣도록하면 될것입니다.(김일성, 5.14교시)

위의 내용들을 들여다보면 일관되게 민족어 보존과 발전이라는 입장에서 추진하고 있음을 알 수 있다. 그러나 이면에는 사회주의를 바탕으로 한 민족통일을 달성한 후 국제어 합류라는 전제를 두고 있음을 유의해야 할 것이다.

2.2 국어 교육

북한에서의 교육은 공산주의 인간개조를 위한 모든 수단을 동원하고 이를 합리화하는 과정으로 요약할 수 있다. 이러한 기본 방향에 따라 그들의 통치이념이 변용될 때마다 교육 기능을 수행하기 위한 정책을 몇 차례 수정, 보완해 왔다. 그러나 근본적인 목표와 방향의 골격은 큰 변함이 없이 그대로 유지되었다. 북한은 <사회주의 교육에 관한 테제>를 발표하고 이를 교육 부분에서의 강령적 지침으로 삼고 있다(리윤만, 1978 참조). 이 테제에서 발표된 교육 정책의 기본 원칙은 다음과 같다.

1) 교육에서의 당성과 노동계급성의 원칙
2) 교육에서의 주체 확립의 원칙
3) 교육과 혁명실천 결합 원칙
4) 교육과 생산노동의 결합 원칙

이상의 원칙은 공산주의 체제 확립에 필수불가결한 도구라고 여겨지는 언어에 관한 교육에서도 동일하게 인식, 실천되고 있다. 북한에서 국어 교과는 공산주의적 혁명 인재 양성이라는 학교 교육의 목적을 달성하기 위한 정치 사상교육을 담당하고 있는 것도 특징적이다. 국토가 분단된 후 오늘날까지, 김일성이 독창적으로 창시, 발전시켰다고 하는 언어와 문학, 예술에 관한 사상과 이론 및 당의 정책을 주된 이념적 바탕으로 하여 학생들에게 혁명적 세계관 형성을 위한 가장 중요한 수단으로 언어 교육을 이용하여 온 것이다.[16]

이러한 북한의 민족어 교육 강화 정책은 구체적으로 다음의 세 가지 방향으로 압축된다.[17] 이는 북한 조선노동당의 언어정책이기도 하다.

1) 해방 후 민족어 교육을 강화하는 것은 우리나라 혁명 발전의 합법칙적 요구.
2) 민족어 교육을 강화할데 대한 우리당의 방침
3) 민족어 교육을 강화할데 대한 우리 당 방침의 빛나는 실현

---

16) 북한의 국어과 교육에 관한 연구, 이인제, 1996, 한국교원대학교 박사학위 논문.
17) 북한의 말과 글, 고영근, 1990, 을유문화사:13.

북한의 국어 교육은 김일성이 항일 혁명 투쟁을 조직, 영도하면서 혁명군 대원들과 혁명적 인민들에게 민족어 교육을 실시하던 경험과 업적들을 오늘의 현실에 맞게 심화, 발전시킨 민족어 교육 사상으로서 해방된 우리 민족에게 민족어 교육을 강화하는 데에 이바지 하였으며, 사회주의, 공산주의 건설 시기의 민족어 교육을 강화하는 데에 크게 이바지 하였다는 주장으로부터 시작한다. 또한 민족어 교육을 강화해야만 인민들이 자신의 말과 글을 수단으로 하여 혁명과 건설을 성과 있게 밀고 나갈 수 있다고 강조한다. 그 방안으로 조선어 교육의 개선 및 강화, 모든 기관에서의 국어 학습의 제도화, 조선말사정의 수정, 참고 서적의 간행, 어문학 교과서의 개편, 어문학 교원의 양성을 들고 있다.

　　또한 북한에서는 민족어 교육의 강화는 혁명과 건설의 합법칙적 요구이며, 해방 후 민족어 교육을 조직적으로 실시한 결과로 일제 침략자들이 뿌려 놓은 나쁜 영향에서 벗어나 새 조국 건설을 위한 기반으로서 역할을 수행해 왔을 뿐만 아니라, 과학과 기술, 경제와 문화를 발전시킬 수 있었다고 주장한다. 남한의 국어과 교육이 의사소통 및 민족 문화 창조의 측면에서 국어과 교육을 강조하고 있는 것과 비교해 다소 정치적이다.

　　김일성의 민족어 교육의 방침은 앞에 언급한 김일성의 두 차례에 걸친 교시를 바탕으로 초등교육, 중등 교육, 고등 교육에 걸쳐 민족어 교육을 체계적으로 진행시킬 것을 계획한 것으로부터, 학교에서 뿐만 아니라 성인학교, 성인중학교 등에서도 체계적으로 실시하였으며, 강의 및 강습을 통하여서도 실천된 것으로 보고되었다. 이렇게 함으로서 문맹 퇴치[18]의 효과를 올렸으며 결과적으로 혁명 과업을 더욱 성과 있게 수행

18) 북한은 1948년에 230만 명의 문맹을 퇴치하였다고 보고하고 있다. 이는 전체 문맹자의 25%에 해당하는 숫자이다. 김일성의 문맹퇴치의 의지는 조선민주주의인민공화국 정부의 정강에 잘 나타나있다. '또한 성인학교, 성인중학교들을 증설하여 성인교육을 광범위하게 실시함으로써 근로자들 속에서 문맹을 퇴치하며 그들의 문화수

하였다고 말한다. 그들은 모든 사업이 민족어를 수단으로 진행되는 만큼 민족어 교육은 다른 교과목에 앞세워야 한다는 것을 강조한다.

특히 북한은 1960년대 김일성 교시 이후에는 이전보다 국어교육을 더 강화하였다. 그들은 김일성의 가르침에 따라 주체적인 조선어 교육을 위한 대책을 마련하였다. 교수 요강을 새롭게 작성하고 우리말의 정리 방향에 따라 교과서를 전면적으로 개편하였으며 국어, 문법, 글짓기, 국어 교수법 등 조선어 과목의 시간수를 늘이는 등 획기적 조치를 취하였다. 이른바 문화어 운동에 순응하기 위한 방향의 국어 교육을 지향한 것이라고 할 수 있다. 이런 방침은 김정일 시대에서도 계속 유지되었다.

이상에서 살펴본 내용은 다음과 같이 정리할 수 있다.

첫째, 분단 이후 현재까지 북한의 국어과 교육은 정치사상 교육을 위해 계획, 실천되고 있다.

둘째, 북한의 국어과 교육은 비판적 언어 이해 교육보다 모방적 언어 표현 교육을 강조하고 있다. 북한의 국어과 교육이 지향하는 최상위 목표는 공산주의적 혁명 인재 양성인 바, 이러한 인재 양성을 위해 북한의 국어과 교육이 강조하고 있는 것은 혁명적으로 세련되고 다듬어진 문화어로 표현된 언어 자료를 외고, 읽고, 쓰는 교육 활동이다.

셋째, 국어과 교육의 계획 및 실천에서 가장 중요하게 고려하는 것이 당성, 노동계급성, 인민성의 원칙이다.

넷째, 남북의 국어과 교육은 추구하는 목표가 다를 뿐 아니라, 남북이 공유하는 교육 내용이 거의 없다. 국어과 교육의 가장 기본적인 교육 내용이어야 할 한글 자모수와 자모의 배열순서가 다르고, 형태는 같아도 의미가 달라진 어휘가 비일비재하다. 문법 용어가 다르고, 문법 규칙에 대한 설명이 다르다. 문학 용어가 다르고 사용하는 용어의 개념이 서로

준을 향상시킬 것입니다.' (북한의 언어문화, 고영근, 1999)

같지 않다. 또한 교수 학습 용어 또한 상이하다.

　다섯째, 북한의 국어과 교육은 지식 교육을 강조하고 있다. 국어과 교육과 관련하여 가르쳐야 할 지식의 내용을 교과서에 직접 드러내어 지도하고 있다(이인제, 1996; 7-8 참조).

2.3 어휘 정리

　국어순화(말다듬기)란 문자 그대로 말을 쉽고 간결하게 그리고 잘 다듬어 쓰자는 운동으로 1960년대부터 시작된 이 운동은 주로 앞서 말한 한자폐지의 여러 가지 부작용을 최소화하고 쉽고 자연스러우며 가능한 한 그들의 혁명적 기풍을 최대한 살릴 수 있는 언어를 쓰자는 일종의 '언어정화운동'과도 같은 것이었다.[19] 이는 김일성의 언어의 주체를 세워야 한다는 주체적 언어사상을 원칙으로 한 김일성의 민족적, 자주적 언어운동이라는 점에서 주목할 만 하다. 이 말다듬기 운동은 주로 단어체계를 다듬을 데에 대한 많은 방침들을 가지고 시행되게 되는데 이에 대해 북한은 하나의 체계로 정리된 단어체계를 가지지 않고서는 언어의 규범화, 언어생활의 개선 등이 잘 되지 않으며 언어체계 전반의 주체적 발전도 실현될 수 없다고 규정한다. 왜냐하면 언어란 무엇보다도 단어의 언어이며 단어체계가 언어의 기본구성요소의 하나를 이루고 있기 때문이며 단어란 또한 낡은 것, 동요하는 것 새로운 것이 가장 많이 반영되기 때문이다.[20] 이러한 북한에서의 말다듬기 운동은 한자어와 외래어의 사용을 지양하고 고유어를 찾아 사용하는 일의 대표적 두 가지 사업으로 진행

---

19) 북한의 어학혁명, 북한언어연구회, 1989, 백의신서:32.
20) 조선로동당정책사 언어부문, 사회과학출판사, 1973.

되었다.

북한에서는 어휘 정리의 문제가 제기된 이유를 우리 민족어 발전의 역사적 특수성과 관련지어 주장한다. 즉, 조선 봉건 시대의 한문 숭상으로 인한 한자어의 침투와 일본 제국주의 식민지 통치 시기의 조선어 말살 정책이 그것이다. 이것들이 우리말 어휘 분야에 미친 영향은 매우 심각한 것이었다고 하여 어렵고 까다로운 한자어와 일본어, 일본식 한자말을 체계적으로 정리하는 것이 우리말을 주체적으로 발전시키기 위해서 필요하다고 하였다.21)

무엇보다도 먼저 한자어에 대한 태도를 바르게 가져야 한다고 주장하고 있다. 새로 나오는 말들은 우리 말 어근에 따라 만드는 것을 원칙으로 하여야 하고 고유어와 한자어의 두 체계로 복잡하게 할 필요가 없으며 학자들은 우리 말 어근이 얼마나 되고 한자어 어근이 얼마나 되는가를 통계 낼 필요가 있다는 것이다. 어떻든 '돈육', '연초', '상엽', '상전' 등은 '돼지고기', '돌다리', '담배', '뽕잎', '뽕밭'으로 고쳐야 하나, 완전히 우리말로 되어 버린 한자어'방', '학교', '삼각형'등은 그대로 쓸 수밖에 없다고 주장했다. 그렇지만 중국말을 발음만 바꾸어서 '공작보고', '화차잠', '공인계급' 등으로 쓰는 것은 안 되고 이는 '사업보고', '정거장', '로동계급'으로 고쳐 써야 한다는 것이다(국립국어연구원 1992, 33).

외래어 정리에서도 마찬가지 입장을 보인다. 새 단어를 만들 때는 가

---

21) "지난날 반동통치배들의 사대주의적, 민족허무주의적 립장과 외래침략자들의 민족어말살정책이 후과로 하여 우리 말에는 부정적인 외래적언어요소가 적지 않게 섞이게 되었으며 고유한 우리 말 어휘들이 묻히거나 없어지는 한편 우리 말 어휘구성에는 비문화적인 요소들도 섞이게 되었다. 이리하여 우리 말 단어체계는 하나의 자주성있는 체계로 발전하지 못하였으며 복잡성을 띠게 되었다. 따라서 어휘구성의 복잡성을 가지고 하나의 자주적인 체계로 단어를 발전시키는 어휘정리사업은 주체적인 언어발전을 위한 기본문제로 된다." (주체사상에 기초한 언어리론, 사회과학출판사, 1975: 115).

능한 고유어를 적극 찾아서 쓰고 고장 이름이나 어린이 이름도 될 수 있는 대로 우리말로 바꾸어야 한다고 했다. 예를 들어 '쓰리빠', '즈봉'과 같은 일본식 말은 '끌신', '양복바지' 등으로 고쳐야 하고 '에끄자멘', '템포' 등의 외래어는 '시험', '속도'등으로 바꾸어야 한다고 주장한다. 그러나 외래서라도 특수 과학기술용어는 그대로 사용하는데, '선반', '뜨락또르', '타닝반' 등의 용어들은 그대로 사용하도록 하고 있다.

또한 이러한 외래어, 한자어의 문제에 대하여 남한을 신랄하게 비판하고 있는데, 미국식 영어와 일본말, 그리고 한자말이 뒤섞여 된 서울말은 썩어빠진 부르죠아 생활 풍조가 풍기고 고루한 색채가 짙은 퇴폐적인 말이기 때문에, 현대의 요구에 맞지 않는 말이라고 주장하고 있다.[22]

이와 같은 방침아래 북한은 1966년 내각직속 국어사정위원회와 사회과학원 국어사정지도처 및 어학연구소 산하 18개 전문용어분과위원회를 동원 <의약>, <금속>, <생물학>, <자연과학>, <건설수리>, <전기계산>, <경공업>, <상품이름>, <광업>, <문학예술>, <사회과학>, <체육>, <수산해양>, <운수>, <지질>, <임학>, <일반어>에 이르기까지 광범위한 용어들을 매주 2-3회 걸쳐 노동신문이나 기타 신문지상에 게재함으로서 독자들의 의견을 모으고 이를 토대로 보다 자연스럽고 적절한 용어들을 선택하고자 했다. 이러한 말다듬기 운동은 후에 '문화어운동'이라는 이름으로 보다 강화되고 체계화되게 되는데 말다듬기 운동을 언어정화운동이라고 한다면 문화어운동은 언어순화운동쯤으로 생각할 수 있겠다.

---

22) 사회과학출판사(1975, 81)참조: "문제는 남조선에서 쓰고 있는 말에 있습니다. 지금 남조선 신문같은 것을 보면 영어나 일본말을 섞어쓰는 것은 더 말할 것도 없고 한자말은 중국사람들도 쓰지 않는것까지 망탕쓰고 있습니다."

2.4 문화어

김일성 1차 교시에서는 문화어에 대한 언급이 없었다. 그러나 2차 교시의 핵심은 '문화어 선언'과 그 보급방법에 대한 언급이다. 문화어 운동에서 주목할 만한 것은 '문화어'라는 용어에 있다. 김일성은 표준어라는 말이 서울말을 칭하는 것으로서 오해의 소지가 있다며, 혁명의 수도인 평양 말을 중심으로 하여 발전해 온 말인 '문화어'라고 부르는 것이 바람직하다고 설명하고 있다.[23] 문화어는 사회주의, 공산주의 건설 시기에 언어 발전의 합법칙성에 맞게 발전시키고 세련화 시킨 우리 민족어의 최고 형태라고 주장한다. 사회주의 사회의 언어 발전의 합법칙성에 맞게 건설된 사회주의적 민족어이며 그 전형인 문화어는 자연적으로 된 것이 아니라 근로 인민 대중이 목적의식적으로 건설한 세련된 언어라고 한다. 먼저 문화어에 대한 정의를 살펴보면,

'문화어: 사회주의 건설시기 주권을 잡은 로동계급의 당의 령도밑에 혁명의 수도를 중심으로 하여 이루어지는 로동계급의 계급적 지향과 생활감정에 맞게 혁명적으로 세련되고 문화적으로 가꾸어진 언어. 전체 인민이 규범으로 삼는다. 우리 문화어는 우리 당과 우리 인민의 위대한 수령 김일성동지의 주체적인 언어사상과 그것을 구현한 우리 당의 올바른 언어정책에 의하여 해방 후 공화국 북반부에서 혁명의 수도 평양을 중심지로 하고 평양말을 기준으로 하여 이루어진 주체적으로 발전한 아름

---

23) "서울말은 남존여비사상 썩어빠진 부르죠아적 생활이 지배하는 말로서… 오늘 남조선방송에서는 여자들이 남자에게 아양을 떠는 코맹맹이 소리를 그대로 쓰고 있으며… 그것마저 고유한 우리 말은 얼마 없고 영어 일본말 한자어가 반절이나 섞인 잡탕말이다… 우리는 혁명의 참모부가 있고 정치 경제 문화 군사의 모든 방면에 걸치는 우리 혁명의 전반적 전략과 전술이 세워지는 혁명의 수도이며 료람지인 평양을 중심지로 하고 평양말을 기준으로 언어의 민족적 특성을 보존하고 발전시켜나가도록 하여야 하겠습니다"(김일성 저작선집 20권),

다운 언어로서 조선민족어의 전형이다.'24)

'사회주의적 민족문화가 찬란히 꽃피고 천리마 진군의 장엄한 투쟁이 힘차게 벌어지고 있는 평양의 말은 오늘 전투적이고 박력있는 씩씩한 언어로 계급적 내용을 담은 사회정치적 술어와 표현, 전진투쟁 또 전진하는 로동자들의 기상에 어울리는 문체들로 풍부화되었다. 그리고 그것은 혁명하는 조선인민의 사상감정을 잘 나타낼수 있는 사회주의 혁명과 건설시기의 민족어로 되었다. 오늘의 문화어- 평양말은 바로 이러한 점에서 남반부의 <서울말>과는 질적으로 다르다. 문화어는 조선인민의 유구한 력사와 더불어 발달하여온 조선민족어의 훌륭한 모든 요소들을 이어받아 인민적 입장에서 다듬고 가꾸어온 가장 규범적이며 문화적인 언어이다.'25)

즉, 문화어 정책은 평양 말을 기초로 하여 언어를 재정비하고, 언어생활에 관한 철저한 규범을 제시한 것으로 풀이된다. 이를 구체적으로 요약해 보면 다음과 같다.

첫째, 말소리에서는 평양 말소리를 기준으로 하여 발음과 화술, 말씨와 말투를 바로잡아 서울말 말소리에서 보는 바와 같은 외국말 식 발음 요소의 침습을 막고 우리 말 말소리의 고유성과 순수성을 확고히 보장할 수 있도록 하였는데 이는 1966년과 1988년의 <조선말표준발음법>에 고착되었다.

둘째, 어휘분야에서는 전 인민적 운동으로 전개된 어휘정리사업에 의하여 까다롭고 어려운 한자말과 외래서가 비규범적인 것으로 인정되어 정리 대상으로 되었으며 고유한 말, 다듬은 말이 규범적인 것으로 등장하여 어휘체계를 이루었다. 또 어휘규범은 어휘의 의미가 사회 정치성이

---

24) 현대조선말사전, 1981:1007.
25) 문화어 학습, 1968, 창간호.

나 혁명적 요구에 맞게 세련되고 풍부화 하는 데서도 나타났는데 이들 의미는 <현대조선말사전>, <조선문화어사전>, <현대조선말사전-제2판> 등의 사전에 반영되어 있다.

셋째, 문법은 <조선어문법>(1960), <조선어문화어문법규범>(1976), <조선문화어문법>(1979) 등의 편찬으로 문법 규칙 전반이 새롭게 체계화되었으며 동요하던 문법적 형태들이 과학적 토대 위에서 통일성을 띠고 고착되게 되었다.

넷째, 서사 규범도 통일적으로 정립되었다. 1949년의 <조선어신철자법> 1954년의 <조선어철자법>, 1956년의 <조선어철자법사전>, 1966년의 <조선말규범집> 1988년의 <조선말규범집>으로 맞춤법, 띄어쓰기, 문장부호법 등이 확고하게 고정되었고 여러 가지로 동요하던 다른 나라 이름과 수도 이름, 외국말 용어들이 <외국말적기법>으로 정착되었다(국립국어연구원 1992; 22).

이러한 문화어 운동은 신문을 통한 지상토론과 평론, 질의응답의 방식으로 다듬은말, 학술용어, 한자어, 외래어 등을 대상으로 적극적인 보급이 전국적으로 전격적으로 전개되었다.

3. 김정일 시대 언어정책

김정일의 언어 이론은 대체로 김일성의 주체사상 및 언어정책을 계승하고 있으며, 부분적으로는 언어 정책 전반에 걸쳐 주체사상의 발전이라는 차원에서 현실적으로 지양 내지 반전의 경향을 나타내고 있다는 것이 학자들의 일반적인 견해이다.[26] 김정일 시대는 정치적, 철학적으로

---

26) 김정일시대의 북한언어, 앞의 책:42.

김일성이 터를 잡아 놓은 주체사상이 견고해지고, 다져지는 시기라고 볼 수 있다. 따라서 김정일의 언어 이론은 주체사상, 즉 주체적 언어이론을 완성, 발전시켜가고 있는 것으로 보인다. 즉 김정일의 언어 정책 및 사상은 주체적 언어 이론을 심화시키고, 실천적 자세를 보일 수밖에 없다. 이는 김일성 사후 소위 유훈통치라는 형식의 정치적 상황 속에서 더욱 그럴 수밖에 없을 것을 감안해야 한다.27) 이러한 상황은 다음의 자료에서 확인된다.

'친애하는 지도자 김정일동지께서는 혁명과 건설의 주인은 인민 대중이며 혁명과 건설을 추동하는 힘도 인민대중에게 있다는 위대한 주체사상으로부터 출발하시어 우리 시대가 제기하고있는 언어문제를 비롯하여 아직까지 옳은 해명을 보지 못하고있던 모든 문제에 대하여 전면적이고도 완벽한 과학적해명을 주시였다.

우리 시대는 지난날의 력사적시대와는 근본적으로 구별되는 새 시대, 지난 날 착취받고 억압받던 근로인민대중이 력사의 주인으로 등장하여 자기 운명을 자주적으로, 창조적으로 개척해나가는 자주성의 시대이다(후략)(최정후 1990).

3.1 김정일의 언어이론

김정일의 언어관은 최정후(1990)에 잘 드러나 있다. 이는 주로 김정일

---

27) 고영근, 북한의 언어문화, 1999에서는 김정일 언어이론의 특수성을 다음과 같이 정리하고 있다.
　가. 언어와 언어 행위의 본성과 특성을 새롭게 천명함
　나. 언어는 혁명과 건설에 무기라는 사실을 체계화함
　다. 언어는 사람들의 목적 의식적 작용에 의해 발전함
　위에 제시한 특수성의 세가지 항목은 김정일 시대에 특별하게 제시된 문제라기 보다는 김일성의 언어이론이 함축하고 있었던 내용이라고 보는 것이 좋을 듯 하다.

의 1973년 「영화예술론」의 내용을 발췌하여 설명한 것이다. 특별히 새로운 것은 없으나 김정일의 언어이론으로 소개되고 있다. 이를 토대로 김정일 언어 정책의 기초적 언어이론을 살펴볼 필요가 있다.

김정일은 언어의 본질에 대하여 말하기를 사람들의 사상 감정을 나타내고 전달하는 기본 수단으로 말과 글을 수단으로 하여 사람들이 관계를 맺고 자연과 사회를 개조하는 특수한 활동일 뿐 아니라, 혁명과 건설의 힘 있는 무기로서 자주성을 실현하고 옹호하기 위하여 사람들의 언어 실천 활동, 사람들의 정신적, 물질적 생활의 모든 영역에 걸쳐있다고 설명한다.

언어와 민족의 관계에 대하여는 언어는 민족형성에 가장 중요한 징표이며, 민족이 존재하는 한 민족을 특징짓는 가장 영속적인 징표가 된다고 하였다. 즉 언어는 그 발생 기초부터 어떤 특권층의 독점물이 아닌 전체 인민에게 동일하게 주어지는 민족공동의 소유물이라는 것이다. 언어가 민족성을 형성하고 높이 발양시키는 데서 중요한 역할을 하게 되는 것은 언어가 사상체현의 기능과 민족적 유대를 강화하는 역할을 수행하기 때문이다. 언어를 떠나서는 사람들이 그 어떤 사회적 관계를 맺을 수도 없고 민족의 존엄과 이익을 수호하기 위한 목적아래 민족 성원들을 하나로 묶을 방법도 없다고 강조하였다.

앞에서도 계속 언급한 바와 같이 북한의 언어관은 공산주의 혁명의 가장 중요한 무기이자 도구로서 언어를 보고 있다는 점이다. 따라서 민족어를 주체적으로 계승하고 발전시키는 일은 사회적으로나 정치적으로 북한 사회를 존속, 발전시키는데 중요한 원동력이 된다. 김정일의 시대에도 이러한 입장은 변함이 없다.

김정일은 언어를 발전시키는 요인을 객관적 요인과 주관적 요인으로 나누어 설명하고 있다.

객관적 요인에는, 자본주의에서 사회주의로의 사회체제의 변화발전, 국가의 발생 발전, 문학예술과 출판보도물의 발전, 과학기술의 발전, 학교교육의 발전 등이 있으며, 이러한 언어 발전에 영향을 주는 것 중에서 가장 중요한 것은 학교 교육의 발전, 즉 학교 교육에서 모국어 교육을 강화하는 것이라고 주장한다. 모국어 교육을 위한 가장 중요한 시기는 초등학교와 중등학교 시기이며, 사람들은 바로 이 시기에 언어생활에 필요한 어휘와 표현들을 습득하고, 세련시키며, 글짓기 능력을 심화시키게 된다고 하였다. 그러므로 학교는 민족어를 발전시키기 위한 중요한 거점이며, 학교를 중심으로 학생들을 문화어로서 언어생활을 하게 함으로서 문화어를 보급하고 방언의 차이를 줄이는 한편, 구두어와 서사어의 간격을 좁히게 하여야 한다고 보고 있다.

또한 언어 발전에 작용하는 주체적 요인으로서 가장 중요한 존재는 인민대중임을 강조하고 있다. 세상에서 가장 힘 있는 존재인 인민대중이 언어를 창조하고 발전시키는데 결정적 역할을 하게 된다. 고로 언어를 보다 발전시키고 세련시키는 사회적 요구와 지향을 제기하는 것도 인민대중이며 그것을 실현하는 것도 인민대중이다. 왜냐하면 인민대중은 언어발전법칙을 인식 파악하고 그것을 유리하게 이용하여 언어를 신속하게 발전시킬 수 있는 능력을 소유하고 있기 때문이라고 설명한다.

요컨대 김정일의 언어이론은 김일성의 언어이론보다 특별히 다르다고 할 만한 것은 없고 보다 더 구체화, 상세화 하고 있는 것이 특징이라면 특징일 수 있다고 하겠다.

3.2 언어에 관한 김정일 담화

앞에서 살펴 본 김정일의 언어이론이 구체적으로 드러난 것은 주로 김정일의 담화 형식을 통해서인데 이를 뒤에 다른 학자들이 체계화하여 이론을 수립하는 방식으로 진행된다. 김정일의 담화라고 소개된 자료를 다음에 보인다. 언어에 관한 김정일 담화로는 1961년 5월 25일 '언어생활에서 주체를 세울 데 대하여'라는 주제로 김일성 종합대학 학생들과의 담화, 1963년 10월 25일 '언어생활에서 문화성을 높이자'라는 제목의 역시 김일성대학 학생들과 한 담화가 있다. 1964년에는 1월 6일, 그리고 2월 20일 두 차례 담화가 있었는데, 각각 '조선어의 주체적 발전의 길을 밝혀준 강령적 지침', '언어와 민족문제'에 관한 것이었다. 담화의 내용을 요약하면 다음과 같다.

a. 1961년 5월 25일, 언어생활에서 주체를 세울 데 대하여,

언어생활에서 주체를 세우는 것이란 자기 민족의 고유한 말과 글을 적극 살려 쓰며 인민대중의 지향과 요구, 사상 감정과 정서 맞게 말을 하고 글을 쓰는 것이다.

언어는 민족을 특징짓는 중요한 징표이며 민족을 이루는 기본 성원은 근로하는 인민대중이다. 사람의 모든 교제가 언어를 통하여 진행되는 것인 만큼 혁면 투쟁과 건설사업도 언어생활과 떨어져서는 진행될 수 없다. 언어생활에서 주체를 세우는 것은 인민의 민족성을 고수하고 높이 발양시키기 위한 중요한 요구이다. 우리말과 글을 적극 살려 써야 하며. 외래어나 한자어 같은 사대주의적 표현은 불식시켜야 한다.

언어생활에서 주체를 세우기 위하여 해결하여야 하는 문제는 다음과 같다. 첫째, 언어 사용의 입장과 관점을 분명히 해야 한다. 주체적인 사상관념, 주체적인 입장과 태도를 가져야 한다. 이것은 당적이며 노동계급적이며 인민적인 입장과 관점이다. 둘째, 우리 민족어의 우수성을 알고 고유한 우리말

을 적극 살려 써야 한다. 셋째, 규범적인 평양 말을 써야 한다. 넷째, 한자어와 외래어를 함부로 쓰지 말고 고유한 우리말을 살려 쓰기 위한 사업을 사회적 운동으로 벌여야 한다. 대학생을 비롯한 인테리들의 역할이 중요한다.

b. 1963년 10월 25일, 언어생활에서 문화성을 높이자.

언어생활에서 문화성을 높여야 한다. 문화성 있게 말을 하고 글을 써야 사람의 인품도 높아지고 고상한 도덕적 기풍을 세워나갈 수 있다. 언어생활에서 문화성을 높이는 것은 우리말의 우수성을 더 높이 발양시키는 데서도 중요한 의의를 가진다.

언어생활에서 문화성을 높이기 위해서는 아름답고 순수한 우리말을 잘 알고 써야 한다. 또한 공산주의적 도덕 교양의 요구에 맞게 예의를 나타내는 표현을 살려 쓰는 한편, 대학생들은 언어생활에서 다른 사람들의 본보기가 되어야 한다.

c. 1964년 1월 6일, 조선어의 주체적 발전의 길을 밝혀준 강령적 지침

언어는 민족을 특징짓는 공통성의 하나이며 나아의 과학과 문화를 발전시키는 힘있는 무기라는 김일성 교시는 언어 현상에 대한 주체적인 입장에서 출발하여 언어의 본질과 기능을 새롭게 천명하였다. 우리의 고유한 말을 기본으로 하고 사회주의를 건설하고 있는 평양을 기준으로 하여 우리의 언어를 발전시켜야 한다. 또한 인민대중은 언어의 참다운 주인이며 향유자이다. 사회의 모든 성원이 올바른 입장과 관점을 가지고 말을 정확히 쓰는 기풍을 세워나가야 한다.

d. 1964년 2월 20일, 언어와 민족문제

언어는 민족을 특징짓는 가장 중요한 징표이다. 언어와 문자의 공통성을 보전하여야 조선민족의 단일성, 동질성을 지킬 수 있다. 남한 및 일본의 이른바 두개 <기원설>은 우리 민족어의 단일성을 부인하려는 언어도단이다. 우리 민족은 하나의 핏줄을 가지고 하나의 언어를 쓰면서 살아온 단일 민족이다.

언어자료에 대한 발굴 정리 사업을 잘하여 자료집과 사전을 만들어야 한다. 방언 연구에 주의를 돌려야 하고, 발해어에 대한 연구를 하여야 한다. 조선어의 기원 문제 해명을 위해 우리말의 어원을 밝혀야 하며, 우리 민족과 역사적으로 접촉이 있었던 주변 민족들의 언어에 대하여 관심을 돌려야 한다. 김일성 교시를 철저히 관철해 나가야 한다.

e. 언어 형상에 문학의 비결이 있다. 〈주체문학론〉 발췌, 1992(문화어학습 2호, 3-8)

문학은 언어의 예술이다. 언어의 탐구와 형상에서 주체적 입장을 확고히 견지해야 한다. 인민대중의 의사와 요구에 맞는 언어를 탐구하고 살려 써야 한다. 인민이 늘 쓰는 '입말'작품에 적극 받아들이는 것이 중요하다. 문학의 언어는 알기 쉬워야 하며, 문화적이어야 한다. 또한 문학의 언어는 정확, 간결, 명료해야 한다. 고유한 우리말을 적극 살려 쓰고, 외래어와 한자어를 될 수록 다듬은 우리말로 바꾸어야 한다. 평양의 문화어를 적극 살려 쓰는 한편, 김일성의 혁명적 문풍을 따라 배워야 한다. 언어 탐구와 형상에서 사실주의의 원칙을 지켜나가야 한다.

3.3 김정일의 언어 정책

김정일의 언어정책은 앞에서 언급한 것과 같이, 김일성의 언어 정책과 일맥상통하고 있다. 김일성의 언어정책의 기조와 노선에 충실히 복무하고 있으며, 다만 김일성 언어 이론과 정책을 개념화하는 한편, 방법론적으로 세련화 하고 있다. 즉 김정일은 김일성의 주체사상을 '주체적 언어리론'이라는 명목으로 자주성, 창조성, 의식성의 차원으로 확대 발전시킴으로써 방법의 수준에서 인간의 본질적 속성으로 개념화하게 되는 것이다.

이런 배경에서 언어정책에도 소위 '우리식 사회주의'를 정당화하기 위한 노력이 반영되었다. 그러나 언어의 주체는 근로 인민이므로 모든 언어생활은 근로 인민의 수준에서 쉬운 말로 이루어져야 하며, 그렇게 함으로써 언어가 그들이 바라는 사회주의 건설에 적극적으로 이바지하도록 하여야 한다는 김일성의 언어 정책과 크게 다르지는 않다. 오히려 이를 위하여 김일성이 도입한 제3세계 중심의 민족개념을 한민족으로 축소시켜서 '우리민족제일주의'를 주장하게 되는데 이는 서구적 개념의 민족주의를 배제하고 사회주의적 애국주의에 기초하여 민족주의 문제를 해결하고자 하였다.

그러나 그러한 정책의 방향은 결과적으로 서구적 의미의 민족주의와 사회주의적 애국주의 간의 구분이 명확하지 못하다는 문제를 안고 있으며 수령론과 '우리식 사회주의'를 정당화하고 통일문제에 대한 입지를 강화하려는 목적으로 해석될 뿐이다.

결국 이 시기에 이전 시기와 달라진 점은 크게 눈에 띄지 않으나 민족문제와 밀접히 연관짓고 '우리식 사회주의'를 강조하였다는 점을 말할 수 있겠다.

3.3.1 문화어 건설

김정일의 문화어 건설에 대한 정책은 그 필요성이나 목적, 그리고 방법론적 문제에 있어서도 김일성의 그것을 그대로 따르고 있다. 김정일은 우리나라 역사 발전의 특수성과 관련하여 오래전에 우리 말 속에 침투된 외래적 요소들의 수는 대단히 많았다고 하면서 한자말을 비롯한 외래어들 가운데서 적지 않은 수가 우리 말 어휘 구성 속에서 공고한 자리를 차지하고, 인민들의 언어 교제에 적극적으로 이용되고 있으며, 심지어 어휘구성에 있어서 기본어휘뿐만 아니라 새로운 어휘를 파생시키는 새말 조성적 기능까지 수행하고 있다고 주장한다. 따라서 이러한 언어생활을 방임하는 것은 민족고유어의 축소 나아가 우리말의 민족적 특성을 잃어버리는 결과를 낳을 것이라고 본다.

또한 문화어 건설의 필연성은 해방 후 남한의 언어적 상황에 대한 비판적 인식에서도 찾을 수 있다.

'지금 남조선에서는 우리 민족의 고유한 문화전통과 미풍량속이 여지없이 짓밟히고 우리 말이 한심한 지경에 이르고 있습니다. 남조선에서는 간판이나 상품광고들을 외래어로 써붙이고있으며 출판보도물에도 외래어를 많이 쓰고있습니다. 이대로 계속 나가다가는 통일이 된 다음 북과 남에서 살던 사람들이 서로 만나도 말이 잘 통하지 않을 수 있습니다. 우리는 미제와 그 주구들의 민족문화 말살정책을 반대하여 견결히 투쟁하여야 합니다.'[28]

3.3.2 언어생활

김정일 역시, 한자말과 외래어의 극복이라는 언어생활에 있어서 주체성 확립의 문제에 관하여 깊은 관심을 보인다. 그래서 언어생활에 주체를 세울 것을 강조하고 이를 위해 언어사용의 입장과 관점을 분명히 할 것, 우리 민족어의 우수성을 알고 고유한 우리말을 적극 살려 쓸 것, 규범적인 평양말을 쓸 것 등을 구체적인 실천항목으로 제시하였다. 한문투의 말, 일본말의 찌꺼기, 일본식 한자말들을 민족고유의 말로 정리할 것을 주장하고 있다. 민족 고유의 말을 옳게 살려 쓰는 방도에 관한 두 가지 방안을 다음과 같이 제시하였다.

첫째, 자기 나라 말을 모르면서 남의 나라 말을 좋아하며 자기 민족의 말을 쓰지 않으면서 남의 말을 즐겨 쓰는 사람은 유식한 사람도 아니고 문명한 사람도 아니고, 그 반대가 된다는 것을 확실히 인식시켜야 한다.

---

28) 친애하는 지도자 김정일동지의 언어연구, 앞의 책, 48.

둘째, 어휘 정리 사업을 통해 다듬어진 고유한 우리말을 적극적으로 받아들여 쓰는 것인데, 민족 고유의 말이 인민의 언어생활의 기본을 이루며 이를 적극 살려 쓰는 것은 언어생활에서 주체를 세우기 위한 결정적 담보가 되기 때문이라고 주장하였다.

한편 김정일은 이른바 '우리식 언어생활'을 강조하였다. 즉, 언어생활을 당의 요구와 사상 감정에 맞게 우리식으로 할 것을 말한다. 이는 남의 언어생활을 모방하지 않으며 혁명과 인민의 이익에 맞게 창조적으로 언어생활을 해 나간다는 것을 말하는데 이를 위하여 다음의 몇 가지를 제시하고 있다.

첫째, 본래 노동 계급의 언어생활은 사람들의 자주성을 옹호하고 실현하며 당과 혁명의 이익, 노동 계급과 근로 인민 대중의 이익을 본성으로 하고 있으므로 노동 계급은 말과 글에서 당 정책적 선을 철저히 세우고 당성을 철저히 지켜가야 한다.

둘째, 노동 계급의 이익을 옹호하여 그들의 지향에 맞게 언어 실천 활동을 하는 것이다. 다시 말하며 언어생활에서 노동 계급적 선을 세우는 것이다. 이를 위해서는 무엇보다도 노동자, 농민의 말에 대한 올바른 관점을 가지는 것이 필요한데 이를테면 노동자, 농민의 말이 투박하다거나 거칠어서 문화어로서는 적절하지 않다는 생각부터 고쳐야 한다. 다음은 계급투쟁의 힘 있는 무기로서의 말과 글의 기능이 언어생활에서 철저하게 반영되도록 하여야 한다.

셋째, 건전한 언어생활을 하도록 하여야 한다. 뜻이 모호하고 까다로우며 사람들의 건전한 사상 의식을 좀먹는 말을 함부로 해서는 안 된다.

또한 김정일은 언어생활에서 통속성과 문화성을 강조하고 있는데, 언어생활의 통속성을 보장하기 위해서, 언어생활에 대한 올바른 관점과 입장을 가질 것, 인민 대중이 늘 쓰는 말을 사용할 것, 알기 쉽고 까다롭지 않은 어휘와 표현들을 쓸 것, 문법을 잘 지켜 쓰고, 언어생활을 대상과 논리에 맞게 할 것 등을 말하고 있다. 또한 문화성의 문제에 관해서는, '소모님', '소인', '선생질' 등의 낡고 저속한 말을 피하고 도덕적으로 고상한 말을 사용할 것, '모가지', '대가리' 등의 야비하고 몰상식한 말과 표현을 하지 말 것, 반말과 농질을 하지 말 것, 군말이나 빈말을 극복할 것, 말투와 말솜씨를 바로 가져야 하며 말에서 틀을 차리지 말아야 할 것, 언어생활에서 문화성을 보존하기 위하여 교육기관에서 문화어 교육을 강화하고 사회적으로도 문화어를 쓰기 위한 사업을 도덕 교양 교육과 함께 힘 있게 벌일 것 등을 주문하고 있다.

위에서 살핀 언어생활의 강조는 노동자 계급을 위한 언어생활이며 이는 주체적 사회주의 건설에 필수적임을 의식한 것이다.

3.3.3 조선어 역사와 언어학에 대한 관심

김정일은 1964년 담화에서 민족어 문제를 언급한 바 있다.[29] 언어는 민족을 특징짓는 가장 중요한 징표로서 민족의 동질성, 단일성을 지킬 수 있다고 하면서 이를 위해 조선어의 기원, 발해어에 대한 연구, 주변 민족들의 언어에 대한 관심, 방언연구 등을 강조하였다. 그러나 이러한 분야에 대한 연구도 역시 주체성을 확립하는 방향에서 진행되어야 하는데 이는 김일성 교시를 철저히 관철해 나감으로써 가능하다는 주장을 내세웠다.

---

29) 문화어 학습(1995년 2호, 3-4).

4. 결론

지금까지 김일성시대와 김정일 시대의 언어정책을 김일성 교시와 김정일 저작 및 그에 대한 논문 중심으로 살펴보았다. 김정일 시대를 이전 시대와 비교해 볼 때 대체로 김일성의 주체사상에서 벗어나지 않으며 눈에 뜨이는 것은 '조선어의 단일기원설'[30]로 북한학자들이 현재까지 주장하고 있는 정도이다. 북한의 언어정책은 그 사회의 특성상 정책연구자들의 연구로 이루어지지만 중요한 언어정책의 방향은 대개 교시나 담화의 형식으로 공표된다. 그리고 이를 실천하기 위한 구체적인 작업들은 사회과학원의 이론적 저작물을 통하여, 언어생활에 대한 구체적인 지침은 조선어문이나 문화어 학습을 통하여 대중들에게 전파되는 형식을 취하는 것이 일반적이다. 따라서 김일성과 김정일의 교시나 담화는 사실상 북한의 언어정책을 대변하고 있다고 할 수 있다. 김일성의 '교시'와 김정일의 '담화' 간의 관계를 살펴본다면 김일성의 '교시'는 언어정책의 기조를 밝히는 성격이고 김정일의 '담화'는 이를 실천 발전시키는 실천적 성격이라고 말할 수 있다. 사회과학원이나 북한에서 김정일의 권력승계 작업은 1990년대 초에 이미 끝난 것으로 본다면 언어정책에서도 김일성의 사상과 이론을 계승하는 작업은 같은 상황이었던 것으로 생각한다.

〈인문논총6, 한국교원대학교 인문과학연구소(2006,02,15,)〉

---

30) '언어와 민족문제'(1964.2.20) 김일성 종합대학 학생들과의 담화에서 남쪽과 일본의 학자들이 고구려계통의 북쪽 말과 신라계통의 남쪽 말이 서로 다른 기원을 가지고 있다고 하는 주장에 대해 비판을 한 내용이다. 담화에서 조선어의 기원을 남과 북이 다르다고 하는 주장은 민족분열과 식민지화를 합리화하기 궤변이라고 비판한 것이다.

참고문헌

강범모·김흥규·허명희(1998; 4), 「통계적 방법에 의한 한국어 텍스트 유형 및 문체 분석」, 『언어학』 제22호, 한국언어학회.

강병윤(1990), 「청원군 洞里 지명」, 『청원군지』, 청원군.

강보유(1990), 「조선어에 대한 한어의 의미적 침투에 대하여」, 『이중언어학』 7, 이중언어학회.

강상진(2003), 『회귀분석의 이해』, 교육과학사.

姜成一(1966), 「마당(場)과 바닥(掌, 底) 攷: Cognate words 形成을 中心으로」, 『東亞論叢』(東亞大) 3.

강윤호(1968), 『개화기 교과서 도서에 나타난 문체연구』, 문교부학술연구보고서 14 (어문학계 1).

_____(1971), 「개화기 교과용 도서 문장에 나타난 종지법 어미에 대하여」, 숙대 한국문화연구원 논총 18.

강희숙(2003), 「중국 조선족 학생들의 모국어 사용에 대한 공시적 연구」, 『사회언어학』 11-2, 1-24, 한국사회언어학회.

고영근·남기심(1983), 『국어의 통사의미론』, 탑출판사.

고영근(1986=1995), 「서법과 양태의 상관관계」, 『국어학 신연구』, 탑출판사.

_____(1989), 『북한의 말과 글』, 을유문화사.

_____(1999), 『북한의 언어문화』, 서울대학교 출판부.

高永根(1967), 「現代國語의 先語末語尾에 對한 構造的 研究」, 「語學研究」 3-1.

_____(1980), 「處所理論과 相」, 「蘭汀南廣祐博士華甲紀念論叢」, 531-542.

_____(1986), 「敍法과 樣態의 相關關係」, 『國語學 新研究』, 탑출판사.

_____(1987), 『표준중세국어문법론』, 탑출판사.

고창수(1992), 「고대국어의 구조격 연구」, 고려대 박사학위 논문.

_____(1995), 「시제처리의 자질통사론」, 「어문논집」 33, 고려대 국어국문학연구회.

교육부(2000), 『초·중·고등학교 국어과·한문과 교육과정 기준』, 교육부.

교육부, 중학교 1학년용 국정 『국어교과서』(군정기(1, 2, 3학년용)-7차교육과정기).

국립국어연구원(1992), 『북한의 언어 정책』, 국립국어연구원.

_____(1999), 「표준국어대사전」, 두산동아.

국사편찬위원회(1976), 『與地圖書 上』, 탐구당.

길병휘 외(2001), 「교육연구의 질적 접근」, 교육과학사.

吉本一(1998a), 「한국어의 시간 전후 표현」, 『우리말 연구』 제8집, 우리말학회.

_____(1998b), 「공간어와 시간어·가치평가어」, 『日本語文學』 제8집, 일본어문학회.

_____(2002), 「'시간의 화살'에 대한 인지언어학적 고찰」, 『담화와 인지』 제9권 1
        호, 담화와인지언어학회.

김기종(1990), 「해방이후 한어의 영향 하에 조선어단어의 뜻 변화와 비규범적 뜻
        사용」, 『중국조선어문』 49.

김기중(1993), 『리더빌리티』, 일진사.

김광해(1994), 「국어문체론−문체와 어휘」, 대한교과서.

金光海(1995), 『국어 어휘론 개설』, 집문당.

김덕모(1990), 「조선말사용에 나타나고 있는 한어의 영향에 대하여」, 『이중언어학』
        7, 이중언어학회.

김덕조(1996), 「개화기 국어교과서 연구」 경남대 석사학위 논문.

김동소 외(1994), 「중국조선족언어연구」(제1, 2, 3편), 『한국전통문화연구』 9, 대구가
        톨릭대학교 인문과학연구소

김명광(1999), 「어린이 어휘 발달 연구 방향에 대한 고찰」, 『崇實語文』, Vol.15 No.−.

김미숙(1999), 「수준별 어휘 지도 방안 연구」, 한국교원대 대학원 석사학위 논문.

김미향(2004), 「문체론의 국어 교육적 수용 방안과 실제: 국어 교과서 분석을 중심
        으로」, 동국대 교육대학원 석사학위 논문.

김민수(1981), 『국어문법론』, 일조각.

김민수 편(1997), 『우리말 語源辭典』, 태학사.

김민수(1973), 『국어정책론』, 고려대학교 출판부.

김민수 편저(1997), 『김정일 시대의 북한언어』, 태학사.

김민수(1981), 「國語意味論」, 一潮閣.

김병운(2000), 「중국조선족의 언어이질 현상과 그 발전적 추세」, 『語文硏究』 33,
        어문연구학회.

김봉모(1998), 「우리말에 들어온 일본식 외래어 분석」, 『한국민족문화』 11, 부산대
        학교 한국민족문화연구소.

김봉군 외 7인(2002), 『고등학교 독서』, ㈜금성출판사.

김상길(1987), 「英語能力 測定道具로서의 규칙빈칸메우기 節次에 대한 硏究」, 석사학위 논문, 全南大學校 敎育大學院.

金錫得(1974), 「한국어의 시상」, 「한불연구」 1(1974.12.31), 延世大 한불연구소.

김석득(1981), 「우리말의 시상」, 「애산학보」 1.

_____(1987), 「'완료'와 '정태지속상'에 대한 역사적 정본」, 「한글」 196.

김선구(1991), 「현행 중·고등학교 영어 교과서의 이독성 측정 분석 비교연구」, 석사학위 논문, 이화여대 교육대학원.

김선희(1987), 「현대국어의 시간어 연구」, 연세대 대학원 박사학위 논문,

_____(1998), 「공간어의 시간적 의미」, 『목원어문학』 7, 목원대학교.

_____(1998), 「중국 연변 조선족언어의 이질화 연구」, 『한국어문학』 11, 한국어문연구학회.

_____(2002), 「부정양태 부사의 통사·의미적 특성」, 『한글』 제256호, 한글학회.

김성도(1997), 『의미에 관하여』(그레마스 저 김성도 번역)

김성수(1989), 「'-으니-'의 서법성(단정, 권위)」, 『어문학교육』 11집 한국어문교육학회.

김성화(1989), 「현제 시제의 무표항과 의미기능」, 「한글」 204.

_____(1990), 「현대국어의 상 연구」, 慶北大學校 博士學位論文.

김순배(2010), 「충청지역의 지명 연구 동향과 과제」, 『지명학』 vol.16, 한국지명학회.

김순희(2014), 「중국 조선족 초등학교 학생의 언어사용 실태에 기초한 조선어 교육 현황과 대안 연구」, 『새국어교육』 101, 한국국어교육학회.

_____(2016), 「조선족학교 이중언어 교육의 현황과 문제점」, 『글로벌시대 중국조선족교육의 현황과 전망』(서전서숙설립 110주년 기념학술회의 2016년 11월 5-7일), 연변대학교 민족연구원.

金昇坤(1974), 「'오/우' 形態素考-老乞大. 朴通事를 中心으로」, 「국어국문학」 65·66 합병호.

_____(1975), 「중세국어시상연구」, 『성곡논총』.

김승곤(1980), 「한국어의 격이론」, 『인문과학논총』(건국대) 제13집.

김승렬(1979), 「근대전환기의 국어문체」, 『근대 전환기의 언어와 문학』, 고려대 민족문화 연구소.

_____(1990), 「국어어순연구」, 한신문화사.

김양진(2006), 「他動詞 '*식다'를 찾아서」, 『어문연구』 132, 한국어문교육연구회.

김억수(1979), 「개화기 국어교과서 고찰」, 『중대어문논집』 14, 중앙대.

金興洙(1988), 「현대국어 심리동사 구문에 관한 연구」, 서울대 박사학위 논문.

金永錫·李相億(1992), 『現代形態論』, 學硏社.

金永壽, 『中國朝鮮語規范原則与規范細則研究』, 人民出版社, 2012.

김영아(1984), 「중기국어의 시상연구」 고려대 석사학위 논문.

김영욱(1989), 「중세국어 원칙법 '-니-'와 둘째 설명법 어미 '-니라-'의 설정에 따른 문제점 해결을 위하여 -空形態의 설정과 非文法化-」, 「冠嶽語文硏究」 제14집.

김영천, 조재식(2001), 「교육과정 분야에서의 질적연구」, 『교육인류학연구』 4(3).

김영철(2003), 「질적 교육연구에 있어서 방법주의와 개념주의 비판: 가다머의 입장에서」, 한국교육인류학회, 『교육인류학연구』 6권 1호.

김영희(1974), 「한국어 조사류어의 연구」, 「문법연구」 제1집, 탑출판사.

_____(1980), 「평가구문의 통사론적 연구」, 『韓國學論集』 7(啓明大學韓國學硏究所).

김용경(1994), 「현대국어의 때매김씨끝 연구」, 건국대 박사학위 논문.

김윤옥 외(2001), 『교육 연구를 위한 질적 연구 방법과 설계』, 문음사.

김윤학(1980), 「강화군 화도면의 땅이름 연구」, 『기전 문화 연구』 제11집, 인천교대 기전문화연구소.

_____(1996), 『땅이름 연구』, 박이정.

김응모(1993), 「국어 이동자동사 낱말밭」, 서광학술자료사.

김응모·최호철(1999), 『통일대비 남북한어의 이해』, 세종출판사.

김일웅(1983), 「담화의 시제」, 「국어국문학」 21, 부산대.

金完鎭(1957), 「「時」를 指稱하는 語詞 *P8에 대하여」, 「一石李熙昇先生頌壽紀念論叢」.

김정수(1979), 「17세기 초기 국어의 때매김법과 강조. 영탄법을 나타내는 안맺음씨끝에 대한 연구」, 「언어학」 4, 한국언어학회.

_____(1984), 「17세기 한국말의 높임법과 그 15세기로부터의 변천」, 正音社.

김정환(2000), 『교육연구 및 통계방법』, 원미사.

김주아(2001), 「학교평가에서의 질적 접근 방안 연구」, 이화여자대학교 대학원, 석사학위 논문.

김주미(1993), 「현대국어 매인풀이씨 구문 연구」, 건국대 박사학위 논문.

金智衡(1999), 「語彙場(낱말밭) 硏究의 새로운 摸索- 【머리】場 어휘를 중심으로-」, 『한국어 의미학』 4, 한국어 의미학회.

김진수(1985), 「시간부사 '벌써', '이미'와 '아직'의 상과 통사 제약」, 『한글』 189, 한글학회.

김진식(2008), 『지명연구 방법론』, 박이정.

_____(2008), 『淸原郡地名由來』, 청원문화원.

_____(2010), 「고유지명에 대한 어원 고찰」, 『언어학연구』 16, 한국중원언어학회.

김재춘(2000), 『수준별 교육과정의 이해』, 교육과학사.

金在昊(1968), 「"過去및 完了時相의 表記-杜詩諺解 1,7,8卷을 中心으로-」, 「동양문화(영남대)」 6, 7(2).

김차균(1990), 「우리말 시제와 상의 연구」, 太學社.

김철준·김광수, 『조선어문법(수정본)』, 연변대학출판사, 2011.

金忠會(1970), 「後期中世國語의 結語法 研究」, 「國語研究」 24.

_____(1972), 「十五世紀 國語의 敍法體系試論」, 「國文學論集」 5, 6, 檀國大.

김향란(2007), 「중국 조선어 표기와 한국어 표기의 차이 연구」, 조선대 석사학위 논문.

金亨奎(1962), 「國語史研究」(改訂), 一潮閣.

김형배(1997), 「읽기의 비형식적 평가 방법에 관하여」, 『韓國 初等教育』 제9권 1호.

김형석(1999), 「창의적인 편집에 있어서 가독성과 판독성에 관한 연구」, 『산업연구』, Vol.1 No.1.

김흥규, 강범모(2000), 『한국어 형태소 및 어휘 사용 빈도의 분석』, 고려대학교 민족문화연구원.

김흥수(1994), 「문체론과 문학」, 『국어문체론』, 대한교과서(주).

김해구·전해연(2016), 「재래의 중국조선어규범의 특징과 그 수정에 나서는 문제」, 『중국조선어문』 3, 2016.

김해영(2011), 「새로 수정된 중국조선어의 규범 및 그 보완점-도서편집과정에서 나타나는 문제들을 중심으로」, 『조선족 언어문화교육의 발전전략』, 민족출판사, 2011.

권용경(1990), 「15世紀 國語 敍法의 先語末語尾에 대한 研究」, 「國語研究(서울大)」 101.

남기심(1978), 「'-었었-'의 쓰임에 대하여」, 「한글」 162.

_____(1978), 「現代國語 時制에 關한 問題」, 「국어국문학」 55-57 합병호.

_____(1985), 『국어문법의 시제에 관한 연구』, 탑출판사.

남기심·고영근(1985), 「표준 국어문법론」, 塔出版社.

남기심(1993), 『국어 조사의 용법』, 서광학술자료사.

남성우 외(1990), 「북한의 언어생활」, 고려원.

나유진(2012), 「두모계 지명의 분포와 취락입지」, 『대한지리학회지』 제47권 제6호.

나진석(1953), 「未來時相補助語幹 '리'와 '겠'의 交替」, 「국어국문학」 6.

羅鎭錫(1957), 「動詞의 時相接尾辭 考」, 「국어국문학」 16.

나진석(1965-71), 「우리말의 때매김」, 과학사.

남미영(1994), 「개화기의 교과서」, 『교육개발』 통권 90호, 한글학회.

남영신(1987), 『우리말 분류사전』, 한강문화사.

남영우(1996), 「고지명 「두모」 연구」, 『지리교육 논집』 36.

_____(1997), 「두모계 고지명의 기원」, 『대한 지리학회지』 32(4).

南豊鉉(1987), 「中世國語의 過去時制語尾 '-드-'에 대하여」, 「國語學」 16.

盧大奎(1979), 「상황소(deixis)와 한국어의 시제」, 「문법연구」 4.

_____(1988), 「국어의미론 연구」, 국학자료원.

노명완, 정혜승, 옥현진(2000), 「창조적 지식 기반 사회를 대비한 국어과 교육의 목
표와 내용」, 『교육과학연구』, 이화여자대학교 사범대학 교육과학연
구소.

盧命完·朴泳穆·權敬顔(1988), 『國語科敎育論』, 갑을출판사.

농림부 고시(2004.11), 『소고기 및 돼지고기의 분할상태별 부위명』.

렴종률(1980), 「문화어형태론」, 평양: 김일성 종합대학출판사.

리윤만(1978), 「(<사회주의 교육에 관한 테제>의 관철을 위하여) 이야기, 담화의
형식을 널리 받아들여」, 「문화어학습」 1호.

문명상, 하은호(2004), 『SPSS 시리즈3 회귀분석』, 민영사.

문은희(2012), 「중국 조선어 규범과 한국 언문 규범 비교 연구」, 연세대 석사학위
논문, 2012.

민현식(1990), 「時間語와 空間語의 相關性(1)-품사하위 분류의 새로운 가능성과
관련하여-」, 『國語學』 20, 국어학회.

閔賢植(1991), 『國語의 時相과 時間副詞』, 開文社.

민현식(2002), 「남북한 띄어쓰기 규범 문제의 현안-새로 나온 <조선말 띄어쓰기
규범>과 비교하여-」, 『국제고려학회 서울지회 논문집』 3, 2002, 국
제고려학회 서울지회.

맹 자(2012), 「중국인을 위한 한국어 시제 표현 교육방안」, 공주대 석사학위 논문.

맹주억(1990), 「중국의 한중 이중언어상황과 중국어의 영향」, 『시민인문학』 1, 경기
대학교 인문과학연구소.

박갑수 편(1994), 『국어문체론』, 대한교과서주식회사.

朴東練(1978), 「讀書過程의 模型論(Ⅰ)」, 『論文集』, 春川敎育大學, Vol.16 No.-.

_____(1979), 「讀書過程의 模型論(Ⅱ)」, 『論文集』, 春川敎育大學, Vol.19 No.-.

朴良奎(1978), 「使動과 被動」, 『國語學』 7.

박민규(1984), 「고대국어의 시상」, 서울大 碩士學位論文.

박병채(1977), 『고대국어의 연구』, 고려대학교 출판부.

_____(1968, 1980), 『高麗歌謠의 語釋硏究』, 二友出版社.

_____(1996), 『국어발달사』, 世英社.

박상태(2002), 「인터넷신문 편집의 가독성에 관한 연구」, 홍익대 광고홍보대학원 석사학위 논문.

박선자(1983), 「우리말 때매김법에 대한 해석」, 『국어국문학』 20, 부산대.

박수자(1996), 「초등학교 국어과 언어능력 평가에서 빈칸메우기검사(cloze test) 활용 방안에 대한 연구」, 『한국초등국어교육』, 한국초등국어교육학회, 12권 1호.

朴勝彬(1935), 「朝鮮語學」, 朝鮮語學硏究會, 「歷代韓國文法大系」 1-50(1985) 재록, 塔出版社.

박시현(2003), 「'이제'와 '지금'」, 『한글』 260, 한글학회.

朴榮順(1976), 「國語敬語法의 社會言語學的 硏究」, 「국어국문학」 72. 73 合倂號.

_____(1985), 「현대 한국어통사론」, 집문당.

_____(1990), 「의문문의 의미에 대하여」, 「김석득교수 회갑기념논문집」.

_____(1994), 「한국어 의미론」, 고려대 출판부.

박영순(1994), 「문체론의 본질」, 박갑수 편, 대한교과서주식회사.

박영준(1991), 「국어 명령문 연구」, 고려대 박사학위 논문.

_____(1991ㄴ), 「명령문의 개념과 범주」, 「어문논집」 30.

박영환(1991), 『指示語의 意味 機能』, 한남대학교 출판부.

박인기(1994), 「쓰기 교육과 문체」, 박갑수 편, 대한교과서주식회사.

박정운(1998a), 「시간어의 낱말밭」, 『한글』 240, 한글학회.

_____(1998b), 「앞으로 한 달 뒤에 만납시다: 시간의 개념적 은유」, 『언어와 언어학』 제23집, 한국외대언어연구소

박진호(2011), 「시제 상 양태」, 『국어학』 60, 국어학회.

박재연(1999: 201), 「국어양태범주의 확립과 어미의 의미기술-인식양태를 중심으로-」, 『국어학』 34집, 국어학회.

박창해(1964),「한국어 구조론 연구」, 연세대 한국어학당.

박향숙(1990),「아동의 어휘발달과 인지발달의 관련성에 관한 일 연구」,『이화교육 논총』.

변미혜·한윤이·김희라(2008),「국악용어편수자료집 1」, 민속원.

북경대학 조선어문연구소,『언어사』, 민족출판사, 1995.

북한언어연구회(1989),『북한의 어학혁명』서울: 백의신서.

배도용(1999),「머리 관련 어휘의 어휘변화」,『한국어의미학』4, 한국어의미학회.

배우리(1994),『우리땅이름의 뿌리를 찾아서』, 토담.

배해수(1992),「국어내용연구」(2), 국학자료원.

_____(1994),「국어내용연구」(3), 국학자료원

_____(1977),「국어문형의 연구」,「어문논집」(고려대)19·20.

裵禧任(1976),「中世國語 先語末語尾의 構造硏究」,「語文論集」17, 고려대.

裵禧任(1985),「國語被動硏究」, 고려대 박사학위논문.

백옥란(2010),「한국, 조선, 중국 조선어의 언어규범 비교와 통일방안 연구」, 연변대 석사학위 논문.

사회과학원 언어학연구소(1971),『「조선말규범집」해설』, 사회과학출판사.

사회과학출판사(1973),「조선로동당정책사-언어부문」, 평양; 사회과학출판사.

사회과학원주체사상연구소(1975),『주체사상에 기초한 언어리론』, 평양: 사회과학출 판사.

사회과학원 언어학연구소(1988),『현대조선말사전』, 백의.

서상규(1999),「한국어 교육을 위한 기초 어휘 빈도 조사」,『현대 한국어 어휘 빈도 의 종합적 연구-각종 국어 정보학적 빈도 사전의 구성』, 한국학술진 흥재단.

서병국(1976),「한국외래어고」,『국어교육연구』8-1, 국어교육학회.

서울교사협의회(1994),『우리 아이들에게 무슨 책을 권할까』, 돌베개.

서울大學校大學院國語研究會編(1990),『국어연구 어디까지 왔나』東亞出版社.

서정수(1976),「국어시상형태의 의미분석」,「문법연구」3.

_____(1977),「현대한국어의 용언보조어간 '겠'의 의의와 용법」,『현대국어문법』, 계명대학교 출판부.

_____(1977),「'더'는 회상의 기능을 가지는가?: 종결법과 인용법의 '더'를 중심으로」, 「언어」2-1, 한국언어학회.

_____(1977),「"겠"에 관하여」,「말」2호, 연세대.

_____(1978), 「'(었)더니'에 대하여」, 「눈뫼허웅박사환갑기념논문집」, 과학사.

_____(1989), 「국어의 서법」, 「말과글」 41.

서태극(1980), 『中世國語의 單語族 硏究』, 계명대학교 출판부.

徐泰龍(1988), 「國語活用語尾의 形態와 意味」, 서울大 博士學位論文.

_____(1990), 「국어연구 어디까지 왔나-활용어미편」, 서울대 국어연구회.

서현석(2002), 「국어교육에서 질적 연구 방법의 의미」, 『한국어문교육』, 한국교원대
학교 한국어문교육연구소 2권 1호.

선우현(2000), 『우리시대의 북한 철학』, 책세상.

成耆徹(1974), 「經驗의 形態 {었}에 대하여」, 「문법연구」 1(1986.4.25.재록).

_____(1976), 「'-겠'과 '-을 것이'의 意味 比較」, 「金亨奎教授停年退任紀念論
文集」.

_____(1979), 「經驗과 推定」, 「文法研究」 4(1984.4.25.재록).

성광수(1978), 『國語助辭의 硏究』, 형설출판사

_____(1978), 『國語助詞의 硏究-助詞에 대한 生成理論的 分析-』, 螢雪出版社.

_____(1979), 「「-하다」動詞의 被動과 使動」, 余泉 徐炳國博士華甲紀念論文集.

_____(1980), 「국어부가 의문에 대하여」, 「한글」 168.

_____(1984), 「국어의 추정적 표현」, 「한글」 184.

_____(1988ㄱ), 「국어형태소의 유형과 의미」, 「한국어문교육」(고려대) 3.

_____(1988ㄴ), 「국어 어휘구조와 어형성규칙」, 「사대논집」(고려대).

성광수 외(2005), 『한국어표현문법』, 한국문화사.

성낙수(1975), 「한국어의 회상문 연구」, 「문법연구」 2, 탑출판사.

손남익(1989), 「국어부사연구」, 『한국어학연구』(홍문각) 11.

손호민(1975), 「Retrospection in Korean」, 『語學研究』 11-1.

宋秉學(1980), 「{-었}의 의미분화」, 『언어』 1.

송영주(1990), 「-었었-'과 '-더-'의 비교」. 『韓國言語文學』 1, 韓國言語文學會.

송재록(1994), 「문체교육을 위한 국어과 교과서 분석」, 박갑수 편, 『국어문체론』, 대
한교과서주식회사.

송재욱(1994), 「문체교육을 위한 국어과 교과서 분석」, 『국어문체론』.

송창선(2001), 「'-었-'에 남아있는 '-어 있-'의 특성」, 『어문학』 제73집, 한국어문학
회.

송철의(1989), 「국어 파생어 형성 연구」, 서울대 박사학위 논문.

신성옥(1984), 「{었}과 {었었}의 기능」, 「새결 박태권선생 회갑기념 논문집」.

신지영(1992), 「단어형성에서의 유표성원리」, 주시경학보 제9집.

신창순(1972-75), 「현대한국어의 용언보조어간 '겠'의 의의와 용법」, 계명대학출판부.

申昌淳(2003), 『국어근대표기법의 전개』, 태학사.

신헌재, 강충렬(1998), 「초등학교 1-6학년 아동의 어휘 이해 발달 수준에 관한 연구」, 韓國敎員大學校 附設 敎科敎育共同硏究所.

신헌재, 권혁준, 우동식, 이상구(2000), 『독서교육의 이론과 방법』, 박이정.

申鉉淑(1980), 「「았」의 의미 연구」, 「論文集」(建國大) 12.

시정곤(1997), 「한국어 의미역 계층구조와 배열순서」, 한국과기원세미나발표문.

_____(1992), 「핵 이동과 단어형성」, 「1992 한국언어학회겨울연구회 발표요지」.

_____(1993ㄱ), 「'-이다'의 '-이-'가 접사인 몇 가지 이유」, 주시경학보 제11집.

_____(1993ㄴ), 「국어의 단어형성원리」, 고려대 박사논문.

_____(1993ㄷ), 「부사화접사 '-이'의 통사적 해석」, 「어문논집」(고려대) 32.

심재기(1992), 「개화기 국어교과서 문체에 대하여」, 「국어국문학」 107, 국어국문학회.

辛玉順(1988), 「敎育硏究를 위한 質的 接近의 意味와 價値」, 인천교육대학교 『논문집』 22권 1호.

안동환(1981), 「우리말 관형절에서의 '-었-'과 '0'이 시제 표시기능」, 『한글』 171.

安明哲(1983), 「現代國語의 樣相硏究」, 『國語硏究』 56.

安秉禧(1967), 「韓國語發達史(文法史)」, 『韓國文化史大系Ⅴ』 高大 民族文化硏究所.

安秉禧·李珖鎬(1990), 『中世國語文法論』, 學硏社.

양인석(1976), 「韓國語 樣相의 話用論(Ⅰ): 提案文과 命令文」, 『언어』 1-1.

양주동(1942), 『조선고가연구』, 박문서관.

양태식(1984), 『국어구조의미론』, 서광학술자료사.

嚴正浩(1986), 「推測과 願望」, 國語學新硏究 1, 탑출판사.

연변사회과학원 언어연구소(1995), 『조선말사전』, 연변인민출판사.

우수명(2004), 『마우스로 잡는 SPSS 10.0』, 인간과 복지.

우한용 외 4인(2002), 『고등학교 독서』, 민중서림.

유구상(1995), 「국어 격조사에 대하여」, 『한국어학』 2 한국어학연구회.

柳東錫(1981), 「'더'의 意味에 대한 管見」 『冠嶽語文硏究』 6.

劉昌惇(1962), 「虛辭化 考究」, 『人文科學(延世大)」, 第7輯.

_____(1964), 『李朝國語史硏究』, 宣明文化社.

_____(1979), 『李朝語辭典』, 延世大學校 出版部.

兪昌植(1956),「時制 體系에 關한 試論-特히 李朝初期의 時制形態를 中心으로-」,『論文集』1. 慶北大學校.

尹錫敏(1989),「국어의 텍스트 언어학적 研究試論」,『國語研究』제92호, 국어연구회.

윤영선, 권순달(2001),「발달단계에 따른 읽기지도모형 개발과 모형의 타당성 연구」,『교육평가연구』, 제14권 1호.

尹英鮮(1974, 1975),「韓國語의 構造的 變因들의 分析과 國民學校·中學校 敎科書를 中心으로한 文章難易度公式의 開發」, 研究論文集.

이정숙(1999),「통사복합과 이독성과의 관계연구」,『언어학』, 대한언어학회, Vol.7 No.1.

이종일(2001),「질적 연구 방법의 역사」,『초등교육연구논총』제17권 2호, 대구교육대학교.

李興洙(1985),「문장의 이독성에 대한 측정모형」,『영어영문학』, 한국영어영문학회, Vol.31 No.2.

_____(1984),「영어독서에 있어서 이독성 연구-EFL/ESL 독서의 난이성 관계를 중심으로-」, 전남대학교 대학원 박사학위 논문.

윤재원(1989),『국어 보조조사의 담화분석적 연구』, 형설출판사.

윤평현(2008),『국어의미론』, 역락.

이기갑(1981),「15세기 국어의 상태지속상과 그 변천」,『한글』173. 174.

_____(1985),「현실법 표지 '-ㄴ-'의 변천-중앙어와 전남방언에서-」,『歷史言語學』, 金芳漢先生回甲紀念論文集, 전예원.

_____(1987),「미정의 씨끝 '-으리-'와 '-겠-'의 역사적 교체」,『말』, 12, 延世大 한국어학당.

이기동(1976),「조동사의 의미분석」,『문법연구』3, 문법연구회.

_____(1994),「개화기 교과서의 표기와 음운현상」,『한국학 연구』6, 고려대 한국학연구소

李基文(1972),『改訂國語史槪說』민중서관.

이기문(1991),『國語 語彙史研究』, 東亞出版社.

李基用(1975),「언어학과 논리학: 시상의 논리」,『言語와 言語學』3.

_____(1975),「時相에 관한 意味公準의 設定」,『語學研究』11-2.

_____(1976),「時間論: '지금'의 意味」,『語學研究』12-2.

_____(1978),「言語와 推定」,『國語學』6(1985.12.15재판).

_____(1980),「몬테규문법에 입각한 한국어 시제의 분석」,『언어』5.1, 한국언어학회.

이기용(1998), 『시제와 양상』, 태학사.

이기종(1996) 「국어의 짐작・추측 구문 연구」, 한남대 대학원 박사학위 논문.

이관규(1990), 「국어 대등구성에 대한 연구」, 고려대 박사학위 논문.

_____(2002), 『개정판 학교문법론』 도서출판 월인.

李珖鎬(1983), 「후기중세국어의 종결어미 {-다/-라}의 의미」, 『國語學』 12.

이광호(1985), 「격조사 '-로'의 기능통합을 위한 시론」, 『국어학논총』, 創學社.

이광호・안병희(1990), 「中世國語文法論」, 학연사.

李男德(1970), 「十五世紀國語의 敍法硏究」 이화여대 박사학위 논문.

_____(1967), 「15世紀 國語의 直說法 終結語尾 變化에 대하여」, 『이화여대 한
국문화연구원논총』 11집.

_____(1971), 「十五世紀 國語의 情動法硏究」, 문교부연구보고서, 어문학계 6.

이남덕(1993) 「韓日語比較方法에 있어서의 同根派生語硏究에 대하여」, 『국어국
문학논총』, 이화여대 200.

李南淳(1981), 「"'겟'과 'ㄹ 것'」, 『冠岳語文硏究』 6, 서울대.

_____(1982), 「現代國語의 時制와 相의 硏究」, 『國語硏究』 46.

이남순(1983), 「"에"와 "로"의 통사와 의미」, 『언어』 8-2, 한국언어학회.

이상섭, 서상규, 유현경, 장석배(1999), 「연세 말뭉치 1-9를 대상으로 한 현대 한국
어의 어휘 빈도-빈도순 및-가나다순(빈도 7 이상)-」, 『현대 한국어
어휘 빈도의 종합적 연구-각종 국어 정보학적 빈도 사전의 구성』, 한
국학술진흥재단.

이상혁(1991), 「북한의 언어정책사」, 『북한의 조선어 연구사』 2, 도서출판 綠進.

李崇寧(1959), 「語幹 形成과 活用語尾에서의 「-오/우-」의 介在에 對하여」, 『서울
대논문집』, 人文科學篇 8.

_____(1960), 「Volitive Form으로서의 Prefinal Ending 「-(o/u)-」의 介在에 對하여」,
『震檀學報』 21.

_____(1961), 『中世國語文法』, 乙酉文化社.

_____(1961), 「'샷다'考」, 『震檀學報』 22.

_____(1964), 「中世國語의 Mood論-許雄氏의 小論에 答함-」, 『어문학』 11.

_____(1964), 「'-오/우-' 論考」, 『國語國文學』 27.

_____(1935), 「魚名雜攷」 『진단학보』 2, 진단학회.

李承旭(1970), 「과거시제에 대하여」, 『국어국문학』 49・50 합집.

_____(1973), 『國語文法體系의 史的硏究』, 一潮閣.

_____(1977), 「敍法과 時相法의 交叉現象」, 『李崇寧先生古稀紀念國語國文學論叢』.

_____(1986), 「中世國語 時相法의 形態範疇 -{-ㄴ-}의 分布및 資質記述-」, 『동아연구』10, 서강대.

이 영(2011), 「한국어교육을 위한 한중 양태표현의 대조연구」고려대 대학원 박사학위 논문.

李泳澤(1986), 『韓國의 地名』, 太平洋.

이영훈 외(1997), 「청원 황탄리 지역 시굴 조사 보고」, 『京釜高速鐵道 大田 忠淸圈 文化遺蹟發掘豫備調査報告書』, 韓南大學校博物館.

이용주(1976), 「한국지명의 의미론적 유연성에 관한 연구-충청북도산명의 기반을 중심으로-」, 『사대논총』14, 서울대학교.

_____(1977), 「충청북도 소재 하천명에 대하여」, 『국어교육』30, 한국국어교육연구회.

_____(1985), 「'V-는다', 'V-었다', 'V-겠다'의 의미」, 『사대논총』31, 서울대.

_____(1994), 「국어교육과 문체」, 박갑수 편, 대한교과서주식회사.

이은구(2003), 「북한의 말하기·듣기 교육 연구」, 한국교원대 석사학위 논문.

이응백(1998), 『국민 학교 학습용 기본어휘 연구』, 대한교과서주식회사.

이익섭(1978). 「相對時制에 對하여」, 『冠岳語文研究』3.

이익섭·채완(1999), 『국어문법론 강의』, 學研社.

李翊燮·任洪彬(1983), 『國語文法論』, 學研社.

李仁模(1968), 「中世國語의 過去時制研究」, 『국어국문학』41.

_____(1969), 「prefinal ending 「-리러/리라-」의 新考察」, 『右石大 文理法經大論文集』2, 3 합집.

_____(1971), 「국어의 시제와 서법연구」, 『아세아연구』(우석대) 1.

_____(1976), 『古典國語의 研究(增補改訂版)』, 宣明文化社.

_____(1975), 「中世國語의 敍法과 時制의 研究」, 고려대 박사학위 논문.

_____(1977). 「중세국어의 가망법의 연구」『어문논집』19,20. 고려대.

이인섭(1972), 「경어법연구」, 『인문사회과학』(서울여대) 2.

_____(1981), 「연상어휘의 의미구조(1)」, 『해암 김형규박사 고희 기념논총』.

_____(1985), 「연상어휘의 의미구조(2)」, 『우운 박병채박사 환력기념논총』.

_____(1986), 「연상어휘의 의미구조(3)」, 『국어학신연구』.

이인제(1996), 「북한의 국어과 교육에 관한 연구」, 한국교원대 박사학위 논문.

이원직(1994), 「명제논리의 소고」, 『한국어학』1, 고려대.

이　정(1979), 「서법에 관하여」,『한글』163.

이정민(1973), 「The Korean modality in the Speech Act」,『현대국어문법 연구논문선』4, 계명대출판부.

이충우(1994),『한국어 교육용어휘 연구』, 국학자료원.

임소영(1999), 「꽃이름의 생성과정과 인지과정」,『한국어의미학』4, 한국어의미학회.

임홍빈(1974), 「{로}와 選擇의 樣態化」,『어학연구』10-2.

＿＿＿＿(1976), 「副詞化와 對象性」,『國語學』4

＿＿＿＿(1977), 「先語末{-거-}와 對象性」,『국민대논문집』11.

＿＿＿＿(1980), 「{-겠}과 대상성.」,『한글』170.

＿＿＿＿(1982), 「先語末{-더-}와 斷絶의 樣相」,『冠嶽語文研究』7.

＿＿＿＿(1984), 「先語末 {-느-}와 實現性의 樣相」,『牧泉兪昌均博士還甲紀念論文集』.

＿＿＿＿(1993), 「다시 {-더-}를 찾아서」,『국어학』23.

＿＿＿＿(1998), 「국어문법의 심층 1: 문장범주와 굴절」, 태학사.

이효상(1991), 「"Tense, Aspect, Modality: a Discourse-Pragmatic Analysis of Verbal Affixes in Korean from a Typological Perspective"」, UCLA 박사학위 논문.

이효상(1993), 「담화화용론적 언어분석과 국어연구의 새 방향」,『주시경학보』11.

＿＿＿＿(1994), 「다각적 시각을 통한 국어의 시상체계 분석」, 한국언어학회 여름발표회 발표요지.

李熙昇(1947), 「朝鮮語學論攷」, 乙酉文化社,『國語學論攷』(1959.6.20) 개정판, 乙酉文化社.

임지룡(1980), 「국어에 있어서의 시간과 공간개념」,『국어교육연구』12, 경북대학교 사범대학 국어교육연구회.

임지룡(1992),『국어의미론』, 탑출판사.

임칠성(1990), 「이른바 과거완료 '-었었-'에 대하여」,『韓國言語文學』1, 韓國言語文學會.

＿＿＿＿(1997), 水野俊平, 北山一雄,『한국어 계량연구』, 전남대학교 출판부.

와타나베 아키요시(1980), 「한국어 '-았-'과 일본어 '-た-'에 관한 대조연구」(1981.2), 연세대 석사학위 논문.

張京姬(1985),『現代國語의 樣態範疇硏究』, 塔出版社.

＿＿＿＿(1985), 「國語의 認知樣態」,『韓國學論集』8(한양대).

장경희(1995), 「국어의 양태 범주의 설정과 그 체계」, 『언어』 20권 3호, 한국언어학회.

_____(1998), 「서법과 양태」, 『문법연구와 자료(이익섭 선생 회갑 기념 논총)』, 태학사.

張奭鎭(1973), 「時相의 樣相 「繼續」 「完了」의 生成的 考察」, 『語學硏究』 9-2.

_____(1973), 「話의 生成的 硏究」, 『語學硏究』 9-2(별권) 1-149.

전수태(1997b), 「시간 개념어의 반의 연구」, 『한국어학의 이해와 전망』, 박이정.

전수태·최호철(1989), 『남북한 언어비교-분단시대 민족어 통일을 위하여』, 녹진.

정 광(1983), 「빌렘 마테지우스의 기능구조언어학-기능언어학의 이해를 위하여-」, 『德成語文學』 1.

鄭僑煥(1987), 「국어문장부사의 연구」, 동아대 박사학위 논문.

_____(1988), 「국어 서법성표현 연구 1」, 『어학론지』 3, 창원대학어학연구소

_____(1989), 「국어 서법성 표현 연구 2」, 『어학론지』 4, 창원대학어학연구소.

_____(1990), 「文章副詞의 敍法性 攷」, 『어문론총』 제24호, 경북어문연구회.

정렬모(1965), 『향가연구』 사회과학원.

정문수(1983), 「{더}의 의미기능에 관한 연구」, 『論文集』(大田大) 2.

정인승(1949), 『표준중등말본』, 어문각.

정경언(1986), 「해방후 우리 나라의 조선어 규범화가 걸어온 길」, 『조선어연구』 2, 흑룡강조선민족출판사.

정옥년(2003), 「읽기 지도에서 수준별 텍스트 활용」, 『독서연구』 제9호, 한국독서학회.

전용신 편(1993), 『한국고지명 사전』, 고려대 민족문화연구소.

정정분(1989), 「깁기검사(Cloze Test)의 방법론에 대한 연구」, 경북대 교육대학원, 석사학위 논문.

전정재(1999), 전국국어교사모임 주최, 「독서 전문가 교육과정 연수 자료」.

_____(2000), 「독서」, 한국 독서 교육 연구원 연수 자료.

_____(2001), 『독서의 이해』, 한국방송출판.

정길남(1990), 「개화기 국어교과서의 어휘와 표기에 대하여」, 『논문집』 23, 국어연구소

정희자(1988), 「The Function of Tense in Korean Narrative」, 『언어』 13-2, 한국언어학회.

정혜선(2010), 「"싶다" 構文의 歷史的 變化」, 『어문연구』 38(2), 한국어문교육연구회.

조기원(1982), 「現代 短篇小說의 文體論的 硏究-金東里와 黃順元을 중심으로」,

고려대 석사학위 논문.

조문제(1986), 「개화기 국어교과서에 수록된 교재에 대한 연구(1)」, 『국어생활』 4, 국어연구소.

조석주(1982), 「Readability와 Syntactic Complexity」, 『語學研究』 Vol.18. No.2.

조선민주주의공화국 국어사정위원회(2010), 『조선말규범집』.

曺奭柱(1984), 「英語 Readability의 測定分析」, 全北大學校 大學院 박사학위 논문.

조성겸 외(1988), 「한글 독이성 측정 방법으로서 Cloze 검사의 타당성에 관한 실험 연구」, 서울대 신문연구소학보 25호.

조성식 편(1990), 『영어학사전』, 新雅社.

조용기(2001), 「질적 연구의 성격」, 『교육인류학연구』 4권 1호.

조용환(1999), 「질적 연구의 동향과 과제」, 『교육인류학연구』, 2(1).

조영남(2001), 「질적 연구와 양적 연구」, 대구교육대학교 『초등교육연구논총』 제17권 2호.

조영식(1999), 「창조적 독서교육」, 인간과자연사.

조일영(1984), 「국어보문소연구-통사적 의미를 중심으로-」, 고려대 석사학위 논문.

_____(1991), 「북한의 문체론사」, 『북한의 조선어연구사』 1, 도서출판 녹진.

_____(1995ㄱ), 「'-겠-'의 양태적 의미에 대하여」, 『어문논집』 33 고려대.

_____(1995ㄴ), 「'-더-'의 의미에 관한 고찰」, 『이인섭교수회갑기념논문집』.

_____(1995), 「국어양태소의 의미기능연구-시간관련 선어말 어미를 중심으로-」, 고려대학교 박사학위 논문.

조일영·윤창욱(2006), 「한국어 교육에서 텍스트 자료 수준 평가방안에 관한 연구- 양적·질적 이독성 공식개발을 중심으로-」, 『한국어문교육』 제15집, 한국교원대학교 한국어문교육연구소.

조일영(2006), 「북한의 언어정책 변화 고찰」, 『인문논총』 제8집, 2006, 한국교원대 학교 인문과학연구소.

_____(2007), 「교과서의 문체적 양상 변화 고찰」, 『청람어문교육』 36, 청람어문교 육학회.

_____(2009), 「교육과정에 따른 교과서의 문체 변화 양상-초등학교 국어교과서를 중심으로-」, 『청람어문교육』 40집, 청람어문교육학회, 박이정.

_____(2010), 「교육과정에 따른 초중학교 급간 문체 변화 양상 고찰」, 『인문논총』 10집, 한국교원대학교 인문과학연구소.

趙恒根(1970), 「國語動詞의 時制硏究」, 「論文集」(忠北大).

趙恒範 편(1994), 『國語語源硏究叢說(1)』, 太學社.

주경미(1990), 「近代國語의 先語末語尾에 대한 硏究-18世紀 國語를 中心으로-」, 단국대 석사학위 논문.

周時經(1910), 「國語文法」, 博文書館, 「歷代韓國文法大系」 1-11(1977.12.15) 재록, 塔出版社.

중국조선어사정위원회(2007), 『조선말규범집』, 연변교육출판사.

중국조선어사정위원회(2016), 『조선말규범집』, 연변교육출판사.

지춘수(1961), 「15세기 국어 Prefinal ending -다/더-의 통사론적 소고」, 「국어국문학」 23.

지춘수(1965), 「prefinal ending /-다-/의 형태론및 통사론적 연구」, 「국어국문학」 28.

차경환, 손석완, 김동희, 전종호, 유경아(1996), 「중학교 영어 교과서 Readability 측정」, 『한국교육문제연구소 논문집』 Vol.-. No.11.

車載銀(1992), 「선어말어미 {-거-}의 변천 硏究」, 高麗大 碩士學位論文.

차현실(1975), 「중세국어 선어말 어미 전위에 따른 시제와 상에 대하여」, 『한국문화연구원논총』 25, 이화여대.

＿＿＿(1984), 「'싶다'의 의미와 통사구조」, 「언어」 9.2, 한국언어학회.

＿＿＿(1986) 「양상술어(modal predicate)의 통사와 의미」, 『이화어문논집』 8 이화여자대학교 이화어문학회(11-34).

천경록(1999), 「읽기의 개념과 읽기 능력의 발달 단계」, 『청람어문학』 Vol.21 No.1.

천소영(1990), 「古代 固有名詞 借音表記硏究」, 『蘭汀南廣祐博士紀念集』.

千漢臣(1987), 「認知發達에 따른 그 內容의 重要度 把握 能力의 發達에 관한 硏究」, 서울大學校 大學院 석사학위 논문.

청원문화원(1997), 『청원군 지명지』, 청원문화원.

치코라치코프 게 예(1959), 「현대 조선어에 있어서 동사 종결형의 시칭체계」, 「조선어문」 3.

채 완(1986), 『국어어순의 연구』, 탑출판사.

＿＿＿(1990), 「국어어순의 기능적 고찰」, 「同大論叢」 20(동덕여대).

책으로 따뜻한 세상 만드는 교사들(2001), 『독서 교육 길라잡이』, 푸른숲.

최규련(2002), 「국어 초점사 '이미'의 의미와 기능-상 기능 그리고 양태사 기능과 관련하여-」, 『한글』 255, 한글학회.

최규홍(2001), 「아동의 어휘 이해 발달 수준에 적합한 주요 내용어 선정 연구」, 대구교육대학교 교육대학원, 석사학위 논문.

최남희(1986), 『고려향가의 차자 표기법연구』, 홍문각.

최동주(1988), 「15세기 국어 안맺음씨끝 '-더-'에 관한 연구」, 서울대 언어학과 석사학위 논문.

최란화(2010), 「중국어 영향에 의한 연변지역 한국어의 변화」, 전남대 석사학위 논문.

崔範勳(1981), 『중세한국어문법론』, 이우출판사.

_____(1985), 「韓國語發達史」, 통문관

최신일(2001), 「질적 연구의 철학적 배경」, 대구교육대학교 『초등교육연구논총』 제17권 2호.

최용기(2003), 『남북한 국어정책변천사 연구』, 박이정.

최윤갑(1990), 「중국에서의 조선어의 변화」, 『이중언어학』 7, 이중언어학회.

_____(1991), 「중국 조선어에서의 한어 차용어 문제」, 『새국어생활』 4, 국립국어연구원.

최은희(2000), 「한국 아동의 어휘 발달 연구」, 연세대학교 대학원 석사학위 논문.

최정순(1999), 「학습이론과 이독성 (易讀性)에 바탕한 읽기수업 연구」, 『말』, 연세대학교 한국어학당, Vol.23 No.1.

최정후(1990), 『친애하는 지도자 김정일 동지의 언어연구』, 평양: 사회과학출판사.

최정후·박재수(1999), 『주체적언어리론연구』, 평양: 사회과학출판사.

崔在完(1994), 「신문 경제기사의 讀易性에 관한 연구」, 경희대학교 대학원 박사학위 논문.

최창렬(1993), 『어원산책』, 한신문화사.

崔泰榮(1965), 「中世國語의 prefinal ending '-거-'에 관한 硏究」, 「國語硏究」 17.

崔鉉培(1937), 「우리말본」(1937.2.20), 延禧專門學校 出版部, 「歷代韓國文法大系」 1-47(1979.11.15) 재록, 塔出版社.

최현배(1961), 「우리말본」, 열번째 고침, 정음문화사.

최호철(1993), 「현대국어 서술절의 의미연구」, 고려대 박사학위 논문.

_____(2012), 「북한 「조선말규범집」의 2010년 개정과 그 의미」, 『어문논집』 65, 2012, 민족어문학회.

최희수(1990), 「중국 조선족 이중언어역사 개황」, 『이중언어학』 7, 이중언어학회.

포문수(2012), 「중국인을 위한 한국어 시간 표현 문법 교육 연구」, 한성대 석사학위 논문.

하치근(1993), 『남북한 문법 비교 연구』, 한국문화사.

한국독서학회(2003), 『21세기 사회와 독서지도』, 박이정.

한국문화역사 지리학회(2008), 『지명의 지리학』, (주)푸른길.

한글학회(1966), 『한국지명총람 충북편』.

_____(1985), 『한국지명 총람(경기도편 상)』 206.

한 길(1991), 「국어종결어미연구」, 강원대학교 출판부.

韓東完(1992), 「國語의 時制硏究」, 西江大學校 博士學位論文.

한송화 (2005), 「국어 보조용언의 상적 기능과 양태적 기능, 화행적 기능에 대한 연구-하다 동사를 중심으로-」, 『한국어교육』 11-2.

한정한(1993), 「국어 시간표현의 조응적 해석」, 「언어」 18-1.

한정한, 정희숙(2011), 『추측을 나타내는 양태 표현의 문법 제약」, 『언어』 36(4), 한국언어학회.

한철우, 박진용, 김명순, 박영민(2001), 『과정 중심 독서 지도』, 교학사.

한철우(1998), 「북한 교과서의 체제와 내용」, 『한국어문교육』 7, 한국교원대학교 한국어문교육연구소.

_____(1994), 「논설문의 문체」, 박갑수 편, 대한교과서주식회사.

_____(1990), 「현대국어의 시제체계의 수립과 그 제약조건」, 「國語硏究(서울大)」 99.

_____(1992), 「국어 시제의 의미의존성」, 『周時經學報』 9.

허성도(2007), 『현대 중국어 어법의 이해』, 사람과 책.

許 雄(1977), 「15세기에서 16세기에 이르는 국어 때매김의 변천」, 『세림한국학논총』 1집.

_____(1963), 「中世國語硏究」, 정음사.

_____(1979), 「17세기 국어 때매김법 연구」, 「한글」 164.

허 웅(1981), 『언어학』, 샘문화사.

許 雄(1981), 「18세기의 국어 때매김법 연구」, 「애산학보」 1.

_____(1982a), 「19세기 국어 때매김법 연구」, 「한글」 177.

_____(1982b), 「한국말 때매김법의 걸어온 발자취」, 「한글」 178.

홍기문(1956), 「향가해석」, 과학원.

홍윤기(2003), 「상황유형과 부사의 상적 의미 표시 기능」, 『한국어 의미학』 13, 한국어의미학회.

홍윤표(1978), 「방향표시의 격」, 『國語學』 6, 國語學會.

홍종림(1993), 『제주방언의 樣態와 相』, 한신문화사.

홍종선(1983), 「명사화 어미의 변천」, 「국어국문학」 89.

＿＿＿(1985), 「피사동과 체언화」, 「천잠어문학」(전주대) 3.

＿＿＿(1986), 「體言化와 時制」, 「國語學新硏究」, 塔出版社.

＿＿＿(1986), 「국어체언화구문의 연구」, 고려대 박사학위 논문.

＿＿＿(1989), 「국어 형태론연구의 흐름」, 「國語學」 19.

＿＿＿(1989), 「時間과 時制」, 二靜鄭然粲博士 回甲紀念論文集.

＿＿＿(1991), 「국어의 시간어 연구-시간부사를 중심으로-」, 『민족문화연구』 24, 고려대학교 민족문화연구소.

＿＿＿(1994), 「개화기 교과서의 문장과 종결어미」, 『한국학연구』 6, 고려대 한국학 연구소.

홍재성 외(1997), 『현대한국어 동사구문사전』, 두산동아.

황애순(1993), 「클로즈 테스트를 통한 중·고등학교 영어 교과서의 학년별 이독성 수준 차이에 대한 고찰」, 부산대학교 대학원, 석사학위 논문.

Wangbo(왕파)(2013), 「한·중 회상표현 '-더-'와 '來着'의 비교」, 『한국어학』 58, 한국어학회.

呂淑湘 (2002), 『現代漢語八百詞 (增訂本)』, 常務印書館.

肖人夫(2013), 『城市化進程中朝鮮族人口結构變遷硏究』, 중국중앙민족대학교.

周慶生(2014), 「論我國少數民族双語教學模式轉型」, 『新疆師范大學學報』(哲學社會科學版) 35, 新疆師范大學.

온라인 한어자전(漢語字典): http://xh.5156edu.com/html5/260577.html

국립국어원 『한글 맞춤법』, 검색일 2017.3~10, 출처:
　　　　http://www.korean.go.kr/front/page/pageView.do?page_id=P000060&mn_id=30

국립국어원 『표준국어대사전』, 검색일 2017.3~10, 출처:
　　　　http://stdweb2.korean.go.kr/main.jsp

Alan R.White(1975), Modal Thinking, Cornell University Press(New York: Ithaca)

Anna Wierwizka(1996), Semantics: Primes and Universals, Oxford University Press.

Bybee,J.L.(1985), Morphology, JOHN BENJAMINS PUBLISHING COMPANY.

Bybee; J. & S Fleischman eds.(1995), Modality in Grammar and discourse, John Benjamins Publishing Company.

Bybee, J., R. Perkins, W. Pagliuca(1994), "The Evolution of Grammar: Tense"

University of Chicago press.;

B. 조빈스키 이덕호 옮김(1999), 『문체론』, 한신문화사.

Chung-Min Lee.(1982), "Aspects of Aspect in Korean.", 「언어」 7-2, 한국언어학회.

Comrie, B.(1976), Aspect, Cambridge University Press.

Dijk, T.A. van.(1972), Some aspects of Text Grammars, Hague:Mouton.

Eugine A,Nida(1973), Componential Analysis of Meaning, 조항범 역, 탑출판사.

Enkvist. N. E, Linguistic Stylistics, Mouton, 1973, p.127.

Fillmore, c.(1968), "The Case for Case." in E. Bach & R.Harms(eds) Universals in Linguistic Theory, 1-88. Hoit, Reinhart & Winston, New York.

Firbas,J.(1959), "Thoughts on the Communicative Function of the Verb in English, German, and Czech." Brno Studies in English 1.

Firbas,J.(1966), "Non-Thematic Subjects in Contemporary English", Travaux Ling uistiques de Prague2.

George D. Spache(1969), "Books for Slow Readers", FOLLETT LIBRARY BOOK COMPANY.

George R. Klare(1963), "The measurement of readability", Ames: Iowa State Univ. Press.

Geoffrey N. Leech & Michael H.Short, Style in Fiction: Linguistic Introduction to English to English Prose, Longman, 1981, pp.75-80.

G.Lakoff(1970), Irregularity in Syntax. New York:Holt, Reinhart & Winston.

Günter Radden · Renê Driven(2007), Cognitive English Grammar, 임지룡·윤희수 옮김(2009), 박이정.

Hopper,J.(1976), Introduction to Natural Generative Phonology. New York: Academic Press.

Irwin, Judith Westphal(1979), "Text structure and Comprehens on: New Direction for Readability", (ED 182 684).

Irwin · Baker(1997), Promoting Active Reading Comprehension Strategies, 한철우, 천경록 옮김, 『독서 지도 방법』, 교학사.

JAMES RYE(1985), "CLOZE PROCEDURE AND THE TEACHING OF READING", HEINEMANN EDUCATIONAL BOOKS.

Jeanne S. Chall & Edgar Dale(1995), "Readability Revisited". Brookline Books.

Jeanne S. Chall(1996), "Stages of Reading Development(Second Edition)", Harcourt

Brace College Publishers.

Jeanne S. Chall, Glenda L. Bissex, Sue S. Conard, Susan H. Harris‒ Sharples(1996), "Qualitative Assessment of Text Difficulty", BROOKLINE BOOKS.

J.Lyons(1977), Semantics2. Cambridge University Press.

J.L.Austin(1955), How to do Things with Words, London: Oxford University Press.

J.M.Murry(1956), The Problem of Style, 최창록 역, 현대문학.

Jespersen,Otto.(1924), The Philosophy of Grammar. London: George Allen & Un win.

John Anderson(1973), An Essay Concerning Aspect, University of Edinburg The Hague Paris Mouton.

.Joan Bybee, Revere Perkins, William Pagliuca (1994), 박선자·김문기 역(2010), The Evolution of Grammar The University of Chicago Press. Chicago, Illinois, U.S.A.

Kattein, R.(1979), "Was ist denn überhaupt Modalität", Papiere zür Linguistik 20, 89‒95.

Kiparsky,Paul(1968), "Tense and Mood in Indo-Europen Syntax," Foundation of Language 4.

Klaus Brinker(1994), Linguistische Textanalys, 이성만 역, 한국문화사. .

Langacker(1984), Active Zones. BLS 10.

Langacker(1987), Foundations of Cognitive Grammar, Vol Ⅰ: Theoretical Prereq uisities. Stanford, California: Stanford University Press.

Lee, Kee-Dong.1981. "A Tense-Aspect-Modality System in Korean." 「애산학보」 1(1981.12.25), 71‒118, 애산학회.

Louis Breger(1998), From Instinct to Identity: The Development of Personality, 홍 강의, 이영식 옮김, "인간 발달의 통합적 이해", 이화여자대학교 출판부.

Lukoff, F.1986. "The Uses of Tenses in Korean Written Narrative." in:Kim(Ed). 2‒36.

M.A.K Halliday & Rukiya Hasan(1976), Cohesion in English. London: Longman Group Ltd.

Mathesius,V.J.(1961), "A Functional Analysis of Present-Day English Word- Formation." München: C.H.Beck'sche.

Nam,Y.W., 1996, The Old Place Name of Dumo, Journal of Geography

Education, 36, 116-125(in Korean).

Nam,Y.W., 1997, The Origin of the Ancient Place Name, Dumo, Journal of Geographical Society, 32(4), 479-490(in Korean).

Marzano, Robert J(1987), "Reading diagnosis and instruction :theory into practice", Englewood Cliffs, N.J.: Prentice-Hall.

Meyer, Bonnie J. F(1983), "Reading Research and the Composition Teacher: The Importance of Plans", College Composition and Communication, Vol.33, No.1, February.

Meyer, Bonnie J. F(2003), "Text Coherence and Readability", Topic in Language Disorders, V3, N3(EJ674696).

Miller, James R.: Kintsch. Walter, "Recall and Readability of short prose passages", (ED 185 533), Apr 80.

Otto Jespersen(1924), The Philosophy of Grammar(London, George Allen & Unwin LTD.

Palmer, F.R(1986:21-23), Mood and Modality, Cambridge University Press.

Palmer, F.R(1990), Modality and the English Modals, 2nd edition Longman.

Rae, Gwenneth. Potter, Thomas C(1981), "INFORMAL READING DIAGNOSIS :a practical guide for the classroom teacher", Englewood Cliffs, N.J. : Prentice-Hall.

RUDOLF FLESCH(1951), "HOW TO TEST READABILITY", HARPER & BRO THER.

Rudolf Flesch(1974), "The Art of Readable Writing(25TH ANNIVERSARY EDI TION)", HARPER & ROW.

RUDOLF FLESCH(1985), "WHY JOHNNY CAN'T READ and what you can do about it", HARPER & ROW.

R.M.Kempson(1977), Semantic Theory. Cambridge, Eng.: Cambridge University Press.

R.W.Langacker(1967). Language and Its Structure. New York: Harcourt, Brace & World.

Robert A.de Beaugrande/Wolfgang U.Dressler(1972), Introduction to TextLing uistics(London: Longman).

Robert Martin(1992), Pour une Logique du sens, Presses Universitaires de France,

Paris.

S.I.Hayakawa(1964), Language in Thought and Action, Harcourt, Brace & World, Inc.

Sohn, Ho-min(1975b), Tense in Korean, in, Sohn ed, 42-61.

Susan Kemper(1983), "Measuring the Inference Load of a Text", Journal of Educational Psychology. Vol.75, No.3, 391-401.

Taylor, J. M.(1995), Linguistic Categorization, Oxford University Press.(조명원, 나익주(옮김)(1997), 인지언어학이란 무엇인가, 한국문화사.

Ullmann, S. (1962), Semantics: An Introduction to the Science of Meaning, Oxford: Basil Blackwell.

Underwood(1890), 「한영문법」.

Ungerer, F. & Schmid, H.(1996), An introduction to Cognitive Linguistics, London & New york: Longman.(임지룡・김동환(옮김)(1998), 인지언어학 개론, 태학사.

Yang, In-Seok.(1977), "Progressive and Perfective Aspects in Korean." 「언어」 2-1(1977.6), 25-40.

[자료]

교육인적자원부(2003), "초등학교 읽기 2-1", 대한교과서(주).
교육인적자원부(2003), "초등학교 읽기 2-2", 대한교과서(주).
교육인적자원부(2003), "초등학교 읽기 3-1", 대한교과서(주).
교육인적자원부(2003), "초등학교 읽기 3-2", 대한교과서(주).
교육인적자원부(2003), "초등학교 읽기 4-1", 대한교과서(주).
교육인적자원부(2003), "초등학교 읽기 4-2", 대한교과서(주).
교육인적자원부(2003), "초등학교 읽기 5-1", 대한교과서(주).
교육인적자원부(2003), "초등학교 읽기 5-2", 대한교과서(주).
교육인적자원부(2003), "초등학교 읽기 6-1", 대한교과서(주).
교육인적자원부(2003), "초등학교 읽기 6-2", 대한교과서(주).
교육인적자원부(2003), "중학교 국어 1-1", 대한교과서(주).
교육인적자원부(2003), "중학교 국어 1-2", 대한교과서(주).
교육인적자원부(2003), "중학교 국어 2-1", 대한교과서(주).
교육인적자원부(2003), "중학교 국어 2-2", 대한교과서(주).

교육인적자원부(2003), "중학교 국어 3-1", 교학사(주).
교육인적자원부(2003), "중학교 국어 3-2", 교학사(주).
교육인적자원부(2002), "고등학교 국어 (상)", (주)두산.
교육인적자원부(2002), "고등학교 국어 (하)", (주)두산.

부 록

칼럼 모음

창문 밖 세상

교육계? 교육판?

우리말에서 어떤 일이 벌어지고 있는 자리를 말할 때 흔히 '-판'이라는 명사를 붙여서 표현한다. 이 '판'이라는 말은 보통 다른 말 뒤에 붙어서 접미사처럼 쓰이는데 '判, 板, 版, 瓣,...' 등의 한자가 '판'으로 읽힌다. 앞에서 말한 '일이 벌어지고 있는 자리'의 의미이면서 '판'으로 읽히는 한자어는 사전에 나와 있지 않은 것으로 보아 순 우리말이거나 아니면 오래 전에 한자어에서 유래하여 우리말로 굳어져 어원을 알 수 없게 된 말이 아닌가 싶다. 판소리의 '판'이 '舞臺'의 의미라는 설도 있으나 정확히는 알 수 없다.

보통 정치상의 의논과 활동이 벌어지는 사회를 정계 또는 정치계라 하고 상행위와 관련된 사회를 경제계 또는 업계, 재계로 부르며 영화에 관련된 일을 하는 사회는 영화계라 한다. 또 교육에 관계되는 사회는 교육계, 법과 관련된 사회는 법조계 등으로 부른다. '界'의 한자어가 뒤에 붙으면 규모가 크고 집단적이며, 전문성과 함께 가치지향적인 질서의 靜態的 의미가 내포된다. 이와 달리 '판'이 붙는 말은 개별적인 소규모의 일이 벌어지고 있는 현장적인 의미가 두드러진다. 따라서 '씨름판, 장사판, 먹자판, 노동판' 등의 어휘에서는 순간적, 즉흥적, 상황적인 動態的 의미가 강하다. 그 중에서도 난장판(여러 사람이 마구 떠들어 뒤죽박죽이 된 판)이나 먹자판(만사를 제쳐놓고 우선 먹고 보자는 향락주의적인 생각, 여럿이 모여 닥치는 대로 먹고 진탕 마시며 노는 자리)은 그런 의미가 훨씬 강해서 감정적 의미까지 부가된다. '개판'이란 말은 경우는 다르지만 극도로 감정이 강조된 의미를 갖는 말이다.

그런데 이 '판'이 현장의 의미가 아닌 관련 직업의 사회 즉 앞에 언급한 '界'의 의미에 해당하는 말로 쓰일 때는 관련된 사회에 대해 부정적인 어감을 표현하기 쉽다. '장사판, 영화판, 노동판(흔히 왜식표현으로 노가다판), 정치판'

등이 '경제계나 업계', '영화계', '노동계', '정계'보다는 무질서하고 순간적이며 즉흥적인 어감을 전달해서 상대적으로 비하하는 듯한 인상을 주기 쉽다. 그래서 연극판에 뛰어들었다든지, 정치판에 뛰어들었다든지, 장사판에 나섰다, 노동판에 뛰어들었다는 표현은 좀더 강한 느낌을 준다. 그런데 아직까지는 '법판'이나 '법조판', '교육판', '예술판'에 뛰어들었다는 말은 잘 하지 않는다. 그것은 전문성과 도덕적 질서를 중시하는 사회에 대해서 언중들이 가려서 인식하고 사용하기 때문이라고 생각할 수 있을지 모르겠다. 그리고 언중들이 이들 분야의 사람들에 대해서 '정치꾼, 장사꾼, 노동꾼, 노름꾼, 사기꾼'처럼 '교육꾼, 법률꾼 혹은 법꾼'이라는 호칭을 붙이지 않는 것도 아직 존중의 뜻이 담겨 있는 것이 아닐까 하는 아전인수격의 해석을 해보기도 한다.

한데 요즘에는 이런 어감에 의한 섬세한 표현도 혼동되는 것 같다. 특히 교육위원 선출을 둘러 싼 뇌물 수수 등의 행태를 보면 이제는 '교육판'의 호칭이 자연스럽게 통용될 날이 멀지 않았나 싶어 염려스럽다. 개혁이 진행되고 있는 마당에 교육계는 이번 교육위원의 선출과정을 통해서 즉흥적이고 순간적이며 목적달성을 위해 수단방법을 가리지 않는 상황 중심의 '판'적인 양상을 그대로 드러내고 있다. 교육위원이라는 감투는 교육을 논의하는 대표자라는 의미로 선출되는 것일 텐데 교육이 목적이 아니고 致富나 營利를 위한 수단으로 인식되어 돈놓고 돈먹는 '노름판'에서 판돈을 거는 대상으로 또는 시중 謀利雜輩들의 '먹자판'의 메뉴가 된 것이다. 그 외에도 교육 관련 사회에 널려있는 많은 지저분한 이야기들 때문에 이제는 言衆들이 '판'이라는 명사를 교육이라는 어휘 뒤에 붙여서 사용하는 것이 보편화되지 않을까 걱정된다.

〈전국국공립대학신문 주간교수협의회〉

인터넷 세대의 한글쓰기

펜으로 글쓰기 하는 경우가 점점 줄어들고 글자판을 이용한 글쓰기가 보편화되고 있다. 특별한 경우가 아니면 컴퓨터를 매개로 하는 글쓰기가 일상화된 것이다. 컴퓨터가 그만큼 편리하고 현대의 삶을 사는 데에 적합한 의사 전달 수단이라는 것을 말해 주는 것이다. 그래서 어느새 컴퓨터 글쓰기는 간결한 문체, 두괄식 논리 전개, 시청각적 문장 배열 등의 그 나름의 문체적 형식의 수립과 함께 어휘, 통사, 텍스트 형식에서 독특하고 다양한 특징을 보이고 있다. 그러나 컴퓨터 글쓰기의 편리한 생활이 있는 반면에 그 역효과도 서서히 나타나고 있는 것 같다. 인터넷상 대화방식에서의 한글규범 파괴 현상이 그것이다.

얼마 전에 국어학 전공 학자들의 모임인 학회 홈페이지에서 모 인터넷통신의 자유게시판에서 옮겨 놓은 글을 읽은 적이 있다. 서울의 어느 고등학교 교사가 앞으로 20년 후 초등학교에서 사용하게 될 교과서 내용을 예측하여 자신의 홈페이지에 올린 것을 따다 소개한 것이다. 글로만 설명하면 실감이 나지 않을 것 같아 일부분을 그대로 옮겨 본다.

서기 2020년 초등학교 국어교과서

우리말(구개)
주니어 3학기

제1과 인사 잘하기

철수는 학교에 갔슴다. 운동장에 샘님이 계셨슴다. 철수는 얼른 샘님께로 달려가 인사를 했슴다.

"샘님, 아냐세여? _ _"

샘님도 반갑게 인사했슴다.

"철수 어솨요 ~"

그때 영희가 철수와 샘님이 있는 쪽으로 걸어왔슴다. 철수와 영희는 반갑게 인사를 나누었슴다.

"철수 하이루 ^^*"

"영희 방가 방가 ~"

철수와 영희가 방갑게 인사를 나눌 때 학교의 왕따인 만득이가 고개를 숙인 채 옆을 지나갔슴다. 만득이를 본 영희가 말했슴다.

"저러니 왕따지 졸라 재섭써"

철수도 맞짱구를 쳤슴다.

"마자마자. 하여간 영희가 인사는 캡빵 잘해"

…중략…

칠드런 여러분. 인사를 졸라 잘하는 사람이 남들에게도 칭찬을 받는답니다. 우리 모두 인사 잘 하는 칠드런이 되어 왕따 당하지 않은 사람이 되야 겠슴.

…

〈 담 2과는 바르게 쓰기 임담 〉

…

위에서 보인 교과서의 예에는 현대 인터넷상에서 보이는 컴퓨터 통신어의 특징들이 그대로 담겨있다. 즉 소리 나는 대로 적고 어법을 무시하는 컴퓨터 통신어의 현상이 20년 후에 교과서에까지 버젓이 통용될지 모른다는 우려 섞인 우스개인 것이다.

위의 글은 20년 후의 교과서라는 상황을 설정하고 우스개 삼아 만든 것이긴 하지만 현재 컴퓨터 대화방에서의 상황은 이보다 심한 편이다. 실제로 채

팅 방에 들어가 보면 각종 약어, 은어, 감정표현 부호 등에 익숙하지 않은 사람들은 심한 당혹감과 소외감 때문에 얼마 버티지 못하고 퇴장하게 마련이다. 대체로 중년이상의 세대에 속하는 사람들은 일부 전문가 집단을 제외하고는 어안이 벙벙한 상태로 대화 차례를 놓치고 허둥대다 만다. 타자속도와 이미지 전달 기량 면에서 상대를 따라잡지 못하기 때문이다. 거기다 그들이 사용하는 소리위주의 표기방법은 형태 중심의 한글 맞춤법 규정을 무시하기가 일쑤여서 더욱 이질감을 들게 한다. 물론 나이든 사람들의 채팅 방은 조금 나을지 모른다.

그런데 위의 가상교과서의 등장과 같은 우려가 기우(杞憂)에 불과할 것이라는 믿음을 흔드는 사례가 채팅방이 아닌 보통의 언어현장에서 공공연하게 눈에 뜨이는 것이 문제다. 최근 모 일간지에는 중학교 국어교사가 스승의 날에 받은 제자의 편지를 받고 기막혀 하는 내용의 기사가 실렸다. 내용인즉슨 스승의 은혜에 감사한다는 제자의 편지에서 감사의 마음이 채 전해져 오기도 전에 걱정이 앞서게 되었다는 것이다.

"안녕하세염. 더눈 3학년에서 젤루 이뿐...",

...중략...

"죄송해염. 선물 더 못 드리고….."

"행복하세여."

등의 사랑스런 제자의 애교스런 편지에 귀엽다고 해야 할지 한심하다고 해야 할지 모르겠다는 고백이다. 정상적 어법을 훈련하는 글짓기 시간에도 '열띠미(열심히)', '-여(-요)' 등의 표현이 자주 보인다고 한다.

스승의 입장에서야 바로잡아 주어야 한다는 걱정이 앞서겠지만 문제는 그런 현상이 점점 보편화한다는데 있다. 이런 현상은 인터넷 사용이 빈번해지는 초등학교 고학년일수록 더 심해지고 이것은 곧 중·고등학생들의 국어사용능력 저하로 이어지게 된다. 자라나는 학생들의 일시적인 현상이고 성인이 되면 괜찮을 것이라고 위안해 보지만 여전히 찜찜하다. 중등학교의 경우까지는 그렇다 치더라도 최상급 교육기관인 대학의 경우에는 마음 놓을 수 있는 상황일까 하는 생각 때문이다.

필자가 있는 대학의 교양과목 중 '사고와 표현'이라는 강의에 편지쓰기의 항목이 있다. 자신을 학교현장의 담임교사로 가정하고 생활지도 대상 학생에게 보내는 편지를 작성해 보라는 과제를 내주고 점검을 해보았다. 그런데 제출된 과제물 중 몇몇의 경우에, 친근감을 표시하려고 그랬는지 아니면 무의식중에 그런 표현을 썼는지 모르나 "그러니까 샘이", "글구", "걍", "글쿠나", "어솨요~" 등등의 표현들이 등장하는 것을 발견하였다. 그뿐만 아니다. 시험 답안지를 채점하다 보면 얼마나 급하게 답을 작성했는지 서술식 답안에 '~이 ×'(~이 없다), '~은 ○'(~은 있다) 등의 서술어를 대신하는 표현이 등장하기도 한다. 이들의 표현에 등장하는 '샘'은 체언 '선생'과 존칭의 접미사 '-님'의 축약형이고, '어솨요~'의 '어서'는 부사어 '어서' 와 서술어 '오세요'의 축약형이다. 이런 축약형태가 고정되어 쓰이면 품사가 가지는 고유기능을 잃어버리고 축약된 형태 그대로 새로운 어사로서 사전에 등록되어야 할 형편이다. 점점 이런 단어가 늘어나게 되면 사전에는 자주 쓰는 통신어 항목을 모아서 따로 올려야 할 것이다.

아주 심각한 상황은 아닌 것 같지만 이대로 가면 앞에서 소개했던 '20년 후의 교과서'가 아주 불가능한 것만은 아닐 수도 있겠다는 생각이 든다. 대학생들의 리포트, 편지 등에 이런 현상이 점점 늘기 시작하고, 급기야는 젊은 교사가 학부모에게 보내는 편지에, 혹은 학생에게 보내는 편지에 이런 것들이 거리낌 없이 등장하게 되면, 그때는 누가 어린 학생들의 비정상적인 어법을 바로 잡아주나 하는 걱정이 앞선다.

대체로 컴퓨터 통신상에서 나타나는 특징은 어휘의 측면에서 통신상에서만 쓰이는 고유어휘(예: 고딩-고등학생, 방장-방을 만든 사람, 노딩-나이 많은 사람, 잠수-할 말이 없어 대화에 참여하지 못하고 있는 상태)와 은어와 속어(예: 열라(졸라)-강조할 때, 매우, 완빵-가장 낫다, 짱-최고)와 감정표현부호(Emoticon) (예; :-) 소박한 웃음, :-(화난 표정, Y_Y 눈물을 줄줄 흘리는 표정, *_* 어이없는, 황당한 표정) 등이 주된 것들이다.

형태 측면의 특징은 소리 나는 대로 적기(예: 마즐래-맞을래, 두리 너무 진함-둘이 너무 진함, 추카추카-축하축하, 마자요-맞아요, 시러요-싫어요), 축약(예: 갈-가을, 설-서울, 앤-애인), 탈락(예: 춉-초보, 잼-재미, 넘-너무) 등이 매우 활발하게 나타나는데 이것들은 한글 규범파괴와 직접 관련된다. 이외에도 생략(예; 잠수 중(이다), 나(는) 오널 남자랑 잔다르크 봐따, 나한테만 시비걸구(   ), 사셨습(   ).?, 사는 곳이(   )?), 첨가(음, 움, 흠,흠, 저어, ...), 도치, 반말 사용 등의 통사상의 특징과 구어체, 시각적 이미지 활용(예: ㄸ ㅐ ㅇ!, 하이루~!!!, 왜????, 꼬~옥~ 나가지마)의 텍스트상 특징도 보인다.

언어의 규칙은 깨어지거나 바뀌면 혼란이 오기 때문에 일정한 사용기준으로서 공통적이고 연속성을 가지려는 고정적 경향이 있다. 그래서 한글 맞춤법의 형태표기 원칙은 형태의 고정을 통해 의미해석의 혼란방지와 의미파악의 신속성을 위한 것이다. 즉 일정한 형태의 표기를 통해서 어원에 대한 명확한 의식을 가지고 의미를 파악할 수 있게 한다는 말이다. 또한 한글은 영어의 알파벳처럼 음소를 표기하는 문자이면서도 영어의 알파벳 표기와 달리 초, 중, 종성을 모아써서 음절을 하나하나 구분하여 표현할 수 있다. 영어의 알파벳 표기는 기본적으로 그것이 어렵다. 그러므로 한글표기는 음절 경계나 형태소 경계에 대한 인식이 분명하다. 그런데 음성위주로 표기하면 이러한 장점이 사라진다. 컴퓨터 통신세대가 통신상의 특수어휘나 표현을 공유함으로써 느끼는 배타적 동질감은 오히려 그렇게 염려할 문제가 아니다. 동일시대에 동일언어집단에서 살면서 동일한 의미의 어휘를 한글의 규범을 무시하고 제각기 다른 형태로 표기하게 된다는 점이 더 어려운 문제이다.

본질적으로 인터넷 세대의 특징은 창조적이라는데 있다. 기존의 규범을 깨뜨리는데서 성취감과 자부심을 갖는 것이 그들의 특성이다. 이들 세대의 다양성과 창조성이 장점으로 작용할 때 무한한 상상력과 응용력의 바탕이 될 수 있다. 그러한 세대의 주축을 형성하는 학생들의 언어생활을 획일적으로 규제하기는 불가능하다. 따라서 통신상에서 사용하는 언어수단과 정상적인 언어수단을 구분하여 사용하는 것을 가능하게 교육하는 것이 오히려 현실적이다. 즉, 인터넷세대의 언어생활에서 다양한 방법을 동원하여 얻는 의미전달의 신속성과 컴퓨터 통신상의 고유어휘, 특수어 사용 등을 통한 동질감의 공유 등 긍정적인 효과는 부정하지 말아야 하나 기존의 문화 전달도구인 문자적 측면에서의 오, 남용은 지속적인 교육을 통하여 막아야 한다는 말이다.

예컨대, 컴퓨터 사용상의 고유어휘는 해당 어휘소가 없음으로 하여 생겨난 신어이므로 긍정적인 면이 있다. 즉 이러한 고유어휘는 언중의 힘을 얻으면 신어로 안정될 수도 있다. 그러나 신어의 창조는 기존어의 형태와 의미를 이용하여 생성되므로 만약 기존어휘와의 유연성이 너무 멀게 되어 어원에 대한 의식이 약해질 염려가 있는 경우 다른 새로운 어휘로 대체해야 할 필요가 있다. 또 약어의 경우는 언어 경제성 추구 원리에 의해 언어의 변화가 늘 진행되어 왔으므로 정상적인 현상으로 보인다. 그러나 '정기모임-정모', '인터넷 맹인' 등의 경우에는 불필요한 표현을 줄임으로써 최대한의 경제적 효과를 얻을 수 있는 경우에 해당하나 '초보-촙', '예비-옙' 등과 같은 경우는 우리의 언어환경에서는 나타나지 않는 탈락현상이므로 음운규칙의 측면에서 교정 지도해야 할 필요가 있을 것이다. 또 컴퓨터 통신상의 생략문에서 서술어가 생략된다든지, 어미가 잘려 나간다든지, 다른 형태를 첨가하여 명사처럼 끝내는 경우도 있다. 국어사용에서 시간 인식이나 상대에 대한 대우체계가 드러나는 매우 중요한 성분이 서술어이므로 이 또한 정확하게 표현되도록 지도해야 할 것이다.

지금 세계적인 언어학자들 중에는 음소문자이면서도 모아쓰기로 형태표기의 효과를 겸유하고 있는 한글의 우수성을 인정하고 한글의 과학성과 편리성을 극대화하여 세계공용문자로 추진하자는 움직임도 있는 형편이다. 며칠 전에는 글을 읽을 때 뇌에서 활성화되는 영역을 측정한 결과, 한글을 읽을 때 활성화되는 뇌의 영역이 영어를 읽을 때 활성화되는 뇌의 영역보다 넓다는 의학적 임상실험 결과가 보도되었다. 그리고 실험에서 한글을 읽을 때 더 넓은 활성화를 보인 영역은 공간인지능력을 담당하는 부분이었다고 한다. 그런 결과는 추측컨대, 소리를 중심으로 하는 영어의 알파벳 표기법과 소리와 함께 초, 중, 종성의 글자 모아쓰기를 통해서 형태적 기능까지도 고려하는 한글의 표기법과의 차이 때문에 생겨난 것이 아닐까 하는 생각이 든다. 그래서 젓가락 문화권 그 중에서도 한글문화를 보유한 우리 민족이 지적 능력만큼은 은근히 자부심을 갖는 것이 국수주의적인 태도 때문만은 아니라고 생각이 든다.

〈교육개발〉 교육개발원

새 천년에도 교직은 천직이어야 하는가?

옛날 나의 대학 시절에는 국사철(국문, 역사, 철학)하면 같은 문과 중에서도 유난히 술 잘 먹고, 잘 놀고, 그러면서도 재주 많은 사람들의 집단으로 여겼다. 바꿔 말하면, 기본적으로 호기심이 많아서 공부보다 다른 일에 더 흥미를 느끼는 사람들이 많았다고 할 수 있다. 그래서 내 동기들은 졸업 후에 다양한 방향으로 진출해서 정치, 법조, 언론, 출판, 기업경영, 건설 등 사회의 각 분야에 포진해 있다.

물론 그 당시도 소위 인기학과라는 것은 고정되어 있어서 법, 상, 의 등의 학과는 최고의 인기학과였고 영문과도 그 축에 들었었다. 그래서 대학 입학 때에는 그런 학과들을 선망의 대상으로 삼는 게 자연스러웠고 개중에는 결국 그 쪽으로 전과한 친구도 있었다. 심지어 연애를 하다가 실연을 당하자 절치부심(切齒腐心), 법학과로 학사 편입하여 지금은 법원에서 검사가 되어 권세를 누리는 친구도 있다. 지금 생각해 보면, 그런 친구들은 결국 처음부터 뜻이 그런데 있었던 것으로 보인다.

그러나 기본적으로 국, 사, 철의 학과 친구들은 물질적 성공이라고 여겨지는 것보다는 이상적인 것에 더 가치를 두고 추구했던 것으로 생각된다. 그래서 유난히 사상 서클이나 문화운동 서클에서 활동을 하는 친구들이 많았다. 그 당시 사회적 분위기 탓도 있었지만 알게 모르게 선배들로부터 영향이 전해진 것도 사실이다. 거기에 본인들의 기질도 빼놓을 수 없는 요인들 중의 하나라고 본다. 객기가 심하거나 성격이 괴곽한 친구들도 있었고, 한 마디로 못말리는 친구들이 많았던 것이다. 그런데 그런 친구들이 사실은 자유로운 정신의 소유자들이어서 졸업 후에 도식적인 인생길로만 걷지 않고 도전적이고 모험적인 길로 과감히 뛰어들어 지금은 성공의 길로 달리고 있는 사람들이 많다.

이렇게 케케묵은 옛날 얘기를 하는 것은, 사실은 우리 국어교육과 나아가서 우리 학교의 학생들에 대한 아쉬움 때문이다. 그 임용고사라는 멍에 때문에 학생들이 호기 있게 입학했다가 졸업할 때쯤에는 파김치가 되어서 나가는 우리 학생들의 현실이 안타깝기만 하다. 다행히도 임용고사에 합격이 되어 편한 마음으로 졸업을 하는 학생들은 괜찮지만, 졸업하는 해에 그런 기쁨을 누리지 못한 졸업생들에게는 답답한 날들의 연속이 다음 고사 때까지 지속된다. 그래서 임용고사 재수 중인 졸업생들을 볼 때마다 안쓰럽기만 하다. 그렇다고 딱히 도움을 줄 수 있는 수단도 없다. 그저 격려의 말이나 건넬 수밖에.

그런데다가 지난해에는 우리 학교에 위기설까지 대두되어 심한 진통을 겪었고, 아직까지 완전히 불씨가 꺼지지 않고 있는 상태다. 그 와중에 머리속에서 늘 떠나지 않는 것이 '왜 우리에게만 위기인가, 우리는 언제까지 위기설 때문에 시달려야 하는가'였다. 그렇게 정권 바뀔 때마다 체통 없이 흔들리지 않으려면 우리의 독보적 존재의 당위성을 여러 가지로 보여야 하는데, 우리의 역사가 아직 일천한 관계로 동문들의 영향력도 미미하고 사회로부터의 인정도 아직까지는 어느 정도의 수준에 다다르지 못했다고 볼 수 있다.

그렇다고 교육부의 시책만 바라보고 있을 수는 없는 일이다. 우리 스스로 변화하는 시대의 흐름을 읽고, 앞서서 치고 나가는 수밖에 없다. 그런 대비 중의 하나는 우리 졸업생들이 꼭 임용고사에만 매달려야 하는가에 대한 자문이다. 임용고사에 합격해야만 우리나라 교육에 이바지할 수 있는 것인가? 사립학교로 진출할 수도 있고 스스로 사설학원을 운영하는 방안도 생각할 수 있다. 또 육영사업을 꿈꾸는 사람도 있어야 한다. 그래서 교원대 출신 재단 이사장이 나오지 말란 법도 없다. 꼭 남의 월급만 받으면서 살아가야 하는가. 남에게 월급을 주면서 자신의 꿈을 펼칠 수는 없는가?

나는 좀 더 대담해져야 한다고 생각한다. 그래서 지금쯤은 우리 동문들 중에 누군가 교육을 주제로 하는 벤처 사업도 펼칠 때가 되지 않았나 생각해 본다. 예를 들면 교육공학 측면에서 국어교육을 위한 멀티미디어 사업이라든가, 인터넷을 통한 교육 콘텐츠사업 등도 가능한 것이다. 다행히 우리 학교에는 교육 현장에 대한 경험들이 축적될 수 있는 여건이 되어 있다. 동문회가 활성화되면 동문들이 모여서 벤처 기업을 창업하고 또 그런 기업을 지원 육성해 줄 수 있는 분위기가 조성될 수도 있지 않을까. 교원대 졸업생이 꼭 교직으로 진출해야만 할 당위성이 임용고사 시행 이후에는 약화되었다. 우리 교원대생들에게 경제적으로 성공하지 말란 법은 없다.

좀 더 시야를 넓혀보면 우리 졸업생들이 진출할 분야가 교직만이 아니라 의외로 많이 있다. 아직 우리의 인적 자원이 충분하지 못하기도 하고 조직화 되지도 못해서 사회 전반에 대한 정보 수집력이 부족하여 손댈 수 있는 분야의 폭이 좁게 보일 뿐이라고 생각한다. 이제부터라도 전국에 흩어져 있는 동문들을 모으고 조직화해서 교직활동에도 활기를 불어넣을 정보교환의 마당과 동문 자원화의 일을 해야 할 때가 아닌가 생각한다. 그래서 점차 우리의 동문들이 사회적인 영향력을 발휘할 수 있는 날이 왔으면 좋겠다.

용감한 자에게 기회는 온다. 도전하는 자에게만 기회는 모습을 드러낸다. 안전위주로만 살면 결국 그 궤도 위에서 벗어나기는 어렵다. 우리에게는 가능성이 많이 있고 여건도 좋다. 그래서 새 천년에는 후배들에게 졸업 후의 진로에 대한 다양한 가능성을 보여서 미래를 꿈꾸는, 용기 있는 당찬 후배들이 몰려들 수 있는 여건을 마련했으면 한다.

우리 학생들의 목표는 출세다. 임용고사 보고 공립학교에 임용되어서 신분 보장 받고 연수 점수 많이 받아서 빠른 시간 내에 승진하고 그러다가 잘하면 교장이 되기를 목마르게 염원하는 무리들이다. 그러므로 이들은 다른 직업을 선택하는 사람들과 그렇게 차이가 없다. 적성에 맞는 또 다른 출세 지상주의 자들이다. 자연히 이들은 다른 출세주의자들에게 밀린 하나의 패배자의 모습을 띤다. 그러므로 이들에게서 참된 진정한 교육자가 나오리라고는 정말 기대하기 어렵다. 만약 이들이 그렇지 않다면, 정말 교육이라는 본질에 충실한, 사람을 사랑하고 사람을 섬기는 일을 본업으로 알고 교직으로 나갈 꿈을 꾸고 있다면 공립학교 교사거나 사립학교 교사거나 무슨 상관이 있겠는가? 자신이 선택한 학과목에 맞게 어떤 형태로든 교육이라는 일에 매진하면 될 것이다.

즉 자신의 평생의 일거리에 매달리게 될 것이다. 우리 학생들은 그런 면에서 아직 성숙하거나 입지를 못해서 그럴 것이라고 생각하지만 현재의 모습은 패배의식에 사로잡힌 또는 점차 패배감에 휘말리고 있는 출세주의자들이든지 소심한 월급쟁이를 꿈꾸는 소시민에 불과하다.

우리가 기르고자 하는 학생들은 그런 패배주의자나 소심한 소시민이 아니다. 순수와 정열을 지닌 페스탈로치같은 행동가들이 나와 주기를 바라고 있는 것이다. 그러므로 우리 학교에서 임고 합격률을 강조하고 학생들을 독려했던 일들은 학교위기설에 그 원인이 있었지만 사실은 출세지상주의자가 가득한 교육부로부터의 눈치에 의하기도 하고 사회에 대한 눈치꾸러기를 면하고자 하는 애처롭기까지 한 몸짓으로부터도 나왔지만 출세주의에 연연하는 학생들과 함께 그들에게 영합하는 행위였다. 그렇게 해서는 진정한 교육자나 교육사상가는 나올 수 없다. 교육이라는 일거리를 소재로 한 직업인을 양산하고 있을 뿐이다. 그런 상황에서는 우리 학교의 정체성은 찾아질 수가 없다.

그런 출세지상주의 방식은 우리 학교의 정체성 확립에 방해가 될 뿐이다. 현실에서 거북이는 거북이일 뿐이다. 거북이가 토끼를 추월하는 일은 불가능하다. 그런 출세는 서울사대에 맡기고 우리는 참된 교육자를 키워내야 한다. 그런 의미에서 거창 고등학교의 직업선택의 기준은 우리에게 참고가 된다. 우리 학생들에게 주어야 할 비전은 그런 꿈꾸는 듯한 것들이어야 한다. 교육자가 섬길 것은 사람이다. 교장이라는 직위가 아니다. 사람을 섬기는 일이 본업이 되고 교장이라는 직위는 그걸 하기 위해 할 수없이 하는 것이어야 한다. 그런 본질적인 것이 우리 학생들에게 심어져서 배출될 때 비로소 우리는 떳떳하게 교사양성대학이라고 말할 수 있다. 그래야 사회에서는 비로소 우리를 신뢰할 것이다. 그런 일들이 이루어지고 있고 실제로 그 비전이 실현된 증거가 거창 고등학교의 예이다. 우리의 특성화는 그런 방향으로 이루어져야 한다. 사회의 빛과 소금이 되는 것이 우리가 가르치고 바라는 것이 되어야 한다.

〈울이말글(2000.2.10.) 원고〉

수능개편과 사범계열 대학들의 위기의식

　요즘 교육계는 극도로 뒤숭숭하다. 두말할 것 없이 2009 교육과정개정안에 따라 최근 발표된 2014학년도 수능 개편안 때문이다. 1994년 대입수능시험 도입 이후 여러 번의 개편이 있었지만 지금까지는 대부분이 기존의 틀을 크게 바꾸지 않는 범위에서 이루어졌다. 그러나 이번의 개정은 개정된 교육과정 틀에 따라 대폭 변경하는 것이어서 한국의 교육관련 분야에 미치는 파장은 매우 크다.

　공개된 새로운 수능 틀에 대한 반응은 대체로 수험생이 될 학생들과 그 학부모들의 입장, 일선학교 교사, 사범계열 대학 및 교사 지망생들의 입장에 따라 조금씩 차이가 있는 것으로 보인다. 개편안을 수립한 수능선진화 연구회 및 교육부 관계자들이 밝힌 개편 취지에 의하면 수험생들에게는 과다한 시험 과목 수에 대한 부담의 경감과 단판 승부로 판가름 하는 수능의 기회를 한 번 더 부여하자는 것, 학부모를 위해서는 사교육비 부담의 감소, 학교현장에 대해서는 학교교육의 충실화를 꾀하고자 하는 데 그 목표가 있다고 한다. 그러나 그런 목표들이 우리의 교육현장에서 과연 실현 가능한가 하는 많은 사람들의 우려와 상관없이 이를 보완하기 위해 입학사정관제의 확대, 수준별수업의 강화, 선이수학점제 등도 추진된다고 한다. 이와 같은 개편안은 그동안 교과부의 교육과정 개편의 흐름 속에서 지속적으로 진행되어 왔던 것들이 ‘국가의 교육이념 구현’이라는 명제 아래 구체화되고 있는 것이라고 개편안을 주도했던 관계인사가 설명하기도 하였다.

　이러한 정책 수립과 개편안이 나오자 민감하게 반응을 보이는 집단은 우선적으로는 수험생과 학부모들이겠지만 중고등학교 교과목 교원양성을 담당하는 사범계열 대학과 교실에서 학생들을 직접 대하는 현직 교사들 특히 국영수 외 과목 교사들에게는 보다 더 심각한 상황이 될 수밖에 없다. 왜냐하면 대입 성적에 목을 매는 학교의 입장에서는 학부모와 수험생들의 요구를 거스를 수가 없어서 지역에 따라서는 이미 2009 개정교육과정의 자율적 가감 허용범위를 적극 활용하여 국영수 외 과목의 수업시수를 줄임에 따라 해당 교사들의 불안감이 증대되고 있는 상황이기 때문이다. 또 사범계열 대학들에서는 국어, 영어, 수학 이외의 학과 학생들이 임용고사 정원 대폭 축소 또는 전공학과 폐지의 공포 속에서 패닉상태에 빠져 있는 실정이다. 대학 내의 인터넷 게시판에는 실망과 울분, 자조의 댓글들이 줄을 잇고 있고 이를 보고 있는 교수들은 속수무책의 무력감에 속앓이만 하고 있는 상황이다. 장차 훌륭한 스승으로 길러내고자 그동안 힘겹게 담금질을 해왔던 제자들을 향해 이런 상황을 놓고 무어라 할 말이 있겠는가? 일이 이렇게까지 진행되도록 무엇을 했느냐는 분노의 화살이 교수들에게 돌려지기까지 한다.

한편 이번의 수능개편안이 교육정책상 긍정적인 부분이 있다고 하더라도 수험생과 학부모들의 부담을 덜어주고 학교교육 충실화를 위한 것이라면서 고등학교 교육과정에서 어느 정도 확보해야 할 국영수 외 과목의 기초적 소양 혹은 일반적 교양을 대학에서 다시 교육해야 하는 결과에 대해서는 어떻게 대처할 것인지 궁금하다. 또 가뜩이나 그간의 교육정책들이 대학수험생 위주가 되어 고교 졸업 후 취업의 길을 선택하거나 진학을 하지 않는 학생들에 대한 교육적 배려가 소홀한 상황인데 앞으로는 더욱 뒷전으로 밀려날 수밖에 없게 되었다. 그리고 한정된 국영수 전공교사의 수로는 수업 부담을 감당할 수 없어서 결국 기간제 교사나 상치교사 혹은 시간강사에 의존하게 되어 전체적으로 안정된 수준의 교육을 하기가 어렵게 되는 문제도 있다.

결국 어려운 몇 문제들을 풀기 위해 다른 큰 부분들을 모두 파헤쳐 놓는 정책의 강행으로 인해 몇 배의 혼란과 노력과 비용을 지불하게 되지 않을까 걱정이 앞선다.

'환상 속의 그대'들

지금 우리가 살고 있는 세계는 얼마나 실제적인가?

가상현실을 소재로 한 영화 '매트릭스'나 '아바타' 그리고 조작된 세계 속에서 인간이 얼마나 우롱당할 수 있는지 보여주는 영화 '트루라이즈' 등은 우리가 살고 있는 이 세상이 가상적이거나 혹은 인위적으로 조작된 세계일 수도 있다는 상상을 토대로 만들어진 영화이다.

인간은 원초적 삶에서 멀어질수록 가상적 삶에 의지하여 살게 된다. 그런 면에서 우리가 살고 있는 현시대는, 비약해서 말하면, 인류 초기의 사람들보다 비사실적이라고 말할 수 있다. 과거의 체험을 토대로 현실에 대한 인식을 구성하고 또 미래의 일에 대해 예측을 하는 과정에서 문명이 발달할수록 또 사회가 복잡해질수록 사실세계에 기초한 삶은 줄어들게 마련이기 때문이다.

사실세계 뿐만 아니라 우리의 인간관계도 타인에 대한 가상을 통해서 전개된다. 그런 가상들에 대한 확신과 타인과의 공유 정도에 따라 신뢰, 신념, 이념 등의 사회적 믿음들이 생겨난다. 또 그런 믿음들의 현실성에 따라 추정, 상상, 환상, 망상 등으로 변해간다. 그러나 그런 믿음이 순탄하게 지속되지 않을 때, 즉 혼자만의 헛된 믿음이었음이 분명해질 때 혹은 집단적인 환상에 불과했음이 드러날 때 인간들은 서로에 대한 놀람과 실망, 경우에 따라서는 분노와 배신감에 치를 떨기도 하는 것이다.

이런 일들이 개인 상호간에 일어나는 것은 일상의 다반사이고 여파가 개인 간에 그치지만 집단적인 가상으로 증폭되면 우리의 이성은 압도되어 종종 사실에 대한 검토나 추적을 포기하고 폭발적인 감정을 따르기 쉽다. 역사적으로도 그런 집단심리가 긍정적인 형태로든 부정적인 형태로든 폭발한 예가 많이 등장한다. 최근의 우리 한국 사회도 그런 유사한 경험을 했지 싶다. 민주화운동, 월드컵 응원, 촛불시위 등이 아마 그런 가상들에 대한 열광 혹은 분노가 표출된 예로 보인다. 그리고 그런 것들은 정치권에서 간절히 편승하고 싶어 하는 경험들이기도 하다.

최근 평소 가깝게 느끼던 386세대 교수와 술 한 잔을 나누면서 오랜 만에 세대 차이를 넘어 마음껏 논쟁을 펼쳤던 적이 있었다. 평소 잘 어울리긴 했지만 모든 걸 넘어서 솔직하고 마음 편하게 그날만큼 의견을 격렬하게 주고받았던 적이 그 이전에는 별로 없었다. 그런데 그날 그 교수가 솔직하게 쏟아 놓은 이야기에 약간의 서운함과 단절감을 느꼈었던 것도 사실이다. 그들이 다 그런 건 아니지만 기본적으로 앞선 세대에 대해 불신을 가지고 있다는 것을 알았기 때문이었다. 나이 먹었다고 무조건 구세대로 치부되는 상황이 억울하기도 했지만 우리가 그렇게 불신을 받을 만큼 잘못 살았던가 하는 생각에 허탈한 느낌을 지울 수가 없었다. 그러나 그런 생각도 얼마 후 또 바뀌게 되었는데 그 말을 한 세대조차도 다음 세대로부터 전폭적인 신뢰를 받는 것은 아니라는 얘기를 또 다른 세대에 속하는 교수로부터 들었기 때문이다.

요즘 우리 사회의 대체적인 흐름이 '-는 (무조건) 싫다', '-는 (무조건) 좋다'는 판단 준거의 압박 속에 흘러가고 있다는 생각이 드는 것은 최근의 선거에서 나타난 분위기들과 무관하지 않다. '그 무엇' 때문에 싫은 것이야 뭐라고 할 수 없지만 '그 무엇'이 구체적이지 못 하다는 데에 문제가 있다. '그냥 인상이 싫어서'라든가 '하는 짓이 미워서'라든가 하는 감성적 평가가 어떤 중요한 결정에 중요한 근거가 된다는 것은 참 위험한 일이다. 하긴 필자부터도 그런 오류로부터 자유롭지는 못하다. 그래도 어떤 젊은 교수가 지난 정권 기간 내내 당시 최고 권력자를 무조건 싫어하는 사람들을 이해하지 못했었는데 이제는 그 사람들을 이해할 수 있겠다고 하는 말을 듣고 조금씩이나마 나아지는 것이 아닌가 하는 착각에 조금 위안이 되기도 했었다. 물론 그것은 필자가 좋게 해석한 것일 뿐이고 말한 사람은 정반대의 의도가 있음을 모르고 하는 얘기가 아니다. 문제는 각각의 세대에 속한 이들이 다른 세대의 얘기는 들으려고 하지 않는다는 데 있다. 요는 '환상 속의 그대'들로부터 '그대 안의 나'를 발견하는 일이 중요하다는 말이다. 〈서울신문〉

바보로부터 얻는 위안

옛날 내가 살던 동네에 바보로 불리는 사람이 살았었다. 집도 가족도 없이 동네 중국 음식점에 매일 몇 차례씩 물을 길어주고 남은 음식을 얻어먹으며 살았다. 밤에는 그 음식점과 옆 건물 사이에 있는 주방 굴뚝 옆의 좁은 틈에서 새우잠을 잤다. 말하자면 노숙자다. 옷도 변변한 것이 없어서 누더기 옷 한 벌로 돌아다녔다. 앞니는 다 빠져서 말할 때는 잇몸만 드러났다. 전쟁이 끝난 지 채 십년이 안 되어서 모든 게 궁핍하고 거지가 많았던 시절이있다.

그는 동네 개구쟁이들의 놀잇감이었다. 그가 깊은 우물에서 두레박으로 물을 물통에 퍼 담아 물지게에 지고 뒤뚱거리며 갈 때면 악동들은 몰래 따라가서 물통에 흙을 뿌렸다. 그러면 그 바보는 물지게를 내려놓고 돌아서서 자신의 뺨을 때리며 '얘들아! 얘들아!' 하고 소리를 질렀다. 아이들이 둘러서서 바보라고 놀리면 '바보야! 바보야!'하며 자신의 뺨을 때리기도 했다. 어른들이 불쌍한 사람을 괴롭힌다고 나무랐지만 우리들은 그 자학하는 모양이 재미있어서 철딱서니 없는 짓을 반복하곤 했다. 그래서 그의 뺨은 시퍼렇게 멍이 들어 있기 일쑤였다. 나도 그 악동들 중의 하나로서 그 기억은 내게 큰 죄책감으로 남아있다.

어느 핸가 동네 사람들이 나서서 그 바보에게 집을 지어주었다. 동네 뒤에 흐르는 제법 큰 개천 둑에 나무기둥을 비스듬히 받쳐 세우고 물 위에 한 칸 남짓한 작은 판잣집을 지어주었던 것이다. 기억이 아물아물하지만 나도 그 집 안을 들여다보았던 것 같다.

그런데 그것이 화근이었다. 밤새 비가 많이 내린 어느 여름날, 그 집과 함께 그 개울에 있던 것들이 모두 떠내려간 것이다. 그 당시는 해마다 큰물이 나서 개천에 있던 것들을 모두 휩쓸어 가곤 했다. 금세 넘어올 것처럼 둑 가장자리에서 넘실거리며 흘러가는 무서운 흙탕물을 우산을 쓰고 사람들과 함께 구경했던 기억이 난다. 그 후 동네에서 그 바보의 모습을 본 기억이 없다.

최근 몇 년 사이에 갈수록 팍팍해지는 삶을 이어가는 우리에게 가깝고 큰 힘이 되어주던 분들의 떠남이 이어지고 있다. 그런데 이 분들의 삶이 하나같이 바보스럽다. 스스로 바보라고 하기도 하고 남들이 바보라고 부르기도 했다. 요즘 같은 세상에 무소유라니, 법정스님의 삶 또한 바보스러운 삶이 아닐 수 없다.

바보들은 자기 것을 챙길 줄 모른다. 그러니 남에게 해를 끼칠 일이 없다. 추기경이나 노스님 혹은 전직 대통령들의 떠남이 우리들에게 큰 아쉬움이나 안타까움 혹은 죄책감의 감정을 불러일으키는 것은 그들의 삶이 바보처럼 자신의 것을 챙길 줄 모르고 오히려 가지고 있는 것을 아낌없이 내놓았기 때문이다. 또는 바보처럼 온 몸을 던져 자신의 믿었던 바를 지키고자 했기 때문이다.

바보스럽기는 내가 어렸을 적 만났던 바보나 앞서 떠났던 추기경이나 전직 대통령이나 또 엊그제 입적한 노스님이나 모두 마찬가지였다는 생각이 든다. 다만 내가 어렸을 때 만났던 바보는 측은함과 죄책감을 불러일으키지만 추기경이나 전직 대통령이나 노스님의 떠남은 각각 조금씩 다른 감정을 일으킨다. 한 사람은 한없이 밝고 따뜻함을, 다른 한 사람은 안쓰럽고 아쉬움의 아픔을, 또 다른 한 사람은 속세를 훨훨 떨치고 떠나는 자유로움을 느끼게 한다. 추기경의 선종은 우리에게 평화를 선물하고 법정스님의 입적은 자유로움을 주었다. 한편 전직 대통령의 죽음은 우리에게 아픔을 주었다. 안쓰러움이 바탕이 되는 아픔이다.

나이가 드니 지난날들을 돌이켜보는 일이 늘면서 어렸을 적의 불쌍한 그 바보를 괴롭혔었다는 죄책감이 점점 더 커진다. 그나마 옳은 것을 남기고 다른 것은 모두 포기하거나 제거하여 건실한 과실을 맺게 하는 것이 올바른 회개라는 어느 신부님의 말씀에 위안을 얻을 뿐이다.

〈서울신문사 시론(12.4.30)〉

春來不似春

아주 짧게 봄인 듯 하더니 초여름 날씨로 넘어가 버렸다. 꽃들도 정신을 못 차리고 피는 순서에 상관없이 뒤죽박죽 얼굴을 내미는데 급급한 것이 정신없이 선진화개혁을 좇는 대학들을 보는 듯하다.

모처럼 장밋빛 청사진을 펼친 이번 학기 첫 전체교수회의를 지켜본 교수들의 얼굴은 복잡하다. 무사안일보다야 낫겠지 하는 마음과 불안함이 살짝 가미된 기대 반 긱징 반이다. 복지 미끼와 함께 던져진 과제들은 흥미로움과 함께 학교 전체와 교수개인에게 만만찮은 부담감을 안겨주기 때문이다.

현 정권과 전 정권 초기에 '전봇대 뽑기'와 '대못박기'라는 단어가 회자되었다. 의도의 가치 여부를 떠나서 모두가 충격감을 통한 참신성의 효과를 노린 방법임에는 별 차이가 없었다. 그 후 전봇대 뽑기나 대못박기가 지금은 어찌 되었는지 모르지만, 그 단어들이 당시에는 정권들의 성격을 잘 대변하고 최대의 관심을 끌어 모았다는 것은 사실이다. 그러나 정권 바뀔 때마다 들고 나오는 개혁타령에 온 국민의 피로감이 누적된 이유 중의 하나가 그런 일들이 다분히 이벤트 성격으로 반복되었다는 데서 비롯된다는 점 또한 부인할 수 없다.

그런 양상은 국가적인 차원에서만 있는 것이 아니다. 작은 규모지만 우리 대학에서도 역대 총장 취임 초기마다 매우 의욕적이기도 하고 요란하기도 한 형태로 정책적 이벤트가 펼쳐지곤 했다. 직전 총장 초기에만 해도 교직원 전진 배치라든가 교실친화사업, 담당지도교수제, 전공부겸무제 등 많은 의욕적인 일들이 아주 짧은 시간에 구상되고 추진되어 시행되었다. 그런데 그 중에 안정적으로 정착되어 구성원들의 진지한 참여 속에서 내실 있게 지속 되는 일이 앞으로 얼마나 될지는 모르겠다.

대개 권력을 잡은 사람이 초기에 느끼는 유혹은 두 가지 정도가 우선일 것이다. 자신의 새로운 비전을 모두에게 보여서 탄성과 함께 지지의 박수를 끌어내고 싶은 것이 하나일 테고, 사람들에게 실권자로서의 위용을 보이고 싶은 욕망이 또 다른 하나일 것이다. 새 신을 장만한 아이는 새 신을 신고 뛰어보고 싶고, 새 칼을 장만한 칼잡이는 새 칼을 뽑아서 화려하게 휘둘러보고 싶은 것이 당연하다. 새 총장 임기 전에 어느 교수가 새 총장 준비 팀이 다소 들떠 있는 것 같다고 하는 얘기를 들은 적이 있다. 지금은 출발하는 시기라서 그럴 수 있다고 대체로 봐주는 분위기이다. 그러나 그런 반응이 어느 시점에 가면 어떻게 바뀔지 모른다.

　평의회구성같이 학교의 구조를 근본적으로 바꾸는 문제가 시작부터 잡음과 혼선이 빚어지더니 결국 연기되었다. 출발 즈음에 벌어진 일들이기에 아직 무어라 속단할 일은 아니지만 치밀한 준비와 차분한 진행이 아닌 것만은 사실이다. 수많은 선거공약에 대해 교수들이 가졌을 수 있는 불안감이 이번 교수회의에서 제시된 청사진으로 어느 정도 해소되었는지 모르겠지만 우리에게 필요한 것은 공약실천 못지않게 안정되고 지속가능한 정책수립과 실천이다.

　전임자 시절에 추진했던 일을 후임자가 받아서 계속적으로 발전시켜 나갔던 사례를 그다지 많이 보지 못 했다. 책임자만 바뀌면 슬그머니 이름이 바뀌고 내용이 바뀌고 종내는 종적이 묘연해 지는 일이 반복된다. 책임자만 바뀌면 빛을 잃을 만큼 가벼운 정책이 계속 반복되는 것은 전임자의 졸속일까 후임자의 의도적인 무시일까? 물론 실무진들의 의욕과 책임 문제이지만 결국 최종 책임은 임명권자인 총장의 몫이다.

　무엇을 새로 시작하는 것 못지않게 더욱 중요한 것은 그것을 어떻게 치밀하게 계획하여 안정적으로 정착시킬 것인가를 생각하는 것이다. 먼저 뛰고 나서 후에 생각하는 우리의 조급증을 증명해 보일 필요는 없다. 그리고 우리가 하는 모든 일들이 결국은 영리행위가 아닌 교육활동이란 점 또한 우리가 하는 모든 일의 근본성격임을 잊지 말아야 할 것이다.

남대문에 모이는 민심과 인심을 생각한다

바야흐로 불타버린 남대문을 중심으로 한바탕 굿판이 벌어지고 있다. 국보1호라는 말의 상징성이 사람들의 감성에 상승작용까지 한다. 어떻게 해서 숭례문이 국보1호가 되었는지 모르겠지만 민초들에게 친숙한 이름은 남대문이었다. 남대문 화재와 이에 대한 국민들의 성토와 울분, 계속되는 추모행렬과 진혼굿, 어떤 이는 상복을 차려입고 상여소리에 제사상까지 등장하였다. 발 빠른 인간은 이 틈을 타서 사기도 친다. 민심이 우리 민족의 토속 신앙에 업혀서 불탄 남대문에서 고스란히 드러나는 장면이기도 하다.

정치인들은 정적을 공격할 때 민심을 끌어대서 말한다. 또 자신들의 주장을 펼칠 때도 민심에 기대어 말한다. 그만큼 민심을 두려워하고 있다는 증거이다. 위정자들은 본래 그래야 마땅하기는 하다. 그렇지만 민심이란 가벼워서 믿을 것이 못된다. 어제까지 박수치던 민심이 오늘은 등을 돌릴 수도 있기 때문이다. 그래서 위정자들은 민심에 예민할 수밖에 없고 수시로 여론 조사를 통해 민심을 살피게 된다.

한편, 인심은 다른 각도에서 보이는 민심이다. 동시대를 살아가는 사람들 간에 느끼는 정서이다. 지금 시점에서 본다면 우리의 인심은 가라앉아 있다. 자식 가르치기 힘들고 일자리 얻기 힘들고 발 뻗고 잘 데를 구하기 힘들고 잘난 사람들 속에서 평범하게 살기가 어렵기 때문이다. 살기가 어려워지면 인심이 모질어진다. 요즘 인륜과 천륜을 벗어난 일들이 자주 보이는 것은 그만큼 살기가 어려워졌다는 증거이다. 원래 민심과 인심은 한 뿌리에서 나온다. 인심이 모질어지면 민심도 변하게 되어 최악의 경우, 승승장구하던 무소불위의 권력도 별수 없이 무너지곤 했다.

지금은 우리 모두에게 굿이 필요한 때이긴 하다. 그래서 사회의 각계각층에서 네 탓이니, 내 탓이니 하면서 죄책감을 덜어 줄 희생을 찾고 있다. 현재는 그 희생이 남대문의 관리책임을 맡은 기관의 장과 그 밑의 공무원들이지만, 남대문을 개방할 그 당시는 무심하게 있다가 일이 이렇게 되니 죽일 놈 살릴 놈 하고, 진혼을 하느니 참회의 의식을 하느니 하는 것은 결국 우리 스스로의 죄책감 달래기에 지나지 않는다.

그러나 무너져 내린 남대문 앞에 날마다 모이는 지금의 저 어수선한 민심은 국가적, 역사적 문화 상징의 갑작스런 상실감과 함께 그래도 어느 정도의 수준은 되리라고 믿고 있던 우리 국가 조직의 긴밀함이 이미 구멍 나 있었다는 사실로부터 오는 당혹과 좌절감 때문이다. 국가 기강이 이렇게 어지러워서야 민초들은 불안하기 짝이 없는 것이다. 무너져 내린 남대문의 지붕처럼 또 언제 어느 것이 속수무책으로 무너지고 넘어질지 누가 알겠는가? 나사가 풀려도 이만저만이 아니다.

그래서 지금 필요한 것은 진혼굿이나 냄비 끓는 듯한 감정발산이 아니라 국가 전체적으로 느슨해진 조직 점검과 정비이다. 안타깝고 후회스러운 감정은 가슴 속 깊이 두고두고 곱씹어야 하지만 이제라도 사회구성원 전체가 정신차려서 신속하고 냉정한 판단으로 풀어질 대로 풀어진 기강을 바로잡고 근본적인 처방으로 재발 가능성을 줄여야 할 것이다. 이 사회를 이끌어가는 위치에 있는 사람들까지 과도한 감정에 쏠려 흥분하고 네 탓 내 탓 찾아 책임모면하기에 급급해서는 사회가 안정된 모습을 갖출 수 없다.

그런 의미에서 오늘 졸업하는 청람인들은 불에 탄 남대문의 처참한 모습을 꼭 기억하기 바란다. 그래서 미래세대에게 이 경박하고 모진 우리 사회의 풍조를 어떻게 바꿀 수 있을지 생각하게 하고 앞선 세대의 잘못을 반복하지 않도록 가르쳐 주기를 부탁한다.

(2008 교원대신문 졸업호 사설)

朝三暮四와 이야기바다

두 컷 짜리 朝三暮四 만화 풍자가 유행했었다. 두 컷의 만화를 통해 겉 다르고 속 다른 사람들의 행태를 풍자하여 인기를 모았다. 원래는 사람의 속임수와 원숭이들의 어리석음에 대한 이야기인데 요즘은 인간의 이중적 행태를 풍자하는 용도로 전용되고 있다.

현대인들은 보통 이중적인 삶을 산다. 사회적인 연대의식에 기반하는 삶과 현실과 마주칠 때 드러나는 '나'의식의 삶이 그것이다. 사회적인 연대의식은 대체로 복수의 개인이 공감하는 이슈를 기본으로 하지만 현실에 닥치게 되면 개개인의 이해타산에 의해 조금씩이나마 영향을 받게 된다. 그것이 인간의 한계이고 대다수 평범한 사람들의 솔직한 삶이다. 여론에 민감한 정치지도자들은 이런 인간의 약점을 잘 알 뿐만 아니라 이를 십분 이용한다. 평범한 개인들은 이와 관련하여 어떤 형태로든 타협을 하며 복잡한 세상을 헤쳐 나갈 수밖에 없다. 그런 것들이 잘 조절되지 않으면 편안한 삶을 누릴 수 없고 어떤 경우에는 삶의 영위조차 힘들기 때문이다. 정치인들이야 당장 표를 받기 위해서 높은 이상과 신념을 부르짖지만 서민들은 그런 구호에 이중적일 수밖에 없다. 그러므로 지도자를 자처하는 사람은 자신의 신념을 실현하기 위해 밀어붙이기 전에 현실을 살아야 하는 사람들의 사정을 먼저 살펴야 한다.

그런데 요즘 한국의 평범한 사람들은 가뜩이나 경제적인 어려움으로 삶이 팍팍한 중에 '북핵', '미사일', '동북공정' 등의 문제로 아침에 눈뜨기가 겁난다. 그런 와중에 '바다이야기' 같은 '오리무중의 이야기'는 서민들의 심사를 더욱 뒤틀리게 만든다. 雪上加霜으로 관련 당국자들의 책임전가적인 설명이 사람들의 심정을 더욱 거칠게 만든다. 국민들을 朝三暮四에 등장하는 원숭이쯤으로 여기는 것은 아닌지 모르겠다.

문제는 사람들이 처음에는 순수하게 사회적인 연대의식으로 공분하고 논리적인 비판을 가하지만 점차 '바다이야기'에서 '이야기바다'에 빠져 들게 된다는 데 있다. 즉 만약 이런 '이야기'들이 자신들의 '이야기'로 현실화 되면 모든 것을 나라는 기준으로 보기 때문에 '모두' 혹은 '우리'라는 의미를 포기하게 된다. 이럴 경우 사회적 혹은 종교적으로 공격적이고 비정상적인 연대감으로 가득한 광신적인 분위기가 만들어지게 되고 시간이 갈수록 사회의 불안정성은 높아지게 된다.

국가의 지도자에게는 이런 사정들을 깊이 헤아려서 국민의 삶을 편안하게 다독이고 조절할 의무가 있다. 또 국민들은 자신들이 선출한 지도자가 그런 역할을 해주기를 기대한다. 그런 조절의 기능을 위해 지도자의 어법은 매우 중요하다. 정책의 잘못으로 삶의 뿌리를 잃고 떠도는 사람들의 아픔을 어루만지는 따뜻한 말 한마디와 진정이 담긴 사과의 말 한마디가 진정이 담기지 않은 사과나 책임전가와 편 가르기를 통해 국면을 벗어나고자 한다거나, 신기루 같은 미래의 청사진을 펴 보이는 것보다 훨씬 대중의 가슴을 녹이고 삶에 대한 희망을 붙들 수 있게 하는 것이다.

국가도 그렇지만 그보다 작은 사회에도 마찬가지 얘기를 적용할 수 있다. 대체로 책임의 자리에 있게 되면 뒤로 갈수록 자신의 성취에 조급하게 된다. 그러다보면 무리가 따르기 십상이다. 그럴수록 진정을 담아서 好問과 好聞의 태도로 구성원 개개인을 끊임없이 헤아리고 살핀다면 好名의 억지를 피할 수 있을 것이다.

2006/09/21

모자이크문화와 도가니문화

    작년 여름부터 올해 여름까지 1년 간 캐나다에서 연구년을 보내고 왔다. 졸업생들과 만날 때마다 그 쪽 얘기를 해달라고 해서 교육과 관련한 몇 가지만 했었는데 시간이 지나면서 문화적인 특색을 생각해 볼 필요가 있는 것 같아서 이 기회에 적어 놓으려고 한다.

    모자이크는 여러 조각을 모아서 무엇인가로 형상화하는 미술의 한 기법이다. 중세 기독교 문화에서 찾아볼 수 있는 독특한 양식으로 비잔티움문화에서 많이 발견된다. 모자이크로 장식된 성당이나 교회의 창은 빛을 받으면 아름다운 색채의 조합이 종교적인 신비감을 극대화하는 효과를 갖는다. 용광로는 우리말로 도가니라고 하는데 그 안에 금속을 넣고 높은 온도의 열을 가하여 녹여내는 인류 금속문명의 기폭점이다. 고체의 금속을 액체 상태로 녹여낼 수 있으므로 몇 가지 금속을 합하여 새로운 성질의 금속으로 바꾸어 내는 합금의 도구이기도 하다.

    북미대륙의 나라들 중에 캐나다와 미국은 똑같이 이주민들이 세운 나라로서 비슷한 과정을 거쳤지만 현재 그들의 사회적, 정치적 문화는 약간 다른 색깔을 지닌다. 즉 모자이크와 용광로로 비유되는 문화적인 차이다. 역사적으로나 정치적으로나 다른 배경을 가져서이기도 하지만 어쨌든 전체적으로는 동일한 서양 기독교 문화의 색깔을 띠고 있으면서도 후에 이주한 이주민들이 원주민이나 소수이민자들을 구성원으로 받아들여 같이 살아가는 방식에서도 느낄 수 있는 차이다.

    미국이나 캐나다나 광대한 토지에 비해 부족한 인력의 부족을 충당하기 위해 정책적으로 이민자들을 적극적으로 받아들인다. 그러나 이민자들을 받아들이는 방식에서 캐나다는 모자이크 식이라고 한다면 미국은 용광로 식이라고 특징지을 수 있다. 즉 모자이크 식은 이민자들의 다양한 문화를 있는 그대로 수용해서 다양성을 국력으로 삼는 방식이고 모자이크 식은 약간의 가공과정을 통해서 결국은 미국적인 새로운 문화로 바꾸어 내는 것이다.

캐나다의 이질적인 타문화 수용방식에는 전체의 색깔을 통합하는데 어려움이 있고 따라서 국가적으로 통일된 방향을 정하여 일을 처리하는데 시간이 지체되는 경우가 많긴 하지만 다양한 사고방식과 다양한 이질적 문화에 대한 인정과 존중에 인색하지 않아 어떤 인종이라도 평화롭게 공존할 수 있다는 안정감을 준다는 장점이 있다. 미국의 용광로 문화에는 기존의 문화를 녹여서 새로운 문화를 창조하고 새로운 가치관으로 이끌고 가는 데 매우 효율적이라는 이점이 있는가 하면 소수에 대한 배려가 다수의 힘에 묻혀버리는 위험성도 어느 정도 내포되어 있다. 어떤 계기를 통해서 다수의 여론이 방향을 잡게 되면 다른 이견 들은 묻히게 되는 암암리에 다소 폭력적이고 집단적인 힘을 가지게 된다.

이민자들의 수용과정을 구체적으로 보면 캐나다의 경우 다양한 소수민족들의 언어와 문화에 대한 존중과 유지에 대해 관대하다. 그런 정책의 배경에는 장기적으로 소수민족의 문화가 결국은 자신들의 문화에 보탬이 되리라는 기대가 들어있다. 그만큼 그들이 누리고 있는 거대한 국토의 공간적 여유만큼 그들의 생각에도 여유가 있다고 할 수 있다. 그러나 미국인들의 경우는 이민자들의 언어와 문화에 대한 배려가 캐나다와 약간 다르다. 즉 궁극적으로는 미국사회에 적응하여 미국식의 사고방식과 미국식의 문화에 흡수되는 시간을 줄이고자 하는데 초점이 맞추어져 있다고 할 수 있다. 그러므로 일단 미국으로 이주하게 되면 미국식 사고와 언어, 문화에 빨리 적응해야 하고 될 수 있는 대로 자신의 모어와 모국의 문화에서 멀어지는 것이 유리하다. 그런 과정에서 자연히 유색인종에 대한 편견이나 차별이 곳곳에 존재하게 된다. 그런 면에서 약자에 대한 배려나 주변 사람들과의 조화로운 삶을 영위한다는 면에서는 캐나다인들만큼 여유롭지 못한 인상을 가지게 되는 것은 용광로적인 문화에서 비롯되는 생활환경 때문이 아닐까 하는 생각이 든다.

지금까지의 얘기는 단지 문화의 차이를 소개하고자 함이 아니다. 이질적인 타문화를 받아들이는 방식에서 보이는 관점의 차이를 말하고자 함이다. 9.11 사태 이후 아프가니스탄과 이라크 침공과정에서 보여준 미국인들의 의사결정과 국가 중심의 단결력을 보면서 용광로 문화의 특성을 새삼 느끼게 되었기 때문이다. 물론 베트남 전도 장기화되면서 반전운동이 격렬하게 일어나기도 했었지만, 지금의 경우와는 조금 다른 성격을 띠었다.

문화의 다양성은 소수자들의 문화까지 존중할 수 있는 정신적인 여유에서 시작된다. 아무리 작은 것이라 하더라도 개인의 권리와 방식을 존중해주는 여유가 있는 사회에서는 그런 다양성이 존재할 수 있고 결국 그 사회를 아름답게 만들 수 있는 것이다. 이런 여유는 물론 역사적, 사회적 환경의 여건에서 비롯됨을 부인할 수 없다. 그러나 특정 사회집단의 구성원들이 개별 인간의 존귀함과 특수함을 인식하고 있는 정도에서 타인에 대한 여유로움의 폭도 결정될 것이다.

타인에 대한 배려가 상대적으로 부족한 경우, 각박한 인간관계가 주를 이루게 되어 우리의 삶은 고단하게 될 수밖에 없다. 또한 타인에 대한 배려의 미흡은 용광로 문화의 부정적인 양상만을 닮게 되어 타인의 개성적인 사고와 삶의 방식을 부정하고 자기위주의 사고로 흘러 버리게 되기 쉽다. 그래서 이라크전과 아프가니스탄의 문제에서 미국인들의 남다른 애국심과 정의감에도 불구하고 세계의 다른 많은 문화권으로부터 경멸과 반발을 받는 이유가 여기에 있지 않는가 생각한다.

그런 면에서 우리의 문화도 한 번 돌아볼 필요가 있다. 국토가 좁은 때문인지 삶의 환경이 너무나 척박해서인지는 모르겠지만 우리의 삶이 여유 있는 삶과는 거리가 있다는 생각을 나 혼자만 하는 것이 아니다. 타인에 대한 배려와 남을 인정하는 데 인색한 우리의 배타적인 자세는 세계 어디에 내놓아도 뒤지지 않을 것 같다. 산업연수생이라는 이름으로 국내에 들어와서 모멸과 학대에 가까운 인권유린에 시달리는 많은 외국인 노동자들과 심지어 같은 동포인 조선족 출신 중국인들에 대한 우리의 태도는 극단적인 예가 될 것이다.

우리의 그런 태도는 우리의 역사가 근대에 들어 유달리 고단하고 어려웠던 까닭으로 설명할 수도 있지만 어쨌거나 우리의 삶을 더욱 고달프게 만들면 만들었지 득이 될 것은 없다. 특히 최근의 극단적으로 대립되기만 하는 정치적 상황과 여론의 분열상황은 아무리 다른 견해를 말하는 상대라 하더라도 최소한의 예의를 갖추고 옳다고 생각되면 상대의 생각에 대해 인정해 주기에 인색하지 않았던 우리 선조들에 비해 훨씬 수준 낮은 문화 속에 살고 있음에 틀림없다. 이제는 상대를 인정해 주는 것이 패배나 변절로 인식되기까지 한다. 그래서 나와 다른 생각을 가졌다고 판단되면 어떻게라도 설득해서 내 생각과 같아지기를 요구하든지 아니면 적으로 간주하여 외면해 버리는 것이 당연하게 여겨진다. 문제는 기성세대가 보이는 그런 행태를 신진 세대들이 그대로 흉내내고 있는 것을 종종 발견한다는데 있다. 그러다 보니 기성세대와 신진세대는 의사소통이 안 되어 분열된 사회를 형성하게 된다.

다양한 생각이 모자이크되어 다채로운 방식으로 인간의 삶을 영위해 나갈 수 있는 사회로 바꾸어 나가야 한다. 그러기 위해서는 먼저 상대의 말을 잘 들어주는 훈련과 함께 가능하면 자기의 말을 절제하는 훈련이 필요할 것이다. 말의 속성상 말은 말을 낳고 이미 한 말을 위해서 다음 말을 꾸며내기 때문이다.

아마도 이런 얘기들은 학생들이 동아리 활동을 하거나 학교생활에서 주위 사람들과 공동생활을 할 때에도 비슷하게 경험했으리라고 생각한다. 그래서 동아리나 학교생활을 하면서 사소한 일에 상처를 받거나 상처를 주기도 하지만 점차 생각의 다양성을 이해하면서 무의식중에 모자이크식의 사고와 문화에 익숙하게 되는 것이다. 그런 경험들은 장차 졸업 후 사회생활에서도 큰 도움이 될 것이라고 확신한다. 모쪼록 다음 세대를 준비하는 우리 학생들이 다양하고 자유로운 사고의 주인들이 되기를 기대해 본다.

〈교원대 영자신문 인디고〉

평가결과에 대하여

평가결과와 관련하여 교내 bbs에 교협간사의 내용공개가 있었고, 교수협의 회보에 이 문제에 대한 질타가 실렸다. 이에 대한 교수들의 의견이 분분하다. 본부 측을 이해해야 하는 입장의 교수들은 기대치 이하로 나온 평가에 당혹하는 눈치이고, 그 외의 교수들은 지난 번 교대 평가 후 치른 소동에도 불구하고 본부는 도대체 무엇을 했느냐고 언성을 높이는가 하면, 또 한편에서는 침통한 표정으로 실망감을 삭히고 있는 형편이다. 이와 함께 지난 번 교협에서 거론한 대교 문제집 건에 대한 학생들의 해명요구와 건물 간 공간 재배치 문제 등이 화제로 떠오르기도 한다.

한 마디로 이번 평가 결과는 아직 상세한 내용이 발표되지는 않았지만 예정된 결과였을 가능성이 크다. 그 동안 본부에서 벌여온 경직된 학사행정처리 행태와 임시방편, 주먹구구식의 운영 등이 외부평가라는 형식에 의해 그 실상을 드러낸 것이기 때문이다. 특히 교육과정부문과 수업부문에서의 부진은 행재정시설 부문과 함께 그렇게 짐작을 할 수 밖에 없게 만든다. 학부제 실시 여부가 평가 결과에 영향을 미쳤다느니, 교수들의 협조가 미흡했다느니, 평가 심사원들의 교원대에 대한 눈길이 곱지 못하다는 등등의 설명은 지금 논의할 가치도 없는 변면에 불과하다. 본부 측으로서는 달리 변명할 말을 찾기보다는 책임성 있는 사과와 겸허한 자세로 이제까지의 준비과정을 되돌아보고 교육대학원 평가에 대비하여 학교 구성원들의 의견을 참고하고 체계적으로 자료를 준비하여 전열을 가다듬는 것이 더 나을 것이다.

오히려 지금이라도 빨리 공개적으로 논의되어야 할 것은 당장 발등에 떨어진 일들로서 만약 학부제로 간다면 벌어질 일들에 대한 검토와 대비책, 교수 풀제와 복수전공제를 시행하면서 겪는 부작용과 이의 해결책-예를 들면 만약 학부제로 간다면 그렇지 않아도 힘겨운 교수들에게 가중될 강의부담을 줄이기 위한 방안, 복수전공시행에서 생기는 강의실 공간 문제와 전공과목에 따라 요구되는 소규모 강의 형태에 대한 실시방안, 학생들의 학점이수부담으로 인한 폐해에 대한 대책, 개별 강의실의 기본시설 강화 방안 등-이 교수들의 의견수렴을 통해 본부차원에서 구체화 되어야 할 것이다.

그리고 계속적으로 고민하고 노력해야 할 일들이지만 교원대의 설립목적을 대내외적으로 증명할 수 있는 방안들-통일 후의 교육문제, 한국을 대표하는 교육 사상을 길러내기 위한 방안, 향후 100년 정도의 교육방향 제시, 단순교사가 아닌 스승으로서의 교육자 양성, 교육정책 입안자들에 대한 정책자문 제공 등 교원대 정체성을 확립하기 위한 일들-이 급하다.

그러나 무엇보다도 더 화급하고 심각한 문제는 교수 사회의 무관심과 냉소주의의 만연이다. 이런 분위기가 언제부터인지는 모르겠지만 적어도 내가 느끼기에는 전체 교수회의 석상에서 총장과 교수들간의 언쟁 그리고 총장의 세련되지 못한 권위적 대응방식과 비타협적인 태도, 기발한 인사와 이에 민감한 교수들의 움직임 등이 맞물리면서 이 학교 전체에 무겁게 드리워진 것으로 보인다. 혹시 이것을 총장직선제의 폐해로 생각할 수도 있겠지만 객관적으로 보면 지도자의 리더십 문제가 더 두드러져 보인다.

한편으로 교수협의회의 자기반성도 요구된다. 태암사건 후 교협은 학교본부의 일거수일투족에 신경을 쓰면서(양측이 마찬가지지만) 개별 사안들과 본부 측의 교협에 대한 인식태도에 대한 문제제기 등을 통해 교협의 위상 확보에 힘을 쏟았고 또 어느 정도 성과를 거둔 점도 있다. 물론 문제제기와 질의를 통해 얻은 소득은 매우 의미 있는 것이었다. 그러나 현재 교협의 위상과 조직에 한계가 있긴 하지만 학교 정책에 대한 분석과 연구활동을 통한 대안제시의 정책유도 기능에 대해서는 그 동안의 교협에서 소홀했던 것도 부인할 수 없다.

그래서 차제에 교협 임원진에 대하여 제안을 하고 싶은 것은 학교 통신망에 교협 홈페이지를 개설하여 교수들의 자유로운 토론마당을 마련해 달라는 것이다. 각종 문제제기와 이의 해결방안에 대한 상상력 풍부한 회원들의 의견이 제시되고 이에 대한 난상토론이 이루어지면 우리 교수사회의 무관심과 냉

소적 분위기 해소와 함께 여론 수렴, 정책토론의 활성화를 통한 정책대안제시 등에 어느 정도 도움이 될 것이다.

또 하나 제안하고 싶은 것은 교협기구에 자료실 혹은 정책연구실의 기구를 보완했으면 하는 것이다. 사안발생 때만 계열교수들의 의견을 수렴, 전달, 논의하는 대의원회 중심의 체제는 사안에 대한 정보부족과 참고자료의 부족으로 심도 있는 비판, 정책토론, 대안제시의 기능을 수행할 수 없게 되어 있다. 그래서 개별 사안이 생기면 피상적인 토론이나 사소한 절차 등에 힘을 소모하게 되는 폐단이 있게 된다. 자료수집이나 학교 정책에 대한 분석 및 대안 강구의 기능을 수행하는 공식적 기구를 설치하여 전담회원이 이를 운영하면 어느 정도 그런 폐단이 줄어질 것으로 생각한다. 이런 제의들이 이번 교협의 임기 내에 효과를 나타내지는 못하더라도 다음 교협의 활동에 도움이 된다면 지금이라도 추진하는 것이 어떨까 한다.

그동안 가지가지 사연들로 갈가리 흩어진 구성원들의 마음, 그리고 지난 번 교대 평가와 이번 평가를 통해서 깊은 상처를 입은 구성원들의 자존심을 누가 끌어 모으고 찾아줄 지 모르겠다. 총장 후보로 나설 꿈을 가지고 잠행 중인 사람들 중에 과연 그런, 또는 그럴 수 있는 사람이 있을까?

〈1999.3.26.교내 인터넷광장〉

20년의 성적표-허와 실

2주 전 우리는 대학종합평가를 받았다. 평가위원들이 발표한 결과를 종합하면 대체로 무난하지 않았는가 하는 생각들인 것 같다. 추후 다른 대학교들과 종합 비교할 때 어떤 결과가 나올 지는 아직 모르지만 그 동안 평가에 대비해 온 본부와 평가준비 실무요원들의 노고가 컸으리라 짐작한다. 앞으로 평가단이 지적한 사항들은 충분한 검토와 준비 작업을 거치면 학교 발전에 도움이 되는 방향으로 개선이 될 것이다. 그러나 평가위원들이 언급한 내용 중에는 우리 학교의 규모와 여건을 배려한다는 점잖은 수사를 동원하긴 했지만 우리가 냉정히 돌아보아야 할 사항이 있었음을 숨길 수 없다. 본질적인 문제는 결국 두 가지로 귀착된다.

첫째로, 학교 정체성에 대한 문제제기이다. 이 문제는 학교 특성화와 직결되는 문제이다. 지금 교원대가 다른 교, 사대와 무엇이 다른가 하는 문제임과 동시에 그것은 20년 동안 우리가 내세우고 수행해 온 문제라는데 우리의 딜레마가 있다. 평가단은 교원대의 특성이 통합교육에 있고 다른 대학이 따라해야 할 목표라고 추켜세우긴 했지만 우리는 과연 그렇다고 자신 있게 답할 수 있는가? 한국교원대학교의 특성에는 통합교육을 통한 초, 중등 교사양성과 교과교육학과 내용학의 상호연계 등이 중요한 내용에 포함된다. 그러나 현실은 어떤가? 오히려 통합과는 정반대의 경향을 보이고 있지는 않은가? 이와 관련하여 얼마 전에 있었던 특수교육과 신설문제를 둘러싼 갈등을 떠올리지 않을 수 없다. 교수부장을 비롯한 여러 사람들이 이를 성사시키려 애를 썼지만 결국 관련 학과들의 이런저런 피해의식에 눌려 좌절되었다. 그 후 서울의 모 대학이 상당한 숫자의 증원과 함께 특수교육과를 신설했다는 소식에 모두가 안타까움과 함께 가슴 답답함을 느낀 것이 현실이다. 이번 종합평가에서도 영재교육과 특수교육에 관한 주문이 있었다. 일의 추진 과정에서 치밀함과 과단성에 대한 아쉬움도 있었지만 학교의 장래에 대해 실질적으로 무엇을 어떻게 해야 하는지에 대해 우리 스스로 사고의 한계를 드러냈다는 점이 가장 가슴 아픈 대목이었다.

둘째는 재정의 확충 문제이다. 평가단은 학교규모의 작음과 지역적 특수성 그리고 국립사범계라는 한계를 인정하면서도 구체적인 숫자까지 지적하면서 재정확충에 좀더 노력할 것을 촉구했다. 여건의 탓만 할 것이 아니라 효율적인 재정 집행과 함께 관정 장학금 같은 독지가들의 발굴 및 본교와의 연계를 이끌어 내는 적극적인 노력을 기울여야 한다는 것은 재론할 필요도 없다. 더구나 국공립대의 법인화 문제가 크게 문제되고 있는 상황에서 만약의 경우도 생각해 두어야 하지 않는가. 그런 측면에서 본다면 우리가 몇 년 전에 추진했던 평생교육원도 다시 생각해 볼 일이다. 당시는 단기간에 일을 추진하다보니 기초적인 시장조사와 운영초기에 나타나는 문제점들에 대한 세밀한 검토 그리고 그 대책에 대한 배려가 부족하지 않았나 하는 생각도 든다. 그러나 이제는 오송 신도시, 호남고속철 분기점, 행정복합도시 등으로 인해 여건상으로만 본다면 당시와는 비교가 안 되게 좋은 위치에 있다. 좋은 프로그램과 장기적이고 치밀한 운영계획을 차분히 준비해서 지역사회와의 연계를 강화하여 지역기반도 공고히 할 수 있는 기회로 활용할 만하다.

아울러 우리가 간과해서는 안 될 것이 교직이 자신의 적성에 어울리지 않음을 재학 중 느끼게 된 학생들에 대한 배려이다. 물론 학생 자신의 문제로 돌릴 수도 있지만 그런 문제로 소외감을 느껴 방황하거나 다른 방향의 사회진출을 위해 기숙사시설을 공공연하게 이용하여 주변 학생들에게 위화감을 주는 학생들이 있는 것이 현실이다. 그냥 내버려둘 일만은 아니다. 그들 가운데는 남다른 재능을 보유한 학생이 있을 수 있다. 귀한 젊음의 시간을 낭비하지 않도록 도움을 줄 수 있는 방안을 마련하는 것이 교육기관으로서 본연의 자세일 것으로 생각한다.

〈교원대 신문 사설〉

캠퍼스 산책

어떠십니까?

한국교원대학교에 부임하여 1학기 동안 자주 받은 인사 중에 '전에 비해 지내기가 어떠냐'가 있다. 학생들이나 동료 교수님들이나 모두 새로 온 식구를 염려해 주는 따뜻한 마음에서 물어보는 것이겠지만 질문을 받는 입장에서는 여간 조심스러운 것이 아니다. '전보다 훨씬 좋습니다'고 하면 '전에는 도대체 어떻게 지냈길래 그러냐?' 하고 궁금해 할 테고 '견딜만 합니다'하면 '여기가 그렇게 안 좋은가?'하고 언짢게 생각할 지도 모르고, 그렇다고 '그저 그렇습니다'도 안 될 말이다. 그래서 '아직 모르겠습니다'로 적당히 넘기곤 했다. 물론 대부분의 교수님들은 다만 인사조로 질문을 던지는 것이겠지만 받는 입장에서는 조금이나마 부담을 갖지 않을 수 없다. 그런 입장을 고려하여 대개의 경우 상대방도 더 이상의 질문이나 호기심은 보이지 않지만, 그러나 그것도 한 달이나 두 달 안의 얘기지 한 학기를 지내고 새 학기로 들어서게 되니 '아직 모르겠습니다'의 답이 적절하지 않은 것이 된다. 그래서 이제는 처음 부임할 때의 낯설고 어색함에서도 어느 정도 자유로운 것도 같으니 '적절한 답변을 준비해야 하지 않나?' 하는 생각과 함께 대차대조표를 만들어 보는 여유를 부려 보아야 하겠다는 생각이 든다.

학교에 처음 발을 들여 놓았을 때는 아직 봄기운이 미치지 못한 때여서 그런지 교정이 을씨년스럽고 진행 중인 공사들 때문에 어수선한 인상이었다. 그리고 지리적인 고립감과 함께 조촐한 지방대학의 인상을 버릴 수가 없었다. 그러나 이 교정에서 봄과 여름을 보내고 가을의 문턱에 들어서면서는 학교 안팎의 빠르고 완벽한 자연의 변화에 놀라움을 금치 못하게 되었다. 또 이렇게 자연을 가까이 할 수 있다는 것도 토박이 서울 사람에게는 여간 신나는 일이 아니다. 그래서 점심을 먹고는 교정 안을 돌아보기도 하고, 가끔 울타리를 넘어서 학교 주변을 감아 도는 소로를 따라 한가롭게 산책을 하기도 하였다. 학교의 건물들이 나지막한 것이 위압감을 주지 않아 좋고, 붉은 벽돌 건물이 날이 갈수록 짙어지는 푸른 잔디에 대조되어 선명하다. 그리고 여유 있게 확보되어 있는 녹지공간에 아담한 느티나무, 단풍나무, 은행나무 등의 다양한 수목들이 서 있는 것을 보면 단아한 옛날 선비들이 수려한 綠衣를 입고 여기저기 잔디 위에 서 있는 듯도 하다. 한편 바로 학교 뒤에는 논과 밭이 있고 오염되지 않은 물이 흐르는 개울이 있고 나지막한 구릉이 있으며 거기에 과수원과 인삼 밭 등이 펼쳐져 있으니 이런 자연환경에 둘러싸여 있는 대학이 전국에 몇이나 있을까? 한국의 대도시에서는 꿈꿀 수도 없는 청명한 공기와 은하수를 선명하게 볼 수 있는 밤하늘, 그리고 이런 속에서 생활하는 학생들의 품성이 타 대학교 학생들보다 더 순수하고 반듯하다는 사실이 또 나를 행복하게 한다. 영악하고 출세 지상주의적인 요즘 대학생들과는 달리 그들이 장차 스승의 길을 걷고자 하는 순수하고 소박한 목표를 가졌음은 더욱 감동적이기도 하다. 공해와 번잡스러움 속에서 보장받는 대도시의 화려함과 편리성은 이만큼 풍성한 자연 속에서 때 묻지 않은 젊음들을 만나는 일에 비한다면 얼마나 하찮은 것인가. 그리고 보면 나의 대차대조표는 매우 간략하게 줄어질 수밖에 없다. 그래서 '전에 비해 어떠냐'는 질문에 대한 나의 대답은 이제 '삶의 질'에 관한 한 확실하게 되었다. 요즘은 그런 질문을 하는 사람도 별로 없지만.

〈교원대신문칼럼 느티나무 원고〉

잔디밭의 사잇길

얼마 전 교원대 신문에 사진고발이 있었다. 교내 건물 근처나 길옆의 잔디 밭에 사람들이 자꾸 다녀 만들어진 오솔길들을 찍은 것이다. 분명 정상적인 길이 옆에 있는데도 불구하고 꼭 이렇게 잔디를 밟아서 길을 내야 하느냐는 지적이다. 사진 설명의 의도는 사람들의 질서의식이 약하다는 것이다. 즉 지성 인의 모임인 대학에서 잔디를 밟아 길을 내는 것은 지성인으로서 할 일이 아 니라는 것이다. 분녕 옳은 지적이며 문제가 있는 행동들이다. 왜 사람들은 똑 바른 길을 두고 하필 잔디를 밟아서 오솔길을 만드는 것일까? 반드시 교원대 사람들의 질서의식이 부족해서일까? 그러나 이와 같은 현상은 다른 대학엘 가 도 마찬가지이다. 어디를 가도 이런 유형의 오솔길은 쉽게 눈에 띤다. 등산길 을 보아도 마찬가지이다. 사람들이 많이 다니는 등산로에는 반드시 작은 샛길 이 주변에 이리저리 뻗어있다. 꼭 주 등산로를 다녀야 한다는 부담이 없기도 하지만 더 가깝고 편한 길이 없을까하는 탐구적 동기에서 생긴 길일 것이다.

사람들의 심리에는 묘한 부분이 있다. 이런 현상을 꼭 질서의식과 연관해서 해석해야만 할까? 혹시 사람들의 행태를 심리적 측면에서 이해해 보려는 자세 가 필요하지는 않을까? 잔디밭을 밟지 않는다고 해서 지성인이고 잔디밭을 밟 아서 비지성인이라는 평가는 지나친 것이 아닐까 싶다.

이런 얘기는 사회적인 차원에서만 할 것이 아니다. 우리 개개인의 차원에서 도 같은 얘기를 할 수가 있다. 인간의 삶이란 인생의 길을 따라 가는 것인가, 인생길을 만들어 가는 것인가?

어떤 인간의 삶은 유난히 평탄치 못하고 또 어떤 인간의 삶은 평탄하기만 한 경우가 있다. 아마 길을 만들어 나가는 유형은 많은 문제에 부딪치거나 스 스로 자신의 길에 의문을 제기하고 해결해 나가는 경우일 것이고 다만 거기

길이 있으니 그 길을 갈 뿐이라는 식은 평탄한 삶을 살아가는 사람의 유형일 것이다. 그래서 어떤 사람은 단지 그 길로 들어섰다는 이유 때문에 그 길의 경로에 얽매여서 밀려가는 수도 있는 것이다. 꼭 어떤 삶이 행복할 것이라는 결론은 낼 수도 없고 낼 필요도 없다. 중요한 것은 인간이 만든 허구들, 우리의 행복을 보장받기 위해서는 그 길을 걸어야만 한다는 미신 또는 맹종이 문제인 것이다. 적어도 그 길이 있으니까 길만을 따라 걷는다는 식의 삶은 피해야 할 것이다.

다시 사회적인 차원에서 말한다면 인간사회에는 편리함이라는 목적을 위해 만드는 제도가 어떤 때는 단지 그 제도를 유지하고 보존하는 데에서만 그 존재의 타당성을 찾게 되는 수가 많다. 그리고 우리들도 때로는 인위적 당위성에 홀리기도 하고 또는 생각하기 귀찮아서 그런 점을 쉽게 넘어가는 경우가 많다는 것이 문제이다. 인간을 위한 편리함인가, 제도를 지키기 위한 편리함인가? 사람들의 행동은 결국 편한 것을 추구한다. 언어변화를 설명할 때 흔히 노력경제의 원리를 들어 설명하는데 사람들의 행동도 같은 맥락에서 설명할 수 있을 것이다. 작은 길로 가지 말고 똑바른 큰 길로 가라고 아무리 강조해도 사람들은 결국 자신들이 편한 대로 간다.

길은 인간이 만든 것이다. 그러나 길이 한번 만들어지면 그것은 인간을 통제하게 된다. 그래서 길 아닌 곳으로 갈 때 주위의 사람들로부터 이상하다는 눈총을 받기도 한다. 그러나 처음 길을 만들 때는 사람들이 길을 만드는 이유에 대하여 지속적으로 생각하지만 일단 선택을 하고 그 길이 기정사실화되면 사람들은 처음 생각하던 이유에 대해서는 접어둔다. 그래서 그 후에는 처음 선택할 때의 고민에 대해서는 간단하게 정리하고 넘어가고 다른 문제에 대해서 고민하는 것이 편하다. 그런데 문제는 어느 정도 관례화되고 상식화되고 나면 처음의 출발점을 잊게 된다는 데 있다. 즉 왜 하필 여기에 길을 만들었는지에 대한 생각은 멀어지고 그 후의 절차나 과정에 대한 불편함 또는 문제들이 더 큰 것으로 부각된다. 그래서 점차 미적인 관점이나 원칙 또는 관례에 대한 존중이 더 큰 가치를 갖게 된다. 이러한 일들은 흔히 우리 인간 사회에서 본말을 전도하는 양상으로 나타난다. 그래서 처음에는 인간이 길을 만들지만 그 후에는 길이 인간의 행동을 통제한다.

가능하면 길은 곧고 평탄해야 한다. 그러나 인간들이 실제 좋아하는 길은 그렇지 않을 수도 있다. 건물들 사이의 잔디밭을 보라. 분명 걷는데 필요한 조건들을 갖춘 길을 옆에 두고도 사람들은 기어코 잔디밭에 길을 만들어 버리고야 만다. 그러면 다른 사람들은 질서를 지키지 않는다고 야단이다. 그러나 그것은 본말이 전도된 것이다. 길은 걷기 편하라고 만든 것이지 보기 좋으라고 만든 것이 아니다. 사람들이 걷기 편해 하는 통로가 있으면 거기에 적당한 길을 만들어 주는 것이 좋을 것이다.(적당한 나무토막을 발걸음마다 놓아준다든가 보도블록을 깔아준다든가 해서) 도서관 앞에서 본관으로 가는 중간에 잔디밭을 건너는 짤막한 길이 있다. 그 길은 특별히 미관을 고려해서 만든 것인지는 모르나, 나는 질러가는 사람들을 고려해서 만들었으리라고 생각하고 싶다. 그래서 미국 명문대학의 출입문과 각종 시설이 장애자 학생 한 사람의 불편을 덜어주기 위해서 헐리고 새로 고쳐지는 일도 그런 생각과 관련해서 생각하면 놀랍지가 않다. 한 사람의 불이익을 덜어주기 위해서 받는 행정적인 수고로움은 어느 정도 감수해야 한다는 생각은 본말을 제대로 인식하고 있는 사람들의 머리에서만 가능하기 때문이다.

정치도 그런 것이 아닐까? 아무리 어떻게 하는 것이 원리이고 원칙이라 하더라도 사람들이 불편하게 느끼고 생활에 지장을 주면 고쳐야 한다. 사람들이 편하게 느낄 수 있도록 고쳐주어야 하고 사람들이 원하는 바가 무엇인가를 늘 생각하는 것이 본래의 정치의 뜻일 게다. 그러나 현실에서는 그렇지 않은 것이 많다. 현실적으로 아무리 불편한 제도라도 일단 제도화되어 있으면 '제도화되어 있음' 그 자체가 사람들을 제약하는 근거가 된다. 분명 우리 사회를 원활하게 돌아가도록 하기 위해서 만든 제도나 법규가 사람들의 정상적인 삶을 불가능하게 한다면 이는 정치인들이 고쳐주어야 옳다. 그것이 정치인의 책임이요, 사명이다.

학교 행정도 마찬가지다. 아무리 행정 집행자가 생각하기에 옳은 것 같아도 사람들이 불편하다고 생각하면 가능한 범위에서 알맞게 조정해 주고, 고치기 어려우면 그 어려움에 대해 구성원들에게 양해를 구하거나 설명을 해 주어야 한다. 왜냐하면 행정집행자는 구성원으로부터 권한을 위임받았기 때문이다. 그러나 흔히 많은 경우에 행정 권한을 위임받은 사람들이 그 권한의 위임자들에 대한 배려를 잊는 수가 많다. 그래서 걸핏하면 권한의 존엄만을 무겁게 생각해서 위임자들과 대립 갈등을 빚는다. 이런 문제들은 사고의 전환에 의해 극복할 수가 있다. 즉 길은 왜 만들었느냐의 원초적 질문으로 돌아가는 자세가 필요한 것이다. 그러나 흔히 권한을 위임받은 사람들은 일단 한번 말을 하면 그 후에는 자신의 말의 권위에 자기 스스로 눌려서 생각을 바꾸지 못하거나 아예 바꿀 생각을 하지 않는다. 그래서 구성원들과의 사이에 불화가 생기는 것이다.

그렇지만 사람들은 어떻게 통제를 하고 규제를 하든 자신들의 편한 길을 만들고야 만다. 그러므로 다니라고 만든 길을 옆에 놓고도 잔디밭에 샛길을 만드는 사람들을 나무랄 것이 아니라 왜 사람들이 그런 샛길을 만드는지에 대해 생각해 보아야 한다. 사람들이 다녀야 할 길에 차가 늘 세워져 있어서 다니기가 불편하다든가 아니면 정상적으로 길을 건너려면 멀리 돌아가야 한다던가 하는 무언가의 이유가 있을 것이다. 그래서 육교 밑에서 길을 가로질러 건너다가 사고를 당하는 노인들을 선뜻 탓할 수가 없는 것이다.

〈국어교육과 말타래〉

보직교수의 공간

권위와 공간의 관계-인간의 권위는 공간으로 표현될까? 인간 사회에서 유능한 사람들의 척도는 대개 그들의 창조성과 효용성이 어느 정도인가를 보일 수 있는 것으로 되어있다. 가령 그에게 특권적으로 주어지는 공간의 넓이, 그 공간으로 통하는 문에 붙이는 직함을 적은 팻말, 그에게 복종해야하는 사람들의 수, 그가 마음대로 집행할 수 있는 예산의 크기, 그가 임의로 세울 수 있는 규칙의 범위 등등.

만약 정확한 수치로 유능의 정도를 측정하고자 한다면 과연 어떤 방법이 가능할까? 어쩌면 인간사회를 발전적으로 그리고 경쟁을 유발시킴으로써 나아가게 할 수 있는 방법으로 필요한 것일 지도 모른다. 그래서 성취감과 함께 다른 사람들에게 목표의식을 심어줄 수 있는 방법으로 유용한 것일지도 모른다.

그러나 우리 교수사회(지성인의 사회라고 부르고 싶지만 솔직히 말하면 그래도 좋을지 현실을 보아서는 자신이 없다)에서는 그런 외형적인 특권보다는 내적인 즉 정신적 권위를 인정받고 싶어 하는 것이 통상적인 분위기였다. 그래서 우리들의 스승 세대는 외형적인 특권을 부여받는 것보다는 정신적인 존경과 권위를 더 높게 쳤다. 혹시 개중에는 예외적인 경우도 있었지만(대개 그런 분들은 정말로 인격의 범위가 우리 평범한 사람들을 초월한 경우이거나 일반적으로 알려져 있는 것과는 다른 인격의 크기를 갖고 있는 경우이다).

대개 어떤 책임 있는 자리에 또는 대표성을 띠는 자리에 앉게 되면 그 공동체에서는 존경과 능력 발휘를 기대하는 심정으로 공간을 확보해 주고 직함을 부여하고 하여 권위를 세워준다. 모두 우리사회의 발전에 공헌토록 유도하려는 사회적 장치일 것이다. 어느 정도 합리성이 있다고 할 수 있다. 그리고 그런 자리에 선택된 사람들은 충분히 주어진 특권을 발휘하여 그 공동체 모두에게 신뢰감을 주어야 하고 그럴 경우 아무도 이의를 달 사람도 없고 이의를 다는 것 자체가 문제가 된다.

그러나 지성인들의 사회에서는 그렇게 선택된 사람들이 자신의 특권을 발휘할 때 먼저 생각해야 하는 것이 몇 가지 있다. 과연 이렇게 행사하는 것이 공동체 구성원들 모두에게 폐를 끼치지는 않을는지, 지성인으로서 온당한 결정을 내리고 있는 것인지 미래의 구성원들에게는 또 어떤 영향을 미칠 것인지 등 정확히 말하자면 밤에는 전전반측(輾轉反側), 낮에는 전전긍긍(戰戰兢兢)의 심정이 되어야 할 것이다. 그리고 대개 그 자리에 앉으면 그렇게 된다고들 한다.

'-장'이라는 접미사가 요즘 흔하게 통용되고 있다. 사장, 회장, 과장, 총장…… 대학에서도 이런 '-장'의 접미사를 선망하여 열병을 앓아 온 것이 어제 오늘의 일이 아니다. 그래서 대학사회에서의 최다 최대의 말썽을 일으키는 원인이 이런 접미사 '-장' 때문이기도 하다. 이런 '-장' 접미사에 붙는 특권이 지성인을 자처하는 교수들의 인격이나 권위를 과연 보장해줄 수 있을까?

쥐꼬리만큼 되는 권위를 그런 특권에 부여하고 거기에 우리들이 홀리고 있는 것이 아닐까?

왜 장들은 꼭 전용 공간을 확보해야만 권위가 있다고 생각하는 걸까? 그래서 스스로 흐뭇해 하고 장이 아닌 다른 지성인들을 한 차원 위에서 내려다보게 되는 걸까? 그리고 임기가 끝나고 그 자리를 반납하면서 왜 그렇게 아쉬워하고 허전해 할까?

외국에서는 장이라는 직함을 자신의 연구실에 갖다 붙이는 날부터 장의 역할을 수행하고 끝나는 날 그 직함의 문패를 떼어 가면 평상으로 다시 돌아오는 것이 자신의 일상에 그렇게 대단한 영향을 미치지 않는다는 말을 들었다. 우리도 꼭 장의 방을 확보해야만 장의 일이 잘되는 것일까? 오히려 평상시의 공간에다 문패만 붙이고 일을 수행하는 것이 더 자연스럽지 않을까? 필요하다면 자신의 공간을 내어줄 수도 있는 봉사 또는 나눔의 정신이 오히려 더 지성적이지 않을까? 혁신적인 사고방식을 갖고 있는 사람들은 좀 더 자신의 권위가 어디에서 연유하는지를 생각해 보아야 할 것이 아닐까?

학장실의 공간은 꼭 필요한 것일까? 외형적인 특권보장이 권위를 상징하는 것이 아닐 것이다. 실질적인 권한을 최대로 보장해 주면 그것이 곧 당사자의 권위로 인정될 것이고 더 많은 공동체의 구성원에게 편의를 줄 수 있을 것이다. 사고의 전환은 그런데서 필요하다. 홍콩의 한 신문기자가 중국의 周容基 총리에게 기자간담회에서 불경한 질문을 했다고 심한 질책을 받았다는 보도를 보고 그것이 동양적인 권위인지 사회주의의 이상이 그런 것인지 혼란스러웠는데 아직 그 사회는 사고의 전환을 하려면 멀었다는 생각이 들었다. 그러나 우리 한국은 좀더 낫지 않을까? 그리고 우리 교원대는 훨씬 더 낫지 않을까?

가을의 전설

가을은 전설을 몰고 온다, 아니 가을은 전설을 만들어 온다. 가을은 시들어 어지럽게 떨어지는 은행잎과 느티나무 잎을 이리저리 쓸고 다니면서 우리의 귓가에 전설을 쏟아놓고 있다. 불합리와 비논리와 모순의 전설을 이 시대는 아직도 만들고 있다. 개혁과 경쟁의 너울을 쓰고 이 시대의 목청 큰 사람들은 전설을 노래하고 있다.

다시 세상이 열리면, 찬 서리가 내리고 울부짖는 소리가 벌판에 가득하리라. 청람벌의 가을에 전해지는 이 전설은 원래 5공 신화시대부터 시작된 것이었다. 지금 우리에게 그 전설이 실현되는 모양이다. 서릿발 같은 불호령과 하늘로부터 울리는 천둥소리가 벌판에 횡행하여 힘없고 어리석은 백성들은 정신을 차릴 수가 없다. 그래서 맨머리의 백성 수십이 전설의 북을 울리고 통성기도를 하였더니 마을 백성들 위에서 군림하던 우매한 사제는 희생이 필요하다는 괘를 짚었다. 그리고 사제를 보좌하는 몇몇 집행관이 북을 울린 백성들을 제물로 붙잡아 놓고 제물의 혼을 빼기 위해 춤을 추기 시작하였다. 마을의 재앙을 피하기 위해 감수해야 할 희생이란다.

원래 신화는 현실이 아닌 이야기다. 또 인간의 이야기도 아니고 신들의 이야기다. 그래서 땅과 물, 하늘의 시작과 인간의 시작을 얘기한다. 설화는 인간들의 완성된 얘기다. 그러므로 설화는 과거형의 이야기로 만들어져 있는 기정(既定)의 스토리다. 그러나 전설은 아직 끝나지 않은 이야기를 담고 있다. 전설 속의 얘기들은 언젠가 현실로 나타날 지도 모를 사람들의 소박한 바램을 담은 진행형의 얘기들이다. 인간의 기원들이 미래의 어디쯤에서 어떻게 나타날지는 모르지만, 그래도 사람들은 전설을 얘기하고 그리워하고 혹은 두려워도 하면서 그 날을 기다리는 것인지 모른다.

그러나 지금 우리에게 전해지는 전설은 그런 신화의 변용 같지가 않다. 신들의 세계는 우리가 알 수 없고 전해지는 얘기만 들을 수 있을 뿐이다. 그래서 전설은 역시 인간들의 몫이다. 인간이 만들고 인간에 의해 전파되고 인간에 의해 실현될 수도 있는 이야기인 것이다. 신의 권세를 업은 사제들이 만들어내는 전설은 사제의 권위와 존재에 기여한다. 그래서 그들은 유형무형의 전설거리들을 밤마다 만들어낸다. 특별히 만든 공간에 마을 원로들을 들여놓고 밤마다 눈높이를 맞추어 무서운 전설을 얘기해 준다. 신들의 무대에서 피에로가 되기를 자청하는 사제의 전설은 필요하면 자신과 함께 뒹굴고 놀던 속세의 친구들을 제물로 바쳐야 할지도 모른다는 공갈도 서슴지 않는다. 그러나 어찌하랴, 신비롭게도 그 전설들이 사람이 사는 마을에서는 순수의 노래로 바뀌어 울려 퍼지고 있는 것을. 그래서 사람들의 핏줄을 타고 심장에서 심장으로, 눈에서 눈으로, 날마다 달마다 퍼져나가는 것을.

더욱이 신화는 이상이다. 사람과 하느님과 만물이 통하는 궁극의 이상이다. 그 신화가 인간의 세상에서는 전설이 되고 전설이 세속화되면 설화가 되는 것이다. 그래서 전설 속의 일은 실제 있었느냐 없었느냐가 문제 아니다. 그 일이 있으면 있는 대로 없으면 없는 대로 사람들에게 의미를 던지면서 퍼져나간다. 거기에 사실을 뛰어넘은 진실이 있다. 사실은 현실인데 현실은 결코 참이 아니다. 다만 겉으로 그렇게 보이는 것뿐이다.

그리고 그 세속적인 전설을 타넘고 부수면서 역설의 전설을 만드는 사람들도 있다. 부수는 작업은 역으로 새로운 전설을 만드는 작업이기도 하기 때문이다. 그래서 사제의 허위를 소리 높여 고발하고 인정할 수 없는 전설의 권위를 짓밟고 참의 전설을 알리려는 사람들이 나타나게 되는 것이다. 맨머리의 사람들은 이 땅에 간절히 바라던 세상, 참의 세상이 오기를 기다려 왔다. 비록 실현될지 안 될지는 모르지만 그들의 오랜 바람을 전설로 만들어 기다린 것이다. 그래서 그들은 참의 전설과 허위의 전설을 쉽게 가려내고 부수는 것이다.

우리의 영웅적 사제는 처음부터 너무나 험난한 장애물에 맞닥뜨렸다. 미처 전설의 서두를 꺼내기도 전에 장애가 나타난 것이다. 그러나 중요한 것은 누가 시킨 일이 아니라 스스로 만들어 냈다는 점이다.

〈1999.11.11.교원대 타임스 칼럼〉

교육대학원 신입생들에게

안녕하십니까?

삼복더위와 싸우면서 체력과 인내의 한계를 切磋琢磨와 日新又日新의 자세로 극복하면서 새로운 스승으로 거듭 태어나고자 불철주야 노력하고 있는 신입생 여러분께 경의를 표합니다.

치열한 경쟁을 뚫고 우리 대학원에 입학했던 여러분이 학기 내내 기다려왔던 첫 학기 강의도 벌써 둘째 주에 접어들었습니다. 설렘과 긴장 속에 맞이했던 첫 학기에 대한 인상이 어떠셨습니까?

어떤 대학원생은 이런 얘기를 합니다. 교육대학원은 연수 성격이 더 강하지 않느냐? 교원대학교는 학업부담이 크다, 너무 강도가 높지 않느냐 하는 얘기를 자주 듣습니다.

그러나 어떤 형태의 대학원이든 대학원은 대학원입니다. 대학원의 임무는 본질적으로 진리탐구와 새로운 가치창조가 생명입니다. 따라서 학업을 닦는 과정에서의 어려움은 피할 수 없는 운명입니다. 오히려 그 동안 축적해 왔던 학문에 대한 강한 열망을 충분히, 그리고 본인 스스로 흡족하다고 생각할 만큼 발산하시기 바랍니다. 그래야 이 힘든 시간들이 헛되지 않고 여러분의 삶에서 정말로 의미 있는 시간들로 남을 것이라 생각합니다.

아무나 들어올 수 있는 대학원이라면 왜 굳이 여러분은 한국교원대학교를 택하셨습니까? 또 흔히 말하듯이 다른 대학교들처럼 적당히 하고서도 학위를 취득할 수 있다면 왜 굳이 우리 한국교원대학교를 다니고 있습니까? 다른 대학이 아닌 한국교원대학교 대학원을 다니고 또 그 과정을 거쳐서 학위를 취득한다는 사실에 대하여 여러분은 남다른 자부심을 가져야 합니다.

우리 대학원에서는 여러분들의 그런 학문적 열망들을 충분히 발산할 수 있도록 최대한의 지원과 성원을 보내드릴 것입니다.

우리 대학에는 훌륭한 교수님들이 많이 계십니다. 특히 우리 국어교육과는 다른 어느 학과보다도 한국국어교육에서 중추적 위치를 차지하시는 교수님들이 많이 계십니다. 그 분들을 모시고 공부할 수 있는 기회를 가진 여러분은 행복하다고 할 수 있습니다.

또한 우리 대학은 전국 각지의 선생님들이 모여들어 공부하는 곳입니다. 바로 여기가 한국의 교육동지들이 만나서 한국교육의 미래를 얘기할 수 있는 곳입니다. 여러분이 여기서 공부하는 동안 많은 동료들과 교육을 논하고 그릇된 교육현실을 바로 잡아갈 수 있는 방안을 모색하는 살아있는 학문의 장으로 활용하셨으면 합니다.

모쪼록 남은 기간을 자신을 위해서 마음껏 활용하시기 바라며 더운 계절이므로 건강에도 유의하셔서 학기가 끝나는 날까지 학업에 지장이 없도록 하시기 바랍니다. 여러분의 학문 수행에 진전이 있기를 바라며 건투를 빕니다.

졸업생들에게 보내는 글

부모가 품안의 자식을 문 밖에 내보낼 때 갖는 바람은 소박하다. 그저 밖에 나가서 남한테 손가락질 받지 않고 제 앞가림이나 하면 우선 다행이다. 그리고 남보다 조금 나은 게 있다면 그걸 큰 복으로 알고 기뻐한다. 제자를 떠나 보내는 선생의 마음도 마찬가지다. 물론 제자가 그 동안의 어려운 과정을 거쳐 졸업을 하게 되었다는 사실이 대견하고 기쁜 것은 물론이다. 그래서 졸업생을 바라보는 선생의 눈은 걱정과 기대와 대견함으로 복잡하다. 게다가 교원대 졸업생들에게는 몇 가지가 더 추가된다. 기존의 사회가 우리 졸업생들을 바라보는 관점이 전국 유일의 국립 종합교원양성대학교 출신이라는 사실을 바탕으로 한다는 것 때문이다.

이제 둥지를 박차고 험한 세상으로 뛰쳐나가려는 어린 사슴들에게 당부할 것은 말에 관한 것이다. 옛 말씀에 틀에 理가 서지 않으면 말이 안되고 말을 해도 자신이 없으며 따라서 그 하는 일도 순조롭지 못하다는 내용이 있다. 그만큼 말이라는 것이 인간을 표현할 뿐만 아니라 인간의 삶에서 기본이 되는 것이다. 조금 과하게 말한다면 사람은 자신의 말을 세우고 자신의 말을 지키고 실현시키기 위해 산다고 할 수 있다. 인생을 다 살고 돌이켜 볼 때 결국 남는 것은 자신의 말이다. 대부분의 사람이 노년에 늘 신경 쓰고 애석해 하는 것 중의 하나가 자신의 삶을 정리하는 것이다. 그것은 결국 자기 삶의 의미를 자신의 말로 정리해 보려는 노력이다.

말은 자기에게 하는 말, 남을 향해 하는 말로 나눌 수 있다. 그 중 자기에 대한 말은 자신에 대한 성찰 즉 자기의 성실성을 자가측정할 수 있는 계기(計器)이다. 사람은 살아있는 동안 끊임없이 자기와의 대화를 통해 생각하고 결정하고 계획을 한다. 그래서 확신이 서면 발화를 한다. 말이 안되면, 즉 상식적으로 생각해서 용납할 수 없으면, 말을 하지 않는 것이 정상이다. 그럴 때 혹 임시변통으로 말을 꿰어 맞추어도 어색할 수밖에 없다. 이 구석에서 어긋나고 저 구석에서 터져 깔끔한 말이 될 수가 없다. 그래서 억지로 자기의 주장을 관철시키려는 사람 중에 궤변(詭辯)으로 정당화하려는 사람도 나오게 된다. 그러나 남들을 속일 수가 없고 결국은 자신도 속이지 못한다.

말은 본래 남과의 대화를 전제로 성립되는 인간의 정신활동이다. 그래서 남에게 하는 말과 남으로부터 듣는 말이 있게 마련이다. 말이란 것은 입 밖으로 나오면 당장 남에게 영향을 끼친다. 말 중에는 이로운 말과 해가 되는 말이 있다. 내 말 한 마디에 남이 죽을 수도 있고 살 수도 있다. 또 말 한 마디에 자신에 대한 평가가 즉시 내려진다. 그러므로 말하기 전에 깊이 생각하고 한번 내뱉은 말은 책임져야 한다. 또 남의 말은 잘 새겨들어야 하고 들어서 기억해야 할 말과 흘려보내야 할 말을 잘 가려들어야 한다. 특히 교단에 서면 교사가 하는 말 한 마디가 학생들에게 칼끝이나 창끝이 될 수 있고, 학생들이 하는 말 한 마디는 학생들이 선생에게 보내는 구조 요청일 수 있다는 점을 생각할 때 더욱 그렇다.

이런 얘기들은 진부한 것들이지만 살면 살수록 또, 교단생활을 하면 할수록 점점 실감나게 다가오는 교훈이다. 특히 교직에 뜻을 둔 청람 졸업생들에게는 평생 새겨 두어야 할 것들이다. 교직은 말로 이루어지고 말을 위해 존재하는 자리이기 때문이다. 남의 선생이 되고자 하는 사람은 학생에 대해 말하기에 앞서 우선 자신의 말을 돌이켜 보아야 한다. 그래서 자신의 말을 지키려고 부단히 애써야 한다. 그래야 학생들에 대해서도 말이 먹혀 들어갈 것이다. 제자 앞에 섰을 때 자신의 말이 확실해야만 당당할 수 있기 때문이다.

교사는 단순히 조직 체계상의 직위가 아니다. 남의 삶의 지도자다. 그리고 지도자는 말로써 남을 이끌어 가는 사람이다. 남을 이끌려면 그의 말에 권위가 서야 하고 신뢰성이 있어야 한다. 그래서 선생은 어려운 직업이다. 우리 사회에서 가장 흔하고 논리 정연하지만 신뢰감이 느껴지지 않는 말이 정치인의 말이라는 사실을 함께 생각해 볼 일이다. 그들이 자신의 말을 지키지 않거나 국민의 말을 가볍게 생각하는 경향이 있기 때문일 것이다. 그만큼 말의 무게는 말하는 사람 스스로가 말을 지키는가 여하에 달려 있다고 할 수 있다.

　이제 청람벌을 떠나 넓은 세상으로 떠나가는 졸업생들에게 한 번 더 당부하고자 하는 말은 이 세상 무엇보다 사람에 우선할 수 있는 것은 없다는 것이다. 그리고 사람은 정신 즉 말로 사는 것이라는 것을 염두에 두고, 자신의 말을 귀하게 하고 남의 말을 귀히 여기라는 것이다. 더욱이 자신이 다른 모든 얻을 수 있는 것 대신에 사람을 가르치고 키우는 가장 귀한 임무를 자청하고 나섰다는 점을 생각할 때 그렇다. 그래서 삶의 어떤 순간에도 자기가 세운 말을 버리지 않는다면, 최소한 버리지 않으려고 노력한다면, 그의 삶은 헛되지 않으리라 생각한다.

〈교원대신문 사설〉

教 學 相 長

21세기의 첫 해에 우리 학교에 입학하게 된 데 대해 축하와 격려의 인사를 보냅니다.

학문의 길을 흔히 '荊棘의 길', '진리탐구', '學海' 등의 어구로 표현합니다만 우리학교의 경우에는 '教學相長'이라는 말이 더 어울릴 것이라고 생각합니다. 그만큼 학교현장과 밀접하다는 뜻입니다.

우리 학교는 전국 각지의 각급 현장교사들이 모여들어 아무런 제약 없이 현장에서 접할 수 없는 다양한 학문적 이론을 배우고 연구하고 실험하는 곳입니다. 그래서 이곳은 실험정신이 충만한 곳이고 또 그래야 합니다. 그러므로 당연히 학교현장의 문제나 학교붕괴에 대한 원인과 처방, 우리교육의 미래 등에 대한 뜨거운 논쟁도 이곳에서 가장 먼저 일어나야 합니다. 지역을 초월하고 학교 급별을 넘어서 교원상호간에 활발한 의견교환이 가능한 곳은 우리나라에서 이곳이 유일무이한 곳이기 때문입니다. 그래서 우리 대학원은 진정한 교육을 추구하고 자기계발을 꿈꾸는 현장교사들에게 선망의 대상이기도 합니다.

우리 학교는 교육과 교원들을 위한 대학원입니다. 교수들만을 위한 곳도 아니고 직원들과 교육정책 당국만을 위한 곳도 아닙니다. 그런 이유 때문에 교수들은 최고의 수준을 유지하기 위한 노력을 하고 늘 긴장하며 생활하는 것입니다. 만약 그렇지 않은 교수와 교직원들이 있다면 여러분들은 과감히 이의 시정을 요구할 권리가 있습니다. 물론 이곳에서 생활하는 기간 최선을 다해 배우고 연구하고 토론해야 한다는 의무도 전제되어 있습니다.

교육의 미래를 위하여 우리가 앞으로도 계속적으로 확대, 발전시켜야 할 우리학교의 특성은 구성원들의 전국성과 교육전문성입니다. 그러나 우리 대학원의 약점 중의 하나는 다른 대학에 비해 선후배간의 연계, 즉 동문의식이 아직 미약하다는 점입니다. 그것이 교사들의 일반적인 성향이라고 볼 수 있을지 모르겠지만 개인적인 성향이 강하다는 것은 사실인 것 같습니다. 앞으로 동문들이 전국의 지역마다 동문모임을 활성화하여 졸업 후에도 계속해서 정보교환과 모교로부터의 새로운 이론의 공급을 지원 받을 수 있는 평생교육차원의 체제가 수립되면 좋겠다고 생각합니다.

또 지역사회에서의 정치적 사회적 입지를 강화하기 위하여 발언권을 강화할 필요가 있다고 생각합니다. 그런 면에서 이곳에서 생활하는 동안 대학원생 대다수가 기숙사나 이곳의 거주지로 주민등록을 이전하면 학교 주변 환경이나 편의시설-예를 들면 시내버스의 배차, 택시회사의 횡포, 주변지역의 정비 등-의 민원불편사항의 개선이 수월해질 것입니다.

낮에는 낮대로, 밤에는 밤대로 우리교육에 대한 애정 어린 비판과 열띤 토론, 진리탐구에 대한 열정이 이곳같이 연중무휴 이어지는 곳이 전국 어디에도 없을 것입니다. 그래서 타 교육관련 대학의 교수들로부터도 진정한 우리교육의 미래를 위해 한 곳을 추천하라면 이곳을 추천할 것이라는 말을 듣기도 합니다. 앞으로 신입생 여러분들의 활약을 기대하며 순조로운 학업의 여정을 기원합니다.

〈교원대학교 대학원신문〉

전통문화를 사랑하는 이들을 위하여

포스트 모더니즘 시대의
전통문화예술 찾기와 누리기

맥 생일을 축하하며, 이 시대에 우리가 하는 일들의 의미를 같이 생각해 보고자 말을 건넨다.

도대체 왜 우리는 맥방에서, 연습장에서, 전수회관에서, 또 술집에서, 연습의 땀을 흘리거나 토론하면서 서로에게 관심을 갖기도 하고 요구하기도 하면서 별로 경제적인 이득을 줄 것 같지 않은 일들에 몰두하며 그 많은 시간들을 투자하여 맥에 대한 애정을 말하는 것일까? 또 그런 것들이 우리에게 어떤 의미가 있을까?

이 시대의 무수한 복제인간들(타인이라는 형식으로 존재하는 소외된 인간들-소수민, 빈약한 조건 속에 사는)은 존재의 고유함을 찾고 싶어 한다. 현대를 살고 있는 우리들의 삶은 문명의 홍수 속에서 자아 상실의 공포를 안고 떠다니고 있다고 해도 과언이 아니다. 즉 가치 판단의 기준이나 존재의 근원에 대한 무지 등으로부터 오는 무력감, 또는 그런 정신적 상황에서 살고 있는 것으로 보인다는 말이다.

그런 가운데 우리 젊은이가 전통문화를 찾는 심리는 반인간적인 삶의 양태 속에서 자신을 찾아보고자 하는 욕구에서 비롯되었는지 모른다. 그런 욕구를 충족시키기 위해 현대의 반항아들이 선택한 것들은 서양적인 것의 거대함에 대한 반항으로서의 동양적인 것, 권위적인 것에 대한 반항으로서의 소박함, 인위적인 것에 대한 반항으로서의 자연스러움, 획일성에 대한 반항으로서의 다양성, 허위에 대한 순수, 지식에 대해 본능에 더 충실하고자하는 반란, 어쩌면 시간의 흐름에 대한 반항으로서의 몰두(왜냐하면 그냥 있으면 흐름에 대한 무력감을 견디지 못하기 때문이다), 기계화에 대한 인간화로의 역행, 선과 악의 混在에 의한 판단보류, 그래서 인간이고자 하는(또는 인간으로서의) 비명을(악을) 지르는 것이다.

그래서 북을 두드리고 쇠를 두드리면서 시간을 토막 내기도 하고 늘이기도 하는 것이며 공중을 휘돌고 뛰놀면서 공간을 분할하기도 하고 통합하기도 하는 것이다. 그리고 종국에는 삶의 대장쟁이로서 우리의 삶을 원초적인 악기로 두드리는 것이다. 그리하여 이 시대에 우리 인류 전체가 빠져 허우적대며 떠내려가는 가운데 역설적이게도 반문명의 흐름 속에서 우리 인간을 지탱해 줄만한 구명줄을 잡아보고자 하는 것이다.

한편 이들의 본성은 교묘하거나 추상적이거나 왜소하지가 않다. 소박함과 끼로서 표현되는 본능, 천진함, 생명으로서의 존재에 대한 경외 등이 이들의 본성이다. 그래서 이들은 타에 대한 무시를 감히 행하지 못하고 또 스스로에 대한 타로부터의 무시도 견디지 못해 한다. 그리고 그것은 그 나름으로의 형식과 내용을 가지고 악과 춤이라고 하는 세련된 언어로써 우리의 정신을 일깨운다. 어쩌면 떠내려가는 일상의 무료에서 스스로를 구해내고자 벌이는 삶의 카니발일지도 모른다.

그렇기 때문에 인간적인, 너무도 인간적이고자 함- 그것이 우리의 행위이다. 그리하여 우리의 행위는 생명행위로서의 예술이며, 사랑으로의 승화이며, 결국은 자신을 사랑하고자 하는 사랑운동이다. 그리고 그것들은 억압에 대한 자유정신으로서의 저항, 같잖은 권위의식에 대한 지성으로서의 도전의 형태로 또는, 인공에 대한 천연에로의 선호, 다수에 대한 소수의, 강한 것에 대한 약함의, 집단에 대한 개인의 반발로서 또는 복제에 대한 오리지날리티의 추구의 형태로 표현된다.

근원적인 고독은 우리의 존재의 바탕이다. 그러나 인간들은 고립감을 견뎌내지 못한다. 그런 존재에 대한 불안은 흔히 외로움의 감정형태로 다가온다. 존재에 대한 불안을 극복하기 위한 수단으로 종족보존의 또 다른 형태인 '사랑하기'는 그래서 인간에게 보편적인 것이다.

'사랑하기'는 그 영향력이 자신을 포함한 이웃에게까지 미친다. 그리고 사랑하기의 양상은 음악을 통해서 미술을 통해서 또는 학문을 통해서 자아실현의 형태나 타자사랑의 형태를 통해서 나타난다. 이때 원초적 예술은 그런 인간성 회복의 지름길로서 매우 유효한 방법으로 등장한다. 그 중에서도 우리에게 가장 자연스러운 것은 이제까지 우리가 호흡하고 생활해 와서 의식할 수 없을 정도로 우리에게 가까이 있었던 우리의 전통예술이다. 그 안에서 우리는 가장 편안하고 기쁘고 살아있음을 누리는 것이다. 그래서 우리의 전통예술을 찾고 누리는 것은 우리의 사랑을 찾고 또 서로 나누는 것이라고 생각한다.

겨울준비를 위하여

벌써 겨울을 향하고 있구나.

맥인들 모두 지난봄부터 가을까지 복잡하게 지나왔다. 그런 대로 재미도 있었고.

영광우도와 통영전수. 그리고 몇몇은 아예 집을 틈틈이 들르면서 세상구경도 하고 몇몇은 좋은 구경하느라 전국을 왔다 갔다 하며 무엇엔가에 홀리기도 하고. 그 와중에 님도 생기기도 하고 잃기도 하고, 공연을 시원하게 끝내버리고 나니, 맥방이 헐리는가 하면 또 웬 경연대회 은상.... 맥방문 앞에서 망설이는 사람도 있었고, 그러다 돌아선 사람과 들어선 사람....

그 사이 맥방 앞 빈터는 커다란 구덩이가 되어서 돌아가는 기계소리만 요란하다.

세상은 참 빨리도 돌아간다.

모두가 바쁘다 보니 서로를 쳐다볼 시간이 없었나 보다. '나는 뭐냐'는 생각이 문득 들 때도 있다. 쳐다봐 주는 사람이 없을 때는 그런 생각이 자주 드는 걸 어쩔 수가 없다. 그래서 서운한 적이 한두 번이 아닐 게다. 그러나 그때, 서운한 생각이 들려고 할 그때, 누가 나를 쳐다보아 주기나 할까 하고 곁눈질할 그 때, 똑같이 나를 향해 곁눈질하고 있는 사람의 눈을 찾아 들여다보는 여유를 내가 가졌으면 참 좋겠다. 그러면 한결 요즘의 스산한 날씨도 견딜 만할 텐데.

또 하나, 사람을 그냥 만나지 않았으면 좋겠다. 혹시 내가 힘이 드는 일이 될지라도 만나는 사람마다 나의 무엇이 되었으면 참 좋겠다. 힘들어서 그냥 주저앉을지 모르지만 나의 무엇이 되기만 한다면 그냥 만날 때보다는 한결 세상이 따뜻해질 게다.

그리고 기왕 바랄 바에야, 그와 같이 무엇을 할 수 있다면, 그래서 내가 무엇을 하는지 그가 아는 것처럼 나도 그가 하는 것을 알 수 있다면 얼마나 좋을까?

断想

수덕사의 산벚꽃

수덕사에 갔다가 덕수여관에서 1박을 하였다. 수덕사 위의 정혜사라는 참선 수행암자까지 올라갔다가 내려왔다. 내려오는 길 비탈에 핀 산 벚꽃이 너무나 맑아서 마음도 개운하게 씻기는 것 같았다. 산 벚꽃과 철쭉이 말갛게 핀 산길을 내려오다 어느 암자로 돌아들어가는 여승의 뒷모습이 산 벚꽃 같다고 생각했다. 여관에서 뒤뜰의 솔바람 소리에 실려 오는 투덕투덕하는 빗소리를 들으며 잠이 들었는데 아득한 꿈길을 헤매다가 갑자기 요란한 소리에 잠이 깨어버렸다. 아직 깜깜한 것으로 보아서는 날이 밝지 않은 것 같았다. 시계를 보니 새벽 3시 쯤 되었다. 종소리와 목탁소리와 염불하는 소리가 높은 대로 낮은 대로 뒤섞여 어우러져 산 전체가 흔들리는 것 같았다. 저녁 무렵의 고즈넉하던 수덕사 부근의 분위기가 일시에 돌변한 듯 우렁차게 들리기조차 하였다. 얼른 자리를 차고 일어나 겉옷을 대충 걸치고 닫쳐 있는 여관집 대문의 빗장을 열고 절로 올라가 보았는데 그 큰 절에서 나는 요란한 독경 소리와는 다르게 인적이 없이 휘황한 불빛만이 절 안팎에서 어두운 산 속을 비추고 있었다. 절의 경내를 이리저리 걷다가 아무도 보이질 않으니 하릴없이 도로 내려와 여관방으로 들어가 누우니 수덕사가 있는 산은 온 산이 모두 절이고 온 바위와 나무가 부처라는 생각이 들었다. 이미 깬 잠을 다시 청하려 하니 쉽지가 않고 온갖 상념만이 난무할 뿐이었다. 그런데 유난히 어제 저녁 산문 앞에서 본 여승의 해맑은 웃음과 암자로 돌아들어가는 여승의 뒷모습이 인상적이었던 까닭은 무엇인가.

〈1997년 4월 16일의 일〉

책의 무게와 삶의 무게

얼마 전 내 연구실의 숙원사업을 했다. 몇 사람의 대학원 학생들의 도움을 받아 책장을 이리 저리 옮기고 서류함과 캐비닛을 뒤집어엎다시피 하여 아수라장을 만들어 놓았다. 원래 학자들은 자기 연구실이나 서재를 가능하면 움직이지 않으려고 한다. 왜냐하면 일단 손을 대면 큰 공사가 벌어지기 때문이다. 또 늘 보던 책을 이리저리 옮기면 필요한 책의 위치를 찾아내느라 애를 먹기가 일쑤이고 어떤 경우는 아예 찾다가 포기하는 수도 있다. 그래서 몇 년씩 묵은 먼지가 뭉치가 되어 이리 저리 굴러다녀도 빗자루로 쓰는 시늉만 하고 손을 대는 일 자체에 겁을 먹기가 일쑤이다. 그래도 일단 손을 댔으니 청소라도 해야 한다면서 부산을 떨다가 문득 이 책들이 내게 도대체 무슨 의미가 있는가 하는 생각이 들었다. 일단 내 밥줄이라는 것은 차원이 낮긴 하지만 가장 절실한 문제이므로 부인할 수가 없다. 그러나 그런 얘기로만 넘기기에는 너무 싱겁다.

어쩌면 훌훌 던져버리고 말면 오히려 살기가 편해지지 않을까 하는 생각이 들기도 한다. 생각해보면 이 책들이 나를 지금까지 몰고 다닌 상전이 아닐까? 또는 내 등위에 한번 올려놓고는 내려놓지를 못하고 마냥 지고 다니는 업보일까? 말하자면 신드바드의 모험에 등장하는 괴팍 노인이 내 등에 올라탄 것 같은 상황과 다를 바가 없지 않은가? 이 책들이 내 인생에 어떤 도움을 주었다는 말인가? 내 입에 풀칠하는 수단 이외에 정말 가치 있는 삶을 사는데 어떤 의미가 있었을까? 누가 하라고 시킨 적도 없다. 그냥 내가 자청해서 이고 진 짐이다. 그 짐을 이사 다닐 때마다 이삿짐센터 사람들한테 잔소리를 들어가면서 이리 갖다 놓고 저리 갖다 놓고 하면서 지금까지 끌고 다닌 걸 생각하면 신통하기도 하고 한편 안쓰럽기도 한 인생이다. 용케 끌고 다녔구나.

그러나 알 수 없는 것은 내 마음이다. 나를 여태까지 허무의 늪에서 그래도 버티고 살게 한 것은 그 책들의 무게였다는 은근한 생각을 버릴 수가 없다. 남들이 알아주지 않는 자부심을 내세우고 남들이 우습게 생각할지도 모르는데 혼자 중얼거리다가 마는 얘기들을 무슨 큰 비밀이라도 되는 듯이 혼자 되뇌고 되뇌면서 글을 끄적거리기도 하는 사람들. 그리고 누가 비아냥이라도 하면 세상에 그런 무식쟁이도 있느냐면서 흥분하고 종국에는 멸시의 눈으로 내려다보는 일들, 짧은 글 한쪽이라도 써서 세상에 보이고 나면 무슨 큰일이나 한 듯이 흡족해하고 자랑스러워하는 것들, 사실은 남들은 그런 것들을 눈여겨보고 놀라고 싶어 하지도 않는다. 다만 체면치레로 추켜 줄 뿐이다. 왜냐하면 다들 자기 것에 신경 쓰기도 바쁘기 때문이다.

폭력성에 대하여

물리적인 폭력에 의해 저질러지는 야만성은 신체적 위해는 물론이며 피해자의 심적 충격 즉 굴욕감 내지는 모멸감, 패배감, 사회로부터의 소외감 등등, 인격 전체에 대해 부정적인 방향으로 영향을 미친다. 특히 인격적인 성장기에 있는 청년들에게는 분노, 억울함 등에 의해 또 다른 폭력을 유발하는 원인이 되기도 한다. 그러나 피부로 느낄 수 있는 폭력보다도 더욱 심각한 것은 보이지 않는 정신적인 폭력이다. 정신적인 폭력은 주로 언어에 의해 저질러진다.

인간 사회에서 발견할 수 있는 폭력성은 그 형태가 다양하다. 다수가 소수에 대해, 조직화된 소수가 비조직적인 다수에 대해, 기성인이 미성인에 대해, 선참이 후참에 대해, 많이 아는 자가 적게 아는 자에 대해 논리와 비논리를 활용한 폭력, 지배층이 피지배층에 대해, 풍족한 자가 가난한자에 대해, 집단이 개인에 대해, 권위에 의하여, 세 과시에 의하여, 불이익을 수단으로, 집단으로부터 소외될 것을 강조하여, 통과의례라는 이름으로 복종을 요구하기도 하고 소속감을 넣어준다는 명분으로, 더욱 분발하라는 격려의 이름으로, 등등.

진보와 보수에 대하여

진보라는 것은 어떤 집단의 구성원 중 일부가 이전까지 관습적으로 당연시되던 기존의 질서와 가치 체계에 대하여 회의를 느끼고 이의 개선을 위하여 문제를 제기하고 합리적인 방향으로 대안을 찾아보고자 노력하는 경향을 말한다면 보수는 그 집단의 구성원들 중 상당수가 그 집단의 안정적인 발전을 위하여 바람직한 가치나 질서를 유지하고자 가급적 급격한 변화가 생기지 않도록 신중한 태도를 지지하는 경향을 말한다고 할 수 있다. 이는 좌경이나 우경의 용어와는 그 기본적 개념에서 다르다고 할 수 있다. 그러나 요즘의 사회, 특히 한국 사회에서는 이치적 사고에 의해 진보는 곧 좌경이고 보수는 우경이라는 개념의 혼란 또는 유추적 인식이 보편화되고 있고 이에 대해 아무도 제동을 걸지 않는 현상이 보편화되어 있다. 명백히 이념이 개입된 좌경 또는 우경과 다만 문제 해결의 태도의 측면에 대해 언급하고 있을 뿐인 진보 혹은 보수의 단어에 대해 올바른 인식과 함께 용어에 대한 남용을 조심해야 할 것이다.

모든 이들이 보편적으로 두려워하는 것

죽음은 인간이나 짐승이나 모든 생명체가 피하려 하는 지극히 당연하고 자연적인 생명체의 피할 수 없는 과정이다. 그런 피할 수 없는 것 말고 일상사에서 대개의 인간들이 가장 두려워하는 것은 아무런 흔적을 남기지 못하고 사라질 지도 모른다는 공포감일 가능성이 가장 크다. 내가 가지고 있는 빛이 아무에게도 전달되지 않는다는 것을 상상해 보라 얼마나 절망적일까? 우리가 갖는 공포의 심리적 현상은 실제로 이런 것들이 아닐까? 절망이란 사실은 어떤 현실 상황에 대한 절망이 아니라 나의 소리가 아무에게도 전달되지 않으리라는 생각, 그래서 결국 아무도 나의 존재를 인식할 수 없을 것이라는 것에 대한 두려움 때문이리라. 그래서 인간들은 모두 자신의 존재를 타인에게 또는 다른 생명체에게 알리려 다양한 방법으로 애를 쓴다. 빛으로, 색으로, 소리로, 혹은 냄새나 촉각을 통해서 자신의 존재를 알리고자 한다. 또는 우리가 남에게 애정을 갖는 것 자체가 사실은 자신의 존재에 대한 확인 작업의 또 다른 형태에 불과한 것이 아닐까? 그래서 '너를 사랑한다', '너를 안다', '너에 대해 관심이 있다' 등은 '나를 알아다오', '내가 여기 있다' 등의 다른 표현이 아닐까? 꿀벌이나 새, 짐승, 곤충들은 다 자신의 존재를 알리기 위해 늘 애를 쓴다. 마치 반딧불이 자신의 존재를 알리기 위해 자기 스스로 발광을 하듯이 인간도 자신의 존재를 알리기 위해 글을 쓰고, 온갖 시선을 끌 수 있는 방법을 동원하여 자신을 알리고자 한다. 그리하여 아무리 낯선 곳에 가 있어도 자신의 존재를 알리려 애쓰는 사람은 결국 다른 사람들의 안테나에 포착이 된다. 그런 면에서 인간 세상은 외롭지 않다고도 할 수 있다. 왜냐하면 모두 다 조금씩 또는 많이 외로워하고 있기 때문이다.

이삿짐

이사를 하고 나면 짐 정리가 큰 문제다. 그러나 당분간 그대로 내버려 둔다. 그러다 보면 어느새 물이 스며들 듯이 짐들이 하나 둘씩 스스로 제자리를 찾아가 앉는 것 같다. 그것은 잦은 이사로 얻게 된 지혜이기도 하다. 처음부터 부지런을 떨며 정리하다보면 나중에 다시 꺼냈다 넣었다 하는 부산을 떨어야 하기 때문이다.

다른 일도 그런 경우가 많다. 빨리 해치우려고 계획을 하고 빠른 방법으로 앞질러 가기도 하지만 결국 뒤에 보면 시간 들 일은 여전히 시간이 들고 수월한 일은 수월하게 된다. 공연히 조바심하며 해 보아야 거기서 거기다. 오히려 중요한 것은 순서를 제대로 지키는 일이다.

캐나다에서 장롱을 샀다. 7, 80년 전의 프랑스산으로 추정되는 것으로 프랑스 이민자로부터 샀다. 그런데 이 장롱의 부속이나 경대 조립부품 등이 아주 소박하면서도 나름대로 치밀한 면을 가지고 있다. 못 하나 받침 하나에도 순서와 제자리가 있는 것이었다. 그 제자리를 찾아주지 않으면 무언가 어색하고 아귀가 맞지를 않는 것이다. 합리적인 프랑스 사람들의 생활방식을 보는 것 같기도 하다.

안아드리고 싶다

세월이 갈수록 나는 내 아이들을 안아주고 싶은 마음이 더해 가는데 정작 아이들은 갈수록 내게 안기려 하지 않는다. 요즘 들어 유난히 스산한 바람이 내 가슴에 돌아다녀서 썰렁한 생각이 든다.

문득 지금의 나처럼 내 아버지와 어머니들도 나를 안아주고 싶어 하시지 않았을까 하는 생각이 스친다. 나는 왜 내 아버지와 어머니를 한번이라도 따뜻하게 안아드리지 못했을까? 지금처럼 쓸쓸한 바람이 부는 나이에 새삼 그 분들의 따뜻한 품이 그립다. 꿈에라도 다시 한번 그 분들의 품에 안길 수 있다면 나의 이 고단한 삶에 얼마나 위안이 될 수 있을까? 돌아가신지 십 수 년이 지나도 그 아쉬움은 사라지지 않는다.

스쳐간 인연들

노교수의 방

우리 학과에는 고집 세고 자존심 강한 노교수가 한 분 계시다. 이 분은 늘 책 속에 둘러싸여 있다. 연구실, 숙소 할 것 없이 어디에나 책이 높이 쌓여있다. 그리고 수없이 많은 단체에서 보내오는 학회지, 홍보물, 저서 등으로 개인 사물함은 항상 넘쳐서 미처 소화를 못할 지경이다. 그리고 그런 책의 홍수는 그 분의 정년퇴임 날까지 계속 될 추세이다.

그래서 그분의 연구실은 별로 어두운 곳에 위치하지 않았는데도 그 방에 들어서면 꼭 무슨 연극무대나 고서적상 내부처럼 어두웠다. 채광창을 막은 책 더미 때문에 전등불을 켜야 하고 바닥이고 책상이고 쌓여있는 책으로 발 들여 놓을 틈을 찾지 못해 찾아 온 손님은 책무더기 사이로 간신히 주인의 눈을 찾아 대화를 나누어야 할 지경이다.

이분은 평생에 걸쳐 자존심 지키는 것을 매우 중하게 여기는 분이다. 게다가 자신이 세운 원칙에 대해서는 좀처럼 물러서지 않는 성품으로 인해 후배 교수들이 편치 못한 때도 종종 있다. 그래서 나의 무미건조한 신임 대학교수의 생활이 긴장과 스릴 속에 빠르게 지나도록 하는데 기여한 바 크시다. 그러던 어느 늦더위가 기승을 부리던 날, 그 방 앞을 우연히 지나다가 문득 훤한 빛이 그 방에서 쏟아져 나오는 것을 발견하고 놀라 들여다보았다. 그랬더니 그 방에 가득 쌓여 있던 책의 상당량이 자취를 감추고 특히 환기창과 바깥 창문을 가리고 있던 책들마저 없어져 창밖의 환한 빛이 방안에 이리 저리 부서지고 있었고, 왠지 휑뎅그러케 느껴지는 방안 한쪽 구석에 그 노교수가 눈부시게 흰 모시 한복을 입고 앉아 있었다. 너무나 뜻밖이라 생각 없이 '참, 시원하군요. 이 방이 이렇게 넓은 줄은 몰랐습니다.'라고 인사를 했더니 심드렁한 목소리로 '진작 비울걸, 이렇게 시원한 걸.' 하는 것이었다. 그러면서 시내에

방 하나를 얻어서 책들을 갖다 두었다는 말씀이었다.

그때는 그분의 정년이 얼마 남지 않았다는 사실과 '미리 방을 정리 하시는 구나' 하는 생각만으로 그냥 나왔는데 그 후 시간이 지나면서 여러 가지 생각이 들었다. 그분이 한 말씀 중에 '진작 비울 걸' 하시던 것이 유난히 머리에 남는다. '비운다'는 것. 마음을 비운다는 것이 말은 쉽지만 실제 우리네 삶에서 쉽지 않다. 하지만 비우면 비운 만큼 넓은 공간에서 여유롭게 살 수 있을 것 같다. 알게 모르게 그득그득 쌓아 놓은 쓸데없는 책들이 내 영혼의 좁은 공간을 차지하고 있는 가운데, 또 그 속에서 겨우 엉덩이 하나 걸칠 현실의 공간을 차지하고 앉아 눈을 부릅뜨고 밖을 노려보고 있는 것이 바로 내 형편이 아닌가? 그렇게 비울 수만 있다면, 정말 사는 데는 아무 소용없는 이 책 더미들 사이에서 건너편에 서있는 사람들의 눈을 찾느라 애를 쓸 필요도 없을 텐데. 그래서 넉넉한 얼굴로 상대방의 몸 전체를 응시하면서 정말 사람을 느끼며 살 수도 있을 텐데. 평생 자존심과 원칙을 고집하며 사신 분이 그런 말씀을 하실 때 그 깊은 속을 내가 짐작이나 할 수 있었겠는가?

그 날 청하선생님의 모시 한복이 유난히 희게 느껴졌고 편하게 보인 것은 우연한 일이 아니었다는 생각이 든다.

師弟同行

지금 사람들로부터 잊혀져 가는 말 중에 師弟同行이란 말이 있다. 글자 그 대로의 뜻은 스승과 제자가 같은 길을 간다는 뜻이다. 가르침과 배움을 사제 가 함께 실천한다는 뜻이니 얼마나 아름다운 광경이겠는가? 과분하게도 나는 그런 행운을 누리고 있다. 고교 시절의 은사님과 우연히 인연이 닿아서 10여 년을 함께 걸어 온 것이다.

정길정 선생님과의 인연은 고등학교 때 비롯되었다. 담임 선생님이나 우리 반 담당 영어 선생님은 아니셨지만 그 시절의 내 기억 속에 선생님이 남아 있 는 것은 순전히 내 개인적인 경험 때문이다.

고등학교 1학년 여름 방학하는 날이었던 것 같다. 학교 스피커를 통해 방학 이 끝나면 영어 교과서 암송대회를 하니 방학 중에 준비하라는 안내 방송이 있었다. 처음에는 교과서를 통째로 외우라는 말에 엄두가 나지 않았지만 '설 마 선생님들이 불가능한 걸 시키랴', '그렇게 해서 내게 또 나쁠 것은 뭐 없지 않나' 하는 생각이 들었다. 공교육이 거의 무너지다시피 한 지금과는 사회 분 위기가 많이 달라서 학교에서 선생님의 말씀은 학생이나 학부모들에게 절대적 이었다.

방학하자 다른 친구들은 학원이니 과외니 해서 부모님의 지원을 받아서 공 부했지만, 그 당시 나는 그런 금전적 지원을 받을 집안형편이 안 되어서 혼자 공부를 해야겠다는 생각을 하고 방학계획을 세웠다. 특히 영어 교과서 암기를 해보리라 작정을 하고 한 문장, 한 문단, 한 페이지씩 교과서 본문을 외워 나 갔다. 처음에는 반신반의 하다가 점차 방학 내내 외우는 일에 빠져 들었다. 안 그래도 '방학동안 뭘 하나?' 생각하던 중이라 밑져야 본전인데 한번 해 볼까 한 일이 갈수록 점점 자신감이 붙어서 대회가 중요한 게 아니라 무언가 해낸다는 성취욕이 작용한 것이다. 그렇게 해서 그 여름 방학이 끝날 때는 교과서 본문을 거의 다 외웠다.

방학이 끝나고 다시 교내방송으로 영어 교과서 암송대회를 여니 참가 희망자는 모이라는 안내가 있었는데 그 목소리의 주인공이 바로 우리 학교의 쟁쟁한 실력파 영어 선생님들 중 한 분이셨던 정길정 선생님이었던 것으로 기억한다. 당시 소심한 성격 탓에 대회에는 나가지 않았지만 2학기 첫 번째 모의고사 시험부터 대박을 터뜨렸다. 이것이 말하자면 선생님과의 첫 인연이라고 할 수 있다. 따지고 보면 별 대단한 인연도 아니다. 그러나 웬일인지 그 일을 떠올리면 꼭 정길정 선생님이 연관되어 회상된다. 그리고 그 덕분에 이후 영어 시험은 내 모의고사 성적에 상당한 기여를 했다. 그 후에도 아침 방송수업이나 보충수업시간을 통해서 영어를 선생님께 배울 기회는 자주 있었다.

고등학교를 졸업 후 선생님과의 만남은 참으로 의외의 곳에서 이루어졌다. 20여 년이 흐른 후, 국립대 교수가 되고자 한국교원대에 임용 지원을 하고 최종 면접 심사를 위해 대기실에 있는데 눈에 익은 수려한 풍모의 심사위원 한 분이 내 앞을 지나 면접장으로 들어가는 것이 아닌가? 순간 나는 눈을 의심했다. 게다가 면접 중 제출한 내 이력서를 훑어보시더니 '○○고등학교를 졸업했네요? 혹시 나를 모릅니까'라는 말씀까지 하시지 않는가? 不堪請 固所願의 심정으로 '알다 뿐입니까 제가 직접 배웠습니다.' 하는 대답이 절로 뛰어나왔다. 그 때문인지는 모르지만 좋은 성적으로 채용되었다는 말씀을 나중에 소속 학장이셨던 선생님으로부터 들었다.

내가 한국교원대학에 임용된 후에 선생님은 학장 임기를 끝내시고 교수협의회의장과 교수부장으로서 학교의 중책을 차례로 맡으시며 계속 바쁜 생활을 하셨다. 그러나 그 바쁜 와중에도 길에서 뵈면 한 번도 그냥 지나치시는 법이 없이 언제나 '잘 지내느냐, 어려운 점은 없느냐' 관심과 배려를 아끼지 않으셨다. 오히려 내가 선생님께 무심했던 건 아닌가 할 정도로 선생님은 늘 제자들을 챙기셨다. 좋은 일이 있으면 어떻게 아셨는지 먼저 축하를 해 주시고 안 좋은 일이 있으면 자신의 일처럼 걱정이 태산이시었다.

솔직히 말하면 선생님의 제자를 바라보는 그 심정을 나는 처음에는 잘 느끼지 못했다. 하지만 이제 내가 선생님을 모시고 생활한 지 10여 년, 내 나이가 대학의 면접장에서 처음 뵈었을 때 선생님의 그 연세 쯤 되어보니 이제야 나도 조금은 느낄 것 같다. 선생님의 제자사랑이 한결 같으시다는 점에서 늘 죄송하게 생각하면서도 스승의 길은 그렇구나 하는 생각도 든다.

그 후 12년 동안 고교 2년 후배인 한상우 교수와 청주에서 산부인과를 운영하는 동기 동창 문영주 박사, 충북대 물리학과 유성초 교수, 충북 괴산농협 조합장이 된 이완호 등과 해마다 스승의 날이나 연말연시에 모여 돈독한 사제의 정을 나누어 왔고 이로 인해 선생님께서는 늘 다른 교수들의 부러움을 사셨던 것이 사실이다. 청주에 사는 고등학교 동기들과 만날 때면 빠지지 않고 고교시절의 멋쟁이 미남 선생님 얘기와 함께 옛날 우리가 가르침을 받았던 은사님들의 얘기로 시간 가는 줄 모르곤 한다.

공립학교 교사는 몇 년 마다 근무시 이동이 있기 때문에 모교에 가도 배웠던 은사님들을 뵙기가 쉽지 않다. 그런 면에서 보면 나는 참으로 복이 많다고 할 수 있다. 임용 시는 물론이거니와 지금까지 선생님 연구실을 비롯해서 캠퍼스 어디서나 늘 선생님의 자애로운 눈길 속에 지내왔다고 할 수 있다. 딱히 무얼 해 주셔서가 아니라 늘 곁에 있다는 느낌을 주시기 때문이다. 게다가 내 전공마저 선생님과 같은 언어학분야이다. 그런 인연 때문인지 특별한 연고가 없는 한국교원대에 재직하면서 마치 모교에 재직하고 있는 것 같은 푸근한 느낌으로 살고 있다.

요즘 사제지간이 옛날 같지 않다는 말은 진부한 상식이다. 그런 중에 나는 가르침을 받은 은사를 한 직장에서 모시고 살 수 있었고 또 그 수많은 대학들 중에서도 하필이면 교사를 양성하는 대학에 사제가 동행하고 있으니 이보다 더 행복한 제자가 어디 있으랴? 그리고 선생님이 몸소 師弟之間의 본보기를 보이시니 역시 스승의 발뒤꿈치를 따라가기란 아득히 멀기만 하다.

그렇게 선생님을 모시고 세월 가는 줄 모르게 사제동행을 한 지도 벌써 12년이 되었다. 선생님의 그 수려한 풍채는 연륜의 무게로 장엄의 색채를 더하신다. 선생님이 퇴임하신다는 말씀에 허전하고 서운하기만 하다. 부모님과 내 인생의 중요한 어른들이 내 곁을 떠날 때마다 느꼈던 허전함과 아쉬움을 이제 선생님의 퇴임에 닥쳐서 또 실감하는 걸 보면 君師父一體의 문구가 내게는 아직 남아있는가 보다.

廳雨齋 李光政 교수님 퇴임을 아쉬워하며

오랜 기간 많은 사람을 접해 본 사람들은 어느 정도 자기 나름대로의 판단 기준을 가지고 상대를 대하기 마련인데, 그 첫 인상이 어떤 경우에는 상대와의 관계를 실제보다 좋게 만들어 주기도 하지만 어떤 경우에는 반대로 공연히 경계와 긴장 속에 상대하게 만들기도 한다. 즉 처음 만날 때 가지게 되는 첫 인상이 상대와의 관계를 형성하는데 유용한 정보가 되기도 하고 반대로 잘못된 선입견의 꼬투리가 되기도 한다는 말이다.

廳雨齋 선생님을 처음 뵌 것은 정확하진 않지만 대학원 재학 시절 若泉 김민수 선생님 댁에 정초 세배를 드리러 갔을 때였던 것 같다. 그때 처음 뵌 인상은 점잖고 후덕한 큰 형님 같은 넉넉한 분위기로 기억된다. 그때 그 첫인상이 동일 전공 선배이시며 동문수학의 인연을 생각하지 않더라도 필자에게는 늘 푸근한 그늘로 여겨지게 되는 근거가 되었던 듯 싶다.

선생님은 서울여대에 계시다 작고하신 이 인섭 선생님, 김 승렬 선생님과 함께 고려대에서 학위를 하시는 과정에 필자와 함께 학연을 맺으신 분들 중의 한 분이기도 하지만 당시에 모두 필자보다 연세가 높고 이미 학문적으로 한 차원 높은 단계에 있었던 분들로 내게는 모두 쉽게 다가가기 어려운 분들이었다.

이인섭 선생님이나 김승렬 선생님과 함께 대학원에서 같은 은사님들을 모시고 새긴 추억들은 아직도 선연하지만 청우재 선생님과의 인연은 보다 특별한 점이 있다. 그 세대 선배님들이 모두 그러하셨지만 특히 청우재 선생님은 사제 간의 예의와 동문 간의 우의를 매우 중히 여기신 것으로 기억하고 있다. 그래서 처음 뵈었던 것이 若泉 김민수 선생님 댁에서였듯이 학교에서 뵌 것보다는 은사들 댁에서 뵌 것이 더 많았던 듯하다.

선생님은 처음 뵐 때부터 그랬지만 지금도 윗사람 아랫사람을 불문하고 겸손하게 대하신다. 게다가 언제나 말씀 한 마디 한 마디를 정중하고 사려 깊게 하셔서 후배들이 함부로 굴기가 어려운 분이다. 그런 인품은 이십 년 가까운 세월을 지난 지금까지도 학회나 공식적인 행사 자리에서 오랜 만에 우연히 뵙게 될 때도 변함없으시다.

그런 선생님을 자주 뵙고 가까이 모시게 된 것은 선생님께서 한국어학회 회장에 취임하시고 필자에게 총무이사의 임무를 맡기고부터였다. 당시는 한국어학회가 전국학회를 지향하고 학회의 회원 증대와 새로운 분위기의 학회를 만들고자 노력하던 때였다. 원래 국어학이라는 분야가 문학과 달리 딱딱하고 고답적인 분야이기도 했지만, 이미 오랜 역사와 전통을 가진 다른 기성학회와 달리 참신하고 앞서 나가는 진취적인 학풍이 필요하다는 점을 모든 학회원들이 공감하고 이를 위해 노력하던 때였다.

평소에는 온화하고 조용하신 성품이지만 학회의 대표로서 크고 작은 회의나 학회 운영상 필요하고 중요한 일들을 결정하는 임원회의를 할 때는 학회의 획기적인 발전을 위해 패기있는 젊은 이사진들의 생각을 전적으로 수용하고 그들에게 대범하게 일을 맡기셨다. 선생님의 그런 개방적이고 포용력 있는 지도력은 임기 내내 학회운영에서 변함이 없었고 선배들의 그런 생각들이 학회의 전통이 되어 오늘의 한국어학회로 발전할 수 있게 된 밑거름이 되었다고 생각한다.

교직자의 제자 사랑은 당연한 일이지만 그 깊이의 차이는 다소 있을 수 있다. 허나 선생님의 제자 사랑은 친딸과 아들을 대하듯 하시는 것이 눈에 역력하게 보였는데 수년 전 선생님 회갑기념 논문집 봉정식에 참석해서 그런 실감을 하였었다. 행사를 진행하는 제자들과 학과 재학생들의 진지한 얼굴에 진심으로 선생님을 위하고 기리는 마음이 그대로 드러나서 한편으로 부럽기까지 했다. 농부가 농사를 지을 때 뿌린 대로 거두는 것이 당연하듯이 선생님께서 평소 제자대함이 그런 광경으로 나타난 것이라고 생각된다. 굳이 말한다면 자업자득이라고 할까? 실제로 선생님께서는 재직하신 대학교의 제자들을 꼼꼼히 챙기고 더 넓은 학계의 흐름에 동참시키고자 한국어학회에서 활동하도록 배려와 후원을 아끼지 않으시는 것을 자주 목격하였다. 뿐만 아니라 선생님의 학문에 대한 정열의 소산인 귀한 논문들은 후배들과 제자들에게는 정신 차리라는 따뜻한 독려의 말씀으로 변해 늘 부끄러움과 송구함을 느끼게 한다.

교직자는 사람 가르치는 일을 하기 때문에 다른 직업과 달리 말과 행동에 제약이 많다. 특히 말이 지니는 의사전달상의 불완전성 때문에 때로는 뜻하지 않게 어린 학생의 자존심을 상하게 해서 사후에 스스로 심하게 자책하는 수가 종종 있다. 그래서 교직자는 다른 직업에 종사하는 사람들보다 말에 대한 조심스러움이 더하게 마련이지만 그것이 그렇게 쉽지 않다는 것은 교직자라면 다 아는 사실이다. 그래서 교직자의 평소 화법은 신중함과 온화함, 그리고 자상함이 특징이라고 할 수 있다.

필자가 뵌 선생님의 평소 언행은 오랜 교직생활의 결과인지 모르지만 부드러움과 겸손 그 자체라고 할 수 있다. 직접 모시고 일한 시간은 얼마 안 되지만 이십여 년에 걸쳐 뵈었어도 말씀 중에 얼굴을 붉힌다든가 언성을 높인다든가 면박을 준다든가 하는 등의 그런 박절한 발언을 들어보지 못했다. 그래서 필자가 선생님을 한국어학회 회장으로 모시고 총무의 역할을 수행하던 때에 꼼꼼하게 챙겼어야 할 회의에 간혹 실수로 빠뜨린 것이 있어도 덮어주고 격려해 주시던 기억이 따뜻하게 남아 있고 그래서 오히려 지금까지도 죄송한 마음이 한구석에 남아 있다.

세월이 흘러서 이제는 남에게 관대함과 평온함, 그리고 때로는 학문세계의 치열함을 느끼고 배우게 하는 그런 삶의 역할 모델이 되는 은사 혹은 선배들이 한 분 한 분 현직을 떠나시는 것이 아쉽긴 하지만, 또 한편으로는 새로운 삶의 방식을 앞서 개발해 놓고 후배들을 기다릴 선배들의 모습이 또 기대되기도 한다.

늘 건강하셔서 선생님의 그 넉넉하게 편안한 눈웃음으로 후배들을 지켜보아 주시기를 바라면서, 평소 선생님이 들려주시던 나직한 음성으로 남은 세월의 지혜를 후배들의 작은 귀에 조근 조근 넣어주시는 행복한 상상을 해본다.

위로하고 위로받으며

요즘 들어 늦게 잠들었다가 한밤중에 잠을 설치고 일어날 때가 많다. 원래 잠귀가 밝은 편이라서 종종 있어왔던 일이긴 하지만 최근에는 새벽 불면증에 시달린다는 선배들의 푸념이 남의 일 같지가 않다. 그런데 그냥 잠만 일찍 깨게 되는 것이 아니라 이런 저런 생각이 머릿속에 끝없이 밀려들어 시간이 흐를수록 잠이 멀리 달아나기만 한다.

가깝던 후배 한 사람이 갑자기 유명을 달리한 일이 있고 나서는 예전에 잘 만나던 사람들이 예사롭지 않게 느껴지던 차에, 어느 날 역시 새벽에 일어나 앉아 이런 저런 생각에 시달리던 중 문득 떠오른 의문이 있었다. 왜 내가 아끼던 착한 사람들과 물건, 시간들일수록 일찍 떠나버릴까? 내 부모님, 절친했던 친구, 동고동락하던 후배, 슬프도록 아름답게 남아있는 지난 시간들이 모두 그렇다. 선배들 중에도 유독 좋아하던 사람들이 먼저 내 곁을 떠나버린다.

사람들 중에는 더불어 얘기해 보면 뭔가 마음의 위안이 되고 좀 더 얘기를 나누고 싶은 사람들이 있다. 또 어떤 사람은 얘기를 나눌수록 주눅이 들고 일방적으로 듣게만 되는 경우가 있다. 연령이나 지위나 학식이 나보다 높아서 경청을 하는 경우라 하더라도 심기가 편치 않아 얼른 자리가 끝났으면 하는 생각이 절로 나는 경우다. 그런 사람들 중의 한 유형이 자신의 생활을 예로 들어 설교하려는 사람이다. 내가 속 좁고 수양이 덜 되어서 그렇겠지만 참 견디기 쉽지 않다. 그런데 과연 나만 그럴까? 다른 사람들은 어떨까? 다른 사람들은 용케 참고 잘도 들어주는 것 같기도 하다. 하지만 그렇게 모범적인 사람의 생활이란 얼마나 갑갑하고 견디기 힘든 것일까?

사람은 어쨌든 일상사에서 늘 위로받고 싶어 하는 약한 감정의 동물이다. 모범적인 삶의 강박관념에서 잠시나마 피해볼 수 있는 시간을 우리는 행복해

한다. 늘 실수하고 남에게 상처를 주기도 하고 또 그것을 미안해하고 하면서 삶을 영위해 나간다. 그래서 우리는 결국 서로 사랑할 수밖에 없지 않는가? 그런 의미에서 남을 위로하고 그 과정에서 또 내가 위로받게 되는 대화라는 것은 우리네 삶의 행복과 여유를 확보해 주는 중요한 수단인 것이다.

마누라의 짜증도 때로는 그립다. 마누라의 비난이 혹독한 것이긴 하지만 또 한편 눈물겹게 고맙기도 하다. 왜냐하면 그것이 다른 살아있는 존재로부터 나의 존재를 확인할 수 있는 흔치 않는 기회이기 때문이다. 마누라의 잘못과 나의 잘못이 서로 얽히고설키면서 그 잘못까지도 결국 사랑하며 못 잊고 그리워하게 마련이기 때문이다. 그러면서 여기까지 살아오지 않았는가?

교원대학교에 부임한 것이 벌써 12년이 되었다. 대학에서 직장생활을 한다는 것이 생각보다 삭막한 면이 많다. 으레 어떤 모임이나 집단에서건 남달리 정을 두고 사는 사람이 한둘 있기 마련이다. 생활의 압박감 속에서 긴장을 풀고 고달픔을 하소연 할 수 있는 상대가 필요하기 때문이다. 내 주변에 직장동료로서 또는 선배로서 여러분이 계셨지만 宜齋 선생님은 바로 옆방에서 나의 그런 시간들을 함께 해 주셨다. 옆방에 불이 켜져 있으면 때를 가리지 않고 들어가서 이런 저런 얘기를 나누기도 했고, 그런 기회에 학교생활의 大小事를 의논하기도 하고 마음이 답답할 때는 하소연하는 상대가 되어 주고 위로해주기도 하셨다. 늦은 밤에 연구실에서 나갈 때 선생님께서는 내 방문을 두드리고 먼저 나간다고 통고하시고 그래서 나도 그렇게 따라 했다.

宜齋 선생님은 내가 교원대학교에서 사는 동안에 지하철이나 백화점에서 에스컬레이터의 안내방송처럼 소홀히 하면 큰코다칠 삶의 주의사항들을 무수히, 반복해서 들려주셨다. 직장 동료로서, 선배교수로서, 인생의 선배로서, 옆방 이웃으로서, 교수의 삶은 이런 것이다 하는 것을 몸소 보여주시는 듯 했다.

내게 있어서 宜齋 선생님은 명쾌한 판단, 단단한 의지, 근면한 삶으로 기억된다.

예부터 사람에 대한 평가항목으로 身言書判을 말해왔다. 흐트러짐 없는 몸가짐, 단순 명료한 언어표현, 근면한 학문, 실속을 중시하는 사고 등 그대로 宜齋 선생님을 보면 될 것 같다. 선생님을 마주하면 단단함이 몸 전체에서 풍겨 나오는 것을 느낀다. 간간히 들려주시는 삶의 과정을 보더라도 반듯하고 단단함이 그대로 드러난다.

우선 선생님은 처신에 명쾌하다. 이해관계가 첨예하게 맞선 경우 가장 현실적으로 가장 명료하게 판단하고 처신한다. 그러므로 혹시 어느 한 쪽에서 비난을 받는 한이 있더라도 사후에 이러쿵저러쿵 뒷말이 없다. 너무나 명료한 처신 때문에 본인의 말씀대로 어떤 때는 차가움마저 느껴질 정도이지만 나름대로의 명확한 이유 때문에 상대방의 마음에 서운함이 비집고 들어올 틈이 없다. 그만큼 확고한 주관이지만 부드러운 처신 속에서 유연하게 살아오신 것으로 생각한다.

그런 처신과 관련해서 필자의 기억에 남아 있는 것이 있다. 5, 6년 전 쯤 하필 필자가 학과장의 임무를 수행하고 있을 때 학장 선거가 있었다. 당시 인문계열 교수들과 사회계열 교수들 중에서 번갈아 한 번씩 학장 후보를 선출하는데 선생님의 연세가 마침 학장 후보 군에 해당하던 때인지라 후보 출마 의사를 밝히셨는데 같은 학과에서 선생님보다 연령상으로는 후배이지만 부임은 먼저 하셨던 교수 한 분이 출마 의사를 밝혀 학과장으로서 매우 난감했었다. 모두 학장 후보로서 결격됨이 없었지만 두 분 모두 필자보다는 선배 교수인지라 중간에서 곤혹스러웠다. 한 과에서 두 사람이 출마한다면 결과는 보나마나할 것이기 때문이다. 생각하다 못해 두 분을 한 자리에서 모시고 중재를 시도하였다. 자신이 출마해야 하는 당위성과 출마 했을 경우의 당선 가능성에 대한 (대개가 아전인수격이게 마련인) 각자의 생각을 개진하고 나서 침묵의 시간이 흘렀다. 그 사이 필자의 머리는 복잡하게 돌아갔다. 만약 타협이 되지 않고 그대로 진행된다면 누구를 지원해야 하는가, 또 학과 외부에는 무어라고 설명을 해야 할 것인가, 그리고 그런 상태라면 다른 과의 후보로부터 좋은 공격거리가 되어 선거필패의 결말이 날 터인데 그 후유증은 어떻게 치유할 것인가 등등 가슴이 답답해 왔다. 그런 숨 막히는 상황이 10여 초 흘렀을 때, 먼저 말문을 여신 분이 宜齋 선생님이셨다. '정 그렇다면 양보하마, 대신에 이왕에 하는 거 필승해야 한다'는 당부 말씀이 요지였다. 그런 힘든 결정을 그렇게 쉽게 내리고 깨끗이 정리해 주실 줄은 정말 몰랐다. 안쓰럽기도 하고 한편으로는 죄송스럽기도 해서 자리가 파한 후 연구실로 쫓아가서 아쉽다는 말씀으로 위로를 드렸다. 그러나 선생님은 담담한 표정으로 오히려 '걱정하지 말라'고 부담을 덜어주셔서 당시 무척 고맙게 생각했다. 선생님의 그런 결단성도 그렇지만 그 후 선거와 관련하여 일체 아쉬움이라든가 섭섭함 등의 언급이 없는 깔끔한 모습이 아름답게 보였다.

또 선생님의 부지런함은 누구나 인정하고 있고 또 감탄할 만하다. 지도받는 제자들에게 늘 부지런해야 한다는 말씀을 아끼지 않으시지만 또 실제로 그런 근면한 학문적 자세와 생활태도를 필자는 늘 옆에서 보아왔다. 혹시 후배 교수인 필자가 게으름을 필 때도 정중하지만 솔직하게 나무라기를 서슴지 않으셔서 늘 감사하게 생각해 왔다. 선생님의 학문을 위한 열정은 수많은 저서를 통하여 확인된다. 보직이나 다른 명예에 연연해하지 않는 의지의 굳굳함이 얼마 전 국문학의 큰 상인 도남 국문학상 수상을 당연하게 여기게 만든다.

근면한 삶은 절제 없이는 어렵다. 내가 처음 교원대에 부임했을 때는 선생님의 주량이 그렇게 대단한 줄을 몰랐다. 선배 교수들과 처음으로 같이 한 술자리에서, 상 위와 아래에 즐비하게 놓인 빈 술병들과 함께 분위기에 어울리는 노래로 흥겨움을 북돋우시는 선생님의 모습에서 국문학 하는 분들의 풍류를 새삼 엿볼 수 있었다. 독실한 기독교인이면서도 합리적 신앙생활과 술을 마다하지 않는 선생님의 멋스러움은 절제가 중심이 되어 있다. 선생님의 풍류는 파격도 서슴지 않지만 항상 그 뒷자리에는 절제가 남아 있었다.

이렇게 옆방 이웃으로서, 선배로서, 인생의 조언자로서 내게 은근한 힘이 되어 주시던 선생님이 어느덧 방을 빼신다니, 등이 서늘해지는 느낌이다. 아버님이 돌아가실 때 느꼈던 서늘함과는 또 다른 서늘함이다. 내게 중요하고 귀한 분들과 함께 했던 그 시간들이 점점 내 곁에서 멀어지는 느낌이다. 나도 남은 기간에, 선생님과 함께 살면서 위로받은 만큼, 후배교수들이나 제자들에게 위로를 줄 수 있는 삶을 과연 살 수 있을지 모르겠다.

술 취한 황금마차

  사실은 총장님께서 우리 대학교를 대표하여 축사를 하셨기 때문에 학장이 축사를 또 하는 것이 어색해서 주최 측에 말씀드렸는데 굳이 황 교수님과 가까이 지낸 2대학 교수들을 대신해서 한 말씀 올리라고 강권을 해서 이 자리에 섰습니다. 총장님께서 너그럽게 이해를 해주셨으면 합니다.

  이 자리에는 황 교수님과 각별한 인연으로 말씀하실 거리가 있으신 분들이 많으실 텐데 학장이라는 직함 때문에 감히 축사의 말씀을 올리게 되어 정말 송구스럽게 생각하며 또 영광으로 생각합니다.

  교원대 식구들은 다 아시겠지만 혹시 내빈 중에 오해하실 분이 계실 것 같아서 미리 안내 말씀을 드립니다. 외형상으로는 황교수님과 제가 동년배쯤으로 보일 수도 있는데 한참 아래인 후배입니다. 심지어 선배쯤으로 오해할 수도 있습니다. 황 교수님은 싫지 않으시겠지만 저로서는 이게 현실인 걸 어떡하겠습니까.

  황마루 교수님.

  저는 황 교수님 아호가 마루라는 사실을 이번에 알았습니다. 마루에는 높은 곳과 낮은 곳이 있습니다. 산등성이 높은 곳은 산마루라고 하고 지붕 높은 곳은 용마루라 합니다. 또 낮은 곳은 쪽마루도 있고 툇마루도 있고 골마루, 난간마루도 있습니다. 선생님의 마루는 산마루나 용마루 그리고 대청마루입니다.

  산마루에서는(교수아파트 마동쯤이겠지만) 막걸리 잔을 들고 저 아래 속된 것들이 부산하게 오가는 것을 눈을 가늘게 뜨고 내려다 보셨고 대청마루에 앉아서는(베티쯤이겠지요) 세상 꾀죄죄한 것들을 시원한 맥주거품과 특유의 너털웃음소리로 질타하셨습니다.

  황 교수님이 학교에 계신가 알려면 주차장에 황금마차가 있는가 찾아보면 압니다. 저도 처음엔 교수들이 황금마차, 황금마차 해서 무언가 했는데 알고 보니 황 교수님의 금빛 그랜저 승용차를 술 취한 황금마차라고 부른답니다. 또 인문관 4층에서 황교수님 특유의 웃음소리는 3층, 2층까지 들립니다.

이런 것은 인문관에 거주하는 사람 모두 소중하게 간직하게 될 추억일 것입니다. 어쩌면 선생님과 가까이 지내던 사람들 모두의 환청으로 변할 지도 모릅니다.

제가 뵙기에 선생님은 참 많은 사람들로부터 사랑받으신 분입니다.

늘 젊게 사시기 때문입니다. 아니 젊게 살려고 하시기 때문입니다. 늘 사람들의 기분을 유쾌하게 만드시기 때문입니다. 주위 사람들에게 폐를 끼치지 않으려고 늘 애쓰시기 때문입니다.

선생님은 천성적으로 나이의 많고 적음과 지위의 높고 낮음을 가지고 사람을 대하지 않으시는 분입니다. 주위 후배들의 아픔을 따뜻하게 그리고 밝게 어루만지시는 분입니다.

사랑받을 수밖에 없는 분입니다.

지금 선생님은 2대학 선배 학장이십니다만, 제가 신참교수로 부임하자마자 교협 대의원에 저를 막무가내로 밀어 넣으셨습니다. 그래서 제가 교협총무까지 하게 됐습니다만, 그 대신 제가 선생님을 탁구동호회로 유인하고 저는 빠졌습니다.

선생님을 좋아한 것은 사실 그런 것들 때문이 아닙니다. 호방한 음주와, 어떤 일이 있으면 서슴없이 후배들의 앞장을 서고, 옳지 않다고 판단되면 가까운 사람에게도 쓴 소리를 아끼지 않으시는 단호한 판단과 독일어를 전공하셨으면서도 우리말에 애정을 가지고 늘 질문을 던지시던 일들이 제게는 남다른 끌림으로 작용했기 때문일 것입니다.

물론 외적으로 같은 '루저'의 운명을 안고 산다는 것도 큰 영향을 미쳤다는 것을 부정하지는 않겠습니다.

이제 道生이라는 성함처럼 늘 새로운 길을 만들어내고 열어가며 젊고 건강하게 사시는 선배 교수님의 모습을 기대하면서 그 웃음소리, 술 취한 황금마차를 추억하면서 살겠습니다. 옛날 만화의 주인공 태권동자 마루치처럼 '얍'하고 자주 나타나 주십시오.

감사합니다.

배꽃 같았던 선생님을 그리워하며

선생님을 처음 뵌 때는 고대 국어국문학과 대학원 석사과정에 입학하고 나서이다. 당시에 국어학을 전공하는 선배들이 별로 없어서 누구에게 공부하는 얘기를 해야 할지 모르던 때였다. 그래서 그 당시 같이 공부하던 사람들은 모두 형제, 자매 같은 정을 나누며 유난히 자별하게 지냈다. 그때 내게 등장한 선배가 늘 깔끔한 배꽃 같은 웃음을 소리 없이 웃고 계시던 선생님이었다. 도서관에서 뵐 때도 그랬고 학회에서 생소한 이론을 듣고 답답해 할 때도 달밤의 환한 배꽃처럼 조용한 미소로 위로해 주시던 모습을 그 시절의 기억으로 간직하고 있다.

처음 선생님과의 만남은 대학원 들어가서였다. 같이 통사론 수업을 듣다가 한 팀이 되어 국어보문소를 조사하게 되었던 것이 이후 나의 석사논문의 주제가 되었다. 자료 수집하고 의논하는 과정에서 배 선생님의 동생이 지금은 경희대학교 의대 소아과 교수로 유명인사가 되어 있는 나의 중, 고등학교 동창이라는 사실도 알게 되었다. 그래서 더 따뜻한 누님 같은 정을 느꼈던 듯하다. 진해에서 병원을 운영하는 집안이라고 들었다.

후학들에게는 늘 미소 고운 누님 같은 분이었다. 우여곡절 끝에 만든 석사논문을 선생님이 늘 공부하고 계시던 대학원 도서관 자리에 두고 왔더니 나중에 "조선생, 잘 받았어요. 이렇게 쓰려고 늦었나 봐" 하시며 기뻐하셨다. 늦게 쓴 논문을 그렇게 위로하고 긍정적으로 생각해 주시던 고운 분이다. 또 비교적 만혼이었던 내 결혼에 '축하한다'며 유난히 기뻐하셨던 참으로 자상한 분이었다. 그 무렵 언젠가에 이대에서 언어학회가 있던 날 부군께서 차를 대기하고 끝나기를 기다렸다가 모시고 가던 모습을 보고 모두들 부러워했던 기억도 난다.

두 번째 만남은 고려대학교 민족문화연구소 한국어문화연수부에서다. 선생님이 연수부장이셨고 나는 한국어강사로 만났다. 그러다 선생님이 배재대학교로 부임하시고 나는 후에 교원대학교로 부임하여 대전으로 이사 가서는 한국어학회 중부지회 모임에서 간간이 뵙곤 했다. 내 기억 속의 선생님은 민족문화연구소 시절이나 배재대학교에서나 늘 열성적이시었다. 그리고 누구에게나 모진 소리 한번 하시는 것을 못 보았다. 힘든 일을 속으로는 삭힐지언정 남에게 내색을 하시는 법이 없이 외모나 심정이나 늘 그렇게 고운 분이셨다. 그러나 공부할 때나 일하실 때는 워낙 꼼꼼하고 빈틈없으신 성품이라 후배로서 문득 문득 긴장하게 만드는 분이기도 했다.

몇 분 안 되는 선배 중에 꼭 화사한 배꽃 같았던 선생님이 우리 곁을 떠나셔서 정말 가슴 한 구석이 허전하다. 영국에서 교통사고로 작고하셨다는 소식에 모두들 망연자실하고 사람의 목숨이 이다지도 물거품 같은가 하는 생각에 한동안 일손이 잡히지 않았었다. 아직도 나는 선생님이 한국어학회나 모교 하례식 때면 그 고운 웃음으로 식장 어딘가에 여전히 서 계실 것 같은 착각을 하곤 한다.

사람의 사귀는 정을 말할 때 들어온 정은 몰라도 난 정은 안다고들 한다. 산 사람도 그렇지만 유명을 달리한 분에 대한 정은 다시 되돌릴 수 없기에 더욱 애틋하다. 선생님에 대한 회고를 책으로 묶어보자고 전화하신 홍종선 선생님의 애틋한 심정을 나는 헤아릴 수 있다. 떠난 사람에 대한 정은 그 사람이 남긴 체취가 좌우하게 마련이지만 선생님의 여훈은 아직도 달 밝은 봄밤의 배꽃처럼 우리 주변에 감돌고 있음을 느낀다.

이 세상에 우리와 조금 더 같이 계셨더라면 끝없던 공부 욕심, 일 욕심으로 이제까지 쏟아내신 값진 연구업적과 함께 그 동안 일궈내신 일들을 돌아보면서 우리와 더 많은 오누이의 정을 나누셨을 텐데 안타깝기만 하다. 지금도 저 하늘가 어딘가에서 우리를 내려다보며 조용히 웃고 계시리라 믿는다.

박영준 교수를 그리며

솔직한 심정으로는 이 글을 쓰는 것이 썩 내키지 않았다. 그래서 집필 문의가 왔을 때부터 써야 하나 말아야 하나 망설였었다. 어쩌면 쓰고 싶지 않았다고 하는 것이 더 솔직할 것이다. 그런 생각의 배경에는 박 교수를 추모하는 글을 쓴다는 사실 자체가 두려웠기 때문이다. 나이 들어서 가깝게 지내던 사람들을 잃는다는 것은 끔찍한 일이다. 더구나 친 가족 외에 가장 진한 삶의 시간들을 함께 호흡하고 뒹굴었던 동학 후배를, 그 중에서도 박 교수를 잃었다는 것은 정말 우리에게는 잔인한 일이었다. 거기 더하여 대학원에서 국어학을 같이 공부하며 생전의 박 교수와 나누었던 진한 우정들을 살뜰하고 세련된 그의 성품과 치밀하고 예민한 감각의 소산물인 그의 학문과 함께 나만의 소중한 기억으로 보관하고 싶다는 감상도 작용한 측면도 있다.

그런 반면에 박 교수에 대한 기억을 어떻게든 정리해 두지 않으면 세월이 지난 후에 내 기억 속에서 서서히 사라질지도 모른다는 두려움도 있었다. 이렇게도 피하고 저렇게도 피하면서 시간을 보내고 말았는데 이제는 더 이상 미룰 수가 없는 때가 되고 말았다. 말하자면 애틋한 심정에도 불구하고 결국 치러야 할 일을 치르는 심정으로라도 써야 하겠다는 생각으로 책상에 앉았다. 그러나 다시 일어나는 애틋한 마음에 글이 생각대로 진척이 되지 않고 앞뒤로 오락가락만하기를 한참이다.

작년 박 교수의 부음을 듣고 망연자실, 급히 청주를 출발하여 춘천의 영안실에 늦게 도착하였을 때 급한 연락을 받고 모인 동학들의 허탈감에 빠진 모습을 보고 나는 비로소 우리가 그냥 얼마간 함께 지내다 스쳐 지나간 사람들이 아니고 핏줄을 나눈 형제와 같은 진한 관계였음을 뼈저리게 느꼈었다. 동시에 박 교수는 알고 지내던 모든 사람들이 정말로 사랑하던 사람이었음을 깨

닫기도 했다. 그렇게 그는 짧은 생애지만 이승의 아는 사람들 모두에게 사랑의 빛을 남기고 떠났다.

고인과의 만남은 우운 박병채 선생님의 연구실에서 같은 스승 아래 동학의 인연으로 시작되었다. 어느 날 우운 선생님의 연구실 문 입구에 조그만 개인 조교 책상을 차려놓고 오롯이 앉아 있는 박 선생을 보았다. 한성대 고창수 교수의 후임이었지 싶다. 우운 선생님의 차 시중과 체리 향 파이프 담배 내음 속에서 늘 잔잔한 웃음과 차분한 모습으로 매주 한 번씩 선생님을 뵈러가는 우릴 접대했다.

석, 박사 과정을 거치면서 수많은 스터디 모임과 월례발표회에서 사회학과 학부 출신인 박교수의 집중력은 국문과 출신인 우리를 늘 긴장하게 만들었다. 사회학과 에스페란토어에 대한 소양을 바탕으로 국어에 대한 감각과 이해는 예민하고 폭 넓었던 것으로 기억한다. 대학원 수업 후나 월례발표회 등의 모임 후 뒤풀이에서는 늘 치열한 토론과 재치 있는 얘기 속에서 우리를 즐겁게 해 주었다. 하여튼 박영준, 최호철, 고창수 등등의 동학들과 만나는 날은 나이 많은 선배가 만학의 고달픔을 달랠 수 있는 유쾌한 시간들이었다. 한국어학회 최초의 공동집필서 『북한의 조선어 연구사』, 『한국어의 탐구와 이해』와 『외국에서의 한글연구』 등의 집필과 과제공동연구 과정에서 우리는 행복한 시간을 나누었다.

같이 공부하던 시간 외에도 우리는 스터디를 핑계로 한 모임과 크고 작은 개인사로도 만났었다. 내가 늦장가를 가게 되어 신혼집들이 겸 연구발표회를 하게 되었을 때 앞장서서 선배를 달아맨 장본인이 국립국어원의 이준석 선생과 박 교수였고, 얼마 후 손꼽아 벼르고 기다려서 내가 손수 보답을 했던 것도 박 교수 집들이였다. 거기가 영등포 어디쯤의 철우아파트라는 곳으로 기억한다.

박영준교수는 한마디로 멋쟁이 학자였다. 내 육촌 여동생의 친구가 박 교수의 부인인데 내외가 모두 멋쟁이임은 이중언어학회 터키 국제학술대회에 함께 참가하면서 확인할 수 있었다. 아름다운 터키의 이스탄불과 그리스의 아테네와 에게 해의 섬으로 함께 여행할 때 한 쌍의 잉꼬인 듯 정다운 부부의 모습은 동행한 여성들의 부러움을 한껏 모았었다(결혼 10주년이라던가 아니면 부인의 생일이었던 듯). 그의 낭만은 대개 한국어학회 모임 뒤풀이나 우운 선생님 댁과 약천 선생님 댁에서 만들어지는 술자리에서 지그시 눈을 내려 감고 벽에 기대서서 머리를 쓸어 넘기며 부르는 노래 분위기에서 극에 달했다. 그런 모습과 함께 그와 대화할 때 누구나 느끼는 유쾌함과 자상함 때문에 아마도 학부 학생 때부터 수많은 여학생들이 흔들렸을 것이다.

박 교수가 떠나고 난 후, 어느 날 우연히 뒤적이던 사진 무더기 속에서 박 교수의 얼굴을 발견하고 한참 들여다보았다. 대학원 스터디 모임, 우운 선생님 댁과 약천선생님 댁에서의 일들, 이중 언어학회 국제 학술대회 터키 앙카라대회 때 함께 했던 기억들이 머릿속에 스쳐지나가면서 새삼 애통한 마음이 엄습했다. 터키 앙카라 국립대학교에서 열린 이중언어학회 국제 학술대회 때 이스탄불의 블루 모스크와 소피아 대성당을 같이 돌아다니던 기억은 십년도 더 지났는데 어제같이 생생하다. 블루 모스크 사원 밖 노천카페에서 송향근, 이관규, 박영준 등의 동학들과 한양대 장경희 교수님과 함께 앉아서 터키 물담배, 전통차 등을 체험해 보고 이국도시의 밤거리를 누비고 다니던 기억들, 그리스 아테네와 에게 해 섬의 신전 관광 등을 꿈처럼 같이 했었는데... 그때 지중해의 잉크 빛 바다색을 배경으로 박 교수 내외와 함께 찍었던 사진들은 내 서랍 속에서 아직 채 정리도 못한 상태로 있다.

부경대학교가 통합되기 전에 전임이 되어 간 후, 학회에서 만날 때마다 그 모습은 여전했지만 학문에 대한 열정은 갈수록 더 치열해 갔다. 박 교수는 생전에 관용어 사전을 비롯하여 많은 저서와 논문을 남겼지만 스승이신 우운 박병채 선생님께서 세상을 떠나신 후『고려가요어석 연구』의 개정을 동학들과 함께 하여 스승님 영전에 바친 일은 학계에서 화제가 되기도 했다.

몇 년 전 연세 세브란스 병원에서 매우 큰 수술을 받고 누워있다는 말을 듣고 문병을 간 적이 있었다. 생각보다 어렵고 위험한 수술이었다는 말을 하면서도 옆에서 간호하고 있는 부인과 연애 시절로 돌아가 있는 듯 밝고 행복한 모습이었다. 직장이 집과 멀리 떨어져 있어 같이 있었던 시간이 적어서 더욱 그랬을 것 같다. 작년 문상 다녀오던 차에서 동승한 건양대 정경일 교수, 카이스트의 시정곤 교수, 원광대의 최경봉 교수 등의 얘기를 듣고 자신의 일에 대한 냉정한 처리와 후배들에 대한 각별한 애정 등 가슴 저린 숨은 얘기들이 많음을 비로소 알았다.

이 모든 일들이 회오리처럼 다시 마음을 헤집으며 일어나니 애석한 마음을 견디기가 어렵다. 그리움의 파도가 잔잔히 쓸고 갈 때마다 보길도 해안의 콩자갈이 내는 빗소리처럼 그는 여전히 사근사근한 목소리로 우리의 메마른 가슴을 적시어 준다. 우리는 어찌 이리 이 세상에서의 인연이 짧은가?

비록 후배였지만 나보다 더 치열하고 깊은 학문의 세계를 거닐면서 짧은 생애를 압축해서 따뜻하게 살고 갔다. 좀 더 시간이 허락했더라면 학계에 더 좋은 업적을 남겼을 텐데 실로 아쉽다. 살뜰한 가족과 지인들을 남겨 두고 홀쩍 떠나 버린 고인이 못내 서운하다.

靑藍 八景

孟春爭開花
傘下驟雨聲
夏日長落照
三更跨峯月

秋日滿紅葉
晚秋晨濃霧
冬至亂粉雪
槐下傾觴友

저자 **조일영**(趙一英)

     벽암(碧巖) 두어헌(蠹漁軒) 덕포(德浦)

     1953년 10월 15일(음) 서울 출생

     1979. 2 고려대학교, 학사

     1985. 2 고려대학교, 석사 「국어 보문소 연구」

     1995. 2 고려대학교, 박사 「국어양태소의 의미기능 연구」

경력   1995. 한국교원대학교, 전임강사

     1996. 한국교원대학교, 조교수

     1998. 국제고려학회, 서울지부언어분과총무이사

     1998. 한국어학회, 총무이사

     1999. 한국어학회, 편집위원

     1999. 한국이의미학회, 감사, 재무이사

     2000. 한국교원대학교, 부교수

     2000. 청람어문학회, 학회장

     2006. 현재 한국교원대학교, 교수

     2011. 한국교원대학교 2대학, 학장

     2011. 한국어학회, 회장

     2012. 청람어문교육학회, 회장

     2011. 한국교원학교 대학원, 대학원장

     2014. 한국교원대학교, 부총장 겸 교수부장

     2015. 2009개정 5, 6학년 초등국어교과서 연구, 개발 위원, 연구위원

     고려대학교, 서울삼육대학교, 광운대학교, 서울여자대학교, 동덕여자대학교 강사

한국어의 표현 양상

초판1쇄 인쇄 2018년 12월 21일
초판1쇄 발행 2018년 12월 31일

지 은 이 조일영
펴 낸 이 이대현
펴 낸 곳 도서출판 역락
책임편집 임애정
편   집 이태곤 권분옥 홍혜정 박윤정 문선희 백초혜
디 자 인 안혜진 홍성권 김보연 박민지
마 케 팅 박태훈 안현진

주   소 서울시 서초구 동광로46길 6-6 문창빌딩 2층(우 06589)
전   화 02-3409-2060(편집), 2058(영업)
팩   스 02-3409-2059
전자메일 youkrack@hanmail.net
홈페이지 www.youkrackbooks.com
등록번호 1999년 4월 19일 제303-2002-000014호

정가는 뒤표지에 있습니다.

ISBN 979-11-6244-364-4 93710

*이 도서의 국립중앙도서관 출판시도서목록(CIP)은 서지정보유통지원시스템 홈페이지(http://seoji.nl.go.kr)와
 국가자료공동목록시스템(http://www.nl.go.kr/kolisnet)에서 이용하실 수 있습니다.